U0804379

中国古代小说序跋研究

王平 王军明 史欣 著

国家出版基金项目
NATIONAL PUBLICATION FOUNDATION

齊魯書社

图书在版编目（CIP）数据

中国古代小说序跋研究／王平，王军明，史欣著．
--济南：齐鲁书社，2020.6
ISBN 978-7-5333-4239-5

Ⅰ.①中… Ⅱ.①王…②王…③史… Ⅲ.①古典小说—序跋—小说研究—中国 Ⅳ.①I207.41

中国版本图书馆 CIP 数据核字（2020）第 007240 号

策划编辑：赵发国
责任编辑：刘玉林
装帧设计：郭　靓　李　生

中国古代小说序跋研究
ZHONGGUO GUDAI XIAOSHUO XUBA YANJIU
王　平　王军明　史　欣　著

主管单位	山东出版传媒股份有限公司
出版发行	齊魯書社
社　　址	济南市英雄山路 189 号
邮　　编	250002
网　　址	www.qlss.com.cn
电子邮箱	qilupress@126.com
营销中心	（0531）82098521　82098519
印　　刷	山东新华印务有限公司
开　　本	720mm×1020mm　1/16
印　　张	39.5
插　　页	3
字　　数	645 千
版　　次	2020 年 6 月第 1 版
印　　次	2020 年 6 月第 1 次印刷
印　　数	1—1000
标准书号	ISBN 978-7-5333-4239-5
定　　价	198.00 元

目 录

绪 论

一、序跋的渊源、作者及作用

序，又称“叙”“引”“引言”“小引”“序言”“前记”“代序”“序志”“序说”“题词”“考”“小缀”“广序”“题记”“弁言”“自纪”“缘起”“前言”等。《庄子·天下》具有了序文的雏形。明人吴讷有言：“序之体，始于《诗》之大序，首言大义，次言风雅之变，又次言二南王化之自。其言次第有序，故谓之序也。”①及至汉代，序已经有了比较完整的形态，独立成篇。司马迁《史记·太史公自序》、班固《汉书·叙传》、王充《论衡·自纪》、扬雄《法言·序》等相继出现，使序这一文体逐渐被人们所接受。古人作序异于今，不在书前而在书后。如《史记·太史公自序》《淮南子·要略》《论衡·自纪》《说文解字·叙》《汉书·叙传》等。宋代司马光为《法言》作集注时，“始置之篇首”。这表明，北宋时书序已放于书前。

跋，又称“后序”“后叙”“稿后”“文后”“后录”“跋缀”“自跋”“画后”“题后”“跋尾”“书后”“附记”“后记”等。跋，原意为“足后”，引申为作品之后的文字。明人徐师曾《文体明辨》云：“按题跋者，简编之后语也。凡经传子史诗文图书之类，前有序引，后有后序，可谓尽矣。其后览者，或

① 〔明〕吴讷撰，于北山校点：《文章辨体序说》，人民文学出版社 1998 年版，第 42 页。

因人之请求，或因感而有得，则复撰词以缀于末简，而总谓之题跋。”①相较于序文，跋文出现较晚，这是因为起初的序文是置于书后的，如《史记·太史公自序》，这时还没有明确的跋文的概念和位置。张相的《古今文综》对“跋”的内容做了较为详细的论述：“综其流别，约分为四：掮逸抽秘，考订丛残，是曰故籍之属；一帛一缣，望古遥集，是曰书体之属；文章不朽，性命与契，是曰诗文之属；摩挲尺幅，遐思渊源，是曰图画之属。大抵掞张剩义，景仰名流，体为志余，词为杂缀。”②自晋朝始，著书者把序文提于书前，而把书后的序文称为跋。我国最早的跋文是晋代葛洪的《西京杂记·跋》。直到清代姚鼐作《古文辞类纂》，才把跋与序合为一体，因两者体例性质略同，合称为“序跋”。正如《文章辨体序说》所言：“‘跋者，随题以赞语于后，前有序引，当掇其有关大体者以表章之，须明白简严，不可堕入窠臼。’予尝即其言考之，汉晋诸集，题跋不载。至唐韩柳始有读某书及读某文题其后之名。迨宋欧曾而后，始有跋语，然其辞意亦无大相远也，故《文鉴》《文类》总编之曰‘题跋’而已。”③

序跋的作者无外乎两种情况，即自序和他序。自序主要是作者申明写作该书的缘起、体例、要旨、素材来源及撰写过程等，有助于读者更深入地体察作者之心，便于阅读。如章炳文《搜神秘览序》、欧阳修《归田录自序》、孙光宪《北梦琐言自序》等。他序分为两种。一种是友人作序，作序者与作者过从甚密，对作者的生平、思想、治学态度和作品的成书过程极为熟知，甚至也参与作品的搜集创作，待到作品付梓之时，欣然应允为之作序。如满中行《渑水燕谈录题记》、张贵谟《清波杂志序》等。另一种是后人作序，主要是介绍该书内容、特点和要点，对书的价值和意义做简要评述。作序者多为该书的收藏者或编校出版者，他

---

① 〔明〕徐师曾撰，罗根泽校点：《文体明辨序说》，人民文学出版社1998年版，第136页。

② 张相：《古今文综·序录类》，中华书局1916年版，第20页。

③ 〔明〕吴讷撰，于北山校点：《文章辨体序说》，人民文学出版社1998年版，第45页。

们以读者的身份，真正从阅读出发，有所得有所感而有所言，意在向读者推荐此书，激起阅读兴趣。如夏敬观《东坡志林跋》、张元济《夷坚志跋》等。

序和跋在内容、形式、位置、篇幅上有所区别。序一般重在对全书做总体说明，“先叙其意，曲得其情”①。跋则一般是有感而发，内容较灵活，或抒情，或考订，或议论，长短不拘。“序”和“跋”的内容大体相似，总体来说都是陈述作品的宗旨、目的、写作动机、评价作品内容等，所以古人将二者作为一种文体合称。序跋的内容大体包括四个方面：其一，说明文章或书籍著述、整理刊刻的缘由和旨趣；其二，对作者、作品的评论以及有关问题的阐述研究；其三，阐述出版意旨、作者情况和编次体例；其四，由所评介的作品生发出各种见解及抒发种种心境。

序跋的作用有以下几个方面。第一，介绍作者生平、创作缘起和成书过程等。元人沈天佑《夷坚志·序》中有这样一段话：“《夷坚志》乃番阳洪公迈之所编也。公广览博闻，好奇尚异，游宦四方，采摭众事，集成此编。分甲乙丙丁四志，每志有二十卷，每卷十一二事或十三四事，譬诸小道，亦有可观。”②序中确指《夷坚志》的作者为洪迈，洪迈博闻广识、好异爱奇，因为有游宦的经历，得以采集四方见闻轶事，裒辑成书。沈天佑还指出《夷坚志》编纂的体例，说它虽为末技小道，但仍有可供赏玩的地方。清人夏敬观所作《仇池笔记跋》有言：“右《仇池笔记》二卷，旧题宋苏轼撰，亦宋人所裒集，非轼所手定也。”③据此可知《仇池笔记跋》虽题苏轼所作，但其实并非如此。

第二，介绍作品刊行的年代、版本源流等。清人姚鼐在《古文辞类纂》中将序跋列为诗歌以外的十三种文体中的一类。他认为序跋的作用

① 〔唐〕刘知几撰，浦起龙注：《史通》卷四《序例第十》，上海古籍出版社 1978 年版，第 87 页。

② 〔元〕沈天佑：《夷坚志序》，见丁锡根编著《中国历代小说序跋集》，人民文学出版社 1996 年版，第 107 页。

③ 〔清〕夏敬观：《仇池笔记跋》，见丁锡根编著《中国历代小说序跋集》，人民文学出版社 1996 年版，第 366 页。

是“推论本源，广大其义”[①]。此类序跋在版本鉴定中的作用非同小可，在宋元人的小说序跋中占有一定的比例。清人黄丕烈《夷坚志跋》曰：“《夷坚志》甲乙丙丁四集，宋刻本由萃古斋售于石冢严久能，今又为何梦华买出，其归宿未知在何处。……每见近时坊刻称《夷坚志》者，大都发源于是，而面目又改矣。”[②]此跋记录了《夷坚志》最初的刊刻源头和后来的流传情况。

第三，介绍内容，表明创作主旨。欧阳修《归田录自序》云：“《归田录》者，朝廷之遗事，史官之所不记，与夫士大夫笑谈之余而可录者，录之以备闲居之览也……既不能因时奋身，遇事发愤，有所建明，以为补益；又不能依阿取容，以徇世俗。使怨嫉谤怒，丛于一身，以受侮于群小。当其惊风骇浪，卒然起于不测之渊，而蛟鳄鼋鼍之怪，方骈首而闯伺，乃措身其间，以蹈必死之祸。”[③]从这篇自序中可以看出，《归田录》是作者“以备闲居之览”的娱心抒怀之作，记史官所不记。欧阳修回顾八年的仕宦生涯，自愧对朝廷补益不足、无所建树，反而招致怨谤，身陷险境，遂“优游田亩，尽其天年”，乃作《归田录》。

文学家唐弢在《晦庵序跋》中说：“序在中国古代是应用得相当广泛的文体……至于梓印书文，一卷行世，自不免前序后跋，抒其所见，言之有物，成为一篇篇美丽的散文，一个个深邃的感情的渊薮，令人反复讽诵，莫逆于心。”[④]由于序跋大都出自文人、学者、专家、名家之手，且多是精心结撰之作，所以序跋一般都具有丰厚的文化内涵和较高的文化价值。总之，序跋对于读者来说如一把钥匙，用它可以开启书中世界的大门，又如一扇窗户，通过它可以窥见与作品有关的广阔世界。

---

① 〔清〕姚鼐：《古文辞类纂》卷二，上海古籍出版社 1998 年版，第 57 页。

② 〔清〕黄丕烈：《夷坚志跋》，见丁锡根编著《中国历代小说序跋集》，人民文学出版社 1996 年版，第 113 页。

③ 〔宋〕欧阳修：《归田录自序》，见丁锡根编著《中国历代小说序跋集》，人民文学出版社 1996 年版，第 353 ~ 354 页。

④ 唐弢：《晦庵序跋》，见姜德明主编，杨义选编《唐弢书话》，北京出版社 1997 年版，第 66 页。

二、中国古代小说序跋的研究历史与现状

魏晋时期，小说序跋便已出现。一般认为，晋代干宝的《搜神记自序》是第一篇小说家的自序，郭璞的《山海经序》是第一篇学者为小说所作的序言。此后，历代为小说作序跋者日见其多。时至明代，小说创作的各类题材和体裁已相当完备，小说的概念在序跋中已被逐步确立下来。历代小说序跋不仅记录了我国古代小说观念的来龙去脉，描述了历代小说观念演进的大致轮廓、彼此间的内在联系，清理出了小说发展的基本脉络，而且还反映了小说概念由浅入深、由混沌到精确的变化过程，从一个侧面揭示了古代小说理论发展的内在规律。小说序跋中的很多资料是对当时小说这一文学形式的理论概括。它们从不同的角度，在不同的程度上探讨了小说的本质特征、小说的创作方法、小说的欣赏和批评等重要理论问题，在此基础上有了比较深刻的认识。这些认识的水平之高、范围之广、覆盖之全面，使得后来的学者能不断地从中汲取养分，对今天的小说创作和批评仍具有指导作用和现实意义。

中国古代小说序跋是研究中国古代小说史和小说理论的重要文献资料，自 20 世纪 80 年代以来，国内学术界开始关注该领域文献资料的整理注释工作。1982 年长江文艺出版社出版了曾祖荫先生等选注的《中国历代小说序跋选注》，该书挑选五十余篇古代小说序跋，分别做了注释和说明，以期反映小说理论发展的历史状况。紧接着 1983 年春风文艺出版社出版了《明清小说序跋选》，该书搜集了大连图书馆所藏明清通俗小说的序、跋、叙、述、题词、弁语、凡例、评、引、传、自记等百余篇。1996 年人民文学出版社出版了丁锡根先生编著的《中国历代小说序跋集》，该书分为笔记小说、话本小说、章回小说以及小说总集共四编，收小说五百三十六种之序跋一千三百余篇。2000 年黄霖与韩同文选注的《中国历代小说论著选》由江西人民出版社出版，该书全面、系统地发掘和整理了中国历代小说理论资料，收录了从汉代到“五四”以前的小说论著两百多篇（节），范围涉及文、史、哲等多方面，举凡专论、序、跋、笔记、回评、眉批、夹批等

都有入选。此外杜云《明清小说序跋选》、孙逊等《中国古典小说美学资料汇粹》、黄清泉等《中国历代小说序跋辑录》等资料集，为研究中国古代小说序跋奠定了较好的文献资料基础。

小说在古代许多人心目中被视为“末技小流”，得不到应有的重视。对于小说的批评研究资料，也只是散见于序、跋等，没有系统的理论专著。20 世纪初，邱炜萲、王国维、胡适等首开小说研究之风气，一扫小说评论家零星、随意的评点方式，先后发表或出版了《金圣叹批小说说》《红楼梦评论》和《〈水浒传〉考证》等论著，这些论著从理论的高度对中国古代小说予以评点论证。随后方孝岳、朱东润、阿英、杨世骥等人继往开来，对明清小说理论进行研究梳理，明清小说序跋研究逐渐繁荣起来。

中国古代小说序跋数量极为可观，其中不仅蕴含着丰富的古代小说史料，而且特别值得重视的是从中可以挖掘出古代小说的理论资料。自 20 世纪 80 年代以来，学术界加强了对中国小说理论的研究工作。叶朗的《中国小说美学》（北京大学出版社 1982 年版）以李贽、叶昼、冯梦龙、金圣叹、毛宗岗、张竹坡、脂砚斋等人的小说评点为研究对象，初步探讨了中国古代小说的美学理论。鲁德才的《中国古代小说艺术论》（百花文艺出版社 1987 年版）对古代小说的叙事观点、处理空间的艺术、历史情节的提炼、现实情节与非现实情节的结合、古代小说家的典型观念等问题做了深入论述。方正耀的《中国小说批评史略》（中国社会科学出版社 1990 年版）分四个历史阶段论述了中国小说的批评理论。但是将古代小说的序跋作为研究对象，系统而全面地论述中国古代小说理论的论著尚未见到。因此，本书对于充分挖掘古代小说序跋的理论价值、深化中国古代小说理论的研究具有十分重要的学术意义和学术价值。

研究者们不仅从序跋出发纵向勾勒小说发展的历史轮廓，介绍序跋中所涉及的小说理论家及其主要观点，还有横向介绍古代小说序跋对小说的性质、人物形象塑造以及情节结构等问题的基本态度。既有对古代小说序跋的萌芽、形成、发展、繁荣的历时性描述，还有对同一部作品在不同时期所作序跋的分析。当然这一研究还需不断深入，要注重从现代眼光出发来体悟其理论精髓，做到既符合其理论原义，又有极强的现代阐发精神。这就需要研究者不断地进行探索和开掘，努力构建古代小说家、小说评论家和现代文本阅读者之间的桥梁，达到“通作者之意，开览者之心”的目的。

目前能够见到的研究中国古代小说序跋的学术著作有三种。一是1992年辽宁教育出版社出版的王先霈先生所著《古代小说序跋漫话》，该书指出序和跋是小说的窗口，透过这一窗口可以窥视小说内部的奥秘。小说序跋作为中国古代小说评论的重要形式，深蕴着小说艺术论的精华。该书立意于开拓序跋的矿藏，由序跋的历史讲起，向序跋的作用、价值及其丰富的内涵开掘。二是2007年中国社会科学出版社出版的高玉海先生所著《古代小说续书序跋释论》。该书将研究范围限定在明清几部小说的续书领域，以《三国演义》续书、《水浒传》续书、《西游记》续书、《金瓶梅》续书、《红楼梦》续书、《说唐》续书、《杨家将》续书、《三侠五义》续书等所载序、跋、小引、弁言、凡例、读法、题记等为研究对象，对每一篇序跋均做了注释和考论。作者指出，这项工作有利于对古代小说续作现象做深入研究，进而归纳续书创作的复杂因素；有利于对该续书做全面的历史的考察，从而推进原著研究的深入。三是2012年中国文联出版社出版的王猛博士所著的《明代小说序跋研究》，该书从整体上对明代小说序跋进行了多维透视，先是追本溯源，探讨序跋在明前的发展状况、特点，到明代如何一步步走向兴盛。接下来考察其文体风貌、内容分类、价值作用等各方面情况，并进一步研究明代学术思潮对其产生的深刻影响。接着从具体序跋作品入手，在两个方向上展开，分析和发掘明代各体小说序跋的发展规律、特点、价值。最后就明代小说序跋最主要的两方面价值——史料文化价值和小说理论价值，予以重点研究和探讨。

还有许多研究者撰文对古代小说序跋做了不同角度的论述。如毛庆其《明清小说序跋初探》[①]认为序跋的辩护立场表现在为小说的社会功能

---

① 毛庆其：《明清小说序跋初探》，载《学术月刊》1985年第12期。

辩护和通过对具体作品的题材、主题的分析来论证小说的价值。于兴汉《中国古代小说序跋对小说理论的贡献》①重点分析了小说序跋的理论价值。万晴川《明清小说序跋的广告艺术》②指出序跋者运用作证法、理性诉求法、感情诉求法、对比法,进而影响消费者的阅读行为和购买行为。纪德君《关于历史演义序跋评点研究的几点思考》③指出历史演义序跋者存在着明显的认识局限,仍然用史的眼光来评价历史演义小说,而没有意识到艺术虚构是历史演义的基本特征。范军《略论古代小说序跋中的出版史料》④指出序跋中有不少直接或间接与编撰、出版相关的材料,如编撰的缘起,内容的简介,刻书家的情况,书籍的真伪,作品刊刻的年代、地点,版本源流的演变,小说流通的状貌,书坊盗版的情形,图书价格的信息,书籍禁令的状况,还有一些富有营销目的的广告宣传文字。颜湘君《清代骈文中兴与小说序跋》⑤在列表的基础上指出骈文及骈散相间的序跋大量出现,既体现骈文文体的传统审美特质,又呈现出鲜明的时代变化,反映了骈文中兴影响的普及。姜丽娟、牛军伟《从明清的小说序跋中看实录思想对小说批评的影响》⑥认为序跋者有意识地将小说与经史联姻,借此来提高小说的地位;姜丽娟《明清人的小说序跋中小说本体探析》⑦认为散文体叙事学范畴的小说在序跋中所体现出来的本体意识包括对虚构的认可和对通俗性的肯定。温庆新《"辨异"与"正名":明清文

---

① 于兴汉:《中国古代小说序跋对小说理论的贡献》,载《山西师大学报(社会科学版)》1986年第4期。

② 万晴川:《明清小说序跋的广告艺术》,载《江西师范大学学报(哲学社会科学版)》1996年第2期。

③ 纪德君:《关于历史演义序跋评点研究的几点思考》,载《南京大学学报》2004年第2期。

④ 范军:《略论古代小说序跋中的出版史料》,载《出版史料》2004年第4期。

⑤ 颜湘君:《清代骈文中兴与小说序跋》,载《明清小说研究》2005年第4期。

⑥ 姜丽娟、牛军伟:《从明清的小说序跋中看实录思想对小说批评的影响》,载《楚雄师范学院学报》2009年第2期。

⑦ 姜丽娟:《明清人的小说序跋中小说本体探析》,载《安徽广播电视大学学报》2010年第3期。

治视域下的神怪小说序跋透视》①指出序跋者从规避政治风险的角度考量，利用温柔敦厚、经世致用的文治功用的“辨异”选择与裨益圣道的“正名”以摆脱神怪小说邪教惑民的尴尬。上述论著均从某一方面对古代小说序跋进行了有益的研究，取得了显著成绩，为这一领域的深入研究奠定了很好的基础。

三、本书的研究内容与方法

研究中国古代小说序跋，不能脱离当时特定的历史环境、社会条件、意识形态，必须掌握其相互影响以及和当时小说理论中的其他材料之间的联系。只有这样，才能正确地认识、评价序跋的理论意义。我们把小说序跋作为一种独立性的文体来研究，而不是从属于中国古代文学小说理论的大框架中来加以考察，以所能搜集到的古代小说序跋为基准，探寻古代对于小说创作与接受的态度，透视小说观念的分段演进，梳理古代小说序跋对中国古代小说理论的贡献。同时，还可以通过序跋勾勒出某一时期的创作潮流和不同作家的写作风格，从中可以看出作家生活的时代面貌和当时的文艺发展动向，揭示序跋在古代小说中所起的作用、所具有的价值意义。研究小说序跋，可以了解小说作者的人生经历、思想活动、创作主旨以及作品在当时的传播情况，全面展现古代小说观念的演变、小说理论的成熟过程。

中国古代小说序跋在中国古代小说研究方面占有十分重要的地位，研究工作应从两方面着手：一方面，对各时期的小说序跋进行资料性的汇编与整理；另一方面，从不同的视角对古代小说序跋进行多方位研究，尤其需要加强个案研究。2006 年，以河南大学为中心，由全国高等院校古籍整理研究工作委员会组织的关于开展“中国古代小说序跋大全”的项目正式启动。该项目由江苏省社会科学院文学研究所原所长、《明清小说研究》原主编萧相恺研究员为主要负责人，集结了全国高等院校的众

---

① 温庆新：《“辨异”与“正名”：明清文治视域下的神怪小说序跋透视》，载《内江师范学院学报》2011 年第 1 期。

多专家学者，如北京大学潘建国教授、复旦大学刘永文教授、武汉大学陈文新教授、南京大学苗怀明教授、辽宁师范大学苗壮教授等，意在搜集中国古代从两汉到辛亥革命前所有小说的全部序跋，分别进行整理、校点。该项目的完成出版，将为中国古代小说理论研究和理论史的编撰、小说接受史和小说传播史的研究提供充分的文献支撑，对构建具有中国特色的小说理论有着不可估量的意义。

本书基于这一研究现状，为避免重复，故将古代小说序跋的本体研究与个案研究作为重点。中国古代小说序跋大都是在作品完成或付梓之时，由作者本人或与作者关系密切之人撰写的，其中保留了一些十分珍贵的文史资料。有的序跋记录了一部小说搜集、整理、修改、成书的全过程，有的序跋反映了小说作者的生平和小说创作的缘起，有的序跋还反映了当时社会对小说的认识和接受态度，有的保留了古代小说版本流传的材料。本书旨在全面系统地挖掘古代小说序跋所涉及的上述内容，按照小说观念、创作主体、文本叙事、文本诠释、传播接受的顺序，主要包括以下八个方面内容。

第一，古代小说序跋与小说观念演变。小说观念决定着小说的创作，古代小说观念不断发生着由浅入深的变化，从而对古代小说创作产生了深刻影响。古代小说序跋如实地记录了不同历史阶段的人们对小说性质、特征、功能、价值等的认识，通过分析这些资料我们可以把握古代小说发展演变的实际过程。第二，古代小说序跋与小说创作理论。古代小说序跋往往提供了创作主体的家世生平以及创作过程的丰富资料，如创作目的、素材来源、虚实关系、真幻结合、情感调动、人物塑造、语言运用等，这些资料对于构建小说创作理论具有重要的借鉴意义。第三，古代小说序跋与小说叙事理论。许多古代小说序跋对古代小说的叙事特征如叙事主体、叙事结构、叙事时间、叙事模式、叙事修辞等做出了分析概括，这些论述为建立中国古代小说叙事理论积累了丰富的文献资料。第四，古代小说序跋与中国小说诠释理论。一般来说，古代小说序跋总要对小说的创作动机、创作主旨、主要内容、人物形象等方面做出分析论述，有些小说在同一时代或不同的历史时期都有多人为其撰写序跋,从中可以看出诠释的丰富性和多样性,这些观点和见解为后人理解、把握、解读该小说积累了重要的文献资料,提供了必要的参考依据。总结这些资料可以更好地构建中国小说诠释理论。第五,古代小说序跋与古代小说审美理论。古代小说序跋对小说的审美特征、艺术风格有许多论述,认真总结这些见解,可以更好地挖掘出古代小说的审美理论。第六,古代小说序跋与中国古代小说价值论。古代小说序跋的作者也是小说的批评者,由于主客观原因所决定,其对古代小说的价值取向亦有所不同,或强调其认识价值,或突出其伦理教化价值,或重视其娱乐价值,或认同其社会批判价值,或欣赏其审美艺术价值。综合各种论述,我们可以发现古代小说的多重价值,从而构建古代小说价值理论。第七,古代小说序跋与中国古代小说传播理论。古代小说序跋作者本人也是小说的传播者,有些序跋分析了小说素材的来源和演变,或者介绍了小说的编纂情况,或者辨明了小说版本的演变过程。这些都为构建中国古代小说传播理论提供了丰富的资料。第八,古代小说序跋与小说文化学。小说既是文化的重要组成部分,又是文化的载体。许多小说序跋论述了小说产生的文化背景,揭示了小说所蕴含的文化信息,分析了小说与传统文化的关系。这些资料为建立小说文化学提供了重要资料。

中国古代小说在唐代之前,主要是志怪、志人与传奇等三大类文言小说。志怪小说的代表作无疑是《山海经》《博物志》《搜神记》等,志人小说的代表作则非《世说新语》莫属。因此,本书第一章首先分析了唐代之前小说创作与序跋的文化背景,然后分别论述了以上作品的序跋,关注的是这些作品的成书、性质、版本、传播等问题。自西汉末年刘秀(原名歆)《上山海经表》之后,晋代郭璞,宋代尤袤,明代杨慎、刘大昌、周奭、杨宗吾,清代李调元、吴任臣、毕沅、孙星衍、郝懿行、阮元等都为《山海经》撰写过序跋。通过梳理上述序跋,我们厘清了《山海经》的卷数、版本、作者、成书时间、性质等问题。《博物志》是魏晋时期的一部重要典籍,关于此书性质,历代学者意见颇不一致。就《博物志》的体例看,当属于杂家,就其部分内容来看,则具有小说的特点。《博物志》在明代受到文人的喜爱,得以付梓流传。清代是《博物志》刊刻的繁盛期,先后有多种刊本问世。刊行者都比较注重考证版本来源,并对某些疑难问题做了辨析。《搜神记》是志怪小说的代表作,在中国小说史上有着重要地位。其素材来源、编撰目的、流传情况始终为学界所重视。干宝《搜神记自序》、明代沈士龙《搜神记序》、胡震亨《搜神记序》对于解决上述问题提供了许多依据和线索。至于清代王谟的《搜神记序》,是指八卷本《搜神记》,虽然提出了《搜神记》原书"各有篇目"这一观点,但前人已力辩其非,故本书不予讨论。刘义庆的《世说新语》是志人小说的代表作,按照内容分为36个门类。《世说新语》备受历代文人喜爱,宋代黄伯思、汪藻、董弅、陆游、高似孙、刘应登,明代袁褧、杨慎,清代王士禛、沈岩、孙毓修、周心如、李调元等都为其撰写了序跋或题词。这些序跋、题词涉及《世说新语》的名称、版本、传播、思想及审美风格等多方面的问题。关于《世说新语》的名称、版本、传播、思想,学界已有大量研究成果问世,故本书集中论述了《世说新语》的审美风格问题。

唐代大量小说仍然沿袭着此前的创作路数,与此同时出现了所谓的传奇小说,因此第二章首先分析了唐代小说创作与序跋的文化背景,其次分析了唐传奇与士子阶层的文化心态,最后论述了唐代小说序跋与小说观。鲁迅先生《中国小说史略》第八篇"唐之传奇文(上)"开头有一段非常著名的论断:"小说亦如诗,至唐代而一变,虽尚不离于搜奇记逸,然叙述宛转,文辞华艳,与六朝之粗陈梗概者较,演进之迹甚明,而尤显者乃在是时则始有意为小说。"①这一论断广为学界所接受,但细细推敲,其中包含许多疑点需要认真辨析。鲁迅先生的评价给人们造成一种印象,似乎每一篇唐代小说都达到了这种水准,唐代每一位小说家都在有意为小说,实际情形却远非如此。总体来说,唐代小说在很大程度上依然沿袭着六朝小说的余风流绪,只有个别作品逸出六朝小说的藩篱,遂有"传奇"之

① 鲁迅:《中国小说史略》,东方出版社1996年版,第51页。

作。但即使这些所谓的传奇小说作者,也并非完全是“有意为小说”,证据很多,本书仅以唐人所作小说序跋为中心予以辨明。

第三章是对宋元小说序跋的研究,围绕小说观念、小说理论、素材来源、小说价值、版本传播等问题展开。宋元时期,在“小道可观”“小说补史”的基础上,又发现了小说还具有“助名教、广见闻、资考证”的社会作用。鲁迅先生在谈到“宋人之‘说话’及其影响”时曾说:“唐人小说少教训;而宋则多教训。大概唐时讲话自由些,虽写时事,不至于得祸;而宋时则讳忌渐多,所以文人便设法回避,去讲古事。加以宋时理学极盛一时,因之把小说也多理学化了,以为小说非含有教训,便不足道。”①宋元小说序跋涉及大量小说素材来源和收集过程等方面的内容。在当时的社会条件下,作者凭一己之力很难完成一部小说的创作,这些素材大多是小说作者有意识的记录或是多方访求得来的。对来源不尽相同的资料,小说作者或直笔录入,或略作更改润色,或移形换名,或注明出处,在创作中灵活运用。宋人对“小说”虚构性的认识,可以说是小说观念的一大进步。小说创作者充分认识到小说不是信史,不具有史料的可靠性。

第四章、第五章是对明代小说序跋的研究。明代小说创作进入了高峰期,白话长、短篇小说跃为小说创作的主体,“四大奇书”“三言”“二拍”成为通俗文学的经典;文言短篇小说出现了《剪灯新话》等优秀作品。由于王猛博士已出版《明代小说序跋研究》专著,所以本书对明代小说序跋仅做专题研究,首先分析明代小说创作与小说序跋的文化背景,然后分别论述《三国演义》序跋的价值取向,《水浒传》明清序跋的差异及其原因,《西游记》序跋及其“原旨”与接受,《金瓶梅》序跋与作者、成书及价值取向,“剪灯三话”序跋中的小说观,“三言”“二拍”序跋与小说理论等。自明刊本《三国志通俗演义》卷首载庸愚子弘治甲寅序以来,明清两代《三国演义》序跋现存二十余篇。若从其价值取向方面来看,则体现为多样性和丰富性,如通俗易懂的历史认识价值、伦理纲常的教化价值、奇

① 鲁迅:《中国小说的历史的变迁》,见《鲁迅全集》第九卷,人民文学出版社 2005 年版,第 329 页。

异独特的审美价值、独立不羁的人格价值和军事谋略价值等。《水浒传》成书并刊行之后，明清两代文人为其所作序跋甚夥，成为《水浒传》诠释的重要内容。认真考察一下这些序跋，可以发现明清两代的评价取向有着明显变化，在某些方面甚至截然不同。对此现象进行深入分析，找出其意见相左的内在原因，可以帮助我们更好地理解这部奇书，并对当今学界之分歧挖掘出历史的根源。《西游记》自问世后，便不断有人为其撰写序跋，对其原旨做深入探讨。明清两代学者分别从“心学”和“三教同源”说立论，今人则更注重于多元文化的碰撞而提出多种论断。从阐释学的角度来看，正是这种种对“原旨”的探求，在不断丰富着《西游记》的内涵。《金瓶梅》问世之后，为其作序跋者代不乏人，其价值取向则具多元性特征，这种多元的价值取向贯穿于其问世以来的四百余年间。大体说来，明清两代对《金瓶梅》的伦理教化价值较为看重，20 世纪则更为重视其社会认识价值和审美艺术价值。至于其负面价值，历来都存在着歧义，相比较而言，20 世纪的诠释者则表现得更为客观理智。“剪灯三话”序跋对小说有了新的认识，更为重视小说的娱乐功能。冯梦龙的“三言”序跋界定了通俗小说“通俗”而不可以“鄙俚浅薄”的审美特质；提倡通俗小说要适应“里耳”的阅读趋尚，主张少迎合“文心”；反对用复古的眼光来审视文学的发展；重视通俗小说的社会教育作用。凌濛初的“二拍”序跋主要阐发了三个方面的内容：第一，对文坛污浊现状的忧虑；第二，对宋元小说创作的评点；第三，“奇”的审美范畴的界定。

第六章是对清代小说序跋与接受环境的研究，论述了清代的政治环境、文化环境与小说序跋的关系。清代小说序跋多标榜小说的劝惩功能，甚至连艳情小说都不例外，序跋者的这一行为只能被理解为清代小说接受环境的苛酷，清代统治者利用政治权力对小说的地位以及传播造成干扰和影响。从政治的高度来考察小说和权力的关系，可以发现，清廷对于小说的管控，不仅表现为对不符合主流意识形态的小说的禁毁，还表现为对文本的重塑，借助于对文本的篡改和全新的诠释，以达到统一意识形态的目的。

第七章是对清代小说序跋与小说传播关系的研究，分别对不同类型小说的序跋与传播情况做了分析。清人在小说传播方面可谓不遗余力，从众多单篇文言小说的结集出版，到二十回左右的中篇小说的刊刻，都能够在短时间内完成，并以序跋的形式向读者加以推荐。而动辄长达百回左右的长篇小说的面世则相对较为缓慢，需要长时间以手抄本的形式在读者群中流传，并在这一阶段的传播中产生很好的评价。在酝酿一段时间之后，出于广阔市场前景的预期，书坊主才会投入大量资金，对其加以刊刻。在传播的手抄阶段，也有可能会有序跋对其进行评价，这也促进了小说的面世。

第八章是对清代小说序跋者与作者及读者关系的述评，分别研究了小说序跋者的身份、不同身份序跋者所作序跋的特点。清代小说的作者和序跋者的关系，因通俗小说与文言小说的区分而有着千差万别。由于文言小说具有相对较大的社会影响力，再加上文言小说的作者多为达官贵宦，高层交往保证了序跋者的社会地位相对较高；清代通俗小说虽然也取得了很高的文学成就，虽然获得了较高的认可，但由于作者多为社会中下层文人，且经济状况堪忧，社会交往面不够宽广，所以序跋者多为作家本人。即使由其他人作序，也多为笔名或佚名。本章从小说序跋与读者的阅读趣味、对主流文化的顺从等方面做了论述。过去学术界一般认为清代通俗小说读者只是中下层文人，可是根据对小说序跋的解读，以及新的史料的发现，可以得出令人信服的结论：清代通俗小说的读者面非常广泛，不仅有中下层文人，而且还包括大批的满族人，其中不乏清廷贵族，甚至是皇帝及皇室成员。

第九章是对清代小说序跋中小说理论的研究，分别探讨了“奇”的审美特征、虚实之辨、小说的教化等功能。清代小说最重要的审美特征就是新奇。清代小说虽然仿作多、续作多，但清人在续写、仿写的时候能够自觉追求情节自身的新颖，有完全不同于过往的叙事元素的添加，再加上人物塑造手法的标新立异，使得小说“新”气逼人。可以说，清人用仿写和续写创造出了清代小说的巅峰状态，但当清人在仿写和续写中满足着他们对经济效益的追逐，而忽略了小说最重要的审美特征“新奇”的时候，也将清代小说送上了式微之路。

第十章是清代小说序跋个案研究，分别论述了王士禛、纪昀的小说观，从《聊斋志异》清人序跋看其在清代的传播，清人所作《红楼梦》序跋对《红楼梦》多重价值的认识。王士禛不仅是清代著名诗人，而且对小说情有独钟。他一生撰写了多部笔记，还为多部文言小说作了跋语。通过他的笔记小说自序及为几部小说所作的跋语，我们可以窥知其小说观，并进而发现其小说的价值所在。《聊斋志异》尚未全部完成之时，已有文人为之作序；其后清代出现的各种抄本、刻本、注评本、图咏本等都有为之作序者。通过分析清人的这些序跋，我们可以更好地把握《聊斋志异》在清代的传播情况，从而认识到传播环节对一部文学名著所产生的重要作用。《阅微草堂笔记》是清代学者纪昀晚年所作的文言笔记小说集的总称，在清代乃至整个中国小说史上都具有一定的地位和价值。在每一种集子结集后，纪昀都撰写了自序，最后还为《阅微草堂笔记》写了题词。通过对纪昀《阅微草堂笔记》五种自序和题词的考察，我们分析了纪昀小说观的基本特征，即重视劝惩、忠厚公正、如实记述、少加渲染。这一小说观虽然有其明显不足，但在中国小说理论史上自有其代表性。《石头记》在传抄过程中及以“红楼梦”书名刊行后，清人为其作序跋者，计有十几人之多。这些作序跋者的身份、动机各不相同：戚蓼生、梦觉主人等人以读者身份对《石头记》的思想、艺术做出了评价；张新之、五桂山人、鸳湖月痴子、紫琅山人、孙桐生等以评点者或评点本读者的身份对《红楼梦》做出了评判；程伟元、高鹗等人以整理者、刊行者的身份阐明了百二十回本《红楼梦》的整理、刊行情形；刘铨福等以藏书家的身份对脂评本《石头记》的收藏情况及阅读感受做了简介。可以发现，以上序跋虽角度不同、长短各异，但都具有一定的价值。

本书运用了以下研究方法。一是古今小说理论相结合。古代小说序跋本身蕴含着丰富的古代小说理论，但比较零散和随意，本书运用现代的小说理论对其做出概括和分析，使之具有更为鲜明的理论色彩和系统的理论特征。二是中西小说理论相结合。各民族之间的文化既有所区别，也有一定的联系，作为小说及其理论也是如此。因此运用西方的小说理论对古代小说序跋中的小说理论进行研究，可以更好地把握其所具有的鲜明的民族特色。三是历史性与逻辑性相统一。本书所涉及的古代小说序跋前后相距千余年，其间理论的内涵、范畴既有同一性，又有差异性。总体上来看，小说理论在不断发展和进步，但特定历史时期的某一理论也有其不可替代的价值。

古代小说序跋的内容非常庞杂，本书的重点是以古代小说序跋为依据，同时参照其他论述以构建中国小说理论，解决某些疑难问题。目前学术界对古代小说诠释理论、价值理论、叙事理论、传播理论的研究相对比较薄弱，因此这些方面的研究是重中之重。古代小说序跋数量多、内容杂，从中梳理出相关理论是本书的难点。

本书的基本观点：古代小说序跋中蕴含着丰富的小说史及小说理论资料，挖掘并进而分析这些资料，对于廓清某些学术误区、构建中国小说史具有重要意义。以往学术界更多关注的是以诗文理论为主的中国古代文论，至于小说理论则主要集中在对明清小说评点的研究上。本书的创新之处体现在两个方面：一是对古代小说序跋做出全面系统的研究，在此基础上，挖掘出古代小说的许多基本问题；二是突破批评论、创作论、风格论等固有的理论范畴，构建符合古代小说实际的研究体系。

第一章　唐前小说序跋研究

唐代之前是中国古代小说的萌生期和成长期，小说的概念、功能、类型、特点还不那么清晰。同时在各种文化观念的影响下，其内容又具有各种文化范畴相交融的特点。与古代小说相比，小说序跋出现得更晚。一般认为，晋代干宝的《搜神记自序》是第一篇小说家的自序，郭璞的《山海经序》是第一篇学者为小说所作的序言。小说观是唐前小说理论的重要问题，几部小说代表作的性质、成书与传播亦为学界所关注，故本章集中讨论上述问题。

第一节　唐前小说创作与小说序跋的文化背景

无论是唐前的小说创作，还是小说序跋的撰写，尤其是小说观念，我们都要将其置于当时的文化背景之下加以观照，才能够把握其精神实质与基本特征。

一、汉魏六朝文化特征与小说创作

儒学、佛道二教及神仙信仰、巫术方士构成了汉魏六朝七百余年间的多元文化背景。汉代小说虽大部分已经散佚，但就现有的资料，仍不难看出其基本的文化心理内涵，试以班固《汉书·艺文志·小说家》①著录的几部汉代小说为例略加说明。汉武帝时的《封禅方说》，乃言封禅方术之书。因武帝时方士多燕齐之士，此书或即齐地方士献上之书。《待诏臣安成未央术》，应劭注曰："道家也，好养生事，为未央之术。"《虞初周说》，班固注曰："河南人，武帝时以方士侍郎，号黄车使者。"这位虞初，也是一名方士。张衡《西京赋》曰："小说九百，本自虞初。从容之求，实俟实储。"薛综注曰："小说医巫厌祝之术……持此秘术，储以自随，待上所求问，皆常具也。"②不难看出，上举几书皆出自方士之手。

方士的产生与神仙信仰有着密不可分的联系。早在先秦时期，神仙之说已屡见于各类典籍之中，如《庄子·逍遥游》："藐姑射之山，有神人居焉，肌肤若冰雪，绰约若处子，不食五谷，吸风饮露。乘云气，御飞龙，而游乎四海之外。"③《庄子·天地》："千岁厌世，去而上仙，乘彼白云，至于帝乡。三患莫至，身常无殃。"④《列子·汤问》说，渤海之东有五座仙山，"所居之人皆仙圣之种"⑤。由对神仙的信仰、羡慕进而发展为成神求仙、长生不死，如秦始皇"东游海上，行礼祠名山大川及八神，求仙人羡门之属"⑥，汉武帝也希图封禅升天成仙。迎合着社会上的需要，巫觋之辈继承总结先秦的各种方术，自谓能使人成为神仙，这便是方士的由来。由这些方士编撰的小说也就自然以方术神仙为主要内容，是方士自神其术的宣传品。

这种由方士或神仙信仰者编撰小说的风气延续甚久，以至于六朝时掀起了托名汉人编著神仙之书的一股浪潮。如旧题东方朔撰的《神异经》，近人余嘉锡论道："若论作者著书之旨，则《唐志》属之神仙家，不为

---

① 〔汉〕班固：《汉书》，中华书局2000年版，第1377~1378页。

② 〔汉〕张衡：《西京赋》，见《六臣注文选》，影印《四部丛刊》，中华书局1987年版，第55页。

③ 〔清〕王先谦：《庄子集解》，上海书店1986年版，第4页。

④ 〔清〕王先谦：《庄子集解》，上海书店1986年版，第72页。

⑤ 杨伯峻：《列子集释》，中华书局1979年版，第152页。

⑥ 〔汉〕司马迁：《史记》，中华书局2000年版，第1169页。

无见。……凡此皆神仙家言，其必出于后汉方士之手无疑也。……自其著书之宗旨言之，则实与神仙家相近。”①再如旧题班固撰的《汉武内传》，明人胡应麟指出：“《汉武内传》，不著名氏。详其文体，是六朝人作，盖齐、梁间好事者为之也。所载诸仙女名，诗家多用，上元夫人盖本此。”②清人钱熙祚进而考证道：“此书旧题班固撰，《中兴书目》题汉光禄大夫郭宪，而晁伯宇以为葛洪伪造。书中年月日名，依附本纪，其论神仙服食及五岳真形图，四十年一传，与《抱朴子》《仙药》《遐览》诸篇相涉。……大约东晋以后，浮华之士，造作诞妄，转相祖述，其谁氏所作，不足深究也。”③其余如托名东方朔的《十洲记》、托名刘歆的《西京杂记》、托名班固的《汉武帝故事》、托名郭宪的《汉武洞冥记》等，情形也大体若此。

如果我们要探寻六朝文士托名汉人的原因，大抵不外两点。其一，借汉代著名文人以自重，使其书得以广泛流传。其二，增强此类神仙家之书的真实性和可信度。这些真正的编撰者们既对神仙之说有着极诚的信仰，本着这种信仰便编撰出种种神异之事。然而他们毕竟要凭借着种种传闻进行虚构，因此又具有小说艺术的某些因素。但归根结底这类神仙家言只能算作小说的一种雏形。

六朝志怪小说紧承方士神仙之书的余绪而勃兴，只不过更多的文士加入了编撰者的行列。之所以形成这样一个高潮，一方面固然与传统的神仙信仰有关，另一个似乎更重要的原因在于道教的正式形成及佛教的传入与扩散。从整体上说，六朝志怪的文化心理实质是道教与佛教的观念、教义的具体化与形象化。正如明人胡应麟所说：“魏、晋好长生，故多灵变之说；齐、梁弘释典，故多因果之谈。”④鲁迅先生的论述更为具体：“中国本信巫，秦汉以来，神仙之说盛行，汉末又大畅巫风，而鬼道愈炽；

---

① 余嘉锡：《四库提要辨证》，中华书局 1980 年版，第 1127～1128 页。

② 〔明〕胡应麟：《少室山房笔丛·四部正讹下》，上海书店出版社 2001 年版，第 318 页。

③ 引自《汉武帝内传》，《守山阁丛书》本。

④ 〔明〕胡应麟：《少室山房笔丛·九流绪论下》，上海书店出版社 2001 年版，第 283 页。

会小乘佛教亦入中土，渐见流传。凡此，皆张皇鬼神，称道灵异，故自晋迄隋，特多鬼神志怪之书。”①

佛教自西汉末东汉初渐入中国，为了求得生存与发展，必须向中国本土固有的文化观念寻找契合点，因此曾被视为道术的一种。《三国志·魏书·东夷传》注引《魏略·西戎传》曰：“《浮屠》所载与中国《老子经》相出入，盖以为老子西出关，过西域之天竺，教胡。”②汉桓帝曾于宫中建黄老、浮屠之祠③，黄老乃道教所崇奉的对象，浮屠却与之并祀。反之，神仙家之书，也喜欢借佛教以自重，如托名刘向的《列仙传》在赞语中说：“得仙者百四十六人。其七十四人，已见佛经。”④托名东方朔的《神异经》虽出自方士之手，也有媚佛之言。汉灵帝末年牟融所撰《理惑论》称：“锐志于佛道，兼研《老子》五千文。含玄妙为酒浆，玩五经为琴簧。”⑤牟融不仅佛道并称，且将儒学经典等同视之。因此出现于这一时期的小说多将释道并举而无严格界限。

佛教影响日益扩大，且有与道教争夺宗教正统地位的趋势，于是二者之间产生了论辩与斗争。道教为了贬抑佛教，制造了《老子化胡经》和《西升经》。《西升经》第一章就说：“老子西升，开道竺乾。”⑥就是说老子西入流沙，到天竺国传道开化。南齐顾欢《夷夏论》曰：“道经云：‘老子入关之天竺维卫国，国王夫人名曰净妙，老子因其昼寝，乘日精入净妙口中，后年四月八日夜半时，剖左腋而生，坠地即行七步，于是佛道兴焉。’此出《玄妙内篇》。”⑦南朝宋司徒袁粲不同意顾欢之说，顾欢又以道教经典在中国的出现比佛经要早得多予以反驳：“道经之作，著自西周，佛经之来，始乎

① 鲁迅：《中国小说史略》，东方出版社 1996 年版，第 28 页。

② 〔晋〕陈寿撰，〔南朝宋〕裴松之注：《三国志》，中华书局 2000 年版，第 637 页。

③ 〔南朝宋〕范晔：《后汉书》，中华书局 2000 年版，第 727 页。

④ 王叔岷校笺：《列仙传校笺》，中华书局 2007 年版，第 217 页。

⑤ 〔汉〕牟融：《理惑论》，《平津馆丛书》本。

⑥ 《西升经》，明《正统道藏》本。

⑦ 〔南朝齐〕顾欢：《夷夏论》，见《南齐书·顾欢传》，中华书局 2000 年版，第 633 页。

东汉，年逾八百，代悬数十。若谓黄老虽久，而滥在释前，是吕尚盗陈恒之齐，刘季窃王莽之汉也。”①当然佛教徒也不甘示弱，他们称：“月光童子当出于秦国作圣君，受我经法，兴隆道化。”②意谓中国及诸边裔的国家都普遍地信奉佛法。佛经又说，释迦“或为圣帝，或作儒林之宗，国师道士”③。佛道的论争在一定程度上影响了晋至隋志怪小说的文化心理内涵，使其各有所偏重。试以现存的《搜神记》与《还冤志》为例，便不难见出此点。

关于《搜神记》的编撰缘起，《晋书·干宝传》有较详尽的叙述：“干宝字令升……性好阴阳术数，留思京房、夏侯胜等传。宝父先有所宠侍婢，母甚妒忌，及父亡，母乃生推婢于墓中。宝兄弟年小，不之审也。后十余年，母丧，开墓，而婢伏棺如生，载还，经日乃苏。……又宝兄尝病气绝，积日不冷，后遂悟，云见天地间鬼神事，如梦觉，不自知死。宝以此遂撰集古今神祇灵异人物变化，名为《搜神记》，凡三十卷。”④可见，干宝是一位笃信神仙术数的文士，撰写《搜神记》是为了“明神道之不诬”，实质上就是为了宣扬道教。

北齐颜之推编撰的《还冤志》情况则恰恰相反，正如《四库全书总目》所说：“自梁武以后，佛教弥昌，士大夫率皈礼能仁，盛谈因果。之推《家训》有《归心篇》，于罪福尤为笃信。故此书所述，皆释家报应之说。”⑤书中的故事，多见于旧籍，引经史以证因果报应，可见佛教观念的深刻影响。对于道教的神仙信仰、鬼神崇拜、妖祥卜梦、灵怪变化等却较少涉及。

值得注意的是，六朝志怪还表现了一些新的文化心理特质。首先是伦理观念的进一步突出，有意无意中透露了儒学道德规范的威力。《搜神记》卷一的董永故事，因为董永至孝，天帝才令织女相助；卷四所写糜竺受到天使的报答，是因为他行善积德，肯于帮助一位素不相识的弱妇。

---

① 〔南朝齐〕顾欢：《答袁粲驳夷夏论》，见《南齐书·顾欢传》，中华书局 2000 年版，第 635 页。

② 〔西晋〕竺法护译：《佛说申日经》，《大正新修大藏经》本。

③ 《大藏经·太子瑞应本起经》，《大正新修大藏经》本。

④ 〔唐〕房玄龄等：《晋书》，中华书局 2000 年版，第 1433 页。

⑤ 〔清〕永瑢等：《四库全书总目》，中华书局 1965 年版，第 1208～1209 页。

其次是对男女爱情的肯定与讴歌，如著名的“韩凭夫妇”“紫玉韩重”等故事。再次是对强权的抗争及与鬼魅的智斗，如“干将莫邪”“李寄斩蛇”“宋定伯捉鬼”等故事。从文化心理上分析，这些故事与儒家主张及自先秦以来的唯物主义思潮有着密切联系，与传统的民族性格及素质密切相关。这些新的文化心理特质对后世的小说创作具有十分重要的影响。

二、志人小说与魏晋玄学

魏晋南北朝时期，迅速崛起的玄学和广泛传播的佛、道二教，撼动了汉武帝以来儒学独尊的地位。被压抑了数百年的先秦名、法、道诸家，重新引起了人们的浓厚兴趣。在汉代被理解为道术的佛教，开始与玄学相结合；原来仅在下层社会活动的道教，逐步迈入了社会上层。这一文化转型使包括小说在内的文学领域发生了重大的变化。

在中国小说史上，魏晋南北朝时期的志人小说占有重要地位。它与两汉时期以神仙为讴歌对象的小说不同，而把现实生活中的人当作主要的表现对象。需要进一步指出的是，它所表现的人，不再停留于外在的行为节操，而更注重于某种内在的、本质的精神格调。这一切都与魏晋时期的玄学直接相关。所谓玄学，是以道家、道教为主，释、儒为辅的一种学派。范文澜认为，“玄学是属于道家流派的一个哲学派别”①。六朝志人小说从文化心理上看，与魏晋之际的玄学直接相关。当时文人将《周易》《老子》《庄子》称为“三玄”，何晏、王弼分别以道家思想注解《论语》《周易》等儒家经典。佛教也将真空假有的般若学与玄学相调和，佛教领袖慧远把佛教观念与儒家礼教相沟通，提出了“佛儒合明论”。在玄学的影响下，文人士大夫崇尚自然适意，追求无拘无束的生活，希图轻松自由的感觉。记录文人士大夫轶闻琐事的小说也就带有这些显著特征。《世说新语》是志人小说的代表作，前人论述时多用“清微简远，居然玄胜”②、

① 范文澜：《中国通史》第二册，人民出版社1978年版，第539页。

② 〔宋〕刘应登：《世说新语序》，见丁锡根编著《中国历代小说序跋集》，人民文学出版社1996年版，第264页。

"以玄韵为宗"①、"叙述名隽,为清言之渊薮"②等类评语,可谓准确地把握了上述特征。

首先,魏晋玄学对外在的权威提出了大胆的怀疑和否定,从而表明了内在人格的觉醒和追求。魏晋之际,阮籍、嵇康以老庄为师,使酒任性,玩世不恭,认为名教与自然相对立,主张"越名教而任自然"③,大胆地"非汤武而薄周孔"④,指斥"六经未必为太阳"⑤,认为名教礼法是"岂为我设邪"⑥,主张"无君而庶物定,无臣而万事理",讽刺礼法之士不过是裤中之虱⑦。文人士大夫崇尚自然适意,追求无拘无束的生活。当时不少文人指出:"元康以来,贱经尚道。以玄虚宏放为夷达,以儒术清检为鄙俗。"⑧"学者以庄老为宗,而黜六经,谈者以虚薄为辨,而贱名检,行身者以放浊为通,而狭节信。"⑨人的觉醒使志人小说应运而生,以《世说新语》为代表的志人小说以其鲜明的时代特征与魏晋玄学相映衬。

其次,魏晋玄学更注重本体论的探讨,从而强调了人内在的精神本体。曹魏正始年间的何晏、王弼认为虚无的"道"或"无"是产生万物的宗主,"有"从"无"产生,所谓"天地万物皆以无为本"⑩。王弼说:"本在无为,母在无名,弃本舍母而适其子,功虽大焉,必有不济。"⑪"夫物之所以

---

① 〔明〕胡应麟:《少室山房笔丛·九流绪论下》,上海书店出版社2001年版,第285页。

② 〔清〕周中孚:《郑堂读书记·世说新语》,上海书店出版社2008年版,第1030页。

③ 〔唐〕房玄龄等:《晋书·嵇康传》,中华书局2000年版,第906页。

④ 〔三国魏〕嵇康著,戴明扬校注:《嵇康集校注·与山巨源绝交书》,人民文学出版社1962年版,第122页。

⑤ 〔三国魏〕嵇康著,戴明扬校注:《嵇康集校注·难张辽叔自然好学论》,人民文学出版社1962年版,第263页。

⑥ 〔唐〕房玄龄等:《晋书·阮籍传》,中华书局2000年版,第900页。

⑦ 〔三国魏〕阮籍著,陈伯君校注:《阮籍集校注·大人先生传》,中华书局1987年版,第170页。

⑧ 〔晋〕应詹:《陈便宜疏》,见《全晋文》卷三五,商务印书馆1999年版,第354页。

⑨ 〔晋〕干宝:《晋纪总论》,见《文选》卷四九,中华书局1977年版,第932页。

⑩ 〔唐〕房玄龄等:《晋书·王戎传》附《王衍传》,中华书局2000年版,第814页。

⑪ 〔三国魏〕王弼:《老子》三十八章注,上海书店1986年版,第24页。

生，功之所以成，必生乎无形，由乎无名。无形无名者，事物之宗也。”①这就是说，外在的功业名利都是“无”这一本体产生的，所以都是有限的和易于穷尽的；只有内在的精神本体才是无限的和不可穷尽的。王弼认为只有“圣人”才具有这种精神本体：“圣人茂于人者神明也，同于人者五情也，神明茂故能体冲和以通无，五情同故不能无哀乐以应物。”②因此，内在的精神格调成为品评人物的最高标准和原则。表面外在的功名、道德、学问、气节，逐步让位于才情、气质、格调、风貌、性分、能力等内在的精神因素。《世说新语》虽然也赞美了“王祥事母”“王戎死孝”“阮裕焚车”“管宁割席”“荀巨伯访友”等德行气节之事，但这不过仅占全书的几十分之一。

再次，魏晋玄学提出了“言不尽意”的哲学命题，从而触及了文学创作的审美规律问题。王弼认为“尽意莫若象，尽象莫若言”“言者所以明象，得象忘言；象者所以存意，得意忘象”③。言词形象都是可穷尽的传达工具，重要的是通过这些有限的工具去表达出那不可穷尽的无限本体。言词形象是外在的“形”，无限本体是内在的“神”，所以“言不尽意”就是要求“以形写神”。刻画人物的外在形象并不是最终目的，表达出人物的内在神情才是应当追求的最高境界。《世说新语》在表现技巧上也完全遵循了这一宗旨，作者往往以极其简洁的语言描写，就使各类人物“气韵生动”，跃然纸上。如“张季鹰纵任不拘……曰：‘使我有身后名，不如即时一杯酒！’”④再如“毕茂世云：‘一手持蟹螯，一手持酒杯，拍浮酒池中，便足了一生。’”⑤寥寥数语，而人物的内在精神无不毕现于眼前。

---

① 〔三国魏〕王弼著，楼宇烈校释：《王弼集校释·老子指略》，中华书局1980年版，第195页。

② 〔晋〕陈寿著，〔南朝宋〕裴松之注：《三国志·魏书·锺会传》裴松之注引何劭《王弼传》语，中华书局2000年版，第591页。

③ 〔三国魏〕王弼著，楼宇烈校释：《王弼集校释·周易略例》，中华书局1980年版，第609页。

④ 余嘉锡：《世说新语笺疏》，中华书局1983年版，第739～740页。

⑤ 余嘉锡：《世说新语笺疏》，中华书局1983年版，第740页。

最后，《世说新语》中崇尚道家、道教的篇章极多，摆脱拘束，托怀玄胜，远咏老庄，以清谈为经济，以隐逸为高洁，不以物务婴心，甚而讲求服药饮酒。如著名的"刘伶纵酒""阮籍见嫂""王徽之访友"，再如"谢安屡辞朝命""孙安国与殷中军谈论"等，都是这种心态的表现。"庾子嵩读《庄子》""殷中军论佛经"等表现的都是内在的智慧；"王右军如游云惊龙""嵇叔夜若孤松五山"等，赞美的都是高超的风貌。《世说新语》受佛教影响也是十分明显的，如"殷中军见佛经云：'理亦应阿堵上。'"①人物言谈机警多锋、简约有味，充满佛经论辩意味，而且直接记述了支道林等佛教徒的言行。更重要的是，这些故事"虽不过丛残小语，而俱为人间言动，遂脱志怪之牢笼也"②。也就是说，它已经走出了宗教信仰的领地，步入了表现人生的领域。这固然是先秦、两汉历史传记文学的延续，但毕竟更能体现出虚构与想象等小说的艺术特点。

三、佛道二教与志怪小说

如果说志人小说是魏晋玄学的直接产物，因而带有玄学的种种特征，那么，魏晋南北朝时期的志怪小说则是佛道二教的产物，是佛道二教观念教义的具体化与形象化。尽管前者以现实生活中的人为表现对象，后者以虚幻的神鬼为描写对象，但是它们都在很大程度上背离了占主导地位的儒家文化，都是文化转型的结果。

从班固《汉书·艺文志·小说家》著录的情况来看，汉代小说以方术神仙为主要内容，是方士自神其术的宣传品。但是，由于儒家经学占据着绝对的主导地位，因此它受到轻视，不仅数量极少且大都已经亡佚。诚如班固所论："小说家者流，盖出于稗官。街谈巷语、道听涂说者之所造也。孔子曰：'虽小道，必有可观者焉，致远恐泥，是以君子弗为也。'然亦弗灭

① 余嘉锡：《世说新语笺疏》，中华书局1983年版，第214页。
② 鲁迅：《中国小说史略》，东方出版社1996年版，第43页。

也。闾里小知者之所及，亦使缀而不忘。如或一言可采，此亦刍荛狂夫之议也。”①它不过是些“街谈巷语、道听涂说”的无稽之谈，它的作者是“闾里小知者”“刍荛狂夫”一类下层人物，它的功用最多不过“一言可采”。这种小说观是正统文学观念的产物，只能阻碍小说的发展。

然而我们可以看到，魏晋南北朝时期的人们并未被这一小说观捆住手脚。他们热衷于托名汉人编著神仙之书，如托名东方朔的《神异经》《十洲记》，托名班固的《汉武内传》《汉武帝故事》，托名郭宪的《汉武洞冥记》等。他们更倾心于搜神志怪、叙谈因果、议论冥祥，如干宝的《搜神记》、王嘉的《拾遗记》、颜之推的《还冤志》、王琰的《冥祥记》等。之所以出现这种情形，从文化这一角度考察，就在于佛道二教对主流文化——儒家学说的冲击与背离，在魏晋南北朝时期达到了极其猛烈的程度。从上层统治者到文人士大夫，再到下层民众，笃信佛道的人越来越多。在这种文化氛围中，出现大量志怪之书也就不足为奇了。

首先，我们可以看到，志怪小说的创作主旨与佛道二教密切相关。《搜神记》是志怪小说的代表作，关于其创作主旨，作者干宝自称为“明神道之不诬”②。如前文介绍《搜神记》编撰缘起时所述，干宝是一位笃信神仙术数等道教观念的文士，他撰写《搜神记》，实质上就是为了宣扬道教。再如刘义庆的《宣验记》、王琰的《冥祥记》、颜之推的《还冤志》等，则全是“释氏辅教之书”。其创作主旨乃在于有意识地宣传佛教，而这些小说的作者也无一例外的都是佛教信徒。史称刘义庆“晚节奉养沙门，颇致费损”③。王琰自谓“稚年在交阯。彼土有贤法师者，道德僧也。见授五戒，以观世音金像一躯，见与供养……奉以还都……寄京师南涧寺中。……琰昼寝，梦见立于座隅；意甚异之。时日已暮，即驰迎还”④。当然，

① 〔汉〕班固：《汉书》，中华书局2000年版，第1377～1378页。

② 〔唐〕房玄龄等：《晋书·干宝传》，中华书局2000年版，第1434页。

③ 〔南朝梁〕沈约：《宋书·刘义庆传》，中华书局2000年版，第974页。

④ 〔晋〕王琰：《冥祥记自序》，见鲁迅校录《古小说钩沉》，齐鲁书社1997年版，第276页。

也有一些志怪小说如刘敬叔的《异苑》，兼容佛道二教。其创作主旨虽不如上述小说佛道分明，但归根结底也是为了宣扬佛道，在这一点上并无根本区别。

其次，从内容上考察，志怪小说乃是佛道二教教义观念的具体化、形象化与通俗化。它们所宣扬的佛道观念教义，往往并不那么系统严谨，而带有粗俗化、片面化的倾向。佛教自西汉末东汉初传入中土，至魏晋时期达到高潮。以般若学说为基本内容的大乘空宗，因为在思想上与魏晋玄学有相似之处，所以迎合了上层社会的需要，偏重于对佛教义理的探讨，但佛教并未普及到社会各个阶层。从西晋末年起，特别是进入东晋十六国时期之后，战争连年不断，人民生活困苦，容易接受佛教关于彼岸世界的宣传。著名僧人慧远大力倡导因果报应之说，作《三报论》《明因果论》，认为众生在未达到"神界"之前，总是循着"十二缘起"说所指的因果链条，处在生死流转、累劫轮回的痛苦之中。生死祸福、富贵贫贱都是报应。报应又分为"现报、生报、后报"三种，今生之报是前世作业的结果。这种伦理化的教义最易为人所接受，因此，志怪小说中的佛教教义几乎全部集中于报应灵验之上。至于其他高深的义理，志怪小说中就很少涉及了。这是佛教对志怪小说的影响的一个重要特征。与佛教不同，道教本身就是中国土生土长的宗教，其思想渊源"杂而多端"。从古代的宗教观念、巫祝文化到神仙信仰、方术方士，从汉初的黄老思想到谶纬神学，道教无不吸收继承。东汉时期，道教仅在民间传播，至晋代而迅速发展。晋武帝时葛洪著《抱朴子》《神仙传》《隐逸传》等书，其《抱朴子·内篇》反复论述服药求仙必成，仙人必有。书中援引历代神仙故事以及仙经所记载的说法作为立论的依据，夸大药物和道术的作用，认为上药能令人长生不死、道术能令人飞升。南朝齐梁间的著名道士陶弘景，在《真灵位业图》中把神仙分成许多等级，"虽同号真人，真品乃有数；俱目仙人，仙亦有等级千亿"。除神仙信仰外，道教还宣扬鬼怪变化、禳邪祛祸的法术。因此，道教对志怪小说的影响就显得芜杂零乱。如《搜神记》卷一至卷三记述了神农、赤松子、彭祖、葛玄等道教崇奉的神仙或教主；卷六至卷十记述了妖祥卜梦等与谶纬神学相关的事物;卷十二、十三、十七、十八、十九记述了物怪变化等与鬼神崇拜相关的事物;卷十五、十六记述了鬼事及还魂事等与佛教有联系的现象。其间还有一些采自民间传说。但并不能因此就说,《搜神记》"只是搜罗一些神怪故事,至于这些故事反映了哪种人的思想,作者往往不加区别"①。作者干宝反映的是道教观念,这是非常明确的。只是因为道教思想本身就是一个庞杂的集合体,所以才使《搜神记》也异常庞杂起来。

至于《搜神记》还表现了佛教的轮回说,其实也很好解释。北魏时著名道士寇谦之就采纳了佛教轮回报应说,他借太上老君的口气说道:"此等之人,尽在地狱,若有罪重之者,转生虫畜。"又说:"死入地狱,若轮转精魂虫畜猪羊而生,偿罪难毕。"②陶弘景也采取了佛教这一观念。同样,佛教教义中也吸取了道教长生神仙思想,如南岳僧人慧思在《立誓愿文》中说:"我今入山修习苦行……为护法故,求长寿命……愿借外丹力修内丹。"佛道二教观念的相互采用沟通,对志怪小说当然也有影响。上举刘敬叔《异苑》便是一例。

再次,从艺术表现来看,志怪小说所描写的故事当然是现实中不可能存在的事,其作者却要力证这些故事的真实可靠。干宝发誓说他的《搜神记》"采访近世之事,苟有虚错,愿与先贤前儒分其讥谤"③。王琰在《冥祥记》中则编造出"某些方面符合于一定的史实或生活的本来面貌"的故事④,以取信于人。这样一来,作者便力求使故事具体、生动,从而在艺术技巧上下了不少功夫。如《搜神记》卷十六所记卢充与崔少府之女冥婚事,墓中结合却在阳世重逢,并且"同坐皆见"。崔玉赠卢充金碗,被崔氏姨母得知,遂将卢充与小女儿接至家中。"诸亲悉集,儿有崔氏之状,又复似充貌"。后来,"子孙冠盖,相承至今。其后植,字子干,有名天

① 曹道衡:《论王琰和他的〈冥祥记〉》,载《文学遗产》1992年第1期。
② 《老君音诵诫经》,明《正统道藏》本。
③ 〔唐〕房玄龄等:《晋书·干宝传》,中华书局2000年版,第1434页。
④ 曹道衡:《论王琰和他的〈冥祥记〉》,载《文学遗产》1992年第1期。

下”。卢植即为现实中人,《后汉书》有《卢植传》可证。这类故事虽带有浓厚的宗教色彩,但已具有较为明显的小说艺术特征。

鲁迅先生曾说“曹丕的一个时代可说是文学的自觉时代”①,然而他又说,“小说亦如诗,至唐代而一变,虽尚不离于搜奇记逸……而尤显者乃在是时则始有意为小说”②。这就是说,魏晋南北朝时期虽然是“文学的自觉时代”,但还不是小说的自觉时代。造成这种现象的原因,主要还是在于小说尚未与玄学和佛道二教彻底分离。玄学、佛教、道教不可能产生出真正意义上的小说来,但这时期的小说毕竟具备了小说艺术的雏形,为后世小说创作的发展成熟铺就了一层不可或缺的台阶。

第二节　从《山海经》序跋看其成书与性质

自西汉末年刘秀(原名歆)《上山海经表》之后,晋代郭璞,宋代尤袤,明代杨慎、刘大昌、周奭、杨宗吾,清代李调元、吴任臣、毕沅、孙星衍、郝懿行、阮元等都为《山海经》撰写过序跋。本节通过梳理上述序跋,拟厘清《山海经》的卷数、版本、作者、成书时间、性质等问题。

一、刘秀《上山海经表》与《山海经》卷数

西汉末年刘秀(? —23,原名歆)《上山海经表》是有关《山海经》的一篇重要文献,该文献涉及《山海经》四个方面的问题:卷数、成书时间、作者、性质。《上山海经表》云:

> 所校《山海经》凡三十二篇,今定为一十八篇,已定。《山海经》者,出于唐虞之际。昔洪水洋溢,漫衍中国……禹乘四载,随山刊木,定高山大川。益与伯翳,主驱禽兽,命山川,类草木,别水土。四岳佐之,以周四方,逮人迹之所希至,及舟舆之所罕到。内别五方之山,外

① 鲁迅:《而已集·魏晋风度与文章及药与酒之关系》,见《鲁迅全集》第三卷,人民文学出版社2005年版,第526页。

② 鲁迅:《中国小说史略》,东方出版社1996年版,第51页。

分八方之海，纪其珍宝奇物异方之所生，水土草木禽兽昆虫麟凤之所止，祯祥之所隐，及四海之外，绝域之国，殊类之人。禹别九州，任土作贡，而益等类物善恶，著《山海经》，皆圣贤之遗事，古文之著明者也。①

关于《山海经》的卷数，历代著录各有不同。刘向（约前78—前6）在《山海经》校辑定本中起了很大作用，刘秀是刘向少子。刘向死后，刘秀继承父业，总校群书，著有《七略》等书。刘氏在总校群书中，将所收集的《山海经》各种册本校编为三十二篇，最后定为十八篇，于建平元年（前6）四月进呈。刘秀说“所校《山海经》凡三十二篇，今定为一十八篇，已定”。这表明《山海经》曾以三十二篇的形式流传过。刘秀所定十八篇包括《山经》十篇，《海外经》《海内经》各四篇，没有今本《大荒经》四卷和《海内经》一卷。刘秀是根据《山经》每篇的篇幅大小而定篇数，《南山经》《东山经》篇幅较小，故各为一篇，《西山经》《北山经》篇幅较大，故各定为上下两篇，《中山经》篇幅最大，故定为上中下三篇，再以《中山经》东北为一篇。

晋代郭璞（276—324）完成了《山海经》的最后编定工作，将逸在外的五篇即《大荒经》四卷和《海内经》一卷合于刘本之后，成为现今看到的十八卷本。郭璞还是《山海经》的第一位注家，重视地理考证，常与其他地理书相互参照。郭璞除《山海经》注十八卷外，另有音注二卷，图赞二卷。郭璞在《山海经序》中交代了作注的原因，但对《山海经》的卷数未作说明。

宋代尤袤（1127—1194）《山海经跋》云：“继得《道藏》本，《南山》《东山》经各自为一卷，《西山》《北山》各分为上、下两卷，《中山》为上、中、下三卷，别以《中山东北》为一卷。”②这表明宋代《道藏》本中的《山经》分为

---

① 〔汉〕刘秀：《上山海经表》，见丁锡根编著《中国历代小说序跋集》，人民文学出版社1996年版，第4页。

② 〔宋〕尤袤：《山海经跋》，见〔清〕张金吾《爱日精庐藏书志》，上海古籍出版社2014年版，第796页。

十卷,与刘秀校本一致。

明《道藏》本目录《海内经第十八》之下注云:“此《海内经》及《大荒经》本皆进(一作逸)在外。”李剑国先生指出这应是郭璞为《山海经》作注之语,这五卷“篇后又无校进款识,记叙次第亦不同其他,且内容多与《海外》《海内》重复,是则为刘歆删去者。郭璞注《山海经》,复取而补入,共为二十三篇。故《隋书·经籍志》著录郭璞注本为二十三卷”①。东汉的历史学家班固(32—92)《汉书·艺文志》著录《山海经》十三篇②,是将《山经》由十篇改为五篇,实际上与刘秀所定相合,没有《大荒经》和一卷的《海内经》。《隋书·经籍志》著录郭璞注本为二十三卷③,《旧唐书·经籍志》著录为十八卷④,是将《山经》复合并为五卷,包括《大荒经》和一卷的《海内经》,因此实际上与《隋书·经籍志》著录的二十三卷相同。

清代学者郝懿行(1757—1825)《山海经笺疏叙》云:

> 《山海经》古本三十二篇,刘子骏校定为一十八篇,即郭景纯所传是也。今考《南山经》三篇,《西山经》四篇,《北山经》三篇,《东山经》四篇,《中山经》十二篇,并《海外经》四篇,《海内经》四篇,除《大荒经》以下不数,已得三十四篇,则与古经三十二篇之目不符也。《隋书·经籍志》:“《山海经》二十三卷。”《旧唐书》:十八卷,又《图赞》二卷、《音》二卷,并郭璞撰。此则十八卷,又加四卷,才二十二卷,复与《经籍志》二十三卷之目不符也。《汉书·艺文志》:《山海经》十三篇,在形法家,不言有十八篇。所谓十八篇者,《南山经》至《中山经》,本二十六篇,合为《五臧山经》五篇,加《海外经》已下八篇,及《大荒经》已下五篇为十八篇也。所谓十三篇者,去《荒经》已下五篇,正得十三篇也。古本此五篇皆在外,与经别行,为释经之外

---

① 李剑国:《唐前志怪小说史》,天津教育出版社2005年版,第102页。
② 〔汉〕班固:《汉书·艺文志》,中华书局2000年版,第1394页。
③ 〔唐〕魏征等:《隋书·经籍志》,中华书局2000年版,第662页。
④ 〔后晋〕刘昫等:《旧唐书·经籍志》,中华书局2000年版,第1365页。

篇。及郭作传，据刘氏定本，复为十八篇，即又与《艺文志》十三篇之目不符也。……然则古经残简，非复完篇，殆自昔而然矣。①

郝懿行指出，刘秀所校定的一十八篇包含在郭璞《山海经注》二十三卷之中。但《山海经》除去《大荒经》以下五篇，还有三十四篇，与刘秀所说三十二篇不符。清代毕沅(1730—1797)在《山海经篇目考》中云："刘秀表曰凡三十二篇，今合《五臧山经》及《海外》《海内经》共三十四篇，二当为四字之误也。"②史书著录情形表面上十分杂乱，《汉书·艺文志》为十三篇；《隋书·经籍志》为二十三卷；《旧唐书》为十八卷，又《图赞》二卷，《音》二卷，共二十二卷。根据这些著录，郝懿行指出，所谓十八篇，是今本三十四篇中《南山经》至《中山经》二十六篇合为《山经》五篇，加《海外经》《海内经》各四篇，再加上《大荒经》四篇、《海内经》一篇，共十八篇。所谓十三篇，即将《大荒经》以下五篇去掉。古本《山海经》一般都不包括这五篇。这样一来，郝懿行基本厘清了《山海经》的卷数。

二、关于《山海经》的成书时间和作者

关于《山海经》的成书时间和作者，按照刘秀的说法，《山海经》乃是大禹治理洪水时益与伯翳所作。晋代郭璞《山海经序》云："此书跨世七代，历载三千，虽暂显于汉，而寻以寝废。其山川名号，所在多有舛谬，与今不同，师训莫传，遂将湮泯。"③这段话有这样几层含义：第一，从晋代上溯七代三千年，即有夏之时，也就是说《山海经》成书于夏代。第二，《山海经》在汉代较为显著。第三，《山海经》历来没有传授，自汉代之后逐渐失传，至晋代行将湮灭。

《山海经》在汉代确实传播较广，东方朔、董仲舒、司马迁、刘安、班固

① 〔清〕郝懿行：《山海经笺疏叙》，见丁锡根编著《中国历代小说序跋集》，人民文学出版社1996年版，第19～20页。

② 〔晋〕郭璞注，〔清〕毕沅校：《山海经》，上海古籍出版社1989年版，第5页。

③ 〔晋〕郭璞：《山海经序》，见丁锡根编著《中国历代小说序跋集》，人民文学出版社1996年版，第6页。

都曾读过《山海经》。刘秀《上山海经表》云:“孝武皇帝时,尝有献异鸟者,食之百物所不肯食。东方朔见之,言其鸟名,又言其所当食。如朔言。问朔何以知之,即《山海经》所出也。”[①]郭璞《山海经序》云:“东方生晓毕方之名。”[②]毕方鸟见《山海经》中的《西次三经》《海外南经》。可见东方朔不仅读过《山海经》,而且对其中的内容记忆颇深。

王充(27—约97)《论衡·别通》云:“董仲舒睹重常之鸟,刘子政晓贰负之尸,皆见《山海经》,故能立二事之说。”[③]可知董仲舒应当也曾读过《山海经》。司马迁《史记·大宛列传》“太史公曰”:“《禹本纪》言‘河出昆仑。昆仑其高二千五百余里,日月所相避隐为光明也。其上有醴泉、瑶池’。今自张骞使大夏之后也,穷河源,恶睹本纪所谓昆仑者乎?故言九州山川,《尚书》近之矣。至《禹本纪》《山海经》所有怪物,余不敢言之也。”[④]刘安(前164—前122年在位淮南王)与宾客苏非等人编撰《淮南子》一书,其中内容有许多与《山海经》相似之处,可以推知刘安等人对《山海经》非常熟悉。班固《汉书·艺文志》“形法家”著录《山海经》十三篇。[⑤]

宋代尤袤不同意《山海经》成书于夏代说,他在《山海经跋》中指出:“《山海经》夏禹为之,非也。其间或援启及有穷、后羿之事,汉儒或谓伯翳为之,非也。然屈原《离骚》多摘取其山川,则言帝喾葬于阴,帝尧葬于阳,且继以文王皆葬其所。又言夏耕之尸也,则曰汤伐夏桀于章山,克之。其论相顾之尸也,则曰伯夷父死四岳,先生龙。按此三事,则不及夏启、后羿而已,是周初亦尝及之。定为先秦书,信矣。”[⑥]尤袤认为,《山海经》中出现了夏代末期乃至周初之事,所以其成书时间定为先秦比较稳妥,但所

---

① 〔汉〕刘秀:《上山海经表》,见丁锡根编著《中国历代小说序跋集》,人民文学出版社1996年版,第4页。

② 〔晋〕郭璞:《山海经序》,见丁锡根编著《中国历代小说序跋集》,人民文学出版社1996年版,第6页。

③ 〔汉〕王充:《论衡·别通》,见黄晖《论衡校释》,中华书局1990年版,第598页。

④ 〔汉〕司马迁:《史记》,中华书局2000年版,第2410~2411页。

⑤ 〔汉〕班固:《汉书》,中华书局2000年版,第1394页。

⑥ 〔宋〕尤袤:《山海经跋》,见丁锡根编著《中国历代小说序跋集》,人民文学出版社1996年版,第7页。

谓“先秦”仍过于笼统。

明代学者杨慎(1488—1559)《山海经后序》:

《左传》曰:“昔夏氏之方,有德也。远方图物,贡金九牧,铸鼎象物,物物而为之备。使民知神奸,入山林,不逢不若,魑魅魍魉,莫能逢之。”此《山海经》之所由始也。神禹既锡玄圭以成水功,遂受舜禅以家天下,于是乎收九牧之金以铸鼎,鼎之象则取远方之图,山之奇,水之奇,草之奇,木之奇,禽之奇,兽之奇。说其形,著其生,别其性,分其类。其神奇殊汇,骇世惊听者,或见,或闻,或恒有,或时有,或不必有,皆一一书焉。盖其经而可守者,具在《禹贡》;奇而不法者,则备在九鼎。九鼎既成,以观万国,同彼象而魏之,日使耳而目之,脱辖轩之使,重译之贡,续有呈焉。固以为恒而不怪矣,此圣王明民牖俗之意也。夏后氏之世,虽曰尚忠,而文反过于成周;太史终古藏古今之图,至桀焚黄图,终古乃抱之以归殷。又史言孔甲,于黄帝姚姒盘盂之铭,皆缉之以为书,则九鼎之图,其传固出于终古、孔甲之流也。谓之曰《山海图》,其文则谓之《山海经》。至秦而九鼎亡,独图与经存。……已今则经存而图亡,后人因其义例而推广之,益以秦汉郡县地名,故读者疑信相半:信者直以为禹、益所著,既迷其原;而疑者遂斥为后人赝作诡撰,抑亦轧矣。①

杨慎根据《左传》所说,认为《山海经》是终古、孔甲等根据九鼎之图辑录而成,但“后人因其义例而推广之,益以秦汉郡县地名”。这一观点将《山海经》的成书时间视为动态过程,较有道理,但关键在于《山海经》的撰写是否始于夏禹之时。

毕沅《山海经新校正序》经过具体考证,认为《山海经》各部分的成书时间并不相同。他说:“《山海经》作于禹、益,述于周秦,其学行于汉,明于晋,而知之者魏郦道元也。《五藏山经》三十四篇,实是禹书。禹与伯益主名山川,定其秩祀,量其道里,类别草木鸟兽。今其事见于《夏书·

① 〔明〕杨慎:《山海经后序》,见丁锡根编著《中国历代小说序跋集》,人民文学出版社1996年版,第7~8页。

禹贡》《尔雅·释地》，及此经《南山经》已下三十四篇。”毕沅根据《尔雅》中的山名及《夏书》《列子》《伊尹书》等先秦文献，认定《五藏山经》三十四篇为夏禹所作。毕沅又说：“《海外经》四篇，《海内经》四篇，周秦所述也。禹铸鼎象物，使民知神奸，案其文有国名，有山川，有神灵奇怪之所际，是鼎所图也。鼎亡于秦，故其先时人犹能说其图以著于册。刘秀又释而增其文，是《大荒经》以下五篇也。《大荒经》四篇释《海外经》，《海内经》一篇释《海内经》。当是汉时所传，亦有《山海经图》，颇与古异，秀又依之为说，即郭璞、张骏见而作赞者也。”[①]毕沅认为《海外经》四篇、《海内经》四篇为周秦时作，《大荒经》以下五篇是汉代所作。

郝懿行《山海经笺疏叙》指出：“《颜氏家训·书证篇》云：‘《山海经》禹、益所记，而有长沙、零陵、桂阳、诸暨，由后人所羼，非本文也。’今考《海外南经》之篇，而有说文王葬所；《海外西经》之篇，而有说夏后启事。夫经称夏后，明非禹书；篇有文王，又疑周简：是亦后人所羼也。至于郡县之名，起自周代，《周书·作雒篇》云：‘为方千里，分以百县，县有四郡。’《春秋》哀公二年《左传》云：‘克敌者，上大夫受县，下大夫受郡。’……因知《五臧山经》五篇，主于纪道里，说山川，真为禹书无疑矣。而《中次三经》说青要之山云：‘南望墠渚，禹父之所化。’《中次十二经》说天下名山，首引禹曰，一则称禹父，再则述禹言，亦知此语必皆后人所羼矣。然以此类致疑本经，则非也。”[②]郝懿行与毕沅观点基本一致，认为《山经》五篇乃禹时所作，不能因为其中夹杂了后人的某些言论，就否定其基本内容的产生时间。

三、关于《山海经》的性质问题

今本《山海经》[③]十八卷，包括《山经》五卷，分别为《南山经》《西山

---

① 〔清〕毕沅：《山海经新校正序》，见丁锡根编著《中国历代小说序跋集》，人民文学出版社 1996 年版，第 14～15 页。

② 〔清〕郝懿行：《山海经笺疏叙》，见丁锡根编著《中国历代小说序跋集》，人民文学出版社 1996 年版，第 20 页。

③ 本书所引《山海经》为九州出版社于 2001 年出版。

经》《北山经》《东山经》《中山经》;《海外经》四卷,分别为《海外南经》《海外西经》《海外北经》《海外东经》;《海内经》四卷,分别为《海内南经》《海内西经》《海内北经》《海内东经》;《大荒经》四卷,分别为《大荒东经》《大荒南经》《大荒西经》《大荒北经》;《海内经》一卷。《山经》五卷的篇幅要大于《海经》及《大荒经》,其中又以《中山经》篇幅最大。主要记录五方之山,特别注重每座山的方位。据著名历史地理学家谭其骧先生研究,《山经》共写了四百四十七座山,这些山见于汉晋以来记载者,可以指系确切的约为一百四十座,占总数的三分之一,其中对晋南、陕中、豫西地区记述得最详细正确。这应该是研究我国古代地理的宝贵资料。① 所记山中的物产、草木、禽兽十分怪异,如《西山经·太华山》:"又西六十里,曰太华之山,削成而四方,其高五千仞,其广十里,鸟兽莫居。有蛇焉,名曰肥口,六足四翼,见则天下大旱。"②这种"六足四翼"的蛇非现实中所有,尤可怪者是与天灾人祸、吉凶祸福密切相关。

《海经》的内容非常丰富,大体可分为以下几种类型:一是海外异国的人物习俗、草木禽兽,如《海外北经·无肠国》:"无肠之国在深目东,其为人长而无肠。"③《海外西经·灭蒙鸟》:"灭蒙鸟在结匈国北,为鸟青,赤尾。"④二是各类神灵,如《海外北经·钟山之神》:"钟山之神,名曰烛阴,视为昼,瞑为夜,吹为冬,呼为夏,不饮,不食,不息,息为风。身长千里。在无启之东。其为物,人面,蛇身,赤色,居钟山下。"⑤三是神话传说,如《大荒南经·羲和生日》:"东南海之外,甘水之间,有羲和之国,有女子名曰羲和,方日浴于甘渊。羲和者,帝俊之妻,生十日。"⑥那么《山海经》究竟是一部什么性质的书呢?

对《山海经》一书性质的认识,经历了许多变化,至今仍存在着许多

① 谭其骧:《"山经"河水下游及其支流考》,载《中华文史论丛》1978 年第 7 辑。
② 《山海经》,九州出版社 2001 年版,第 26 页。
③ 《山海经》,九州出版社 2001 年版,第 274 页。
④ 《山海经》,九州出版社 2001 年版,第 261 页。
⑤ 《山海经》,九州出版社 2001 年版,第 271 页。
⑥ 《山海经》,九州出版社 2001 年版,第 353 页。

分歧。在西汉末年刘向之前，涉及《山海经》一书性质问题的只有司马迁。前面已说，司马迁首次在《史记·大宛列传》中提到了《山海经》，他将张骞所见与《禹本纪》中的记载做了对比，发现《禹本纪》所记的昆仑山与实际情况明显不符。因此他对《禹本纪》《山海经》所记九州山川的真实性产生了怀疑，对其中所记的怪物也不敢相信，这体现了司马迁作《史记》的求实精神。显然在司马迁心目中，《山海经》不是一部真实可信的地理书，将其视为记录怪物之书或许更接近事实。司马迁虽称“不敢言”，但实际上借张骞向汉帝的上言还是提到了西王母：“安息长老传闻条枝有弱水、西王母，而未尝见。”①

刘秀《上山海经表》称其父刘向利用《山海经》解释上郡石室“反缚盗械人”，引起了汉宣帝的注意，也正是在此之后，《山海经》一书逐渐被视为巫觋、方士之书。按照刘秀《上山海经表》的说法，《山海经》乃是在大禹治理洪水时所作，其目的一是便于了解各方物产习俗，以“任土作贡”“类物善恶”；一是“考祯祥变怪之物，见远国异人之谣俗”，根据这些变怪之物可以察验吉凶。其后的许多学者基本上沿着这两种思路来确定《山海经》一书的性质问题。

东汉时期的许多学者都将《山海经》视为地理书，王充在《论衡·别通》中说：“禹、益并治洪水，禹主治水，益主记异物，海外山表，无远不至，以所闻见，作《山海经》。”②王景（30—85?），字仲通，原籍琅邪，东汉水利家。永平十二年（69），王景受命治河，朝廷“赐景《山海经》《河渠书》《禹贡图》”③。表明当时视《山海经》为地理书。赵晔（大约东汉建武年间人）《吴越春秋》亦云：“……遂循行四渎，与益、夔共谋，行到名山大泽，召其神而问之：山川脉理，金玉所有，鸟兽昆虫之类，及八方之民俗，殊国异域，土地里数。使益疏而记之，名曰《山海经》。”主张《山海经》为禹、益所

---

① 〔汉〕司马迁：《史记·大宛列传》，中华书局2000年版，第2400页。

② 〔汉〕王充：《论衡·别通》，见黄晖《论衡校释》，中华书局1990年版，第597页。

③ 〔南朝宋〕范晔：《后汉书·循吏列传·王景传》，中华书局2000年版，第1666页。

作，并将禹、益作书的神话故事具体化，肯定了《山海经》在治水中的实用价值。此外，赵晔又把《山海经》一书的主要内容归纳为“山川脉里，金玉所有，鸟兽昆虫之类及八方之民俗，殊图异域土地里数”①，已认识到《山海经》的地理科学内涵。

郭璞认为不能因为《山海经》中的记载十分怪异就否认其真实性，其《山海经序》云：“夫以宇宙之寥廓，群生之纷纭，阴阳之煦蒸，万殊之区分，精气浑淆，自相渍薄，游魂灵怪，触象而构，流形于山川，丽状于木石者，恶可胜言乎！……物不自异，待我而后异。异果在我，非物异也。……及谈《山海经》所载而咸怪之，是不怪所可怪，而怪所不可怪也。不怪所可怪，则几于无怪矣；怪所不可怪，则未始有可怪也。”②实际上郭璞是将《山海经》作为地理书看待的，其《山海经注》重视地理考证，常与其他地理书相互参照。郦道元（？—527），字善长，范阳涿州人，著有《水经注》四十卷。郦道元引《山海经》做比较及注释《水经》之处颇多，可见郦道元亦将《山海经》视为地理书。

更多的史学家、目录学家注意到《山海经》地理博物的内容，所以《隋书·经籍志》将其列入史部地理类第一种。《隋书·经籍志》地理类序云：“汉初，萧何得秦图书，故知天下要害。后又得《山海经》，相传为夏禹所记。”③此后历代史书和官、私书目几乎都将其列入史部地理类。班固受到刘秀的影响，在《汉书·艺文志》中将《山海经》列入形法家之首：“形法者，大举九州之势以立城郭室舍形，人及六畜骨法之度数、器物之形容以求其声气贵贱吉凶。”④所谓“形法”，涉及“九州之势以立城郭室舍”、人及六畜的“骨法之度数”“器物之形容”，据此“以求其声气贵贱吉凶”。班固关于“形法家”的解释就是对《山海经》性质的认定。将《山海经》列

① 〔汉〕赵晔：《吴越春秋·赵王无余外传》，江苏古籍出版社1986年版，第81页。

② 〔晋〕郭璞：《山海经序》，见丁锡根编著《中国历代小说序跋集》，人民文学出版社1996年版，第5页。

③ 〔唐〕魏征等：《隋书·经籍志》，中华书局2000年版，第666页。

④ 〔汉〕班固：《汉书》，中华书局2000年版，第1395页。

入形法家虽不恰当，然而班氏是第一位探讨《山海经》性质并明确提出归类的学者。这种观念影响到后世大量志怪书的产生。后来的《宋史·艺文志》受其影响，也将《山海经》列入五行类。

明代学者杨慎《山海经后序》引《左传》语认为，《山海经》“使民知神奸，入山林，不逢不若，魑魅魍魉，莫能逢之”。又说：“盖其经而可守者，具在《禹贡》；奇而不法者，则备在九鼎。九鼎既成，以观万国，同彼象而魏之，日使耳而目之，脱輶轩之使，重译之贡，续有呈焉。固以为恒而不怪矣，此圣王明民牖俗之意也。”①在《山海经跋》中又说：“六经之外，如《文选》《山海经》，食品之山珍海错也。”②可见杨慎将《山海经》视为一部具有实用价值和文学价值的重要典籍。另一位明代嘉靖年间的学者刘大昌《刻山海经补注序》云：“太史升庵公补其遗逸，考古以证今，言近而指远，其事核，其论明，疑辞隐义，旷然发朦，而文学大夫益知崇信矣。”③一方面肯定了杨慎《山海经补注》的学术成就，另一方面也表明了对《山海经》性质的认识。

清代康熙年间的学者吴任臣《山海经广注序》说：“古人云：少所见，多所怪；世之不异，未始非异；世之所异，亦未必尽异也。……抑闻之九州之外，复有九州，斯经所具，特亚细亚一隅耳。若乃纪葱岭之西，夸印度之北，占西海孔雀之星，侈南极大浪之异，抵掌而谭，纵横四表，则瑰奇吊诡，将更有超于耳目寻常之际者。”④显然力主《山海经》乃为地理书。

毕沅《山海经新校正序》也论述了《山海经》的性质：“《山海经·五藏山经》三十四篇，古者土地之图，《周礼·大司徒》用以周知九州之地域

① 〔明〕杨慎：《山海经后序》，见丁锡根编著《中国历代小说序跋集》，人民文学出版社1996年版，第7~8页。

② 〔明〕杨慎：《山海经跋》，见丁锡根编著《中国历代小说序跋集》，人民文学出版社1996年版，第9页。

③ 〔明〕刘大昌：《刻山海经补注序》，见丁锡根编著《中国历代小说序跋集》，人民文学出版社1996年版，第10页。

④ 〔清〕吴任臣：《山海经广注序》，见丁锡根编著《中国历代小说序跋集》，人民文学出版社1996年版，第12~13页。

广轮之数，辨其山林川泽丘陵坟衍原隰之名物。……故其书世传，不废其言，怪与不怪皆末也。《南山经》其山可考者，惟鹊山、句余、浮玉、会稽诸山；其地汉时为蛮中，故其他书传多失其迹也。《西山经》其山率多可考……《北山经》其山皆在塞外……《北次三经》以下，其山亦多可考……《东山经》其山水多不可考……”最后他得出结论：“以此而推，则知《山海经》非语怪之书矣。”①

但不可否认的是，无论《山经》还是《海经》，都与实际的地理情况相去甚远。随着社会的进步和人们认识能力的提高，《山海经》怪奇虚幻的色彩越来越被人们所重视，晋代郭璞就曾说《山海经》“闳诞迂夸，多奇怪俶傥之言”②。明代学者胡应麟径称其为“古今语怪之祖”③。至清代编纂《四库全书总目》时，彻底否定了此前的地理归类，说：“然道里山川，率难考据，案以耳目所及，百不一真，诸家并以为地理书之冠，亦为未允。核实定名，实则小说之最古者尔。”④这样一来，在从先秦到清代的传播过程中，对《山海经》性质的认识就有了三种观点：巫祝方士说、地理博物说和志怪小说说。

当今许多学者在指出《山海经》具有巫祝、方术之书性质的同时，也看到了其中所记录的神话内容，因此将其作为早期小说看待。如鲁迅先生在《中国小说史略》第二篇“神话与传说”中说：“《山海经》今所传本十八卷，记海内外山川神祇异物及祭祀所宜，以为禹益作者固非，而谓因《楚辞》而造者亦未是；所载祠神之物多用糈（精米），与巫术合，盖古之巫书也，然秦汉人亦有增益。”⑤袁行霈先生在《〈山海经〉初探》中认为“《山

---

① 〔清〕毕沅：《山海经新校正序》，见丁锡根编著《中国历代小说序跋集》，人民文学出版社1996年版，第15～17页。

② 〔晋〕郭璞：《山海经序》，见丁锡根编著《中国历代小说序跋集》，人民文学出版社1996年版，第5页。

③ 〔明〕胡应麟：《少室山房笔丛·四部正讹下》，上海书店出版社2001年版，第314页。

④ 〔清〕永瑢等：《四库全书总目》，中华书局1965年版，第1205页。

⑤ 鲁迅：《中国小说史略》，东方出版社1996年版，第9页。

海经》是巫觋、方士的书”[①]，同时在其主编的《中国文学史》第一编“先秦文学”中又专门论述了《山海经》的神话学价值。[②] 李剑国先生将《山经》与《海经》的内容做了区分，认为：“《海经》不同《山经》之专记山川道里物产，主要记远国异民及神话传说，巫术意味淡而方术浓，有很明显的神仙不死及服食内容。”[③]指出“其书之地理博物，乃巫祝之学，因而可以说此书是巫书和地理博物书的混合”；同时认为《山海经》“神话和各种传说材料极为丰富，无疑又具有志怪小说的一定性质”。[④]

袁世硕先生的见解更为客观公允，他说：

《山海经》无疑是上古先民的地理书，所记地理山川风物，其中自然也有一些真实情况，却多半是出自天真的臆测、臆想，也纳入了神话传说的内容。……他们的活动范围、经验知识有限，客观世界与主观世界互渗的原始思维，使他们对环境的认识只能是带有想象、臆测的成分。没有航海能力，对海外地方更难有所知，是以《海经》中的离奇怪诞成分，尤甚于《山经》，保留的神话传说材料也最多。……《山海经》开语怪之先河，固然是不刊之论，却不能以其所记“百不一真”及其对后世文化之影响，判定其性质为小说，不能否认其书之产生正反映了上古先民对其所生存的地理环境的求知之心，以及那种混合着主观臆想的、在后世文明人看来是荒诞的表述，就是他们对客观世界的认知。地理学从不真实到真实，是要随着人的活动范围的扩展、认识手段的丰富、知识的积累，方才逐渐做得到的，要有一个漫长的历史过程。从这个角度说，古人将《山海经》列于“地理书之冠”，未必不允当，今人作地理学史，恐怕是不能弃之不论的。《四库全书总目》深以为非，断然归入“小说家类”，倒是反历史主义的。[⑤]

---

① 袁行霈：《〈山海经〉初探》，载《中华文史论丛》1979 年第 3 辑。

② 袁行霈主编：《中国文学史》第一卷，高等教育出版社 1999 年版，第 40 页。

③ 李剑国：《唐前志怪小说史》，天津教育出版社 2005 年版，第 98 页。

④ 李剑国：《唐前志怪小说史》，天津教育出版社 2005 年版，第 105 页。

⑤ 袁世硕：《文学史学的明清小说研究》，天津教育出版社 2008 年版，第 327 页。

综合上述种种观点，是否可以这样认为：《山海经》一书本为地理博物书，但其中反映了巫祝和巫士方术观念，在后来的传播中，人们或注重其地理博物方面的内容，于是将其视为地理博物书；或注重其神话虚幻的内容，于是将其视为志怪小说之祖。要之，无论何种理解都与著者本意之间产生了变化，这种变化乃是传播过程中不可避免的现象。《山海经》具有多方面的价值，是我们研究古代地理、宗教、神话、动植物、医药、历史、气象等必不可少的参考文献。

第三节　从《博物志》序跋看其性质与传播

一、关于《博物志》的性质

《博物志》是魏晋时期的一部重要典籍，作者张华（232—300），字茂先，曾任长史、中书监等官职，《晋书》本传载其《博物志》十卷。关于此书性质，历代学者意见颇不一致。《隋书·经籍志》子部杂家类著录“《博物志》十卷”，与《吕氏春秋》《淮南子》《论衡》《抱朴子》等同归子部杂家类。[1]《隋书》论杂家曰：“杂者，兼儒、墨之道，通众家之意，以见王者之化，无所不冠者也。古者，司史历记前言往行，祸福存亡之道。然则杂者，盖出史官之职也。放者为之，不求其本，材少而多学，言非而博，是以杂错漫羡，而无所指归。”[2]在《隋书》作者看来，所谓“杂家”，是史家之职，兼通儒墨等众家学说，其特点是“言非而博”“杂错漫羡”，其功能是“以见王者之化”。

《隋书·经籍志》将《燕丹子》《郭子》《世说》等归入小说家，其论小说家曰：“小说者，街说巷语之说也。传载舆人之诵，诗美询于刍荛。古者圣人在上，史为书，瞽为诗，工诵箴谏，大夫规诲，士传言而庶人谤。孟春，徇木铎以求歌谣，巡省观人诗，以知风俗。过则正之，失则改之，道听

① 〔唐〕魏征等：《隋书》，中华书局2000年版，第676～677页。
② 〔唐〕魏征等：《隋书》，中华书局2000年版，第679页。

途说，靡不毕纪。周官，诵训‘掌道方志以诏观事，道方慝以诏辟忌，以知地俗’；而训方氏‘掌道四方之政事，与其上下之志，诵四方之传道而观衣物’，是也。孔子曰：‘虽小道，必有可观者焉，致远恐泥。’”①《隋书》作者认为，小说乃“街说巷语之说”，是“舆人”“刍荛”一类人的言谈话语；其功能是了解民情地俗。

显然，无论是作者，还是特点及功能，“杂家”与“小说家”都有明显不同。《隋书》将《博物志》归入杂家而不是小说家，就是因为《博物志》出于张华这位长史之手，具备“言非而博”“杂错漫羡”的特点，而与道听途说的小说家不类。

《旧唐书·经籍志》与《隋书》相比，发生了明显的变化。《博物志》不再与《吕氏春秋》《淮南子》《论衡》同归杂家类②，而与《燕丹子》《笑林》《世说》归入小说家类③。《新唐书·艺文志》与《旧唐书》同。④ 这表明《旧唐书》《新唐书》作者对《博物志》的性质认定与《隋书》作者截然不同。《旧唐书·经籍志》序称：“七曰杂家，以纪兼叙众说。……九曰小说家，以纪刍辞舆诵。”⑤从分类标准来看，《旧唐书》与《隋书》的分歧不太明显，但对《博物志》的归类完全不同，这说明《博物志》内容确实比较博杂，给分类造成了一定的难度。其后不同时代的史家、藏书家、目录学家对《博物志》的分类也都存有歧义，如《通志·艺文略》《中兴馆阁书目》《宋史·艺文志》等将其归入杂家类；《崇文总目》《郡斋读书志》等将其归入小说家类；《直斋书录解题》则将杂家类、小说家类同时著录。

《博物志》在传播中阙佚甚多，今通行本十卷，前三卷记地理、动植物，卷四、卷五为方术家言，卷六为杂考，卷七为异闻，卷八为史补，卷九、

---

① 〔唐〕魏征等：《隋书》，中华书局2000年版，第680页。
② 〔后晋〕刘昫等：《旧唐书》，中华书局2000年版，第1376页。
③ 〔后晋〕刘昫等：《旧唐书》，中华书局2000年版，第1378页。
④ 〔宋〕欧阳修、宋祁：《新唐书》，中华书局2000年版，第1002页。
⑤ 〔后晋〕刘昫等：《旧唐书》，中华书局2000年版，第1336～1337页。

卷十为杂说。卷首张华自序云："余视《山海经》及《禹贡》《尔雅》《说文》、地志，虽曰悉备，各有所不载者，作略说。出所不见，粗言远方，陈山川位象，吉凶有征。诸国境界，犬牙相入。春秋之后，并相侵伐。其土地不可具详，其山川地泽，略而言之，正国十二。博物之士，览不鉴焉。"①这篇序文只谈论地理而不及其他，显然不是《博物志》全书的序言，而应是卷一地理篇的小序。从此篇序言亦可见出，张华自己认定第一卷是地理书，而非小说。

明清两代的许多学者也视《博物志》为杂家，明代嘉靖年间崔世节《博物志跋》认为该书"天地之高厚，日月之晦明，四方人物之不同，昆虫草木之淑妙者，无不备载。其昔物理之难究者尽在胸中，开豁无碍，正如披云雾睹青天，可乐也"②。在崔世节看来，此书的功能主要在于增广见闻，与杂家功能相近。清代学者黄丕烈《博物志序》从张华取材这一角度认为此书属于杂家："尝取而读之，乃知茂先此书大略撮取载籍所为，故自来目录皆入之杂家。其体例之独创者，则随所撮取之书分别部居，不相杂厕。"③另一位清代学者周心如《博物志序》从张华的编纂动机述及此书杂家性质："茂先建策伐吴，运筹决胜，虽当暗主虐后之朝，而能弥缝补缺，使海内晏然，亦足征其格致之所得力矣。后之人以成败论，不能窥其格致之学，并其格致之绪余而亦束而不观，何异画地以自限欤！若徒以其辨龙鲊，识剑气，竞诩为博物君子，亦浅之乎窥茂先矣。"④周心如认为，《博物志》以其格致之学实现治理天下的目的，其功能与杂家相同。

---

① 〔晋〕张华：《博物志序》，见丁锡根编著《中国历代小说序跋集》，人民文学出版社1996年版，第37页。

② 〔明〕崔世节：《博物志跋》，见丁锡根编著《中国历代小说序跋集》，人民文学出版社1996年版，第38页。

③ 〔清〕黄丕烈：《博物志序》，见丁锡根编著《中国历代小说序跋集》，人民文学出版社1996年版，第41～42页。

④ 〔清〕周心如：《博物志序》，见丁锡根编著《中国历代小说序跋集》，人民文学出版社1996年版，第44～45页。

明代学者胡应麟将小说家分为志怪、传奇、杂录、丛谈、辨订、箴规六类，认为小说家与“子类杂家，尤相出入”，指出：“《博物》，《杜阳》之祖也。”①说明胡应麟也注意到《博物志》博杂的特点。《四库全书总目》将小说分为三大类：杂事、异闻和琐语。《博物志》与南朝梁任昉《述异记》、唐段成式《酉阳杂俎》等归入子部小说家琐语类，《山海经》《神异经》《十洲记》等归入子部小说家异闻类。虽然归入小说家，但仍然突出了《博物志》驳杂而非怪异的特点。

综上所述，就《博物志》的体例看，当属于杂家，就其部分内容来看，则具有小说的特点。如卷十“千日酒”：

> 昔刘玄石于山中酒家酤酒，酒家与千日酒，忘言其节度。归至家当醉，而家人不知，以为死也，权葬之。酒家计千日满，乃忆玄石前来酤酒，醉向醒耳。往视之，云玄石亡来三年，已葬。于是开棺，醉始醒。俗云：“玄石饮酒，一醉千日。”②

李剑国先生的论点比较中肯：“总的来说，《博物志》上承《山海经》《神异经》《洞冥记》一系，而内容更加广泛，实际是地理博物杂说异闻的总汇，但地理博物的内容仍处于突出地位，故书以‘博物’为名。”③《博物志》的特点既然是“杂”，故其性质应属于杂家较妥。

二、关于《博物志》传播中的佚文

《晋书·张华传》称：“华著《博物志》十篇，及文章并行于世。”④后世史家、藏书家、目录学家皆著录为十卷，今通行本亦为十卷，似乎《博物志》十卷本完整无缺地流传至今。但实际情况并非如此，《四库全书总目》考证甚详：

---

① 〔明〕胡应麟：《少室山房笔丛·九流绪论下》，上海书店出版社 2001 年版，第 283 页。

② 〔晋〕张华撰，范宁校证：《博物志校证》，中华书局 1980 年版，第 110 页。

③ 李剑国：《唐前志怪小说史》，天津教育出版社 2005 年版，第 265 页。

④ 〔唐〕房玄龄等：《晋书》，中华书局 2000 年版，第 706 页。

然考裴松之《三国志注·魏志》太祖纪、文帝纪、濊传,《吴志》孙贲传引《博物志》四条,今本惟有太祖纪所引一条,而佚其前半,余三条皆无之。又江淹《古铜剑赞》引张华《博物志》曰:铸铜之工,不可复得,惟蜀地羌中时有解者。今本无此语,足证非宋、齐、梁时所见之本。又《唐会要》载显庆三年太常丞吕才奏,案张华《博物志》曰,白雪是泰帝使素女鼓五弦曲名,以其调高,人遂和寡,又张彦远《历代名画记》引张华《博物志》曰,刘褒,汉桓帝时人,曾画云汉图,人见之觉热,又画北风图,人见之觉凉,今本皆无此语。李善注《文选》引张华《博物志》十二条,见今本者九条。其《西京赋》注引王孙公子皆古人相推敬之词一条,《闲居赋》注引张骞使大夏得石榴、李广利为贰师将军伐大宛得蒲陶一条,《七命》注引橙似橘而非、若柚而有芬香一条,则今本皆无此语。段公路《北户录》引《博物志》五条,见今本者三条。其鸺鹠一名鸡鸺一条,金鱼脑中有麸金出邛婆塞江一条,则今本皆无此语,足证亦非唐人所见之本。《太平广记》引《博物志》郑宏沉酿川一条,赵彦卫《云麓漫钞》引《博物志》黄蓝张骞得自西域一条,今本皆无之。晁公武《读书志》称卷首有理略,后有赞文,今本卷首第一条为地理,称地理略。自魏氏曰以前云云,无所谓理略,赞文惟地理有之,亦不在卷后。又赵与时《宾退录》称张华《博物志》卷末载湘夫人事,亦误以为尧女,今本此条乃在八卷之首,不在卷末。皆相矛盾,则并非宋人所见之本。或原书散佚,好事者掇取诸书所引《博物志》,而杂采他小说以足之。故证以《艺文类聚》《太平御览》所引,亦往往相符。其余为他书所未引者,则大抵剽剟《大戴礼》《春秋繁露》《孔子家语》《本草经》《山海经》《拾遗记》《搜神记》《异苑》《西京杂记》《汉武内传》《列子》诸书,饾饤成帙,不尽华之原文也。①

《四库全书总目》列举大量证据说明今本《博物志》非南朝及唐宋人所见

① 〔清〕永瑢等:《四库全书总目》,中华书局 1965 年版,第 1213 ~ 1214 页。

之本，而是后人“掇取诸书所引《博物志》，而杂采他小说以足之”。

关于这一问题，明清学者在《博物志》序跋中表明了各自不同的看法。

明弘治年间都穆为贺志同刊本《博物志》撰写跋语云：“张茂先尝采历代四方奇物异事，著《博物志》四百，晋武帝以其太繁，俾删为十卷，今所传本是也。”[①]在都穆看来，贺志同所刻十卷本《博物志》就是张华原本。但明代另一位学者唐琳则表示了不同观点，他在《博物志叙》中说：“史称张华读书三十车，作《博物志》四百，武帝以为繁，存十卷。今读其书，虽多奇闻异事，而简略不成大观，岂书传既久，残阙处多耶？抑或繁非能博，博不在繁耶？”[②]唐琳从今传本“简略不成大观”而怀疑《博物志》在流传过程中有残缺，应当说这一怀疑是有一定道理的。

清代学者王谟（1731—1817）增订汉魏丛书本《博物志跋》云：

> 张华《博物志》十卷，《晋书》本传及隋、唐《志》所载并同。按王子年《拾遗记》载：张华造《博物志》四百卷，“奏于武帝，帝诏诘问：卿才综万代，博识无伦，远冠羲皇，近次夫子，然记事采言亦多浮妄，宜更删剪，无以冗长成文。昔仲尼删《诗》，尚不及鬼神幽昧之事，以言怪力乱神。今卿《博物志》，惊所未闻，异所未见，将恐惑乱于后生，繁芜于耳目。更芟截浮疑，分为十卷”。……是则此十卷，即武帝所删定也。自后行世，惟此十卷。其轶犹时时散见他书，而《后汉书·郡国志》注所引《博物记》，遂至有四十六条之多，由张氏鉴省《禹贡》《山海经》地志而作是志，故于地理特详。既以《地理略》冠卷首矣，第六卷又有《地理考》，如《郡国志》注所引，殆即本卷所删。又裴骃《史记集解》，于公冶、长望诸君，赵奢、武涉墓所，亦引张华说，今第六卷犹载有赵鞅、盗跖冢，不知当日又何以不删。其他如裴松之《三

---

① 〔明〕都穆：《博物志跋》，见丁锡根编著《中国历代小说序跋集》，人民文学出版社1996年版，第37页。

② 〔明〕唐琳：《博物志叙》，见丁锡根编著《中国历代小说序跋集》，人民文学出版社1996年版，第39页。

国志注》、郦道元《水经注》、李善《文选注》，以及唐宋人类书中，所引为今志所不载者尤多，裒而辑之，尚可数卷，此则王嘉所说未为虚也。①

王谟指出，南梁刘昭、唐章怀太子李贤（654或655—684）等为《后汉书·郡国志》作注时都曾引《博物志》佚文，王谟坚信这些佚文即当年被删之文。不仅如此，包括后来的裴骃《史记集解》、裴松之《三国志注》、郦道元《水经注》、李善《文选注》，以及唐宋人类书中所引《博物志》佚文，均为当年被删之文。都穆、王谟所说《博物志》奉晋武帝之命删落鬼神幽昧之事，所依据的是王嘉《拾遗记》。王谟发现许多文献所引《博物志》不见于今本《博物志》，便认为“王嘉所说未为虚也”。但他也提出了疑问：“今第六卷犹载有赵鞅、盗跖冢，不知当日又何以不删。”

这是一个很有趣的问题，后来发现的《博物志》佚文果如王谟所言，即为当年被删之文，抑或十卷本的《博物志》原书已佚，今本《博物志》乃后人搜辑成帙，虽难以断言，但许多文献所引《博物志》不见于今本，是一个不争的事实。清代黄丕烈（1763—1825）嘉庆八年（1803）士礼居仿连江叶氏刊本《博物志序》对此做了辨析：

> 予家有汲古阁影钞宋本《博物志》，末题云“连江叶氏”，与今世所引本敻然不同。尝取而读之，乃知茂先此书大略撮取载籍所为，故自来目录皆入之杂家。其体例之独创者，则随所撮取之书分别部居，不相杂厕。此卷首《括地象》毕，方继以《考灵耀》是也。以下虽不能条举所出，然《列子》《山海经》《逸周书》等，皆显然可验。今本强立门类，割裂迁就，遂使荡析离居，失其恉趣，致为巨谬矣。②

黄丕烈指出，宋本《博物志》与“今世所引本”截然不同。其根据是，宋本体例鲜明，其撮取之文献“分别部居，不相杂厕”，而今本“强立门类，割裂

① 〔清〕王谟：《博物志跋》，见丁锡根编著《中国历代小说序跋集》，人民文学出版社1996年版，第41页。

② 〔清〕黄丕烈：《博物志序》，见丁锡根编著《中国历代小说序跋集》，人民文学出版社1996年版，第41～42页。

迁就”。他所谓的“今世所引本”，即清代嘉庆年间《博物志》本。那么，宋本就一定是原本吗？黄丕烈接着说：“考晁氏《读书志》及《文献通考》，皆载周日用注十卷，即是此本。晁云：‘首卷《地理略》，后有赞文，实为吻合。’遂刻之以正今本之失。于中仍不免讹错，如《时含神雾》三，‘时’是‘诗’之误……”①晁公武认为，《郡斋读书志》所著录的《博物志》应为张华原本，其根据是“首卷《地理略》，后有赞文，实为吻合”。黄丕烈相信晁氏之说，遂将家藏宋本付梓以正今本之失，但他在宋本中还是发现了不少错讹。这些错讹可分为几种情形，一是字形相近，如“时”与“诗”、“领”与“欣”等；二是文字脱略，如“始皇陵一条四，略不可读”，以宋敏求《长安志》引《关中记》校订后，方得通顺。

黄丕烈又说：“若夫《通考》所云：‘《博物》四百，本非有成书。’而刘昭《郡国志》注、小司马《索隐》、李崇贤《文选》注及《艺文类聚》《初学记》《太平御览》所引，多出今本外。”②刘昭乃南朝梁史学家，《太平御览》乃北宋初年成书，这说明自南朝梁至北宋初，《博物志》别有他本。《隋书·经籍志》在《博物志》之后又著录：“《张公杂记》一卷，张华撰。梁有五卷，与《博物志》相似，小小不同。”“《杂记》十一卷，张华撰。”③黄丕烈根据这些著录认为：“然则所引或出二书欤？倘好事者搜辑纂录，不妨别存梗概，苟欲执彼以补此，则恐取无事自扰之诮，有所未可也。”④黄丕烈认为刘昭等人的引文可能出自《张公杂记》或《杂记》二书。

清代学者陈逢衡（1778—1855）撰《博物志疏证》，薛寿为之序。序云：“是书原本久佚，其散见于唐宋传记所引者与今本颇多参错，得先生旁搜博证，参校异同，且不惜烦言以引申者，亦杂说家之例应尔也。末附

① 〔清〕黄丕烈：《博物志序》，见丁锡根编著《中国历代小说序跋集》，人民文学出版社1996年版，第42页。

② 〔清〕黄丕烈：《博物志序》，见丁锡根编著《中国历代小说序跋集》，人民文学出版社1996年版，第42~43页。

③ 〔唐〕魏征等：《隋书·经籍志》，中华书局2000年版，第677页。

④ 〔清〕黄丕烈：《博物志序》，见丁锡根编著《中国历代小说序跋集》，人民文学出版社1996年版，第43页。

《补遗》一卷，较金山钱氏新刊《指海》本增多数倍，信惟藏书之多，故著书之博如此。是书行而曩日所藏者特其糟粕耳。彼琅环福地，茂先尚不能久居，是则藏书之亡，不足为先生惜，而著书之传，有足为先生信也。”①薛寿认为《博物志》原书久佚，散见于各种文献中的引文与今本出入甚多，陈逢衡作了大量疏证，又有《博物志补遗》一卷，辑录了许多佚文，纠正了今本谬误。

综上所述，对这些佚文的来源可归纳为三种观点：第一，认为是当年被删之文；第二，认为出自《张公杂记》《杂记》二书；第三，佚文才是《博物志》的原文，今本乃后人“掇取诸书所引《博物志》，而杂采他小说以足之”。第一种观点的依据是王嘉的《拾遗记》，王嘉《拾遗记》乃小说家言，其说自相矛盾，不足为信。《四库全书总目》便说《拾遗记》“其言荒诞，证以史传皆不合”②。第二种观点只是一种猜测，因为诸书所引皆注明是《博物志》，而非《张公杂记》及《杂记》。《张公杂记》及《杂记》乃另有其书，与《博物志》无涉。第三种观点比较可信，但也存在某些疑问，既然佚文才是《博物志》原文，那么后人“掇取诸书所引《博物志》”时，为何没有辑入？由此可以见出《博物志》在传播过程中的复杂情况。

黄丕烈嘉庆九年士礼居仿连江叶氏刊本《博物志跋》又云：“因检予向所刻汲古阁《秘本书目》中有北宋版《博物志》一本，估价四两云，其次序与南宋版不同，系蜀本大字，真奇物也。影钞当出于此，自是一重公案。”③黄丕烈发现北宋版《博物志》与南宋版次序不同。周心如说：“今世传《博物志》以明胡文焕校刻本为最，而字涉阴陶，卷多缺略，绝非完书。”④可见《博物志》在传播中有阙佚，在传播过程中发生了许多

---

① 〔清〕薛寿：《博物志疏证序》，见丁锡根编著《中国历代小说序跋集》，人民文学出版社1996年版，第47页。

② 〔清〕永瑢等：《四库全书总目》，中华书局1965年版，第1207页。

③ 〔清〕黄丕烈：《博物志跋》，见丁锡根编著《中国历代小说序跋集》，人民文学出版社1996年版，第43页。

④ 〔清〕周心如：《博物志序》，见丁锡根编著《中国历代小说序跋集》，人民文学出版社1996年版，第44页。

变化。

那么,《博物志》从何时出现缺佚的呢?清代学者钱熙祚守山阁丛书本《博物志跋》说:“今世相传《博物志》十卷,凡三十八类。分析处都无义理。惟士礼居刻仿宋连江叶氏本,不分门类,段目次序与俗本大异。然以唐宋类书所引校之,脱简自一二字至数行不等。其他前后复见杂出不伦者甚夥。至太姒梦见商之庭产棘条,掇拾《周书》程寤、大聚、武顺、度邑四篇文,连合为一,尤属巨谬。窃意宋初原书尚存,故《御览》《广记》引《博物志》往往出今本外。此系叶氏删节之本,未免移易改窜。逮全帙既亡,后人觉叶本不安,辄以意强析门类,卒不知其愈失愈远矣。黄荛圃谓此书大略撮取载籍所为,故自来目录皆入杂家。其说至确。乃遽以叶本为全书,而疑散见于他所称引者为《张公杂记》,亦执持太过矣。”①钱熙祚认为北宋初年《博物志》原书犹存,此后《博物志》出现缺佚。士礼居刻仿宋连江叶氏本乃删节本,并非全本,其他文献引《博物志》文并非出自《张公杂记》,这应当是比较中肯的论断。

三、关于《博物记》及明清时期《博物志》的传播

《四库全书总目》又云:

刘昭《续汉志注·律历志》引《博物记》一条,《舆服志》引《博物记》一条,《五行志》引《博物记》二条,《郡国志》引《博物记》二十九条。《齐东野语》引其中日南野女一条,谓《博物记》当是秦、汉间古书,张华取其名而为志,杨慎《丹铅录》亦称据《后汉书注》,《博物记》乃唐蒙所作。今观裴松之《三国志注》引《博物记》四条,又于《魏志·凉茂传》中引《博物记》一条,灼然二书,更无疑义。此本惟载江河水赤一条,又载汉末关中女子及范明友奴发冢重生,一条而分为两条,又载日南野女一条,讹群行不见夫句为群行见丈夫,讹其状皛且白句为状晶目。其余三十一条,则悉遗漏。岂非偶于他书见此

① 〔清〕钱熙祚:《博物志跋》,见丁锡根编著《中国历代小说序跋集》,人民文学出版社1996年版,第45页。

三条，以博物二字相同，不辨为两书而贸贸采入乎？至于杂说下所载豫章衣冠人有数妇一条，乃《隋书·地理志》之文。唐人所撰，华何自见之？尤杂合成编之明证矣。书中间有附注，或称卢氏，或称周日用。案《文献通考》载周、卢注《博物志》十卷，又卢氏注《博物志》六卷，此所载寥寥数条，殆非完本，或亦后人偶为摘附欤？①

四库馆臣根据周密《齐东野语》及杨慎《丹铅录》，认定《博物记》与《博物志》"灼然二书，更无疑义"，其作者乃秦汉间人唐蒙。

四库馆臣的意见显然承袭了前人的观点，除了周密、杨慎外，明代胡应麟《少室山房笔丛》卷五"丹铅新录一·古书不知名考"亦云："汉有《博物记》，非张华《博物志》也，周公谨云不知谁著，考《后汉》注始知《博物记》为唐蒙作。"又云："《隋志》有《张公杂记》，注云似《博物志》，而《广记》引《博物记》有魏宫人事，盖汉注即引此书。"胡应麟根据《后汉书》注认为《博物记》为汉武帝时唐蒙所撰。但发现《太平广记》所引《博物记》有魏时之事，所以推断《后汉书》注所引应为《张公杂记》。②

按照周密、杨慎、胡应麟等人所说，《博物记》乃"秦、汉间古书，张华取其名而为志"，与《博物志》应是两部不同的书。对此，清代学者周心如道光七年(1827)纷欣阁刊本《博物志序》论述得十分透彻："宋裴松之注《三国志》多引《博物志》，而陈泰、锺会传注又引《博物记》，考其所引与志皆合。梁刘昭注《后汉志》亦采《博物记》，所云河东少有名人及麋畯事，具见志中，似为一书。后魏郦道元注《水经》，唐太子贤注《后汉书》，李善注《文选》，多述《博物志》，未有称为'记'者。宋《太平御览》摭拾群书至一千六百余种，引《博物志》最详，亦无引《博物记》者。宋周草窗称《博物记》秦汉古书，为唐蒙所造，茂先增改为志，又谓为记，未知何本。案《后汉书·郡国志》鱼泣津注：'堑凿之迹今存，昔唐蒙所造。'下接引《博物记》。或草窗以此误为唐蒙所造耶？今世传《博物志》以明胡文焕

① 〔清〕永瑢等：《四库全书总目》，中华书局1965年版，第1214页。

② 〔明〕胡应麟：《少室山房笔丛·丹铅新录一》，上海书店出版社2001年版，第60页。

校刻本为最，而字涉阴陶，卷多缺略，绝非完书。”①

周心如可谓一语中的，原来南宋周密将刘昭注《后汉书·郡国志五》“犍为郡安南县”中的“堑凿之迹今存，昔唐蒙所造”与下句“《博物记》‘县西百里有牙门山’”连接在一起，误读为“昔唐蒙所造《博物记》”。因此可以认定，所谓《博物记》即《博物志》。

《博物志》在明代受到文人的喜爱，得以付梓流传。明弘治十八年（1505）都穆《跋博物志》云：“予同年贺君志同为衢州推官，宝爱是书，刻梓以传。”②此为贺志同刊本。明嘉靖十年（1531）崔世节《博物志跋》云：“余曾见《事文类聚》及诸家注中有引《博物志》者，思欲一见全书以广见闻者久矣。岁戊子冬，以贺正朝天，朝行至北海，贾以张华、李石两志来卖者，遂购得之。……今年春谬膺朝命，出按湖南。巡行帝方，乃与主倅共论幽赜，语及《博物志》，遂以两帙嘱之，俾锓诸梓。阅数月功讫，倩工印之。”③是为明嘉靖湖广楚府刊本。从两篇跋语可知，上述两种明刻本《博物志》未详加校定，亦未说明版本来源。明商濬辑《博物志》等西晋至元代笔记等七十余种典籍为《稗海》，清人郎极为其中的《博物志》撰序，称“是书纂于钮黄门石溪，其甥商景哲雕之梨枣，盖距今百五十年矣。予之得其板于襄平蒋（国祚）氏，乃从厘其亥豕。其卷帙不全者，复证之《津逮》本中而补其一二云”④。可见，清代学者更注意版本出处及补正校订之事。

清代是《博物志》刻行的繁盛期，先后有多种刊本问世。刊行者都比较注重考证版本来源，并对某些疑难问题做了辨析。康熙七年（1668）汪

① 〔清〕周心如：《博物志序》，见丁锡根编著《中国历代小说序跋集》，人民文学出版社 1996 年版，第 44 页。

② 〔明〕都穆：《博物志跋》，见丁锡根编著《中国历代小说序跋集》，人民文学出版社 1996 年版，第 37 页。

③ 〔明〕崔世节：《博物志跋》，见丁锡根编著《中国历代小说序跋集》，人民文学出版社 1996 年版，第 38 页。

④ 〔清〕郎极：《博物志序》，见丁锡根编著《中国历代小说序跋集》，人民文学出版社 1996 年版，第 40 页。

士汉辑《博物志》等古籍为《秘书二十一种》，并为《博物志》撰序，主要复述了王嘉《拾遗记》中关于《博物志》的记载。王谟所辑《增订汉魏丛书》收入《博物志》，王谟为《博物志》所撰跋语除了复述王嘉之语外，也注意到了《博物志》的佚文问题。[①] 黄丕烈是清代著名藏书家，对《博物志》的传播起到了重要作用，他所刻士礼居丛书本《博物志》所依据的底本是北宋连江叶氏刻本。他在《博物志序》中说："予家有汲古阁影钞宋本《博物志》，末题云'连江叶氏'，与今世所引本夐然不同。"[②]他于嘉庆八年(1803)"谋刻是书，命儿子玉堂依影宋钞者录一帙，与粤东贾人往古药洲开雕。洎成寄归，复命之用原书纤悉校正，因检予向所刻汲古阁《秘本书目》中有北宋版《博物志》一本，估价四两云，其次序与南宋版不同，系蜀本大字，真奇物也。影钞当出于此，自是一重公案"[③]。黄丕烈认为汲古阁本依据的是北宋版，其所刻士礼居丛书本《博物志》在《博物志》版本系统中别树一帜。周心如道光七年(1827)刊行纷欣阁刊本《博物志》时，做了认真的考证，解决了三个疑难问题。第一，推断《博物记》与《博物志》"似为一书"；第二，认定将《博物记》作者定为唐蒙乃因句读错误造成；第三，以胡文焕校刻本为主，辑录《博物志补遗》二卷。[④] 钱熙祚以叶本为主，"杂采宋以前诸书，补正其脱误，并辑逸文，附著卷末"[⑤]，于道光二十年(1840)刊行守山阁丛书本《博物志》。由于清代学者的努力，《博物志》得以在较为广泛的范围内传播，并造成了一定的影响。

---

① 〔清〕王谟：《博物志跋》，见丁锡根编著《中国历代小说序跋集》，人民文学出版社1996年版，第40~41页。

② 〔清〕黄丕烈：《博物志序》，见丁锡根编著《中国历代小说序跋集》，人民文学出版社1996年版，第41页。

③ 〔清〕黄丕烈：《博物志跋》，见丁锡根编著《中国历代小说序跋集》，人民文学出版社1996年版，第43页。

④ 〔清〕周心如：《博物志序》，见丁锡根编著《中国历代小说序跋集》，人民文学出版社1996年版，第44页。

⑤ 〔清〕钱熙祚：《博物志跋》，见丁锡根编著《中国历代小说序跋集》，人民文学出版社1996年版，第45页。

第四节 从《搜神记》序跋看其成书与传播

《搜神记》是志怪小说的代表作，在中国小说史上有着重要地位。其素材来源、编撰目的、流传情况始终为学界所重视。干宝《搜神记自序》和明代沈士龙《搜神记序》、胡震亨《搜神记序》对于解决上述问题提供了许多依据和线索。至于清代王谟的《搜神记序》，是指八卷本《搜神记》，虽然提出了《搜神记》原书“各有篇目”这一观点，但前人已力辩其非，故本节不予讨论。

《搜神记》作者干宝（？—336），字令升，新蔡（今属河南）人。东晋时期的史学家、文学家。《晋书·干宝传》称干宝“撰集古今神祇灵异人物变化，名为《搜神记》，凡三十卷”①。但原书传至宋代已经散佚，今存《搜神记》二十卷本，为明代胡应麟从《法苑珠林》及诸类书中辑录而成。

一、干宝自序与《搜神记》素材及编撰目的

《晋书·干宝传》载录了干宝《搜神记自序》：

> 虽考先志于载籍，收遗逸于当时，盖非一耳一目之所亲闻睹也，亦安敢谓无失实者哉！卫朔失国，二传互其所闻；吕望事周，子长存其两说，若此比类，往往有焉。从此观之，闻见之难一，由来尚矣。夫书赴告之定辞，据国史之方策，犹尚若兹，况仰述千载之前，记殊俗之表，缀片言于残阙，访行事于故老，将使事不二迹，言无异涂，然后为信者，固亦前史之所病。然而国家不废注记之官，学士不绝诵览之业，岂不以其所失者小，所存者大乎！今之所集，设有承于前载者，则非余之罪也。若使采访近世之事，苟有虚错，愿与先贤前儒分其讥谤。及其著述，亦足以明神道之不诬也。群言百家不可胜览，耳目所

① 〔唐〕房玄龄等：《晋书》，中华书局2000年版，第1433页。

受不可胜载，今粗取足以演八略之旨，成其微说而已。幸将来好事之士录其根体，有以游心寓目而无尤焉。①

从干宝《自序》可知，《搜神记》的素材来源有三个途径：或"考先志于载籍"，或"收遗逸于当时"，或"采访近世之事"。而其所记之事，正如其在《进搜神记表》中所称："欲撰记古今怪异非常之事，会聚散逸，使同一贯，博访知之者，片纸残行，事事各异。"②"古今怪异非常之事"是其选取标准，往古之事，当然要从文献典籍中去寻找，近世之事，则要广采博访。从今本《搜神记》来看，确如其言，试以卷一为例做一分析。

卷一"神农"条："神农以赭鞭鞭百草，尽知其平毒寒温之性，臭味所主。以播百谷。故天下号神农也。"③此条本事见《太平御览》卷九八四引《本草经》："太一子曰：'凡药，上者养命，中药养性，下药养病。'神农乃作赭鞭钩𫓩，从六阴阳，与太一升五岳四渎。土地所生草石骨肉心皮毛羽万千类，皆鞭问之。得其所能主治，当其五味，百七十余毒。"④《本草经》又名《神农本草经》或《本经》，约起源于神农氏，秦汉时期众多医学家搜集、总结、整理，于东汉时期集结整理成书。《搜神记》据《本草经》有关神农记载稍加改编，主要突出了神农鞭百草的神奇事迹。

"赤松子""赤将子舆""彭祖"诸条本事均见《列仙传》。《列仙传》旧题西汉刘向撰。《汉书·艺文志》未见著录，《隋书·经籍志》始著录，并有《列仙传赞》二卷，题刘向撰，晋郭元祖赞。又云："刘向典校经籍，始作《列仙》《列士》《列女》之传，皆因其志尚，率尔而作，不在正史。"⑤晋葛洪《神仙传自序》亦称此书为刘向所作。⑥ 宋陈振孙《直斋书录解题》卷十二云："《列仙传》二卷，汉刘向撰，凡七十二人，每传有赞。似非向本书，

---

① 〔唐〕房玄龄等：《晋书》，中华书局2000年版，第1433～1434页。

② 〔晋〕干宝撰，汪绍楹校注：《搜神记》，中华书局1979年版，第3页。

③ 〔晋〕干宝撰，汪绍楹校注：《搜神记》，中华书局1979年版，第1页。

④ 《太平御览》，中华书局1960年影印《四部丛刊》本。

⑤ 〔唐〕魏征等：《隋书》，中华书局2000年版，第662页。

⑥ 〔晋〕葛洪：《神仙传自序》，见丁锡根编著《中国历代小说序跋集》，人民文学出版社1996年版，第54～55页。

西汉人文章不尔也。《馆阁书目》三卷，六十二人，《崇文总目》作二卷七十二人，与此合。"①陈振孙指出此书不类西汉文字，似非向撰。但书中郑交甫遇江妃二女的故事已在曹植《洛神赋》中用为典故，故成书不会太晚。今人多疑其为汉魏间文士所作而托名刘向。可见，此书应作于干宝之前。将《搜神记》以上三条与《列仙传》做一比较，可以发现《搜神记》几乎照抄《列仙传》。

《搜神记》"赤松子"条："赤松子者，神农时雨师也。服冰玉散，以教神农。能入火不烧。至昆仑山，常入西王母石室中，随风雨上下。炎帝少女追之，亦得仙，俱去。至高辛时，复为雨师，游人间。今之雨师本是焉。"②《列仙传》卷上："赤松子者，神农时雨师也。服水玉，以教神农，能入火自烧。往往至昆仑山上，常止西王母石室中，随风雨上下。炎帝少女追之，亦得仙俱去。高辛时，复为雨师。今之雨师本是焉。"③《列仙传》称赤松子是神农时的雨师，"今之雨师本是焉"。《搜神记》亦持此说，仅仅比《列仙传》多出"游人间"三字。

"赤将子轝"条："赤将子轝者，黄帝时人也。不食五谷，而啖百草华。至尧时，为木工，能随风雨上下。时于市门中卖缴，故亦谓之缴父云。"④《列仙传》："赤将子舆者，黄帝时人。不食五谷，而啖百草花。至尧帝时，为木工，能随风雨上下。时时于市中卖缴，亦谓之缴父云。"⑤几乎没有改动。

"彭祖"条："彭祖者，殷时大夫也。姓钱（篯），名铿。帝颛顼之孙，陆终氏之中子。历夏而至商末，号七百岁。常食桂芝。历阳有彭祖仙室。前世云：祷请风雨，莫不辄应。常有两虎在祠左右。今日祠之讫，地则有两虎迹。"⑥《列仙传》："彭祖者，殷大夫也。姓篯，名铿，帝颛顼之孙，陆终氏之中子。历夏至殷末，八百余岁。常食桂芝，善导引行气。历阳有彭

① 〔宋〕陈振孙：《直斋书录解题》，商务印书馆 1935 年影印《四库全书》本。
② 〔晋〕干宝撰，汪绍楹校注：《搜神记》，中华书局 1979 年版，第 1 页。
③ 王叔岷：《列仙传校笺》，中华书局 2007 年版，第 1 页。
④ 〔晋〕干宝撰，汪绍楹校注：《搜神记》，中华书局 1979 年版，第 2 页。
⑤ 王叔岷：《列仙传校笺》，中华书局 2007 年版，第 7 页。
⑥ 〔晋〕干宝撰，汪绍楹校注：《搜神记》，中华书局 1979 年版，第 3 页。

祖仙室，前世祷请风雨，莫不辄应。常有两虎在祠左右，祠讫地即有虎迹云。后升仙而去。”①《列仙传》称彭祖八百余岁，《搜神记》改为七百岁。殷商（约前1600—前1046）共五百余年，彭祖如果活了八百余岁，入商时他已经二百余岁。《搜神记》称彭祖七百岁，入商时一百余岁，作为殷大夫似乎更合理一些。《列仙传》所说彭祖仙室的灵验，主要指前世。《搜神记》则淡化了时间概念，“今日祠之讫，地则有两虎迹”，特别强调了今日的灵验。

干宝在《自序》中辨明了文献典籍“信”与“不信”的关系，干宝清醒地认识到了文献记载有时也会失实，“卫朔失国，二传互其所闻；吕望事周，子长存其两说，若此比类，往往有焉”。虽然文献记载有失实之弊，但“其所失者小，所存者大”，所以“国家不废注记之官，学士不绝诵览之业”。与此同时，干宝又强调了《搜神记》中近世素材的真实性，“若使采访近世之事，苟有虚错，愿与先贤前儒分其讥谤”。我们不妨对《搜神记》近世素材的真实性稍做分析。今本卷二“天竺胡人”：

> 晋永嘉中，有天竺胡人，来渡江南。其人有数术，能断舌复续、吐火，所在人士聚观。将断时，先以舌吐示宾客。然后刀截，血流覆地。乃取置器中，传以示人。视之，舌头半舌犹在。既而还，取含续之，坐有顷，坐人见舌则如故，不知其实断否。其续断，取绢布，与人各执一头，对剪，中断之。已而取两断合视，绢布还连续，无异故体。时人多疑以为幻，阴乃试之，真断绢也。其吐火，先有药在器中，取火一片，与黍糖合之，再三吹呼，已而张口，火满口中，因就爇取以炊，则火也。又取书纸及绳缕之属投火中，众共视之，见其烧爇了尽。乃拨灰中，举而出之，故向物也。②

这位胡人的“数术”，近似于今日之魔术，虽然奇异，但并非不可能。卷七记载了许多西晋年间怪异之事，或虚或实，真幻参半：

> 晋太康四年，会稽郡蟛蚑及蟹，皆化为鼠。其众覆野，大食稻为

① 王叔岷：《列仙传校笺》，中华书局2007年版，第38页。

② 〔晋〕干宝撰，汪绍楹校注：《搜神记》，中华书局1979年版，第23页。

灾。始成，有毛肉而无骨，其行不能过田畻。数日之后，则皆为牝。①

太康五年正月，二龙见武库井中。武库者，帝王威御之器所宝藏也。屋宇邃密，非龙所处。是后七年，藩王相害。二十八年，果有二胡僭窃神器，皆字曰“龙”。②

永嘉五年，吴郡嘉兴张林家，有狗忽作人言云：“天下人俱饿死。”于是果有二胡之乱，天下饥荒焉。③

以上三条所述皆为虚幻之事，“蟛蚑及蟹”不可能“皆化为鼠”，更不可能“有毛肉而无骨”。现实世界没有“龙”，更不会在武库中出现。狗也绝不可能开口说话。显然，这些“近世之事”乃虚假之事。

元康中，贵游子弟相与为散发倮身之饮，对弄婢妾。逆之者伤好，非之者负讥，希世之士，耻不与焉。胡、狄侵中国之萌也。其后遂有二胡之乱。④

元帝太兴元年四月，西平地震，涌水出。十二月，庐陵、豫章、武昌、西陵地震，涌水出，山崩。此王敦陵上之应也。⑤

贵族子弟生活奢靡亦不罕见，由此可能造成严重的社会后果。地震乃自然现象，应属真实，但与王敦之乱并无对应关系。此两条应当说基本可信。

干宝在自序中阐明了撰述的目的与功能：“明神道之不诬”及“游心寓目”。所谓“明神道之不诬”，就是说《搜神记》所载怪异之事能够证明神道的真实性，这亦为六朝志怪小说编纂的普遍理念。鲁迅先生在《中国小说史略》中指出：“中国本信巫，秦汉以来，神仙之说盛行，汉末又大畅巫风，而鬼道愈炽；会小乘佛教亦入中土，渐见流传，凡此，皆张皇鬼神，称道灵异，故自晋迄隋，特多鬼神志怪之书。”⑥可

---

① 〔晋〕干宝撰，汪绍楹校注：《搜神记》，中华书局 1979 年版，第 94 页。

② 〔晋〕干宝撰，汪绍楹校注：《搜神记》，中华书局 1979 年版，第 94 页。

③ 〔晋〕干宝撰，汪绍楹校注：《搜神记》，中华书局 1979 年版，第 103 页。

④ 〔晋〕干宝撰，汪绍楹校注：《搜神记》，中华书局 1979 年版，第 100 页。

⑤ 〔晋〕干宝撰，汪绍楹校注：《搜神记》，中华书局 1979 年版，第 106 页。

⑥ 鲁迅：《中国小说史略》，东方出版社 1996 年版，第 28 页。

以说,《搜神记》为代表的鬼神志怪小说就是佛道二教教义的宣传品。所谓“游心寓目”,就是说,诵读《搜神记》,可以使读者驰骋想象,从而获得精神的愉悦。这是干宝对志怪小说文学功能性的概括,应当说很有见地。

二、沈士龙序与《搜神记》编撰的潜在意识

《搜神记》原书至宋代已散佚,明代胡应麟从《法苑珠林》及诸类书中辑录而成今本《搜神记》,明代沈士龙《搜神记序》曰:

> 余得《搜神记》及《搜神后记》读之,乃知晋德不胜怪而底于亡也。何者?令升虽始自前载,晋实半之;元亮则晋十九矣。何东西百五十年间,天孽人变,駴人耳目,若斯多也?岂司马家以两世凶黠,奸有神器,其阴画秘算,默为天地之害者,不得不借此开泄,用为非德受命者鉴耶?若令升所载,皆出前史及诸杂记,故晋、宋《五行志》往往采之。惟《晋书》本传称兄气绝复苏,而不名。道书《吴猛传》谓宝兄西安令干庆,而本记第称西安令干庆,而绝不称兄,亦可疑也。至于《后记》,多后人附益,绝非元亮本书。如元亮卒于宋元嘉四年,而有十四、十六等年事。《陶集》多不称宋代年号,以干支代之,何得书永初、元嘉。又诸葛长民与宋武,比肩晋臣也,陶必不谓伏诛。凡此数事,皆不可不与海内淹赡晓辨之也。①

沈士龙读《搜神记》及《搜神后记》的最大收获是,“乃知晋德不胜怪而底于亡也”,因为《搜神记》二分之一、《搜神后记》十分之九的内容皆为两晋怪异之事,说明晋代社会始终处于非正常的状态之中,其迅速败亡也就不足为奇了。沈士龙认为,“司马家以两世凶黠,奸有神器,其阴画秘算,默为天地之害者,不得不借此开泄,用为非德受命者鉴”。在沈士龙看来,两晋统治者司马氏为了攫取政权,费尽心机,甚至不惜杀

① 〔明〕沈士龙:《搜神记序》,见丁锡根编著《中国历代小说序跋集》,人民文学出版社 1996 年版,第 50~51 页。

害众多士人。这些被害者的冤魂制造种种怪异之事,以惩戒那些非德受命者。《搜神记》及《搜神后记》正是出于此种目的,才会出现那么多怪异之事。

沈士龙的判断虽然有唯心的成分,却在一定意义上揭露了司马氏的阴险狡诈。先来看西晋如何取代曹魏,据《晋书·宣帝纪》①记载,汉献帝建安六年(201),曹操为司空时,曾召司马懿入朝,但他称病拒绝。后曹操做了丞相,"又辟为文学掾",他惧怕曹操的威严而就职。"于是使与太子游处,迁黄门侍郎,转议郎、丞相东曹属,寻转主簿。"起初曹操对他存有戒心,"魏武察帝(指司马懿)有雄豪志,闻有狼顾相,欲验之。乃召使前行,令反顾,面正向后而身不动。又尝梦三马同食一槽,甚恶焉。因谓太子丕曰:'司马懿非人臣也,必预汝家事。'太子素与帝善,每相全佑,故免。帝于是勤于吏职,夜以忘寝,至于刍牧之间,悉皆临履,由是魏武意遂安"。曹丕称帝之后,司马懿受到重用,在抗击诸葛亮北伐、发展经济、兴办屯田等诸多大事上,司马懿功绩显赫,逐渐成为曹魏朝廷最具影响力的大臣。

魏明帝曹叡临死之时,遗诏命司马懿与大将军曹爽一起辅佐少主齐王曹芳,齐王"以帝(指司马懿)为太傅,入殿不趋,赞拜不名,剑履上殿,如汉萧何故事。嫁娶丧葬取给于官,以世子师为散骑常侍,子弟三人为列侯,四人为骑都尉"。其后司马懿与曹爽渐生间隙,司马懿"称疾不与政事",伪作病重,打消了曹爽的戒备。魏齐王曹芳嘉平元年(249),乘曹爽兄弟跟随齐王谒高平陵之际,司马懿"奏永宁太后废爽兄弟",命司徒高柔"行大将军事,领爽营"。然后出迎齐王并上奏言,称曹爽有无君之心。曹爽起初未将奏言报告齐王,又派人试探司马懿之意,司马懿"数其过失,事止免官"。曹爽信以为真,遂向齐王报告了司马懿的奏言。不料事态急转直下,司马懿以谋反罪名将曹爽兄弟及其党羽一网打尽。司马懿"加九锡之礼,朝会不拜"。纵观司马懿一生,诚如史官所评"内忌而外

① 〔唐〕房玄龄等:《晋书》,中华书局2000年版,第1~14页。

宽,猜忌多权变”。

司马懿死后,其长子司马师执掌了曹魏大权,正元元年(254),高贵乡公髦即位,封司马师为相国。① 司马师因病去世,其弟司马昭先后被封为大将军、高都公、相国,继续将曹魏大权牢牢控制在自己手中。② 从249年司马懿发动政变到265年西晋建立的十六年中,朝廷内外不断发生反抗司马氏专权的事件,司马懿父子三人皆以残酷手段予以镇压。嘉平二年(250),太尉王凌背叛司马懿,“谋立楚王彪”,“诈言吴人塞涂水,请发兵以讨之”,司马懿识破其叛乱本质,亲自率兵讨伐,逼迫王凌仰鸩而死。司马懿“收其余党,皆夷三族,并杀彪”。③ 正元二年(255),“镇东大将军毌丘俭、扬州刺史文钦举兵作乱”,司马师率兵十余万征讨。④ 甘露二年(257),镇东大将军诸葛诞作乱,经过数月战争,司马昭终于平息叛乱,“斩诞,夷三族”。⑤ 嘉平六年(254),曹芳“与中书令李丰、后父光禄大夫张缉、黄门监苏铄、永宁署令乐敦、冗从仆射刘宝贤等谋以太常夏侯玄代帝(指司马师)辅政”,司马师逮捕夏侯玄、张缉等,“皆夷三族”,并借机将曹芳帝位废掉。⑥ 据《汉晋春秋》载,甘露五年(260),魏帝曹髦“见威权日去,不胜其忿”,乃召侍中王沈、尚书王经等曰:“司马昭之心,路人所知也。吾不能坐受废辱,今日当与卿自出讨之!”于是亲“帅僮仆数百,鼓噪而出”。不料王沈早已告知司马昭,曹髦被杀后,司马昭还假惺惺地痛哭自责。⑦

司马懿父子三人对士人群体实行高压政治,顺者昌,逆者亡。著名的文人团体竹林七贤在司马氏的威慑下,分化瓦解,山涛拜见司马师,被授

---

① 〔唐〕房玄龄等:《晋书·景帝纪》,中华书局2000年版,第18页。

② 〔唐〕房玄龄等:《晋书·文帝纪》,中华书局2000年版,第22~28页。

③ 〔唐〕房玄龄等:《晋书·宣帝纪》,中华书局2000年版,第12~13页。

④ 〔唐〕房玄龄等:《晋书·景帝纪》,中华书局2000年版,第20~21页。

⑤ 〔唐〕房玄龄等:《晋书·文帝纪》,中华书局2000年版,第22~23页。

⑥ 〔唐〕房玄龄等:《晋书·景帝纪》,中华书局2000年版,第18页。

⑦ 〔晋〕陈寿:《三国志》,〔南朝宋〕裴松之注引《汉晋春秋》,中华书局2000年版,第109页。

以尚书吏部郎。司马昭还赠予“钱二十万、谷二百斛”。[1] 嵇康听到山涛举荐自己为官，挥笔写了《与山巨源绝交书》，以明己志。他的清高得罪了贵公子锺会，司马昭听信锺会谮言后，将嵇康杀害。[2]《晋书·向秀传》载，向秀曾隐居于山阳，其友嵇康被杀害后，向秀畏惧司马昭的淫威而来到都城洛阳。司马昭问他：“闻有箕山之志，何以在此？”他自我解嘲说：“以为巢许狷介之士，未达尧心，岂足多慕。”司马昭听后，十分满意，向秀于是进入仕途，“后为散骑侍郎、转黄门侍郎、散骑常侍，在朝不任职，容迹而已。卒于位”。可见他内心的苦闷。[3] 阮咸、刘伶亦如此才得以保全性命。司马懿父子三人费时十余年，绞尽脑汁，软硬兼施，恩威并用，镇压政敌，扫清障碍，到265年，司马师的儿子司马炎迫使魏帝曹奂下台，终于取代了曹魏，建立了晋朝。

司马炎称帝后，“下诏大弘俭约”，“开直言之路”，凤凰、青龙、黄龙、麒麟屡见于郡国。[4] 统一天下后，司马炎“遂怠于政术，耽于游宴，宠爱后党，亲贵当权”，“曾未数年，纲纪大乱，海内版荡，宗庙播迁”。[5] 西晋社会风气日益败坏，官僚大臣腐败不堪，西晋王朝仅仅维系了五十余年，便归于灭亡。

再来看东晋政权的命运，建兴四年（316）十一月，前赵刘曜大军围困京师，西晋的末代皇帝司马邺“乘羊车，肉袒衔璧，舆榇出降”，西晋灭亡。[6] 建武元年（317），司马懿的曾孙琅邪王司马睿“立宗庙社稷于建康”，建立了东晋。[7] 东晋自晋元帝司马睿于317年即位，至晋恭帝司马德文于420年禅位于南朝宋刘裕，共历十一帝，前后一百零三年，中国一直处于分裂状态。东晋的统治阶层一部分是中原名门望族，一部分

---

① 〔唐〕房玄龄等：《晋书·山涛传》，中华书局2000年版，第805页。
② 〔唐〕房玄龄等：《晋书·嵇康传》，中华书局2000年版，第906～909页。
③ 〔唐〕房玄龄等：《晋书》，中华书局2000年版，第909～910页。
④ 〔唐〕房玄龄等：《晋书·武帝纪》，中华书局2000年版，第35～37页。
⑤ 〔唐〕房玄龄等：《晋书·武帝纪》，中华书局2000年版，第52～53页。
⑥ 〔唐〕房玄龄等：《晋书·孝愍帝纪》，中华书局2000年版，第83页。
⑦ 〔唐〕房玄龄等：《晋书·元帝纪》，中华书局2000年版，第92页。

是江南的土居氏族，两者之间存在着地域、文化等方面的差异，因而相互排挤，矛盾重重。在东晋统治的一百多年中，中原氏族占据统治的主导地位，而南方土居氏族则一直被排斥。元帝年间，丞相王导希望改变这种状况，向元帝推荐顾荣、贺徇等江南士人。“二人皆应命而至，由是吴会风靡，百姓归心焉。”①明帝即位后，先有王敦之叛，又有苏峻之乱。叛乱过后，王导在南北氏族之间奔走，极力劝说各族修好，但收效甚微。后来江南氏族也曾多次因不满东晋的统治而起来反抗，极大地动摇了东晋的统治。

干宝卒于咸康二年（336），目睹了晋元帝末年王敦兵变之事。大将军王敦乃王导之从兄，“既素有重名，又立大功于江左，专任阃外，手控强兵，群从贵显，威权莫贰，遂欲专制朝廷，有问鼎之心。帝畏而恶之，遂引刘隗、刁协等以为心膂。敦益不能平，于是嫌隙始构矣。……敦复上表陈古今忠臣见疑于君，而苍蝇之人交构其间，欲以感动天子。帝愈忌惮之。俄加敦羽葆鼓吹，增从事中郎、掾属、舍人各二人。帝以刘隗为镇北将军，戴若思为征西将军，悉发扬州奴为兵，外以讨胡，实御敦也”②。种种针锋相对的措施，终于引发了王敦的愤怒，于永昌元年（322），以诛刘隗、刁协为名，率兵反叛。晋元帝亲率六军反击，战而不胜，王敦攻陷东晋首都建康，将晋元帝软禁，杀害周顗、戴若思等朝中反对派，全面掌握了朝廷大权，晋元帝于忧虑中病逝。

元帝死后，明帝司马绍即位。“敦讽朝廷征己，明帝乃手诏征之。”“敦既得志，暴慢愈甚，四方贡献多入己府，将相岳牧悉出其门。”王敦一方面培植自己的爪牙如王含、沈充、钱凤等，任凭其凶顽骄恣，无恶不作，一方面打压异己势力，将周札、冉曾、公乘雄等杀害。王敦无子，立王含之子王应为世子，日夜图谋发动军事政变。就在这关键时刻，王敦却患上重病，钱凤、沈充前来讨问身后之事，王敦曰：“非常之事，岂常人所能！且应年少，安可当大事。我死之后，莫若解众放兵，归身朝廷，保全门户，此

① 〔唐〕房玄龄等：《晋书·王导传》，中华书局2000年版，第1157页。
② 〔唐〕房玄龄等：《晋书·王敦传》，中华书局2000年版，第1708页。

计之上也。退还武昌，收兵自守，贡献不废，亦中计也。及吾尚存，悉众而下，万一侥幸，计之下也。”“凤谓其党曰：‘公之下计，乃上策也。’遂与沈充定谋，须敦死后作难。”①不久王敦病逝，钱凤、沈充等人唆使怂恿王敦的兄长王含和世子王应向晋王朝发动攻击。结果王氏叛军在各地军阀的合围下全军覆没，王敦及其党羽的家属全部被处死。

沈士龙认为，干宝作为史官，既十分熟悉西晋历史，又目睹了东晋之初的政治现实。《礼记·曲礼上》曰：“妖不自作，人弃常则妖兴。”②干宝或许受到这一古训的启示，才有意搜集历代特别是两晋怪异之事，以证明“人弃常则妖兴”的道理。

沈士龙在《搜神记序》中提出了一个疑问：“若令升所载，皆出前史及诸杂记，故晋、宋《五行志》往往采之。惟《晋书》本传称兄气绝复苏，而不名。道书《吴猛传》谓宝兄西安令干庆，而本记第称西安令干庆，而绝不称兄，亦可疑也。”

沈士龙的问题有两个方面：一是《晋书·干宝传》讲述了干宝之兄死而复生事，但未明确其兄之名；二是《搜神记》“吴猛”条称干庆死而复生，但不称干庆为其兄。

不妨先看《晋书·干宝传》的记载：“性好阴阳术数，留思京房、夏侯胜等传。宝父先有所宠侍婢，母甚妒忌，及父亡，母乃生推婢于墓中。宝兄弟年小，不之审也。后十余年，母丧，开墓，而婢伏棺如生，载还，经日乃苏。言其父常取饮食与之，恩情如生。在家中吉凶辄语之，考校悉验，地中亦不觉为恶。既而嫁之，生子。又宝兄尝病气绝，积日不冷，后遂悟，云见天地间鬼神事，如梦觉，不自知死。宝以此遂撰集古今神祇灵异人物变化，名为《搜神记》，凡三十卷。以示刘惔，惔曰：‘卿可谓鬼之董狐。’宝既博采异同，遂混虚实，因作序以陈其志曰……”③这里仅称“宝兄”，而未称其名。

---

① 〔唐〕房玄龄等：《晋书·王敦传》，中华书局2000年版，第1710页。
② 《礼记·曲礼上》，见《十三经注疏》，中华书局1980年版。
③ 〔唐〕房玄龄等：《晋书》，中华书局2000年版，第1433页。

再看《搜神记》卷一“吴猛”：

吴猛，濮阳人。仕吴，为西安令。因家分宁。性至孝。遇至人丁义，授以神方。又得秘法神符，道术大行。尝见大风，书符掷屋上，有青乌衔去，风即止。或问其故，曰：“南湖有舟，遇此风，道士求救。”验之果然。西安令干庆，死已三日，猛曰：“数未尽，当诉之于天。”遂卧尸旁。数日，与令俱起。后将弟子回豫章，江水大急，人不得渡。猛乃以手中白羽扇画江水，横流，遂成陆路，徐行而过。过讫，水复。观者骇异。尝守浔阳，参军周家有狂风暴起，猛即书符掷屋上，须臾风静。①

《晋书》本传主要强调干宝受其兄死而复生之事的启发，而撰《搜神记》。《搜神记》“吴猛”条主要突出吴猛的道术灵验。这里需要明确，所谓死而复生之事本身就是虚构，《晋书》乃唐代房玄龄等人编纂，《搜神记》在流传过程中又多有衍变，所以对此大可不必过多纠缠。

三、胡震亨序与《搜神记》传播中的变异

胡震亨(1569—1645)，浙江海盐武原镇人，万历举人，由固城县教谕历官兵部员外郎。家多藏书，长于搜集诗文资料。其所撰《搜神记序》曰：

令升遘门闱之异，爰摭史传杂说，参所知见，冀扩人于耳目之外。顾世局故常，适以说怪视之。不知刘昭《补汉志》、沈约《宋志》与《晋志·五行》，皆取录于此。盖以其尝为史官，即怪亦可证信耳。第所载秦闵王女一段，则嬴秦无谥闵者。惟晋武帝子秦献王无嗣，愍帝尝以吴王晏子出嗣秦王，岂即愍帝邪？然愍帝时，秦为虏境，秦妃安得在秦而有二十三年之久？至谓“今之国婿，亦为驸马都尉”。此政晋事耳。又有谢镇西之称。按谢尚于穆帝永和间始加镇西将军。宝书成，尝示刘惔，惔卒于明帝太宁间，则镇西之号，去书成时，尚后二十

---

① 〔晋〕干宝撰，汪绍楹校注：《搜神记》，中华书局1979年版，第13页。

余年，安得预称此？殊不可晓。若渊明《后记》，梁皎法师称其“傍出《高僧》，叙其风素”。王曼颖报书亦云：“高僧行迹，糅在元亮之说。”今记中仅佛图澄、昙游二人，应散佚不少。其载桓温老尼及见简文帝山陵，岂以之况宋武耶？①

此《序》首先指出干宝撰《搜神记》的目的是“冀扩人于耳目之外”。世人认为《搜神记》是“说怪”之作，但许多史书取材于《搜神记》。因为干宝曾为史官，“即怪亦可证信耳”。然而，《搜神记》中又的确存在许多令人生疑之处。如卷十六所载“秦闵王女”事：

陇西辛道度者，游学至雍州城四五里，比见一大宅，有青衣女子在门。度诣门下求飧。女子入告秦女，女命召入。度趋入阁中，秦女于西榻而坐。度称姓名，叙起居，既毕，命东榻而坐。即治饮馔。食讫，女谓度曰：“我秦闵王女，出聘曹国，不幸无夫而亡。亡来已二十三年，独居此宅。今日君来，愿为夫妇。”经三宿三日后，女即自言曰：“君是生人，我鬼也。共君宿契，此会可三宵，不可久居，当有祸矣。然兹信宿，未悉绸缪，既已分飞，将何表信于郎？”即命取床后盒子开之，取金枕一枚，与度为信。乃分袂泣别，即遣青衣送出门外。未逾数步，不见舍宇，惟有一冢。度当时荒忙出走，视其金枕在怀，乃无异变。寻至秦国，以枕于市货之。恰遇秦妃东游，亲见度卖金枕，疑而索看，诘度何处得来？度具以告。妃闻，悲泣不能自胜。然尚疑耳。乃遣人发冢，启柩视之，原葬悉在，唯不见枕。解体看之，交情宛若，秦妃始信之。叹曰：“我女大圣，死经二十三年，犹能与生人交往，此是我真女婿也。”遂封度为驸马都尉，赐金帛车马，令还本国。因此以来，后人名女婿为“驸马”。今之国婿，亦为驸马矣。②

这是一则人鬼相恋的故事，《搜神记》中此类故事甚多。胡震亨产生疑问

① 〔明〕胡震亨：《搜神记序》，见丁锡根编著《中国历代小说序跋集》，人民文学出版社1996年版，第51～52页。

② 〔晋〕干宝撰，汪绍楹校注：《搜神记》，中华书局1979年版，第201～202页。

的不是人鬼相恋是否真实，而是其中的人物及称谓不合史实。胡震亨指出，此则故事中的女主人公为“秦闵王女”，但嬴秦从来就没有谥“闵”的君主。胡震亨又进而考证出晋武帝司马炎的儿子秦献王司马柬无嗣，其弟吴敬王司马晏的儿子司马邺过继给其伯父司马柬，袭封秦王，后即位为晋愍帝（313—317 年在位）。胡震亨怀疑所谓“秦闵王”实际上指的是司马邺。但问题接踵而来，晋愍帝时，秦地为北方匈奴前赵所占领，“秦妃安得在秦而有二十三年之久？”也就是说，晋愍帝的妃子秦妃不可能在秦地居住二十三年。胡震亨认为，“今之国婿，亦为‘驸马’”，“此政晋事耳”，而非嬴秦时事。实际上帝婿成为驸马都尉并非晋时的制度，《晋书·元帝纪》：“建武元年三月，即晋王位。诸参军事拜奉车都尉，掾属驸马都尉。辟掾属百余人，时人谓之百六掾。”由此可以看出晋元帝司马睿时，掾属也可以称之为驸马都尉。帝婿加驸马都尉称号，自三国时期就开始出现了。汉武帝时始置驸马都尉，掌副车之马。三国时期，魏国何晏即以帝婿身份授官驸马都尉，此后晋代杜预娶晋宣帝司马懿之女安陆公主，王济娶晋文帝司马昭之女常山公主，都授驸马都尉。后人便以为这是晋朝的一项制度，胡震亨也认为由此即可证明这一故事发生在晋代，实际上远非如此简单。

范宁《二十卷本〈搜神记〉考辨》曾指出此问题：“本书卷十六记辛道度遇秦女事。吴承仕《检斋读书记》云：‘敦煌所出句道兴《搜神记》残卷，说焦华得瓜、辛道度遇秦女数条，首称《史记》曰，语多不经，大类唐人小说。’案此条亦见八卷本，乃句道兴所撰《搜神记》中文，文亦不类。必为胡元瑞辑录时辨别未精而误收者。震亨虽疑而不敢云其非出干宝之手，是其非古本四也。”范宁又云：“而姚叔祥《见只编》卷中亦云：‘江南藏书，胡元瑞（应麟）号为最富，余尝见其书目，较之馆阁藏本目，有加益。然经学训注稍有不及。有《搜神记》，余欣然索看。胡云：不敢以贻知者，率从《法苑珠林》及诸类书抄出者。’据此，则胡元瑞已自供曾从类书中辑录《搜神记》矣。”“总上诸条观之，是二十卷本非干宝原书，亦非传世古本，而为后人缀辑，了无疑义。胡元瑞既自称辑录此书,则舍胡氏亦将莫属矣。”[①]范宁先生的考辨说明了今二十卷本《搜神记》已非干宝原书,而是明代学者胡应麟辑录所成。

汪绍楹先生在校注《搜神记》此条时也指出:“本条未见各书引作《搜神记》。按:本事见句道兴《搜神记》。《稗海》本《搜神记》即从句记出,而又加以删改。本条全袭《稗海》本,又微加节削。参考句本、《稗海》本。应删正。再条内云:‘今之国婿,亦为驸马。’胡震亨于本书引首,谓‘此政晋事耳’。以为此真干宝语。按《晋书·元帝纪》:‘建武元年三月,即晋王位。诸参军事拜奉车都尉,掾属驸马都尉。辟掾属百余人,时人谓之百六掾。’是司马睿时,掾属且得为驸马都尉,非必尚主。盖自汉置驸马都尉,本掌御马。自魏何晏、晋杜预、王济,以主婿拜驸马都尉,后代因魏晋以为恒,始每尚公主则拜驸马都尉(见《初学记》十)。晋时并无此制。胡氏所以曲为说者,不过欲证本条之真为干氏原书。清刘宝楠《愈愚录》即取本条以论‘驸马’沿革,当因胡说致误。”[②]胡震亨序原意是说“辛道度条”所称“秦闵王女”不合史实,却以国婿为驸马都尉乃晋时之事,以证明此条为干宝原文。范宁、汪绍楹两位学者力辩其非,说明《搜神记》在传播过程中发生了许多变异。

胡震亨还发现《搜神记》“有谢镇西之称”,而谢尚加封镇西将军实在《搜神记》成书之后。按,谢尚(308—357),字仁祖。陈郡阳夏(今河南太康)人。东晋时期名士、将领,谢鲲之子、谢安从兄。谢尚历任江州刺史、尚书仆射等职,晋穆帝永和间(345—356),“拜尚书仆射,出为都督江西淮南诸军事、前将军、豫州刺史,给事中、仆射如故,镇历阳,加都督豫州扬州之五郡军事,在任有政绩。上表求入朝,因留京师,署仆射事。寻进号镇西将军,镇寿阳”[③]。

《搜神记》成书时间可从干宝与刘惔交往得知,南朝宋刘义庆《世说

---

① 范宁:《二十卷本〈搜神记〉考辨》,载《新生报》1948 年 3 月 30 日。

② 〔晋〕干宝撰,汪绍楹校注:《搜神记》,中华书局 1979 年版,第 202 页。

③ 〔唐〕房玄龄等:《晋书·谢尚传》,中华书局 2000 年版,第 1378 页。

新语》"排调"类第十九则曰:"干宝向刘真长叙其《搜神记》,刘曰:'卿可谓鬼之董狐。'"①刘惔,字真长,生卒年不详,《晋书·刘惔传》称其"年三十六,卒官"②。《建康实录》卷八"孝宗穆皇帝"载,"永和三年(347)……冬十二月,以侍中刘惔为丹杨尹"③,说明其此时在世。《世说新语》"轻诋"类第九则:"褚太傅(裒)南下,孙长乐于船中视之。言次,及刘真长死,孙流涕,因讽咏曰:'人之云亡,邦国殄瘁。'褚大怒曰:'真长平生,何尝相比数,而卿今日作此面向人!'孙回泣向褚曰:'卿当念我!'时咸笑其才而性鄙。"余嘉锡引程炎震云:"此盖褚裒、彭咸败后还镇京口时,故云南下,永和五年也。其冬裒卒矣。"④从谈论的语境来看,刘惔卒期似应距两人谈论时间不久,亦即永和四年至五年之间(348—349),胡震亨说其卒于晋明帝太宁年间(323—325),不知何据。要之,《搜神记》成书时间不会晚于晋穆帝永和五年(349),而谢尚进号镇西将军则在晋穆帝永和年间(345—356)。虽然不能肯定说此事发生在《搜神记》成书之后,但其中的确有值得质疑之处。胡震亨序提出的这些疑问从一定意义上证明了《搜神记》在传播中确实存在着变异情形。

第五节　从《世说新语》序跋看其审美风格

刘义庆的《世说新语》是中国古代小说史上的一部重要作品。《隋书·经籍志》小说家类著录八卷,作《世说》,南朝宋临川王刘义庆撰;又《世说》十卷,南朝梁刘孝标注。⑤《旧唐书·经籍志》小说家类著录八卷,刘义庆撰;《续世说》十卷,刘孝标撰。⑥《新唐书·艺文志》小说家类

① 余嘉锡:《世说新语笺疏》,中华书局1983年版,第798页。
② 〔唐〕房玄龄等:《晋书·刘惔传》,中华书局2000年版,第1324页。
③ 〔唐〕许嵩撰,张忱石点校:《建康实录》,中华书局1986年版,第216页。
④ 余嘉锡:《世说新语笺疏》,中华书局1983年版,第833页。
⑤ 〔唐〕魏征:《隋书·经籍志》,中华书局2000年版,第679~680页。
⑥ 〔后晋〕刘昫等:《旧唐书》,中华书局2000年版,第1378页。

著录“刘义庆《世说》八卷”“刘孝标《续世说》十卷”。[①]《世说新语》至宋代已亡佚,《宋史·艺文志》所著录“刘义庆《世说新语》三卷”[②],乃宋人晏殊所整理删并。《世说新语》是志人小说的代表作,按照内容分为36个门类。其中,德行、方正、雅量、豪爽、任诞、简傲、假谲、俭啬、忿狷、谗险、尤悔等当属于品行一类,言语、政事、文学、识鉴、捷悟、巧艺等当属于能力一类,赏誉、规箴、排调、轻诋、黜免等当属于行动一类。《世说新语》备受历代文人喜爱,宋代黄伯思、汪藻、董弅、陆游、高似孙、刘应登,明代袁褧、杨慎,清代王士禛、沈岩、孙毓修、周心如、李调元等都为其撰写了序跋或题词。这些序跋、题词涉及《世说新语》的名称、版本、传播、思想及审美风格等多方面的问题。关于《世说新语》的名称、版本、传播、思想,学界已有大量研究成果问世,故本节集中论述《世说新语》的审美风格。

一、“清微简远,居然玄胜”

宋代学者黄伯思《东观余论》卷下《跋〈世说新语〉后》云:“《世说》名肇刘向,六十七篇中已有此目,其书今亡。宋临川王因录汉末至江左名士佳语,亦谓之《世说》。梁豫州刑狱参军刘峻注为十卷,采摭舛午处,大抵多就正之,与裴启《语林》近,出入皆清言林囿也。”[③]

另一位宋代文人刘应登《世说新语序》曰:“晋人乐旷多奇情,故其言语文章,别是一色,《世说》可睹已。说为晋作,及于汉魏者,其余耳。虽典雅不如左氏《国语》,驰骛不如诸《国策》,而清微简远,居然玄胜。概举如卫虎渡江,安石教儿,机锋似沉,滑稽又冷,类入人梦思,有味有情,咽之愈多,嚼之不见。盖于时诸公,專以一言半句,为终身之目,未若后来人士,俯焉下笔,始定名价。临川善述,更自高简有法,反正之评,戾实之载,

① 〔宋〕欧阳修、宋祁:《新唐书》,中华书局2000年版,第1002页。

② 〔元〕脱脱等:《宋史》,中华书局2000年版,第3473页。

③ 〔宋〕黄伯思:《跋〈世说新语〉后》,见丁锡根编著《中国历代小说序跋集》,人民文学出版社1996年版,第260页。

岂不或有？亦当颂之，使与诸书并行也。晚后浅俗，索解人正不可得。呜呼！人言江左清谈遗事，椠椠一老，出其游戏余力，尚足办此百万之敌，兹非谈之宗欤？抑吾取其文，而非论其人也。”①

黄伯思所说“清言林囿”，刘应登所说“清微简远，居然玄胜”，都道出了《世说新语》写人状物的审美风格。刘应登特别列举了“卫虎渡江”“安石教儿”两例，指出其给人以“机锋似沉，滑稽又冷，类入人梦思，有味有情，咽之愈多，嚼之不见”的审美感受。

“卫虎渡江”见于《世说新语》“言语”类：“卫洗马初欲渡江，形神惨悴，语左右云：‘见此芒芒，不觉百端交集。苟未免有情，亦复谁能遣此！’”②卫洗马即卫玠，字叔宝，任太子洗马。《太平御览》卷四八九引《晋中兴书》曰：“卫玠兄璪，时为散骑侍郎，内侍怀帝。玠以天下将乱，移家南行。母曰：‘我不能舍仲宝而去也。玠启喻深至，为门户大计，母涕泣从之。临别，玠谓璪曰：‘在三之义，人之所重，今可谓致身命之日，兄其勉之。’乃扶将老母，转至豫章。而洛城失守，璪没焉。”③卫玠南行渡江到豫章郡，是不得已之举。此后转徙流亡，生死未卜，所以与兄有生人作死别之语。面对茫茫大江，家国之忧，身世之感，千头万绪，纷至沓来，所以面容憔悴，神情凄惨，并对左右人道出了内心的忧伤。此则虽然篇幅短小，但确实给人以“有味有情”的感受。

“安石教儿”见于《世说新语》“文学”类：“谢公因子弟集聚，问《毛诗》何句最佳？遏称曰：‘昔我往矣，杨柳依依；今我来思，雨雪霏霏。’公曰：‘讦谟定命，远猷辰告。’谓此句偏有雅人深致。”④《诗经·小雅·采薇》是受到历代人们赞赏的名篇，尤其是“昔我往矣，杨柳依依；今我来思，雨雪霏霏”两句，被认为是成功运用比兴手法的范例。“遏”是谢安之

---

① 〔宋〕刘应登：《世说新语序》，见丁锡根编著《中国历代小说序跋集》，人民文学出版社1996年版，第264～265页。

② 余嘉锡：《世说新语笺疏》，中华书局1983年版，第94页。

③ 《太平御览》，中华书局1960年影印《四部丛刊》本。

④ 余嘉锡：《世说新语笺疏》，中华书局1983年版，第235页。

侄谢玄的小名,谢玄认为《诗经》中这两句最好,本来无可非议。但谢安认为"讦谟定命,远猷辰告""偏有雅人深致"。"讦谟定命,远猷辰告"出自《诗经·大雅·抑》,意为国家大计一定要号召,重大方针政策要及时宣告。谢玄以艺术性为评判依据,谢安则以政治性为标准,两人角度不同,遂有不同见解。寥寥数语,刻画出谢安时刻不忘对后辈进行政治教育的良苦用心。

刘应登在《世说新语序》中又说"于时诸公,剸以一言半句,为终身之目,未若后来人士,俯焉下笔,始定名价。临川善述,更自高简有法"。《世说新语》的确把握住了当时文人名士的心态,"以一言半句"即可"为终身之目",表现出"高简有法"的风格。

《世说新语》"赏誉"类有大量品评人物的名句,如第一则:"陈仲举尝叹曰:'若周子居者,真治国之器。譬诸宝剑,则世之干将。'"①陈仲举即陈蕃,字仲举,汝南平舆(今河南平舆北)人,东汉时期名臣,与窦武、刘淑合称"三君"。受到其奖誉者,被称为"登龙门"。周子居即周乘,字子居,东汉人,官至泰山太守。《汝南先贤传》曰:"周乘字子居,汝南安城人。天姿聪朗,高峙岳立,非陈仲举、黄叔度之俦则不交也。仲举尝叹曰:'周子居者,真治国之器也。'为太山太守,甚有惠政。"②陈仲举赞誉其"真治国之器",如宝剑中之"干将",这一简短评价确定了周乘的名声。

第二则:"世目李元礼:'谡谡如劲松下风。'"③语言更为简练。李元礼即李膺,《李氏家传》曰:"膺岳峙渊清,峻貌贵重。华夏称曰:'颖川李府君,頵頵如玉山。汝南陈仲举,轩轩若千里马。南阳朱公叔,飂飂如行松柏之下。'"④将李元礼形容为挺拔的松树下呼啸而过的疾风,新鲜而又生动。

---

① 余嘉锡:《世说新语笺疏》,中华书局 1983 年版,第 413 页。
② 余嘉锡:《世说新语笺疏》,中华书局 1983 年版,第 413 页。
③ 余嘉锡:《世说新语笺疏》,中华书局 1983 年版,第 415 页。
④ 余嘉锡:《世说新语笺疏》,中华书局 1983 年版,第 415 页。

第十则:“王戎目山巨源:‘如璞玉浑金,人皆钦其宝,莫知名其器。’”①山巨源即山涛,顾恺之《画赞》曰:“涛无所标明,淳深渊默,人莫见其际,而其器亦入道。故见者莫能称谓,而服其伟量。”②所谓“璞玉浑金”,指未经雕琢的玉和未经提炼的金,比喻本质真纯质朴。只知其为宝物,但不知该取个什么名字。以此表现山涛的魅力,给人留下丰富的想象空间。

再如第十二则:“山公举阮咸为吏部郎,目曰:‘清真寡欲,万物不能移也。’”③山公即山涛。阮咸字仲容,陈留人,阮籍之侄。据《名士传》称,阮咸“任达不拘,当世皆怪其所为。及与之处,少嗜欲,哀乐至到,过绝于人,然后皆忘其向议”④。山涛认为阮咸纯洁真挚,没有私欲,任何事物也改变不了他的志向。因此山涛竭力向朝廷推荐阮咸,但晋武帝始终不用。就是因为其“清真寡欲”“任达不拘”“多违礼度”,为统治者所不容。

第十六则:“王戎云:‘太尉神姿高彻,如瑶林琼树,自然是风尘外物。’”⑤王戎,字濬冲,琅邪临沂(今山东临沂)人。西晋名士,“竹林七贤”之一。太尉指王衍,字夷甫。《名士传》曰:“夷甫天形奇特,明秀若神。”⑥神姿即风姿。高彻指高雅清澈。瑶林琼树,都是美玉。风尘指世俗社会。王戎夸赞太尉王衍的风度仪态高雅清澈,好像晶莹的玉树,自然是尘世之外的人物。寥寥数语,道出了王衍的外貌与气质。

二、“简约玄澹,尔雅有韵”

明人袁褧《刻世说新语序》曰:

> 尝考载记所述晋人话言,简约玄澹,尔雅有韵。世言江左善清

---

① 余嘉锡:《世说新语笺疏》,中华书局1983年版,第423页。
② 余嘉锡:《世说新语笺疏》,中华书局1983年版,第423页。
③ 余嘉锡:《世说新语笺疏》,中华书局1983年版,第424页。
④ 余嘉锡:《世说新语笺疏》,中华书局1983年版,第424页。
⑤ 余嘉锡:《世说新语笺疏》,中华书局1983年版,第428页。
⑥ 余嘉锡:《世说新语笺疏》,中华书局1983年版,第428页。

谈，今阅《新语》，信乎其言之也。临川撰为此书，采掇综叙，明畅不繁；孝标所注，能收录诸家小史，分释其义。……因叹昔人论司马氏之祚亡于清谈，斯言也无乃过甚矣乎！竹林之俦，希慕沂乐；兰亭之集，咏歌尧风。陶荆州之勤敏，谢东山之恬镇；解《庄》《易》则辅嗣、平叔擅其宗，析梵言则道林、法深领其乘。或词冷而趣远，或事琐而意奥，风旨各殊，人有兴托。王茂弘、祖士雅之流，才通气峻，心翼王室，又斑斑载诸册简，是可非之者哉！《诗》不云乎，'济济多士，文王以宁'。余以琅琊王之渡江，诸贤弘赞之力为多，非强说也。夫诸晤言，率遇藻裁，遂为终身品目。故类以标格相高，玄虚成习，一时雅尚，有东京厨俊之流风焉。然旷达拓落，滥觞莫拯，取讥世教，抚卷惜之，此于诸贤不无遗憾焉耳矣。①

袁褧认为《世说新语》"所述晋人话言，简约玄澹，尔雅有韵"，指出了《世说新语》人物语言的审美风格。明代学者胡应麟也有类似论述："读其语言，晋人面目气韵恍忽生动，而简约玄澹，真致不穷，古今绝唱也。"②《世说新语》"言语""文学"类中的人物对话便集中表现出了上述特征。如"言语"类第三则：

孔文举年十岁，随父到洛。时李元礼有盛名，为司隶校尉，诣门者皆俊才清称及中表亲戚乃通。文举至门，谓吏曰："我是李府君亲。"既通，前坐。元礼问曰："君与仆有何亲?"对曰："昔先君仲尼与君先人伯阳，有师资之尊，是仆与君奕世为通好也。"元礼及宾客莫不奇之。太中大夫陈韪后至，人以其语语之。韪曰："小时了了，大未必佳！"文举曰："想君小时，必当了了！"韪大踧踖。③

孔文举即孔融，字文举，是汉代末年的名士、文学家，历任北海相、少府、

---

① 〔明〕袁褧：《刻世说新语序》，见丁锡根编著《中国历代小说序跋集》，人民文学出版社 1996 年版，第 265 ~ 266 页。

② 〔明〕胡应麟：《少室山房笔丛·九流绪论下》，上海书店出版社 2001 年版，第 285 页。

③ 余嘉锡：《世说新语笺疏》，中华书局 1983 年版，第 56 页。

太中大夫等职。曾多次反对曹操，后被曹操借故杀害。李元礼即李膺，时任司隶校尉，掌管监察京师和所属各郡百官，位高权重。前去拜访者皆为有地位的上层名流或中表亲戚。年仅十岁的孔融跟随父亲来到洛阳，他只身一人去拜访李膺，称是李膺的亲戚。李膺问道："您和我有什么亲戚关系呢？"孔文举回答道："古时候我的祖先孔子曾经拜您的祖先老子为师，这样看来，我和您就是老世交了。"李膺和宾客们无不赞赏他的聪明过人。太中大夫陈韪来得晚一些，别人就把孔文举的应对告诉他，陈韪说："小时候聪明伶俐，长大了未必出众。"孔融应声说："您小时候，想必是很聪明的了。"陈韪十分尴尬。孔融的机敏应对给人留下了深刻印象。

有其父必有其子，孔融的两个儿子也聪敏异常。第五则写道："孔融被收，中外惶怖。时融儿大者九岁，小者八岁。二儿故琢钉戏，了无遽容。融谓使者曰：'冀罪止于身，二儿可得全不？'儿徐进曰：'大人岂见覆巢之下，复有完卵乎？'寻亦收至。"①八九岁的孩子便能够以"覆巢之下，复有完卵"比喻政治的残酷无情，让人感叹不已。

与此相似的还有第四十三则："梁国杨氏子，九岁，甚聪惠。孔君平诣其父，父不在，乃呼儿出，为设果。果有杨梅，孔指以示儿曰：'此是君家果。'儿应声答曰：'未闻孔雀是夫子家禽。'"②这位杨家九岁的孩子聪明机敏，面对孔君平的调侃，应答如流，又不失礼。

再如第十则："刘公幹以失敬罹罪。文帝问曰：'卿何以不谨于文宪？'桢答曰：'臣诚庸短，亦由陛下纲目不疏。'"③刘公幹即刘桢，字公幹，建安七子之一。刘桢曾随侍曹操的儿子曹丕，在一次宴会上，曹丕让夫人甄氏出来拜客，座上客人多拜伏在地，独独刘桢平视，这就是"以失敬罹罪"。《文士传》曰："桢性辩捷，所问应声而答。坐平视甄夫人，配输

① 余嘉锡：《世说新语笺疏》，中华书局1983年版，第58页。

② 余嘉锡：《世说新语笺疏》，中华书局1983年版，第105页。

③ 余嘉锡：《世说新语笺疏》，中华书局1983年版，第70页。

作部,使磨石。武帝至尚方观作者,见桢匡坐正色磨石。武帝问曰:'石何如?'桢因得喻己自理,跪而对曰:'石出荆山悬岩之巅,外有五色之章,内含卞氏之珍。磨之不加莹,雕之不增文,禀气坚贞,受之自然。顾其理枉屈纡绕而不得申。'帝顾左右大笑,即日赦之。"①看来刘桢获罪一事,应发生在曹操当权之时,而非曹丕即帝位之后。刘桢说"纲目不疏",实际是委婉地讥讽了曹魏统治者法网过密。

第二十则:"满奋畏风。在晋武帝坐,北窗作琉璃屏,实密似疏,奋有难色。帝笑之。奋答曰:'臣犹吴牛,见月而喘。'"②荀绰《冀州记》曰:"奋字武秋,高平人,魏太尉宠之孙也。性清平有识,自吏部郎出为冀州刺史。"《晋诸公赞》曰:"奋体量清雅,有曾祖宠之风,迁尚书令,为荀颙所害。"③满奋害怕风吹,琉璃屏透明,满奋误以为不能挡风。晋武帝笑他太紧张了,他回答说自己是"吴牛喘月"。因为水牛生活在江淮间,南方天气炎热,而此牛畏热,见月疑是日,所以见月则喘。满奋以此为己解嘲,幽默而典雅。

第三十一则:"过江诸人,每至美日,辄相邀新亭,藉卉饮宴。周侯中坐而叹曰:'风景不殊,正自有山河之异!'皆相视流泪。唯王丞相愀然变色曰:'当共勠力王室,克复神州,何至作楚囚相对?'"④西晋末年战乱不断,中原人士相率过江避难。"过江诸人"即指这些南渡的士族官员。每当风和日丽的时候,他们在新亭前的草地上聚会饮酒。武城侯周颢不禁感叹道:"这里的风景和中原没有什么不同,只是山河不一样了!"众人闻言,相视而泣。只有丞相王导愀然变色,悲愤地说道:"大家应该为朝廷齐心合力,收复中原,哪里至于像囚犯似的相对流泪呢!"楚囚即楚国的囚犯,据《左传·成公九年》载:一个楚囚弹琴时奏南方乐调,表示不忘故旧。后来借指处境虽然窘迫,但依然不忘故国。周颢与王导同为朝廷高

---

① 余嘉锡:《世说新语笺疏》,中华书局 1983 年版,第 70 页。
② 余嘉锡:《世说新语笺疏》,中华书局 1983 年版,第 82 页。
③ 余嘉锡:《世说新语笺疏》,中华书局 1983 年版,第 82 页。
④ 余嘉锡:《世说新语笺疏》,中华书局 1983 年版,第 92 页。

官，但两人的话语表现出了他们境界的高下。

“文学”类中人物对话更为玄妙，如第八则：“王辅嗣弱冠诣裴徽，徽问曰：‘夫无者，诚万物之所资，圣人莫肯致言，而老子申之无已，何邪？’弼曰：‘圣人体无，无又不可以训，故言必及有；老、庄未免于有，恒训其所不足。’”①王辅嗣即王弼，魏晋时期著名的玄学家。裴徽字文季，官至冀州刺史。《三国志·魏书·管辂传》注引《辂别传》曰：“冀州裴使君才理清明，能释玄虚，每论《易》及老、庄之道，未尝不注精于严、瞿之徒也。”②王弼对老、庄亦有精湛的研究，陈澧《东塾读书记》十六曰：“辅嗣谈《老》《庄》，而以圣人加于《老》《庄》之上。然其所言圣人体无，则仍是老、庄之学也。犹后儒谈禅学而以圣人加于佛之上，然其所言圣学，则仍是禅学也。”③王弼与裴徽讨论的“无”和“有”，是道家的两个哲学范畴。《老子》四十章说：“天下万物生于有，有生于无。”④“无”就是道，它没有任何物质的内容和属性，是一种精神性的东西，从“无”产生出始初的物质，这就是“有”，然后进一步产生万物。王弼用道家思想解释儒家学说，主张“无”是万物的本体，认为孔子也是以“无”为本体的。可是“无”是听不见、看不见、摸不着的东西，是不可认识的神秘的精神性实体，是“不得而知”的，所以不可以训。

第十五则：“庾子嵩读《庄子》，开卷一尺许便放去，曰：‘了不异人意。’”⑤刘孝标注引《晋阳秋》曰：“庾敳字子嵩，颍川人，侍中峻第三子。恢廓有度量，自谓是老、庄之徒。曰：‘昔未读此书，意尝谓至理如此。今见之，正与人意暗同。’仕至豫州长史。”⑥这位庾敳不愧是老、庄之徒，从未读过《庄子》，仅仅打开书读了一尺左右的篇幅，便断言和自己的想法

---

① 余嘉锡：《世说新语笺疏》，中华书局 1983 年版，第 199 页。
② 〔晋〕陈寿撰，〔南朝宋〕裴松之注：《三国志》，中华书局 2000 年版，第 608 页。
③ 余嘉锡：《世说新语笺疏》，中华书局 1983 年版，第 199 页。
④ 《老子道德经》四十章，安徽人民出版社 1990 年版，第 113 页。
⑤ 余嘉锡：《世说新语笺疏》，中华书局 1983 年版，第 204 页。
⑥ 余嘉锡：《世说新语笺疏》，中华书局 1983 年版，第 204 ~ 205 页。

完全相同。活灵活现地刻画出了魏晋名士的自信风度。

第十八则:“阮宣子有令闻,太尉王夷甫见而问曰:‘老、庄与圣教同异?’对曰:‘将无同?’太尉善其言,辟之为掾。世谓‘三语掾’。卫玠嘲之曰:‘一言可辟,何假于三?’宣子曰:‘苟是天下人望,亦可无言而辟,复何假一?’遂相与为友。”[①]刘孝标注引《名士传》曰:“阮修字宣子,陈留尉氏人。好《老》《易》,能言理。不喜见俗人,时误相逢,即舍去。傲然无营,家无儋石之储,晏如也。琅邪王处仲为鸿胪卿,谓曰:‘鸿胪丞差有禄,卿常无食,能作不?’修曰:‘为复可耳。’遂为鸿胪丞、太子洗马。”[②]可见阮修是一位清心寡欲之人,他以模棱两可的“将无同”三字,巧妙地回答了道家与儒家异同的复杂问题,博得了太尉王夷甫的赞赏,被辟为掾。当卫玠调侃他时,他回答得更为巧妙,两人遂结为朋友。“将无同”三字,表现出了晋人语度舒缓的风格。

第二十三则:“殷中军见佛经云:‘理亦应阿堵上。’”[③]殷中军即殷浩,任中军将军。“理”,指玄学义理。东晋以后,玄学和佛学趋于合流,所以殷浩看了佛经后说道:“玄理也应当在这里面。”殷浩用几个字就说明了魏晋玄学与佛教的密切关系。

第三十一则:“孙安国往殷中军许共论,往反精苦,客主无闲。左右进食,冷而复暖者数四。彼我奋掷麈尾,悉脱落,满餐饭中。宾主遂至莫忘食。殷乃语孙曰:‘卿莫作强口马,我当穿卿鼻。’孙曰:‘卿不见决鼻牛,人当穿卿颊。’”[④]孙安国即孙盛,与殷浩并负盛名。刘孝标注引《续晋阳秋》曰:“孙盛善理义。时中军将军殷浩擅名一时,能与剧谈相抗者,唯盛而已。”[⑤]两人辩论,废寝忘餐,互不相让,以至于互相攻击为“强口马”“决鼻牛”,生动鲜活地刻画出了魏晋名士的风貌。

---

① 余嘉锡:《世说新语笺疏》,中华书局 1983 年版,第 207 页。
② 余嘉锡:《世说新语笺疏》,中华书局 1983 年版,第 207 ~ 208 页。
③ 余嘉锡:《世说新语笺疏》,中华书局 1983 年版,第 214 页。
④ 余嘉锡:《世说新语笺疏》,中华书局 1983 年版,第 219 ~ 220 页。
⑤ 余嘉锡:《世说新语笺疏》,中华书局 1983 年版,第 220 页。

三、"旷达拓落，滥觞莫拯"

明人袁褧《刻世说新语序》还特意指出了《世说新语》刻画魏晋名士精神风貌的审美风格："故类以标格相高，玄虚成习，一时雅尚，有东京厨俊之流风焉。然旷达拓落，滥觞莫拯，取讥世教，抚卷惜之，此于诸贤不无遗憾焉耳矣。"①所谓"旷达拓落，滥觞莫拯"，是指魏晋名士托怀玄胜，崇尚道家自然，主张适意而行，不受任何拘束，以至于疏放玄虚，鄙薄节信。

《世说新语》"任诞"类写了许多名士的怪诞言行，如第四十七则"王徽之访戴安道"："王子猷居山阴，夜大雪，眠觉，开室，命酌酒。四望皎然，因起仿偟，咏左思《招隐诗》。忽忆戴安道，时戴在剡，即便夜乘小船就之。经宿方至，造门不前而返。人问其故，王曰：'吾本乘兴而行，兴尽而返，何必见戴？'"②刘孝标注引《中兴书》曰："徽之任性放达，弃官东归，居山阴也。"③看来这应当是一个真实的故事，作者以王徽之的"任性放达"象征着当时文人对适意而行、摆脱拘束的向往和追求。

《世说新语》写了很多嗜酒、纵酒之事，文学史上有名的"竹林七贤"便因善饮而得名："陈留阮籍，谯国嵇康，河内山涛，三人年皆相比，康年少亚之。预此契者：沛国刘伶，陈留阮咸，河内向秀，琅邪王戎。七人常集于竹林之下，肆意酣畅，故世谓'竹林七贤'。"④这七位名士在饮酒方面可谓别具一格，"阮籍遭母丧，在晋文王坐进酒肉。司隶何曾亦在坐，曰：'明公方以孝治天下，而阮籍以重丧，显于公坐饮酒食肉，宜流之海外，以正风教。'文王曰：'嗣宗毁顿如此，君不能共忧之，何谓？且有疾而饮酒

---

① 〔明〕袁褧：《刻世说新语序》，见丁锡根编著《中国历代小说序跋集》，人民文学出版社1996年版，第265~266页。

② 余嘉锡：《世说新语笺疏》，中华书局1983年版，第760页。

③ 余嘉锡：《世说新语笺疏》，中华书局1983年版，第760页。

④ 余嘉锡：《世说新语笺疏》，中华书局1983年版，第727页。

食肉，固丧礼也！’籍饮啖不辍，神色自若”①。就是在这重丧期间，他经常喝醉。友人来吊唁，他既不哭，也不还礼。“步兵校尉缺，厨中有贮酒数百斛，阮籍乃求为步兵校尉。”②当他听说步兵校尉厨中“贮酒数百斛”时，便要求担任这一官职。“阮公邻家妇有美色，当垆酤酒。阮与王安丰常从妇饮酒，阮醉，便眠其妇侧。夫始殊疑之，伺察，终无他意。”③他在酒醉之后，常常眠于邻居美妇之侧，别人也不计较。所有这一切，都在于说明阮籍是一位“不率常礼”之人。

刘伶是又一个饮酒的典型：“刘伶病酒，渴甚，从妇求酒。妇捐酒毁器，涕泣谏曰：‘君饮太过，非摄生之道，必宜断之！’伶曰：‘甚善。我不能自禁，唯当祝鬼神，自誓断之耳！便可具酒肉。’妇曰：‘敬闻命。’供酒肉于神前，请伶祝誓。伶跪而祝曰：‘天生刘伶，以酒为名，一饮一斛，五斗解酲。妇人之言，慎不可听。’便引酒进肉，隗然已醉矣。”④因为他饮酒太过，其妻好心劝他戒酒，结果他以祝祷为由，再次痛饮而醉。有时他纵酒过度，类似癫狂：“刘伶恒纵酒放达，或脱衣裸形在屋中，人见讥之。伶曰：‘我以天地为栋宇，屋室为裈衣，诸君何为入我裈中？’”⑤他曾作《酒德颂》说：“惟酒是务，焉知其余。”“无思无虑，其乐陶陶。”

“竹林七贤”之外，嗜酒如命者还有很多。刘公荣饮酒不择酒伴：“刘公荣与人饮酒，杂秽非类，人或讥之。答曰：‘胜公荣者，不可不与饮；不如公荣者，亦不可不与饮；是公荣辈者，又不可不与饮。’故终日共饮而醉。”⑥张翰把饮酒看得比身后名还重：“张季鹰纵任不拘，时人号为江东步兵。或谓之曰：‘卿乃可纵酒一时，独不为身后名邪？’答曰：‘使我有身后名，不如即时一杯酒！’”⑦张季鹰即张翰，字季鹰，江东吴郡人，曾任大

① 余嘉锡：《世说新语笺疏》，中华书局1983年版，第728页。
② 余嘉锡：《世说新语笺疏》，中华书局1983年版，第730页。
③ 余嘉锡：《世说新语笺疏》，中华书局1983年版，第731页。
④ 余嘉锡：《世说新语笺疏》，中华书局1983年版，第729～730页。
⑤ 余嘉锡：《世说新语笺疏》，中华书局1983年版，第731页。
⑥ 余嘉锡：《世说新语笺疏》，中华书局1983年版，第730页。
⑦ 余嘉锡：《世说新语笺疏》，中华书局1983年版，第739～740页。

司马东曹掾，不久弃官。“周伯仁风德雅重，深达危乱。过江积年，恒大饮酒，尝经三日不醒，时人谓之‘三日仆射’。”①这位“风德雅重”的周伯仁，深知国家的危乱，但他经常喝酒大醉，有一次三日不醒，被人称为“三日仆射”。毕世茂因饮酒而废职，他曾说：“一手持蟹螯，一手持酒杯，拍浮酒池中，便足了一生。”②毕茂世即毕卓，字茂世，曾任吏部郎，尝饮酒废职。又如“诸阮皆能饮酒，仲容至宗人间共集，不复用常杯斟酌，以大瓮盛酒，围坐，相向大酌。时有群猪来饮，直接去上，便共饮之”③。阮姓族人都能喝酒，阮仲容来到族人中聚会，就不再用普通的杯子倒酒喝，而用大酒瓮装酒，大家坐成个圆圈，面对面大喝一番。当时有一群猪也来喝酒，他们径直把浮面一层酒舀掉，就又一道喝起来。

当时的名士如此嗜酒，原因何在？有人认为饮酒是成为名士的必备条件之一，如“王孝伯言：‘名士不必须奇才。但使常得无事，痛饮酒，熟读《离骚》，便可称名士。’”④王孝伯即王恭，字孝伯，曾任兖、青二州刺史，读书少，不熟悉用兵，笃信佛教，在东晋末年的战乱中被杀。他的观点很有代表性。有人认为饮酒可以将人引入胜地，如“王卫军云：‘酒正自引人箸胜地。’”⑤王卫军即王荟，任会稽内史，进号镇军将军，死后赠卫将军。有人认为饮酒可以疏远自己，忘掉自己，如“王光禄云：‘酒，正使人人自远。’”⑥“阮宣子常步行，以百钱挂杖头，至酒店，便独酣畅。虽当世贵盛，不肯诣也。”⑦

有人认为饮酒可以使人的形与神更加亲近，如“王佛大叹言：‘三日不饮酒，觉形神不复相亲。’”⑧王佛大即王忱，字佛大，也叫王大。他性嗜

① 余嘉锡：《世说新语笺疏》，中华书局1983年版，第744页。
② 余嘉锡：《世说新语笺疏》，中华书局1983年版，第740页。
③ 余嘉锡：《世说新语笺疏》，中华书局1983年版，第734页。
④ 余嘉锡：《世说新语笺疏》，中华书局1983年版，第764页。
⑤ 余嘉锡：《世说新语笺疏》，中华书局1983年版，第760页。
⑥ 余嘉锡：《世说新语笺疏》，中华书局1983年版，第749页。
⑦ 余嘉锡：《世说新语笺疏》，中华书局1983年版，第737页。
⑧ 余嘉锡：《世说新语笺疏》，中华书局1983年版，第763页。

酒，一饮连日不醒，结果因喝酒而死。但说得最为透彻的还是他："王孝伯问王大：'阮籍何如司马相如？'王大曰：'阮籍胸中垒块，故须酒浇之。'"①由此可见，名士们饮酒是一种聊作解脱的无可奈何之举，饮酒已经成为一种带有象征意味的形式。《世说新语》刻画的这一个个饮酒者的形象，象征着当时文人的苦闷心态。

① 余嘉锡：《世说新语笺疏》，中华书局1983年版，第763页。

第二章　唐代小说序跋研究

中国古代小说在唐代以前,基本上处于发育成长阶段。汉魏六朝时期的小说带有明显的宗教文化特征,也可以说尚未完全从宗教文化中剥离出来。唐传奇小说发生了重要变化,这与士子文化心态密切相关。但是直到宋元之前,小说尚未能够走出文人士大夫的范围。宋元话本适应市民文化的要求产生并发展起来,取得了前所未有的成绩。可以看出宋代以前的小说,经历了一个不断蜕变的文化路程,即从宗教文化到士子文化,从士子文化到市民文化。小说一旦回到普通民众中,便以全新的姿态迅速繁盛起来。因此,唐代小说处于中国古代小说的一个重要转变时期,小说观念成为这一转变的关键,故本章集中讨论唐代文化背景与小说序跋所论及的小说观念问题。

第一节　唐代小说创作与小说序跋的文化背景

中国古代小说发展至唐代,出现了传奇这一样式,从而使小说由萌芽状态走向了成熟。唐代小说尽管卷帙浩繁,但绝大多数作品仍然沿袭着六朝志怪的传统,只有这为数不多的传奇才真正代表了唐代小说的最高成就。那么,唐传奇与志怪小说究竟有着怎样的区别?它何以能够挣脱志怪的传统路子?又何以集中产生于唐代的中叶?这些曾被学术界反复探讨的问题,至今并未彻底得到解决。如果从唐代的文化尤其是士子文化这一角度入手，或许对上述问题的解决能够提供一个新的思路。而这些问题的解决，对理清中国古代小说的发展脉络及其原因，具有十分重要的意义。唐代小说序跋则为解决这一问题提供了许多重要资料。

一、唐代社会的文化特征

首先应当看到，继魏晋南北朝之后，佛教和道教在唐代有了进一步的发展。从南北朝发展下来的佛教流派，渐渐形成了天台宗、法相宗、华严宗、禅宗等宗派体系。它们都深入探讨了佛教的教理教义，提出了许多影响深远的学说，如天台宗的"止观说""无情有性说"，法相宗的"唯识说"，华严宗的"四法界说""法界缘起说"，禅宗的"顿悟成佛说"，等等。这些宗派之间虽然有一定的分歧，但共同感兴趣的都是佛性问题，即止恶向善、发明本心的心性论。它涉及人类心理活动、感觉经验、道德观念、认识论、本体论各个方面。为了扩大影响，佛教各派又注意与儒道相调和，如华严派宗密用《周易》的四德"元亨利贞"配佛教的四德"常乐我净"，以儒家的"五常"（仁、义、礼、智、信）配佛教的"五戒"（不杀生、不偷盗、不邪淫、不饮酒、不妄语）。总之，佛教在唐代文化心理中占有十分重要的地位。

与此同时，道教在唐朝也进入了鼎盛时期，其重要原因就在于道教与唐室皇权结合，成为皇族宗教。乾封元年（666），唐高宗下诏追封老子为"太上玄元皇帝"，令王公以下皆习《老子》。仪凤三年（678），又下诏以《道德经》为上经，贡举人必须兼通。道士隶属宗正寺，使道教成为唐朝的李皇家族宗教。[①] 开元十九年（731），唐玄宗令五岳各置老君庙[②]；开元二十一年（733），令士庶家藏《老子》一本[③]；开元二十九年（741），"制

① 中国社会科学院世界宗教所道教研究室：《道教文化面面观》，齐鲁书社 1990 年版，第 25 页。

② 〔后晋〕刘昫等：《旧唐书·玄宗本纪》，中华书局 2000 年版，第 131 页。

③ 〔后晋〕刘昫等：《旧唐书·玄宗本纪》，中华书局 2000 年版，第 132 页。

两京、诸州各置玄元皇帝庙并崇玄学，置生徒，令习《老子》《庄子》《列子》《文子》，每年准可明经例考试”[①]。据《旧唐书·司马承祯传》记载，唐睿宗、唐玄宗都曾召见道士司马承祯问以道教之事。[②] 唐武宗更是一生醉心道教，拜道士赵归真为师，以致服食金丹，中毒身亡。[③] 道教还注意在义理化方面的发展，一方面融入儒家的政治思想与伦理思想，另一方面吸取佛教义理以融入道教，纠正了以往只注重炼丹、服食、法术变化的弊端，使自身得到了长足发展。

然而，这仅是问题的一个方面。我们还应看到，整个唐代反对佛教、道教的论争此起彼伏，从统治阶级到普通百姓，对佛道宗教的态度也不尽相同。唐初傅奕曾连续七次上疏请求排斥佛教，认为佛教破坏了封建政权的政治、经济和伦理道德。吕才、卢藏用、李华对禄命迷信、占卜迷信进行了批判，李筌则对天命鬼神、阴阳五行等给予了抨击。佛教的不断扩展引起了统治阶级内部的注意，不少反佛教言论皆从维护国家经济利益出发，韩愈则从民族文化、学术传统、理论体系等方面对佛教进行了更为深入的批判。这些又在某种程度上限制了释道的扩散与影响。

尤其值得注意的是，对佛教也好，对道教也好，唐代最高统治者采取的是利用政策，而不是宗教的迷狂。唐太宗曾对侍臣说：“神仙事本虚妄，空有其名。秦始皇非分爱好，遂为方士所诈，乃遣童男女数千人随徐福入海求仙药，方士避秦苛虐，因留不归。始皇犹海侧踟蹰以待之，还至沙丘而死。汉武帝为求仙，乃将女嫁道术人，事既无验，便行诛戮。据此二事，神仙不烦妄求也。”[④]唐高宗也曾对侍臣说：“自古安有神仙！秦始皇、汉武帝求之，疲弊生民，卒无所成，果有不死之人，今皆安在！”[⑤]这与

---

① 〔后晋〕刘昫等:《旧唐书·玄宗本纪》,中华书局2000年版,第143页。

② 〔后晋〕刘昫等:《旧唐书》,中华书局2000年版,第3487页。

③ 〔后晋〕刘昫等:《旧唐书·武宗本纪》,中华书局2000年版,第397~416页。

④ 〔后晋〕刘昫等:《旧唐书·玄宗本纪》,中华书局2000年版,第23页。

⑤ 〔宋〕司马光:《资治通鉴》,中华书局1956年版,第6303页。

封老子为“太上玄元皇帝”的唐高宗简直判若两人。当佛道斗争激化时，出于政治和经济上的原因，唐代帝王一般都采取扶道抑佛的措施，以至于唐武宗时发生了排佛的“会昌法难”。这其中有一个例外，就是武则天采取了尊佛抑道的政策。《旧唐书·则天皇后本纪》载：“夏四月（即天授二年四月），令释教在道法之上，僧尼处道士女冠之前。”①究其原因，乃是由于佛教曾为她争夺皇位效力，这是对佛教的一种奖赏。即使醉心道教的武宗，其扶道排佛也并非纯出于信仰上的狂热，在很大程度上是因为佛教妨碍了皇族和国家的利益。对佛道这种实用主义的态度也是唐代文化的一个显著特征。

二、唐代小说的文化特征

受佛道二教影响，承袭六朝志怪传统，仍以神仙道化、幽冥感通、灵怪变异、宿命因果为主要内容的唐代小说，为数甚多。从文化角度看，它们与六朝志怪还难以说有本质的区别，尽管其中某些篇章叙述较婉转，文辞也较华艳。唐临的《冥报记》作于唐代初年，距六朝较近，其内容多系因果报应一类的志怪故事，自在情理之中。其他如王方庆的《王氏神通记》、赵自勤的《定命论》、张荐的《灵怪集》、玄真子的《神异书》等虽稍晚，但仍作于《长恨传》《任氏传》《柳毅传》等典型的唐传奇作品之前，故其内容仍未脱六朝志怪牢笼，还不难理解。中唐大量传奇代表作问世之后，却又出现了牛僧孺的《玄怪录》、李复言的《续玄怪录》、李冗的《独异志》、张读的《宣室志》、卢肇的《逸史》、陆勋的《集异志》、苏鹗的《杜阳杂编》等一大批志怪小说集。这些小说集中虽偶尔也有几篇类似传奇的作品，但主要内容不外乎志怪，这就不能不引起我们的思考了。

明人高儒称《玄怪录》“载隋、唐神奇鬼异之事，各据闻见出处，起信于人。凡四十四事”②。《四库全书总目》认为《玄怪录》乃“志怪之书，无

---

① 〔后晋〕刘昫等：《旧唐书》，中华书局2000年版，第81页。

② 〔明〕高儒：《百川书志》，古典文学出版社1957年版，第116页。

关风教"[1],认为《独异志》"杂录古事,亦及唐代琐闻,大抵语怪者居多"[2],李亢自撰的序言也说"神仙鬼怪,并所摭录"[3]。卢肇撰写的《逸史》自序曰:"卢子既作《史录》毕,乃集闻见之异者,目为《逸史》焉。其间神仙交化、幽冥感通、前定升沉、先见祸福,皆摭其实补其缺而已。"[4]看来,作者本人及前代评论者早已确认或指明志怪仍是唐代小说的重要内容之一了。与六朝志怪相比,唐代志怪小说的篇幅一般都比较长,如《宣室志》《玄怪录》等;也有与六朝志怪相似、篇幅较短小者,如《独异志》等。篇幅较长者自然故事比较曲折,交代比较详尽,但究其内容仍与六朝志怪一脉相承,宗教意识有增无减,且更趋明确。试以《玄怪录》中的《杜子春》[5]与《宣室志》中的《闾丘子》[6]为例稍加说明。

《杜子春》约有两千字,极细致地讲述了著名道士杜子春访道求仙之事。未得道前,他"心气闲纵,嗜酒邪游",在一位老道的点化下,他始有感悟。老道又让他经历万苦,嘱他"不动不语""安心莫惧"。杜子春忍受了一切,但见儿子被杀,再也忍耐不住,爱心未去,终未得道。老道不禁叹曰:"嗟乎,仙才之难得也!"全篇宣扬了守静去欲的道教教义,可明显见出佛道融合的某些特点。《闾丘子》近千字,贯穿全篇的乃是佛教转世轮回、因果报应及道教神仙度化之说。"上帝"见名家子郑又玄有道气,遂命太清真人生于人间,这就是闾丘子与仇生,他们先后与郑又玄为友,将授真仙之诀。无奈郑又玄自恃门第高贵,屡屡戏骂侮辱闾丘子及仇生,使两人含恨而死。郑又玄好黄老之道,拜吴道士为师,凡十五年,志稍惰,未能得道。后遇一十余岁儿童,乃太清真人所化,将前因后果一一点明,郑

① 〔清〕永瑢等:《四库全书总目》,中华书局 1965 年版,第 1227 页。

② 〔清〕永瑢等:《四库全书总目》,中华书局 1965 年版,第 1227 页。

③ 〔唐〕李亢:《独异志自序》,见丁锡根编著《中国历代小说序跋集》,人民文学出版社 1996 年版,第 560 页。

④ 〔唐〕卢肇:《逸史自序》,见丁锡根编著《中国历代小说序跋集》,人民文学出版社 1996 年版,第 291 页。

⑤ 〔唐〕牛僧孺:《玄怪录·杜子春》,中华书局 1982 年版,第 3～7 页。

⑥ 〔唐〕张读:《宣室志·闾丘子》,见张友鹤选注《唐宋传奇选》,人民文学出版社 1979 年版,第 187 页。

又玄惭恚忧虑而亡。不难看出，这些作品的宗教观念相当明确，具有希图证明宗教教义的直接目的。这或许就是鲁迅先生早已指出的那些"尚不离于搜奇记逸""谈祸福以寓惩劝"一类的作品。但这些作品还未达到"始有意为小说""究在文采与意想"的高度。这当然是唐代文化心理的特点所致，如果要全面科学地研究小说史，对这些方面就必须给予充分的估计与认识。

三、唐传奇与志怪之不同

当然，代表唐代小说最高成就、标志着小说有了质的飞跃的还是那些由鬼神之怪转向人事之奇的作品。之所以能发生这种转变，自然与前面谈到的对佛道两教的批评与利用有关。可以这样说，唐代不少作家已开始聪明地运用佛道观念来表述现实人生，"与昔之传鬼神明因果而外无他意者，甚异其趣矣"①，这就是有意为小说的开始。按照逻辑发展的顺序，这种转变又可分为若干层次。

第一是借释道中人表现人生现实。如《温璋》②写一位真君神仙"黄冠老"阻挡京兆尹温璋的去路，温璋命人笞背二十，道士"振袖而去，若无苦者"。他对温璋派来的官吏说："酷吏不知祸将覆族，死且将至，犹敢肆毒于人，罪在无赦！"温璋恐惧，拜访道士请求宽恕，道士不允。后来温璋果因受贿事发自杀而死。《温璋》借道士仙术惩治了恶吏，表达了作者的社会理想。

第二是人与神怪交往，目的在于写人事，神怪成为反映社会生活的一种手段。著名的《任氏传》《柳毅传》可作为此类作品的代表。在六朝志怪中虽已有狐仙之事，但那仅停留于万物有灵的观念之上。《任氏传》③中的狐仙却具有许多现实中妇女的性格特点，她品德高洁，知恩必报，同

---

① 鲁迅：《中国小说史略》，东方出版社 1996 年版，第 52 页。

② 〔唐〕皇甫枚：《三水小牍·温璋》，中华书局上海编辑所 1958 年版，第 35 页。

③ 鲁迅校录：《唐宋传奇集·任氏传》，齐鲁书社 1997 年版，第 16～22 页。

时又聪慧过人，灵巧多变，同时在她身上还体现着封建社会妇女的某些局限。这正是作者思想观念的表露。《柳毅传》①受道教影响极深，但归根结底赞美的是重义轻身、救人危难的品德，并暗寓人能胜神的信念。

第三是从不可理喻的神仙演变为异人畸行的游侠，虽还带有神奇的色彩，但毕竟已从仙界回到人生，《虬髯客传》的作者杜光庭曾入天台山为道士，编撰了《道教灵验记》《天坛王屋山圣迹记》《墉城集仙录》等许多宣扬道教神仙的著作。小说《虬髯客传》②仍表现出浓厚的道教观念：虬髯客举止言行神异奇特，走路有龙虎之状；其道兄皆道教中人，能识别非凡之才；称李世民为太原真人，其所在地有奇气等。然而，虬髯客毕竟是现实中的一位侠士，作者的用意也是为了维护唐王朝的统治地位，故结语道："乃知真人之兴也，由英雄所冀，况非英雄乎？人臣之谬思乱者，乃螳臂之拒走轮耳。"《红线》③（袁郊撰）中的女侠红线前世本为男子，因误下药毒死孕妇，被罚为女身。立功赎罪后还其本身便欲遁迹尘中，栖心物外，可见此篇具有浓重的佛教及道教观念。但红线毕竟为现实中女子，她乃潞州节度使薛嵩的婢女，为主解忧，不辞劳苦。

第四是运用释道观念写人生的感悟，佛道意识已融化为现实人生的一种态度。《南柯太守传》④（李公佐撰）交代淳于棼对人生的理解为："感南柯之浮虚，悟人世之倏忽，遂栖心道门，绝弃酒色。"作者称自己的写作目的是："虽稽神语怪，事涉非经，而窃位著生，冀将为戒。后之君子，幸以南柯为偶然，无以名位骄于天壤间云。"《枕中记》⑤（沈既济撰）中的主人公卢生对人生有相同的理解："夫宠辱之道，穷达之运，得丧之理，死生之情，尽知之矣。此先生所以窒吾欲也。敢不受教。"这种对释道观念的深入理解与吸收，归根结底是为现实人生寻求出路与解脱，其出

① 鲁迅校录:《唐宋传奇集·柳毅传》，齐鲁书社 1997 年版，第 29～36 页。

② 鲁迅校录:《唐宋传奇集·虬髯客传》，齐鲁书社 1997 年版，第 115～118 页。

③ 张友鹤选注:《唐宋传奇选·红线》，人民文学出版社 1979 年版，第 145～150 页。

④ 鲁迅校录:《唐宋传奇集·南柯太守传》，齐鲁书社 1997 年版，第 51～57 页。

⑤ 鲁迅校录:《唐宋传奇集·枕中记》，齐鲁书社 1997 年版，第 13～15 页。

发点与归宿都未脱离人生。

第五是将释道观念化为艺术构思与想象的手段，以便更巧妙地表达人类的情感。佛教认为人有灵魂且与肉体相独立，肉体消灭后灵魂可以不灭。借用这一观念，不少作家编撰了离魂故事或死而复生事，如《离魂记》①（陈玄祐撰）、《崔护》②（孟棨撰）等。倩娘为冲破封建礼教，魂灵离开肉体追随心爱之人数年；崔护见所爱之女因相思而亡，恸心大哭，竟将女子哭活。这类情节虽是释道观念的体现，但其本质是对男女真挚自由爱情的赞美。人们再也不会视这类作品为宗教的宣传，宗教的观念仅仅是服务于人类情感的工具与手段。对宗教观念的这一态度给以后的小说创作带来了深远影响。

第六是直接叙写人事，较少或几乎没有释道的观念，但突出了儒家伦理道德教化之义。《李娃传》③（白行简撰）在赞美男女爱情的同时，肯定了李娃的不忘恩、不负义、功成身退、恪守名分的“操烈之品格”。《莺莺传》④（元稹撰）表现了更浓重的封建道德意识。此篇最重要处是莺莺终于突破礼教束缚，与张生私下结合。正是在这一点上，作者站在维护封建礼教的立场上予以否定。莺莺与张生分别时说：“始乱之，终弃之，固其宜矣。愚不敢恨。”张生断绝与莺莺的情感后说：“大凡天之所命尤物也，不妖其身，必妖于人。……予之德不足以胜妖孽，是用忍情。”作者称赞张生为“善补过者”。这一切都说明儒家伦理道德观念已经逐渐成为人们所自觉遵守的教条，伦理教化已经成为小说创作的主旨之一。

由以上的简略论述便可看到，唐代小说理性精神与宗教观念相互消长的文化心理特征。经过宋代理学家的熔铸，儒释道渐次融合，宋以后的

---

①　鲁迅校录：《唐宋传奇集・离魂记》，齐鲁书社 1997 年版，第 11～12 页。

②　张友鹤选注：《唐宋传奇选・崔护》，人民文学出版社 1979 年版，第 204～205 页。

③　鲁迅校录：《唐宋传奇集・李娃传》，齐鲁书社 1997 年版，第 63～69 页。

④　鲁迅校录：《唐宋传奇集・莺莺传》，齐鲁书社 1997 年版，第 85～90 页。

小说创作也就表现出三教互补的文化心理特征。

第二节 唐传奇与士子文化心态

一、唐传奇的主要特征

由于古代小说概念的模糊杂乱，对究竟何谓传奇及其与志怪小说区别何在等问题，在很长一段时间内并未引起人们的重视。唐李肇将沈既济的《枕中记》和韩愈的《毛颖传》并举，认为“二篇真良史才也”。[①]《新唐书·艺文志·小说家》共著录小说家类39家，41部，308卷，而其中大部分是志怪、志人及杂录等，如《任氏传》《莺莺传》《南柯太守传》《柳毅传》等传奇名篇却未被收入。[②] 北宋陈师道在《后山诗话》中说：

> 范文正公为《岳阳楼记》，用对语说时景，世以为奇。尹师鲁读之，曰：“传奇体尔。”《传奇》，唐裴铏所著小说也。[③]

这条资料经常被人引用，但陈师道这里所说的“传奇”，是专指裴铏的小说，而非泛指所有的传奇。因为“用对语说时景”是裴铏《传奇》的语言特点。至于其他传奇作品，并不都具备这一特征。直到元代的虞集，才对唐传奇的主要特征做了较为中肯的评述：

> 盖唐之才人，于经艺道学有见者少，徒知好为文辞，闲暇无所用心，辄想像幽怪遇合、才情恍惚之事，作为诗章答问之意，傅会以为说，盍簪之次，各出行卷，以相娱玩，非必真有是事，谓之传奇。元稹、白居易犹或为之，而况他乎！[④]

虞集虽然对唐代才人不潜心钻研经艺道学而“徒知好为文辞”表示轻蔑，

---

① 〔唐〕李肇：《唐国史补》，上海古籍出版社1979年版，第55页。

② 〔宋〕欧阳修、宋祁：《新唐书》，中华书局2000年版，第1002～1004页。

③ 〔宋〕陈师道：《后山诗话》，台湾商务印书馆1983年影印文渊阁《四库全书》本，第1478册第286页。

④ 〔元〕虞集：《道园学古录》卷三八《写韵轩记》，台湾世界书局1988年影印摛藻堂《四库全书荟要》本，集部第56册第557页。

但他基本上把握住了唐传奇“作意好奇”“有意为小说”以及注重辞采的本质特征。不过他说白居易“犹或为之”就不知有何根据了。

明确地将志怪与传奇分为两类的，是明代学者胡应麟。他说：

小说家一类又自分数种：一曰志怪，《搜神》《述异》《宣室》《酉阳》之类是也；一曰传奇，《飞燕》《太真》《崔莺》《霍玉》之类是也……至于志怪、传奇，尤易出入，或一书之中二事并载，一事之内两端具存，姑举其重而已。①

从胡应麟的区分可以看出，志怪类中既有属于六朝的《搜神记》《述异志》，又有属于唐代的《酉阳杂俎》《宣室志》。传奇类中既有属于宋代的《杨太真外传》、托名汉伶玄的《赵飞燕外传》②，又有属于唐代的《莺莺传》《霍小玉传》。这就是说，唐代的许多志怪小说与六朝志怪小说并无根本区别，因而可同归志怪一类。他把《赵飞燕外传》称为“传奇之首”，应在唐代传奇产生之前，这说明他划分传奇的依据也不在朝代，似乎以单篇杂传为主要依据。他又说：

凡变异之谈，盛于六朝，然多是传录舛讹，未必尽幻设语。至唐人乃作意好奇，假小说以寄笔端，如《毛颖》《南柯》之类尚可，若《东阳夜怪录》称成自虚、《玄怪录》元无有，皆但可付之一笑，其文气亦卑下亡足论。宋人所记乃多有近实者，而文彩无足观。本朝新、余等话本出名流，以皆幻设而时益以俚俗，又在前数家下。惟《广记》所录唐人闺阁事咸绰有情致，诗词亦大率可喜。③

仔细玩味这段论述可以得知，唐人（当然主要指传奇作者）是“作意好奇”“假小说以寄笔端”并多幻设语。用今天的话来说，就是有意识、有目的地进行小说创作，并注重虚构与想象。而最符合这一标准的是那些

① 〔明〕胡应麟：《少室山房笔丛·九流绪论下》，上海书店出版社 2001 年版，第 282～283 页。

② 《赵飞燕外传》的作者相传为伶玄，见晁公武《郡斋读书志》。后有人提出疑问，但胡应麟仍视其为“传奇之首”。

③ 〔明〕胡应麟：《少室山房笔丛·二酉缀遗中》，上海书店出版社 2001 年版，第 371 页。

“绰有情致”“诗词亦大率可喜”的“闺阁事”，亦即爱情婚姻一类的作品。至于《毛颖传》《南柯太守传》等带有寓言性质的作品还勉强说得过去，《东阳夜怪录》《玄怪录》就仅能“付之一笑”了，并且“其文气亦卑下亡足论”。宋人作品“文彩无足观”，明人《剪灯新话》《剪灯余话》等作品“时益以俚俗”，又等而下之了。这就是说，胡应麟注重的是“情致”“文彩”。同样是“作意好奇”，同样是虚构幻设，只有那些富有情致、文采斐然的传奇才是上乘之作。

清人章学诚也曾论及唐传奇的特征，他说：“唐人乃有单篇，别为传奇一类。（专书一事始末，不复比类为书。）大抵情钟男女，不外离合悲欢，红拂辞杨，绣襦报郑，韩、李缘通落叶，崔、张情导琴心，以及明珠生还，小玉死报，凡如此类，或附会疑似，或竟托子虚，虽情态万殊而大致略似。”①他认为传奇以爱情婚姻为主要题材，以附会虚构为创作方法，而且富于情态。这些都反映了唐传奇的主要特征。单篇传奇文固多佳构，但某些小说集中也不乏类似的优秀之作，因此以是否单篇来作为传奇的标志，有过于拘泥之嫌。

真正按照现代的小说概念对唐传奇的特征及其与志怪小说的区别做出论断的是鲁迅先生。他在《中国小说史略》第八篇《唐之传奇文（上）》中论道：

> 小说亦如诗，至唐代而一变，虽尚不离于搜奇记逸，然叙述宛转，文辞华艳，与六朝之粗陈梗概者较，演进之迹甚明，而尤显者乃在是时则始有意为小说。……此类文字，当时或为丛集，或为单篇，大率篇幅曼长，记叙委曲，时亦近于俳谐，故论者每訾其卑下，贬之曰“传奇”，以别于韩柳辈之高文。……幻设为文，晋世固已盛，如阮籍之《大人先生传》，刘伶之《酒德颂》，陶潜之《桃花源记》《五柳先生传》皆是矣，然咸以寓言为本，文词为末，故其流可衍为王绩《醉乡记》，韩愈《圬者王承福传》，柳宗元《种树郭橐驼传》等，而无涉于传奇。

① 〔清〕章学诚：《文史通义》，上海古籍出版社2015年版，第190页。

> 传奇者流，源盖出于志怪，然施之藻绘，扩其波澜，故所成就乃特异，其间虽亦或托讽喻以纾牢愁，谈祸福以寓惩劝，而大归则究在文采与意想，与昔之传鬼神明因果而外无他意者，甚异其趣矣。①

与前人论述相比，鲁迅先生除肯定了传奇是作者有意而作和重视文采外，特别强调了传奇虽源于志怪，但不再是“传鬼神明因果而外无他意”。另外，鲁迅先生也没有将传奇局限于爱情婚姻和单篇传奇文，所以他在《中国小说史略》中专门列第十篇《唐之传奇集及〈杂俎〉》，并且特意肯定了《玄怪录》“时时示人以出于造作，不求见信；盖李公佐李朝威辈，仅在显扬笔妙，故尚不肯言事状之虚，至僧孺乃并欲以构想之幻自见，因故示其诡设之迹矣”②。

参考以上各家所述，据之以志怪、传奇的创作实际，传奇与志怪的根本区别有以下数端：

其一，从创作动机来看，志怪是为传鬼神、明因果，弘扬释道；传奇则为抒情写志、显示才华。

其二，从写作方法来看，志怪欲起信于人，故将怪异当作实有之事加以记录；传奇则幻设为文，重视虚构。

其三，从文体风格来看，志怪篇幅短小，粗陈梗概；传奇则篇幅较长，文辞华艳，叙述宛转。

二、唐传奇创作的动机

毫无疑问，无论从哪一方面来看，唐传奇都更接近我们今天的小说观念。那么，唐传奇何以能够挣脱志怪的传统路子而走上一条接近现代意义上的小说创作之路呢？换句话说，为什么传奇的作者能够初步做到“有意为小说”呢？这固然与小说在唐代的地位有所上升相关，但最根本的原因还在于唐代文化的某些变化以及士子文化心态的特殊性。

唐代前期的史学家刘知几在其历史著作《史通》中把小说从子部转

① 鲁迅：《中国小说史略》，东方出版社1996年版，第51～52页。

② 鲁迅：《中国小说史略》，东方出版社1996年版，第67页。

移到史部，把小说列为史书的一个旁支，从而提高了小说的地位，并且引导文人开始以史传体来写小说。① 但是以史传体写小说与“有意为小说”并不相同，何况传奇的主要特征不在于史传体而在于幻设为文和文辞华艳。所以把唐传奇出现的原因归于小说观的演进似乎还难以令人信服。我们不妨考察一下几位传奇代表作家的自述，以求寻找到解决这一问题的线索。

《任氏传》《枕中记》的作者沈既济是较早的一位传奇作者，他在《任氏传》的结尾处写道：“嗟乎，异物之情也有人焉！遇暴不失节，徇人以至死，虽今妇人，有不如者矣。……向使渊识之士，必能揉变化之理，察神人之际，著文章之美，传要妙之情，不止于赏玩风态而已。”这段议论说明了两点，一是他创作这篇传奇有讽谏世人的用意，二是他要以此故事“著文章之美，传要妙之情”，即显示自己的文采，寄寓自己的情致。

《李娃传》是唐传奇中的佼佼者，作者白行简在篇末感叹道：“嗟乎，倡荡之姬，节行如是，虽古先烈女，不能逾也。焉得不为之叹息哉！……贞元中，予与陇西李公佐话妇人操烈之品格，因遂述汧国之事。”可见他创作《李娃传》是被李娃的节行所感动，以此表彰妇人操烈之品格，显然有其现实的目的。

《莺莺传》当然也是唐传奇中的佳构，作者元稹将自身的生活体验融入其中，借小说表达了对自己的风流韵事既无法忘情又有所掩饰的内心矛盾。他在小说的结尾处写道：“时人多许张为善补过者。予常于朋会之中，往往及此意者，夫使知者不为，为之者不惑。”他一方面企图为自己始乱终弃的行为进行辩解，一方面又希望以此告诫世人勿蹈覆辙，其目的十分明确。

李公佐是一位作品较多的传奇作家，他在《南柯太守传》篇末说：“虽稽神语怪，事涉非经，而窃位著生，冀将为戒。后之君子，幸以南柯为偶然，无以名位骄于天壤间云。”在《谢小娥传》篇末说：“女子之行，唯贞与

---

① 程毅中：《唐代小说史话》，文化艺术出版社 1990 年版，第 4 页。

节能终始全之而已。如小娥,足以儆天下逆道乱常之心,足以观天下贞夫孝妇之节。余备详前事,发明隐文,暗与冥会,符于人心。知善不录,非《春秋》之义也。故作传以旌美之。"两篇作品的目的都在于警醒世人,惩恶扬善。

传为杜光庭所作的《虬髯客传》,结尾有这样一段议论:"乃知真人之兴也,非英雄所冀,况非英雄乎?人臣之谬思乱者,乃螳臂之拒走轮耳。我皇家垂福万叶,岂虚然哉!"其现实的政治寓意就更为彰著了。

总括以上所引即不难看出,唐传奇的作者们是出于某种现实的动机而进行创作的。为了达到这一创作目的,他们借鉴史传文学的方法,叙述宛转,描写详尽,并且常常加以虚构和想象。至于文辞的华艳,已成为他们追求的文风而自觉地运用于小说创作之中了。现在的问题是,为什么他们对现实表现出如此的关注?文辞的华艳又为什么成为他们所追求的文风?如果将这些问题置于唐代文化的广阔背景之下,就不难做出切中肯綮的回答了。

自东汉末至唐代前期,是佛道二教日益兴盛,儒学逐渐呈现颓势的时期。"皇唐启运,诸教并兴,然于佛法,弥隆信重。"①武则天规定佛教居道教之上,"度人不休,免租庸者数十万"②。唐玄宗整顿寺院,沙汰僧尼,但全国仍有寺 5358 座,僧尼 13 万人。唐文宗、武宗时,"天下僧尼,不可胜数","寺宇招提,莫知纪极"。③ 唐代帝王认老子为祖先,大力提倡道教。唐太宗诏:"朕之本系,起自柱下(指老子)……道士女冠,可在僧尼之前。"④唐高宗追尊老子为太上玄元皇帝。唐玄宗于开元二十九年(741)令两京和诸州各置玄元皇帝庙,置生徒令习老子、庄子、列子、文子,每年依明经例考试。唐宪宗、唐穆宗、唐敬宗、唐武宗都因服食道士金丹

① 〔唐〕道宣:《集古今佛道论衡》,《大正藏》本。

② 〔后晋〕刘昫等:《旧唐书·辛替否传》,中华书局 2000 年版,第 2139 页。

③ 〔宋〕宋敏求:《唐大诏令集》卷一一三《拆寺制》,中华书局 2008 年版,第 591 页。

④ 〔宋〕宋敏求:《唐大诏令集》卷一一三《道士女冠在僧尼之上诏》,中华书局 2008 年版,第 587 页。

而丧命。

与此同时,儒学却受到了严重的冲击和压抑。唐高祖明确宣称道教地位在儒学之前,太史令傅奕力陈佛教弊端,但并未引起唐高祖重视。另一位儒学大师孔颖达与慧净法师辩论,结果却被指为“道党”,慧净讥笑孔颖达说:“尝闻君子不党,其知祭酒(当时孔颖达任国子监祭酒)亦党乎?”[①]引起皇太子在内的诸官臣哄堂大笑。此后狄仁杰、姚崇、辛替否、彭偃虽以各种方式与佛道二教相抗衡,但始终未能使儒学占据绝对优势。

正是唐代文化存在这样一种特征,才使唐代小说的绝大多数作品仍未能摆脱传鬼神、明因果的传统路子:从唐代前期的《冥报记》(唐临撰)、《定命录》(赵自勤撰)、《灵怪集》(张荐撰)、《纪闻》(牛肃撰)、《广异记》(戴孚撰),到唐代中期的《龙城录》[②]、《博异志》(谷神子撰)、《集异记》(薛用弱撰)、《逸史》(卢肇撰),再到唐代后期的《独异志》(李冗撰)[③]、《宣室志》(张读撰)、《大唐奇事记》(李隐撰)、《潇湘录》(柳祥撰)[④]、《闻奇录》(作者无考),无不如此。

但是我们也必须看到,唐代中后期还出现了一批与上述小说集性质相异的单篇传奇文和少量作品集,这些作品才真正代表了唐代小说的最高水平。这些作品集中出现于唐代中叶,与这一时期的文化状况密切相关。安史之乱使唐王朝的政治、经济遭到了全面破坏。为了振兴王朝,许多关心唐王朝命运的士子,一方面采取改良政治的方法,一方面提高儒学的地位,用儒学的伦理道德理论取代佛道二教的泛滥。肃宗时,盐铁转运使刘晏对财政制度进行了整顿,改变盐法,整顿漕运,行常平法。德宗时,

---

① 〔唐〕道宣:《集古今佛道论衡》卷丙,《大正藏》本。

② 《龙城录》的作者可能为柳宗元,参见程毅中《唐代小说史话》,文化艺术出版社1990年版,第168页。

③ 《独异志》的作者,《新唐书·艺文志》作李亢,《崇文总目》作李元,《四库全书》、现存明嘉靖抄本及《稗海》本都作李冗,今从后者。

④ 《潇湘录》的作者,《新唐书·艺文志》《崇文总目》作柳祥,《说郛》作李隐,今从前者。

宰相杨炎制定了两税法，使户口与钱粮都有所增加。顺宗时，柳宗元、刘禹锡、韩泰等名士参与政治革新，共谋打击宦官的势力。在排斥佛老、恢复儒学传统方面，韩愈的影响最大。他在《原道》中提出了儒家道统学说，在《原性》中认为人性的构成要素是仁、礼、信、义、智等儒家的伦理准则。他率先发起的古文运动，目的也在于恢复儒学伦理道德的正统地位。白居易、元稹提出“文章合为时而著，歌诗合为事而作”的主张，发起新乐府运动，表现出对现实的密切关注。在这种文化环境中，集中出现一批以现实生活为内容、与志怪风格迥异的传奇作品，也就在情理之中了。

唐代继承并发展了隋代所创置的科举制度，为士子阶层打开了较有利的晋身之路。在所有常科科目中，进士科最为人所看重。考取进士称为“及第”，被人视为“登龙门”“白衣公卿”“一品白衫”。“缙绅虽位极人臣，不由进士者，终不为美”①。唐人“三十老明经，五十少进士”的说法充分表明了进士比明经的可贵，而进士考试的重点是诗赋。与帖经、墨义相比，诗赋更需要文学才能。需要特别指出的是，诗赋定为进士考试的主要内容是唐玄宗以后的事。在此之前，进士主要考时务策、帖经和杂文，这些并不需要多么超群的文学才能。唐朝采用考试和推荐相结合的科举制度，允许考生向有司投献自己的作品。为了显示自己的文采，士子们倾尽心力地在辞章结构上花费心血。唐代科举的极盛期又在中唐。这些就促使唐代中叶的士子们特别重视和追求文辞的华艳。这种追求表现在小说创作上，就是“叙述宛转，文辞华艳”“施之藻绘，扩其波澜”的种种特征了。

可以这样说，唐传奇之所以走上了一条与志怪小说不同的路子，一方面是因为唐代中叶，儒学与佛道二教的力量对比发生了某些变化，一方面是士子们关注现实、追求文采的文化心态取代了单纯记录怪异以明因果的思维方式。唐中叶之后，佛道二教又呈强劲之势，尽管有些士子坚持关

① 〔唐〕王定保：《唐摭言》卷一《散序进士》，上海古籍出版社 2012 年版，第 3 页。

注现实、追求文采的创作思路，但仍无法改变小说向着“传鬼神、明因果”的老路滑去。

三、士子阶层与传奇创作

从8世纪后半叶到9世纪前半叶，文学史上称之为中唐时期。只要我们稍加留心，便可以发现这是一个具有强烈变革精神的时代。在经济上，先有刘晏对财政制度的整顿，继有杨炎两税法的制定；在政治上，有王叔文、王伾为首的永贞革新运动；在思想上，有柳宗元、刘禹锡为代表的唯物主义和进步的历史观；在文学艺术上，有韩愈、柳宗元所倡导的古文革新运动，有元稹、白居易领导的新乐府运动……所有这一切，并不是偶然的巧合，而有着深刻的文化背景——这就是具有强烈社会责任感和自我价值感的士子阶层，希图扭转自魏晋以来儒学不兴的局面，恢复儒学的正统地位。因此，这是一次很特殊的文化转型，既带有拨乱反正的意味，又绝非简单地恢复两汉儒学原貌。这些士子从儒学中继承的是积极用世的精神，是传统的价值观念，他们要解决的问题是社会现实中的种种弊端，并进而复兴唐王朝。

隋唐统一天下之后，废除了魏晋以来保护士族特权的九品中正制，实行科举制。通过明经、进士等常科以及其他名目的制科考试，选取官吏，为普通士子进入仕途开辟了较宽广的出路。但是，士子阶层的形成和壮大仍需要一个过程。在唐代前期，门阀士族的势力依然很大，宰相绝大部分还是出自门阀士族。诗人杜甫官卑职微，却要夸耀门户，以证明出身的高贵。[①] 这种情况，直到中唐才有了显著变化。这时的士子们再也不以门户的低微而自卑，他们对社会上看重阀阅的现象表示了极大的义愤：

漏天日无光，泽土松不长。君今职下位，志气安得扬？白发文思

① 萧涤非主编：《杜甫全集校注·进雕赋表》，人民文学出版社2014年版，第6271页。

壮，才为国贤良。无人识高韵，荐于天子旁。①

唐生者何人？五十寒且饥。不悲口无食，不悲身无衣。所悲忠与义，悲甚则哭之。②

尽管位居下位，甚至穷贱到衣食无着，但他们的精神是充实的。他们认识到了自身的价值并要努力实现这一价值。中唐也正是科举最兴盛的时期。“唐代科举之盛，肇于高宗之时，成于玄宗之代，而极于德宗之世。”③“自大中皇帝（唐宣宗）好儒术，特重科第……故进士自此尤盛，旷古无俦。”④科举的隆盛无疑为士子阶层的迅速崛起提供了重要条件。韩愈、柳宗元、张籍、王建、元稹、刘禹锡、白居易、孟郊、李绅等著名文人，无一不是进士出身，而且他们之间有着密切的交往。牛僧孺、李宗闵、杨嗣复等人，甚至通过进士科举，结成势力强大的“牛党”，互相援引，往往一门父子兄弟，都以进士起家，位居显要。⑤ 唐文宗时，“朝廷设文学之科，以求髦俊，台阁清选，莫不由兹”⑥。

士子阶层在中唐终于形成了一股强劲的势力，然而他们面对的是安史之乱后百废待兴的严峻局面。魏晋以来，儒家文化始终未能取得正统地位，佛、道等学说却日益滋蔓。于是，他们希望能够重建儒家的文化秩序并进而实现儒家的政治理想。韩愈倡言“文以载道”，白居易力主“文章合为时而著，歌诗合为事而作”，都明显地表现了恢复儒家文化的意图。这种强烈的社会责任感与自我价值感密切相连，促使他们以积极的用世精神来干预社会政治。可以这样说，对社会现实的热切关心和对儒家传统价值观念的重新认定，是中唐文化转型的基本特征。而这一文化

① 余恕诚、张礼节：《张籍集系年校注·赠姚怤》，中华书局 2011 年版，第 882 页。

② 苏仲翔：《元白诗选·寄唐生》，古典文学出版社 1957 年版，第 106 页。

③ 陈寅恪：《元白诗笺证稿》，上海古籍出版社 1978 年版，第 2 页。

④ 〔唐〕孙棨：《北里志自序》，见丁锡根编著《中国历代小说序跋集》，人民文学出版社 1996 年版，第 322 页。

⑤ 〔后晋〕刘昫等：《旧唐书》卷一六四《杨於陵传》、卷一七六《杨嗣复传》《杨虞卿传》，中华书局 2000 年版。

⑥ 〔宋〕王溥：《唐会要·贡举中·进士》，上海古籍出版社 1991 年版，第 1636 页。

转型也正是传奇小说在中唐时期达到繁盛的最本质原因。

唐代前期，小说基本上沿袭着六朝志怪的脉络而缓慢发展。虽然有《古镜记》《补江总白猿传》等较长篇幅的作品出现，但并未发生根本性的变化。所以鲁迅先生在《唐宋传奇集·序例》中特别强调："惟自大历以至大中中，作者云蒸，郁术文苑，沈既济、许尧佐擢秀于前，蒋防、元稹振采于后，而李公佐、白行简、陈鸿、沈亚之辈，则其卓异也。"①这段论述是"小说亦如诗，至唐代而一变"的最好注脚。这一变化的真正出现是在中唐，而不是盛唐，更不是初唐。

中唐时期，士子阶层所关心的是社会现实的变革和自我价值的实现。因此，他们对佛道二教采取的是为我所用的态度。当政治生活失意时，不妨也谈点佛性、佛理，以达到"独善其身"。而"独善其身"实际上与"兼济天下"一样，都追求自我的价值，都是儒家传统价值观的组成部分。这时他们创作的小说就再不是"传鬼神、明因果"，而是为了"托讽喻以纾牢愁，谈祸福以寓惩劝"，"而大归则究在文采与意想"了。

早在20世纪40年代末，冯沅君先生曾做过一次有趣的研究。她通过探讨唐传奇与唐科举的关系，推断出"唐传奇作者应隶属于这个由进士集团所形成的新统治阶层"②。确实，不少传奇名家大都是科举出身，例如《任氏传》《枕中记》的作者沈既济，《柳氏传》的作者许尧佐，《李娃传》的作者白行简，《莺莺传》的作者元稹，《长恨歌传》的作者陈鸿，《南柯太守传》的作者李公佐，《秦梦记》的作者沈亚之等。尽管有些作者不是科举出身，如《霍小玉传》的作者蒋防，但是他受李绅、元稹的推荐而登上仕途，所以仍然属于士子阶层。科举制度造就了士子阶层，中唐时期士子阶层日益壮大并根据时代要求而掀起了文化变革运动，这一文化变革影响到小说，便使唐传奇达到了鼎盛。至于"行卷""温卷"的风气，古文和诗歌的发展，市民文学的兴起，史传文学的传统，佛道观念的影响，等

① 鲁迅校录：《唐宋传奇集·序例》，齐鲁书社1997年版，第2页。

② 冯沅君：《唐传奇作者身份的估计》，见《冯沅君古典文学论文集》，山东人民出版社1980年版，第310页。

等，都只有通过创作主体——士子阶层才能发生直接或间接的作用。撇开创作主体，单纯将传奇小说在中唐的繁盛原因归结为文学本身发展的结果，恐怕有失于偏颇。可以这样说，唐传奇在中唐达到鼎盛阶段，与中唐的古文革新运动、新乐府运动有着完全相同的文化背景，这就是士子阶层关心现实的社会责任感和自我价值感驱使下的干预精神与变革意识。他们再也不满足于六朝志怪的荒诞离奇，而使小说更加贴近现实人生；他们再也不满足于六朝志人小说的片言只语，而使小说更加委婉曲折。每一篇优秀的传奇小说，都渗透着士子阶层的喜怒哀乐、理想愿望、爱憎褒贬。

四、传奇作者个案分析

从总体上看，唐传奇与士子文化心态的关系已如上述，但具体到每位作者和每部作品则又有不同的具体表现。因此有必要对有代表性的几位作者和作品进行更加深入细致的分析，以期更好地把握唐传奇与士子文化心态的关系。

学者们大都认为，沈既济的《任氏传》和《枕中记》是唐代小说划时代的作品。[①] 之所以得出这一结论，正是因为沈既济的这两篇作品体现了士子阶层的上述精神风貌。《枕中记》是唐传奇的优秀之作，而且创作时间也较早，有一定的代表性。它的情节构思虽与《搜神记》的杨林玉枕故事有联系，但描写的是作者对唐代现实生活的观察和感慨。小说中的主人公卢生进士及第，出将入相，功名显赫，崇盛无比。但转眼之间，遭诬下狱，流徙异地。这些描写完全是当时官场政治的真实反映。唐代宗重用宰相元载，希望借助他扼制宦官的势力。元载弄权营私，排挤李泌等老臣，结果被代宗杀掉，籍没家产。唐德宗继位后，任用元载曾荐举过的杨炎为相。杨炎因建议实行两税法颇见功效，便受到德宗的宠信，独任大权，专以报仇泄愤为能事。代宗杀元载时，刘晏曾参与密议，杨炎要为元

① 程毅中：《唐代小说史话》，文化艺术出版社 1990 年版，第 110 页。

载复仇，便借机进谗言，使德宗杀死刘晏。诸镇上表请问杀刘晏的罪名，朝廷无言以对。德宗又起用卢杞为相，杀掉杨炎。卢杞察言观色，蒙蔽上听，谋害群臣，引起众怒，德宗被迫贬他为新州司马。沈既济对这种变幻不定的政治局势十分熟悉，他本人就是被杨炎荐举提拔的，《旧唐书》卷一四九《沈传师传》载：

既济，博通群籍，史笔尤工，吏部侍郎杨炎见而称之。建中初，炎为宰相，荐既济才堪史任，召拜左拾遗、史馆修撰。……既而杨炎谴逐，既济坐贬处州司户。后复入朝，位终礼部员外郎。①

沈既济在仕途上虽经波折，但最终结局还算不错，这也就是在《枕中记》中让卢生得尽天年、复为显宦的原因。沈既济将卢生的一番经历视为黄粱一梦，表现了他对宦海风波较为清醒的认识。他对卢生流露出欣赏、回护之意，正是当时士子心态的反映：他们希望能够做出一番事业，但残酷的现实又阻碍了愿望的实现。卢生热衷功名本身并无可厚非，但面对险恶的政局最好还是独善其身。这就使一个梦幻的故事带有极富现实的人生意义。

与《枕中记》相近的是李公佐的《南柯太守传》，其素材虽来源于《搜神记》卢汾梦入蚁穴事，但反映的也完全是唐代的现实。小说中的主人公淳于棼梦入槐安国，成为驸马。任南柯郡太守后，功业显赫，“王甚重之。赐食邑，锡爵位，居台辅。……荣耀显赫，一时之盛，代莫比之”。公主病死，生罢郡还国，威福日盛，引起国王的疑惧，借口让他探亲，遣送离开槐安国回至家中。一梦醒来，感叹不已。在室外槐树下果然发现有一大穴，即所谓的槐安国，其中情景与生所梦一一相符。“生感南柯之浮虚，悟人世之倏忽，遂栖心道门，绝弃酒色”。依靠公主煊赫一时，但并不能长久。唐代中叶的许多权臣往往依靠某一势力获取权势，骄横无比，随着靠山的失势，自己也往往遭到斥逐，淳于棼便是生动的一例。作者借此劝告“窃位著生”“无以名位骄于天壤间”，有着明确

① 〔后晋〕刘昫等：《旧唐书》，中华书局2000年版，第2740～2743页。

的现实目的。

更需要我们注意的是《南柯太守传》在场景描写时的细致委婉。淳于棼与公主成亲之夕，群女“遨游戏乐，往来其门，争以淳于郎为戏弄”。一位女子对其讲述了他们曾有过的两次调情，使情节更加丰富曲折。中间又穿插淳于棼与父亲通信之事，预约见面时间，为后来淳于棼的去世时间埋下了伏笔。淳于棼得势时的热闹情景和他被遣回家时的冷落，形成鲜明对比。而发现蚁穴的过程也极为具体真实。这些都显示了作者“叙述宛转，文辞华艳”的文学才能。

《任氏传》讲述了一个动人的人狐恋爱故事。作者对贫困无家、寄人篱下的士子郑六给予了极大的同情和赞赏。他对爱情执着坚定，明知任氏身为异类，仍不改初衷，因此感动了狐女任氏，表示愿“终己以奉巾栉”。当豪门子弟韦崟凌辱逼迫时，任氏拼命抗拒，誓死不从，其内心深处乃是为郑六鸣不平。她对韦崟说道：“公少豪侈，多获佳丽，遇某之比者众矣。而郑生，穷贱耳，所称惬者，唯某而已。忍以有余之心，而夺人之不足乎？哀其穷馁，不能自立，衣公之衣，食公之食，故为公所系耳。若糠糗可给，不当至是。”可以说，任氏正是当时士子心目中最理想的女子形象，年轻美貌而又多情重义。所以作者最后感叹道：“嗟乎，异物之情也有人道焉！遇暴不失节，徇人以至死，虽今妇人，有不如者矣。”

《柳毅传》刻画了一位重义轻身、救人危难、其诺必信、其言必果的士子形象，因而在唐传奇中显得格外突出。水神托人传书之事，六朝志怪中多见，如《搜神记》卷四所载的胡母班为泰山府君给河伯送信，《异苑》卷五所载的质子为一行旅寄书给江伯等，但都是简略地记录异事，毫无人物性格可言。唐前期戴孚的《广异记》中，有三卫为华岳第三新妇传信给北海大王的故事，其情节与《柳毅传》有相似之处，对人物性格也有所刻画。但若与《柳毅传》相比，就大为逊色了。尤其是男主人公三卫与柳毅，简直不可同日而语。三卫将信送到后，北海大王送匹绢以示谢意，“三卫不悦，心怨二匹之少也”。华岳三子因为三卫送信而迁怒于他，伺机欲图报复。“三卫大惧，即时还京。”可见三卫是一个贪婪懦弱的庸俗之辈。柳毅却截然不同，作者给男主人公柳毅安排了一个落第儒生的身份，其用意也非常鲜明。他虽是一个落第儒生，个性却刚强豪爽。听到龙女的遭遇之后，他慷慨陈词："吾义夫也。闻子之说，气血俱动，恨无毛羽，不能奋飞。是何可否之谓乎！"龙女救出之后，钱塘君向柳毅议婚，并以威势相逼。柳毅为龙女送信毫无私心，完全出于道义，看到钱塘君如此粗暴无礼，自尊心受到了严重伤害，大义凛然地驳斥了钱塘君："今体被衣冠，坐谈礼义，尽五常之志性，负百行之微旨，虽人世贤杰，有不如者，况江河灵类乎？""敢以不伏之心，胜王不道之气。惟王筹之！"柳毅是一位正直勇敢的士子，绝不能做"杀其婿而纳其妻"的勾当，也绝不做违背自己操贞志尚之事。龙女嫁给他之后，生活幸福美满。他并不希图高官厚禄，为躲避唐玄宗的纠缠，与龙女"相与归洞庭。凡十余岁，莫知其迹"。柳毅所体现的是中唐士子阶层的理想人格和价值观念。

《柳毅传》不仅人物性格鲜明，而且情节曲折，文采斐然。写钱塘君怒离洞庭，"擘青天而飞去"，写龙宫宴饮，奏《钱塘破阵乐》《贵主还宫乐》，"清音宛转，如诉如慕"。写洞庭君击席而歌、钱塘君和柳毅的对话，文情并茂，辞章绚丽。由此不难见出作者的文学才华。

爱情婚姻是人生中的大事，但在正统的诗文中难以对其抒写。于是不少文人便以传奇这种文学样式反映爱情婚姻生活，这大概就是唐传奇中爱情婚姻题材的作品较多的缘故吧。优秀的爱情婚姻小说又多产生于唐代中叶，表明这一时期的士子们对爱情婚姻的思考与关注已经达到十分自觉的程度。他们心目中理想的女性应当如《任氏传》中的任氏，宁愿嫁给贫困无家、寄人篱下的郑六，也不能屈从豪门子弟韦崟，应当做到"遇暴不失节，徇人以至死"，多情重义，坚贞不渝。还应当如《柳氏传》中的柳氏，能识人于未遇之时，虽为家资豪富的李生家妓，却属意于"羁滞贫甚"的落拓书生。离乱之中，剪发毁形，寄身尼寺，虽被番将抢夺，但始终钟情于韩翊。还应当如《李娃传》中的李娃，美貌多情，聪明机智，理解同情不幸的荥阳生，以恢复荥阳生的健康、地位和幸福为己任，同时又有自知之明，决心做出自我牺牲，让荥阳生"结媛鼎族，以奉蒸尝"。还应当如《李章武传》[1]中的王氏妇人，痴心相爱，“在冥录以来，都忘亲戚。但思君子之心，如平昔耳”，宁肯冒着阴司的责罚，也要与情人幽会，为情人送行。这些女子或狐或鬼、或娼或妓，但作者给予了高度的赞美，毫无鄙视亵慢之意，就因为在她们身上折射出了士子阶层的爱情婚姻观念，她们是士子阶层的知音。对于柳氏的“志防闲而不克”，对于王氏妇人已为他人之妇的身份，作者并不耿耿于怀，表明了士子阶层并不苛求舍生守节，所重视的是那份纯真执着的爱情。

《莺莺传》中的崔莺莺，应当说也是士子阶层心目中的一位理想的女性。她出身名门，知书达理，端庄秀丽而又多情妩媚。她在爱情的驱使下委身于张生，然而张生抛弃了她。她对张生既爱又恨，最后不愿再与张生相见。张生始乱终弃的行为，实际上揭示了士子阶层在功名和爱情上的矛盾。张生说：“大凡天之所命尤物也，不妖其身，必妖于人。……予之德不足以胜妖孽，是用忍情。”他也承认自己是“忍情”，是舍弃了爱情，原因就在于担心这段婚前艳遇可能会玷污自己的声誉，影响自己的前途。当“时人多许张为善补过者”时，他的内心恐怕也不会太平静吧。

与《柳毅传》不同，蒋防的《霍小玉传》[2]鞭挞了一位背信弃义、薄幸寡情的世家子弟李益。李益爱慕歌妓霍小玉的才貌，“引谕山河，指诚日月”，信誓旦旦。但是，当李益的母亲为他议婚甲族卢氏时，他丝毫没有抵制反对，对霍小玉竟然没有一点同情和歉意，无情地抛弃了她。究其原因，乃是因为李益把婚姻作为博取功名富贵和维护自己世家利益的门径。作者对这种扭曲的人格进行了毫不留情的斥责，因为这不符合中唐士子阶层的价值观念和人格理想。作者用了大量笔墨，反复描写周围人物对霍小玉的同情，以反衬对李益的指责。“风流之士，共感玉之多情，豪侠之伦，皆怒生之薄行。”为了惩罚李益，作者甚至设计出鬼魂报冤、李益妒忌成病的情节，可见对李益的憎恶之情。柳毅与李益，一正一反，鲜明准

---

① 鲁迅校录：《唐宋传奇集·李章武传》，齐鲁书社 1997 年版，第 37～40 页。
② 鲁迅校录：《唐宋传奇集·霍小玉传》，齐鲁书社 1997 年版，第 41～48 页。

确地道出了中唐士子阶层的理想追求。

唐代后期较有代表性的传奇是那些描写豪侠刺客的作品，如《虬髯客传》《红线》《聂隐娘》等。很明显，这时的士子阶层更关心的是唐王朝的命运、藩镇之间的争斗等现实的紧迫尖锐的政治状况。《虬髯客传》中的风尘三侠都被“真命天子”李世民所折服，尤其是那位虬髯客，见到李世民“神气扬扬，貌与常异”，便“默然居末坐，见之心死”，连呼“真天子也”。他的道兄见到李世民“神气清朗，满坐风生，顾盼炜如”，面色顿时惨然，对虬髯客说：“此世界非公世界。他方可也。”虬髯客果然远遁海上。后来，李靖用虬髯客所赠财物助太宗夺得天下。作者意欲以此告诫那些图谋不轨的各路军阀，唐王朝垂福万叶，乃是顺天应命之举，若想取而代之，只能是“螳臂之拒走轮耳”。

《红线》中的女侠红线为潞州节度使薛嵩的侍女。魏博节度使田承嗣借口保养身体欲吞并潞州，薛嵩十分担忧。红线挺身而出，一夜间往返七百里，将田承嗣床头上的金盒盗回。薛嵩派人将金盒送还田承嗣并附一短信，使田承嗣大为吃惊，连忙送给薛嵩缯帛名马等礼物，并谢罪道：“某之首领，系在恩私。便宜知过自新，不复更贻伊戚。”唐后期各节度使拥兵自重，相互征伐，社会动乱，无有宁时。《红线》反映了藩镇之间的矛盾斗争，表明了作者反对战乱、希望安定的政治态度。

《聂隐娘》①中的女侠聂隐娘自幼跟随尼师学习剑术，学成后投奔陈许节度使刘昌裔，先后击败了魏帅派来刺杀刘昌裔的精精儿和妙手空空儿。聂隐娘之所以保护刘昌裔，也是出于对无故杀伐的憎恶。魏帅因与刘昌裔不合，便屡次派人暗杀，聂隐娘阻止魏帅，也就避免了军阀之间的争斗。由此也不难看出作者的政治态度。

与中唐传奇作品相比，唐代后期这些较为优秀的传奇更富神秘色彩，与政治的关系也更为密切。这是中唐传奇的余响，虽文采稍逊，但仍不失为士子阶层表达情志的成功之作，在志怪小说重新泛滥之时就显得尤为

① 张友鹤选注：《唐宋传奇选·聂隐娘》，人民文学出版社 1979 年版，第 155～158 页。

可贵了。

综上所述，我们可以得出这样的结论：传奇的兴盛与唐代中叶士子阶层的崛起以及他们关注现实、注重文采的文化心态密切相关。优秀的传奇作品又从各个方面展示了士子阶层的价值观念和人格理想。

第三节　唐人小说序跋与小说观

一、问题的提出

鲁迅先生《中国小说史略》第八篇《唐之传奇文(上)》开头有一段非常著名的论断："小说亦如诗，至唐代而一变，虽尚不离于搜奇记逸，然叙述宛转，文辞华艳，与六朝之粗陈梗概者较，演进之迹甚明，而尤显者乃在是时则始有意为小说。"①这一论断广为学界所接受，但细细推敲，其中包含许多疑点需要认真辨析。

首先要辨明的是鲁迅先生所谓"有意为小说"之"小说"概念。显然，鲁迅先生所说小说，是现代意义上的小说，正如鲁迅先生所言，"即意识之创造"。早在鲁迅先生之前，宋明两代也有学者发表过类似观点。如宋人洪迈说："唐人小说，不可不熟，小小情事，凄惋欲绝，洵有神遇而不自知者，与诗律可称一代之奇。"②明人胡应麟说："变异之谈，盛于六朝，然多是传录舛讹，未必尽幻设语。至唐人乃作意好奇，假小说以寄笔端。"③洪迈推崇的是"凄惋欲绝，洵有神遇而不自知者"；胡应麟看重的是"作意好奇，假小说以寄笔端"。似乎胡应麟所说更接近于现代意义上的小说观。

其次需要辨明，既然唐之前的小说家不是有意为小说，那么，他们是出于何种动机而编撰小说，他们所编撰的小说又何以称得上是小说。鲁

---

① 鲁迅：《中国小说史略》，东方出版社1996年版，第51页。

② 〔清〕陈世熙：《唐人说荟·例言》，扫叶山房石印本1912年版，第1页。

③ 〔明〕胡应麟：《少室山房笔丛·二酉缀遗中》，上海书店出版社2001年版，第371页。

迅先生似乎早已考虑到人们会有此种问题产生，于是在《中国小说的历史的变迁》中说道："至于《汉书》《艺文志》上说：'小说者，街谈巷语之说也。'这才近似现在的所谓小说了，但也不过古时稗官采集一般小民所谈的小话，借以考察国之民情，民俗而已，并无现在所谓小说之价值。"①汉人所说的小说近似现代小说，其目的在于考察民情、民俗，而非文学之价值。魏晋六朝时的小说有了变化，鲁迅先生指出："须知六朝人之志怪，却大抵一如今日之记新闻，在当时并非有意做小说。"②现在可以补充的是，这些志怪具备了许多小说的因素，因此我们称之为小说，但其撰述的目的是为了"明神道之不诬"。鲁迅先生又说："六朝人并非有意作小说，因为他们看鬼事和人事，是一样的，统当作事实；所以《旧唐书》《艺文志》，把那种志怪的书，并不放在小说里，而归入历史的传记一类，一直到了宋欧阳修才把它归到小说里。可是志人底一部，在六朝时看得比志怪底一部更重要，因为这和成名很有关系。"③"当作事实"，所以注重的是其真实性，是其历史价值。志人小说虽然同样具有某些现代小说的因素，但是为想成名者而编撰，所以也非有意为小说。

再次，由于鲁迅先生的评价，便给人们造成一种印象，似乎每一篇唐代小说都达到了这种水准，唐代每一位小说家都在有意为小说，但实际情形远非如此。总体来说，唐代小说在很大程度上依然沿袭着六朝小说的余风流绪，只有个别作品逸出六朝小说的藩篱，遂有"传奇"之作。但即使这些所谓的传奇小说作者，也并非完全是"有意为小说"，证据很多，本节仅以唐人所作小说序跋为中心予以辨明。

明人胡应麟将小说区分为志怪、传奇、杂录、丛谈、辨订、箴规等六种类型，他说：

---

① 鲁迅：《中国小说的历史的变迁》，见《鲁迅全集》第九卷，人民文学出版社 2005 年版，第 312 页。

② 鲁迅：《中国小说的历史的变迁》，见《鲁迅全集》第九卷，人民文学出版社 2005 年版，第 318 页。

③ 鲁迅：《中国小说的历史的变迁》，见《鲁迅全集》第九卷，人民文学出版社 2005 年版，第 321 页。

小说家一类又自分数种，一曰志怪，《搜神》《述异》《宣室》《酉阳》之类是也；一曰传奇，《飞燕》《太真》《崔莺》《霍玉》之类是也；一曰杂录，《世说》《语林》《琐言》《因话》之类是也；一曰丛谈，《容斋》《梦溪》《东谷》《道山》之类是也；一曰辨订，《鼠璞》《鸡肋》《资暇》《辨疑》之类是也；一曰箴规，《家训》《世范》《劝善》《省心》之类是也。谈丛、杂录二类最易相紊，又往往兼有四家，而四家类多独行，不可搀入二类者。至于志怪、传奇，尤易出入，或一书之中二事并载，一事之内两端具存，姑举其重而已。小说，子书流也，然谈说理道或近于经，又有类注疏者；纪述事迹或通于史，又有类志传者。他如孟棨《本事》、庐瓌《抒情》，例以诗话、文评，附见集类，究其体制，实小说者流也。至于子类杂家，尤相出入。郑氏谓古今书家所不能分有九，而不知最易混淆者小说也。①

胡应麟认为唐代张读的《宣室志》、段成式的《酉阳杂俎》与《搜神记》同属“志怪”；唐传奇的代表作《莺莺传》《霍小玉传》与《赵飞燕传》同属传奇；唐代赵璘的《因话录》与《世说新语》同为“杂录”。认真辨析上述三种类型唐人小说的序跋，我们可以发现“有意为小说”者仅是个别现象而已。

二、志怪体小说与“实录”小说观

受佛道二教影响，承袭六朝志怪传统，仍以神仙道化、幽冥感通、灵怪变异、宿命因果为主要内容的唐代小说，为数甚多。它们与六朝志怪还难以说有本质的区别，尽管其中某些篇章叙述较宛转，文辞也较华艳。与六朝志怪相比，唐代志怪小说的篇幅一般都比较长，如《宣室志》《玄怪录》等；也有与六朝志怪相似、篇幅较短小者，如《独异志》等。篇幅较长者自然故事比较曲折，交代比较详尽，但究其内容仍与六朝志怪一脉相承，宗教意识有增无减，且更趋明确。

① 〔明〕胡应麟：《少室山房笔丛·九流绪论下》，上海书店出版社 2001 年版，第 282 ~ 283 页。

《博异志》,《新唐书·艺文志》小说家类著录,所记多怪异。作者谷神子自序云:"夫习谶谭妖,其来久矣。非博闻强识,何以知之。然须抄录见知,雌黄事类。语其虚,则源流俱在;定其实,则姓氏罔差。既悟英彦之讨论,亦是宾朋之节奏,若纂集克备,即应对如流。余放志西斋,从宦北阙。因寻往事,辄议编题,类成一卷。非徒但资笑语,抑亦粗显箴规。或冀逆耳之辞,稍获周身之诫。只同求己,何必标名。是称谷神子。"①作者谷神子强调了志怪小说内容的真实性,认为"源流俱在""姓氏罔差",不仅可以作为谈资,而且能够"粗显箴规",警戒世人。

《前定录》,《新唐书·艺文志》小说家类著录,所记皆前定之事。作者锺辂自序云:"太和中,雠书春阁,秩散多暇,时得从乎博闻君子,征其异说,每及前定之事,未尝不三复本末,提笔记录。日月稍久,渐盈筐箧,因而编次曰《前定录》。庶达识之士,知其不诬,而奔竞之徒,亦足以自警云耳。"②不难看出,锺辂对志怪小说的认识与谷神子完全一致,"达识之士,知其不诬,而奔竞之徒,亦足以自警",表明了志怪小说的内容并非虚诬,其功能则可以令奔竞之徒自警。

《独异志》,《新唐书·艺文志》小说家类著录,所记多为奇闻异事。作者李冗自序云:"《独异志》者,记世事之独异也。自开辟以来迄于今世之经籍□□耳目可见闻,神仙鬼怪,并所摭录。……愿传博达,所贵解颜耳。"③《四库全书总目》认为《独异志》"杂录古事,亦及唐代琐闻,大抵语怪者居多"④。作者瞩目于所记世事的"独异"性,以显示博达的见闻,可供人们欢娱解颜。

---

① 〔唐〕谷神子:《博异志序》,见丁锡根编著《中国历代小说序跋集》,人民文学出版社1996年版,第550～551页。

② 〔唐〕锺辂:《前定录自序》,见丁锡根编著《中国历代小说序跋集》,人民文学出版社1996年版,第553页。

③ 〔唐〕李冗:《独异志自序》,见丁锡根编著《中国历代小说序跋集》,人民文学出版社1996年版,第560页。

④ 〔清〕永瑢等:《四库全书总目》,中华书局1965年版,第1227页。

《剧谈录》,《新唐书·艺文志》小说家类著录,多记唐代神怪之事。作者康骈自序云:“骈咸通中始随乡赋,以薄伎贡于春官,爰及窃名,殆将一纪。其间退黜羁寓,旅乎秦甸洛师,新见异闻,常思纪述;或得史官残事,聚于竹素之间,进趋不遑,未暇编缀。及寇犯天邑,挈归渔樵,属江表乱离,亡逸都尽。景福、乾宁之际,耦耕于池阳山中,闭关云林,罕值三益,而又环堵之内,阙于坟典,思欲叙他日之游谈,迹先王之轨范,不可得矣。然则平昔之道,本为于文,既未能立匡世之功名,又安得舍穷愁之翰墨?因想时经丧乱,代隔中兴,人事变更,邈同千载,寂寥堙没,知者渐稀。是以耘耨之余,粗成前志,所记亦多遗漏,非详悉者不复叙焉。分为二编,目之曰《剧谈录》。文义既拙,复无雕丽之词,亦观小说家流,聊以传诸好事者。”①素材来源于“新见异闻”“史官残事”,可见亦非有意虚构成篇。

《广异记》,二十卷,戴孚撰。唐宋以来史志皆不录。唐顾况序云:

予欲观天人之际,变化之兆,吉凶之源,圣有不知,神有不测,其有干元,气汩五行,圣人所以示怪力乱神、礼乐刑政,著明圣道以纠之,故许氏之说天文垂象,盖以示人也。古文“示”字,如今文“不”字,儒有不本其意,云“子不语”,此大破格言,非观象设教之本也。

大钧播气,不滞一方。梼杌为黄熊,彭生为大豕;苌弘为碧,舒女为泉。牛哀为虎,黄母为鼋(一作鳖);君子为猿鹄,小人为虫沙。武都妇人化为男,成都男子化为女。周娥殉墓,十载却活;嬴谍(一作姬)暴市,六日而苏;蜀帝之魂曰杜鹃,炎帝之女曰精卫。洪荒窈窕,莫可纪极。古者青乌之相冢墓,白泽之穷神奸;舜之命夔以和神,汤之问革以语怪。音闻鲁壁,形镂夏鼎,玉牒石记,五图九籥,说者纷然。故汉文帝召贾谊问鬼神之事,夜半前席。志怪之士刘子政之《列仙》,葛稚川之《神仙》,王子年之《拾遗》,东方朔之《神异》,张茂先之《博物》,郭子潢(一作横)之《洞冥》,颜黄门之《稽圣》,侯君素

① 〔唐〕康骈:《剧谈录自序》,见丁锡根编著《中国历代小说序跋集》,人民文学出版社 1996 年版,第 565 ~566 页。

之《精(一作旌)异》;其中神奥,顾君《真诰》,周氏之《冥通》。而《异苑》《搜神》,《山海》之经,《幽冥》之录,襄阳之《耆旧》,楚国之《先贤》,《风俗》所通,《岁时》所记,吴兴阳羡,南越西京,注引古今,辞标淮海。裴松之、盛弘之、陆道瞻等,诸家之说,蔓延无穷。国朝《燕梁四公传》,唐临《冥报记》,王度《古镜记》,孔慎言《神怪志》,赵自勤《定命录》。至如李庾成、张孝举之徒,互相传说。谯郡戴君孚,幽赜最深,安道之胤,若思之后,邈为晋仆射,逵为吴隐士,世济文雅,不陨其名。

至德初,天下肇乱,况始与同登一科。君自校书,终饶州录事参军,时年五十七。有文集二十卷,此书二十卷,用纸一千幅,盖十余万言。虽景命不融,而铿锵之韵固可以辅于神明矣。①

顾况乃中唐著名文人,相传白居易应举曾蒙其延誉。从此序可以看出,顾况对志怪小说不仅熟悉,而且非常重视。他认为,通过志怪小说可以"观天人之际,变化之兆,吉凶之源"。他批评了"不语怪力乱神"的传统观点,指出"圣有不知,神有不测,其有千元,气汨五行,圣人所以示怪力乱神、礼乐刑政,著明圣道以纠之,故许氏之说天文垂象,盖以示人也"。他列举了大量的神怪之事及志怪小说,认为包括唐代的《古镜记》《神怪志》《定命录》及《广异记》都"可以辅于神明"。

《玄怪录》,牛僧孺撰,明人高儒称《幽(玄)怪录》"载隋、唐神奇鬼异之事,各据闻见出处,起信于人。凡四十四事"②。看来,后人也认为志怪小说的内容有根据、有出处,能够"起信于人"。

其中段成式或许是一例外,他所撰《酉阳杂俎》,《新唐书·艺文志》著录为小说家类,所记多怪异之事。段成式自序云:"夫《易》象一车之言,近于怪也;诗人南箕之奥,近乎戏也。固服缝掖者,肆笔之余,及怪及戏,无侵于儒。无若诗书之味大羹,史为折俎,子为醯醢也。炙鸮羞鳖,岂

---

① 〔唐〕顾况:《戴氏广异记序》,见丁锡根编著《中国历代小说序跋集》,人民文学出版社 1996 年版,第 75 ~ 76 页。

② 〔明〕高儒:《百川书志》,古典文学出版社 1957 年版,第 116 页。

容下箸乎！固役而不耻者，抑志怪小说之书也。”[1]段成式坦言自己所撰《酉阳杂俎》“近于怪”“近乎戏”，与史书及诸子不同，其目的也就不完全是“补史之阙”了。但事实上《酉阳杂俎》的不少记述确实可以补充史书的遗缺，这也是许多志怪小说的共同特点。

三、“杂录体”小说与“补正史之阙”小说观

唐代“杂录体”小说数量颇多，对其性质的认定历来并不一致。《大唐世说新语》，刘肃撰，《新唐书・艺文志》史部杂史类著录，可见宋人视其为杂史，而非小说。《四库全书》始入小说家类。作者刘肃《大唐世说新语序》云：“传称左史记言，《尚书》是也；右史记事，《春秋》是也。洎唐虞氏作，木火递兴，虽戢干戈，质文或异。而九丘八索，祖述莫殊。宣父删落其繁芜，丘明捃拾其疑阙，马迁创变古体，班氏遂业前书。编集既多，省览为殆，则拟虞卿、陆贾之作，袁宏、荀氏之录，虽为小学，抑亦可观，尔来记注不乏于代矣。圣唐御寓，载几二百，声明文物，至化玄风，卓尔于百王，辉映于前古。肃不揆庸浅，辄为纂述，备书微婉，恐贻床屋之尤；全采风谣，惧招流俗之说。今起自国初，迄于大历，事关政教，言涉文词，道可师模，志将存古。”[2]作者本人将自己比作左丘明、司马迁、班固等人，以史官自居，认为所记内容亦与历史无异，其功能则“事关政教，言涉文词，道可师模，志将存古”，而非有意为小说。

《唐国史补》，李肇撰。《新唐书・艺文志》史部杂史类著录，《四库全书》始入小说家类。作者李肇《唐国史补自序》称：“予自开元至长庆，撰《国史补》，虑史氏或阙则补之意，续传记而有不为。言报应、叙鬼神、征梦卜、近帷箔悉去之，纪事实、探物理、辨疑惑、示劝戒、采风俗、助谈笑则

---

① 〔唐〕段成式：《酉阳杂俎序》，见丁锡根编著《中国历代小说序跋集》，人民文学出版社 1996 年版，第 301 页。

② 〔唐〕刘肃：《大唐世说新语序》，见丁锡根编著《中国历代小说序跋集》，人民文学出版社 1996 年版，第 281 ~ 282 页。

书之。”①作者目的非常明确，就是“补史之阙”，而且凡是鬼神报应等怪异之事一概不录。显然，作者也不是“有意为小说”。

《卓异记》，李翱撰。《新唐书·艺文志》小说家类著录。作者李翱自序云：“翱所著《卓异记》，皇唐帝功，瑰特奇伟，前古无可比伦；及臣下盛事，超绝殊常，挥昔而照今。贻谋纪述，家世徽范，奉上度密，不自显发。人莫知之，至有误为传说者。洎正人硕贤，守道不挠，立言行己，真贯白日，得以爱慕遵楷，其奸邪之迹，睹而益明。自广利随所闻见，杂载其事，不以次第，然皆是儆畅在心，或可讽叹。且神仙鬼怪，未得谛言，非有亦用俾好生杀。为人一途，无害于教化，故贻自广，不俟繁书以见意。”②其内容既有“皇唐帝功”“臣下盛事”，也有“家世徽范”“神仙鬼怪”，其来源乃“随所闻见”，目的是“儆畅在心”“无害于教化”。

李德裕所撰《次柳氏旧闻》，《新唐书·艺文志》史部杂史类著录，《四库全书总目》列入小说家类。李德裕在自序中说明了其素材来源：柳芳与高力士曾同在黔中，高力士讲述了禁中之事。柳芳将这些内容记录下来，名之曰“问高力士”。唐文宗命王涯搜寻此书，王涯找到柳芳的孙子柳璟询问，柳璟回答道：“其祖芳，前从力士问覙缕，未竟，后著唐历，采取义类相近者以传之，其余或秘不敢宣，或奇怪，非编录所宜及者，不以传。”也就是说，此书中的部分内容被写入史书中，但全书已经失传。作者李德裕的父亲与柳芳的儿子柳冕曾同朝为官，后来又同时被贬。在旅途中，柳冕向李德裕的父亲讲述了高力士所述事，并说：“彼皆目睹，非出传闻，信而有征，可为实录。”李德裕的父亲又告诉了李德裕，李德裕将其编录成书，“以备史官之阙”。③ 李德裕不厌其烦地交代其素材来源，目的只有一个，即强调此书的真实性。

① 〔唐〕李肇：《唐国史补自序》，见丁锡根编著《中国历代小说序跋集》，人民文学出版社1996年版，第283页。

② 〔唐〕李翱：《卓异记自序》，见丁锡根编著《中国历代小说序跋集》，人民文学出版社1996年版，第284～285页。

③ 〔唐〕李德裕：《次柳氏旧闻序》，见丁锡根编著《中国历代小说序跋集》，人民文学出版社1996年版，第287页。

《大唐传载》,《四库全书总目》入子部小说家类,曰:“不著撰人名氏。记唐初至元和中杂事。”其自序曰:“书云:‘不有博弈者乎?犹贤乎已。’斯圣人疾夫饱食而怠惰之深也。又曰:‘吾不试,故艺。’试,用也。夫艺者,不独总多能第,以其无用于代而穷愁时有所述耳。八年夏,南行极岭峤,暇日泷舟传其所闻而载之,故曰《传载》。虽小说或有可观,览之而喁而笑焉。”①这段话表明了作者对小说作用的认识,犹如博弈,虽无现实功用,但也胜于饱食怠惰无所事事。

卢肇,字子发,唐武宗会昌三年(843)状元,所撰《逸史》,《新唐书·艺文志》著录二卷。其于唐宣宗大中元年(847)自序曰:“卢氏既作《史录》毕,乃集闻见之异者,目为《逸史》焉。其间神化交化、幽冥感通、前定升沉、先见祸福,皆摭其实补其缺而已。凡纪四十五条,皆我唐之事。”②这篇自序告诉人们,他在编纂正史的同时,发现了许多“神仙交化、幽冥感通、前定升沉、先见祸福”之类的异闻,于是将其编为《逸史》。卢肇认为,这些异闻虽然非同常见之事,但都是“我唐之事”,自己丝毫没有虚构,只不过“摭其实补其缺而已”。所以,卢肇并非“有意为小说”,而是以史家的眼光和态度来编纂《逸史》之书。

郑綮,字蕴武,以进士登第,历官监察、郎中,所撰《开天传信记》内容较杂,既有朝廷政事,亦有神仙怪异。《新唐书·艺文志》著录为史部杂史类,《四库全书总目》著录为子部小说家。郑綮自序云:“余何为者也?累忝台郎,思勤坟典,用自修励。窃以国朝故事,莫盛于开元、天宝之际。服膺简册,管窥王业,参于闻听,或有阙焉。承平之盛,不可殒坠。辄因簿领之暇,搜求遗逸,传于必信,名曰《开天传信记》。斗筲微器,周鼎不节之咎,何已遐乎?好事者观其志、宽其愚,是其心也。”③从

---

① 〔唐〕佚名:《大唐传载自序》,见丁锡根编著《中国历代小说序跋集》,人民文学出版社1996年版,第289页。

② 〔唐〕卢肇:《逸史自序》,见丁锡根编著《中国历代小说序跋集》,人民文学出版社1996年版,第291页。

③ 〔唐〕郑綮:《开天传信记自序》,见丁锡根编著《中国历代小说序跋集》,人民文学出版社1996年版,第294~295页。

书名便可看出,郑綮强调的是真实可信,但他又不否认所记内容乃“搜求遗逸”得来。

《刘宾客嘉话录》,《新唐书·艺文志》著录为小说家类,作者韦绚自序称:年轻时师从刘禹锡,“解释经史之暇,偶及国朝文人剧谈,卿相新语,异常梦话,若谐谑卜祝童谣之类,即席听之,退而默记,或染翰竹简,或簪笔书绅,其不暇记因而遗忘者,不知其数;在掌中梵夹者,百存一焉。今悉依当时日夕所话而录之,不复编次,号曰《刘公嘉话录》,传之好事以为谈柄也”①。此书内容是作者韦绚年轻时闻于著名文人刘禹锡,既有“文人剧谈,卿相新语”,也有“异常梦话,若谐谑卜祝童谣之类”,数年后根据当年记录撰成。其意在于说明此书并非作者独创,而是有根有据。

《云溪友议》,《新唐书·艺文志》著录为小说家类,其内容以诗人唱和及轶闻轶事为主,兼记鬼神之事。作者范摅自序曰:“近代何自然续《笑林》,刘梦得撰《嘉话录》,或偶为编次,论者称美。……谚云:街谈巷议,倏有俾于王化;野老之言,圣人采择。孔子聚万国风谣,以成其《春秋》也,江海不却细流,故能为之大。摅昔籍众多,因所闻记,虽未近于丘坟,岂可昭于雅量,或以篇翰嘲谑,率尔成文,亦非尽取华丽,因事录焉,是曰《云溪友议》。”②作者自比于何自然、刘禹锡,所记皆街谈巷议的琐事,但“野老之言,圣人采择。孔子聚万国风谣,以成其《春秋》”,表明作者效法圣人采风著述之所为,以达到“有俾于王化”的目的。

《杜阳杂编》,《新唐书·艺文志》著录为小说家类,作者苏鹗自序云:“尝览王嘉《拾遗记》、郭子横《洞冥记》及诸家怪异录,谓之虚诞,而复访问博闻强记之士,或潜夫辈,颇得国朝故实。始知天地之内无所不有,或限诸夷貊,隔于年代。洎贡艺阙下,十不中所司抡选,屡接朝士同人语事,

① 〔唐〕韦绚:《刘宾客嘉话录自序》,见丁锡根编著《中国历代小说序跋集》,人民文学出版社1996年版,第296~297页。

② 〔唐〕范摅:《云溪友议自序》,见丁锡根编著《中国历代小说序跋集》,人民文学出版社1996年版,第298~299页。

必三复其言，然后题于简册，藏诸箧笥。暇日阅所纪之事，逾数百纸。……皆耳目相接，庶可传焉。知我者，谓稍以补东观缇缃之遗阙也。”①作者原以为王嘉《拾遗记》、郭子横《洞冥记》等志怪小说虚诞不实，访问博闻强记之士后，始知天地之内无所不有，于是开始注意收集各种异闻，“以补东观缇缃之遗阙”。所谓“东观缇缃”，即指史书编纂，因汉章帝、和帝时期朝廷藏书之地由兰台徙至南宫东观并于此修史，故称。显然，苏鹗的最终目的是补史之遗缺。

《阙史》，《新唐书·艺文志》著录为小说家类，所记多与史传相参证。作者高彦修自序云：“皇朝济济多士，声名文物之盛，两汉才足以扶轮捧毂而已，区区晋、魏，周、隋已降，何足道哉！故自武德、贞观而后，吮笔为小说、小录、稗史、野史、杂录、杂纪者多矣。贞元、大历已前，捃拾无遗事；大中、咸通而下，或有可以为夸尚者，资谈笑者，垂训诫者，惜乎不书于方册。辄从而记之，其雅登于太史氏者，不复载录。愚乾符甲午岁生唐世，二十有一始随乡荐于小宗伯，或预闻长者之论，退必草于捣网。岁月滋久，所录甚繁，辱亲朋所知，谓近强记。中和岁齐偷构逆，翠华幸蜀，搏虎未期，鸣鸾在远，旅泊江表。问安之暇，出所记述，亡逸过半。其间近屏帏者，涉疑诞者，又删去之，十存三四焉。共五十一篇，分为上下卷，约以年代为次。讨寻经史之暇，时或一览，犹至味之有菹醢也。”②尽管作者知道自己与前人“吮笔为小说、小录、稗史、野史、杂录、杂纪”无异，但仍然明确指出了其编撰《阙史》的三个原则：一是大中、咸通而下，“可以为夸尚者，资谈笑者，垂训诫者”；二是未曾收入史书者；三是不录“近屏帏者，涉疑诞者”。也就是说，作者还是以补充史书之阙为编纂目的。

《北里志》，《宋史·艺文志》小说家类著录一卷，专记长安名妓之事。

---

① 〔唐〕苏鹗：《杜阳杂编自序》，见丁锡根编著《中国历代小说序跋集》，人民文学出版社1996年版，第313～314页。

② 〔唐〕高彦修：《阙史自序》，见丁锡根编著《中国历代小说序跋集》，人民文学出版社1996年版，第316～317页。

作者孙棨自序云：

> 自大中皇帝好儒术，特重科第，故其爱婿郑詹事再掌春闱，上往往微服长安中，逢举子则狎而与之语，时以所闻，质于内庭，学士及都尉皆耸然莫知所自，故进士自此尤盛，旷古无俦。然率多膏粱子弟，平岁进不三数人，由是仆马豪华，宴游崇侈，以同年俊少者为两街探花，使鼓扇轻浮，仍岁滋甚。自岁初等第于甲乙，春闱开送，天官氏设春闱宴，然后离居矣。近年延至仲夏，京中饮妓，籍属教坊，凡朝士宴聚，须假诸曹署行牒，然后能致于他处……予频随计吏，久寓京华，时亦偷游其中，固非兴致。每思物极则反，疑不能久，常欲纪述其事，以为他时谈薮，顾非暇豫，亦窃俟其叨忝耳。不谓泥蟠未伸，俄逢丧乱，銮舆巡省，崤函鲸鲵，逋窜山林，前志扫地尽矣。静思陈事，追念无因，而久罹惊危，心力减耗，向来闻见，不复尽记。聊以编次，为太平遗事云。①

作者详细讲述了撰写《北里志》的缘由，他目睹了朝士宴聚、举子宴游与教坊歌妓的崇侈奢华，“每思物极则反，疑不能久，常欲纪述其事，以为他时谈薮”。因丧乱搁置数年后，作者才将其编次完成，让人们了解太平时候的景象。作者并非虚构小说，而是依据见闻记述。

《松窗杂录》，《新唐书·艺文志》小说家类著录为《松窗录》，记唐代杂事。作者李濬自序云：“濬忆童儿时即历闻公卿间叙国朝故事，次兼多语其事特异者，取其必实之迹，暇日缀成一小轴，题曰《松窗杂录》。”②其素材来源于作者幼年亲耳所闻的国朝故事，并且特别指出“事虽特异”，但“取其必实之迹”。可见作者十分重视其书内容的真实性。

---

① 〔唐〕孙棨：《北里志自序》，见丁锡根编著《中国历代小说序跋集》，人民文学出版社 1996 年版，第 322～323 页。

② 〔唐〕李濬：《松窗杂录自序》，见丁锡根编著《中国历代小说序跋集》，人民文学出版社 1996 年版，第 324 页。

四、"传奇类"小说与"始有意为小说"

当然,代表唐代小说最高成就、标志着小说有了质的飞跃的还是那些由鬼神之怪转向人事之奇的作品,即所谓"唐传奇"。之所以能发生这种转变,与唐代不少作家已开始聪明地运用佛道观念来表述现实人生,"与昔之传鬼神明因果而外无他意者,甚异其趣矣"①。此类传奇多以单篇传世,虽然没有序跋,但从作者在篇中的表白仍可看出还是要千方百计证明其故事的实录性与真实性,以取信于读者。在这些作者心目中,小说乃"实录""补史书之阙"的观念还未消除净尽。因此,这些传奇作品虽然是作者"有意为小说",但又受到了传统小说观念的深刻影响。按照逻辑关系,这种影响又可分为若干层次。

第一,小说中的人物、情节完全出于虚构,但作者仍然希望人们信以为真,故一定要设法证明故事的真实性。著名的《任氏传》《柳毅传》《裴航》等可作为此类作品的代表。在六朝志怪中虽已有狐仙之事,但那仅停留于万物有灵的观念之上。《任氏传》中的狐仙任氏却具有许多现实中妇女的性格特点,她品德高洁,知恩必报,同时又聪慧过人,灵巧多变,同时在她身上还体现着封建社会妇女的某些局限,这正是现实生活的真实表现。作者沈既济显然是虚构了这一人狐相恋的故事,以寄托自己的情志。但沈既济在故事结尾处,一定要交代其素材的真实性:"大历中,沈既济居钟陵,尝与崟游,屡言其事,故最详悉。"②《柳毅传》借助神话传说,赞美重义轻身、救人危难的品德,显然也是作者李朝威的虚构。但作者在故事中安排了柳毅表弟薛嘏与柳毅洞庭湖相逢的情节,而且"嘏常以是事告于人世",以此来证明故事的真实性。③《裴航》是一篇感人的人神之恋的作品,显然出于虚构,但作者裴铏一定要让裴航的友

---

① 鲁迅:《中国小说史略》,东方出版社1996年版,第52页。

② 鲁迅校录:《唐宋传奇集·任氏传》,齐鲁书社1997年版,第21页。

③ 鲁迅校录:《唐宋传奇集·柳毅传》,齐鲁书社1997年版,第36页。

人卢颢与之相遇,并赠其蓝田美玉十斤、紫府云丹一粒,以证明此事确有。①

第二,小说中的人物虚实参半,情节带有浓郁的神奇色彩,虽然出于作者的想象,但作者也要证明其真实性。《虬髯客传》的作者杜光庭曾入天台山为道士,编撰了《道教灵验记》《天坛王屋山圣迹记》《墉城集仙录》等许多宣扬道教神仙的著作。《虬髯客传》"风尘三侠"中的李靖确有其人,但虬髯客显然是作者虚构的一位侠士。作者的用意是借以维护唐王朝的权威地位,故曰:"乃知真人之兴也,由英雄所冀,况非英雄乎?人臣之谬思乱者,乃螳臂之拒走轮耳。"然而作者仍要设法证明此人的真实存在。小说最后写道:"贞观十年,公(指李靖)以左仆射平章事。适南蛮入奏曰:'有海船千艘,甲兵十万,入扶余国,杀其主自立。国已定矣。'公心知虬髯得事也。归告张氏,具衣拜贺,沥酒东南祝拜之。"②《红线》(袁郊撰)中的潞州节度使薛嵩实有其人,但其婢女红线出身奇异,她前世本为男子,因误下药毒死孕妇,被罚为女身。她身怀绝技,一夜之间往返七百里,为主解忧,不辞劳苦。此女显然出于虚构,作者目的在于借此表达平息藩镇之间争斗的愿望。作者仍要证明红线的真实性,让这位女侠立功赎罪后,还其本身,"遁迹尘中,栖心物外"。③

第三,作者借佛道观念编撰小说,以书写人生的感悟,其人物故事显然出于虚构,但作者依然要强调人物故事的真实性。《南柯太守传》(李公佐撰)写淳于棼对人生的理解为:"感南柯之浮虚,悟人世之倏忽,遂栖心道门,绝弃酒色。"作者也明明知道自己的故事"稽神语怪,事涉非经",但又特别交代:"公佐贞元十八年秋八月,自吴之洛,暂泊淮浦,偶觌淳于生楚,询访遗迹,翻覆再三,事皆摭实,辄编录成传,以资好事。"目的就是使"窃位著生,冀将为戒。后之君子,幸以南柯为偶然,无以名位骄于天

① 张友鹤选注:《唐宋传奇选·裴航》,人民文学出版社1979年版,第161页。

② 鲁迅校录:《唐宋传奇集·虬髯客传》,齐鲁书社1997年版,第118页。

③ 张友鹤选注:《唐宋传奇选·红线》,人民文学出版社1979年版,第147页。

壤间云"[①]。《枕中记》（沈既济撰）所撰黄粱梦的故事显然出于虚构，作者借小说中的主人公卢生表达了对人生的理解："夫宠辱之道，穷达之运，得丧之理，死生之情，尽知之矣。此先生所以窒吾欲也。敢不受教！"[②]此位卢生虽属虚构，其梦中交往之人萧嵩、裴光庭、高力士却实有其人，显然也是为了强调故事的真实性。

第四，作者将释道观念化为艺术构思与想象的手段，以便更巧妙地表达人类的情感。佛教认为人有灵魂且与肉体相独立，肉体消灭后灵魂可以不灭。借用这一观念，不少作家编撰了离魂故事或死而复生事，如《离魂记》（陈玄祐撰）中的倩娘为冲破封建礼教，魂灵离开肉体追随心爱之人数年。这绝对是出于想象。但作者要证明此事为真："玄祐少常闻此说，而多异同，或谓其虚。大历末，遇莱芜县令张仲规，因备述其本末。镒（倩娘之父）则仲规堂叔，而说极备悉，故记之。"[③]《崔护》（孟棨撰）中崔护见所爱之女因相思而亡，恸心大哭，竟将女子哭活。这一故事显系虚构，但崔护确有其人，而且娶此女子为妻，以证明此事的可信。[④]

第五，小说中的人物、情节都源于现实生活，毫无怪异成分，如《李娃传》《莺莺传》《长恨传》等，已与现代小说无甚差异，但作者仍要证明故事的真实性。《李娃传》（白行简撰）在赞美男女爱情的同时，肯定了李娃的不忘恩、不负义、功成身退、恪守名分的"操烈之品格"。作者为了证明此事的真实性，在结尾处说道："予伯祖尝牧晋州，转户部，为水陆运使。三任皆与生（指荥阳生）为代，故谙详其事。"[⑤]这就是说，作者的伯祖与故事主人公荥阳生是同僚，作者又从其伯祖处听到了这一故事，以此增强了故事的真实性。《莺莺传》（元稹撰）中的张生，一般认为即元稹的化身，作者是以自己的亲身经历编撰而成，但作者又故意说

---

① 鲁迅校录:《唐宋传奇集·南柯太守传》，齐鲁书社 1997 年版，第 57 页。

② 鲁迅校录:《唐宋传奇集·枕中记》，齐鲁书社 1997 年版，第 15 页。

③ 鲁迅校录:《唐宋传奇集·离魂记》，齐鲁书社 1997 年版，第 12 页。

④ 张友鹤选注:《唐宋传奇选·崔护》，人民文学出版社 1979 年版，第 204 页。

⑤ 鲁迅校录:《唐宋传奇集·李娃传》，齐鲁书社 1997 年版，第 69 页。

“稹特与张厚,因征其词”,似乎作者是在讲述他人之事,目的仍在于证明故事的真实可信。至于陈鸿所撰《长恨传》是以历史事件为素材,作者申明:“世所不闻者,予非开元遗民,不得知,世所知者,有《玄宗本纪》在。”①作者目的在于“惩尤物,窒乱阶,垂于将来者也”,因此,故事完全依照史实,与史书相一致。

从以上唐代小说家的序跋可以看出,志怪、杂录体的小说尚未摆脱传统的小说观念,仍然视小说为实录,其主要功能是“补正史之阙”。从作者在作品中的表白则可看出,部分唐传奇作品虽然已显示出某些现代小说的因素,但其作者仍未摆脱传统小说观的影响,还未完全进入“有意为小说”的境界。

① 鲁迅校录:《唐宋传奇集·长恨传》,齐鲁书社1997年版,第74页。

第三章　宋元小说序跋研究

宋元小说在中国小说史上处于承上启下的地位，既继承了此前小说创作的某些特点，又为明清小说的繁荣奠定了基础。这一时期的小说序跋有其自身的发展规律和特点。相对于明清小说序跋的研究，宋元小说序跋研究比较薄弱。研究宋元小说序跋，可以更好地了解中国古代小说理论的发展过程，还可以较全面地掌握中国古代小说批评的变化和传承。

第一节　宋元小说序跋中的小说观

一、依照实录，以补正史

"以史为鉴"向来是中国统治阶级的治国传统。宋朝的统治者在面对昔日烈火烹油、鲜花着锦般的大唐盛世，发展到后期却遭遇藩镇割据，致使国家四分五裂的惨痛现实，不得不对前代的历史教训进行深刻的反思，所以非常注重对历史的编修工作，以确保赵宋王朝能够长治久安地统治下去。为了使史书更加有效地为巩固统治集团利益所服务，宋代专设编修官，为其提供优越的条件和待遇，建立了体系完备的修史机构。尽管如此，在修史之初，匮乏的史料还是给修史工作带来了极大的困难，而一些保留下来的当时的轶事小说及现实题材的传奇文，则在一定程度上弥补了史料的不足。宋人张邦基说道："唐人所著小说家流，不啻数百家，后史官采摭者甚众。”[①]这在一定程度上反映了宋代史官采唐小说入史的情况。官方对修史的重视和热情深深影响着文人士子，宋代多数轶事小说作者就是抱着编撰私史或为正史提供资料的目的进行创作的，他们将自己的作品视为正史之余，因“不足备之大典，故系小说之末”[②]。他们希望自己的作品能够被史学家所采录，也就自觉地按照史学家的标准来创作小说，借此体现人生价值，实现“三不朽”。宋代对史学的关注更偏重于史家宗旨而非小说内在的娱乐审美，两宋之交的小说中有非常明显的尚实崇理的思想。

明人胡应麟曾说：“小说，唐人以前纪述多虚而藻绘可观，宋人以后论次多实而彩艳殊乏。”[③]宋代的小说如实地记录轶闻，语言大多朴实无华，艺术性略显欠缺，趣味寡淡。作者不太重视描写的技巧、语言的优美、情节的曲折等文学性问题。宋人的文学观念，在“持文有据”的史学观念的夹缝中蜿蜒逶迤地发展。欧阳修率先将《搜神记》等志怪作品由史部杂传类移出，录入子部小说家类。除此之外，他还将大批唐传奇作品收录于正史艺文志小说家类，并将作品有无虚构作为区分史传与小说的基本标准，从而开启了具有近代意识的小说观念的先河。自此，小说的题材得到了极大的丰富，中国古代小说开始蓬勃发展。小说的社会功能不断地被发掘出来，小说由“小道”逐渐向“大道”迈进，由“君子弗为”向“君子乐为”转变。宋元作小说者，多为名家，他们精史笔、擅策论，用笔记小说的形式记录史实。

宋人孙光宪在《北梦琐言自序》中说道：“非但垂之空言，亦欲因之劝戒……庶勉后进子孙，俾希仰前事。”[④]孙光宪痛惜五代“秘籍亡散”，所以

---

① 〔宋〕张邦基：《墨庄漫录跋》，见孔凡礼点校《墨庄漫录》，中华书局2002年版，第281页。

② 〔唐〕刘悚撰，程毅中点校：《隋唐嘉话序》，中华书局1979年版，第1页。

③ 〔明〕胡应麟：《少室山房笔丛·九流绪论下》，上海书店出版社2001年版，第283页。

④ 〔宋〕孙光宪：《北梦琐言自序》，见丁锡根编著《中国历代小说序跋集》，人民文学出版社1996年版，第343页。

志在“博访”，以补史书之不足，可见他写此书的目的，是为了保存前代遗闻轶事，以勉励和规劝后人。

欧阳修作《归田录》主要是记载“史官所不记”的逸事遗闻，以及闲暇之时与士大夫的笑谈中有价值的史料。所以他在《归田录自序》中称：“《归田录》者，朝廷之遗事，史官之所不记，与夫士大夫笑谈之余而可录者，录之以备闲居之览也。”①

张齐贤明确指出实录的观点，并且提出存留与“正史差异者”，使后人“览之无惑焉”的想法：“摭旧老之所说，必稽事实；约前史之类例，动求劝诫。乡曲小辩，略而不书；与正史差异者，并存而录之，则别传、外传比也。斯皆搢绅所谈，因命之曰《洛阳搢绅旧闻记》，庶可传信，览之无惑焉。”②

李献民把杨亿的《谈苑》、欧阳修的《归田录》等都视为“良史之才”。他在《云斋广录序》中说道：

> 夫小说之行世也多矣。国朝杨文公以《谈苑》行，欧阳文忠公亦以《归田录》行。其次则存中之《笔谈》，师聃之《杂纪》，类皆摭一时之事，书之简册，用传于世。此亦古人多爱不忍之义也。其论次有纪，辞事相称，品章不紊。非良史之才，曷以臻此哉！如仆者，寡学陋儒，诚不敢议其仿佛。然尝观《唐史·艺文志》，至有《甘泽谣》《松窗录》《云溪友议》《戎幕闲谈》之类，叙述遗事，亦见采于当时。③

宋人陈晦《清波杂志跋》称：“周君名族之胄，忠信笃实，悃愊无哗，多识故老，闻见殆洽，言有从来，咸可依据。”④陈晦认为周煇是贵胄之后，为

---

① 〔宋〕欧阳修：《归田录自序》，见丁锡根编著《中国历代小说序跋集》，人民文学出版社 1996 年版，第 353 页。

② 〔宋〕张齐贤：《洛阳搢绅旧闻记自序》，见丁锡根编著《中国历代小说序跋集》，人民文学出版社 1996 年版，第 348 ~ 349 页。

③ 〔宋〕李献民：《云斋广录序》，见程毅中、程有庆点校《云斋广录》，中华书局 1997 年版，第 1 页。

④ 〔宋〕陈晦：《清波杂志跋》，见丁锡根编著《中国历代小说序跋集》，人民文学出版社 1996 年版，第 378 页。

人又忠厚诚实，因为家族的关系广识前朝故交遗老，所闻所见毋庸置疑，有凭有据。刘斧在《青琐高议》篇尾加入了许多的“议曰”，这多是从社会道德和伦理价值等方面对小说内容加以评议，或从“征实”的角度肯定小说的“真实性”，体现了宋人“尚实”的小说观念。

宋人魏泰《东轩笔录序》说：

> 余居汉阴之邓城县，县非驿传之所出，而居地僻绝，其旦暮之所接者，非山林之观，则田畯之语，舍此无复见闻矣。思少时力学尚友，游于公卿间，其绪言余论有补于聪明者，虽老矣，尚班班可记，因丛摭成书。呜呼，事固有善恶，然吾未尝敢致意于其间，姑录其实以示子孙而已，异时有补史氏之阙，或讥以见闻之殊者，吾皆无憾，惟览者之详否焉。①

魏泰的目的在于“录其实以示子孙”“异时有补史氏之阙”，自始至终遵循着“羽翼信史”的创作态度，“未尝敢致意于其间”，只是如实地记录了少时游于公卿间听到的“绪言余论”。可以说小说“补史之遗”的作用被宋代的文人极大地发挥了出来。此时的小说文体虽然脱离了史部，但还未形成自己的规模，其创作观念仍然依附于史学，追求平实朴拙的语言风格和“不文不饰”“辞典而有据”的艺术审美趣味。

二、粗陈梗概，增广见闻

中国古代小说作为经史的附庸，多载史籍所不载者。正如明人都穆《续博物志后记》所言：“杂记饮食之珍错也，有之不为大益，而无之不可，岂非以其能资人之多识而怪僻不足论邪！”②由于小说内容博杂，它的出现适时地填补了经史子集、诗词歌赋之外的大片空白。

宋人文莹《玉壶野史自序》说：“君臣行事之迹，礼乐文章之范，鸿勋

---

① 〔宋〕魏泰：《东轩笔录序》，见李裕民点校《东轩笔录》，中华书局1983年版，第1页。

② 〔明〕都穆：《续博物志后记》，见丁锡根编著《中国历代小说序跋集》，人民文学出版社1996年版，第91页。

盛美，列圣大业，关累世之隆替，截四海之闻见。”①明人岳钟秀《类说序》称宋人曾慥《类说》：“上自紫盖黄垆，下及昆虫草木，无不包罗焉。内而修身养命，外而经国字氓，无不该遍焉。食息起居之节，怡情玩物之宜，无不冥搜而骈集焉。”②小到饮食起居、花鸟鱼虫，大到经国大业、修身安道，林林总总，皆有所记。

文人士子掌握了这些知识后写起文章来不仅“助缘情之绮靡”③，还可以丰富想象力，使之顿出奇想，妙计频生。北宋仁宗、哲宗时期，成就较高的传奇一类作品《青琐高议》，其内容庞杂，“所记皆宋时怪异事迹，及诸杂传记”④，涉及社会的方方面面，对当时社会产生了很大的影响，是“《剪灯新话》之前茅也”⑤。虽如此，各家对《青琐高议》的评价仍然不高，晁公武说它“辞意颇鄙浅”⑥，王士禛说它“如此俚鄙而能传后世，事固有不可解者”⑦。传奇类作品尽管内容和艺术都谈不上创新，语言也有别于唐传奇的典雅华丽而趋于通俗，但它们博览穷通，琐事、异闻、议论、纪传等都有所涉猎，有助于了解当时的社会风貌。

宋人《述异记后序》称：“夫述者著撰之名，异者未闻之事。然而简谍纷委，百氏骈繁，始业文者，患于少书，莫得以备见；务广览者，失于精究，鲜克以周记。非夫博物君子，鸿儒硕彦，家藏逸典，日猎菁英，则何以诠次

---

① 〔宋〕文莹：《玉壶野史自序》，见丁锡根编著《中国历代小说序跋集》，人民文学出版社 1996 年版，第 356 页。

② 〔明〕岳钟秀：《类说序》，见北京图书馆古籍出版编辑组《北京图书馆古籍珍本丛刊》第 62 册，书目文献出版社 1988 年版，第 3 页。

③ 〔宋〕佚名：《述异记后序》，见丁锡根编著《中国历代小说序跋集》，人民文学出版社 1996 年版，第 70 页。

④ 丁锡根编著：《中国历代小说序跋集》，人民文学出版社 1996 年版，第 574 页。

⑤ 〔清〕王士禛：《青琐高议跋》，见丁锡根编著《中国历代小说序跋集》，人民文学出版社 1996 年版，第 575 页。

⑥ 〔宋〕晁公武撰：《昭德先生郡斋读书志》卷第二下，四部丛刊三编史部，第 263 页，上海涵芬楼 1933 年影印宋淳祐袁州刊本。

⑦ 〔清〕王士禛：《青琐高议跋》，见丁锡根编著《中国历代小说序跋集》，人民文学出版社 1996 年版，第 575 页。

成书，以资后学。”①从序中所言来看，这位批评家的小说创作观有别于对《青琐高议》的“浅鄙”的评价，与前人大相径庭。他认为《述异记》并不是“街谈巷语，道听涂说者”所能创作出来的，著此书须家藏丰硕、博览穷通，非具备丰厚的知识储备与文化素养者而不能完成。

宋人的小说观念在前人小说“有补于史”的基础上又向前迈进了一步，“可谓发史氏之英华，便学者之观览”②，“足使览者益夫耳闻目见之广识”③。小说带来的这些益处“岂曰小补之哉?”④元人杨瑀《山居新话后序》说道：

> 予归老山中，习阅旧卷，或友朋清谈，举凡事有古今相符者，上至天音之密勿，次及名臣之事迹，与夫师友之言行，阴阳之变异，凡有益于世道、资于谈柄者，不论目之所击，耳之所闻，悉皆引据而书之，积岁月而成帙，名之曰《山居新话》。其不敢饰于文者，将欲使后之览者便于通晓，抑且为他日有补于信史之一助云尔。⑤

这段序言充分反映出小说具有“资治体、助名教、供谈笑、广见闻”⑥的作用。杨瑀博闻广识，与朋友清谈的时候上至天文地理、下至名臣事迹，无所不包，他将这些谈话内容悉数记录下来，使后之览者便于通晓。但在序言最后他指出“他日有补于信史”，可见在元人的小说观念里，小说的“由

① 〔宋〕佚名：《述异记后序》，见丁锡根编著《中国历代小说序跋集》，人民文学出版社1996年版，第70页。

② 〔宋〕秦果：《续世说序》，见丁锡根编著《中国历代小说序跋集》，人民文学出版社1996年版，第369页。

③ 〔宋〕石京：《茅亭客话后序》，见丁锡根编著《中国历代小说序跋集》，人民文学出版社1996年版，第350页。

④ 〔宋〕秦果：《续世说序》，见丁锡根编著《中国历代小说序跋集》，人民文学出版社1996年版，第369页。

⑤ 〔元〕杨瑀：《山居新话后序》，见丁锡根编著《中国历代小说序跋集》，人民文学出版社1996年版，第388页。

⑥ 〔宋〕曾慥：《类说序》，见北京图书馆古籍出版编辑组《北京图书馆古籍珍本丛刊》第62册，书目文献出版社1988年版，第6页。

天地以及山海，由山海以及人物，固无之或遗矣”①的详备记录，无一不是为了以补正史之所不记而作的。相较于宋人，元人的小说观在某种程度上来说有所退化。

三、明示劝惩，以明其道

我国古代小说受儒家思想影响深远，而将这种影响合理化、具体化者，则是小说理论中的“惩劝教化”说。班固说：“小说家者流，盖出于稗官。街谈巷语，道听涂说者之所造也。……诸子十家，其可观者九家而已。”②小说在古代社会中一直被视为“君子弗为”的“小道”，因此班固将“小说家”排在诸子十家最末。汉代桓谭是较早强调小说教化作用的学者，他说：“若其小说家，合丛残小语，近取譬论，以作短书，治身理家，有可观之辞。”③桓谭在认定小说是“小道”的同时，并未否定小说中“治身理家”的作用，他认为小说与治国平天下的大道相比，虽为小道，却亦有“可观之辞”。正如张邦基在《墨庄漫录跋》中所言：“稗官小说虽曰无关治乱，然所书者必劝善惩恶之事，亦不为无补于世也。”④小说的内容深受中国传统文化的影响，其美学层面也被打下了深深的思想烙印：“通过对人与社会的具象描述（或说刻意摹仿），以张扬具有明显功利性的民族情感和理想人格，来实现人伦道德教化的教育功能和小说形象的审美功能，这便形成了中国传统小说思维的深层的机制。”⑤

宋元时，在“小道可观”“小说补史”的基础上，又发现了小说还具有“助名教、广见闻、资考证”的社会作用。鲁迅先生在谈到“宋人之‘说话’

① 〔清〕汪士汉：《续博物志序》，见丁锡根编著《中国历代小说序跋集》，人民文学出版社 1996 年版，第 91 ~ 92 页。

② 〔汉〕班固：《汉书 · 艺文志》，中华书局 2000 年版，第 1377 ~ 1378 页。

③ 〔汉〕桓谭：《新论》，《隋书 · 经籍志》著录十七卷，今存清人辑本。此处所引“小说家合丛残小语”等语，见《文选》卷三一江淹诗《李都尉从军》李善注。

④ 〔宋〕张邦基：《墨庄漫录跋》，见孔凡礼点校《墨庄漫录》，中华书局 2002 年版，第 281 页。

⑤ 吴士余：《中国文化与小说思维》，上海三联书店出版社 2000 年版，第 9 页。

及其影响"时曾说:"唐人小说少教训;而宋则多教训。大概唐时讲话自由些,虽写时事,不至于得祸;而宋时则讳忌渐多,所以文人便设法回避,去讲古事。加以宋时理学极盛一时。因之把小说也多理学化了,以为小说非含有教训,便不足道。"①宋代小说重视教化从序跋就能一见端倪:"谈理寓劝惩"②、"恶善惩劝"③、"劝善戒恶"④、"劝惩之旨"⑤、"劝惩之旨寓"⑥,诸如此类的话语在宋元小说序跋中数不胜数,以至于发展到后来无论是创作主体的审美方式、价值取向,还是作品具体内容和人物的情感导向,无一不以道德尺度为依归。明人田汝成《夷坚志序》对此有一很好的概括:

> 故知忠孝节义之有报,则人伦笃矣;知杀生之有报,则暴殄弭矣;知冤对之有报,则世仇解矣;知贪谋之有报,则并吞者惕矣;知功名之前定,则奔竞者息矣;知婚姻之前定,则逾墙相从者恧矣。其他赈饥拯溺,扶颠拥孺,与夫医卜小技,仙释傍流,凡所登录,皆可以惩凶人而奖吉士,世教不无补焉,未可置为冗籍也。⑦

随着时间的推移,"教化"几乎成了小说的同义语。强烈的教化意识在小说家头脑中根深蒂固,小说家们自觉或不自觉地把教化民众当作自己的本分。宋人石京《茅亭客话后序》说:"虽多记西蜀之事,然其间圣朝

---

① 鲁迅:《中国小说的历史的变迁》,见《鲁迅全集》第九卷,人民文学出版社2005年版,第329页。

② 〔宋〕佚名:《鬼董识语》,见丁锡根编著《中国历代小说序跋集》,人民文学出版社1996年版,第591页。

③ 〔元〕宋无:《续夷坚志跋》,见丁锡根编著《中国历代小说序跋集》,人民文学出版社1996年版,第121页。

④ 〔元〕石岩:《续夷坚志跋》,见丁锡根编著《中国历代小说序跋集》,人民文学出版社1996年版,第122页。

⑤ 〔宋〕章炳文:《搜神秘览序》,见丁锡根编著《中国历代小说序跋集》,人民文学出版社1996年版,第87页。

⑥ 〔清〕孙毓修:《鬼董狐跋》,见丁锡根编著《中国历代小说序跋集》,人民文学出版社1996年版,第591页。

⑦ 〔明〕田汝成:《夷坚志序》,见丁锡根编著《中国历代小说序跋集》,人民文学出版社1996年版,第109页。

龙兴之兆，天人报应之理，合若符契，验如影响，至于高贤雅士、逸夫野人稀阔之事、升沉之迹，皆采摭当时之实，可以为后世钦慕儆戒者昭昭然。”①石京认为，《茅亭客话》所述的天人感应之事非常灵验、有据可查，可以对后世起到警醒昭戒的作用。小说家们显然是意识到了佛教教义中“因果报应”思想的强大约束力，遂将它引入小说，使之成为抑恶扬善的有力工具。

宋代统治阶级崇文抑武，建国之初即定下了“右文政策”，文人的地位得到了空前的提高。这给了文人极大的自信心，使他们从心底产生了与国家共休戚、以天下为己任的责任心和使命感。他们在创作小说时也不忘记自己对国家、对社会所肩负起的责任，即使是仅以消遣自娱为目的而创作的游戏之作，也不时流露出对现实社会的关注。随着说话艺术的勃兴，小说的演变也由笔记小说、传奇小说等文言小说发展为被广大市民所接受的话本小说。而占据主流思潮的程朱理学，虽然对新兴的市民文学不会起到直接的作用，但是它对上层文人雅士依旧有着不可小觑的影响力。而这些文人雅士在创作小说的时候又不自觉地把“寓教于乐”的思想带入其中，处处流露出劝诫、教训的意味，深深影响着说书人的说话艺术形式。宋人罗烨《醉翁谈录·舌耕叙引·小说开辟》说道：

> 说国贼怀奸从佞，遣愚夫等辈生嗔；说忠臣负屈衔冤，铁心肠也须下泪。讲鬼怪令羽士心寒胆战；论闺怨遣佳人绿惨红愁。说人头厮挺，令羽士快心；言两阵对圆，使雄夫壮志。谈吕相青云得路，遣才人着意群书；演霜林白日升天，教隐士如初学道。噇发迹话，使寒门发愤；讲负心底，令奸汉包羞。②

宋元时期的说话人大都出身贫寒，但他们“非庸常浅识之流”，而“有博览该通之理”，并且“幼习《太平广记》，长攻历代史书”。他们以“说

---

① 〔宋〕石京：《茅亭客话后序》，见丁锡根编著《中国历代小说序跋集》，人民文学出版社1996年版，第350页。

② 〔宋〕罗烨：《醉翁谈录·舌耕叙引》，见丁锡根编著《中国历代小说序跋集》，人民文学出版社1996年版，第588页。

话”为方式，谈古论今，品评人事，在“作场”中融进了个人的好恶评判和思想倾向，对忠奸、善恶、美丑、真伪的事与人进行褒贬，向文化层次相对低下的市民阶层普及知识。说话人由于几乎来自底层社会，与市民阶层的思想感情与生存境遇相一致，所以他们更能理解市民阶层的期望和诉求。作为直接和市民接触并且联系最为紧密的一种演艺形式，说书人在表演中加入“有诗道”“有词曰”“有诗为证”“词道是”“入话”“后人评论得好”等韵文，把程朱理学的思想和教化潜移默化地根植于民众心中，既增强了作品艺术的感染力，又使文学“文以载道”的教育功能得到了最大限度的发挥。

第二节　宋元小说序跋中的文学理论

一、作者的创作动机及创作主旨

著书立说是古代文人的普遍抱负，“贤者不得志于今，必取贵于后，古之著书者皆是也”①。宋代文人得到各方面优待，社会地位大幅度提高，可以在更加广阔的空间里显露才华、施展抱负。但是身处变幻莫测的政治环境之中，更多的士大夫还来不及实现他们的政治理想就受到了翻手为云、覆手为雨的政治斗争的猛烈冲击。张元济《括异志跋》引《郡斋读书志》说：“师正擢甲科，得太常博士，后游宦十年，不得志，于是推变怪之理，参见闻之异，得二百五十篇。”②张师正在宦海沉浮多年始终不得志，万般无奈之下只好归隐著书以遣怀消愁，终成《括异志》十卷。

宋人王辟之《渑水燕谈录自序》说：

仕不出乎州县，身不脱乎饥寒，不得与闻朝廷之论、史官所书；闲

① 〔宋〕欧阳修、宋祁：《新唐书·柳宗元传》，中华书局2000年版，第3985页。

② 张元济：《括异志跋》，见丁锡根编著《中国历代小说序跋集》，人民文学出版社1996年版，第88页。

> 接贤士大夫谈议，有可取者，辄记之，久而得三百六十余事，私编之为十卷，蓄之中橐，以为南亩北窗、倚杖鼓腹之资，且用消阻志、遣余年耳。①

王辟之从仕多年仍官居下位，虽身为朝廷命官，却仍是蓬门荜户，食不果腹。既不得闻庙堂之高论，亦不能参与修史书，只能退居草庐，创作小说来“消阻志、遣余年”。宋人文莹《玉壶野史自序》亦有同感：“知所以有史者，必欲其传。无其传，则圣贤治乱之迹，都寂寥于天地间。”②文莹借小说使圣贤功德彰显后世，不至于淹没。

宋人郑文宝《南唐近事自序》说：“君臣用舍，朝庭典章，兵火之余，史籍荡尽，惜乎前事，十不存一。余匪鸿儒，颇常嗜学，耳目所及，志于缣缃，聊资抵掌之谈，敢望获麟之誉。”③由于兵火战乱，典章记录悉数被损毁，郑文宝痛惜之余更坚定了撰述的决心。

而另一类小说作者，则身居高位，仕途平顺，个人理想已得到了初步的实现。他们纯粹出于兴趣爱好，创作小说案头把玩、供自己消遣娱乐，洪迈就是其中最具代表性的人物。洪迈字景卢，号野处，南宋鄱阳人，绍兴进士，官至端明殿大学士。他从二十一岁起开始着手编撰《夷坚志》，笔耕不辍长达六十年之久。全书共三十二集，四百二十卷，收罗广泛，卷帙浩繁，被《四库全书总目》推为南宋笔记小说之冠。在这漫长的六十年中，洪迈到过泉州、镇江、赣州、建宁、婺州、太平等州府，历任起居舍人、中书舍人、翰林学士、龙图阁大学士等职。但无论他身在何处，官居何职，都未停止过创作。他说：

> 子弟辈皆言，翁既作文不已，而掇录怪奇，又未尝少息，殆非老人颐神缮性之福，盍已之。余受其说，未再越日，膳饮为之失味，步趋为

---

① 〔宋〕王辟之：《渑水燕谈录自序》，见丁锡根编著《中国历代小说序跋集》，人民文学出版社1996年版，第358页。

② 〔宋〕文莹：《玉壶野史自序》，见丁锡根编著《中国历代小说序跋集》，人民文学出版社1996年版，第357页。

③ 〔宋〕郑文宝：《南唐近事自序》，见丁锡根编著《中国历代小说序跋集》，人民文学出版社1996年版，第341页。

之局束，方寸为之不宁，精爽如痴。向之相劝止者，惧不知所出。于是逌然而笑。岂吾缘法在是，如驶马下临千丈坡，欲驻不可。姑从吾志，以竟此生。①

此时洪迈已近耄耋之年，可他依旧每日翻制新篇，全然不顾年老之体、衰迈之躯。即使偶尔听从亲朋好友的劝告停笔稍事休憩，却不曾想“膳饮为之失味，步趋为之局束，方寸为之不宁，精爽如痴”②，直到重新提笔投入创作，才又找回了存在的意义。“《夷坚初志》成…… 人以予好奇尚异也，每得一说，或千里寄声”③，“老矣，不复著意观书，独爱奇气习，犹与壮等”④，“稗官小说家言，不必信固也……爱奇之过，一至于斯”⑤。

洪迈的自序随处可见“爱奇”的创作宗旨。“好奇尚异”是洪迈审美追求和文学思想的体现，他的创作思想使他在审美上好奇尚异，在搜集材料的过程中偏爱荒诞虚无的故事，而羽翼信史的史学观念又使他不自觉地采用客观实录的方法来直笔记录。

洪迈作《夷坚志》与他的修史经历密切相关，绍兴二十九年(1159)至绍兴三十二年(1162)召为起居舍人、秘书省教书郎、兼国史馆编修官，修《三朝国史》；乾道二年(1166)至乾道四年(1168)授枢密院检详诸房文字，修《钦宗实录》并《帝纪》；淳熙十二年(1185)至淳熙十五年(1188)举佑神观兼侍讲，修《四朝帝纪》。多年的修史经历潜移默化地影响着洪迈的小说创作方式。《夷坚志》里绝少自创，大多数都是搜集到素材后直笔记录下来，可见洪迈最初是怀着补史的心理创作《夷坚志》的。随着越来

① 〔宋〕赵与时：《夷坚志洪迈序大旨》，见丁锡根编著《中国历代小说序跋集》，人民文学出版社 1996 年版，第 106 页。

② 〔宋〕赵与时：《夷坚志洪迈序大旨》，见丁锡根编著《中国历代小说序跋集》，人民文学出版社 1996 年版，第 106 页。

③ 〔宋〕洪迈：《夷坚乙志序》，见丁锡根编著《中国历代小说序跋集》，人民文学出版社 1996 年版，第 94 页。

④ 〔宋〕洪迈：《夷坚支乙集序》，见丁锡根编著《中国历代小说序跋集》，人民文学出版社 1996 年版，第 97 页。

⑤ 〔宋〕洪迈：《夷坚支丁序》，见丁锡根编著《中国历代小说序跋集》，人民文学出版社 1996 年版，第 98 ~ 99 页。

越多的卷集的完成，洪迈的小说观念也发生了转变。他慢慢地认识到志怪也并非无益于世，于是乎一发不可收拾，他完全沉浸在自己创作小说的快乐中，甚至忘掉了天命将至的残酷现实。

二、从序跋看小说素材来源

宋元小说序跋涉及大量小说素材来源和收集过程等方面的内容。在当时的社会条件下，作者凭一己之力很难完成一部小说的创作，这些素材大多是小说作者有意识的记录或是多方访求得来的。对来源不尽相同的资料，小说作者或直笔录入，或略作更改润色，或移形换名，或注明出处，在创作中灵活运用。从现有的宋元小说序跋来看其来源，有以下三种情况：

第一，作者的亲历见闻。在宋元小说序跋中，小说作者往往强调小说内容的来源真实可信，且有迹可循。自己仅仅是一位旁听者或一位记录者，这一切都源于宋人的考证精神和求实心理。孙光宪《北梦琐言自序》云：

> 唐自广明乱离，秘籍亡散，武宗已后，寂寞无闻，朝野遗芳，莫得传播。仆生自岷峨，官于荆郢，咸京故事，每愧面墙，游处之间，专于博访。顷逢故凤翔杨玭少尹，多话秦中平时旧说，常记于心。他日渚宫见元澄中允，款狎笑语，多符其说。①

作者由前朝入宋，痛惜故国秘籍散佚而不得传播，故而四处寻访，每与故交好友闲话前朝人物，追忆秦中旧事，辄作记录。“每聆一事，未敢孤信，三复参校，然始濡毫。”②孙光宪严谨的态度几乎是把《北梦琐言》当作史书来写作了。

洪迈作《夷坚志》时每聆异闻便会当场展卷，记录下来，有时在筵席

---

① 〔宋〕孙光宪：《北梦琐言自序》，见丁锡根编著《中国历代小说序跋集》，人民文学出版社 1996 年版，第 342～343 页。

② 〔宋〕孙光宪：《北梦琐言自序》，见丁锡根编著《中国历代小说序跋集》，人民文学出版社 1996 年版，第 343 页。

之上，无暇顾及，便在翌日追而索之，反复核对才罢。他说："盖每闻客语，登辄纪录，或在酒间不暇，则以翼旦追书之，仍亟示其人，必使始末无差戾乃止。"[①]"《夷坚》诸志，皆得之传闻，苟以其说至，斯受之而已矣。"[②]实不为虚言。洪迈对志怪故事的渴求，达到了"一话一首，入耳辄录，当如捧漏瓮以沃焦釜"[③]的程度，每得一则，便如沐春风，有久旱逢甘霖之感。然而这样着魔似的痴迷，终于使得"得于容易，或急于满卷帙成编，故颇违初心"[④]的情况不时出现，虽然他自己也有"或疑所登载，颇有与昔人传记相似处"。他在《夷坚支甲序》中说：

是不然，古往今来，无无极，无无尽，荒忽眇绵，有万不同，錙析銖分，不容一致。蒙庄之语云："恶乎然，然于然。恶乎不然，不然于不然。"又曰："是不是，然不然。是若果是也，则是之异乎不是也，亦无辩。然若果然也，则然之异乎不然也，亦无辩。"能明斯旨，则可读吾书矣。[⑤]

洪迈不仅否认了好事者妄给自己的剽掠之说，坚称所作与前人有不同之处，而且还给出了一个"白马非马"式的解释，认为只有理解了这一点，才能读懂《夷坚志》。

宋人反复强调小说皆为实录见闻，章炳文曰："予因暇日，苟目有所见，不忘于心耳。有所闻必诵于口。"[⑥]王辟之云："齐国王辟之将归渑水

---

① 〔宋〕洪迈：《夷坚支庚序》，见丁锡根编著《中国历代小说序跋集》，人民文学出版社1996年版，第100页。

② 〔宋〕洪迈：《夷坚支丁序》，见丁锡根编著《中国历代小说序跋集》，人民文学出版社1996年版，第99页。

③ 〔宋〕洪迈：《夷坚三志己序》，见丁锡根编著《中国历代小说序跋集》，人民文学出版社1996年版，第102页。

④ 〔宋〕洪迈：《夷坚丙志序》，见丁锡根编著《中国历代小说序跋集》，人民文学出版社1996年版，第95页。

⑤ 〔宋〕洪迈：《夷坚支甲序》，见丁锡根编著《中国历代小说序跋集》，人民文学出版社1996年版，第97页。

⑥ 〔宋〕章炳文：《搜神秘览序》，见丁锡根编著《中国历代小说序跋集》，人民文学出版社1996年版，第87页。

之上，治先人旧庐，与田夫樵叟闲燕而谈说也。"[①]张齐贤称："追思曩昔搢绅所说，及余亲所见闻，得二十余事，因编次分为五卷。"[②]满中行说："凡数百事，大抵进忠义，尊行节，不取怪诞无益之语，至于赋咏谈谑，虽若琐碎而皆有所发，读其书亦足知所存矣。"[③]以上诸人皆指出小说乃实录见闻，但也并非所闻必录，而是有所选择的收录。

第二，友人寄赠。《夷坚志》为宋人志怪小说之巨著，洪迈作为当时非常有影响力的官员之一，其素材来源非常广泛。"群从姻党，宦游岘、蜀、湘、桂，得一异闻，辄相告语，闲不为外夺。"[④]"盖寒人、野僧、山客、道士、瞽巫、俚妇、下隶、走卒，凡以异闻至，亦欣欣然受之，不致诘。"[⑤]

在得知洪迈为作《夷坚志》而多方搜集素材时，亲族好友倾力相助，就连寒僧巫道、贩夫走卒也都曾为洪迈提供过小说素材。据日本学者冈本不二明的研究，绍兴三十年（1160）九月，洪迈以吏部员外郎的身份做礼部试参评官时，与一众考官被禁在贡院不得外出。为打发时间，排解烦闷，他们或写诗，或讲述志怪故事来取乐。当时与洪迈在同一考场的三十名官员中，至少有十一人为《夷坚志》提供了创作素材。[⑥] 宋代目录学家陈振孙说洪迈"晚岁急于成书，妄人多取《广记》中旧事，改窜首尾，别为名字以投之，至有数卷者，亦不复删润，径以入录。虽叙事猥酿，属辞鄙俚，不恤也"[⑦]。

---

① 〔宋〕王辟之：《渑水燕谈录自序》，见丁锡根编著《中国历代小说序跋集》，人民文学出版社1996年版，第358页。

② 〔宋〕张齐贤：《洛阳搢绅旧闻记自序》，见丁锡根编著《中国历代小说序跋集》，人民文学出版社1996年版，第348页。

③ 〔宋〕满中行：《渑水燕谈录题记》，见丁锡根编著《中国历代小说序跋集》，人民文学出版社1996年版，第359页。

④ 〔宋〕洪迈：《夷坚支乙集序》，见丁锡根编著《中国历代小说序跋集》，人民文学出版社1996年版，第97页。

⑤ 〔宋〕洪迈：《夷坚丁志序》，见丁锡根编著《中国历代小说序跋集》，人民文学出版社1996年版，第96页。

⑥ ［日］冈本不二明著，王枝忠、鲁忠慧译：《〈睽车志〉与〈夷坚志〉——"科学与志怪"之一》，载《甘肃社会科学》1995年第6期。

⑦ 〔宋〕陈振孙：《直斋书录解题》，上海古籍出版社1987年版，第336页。

洪迈晚年醉心于小说创作，又兼顾《容斋随笔》的编订，加之年老体弱，对于他人提供的小说素材没有过多的精力去考辨真伪。“耄期急于成书，或以五十日作十卷，妄人因稍易旧说以投之，至有盈数卷者，亦不暇删润，径以入录。”①鲁迅先生指出洪迈对小说素材的来源不加以辨析，认为其不辨故事来源的原因在于过分追求志怪故事的数量而非质量，所以出现了一些前后重复、滥竽充数之作。

第三，剽取他书。宋元小说除了以上两种搜集来源外，还有一种搜集方式，就是直接剽取他书。在当时的环境下，人们对抄袭的创作方式并不为耻，所以小说作者也坦然承认。洪迈《夷坚支庚序》便说：“乡士吴潦伯秦，出其乃公时轩居士昔年所著笔记，剽取三之一，为三卷，以足此篇。”②宋人赵与时《夷坚志洪迈序大旨》也说：“支辛谓东坡《志林》、李方叔《师友谈记》、钱丕《行年杂记》之类四五书，皆偶附著异事，不颛《虞初》九百之篇，士大夫或弗能知，故剟剽以为助，不几乎三之一矣。”③

洪迈在担任编纂史官的期间，利用能接触到大量国家藏书的职能方便，从一些传记、文集、杂史、笔记中广泛搜集志怪小说资料，抄录进自己的书中，并一一记录其来源，以示材料所本。大体看来，《夷坚志》主要是搜集、抄录一些传、记、文集、杂史、诗话、笔记中的零星散落的志怪故事。洪迈虽“急于成帙”，却也并非毫无选择。他对反映当时现实环境下的志怪故事青眼有加，对虽为宋人所作却是敷衍历史的故事则弃之不取。

三、虚实与真幻

我国古代小说这一概念自产生之日起，就不仅是一种文体概念，而且

① 鲁迅：《中国小说史略》，东方出版社1996年版，第76页。

② 〔宋〕洪迈：《夷坚支庚序》，见丁锡根编著《中国历代小说序跋集》，人民文学出版社1996年版，第100页。

③ 〔宋〕赵与时：《夷坚志洪迈序大旨》，见丁锡根编著《中国历代小说序跋集》，人民文学出版社1996年版，第106页。

具有文化意义。对于小说的批评也主要是从文化学、社会学的角度，围绕小说的概念、范围和社会功用而展开。此外，史传文学“持文有据”的创作思想，深深影响了小说家的创作态度和创作方法，使其在创作过程中过分强调史笔，遵循实录，注重人物描写的真实性，不掺杂作者的主观感受。这样的创作方式对于澄清历史真相、了解小说创作背景有所裨益，但显然违背了小说创作的内在艺术规律。这样的状况一直持续到两宋时期才有所改变，这主要是因为宋人已明确了唐人的小说观，对小说外延有了一个较清晰的认识。宋代出现了一批艺术性非常高的传奇和志怪小说，开拓了小说的新视域，并在理论上发掘出了唐五代小说中的虚构叙事、谋篇布局、人物形象塑造、艺术审美效果等文学品质。至此，小说的文学虚构性才开始在宋人艺术眼光的审视下而逐渐明晰起来。

宋人对“小说”虚构性的认识，可以说是小说观念的一大进步。小说创作者充分认识到小说不是信史，不具有史料的可靠性。洪迈《夷坚乙志序》云：“夫《齐谐》之志怪，庄周之谈天，虚无幻茫，不可致诘。逮干宝之《搜神》，奇章公之《玄怪》，谷神子之《博异》，《河东》之记，《宣室》之志，《稽神》之录，皆不能无寓言于其间。若予是书，远不过一甲子，耳目相接，皆表表有据依者。”①洪迈认为，远追《齐谐》，近逮《稽神录》，皆不免有所虚构，而《夷坚志》取材自耳闻亲见，故而真实可靠。从中我们不难看出，洪迈认为小说创作应该以实为主，尽可能弱化虚构。很显然，他把虚幻的事物与虚构的手法混为一谈，但是对于小说的虚构性特征，他不再以实录的法则来衡量了，而提出“人情”的视角。以常情和社会现实的角度来肯定小说创作中的艺术真实，是洪迈在小说理论上做出的一个重要贡献，也是古代小说艺术论的先声。

宋代许多人对“实”的认识已经超越了历史的真实而进入文学创作中的艺术的真实。对志怪题材类小说虚妄特征的认识，是在宋人的世界观有所进步的基础上建立起来的，志怪小说的内容“神怪茫昧，肆为诡

---

① 〔宋〕洪迈：《夷坚乙志序》，见丁锡根编著《中国历代小说序跋集》，人民文学出版社1996年版，第94页。

诞,无足取焉”①,几乎成为史学家和文人们的共识。

史书之传信矣,然浩博而难观。诸子百家之小说,诚可悦目,往往或失之诬。②

此东坡、山谷礼闱中试笔滑稽也。盖庄周、惠子不幸再相遭者。或问:“二先生语何经见?”予曰:“坡、谷闻之凭虚公子,凭虚公子闻之亡是公,亡是公闻之非有先生。”③

及乎神降于莘,石言于晋,耳目之间,莫不有变怪,有不可以智知明察,出入乎机微,不神而神,自然而然。或书之竹帛,传之丹青,非虚诞也。④

北宋时期的小说创作进入了飞速发展时期,但有些人仍然囿于保守的传统思想,不能大胆地承认小说的艺术特征,特别是小说的合理想象和艺术虚构。由于过分拘泥于素材来源的真实性,排斥虚构,往往会“以辞害意”⑤。洪迈指出“唐人多工诗,虽小说戏剧,鬼物假托,莫不宛转有思致”⑥。鬼物等奇幻描写是一种“假托”,即虚构,这种“假托”之形象虽属乌有,却使作品显得“宛转有思致”,富有艺术感染力。此时他已开始把虚构看成是小说的一种艺术本质和审美特征,逐渐承认虚构的合理性了。洪迈虽未像唐人那样“作意好奇,假小说以寄笔端”,但《夷坚志》的出现,对从唐至宋,小说由虚构文饰走向征信纪实的倒退局面,起到了一定的扭

---

① 〔宋〕张邦基:《墨庄漫录跋》,见孔凡礼点校《墨庄漫录》,中华书局 2002 年版,第 281 页。

② 〔宋〕秦果:《续世说序》,见丁锡根编著《中国历代小说序跋集》,人民文学出版社 1996 年版,第 369 页。

③ 〔宋〕杨万里:《跋苏黄滑稽录》,见丁锡根编著《中国历代小说序跋集》,人民文学出版社 1996 年版,第 636 页。

④ 〔宋〕章炳文:《搜神秘览序》,见丁锡根编著《中国历代小说序跋集》,人民文学出版社 1996 年版,第 86 ~ 87 页。

⑤ 〔宋〕洪迈:《夷坚支丁序》,见丁锡根编著《中国历代小说序跋集》,人民文学出版社 1996 年版,第 99 页。

⑥ 〔宋〕洪迈著,禹门三、渠疏浅、焉利兵点校:《容斋随笔》,齐鲁书社 2007 年版,第 151 页。

转和阻止作用。赵与时说：

> 戊志谓在闽泮时，叶晦叔颇搜索奇闻，来助纪录。尝言近有估客航海，不觉入巨鱼腹中，腹正宽，经日未死。适木工数辈在取斧斤，斫鱼胁，鱼觉痛，跃入大洋，举船人及鱼皆死。予戏难之曰："一舟尽没，何人谈此事于世乎？"晦叔大笑，不知所答。予固惧未能免此也。①

洪迈在偶然间听到了一个关于大鱼的故事，听罢后他并没有被故事情节本身所吸引，而是更关心故事的来源是否真实可信。但是洪迈对自己所作《夷坚志》中所取小说素材是否真实可靠也时有担心，故而有"谓予不信，其往见乌有先生而问之"②的推诿。此时洪迈已逐渐意识到神异之事虚无缥缈，相去甚远又不可致诘，所以不必太较真。不仅如此，洪迈还指出作家在创作志怪小说时，可以合理地使用虚构、夸饰、炫奇等手法，也可以有所"假托"，"好事之说过其实也"③，只有如此，才有利于作家"寓言其间"。

第三节　从序跋看宋元小说的多重价值

一、史料价值

要论宋元小说之最，当属《夷坚志》。该书收罗广泛，卷帙浩瀚，原书共有三十二集，四百二十卷：初志十集，每集二十卷；支志十集，每集十卷；三志十集，每集十卷；四志二集，每集十卷，其数量为宋人志怪小说之冠。该作多记录名公巨卿的言行事迹，是我们了解宋代的政治环境、宗教文

---

① 〔宋〕赵与时：《夷坚志洪迈序大旨》，见丁锡根编著《中国历代小说序跋集》，人民文学出版社 1996 年版，第 104 页。

② 〔宋〕洪迈：《夷坚乙志序》，见丁锡根编著《中国历代小说序跋集》，人民文学出版社 1996 年版，第 94 页。

③ 〔宋〕晁载之：《牛羊日历跋》，见丁锡根编著《中国历代小说序跋集》，人民文学出版社 1996 年版，第 568 页。

化、伦理道德、民俗风情的一面镜子，在一定程度上承担了记载社会的史学功能。陆游认为《夷坚志》具有宝贵的史料价值："笔近《反离骚》，书非《支诺皋》。岂惟堪补史，端足擅文豪。"①杨万里也说："盖人物之淑慝，议论之予夺，事功之成败，其载之无谀笔也。"②同时在文采方面也有可观之处。《夷坚志》以如椽之笔兼顾了文学和史学两个方面，取得了很大的成就。

孙光宪在唐时曾做过陵州判官，后唐依荆南高季兴为从事，入宋后授黄州刺史，因痛惜旧史被湮没于无迹，作《北梦琐言》。其自序云："先以唐朝达贤一言一行列于谈次，其有事类相近，自唐至后唐、梁、蜀、江南诸国所得闻知者，皆附其末，凡纂得事成三十卷。"③书中除记叙唐五代十国的政治史实、士大夫言行和风俗民情外，还大量辑录了唐五代诗人的轶事，兼录其诗句。其中有关顾况、白居易、李商隐、温庭筠、皮日休、罗隐、聂夷中、杜荀鹤等人的材料记载得十分完备，是研究唐五代社会政治史的重要文献。特别是书中记述了一些女诗人，如乐安孙氏、鱼玄机、萧惟香等的不幸遭遇，对于研究唐五代女性作家有一定的参考价值。正如清代学者卢见曾所说：

> 其书皆唐氏贤哲言行暨五代十国之事，盖光宪尝从杨元登玭游，元登多闻，因资取其说而为之。唐自广明以后，文献莫征，五代之际，记载多缺，得此书犹可考证。宋太平兴国中，李昉等奉敕撰《广记》五百卷，采《琐言》尤多。④

《北梦琐言》因其具有较高的史学价值历来为五代史的研究者所重视。

---

① 〔宋〕陆游著，钱仲联校注：《剑南诗稿校注·题〈夷坚志〉后》，上海古籍出版社2005年版，第2371页。

② 〔宋〕杨万里：《独醒杂志序》，见丁锡根编著《中国历代小说序跋集》，人民文学出版社1996年版，第383页。

③ 〔宋〕孙光宪：《北梦琐言自序》，见丁锡根编著《中国历代小说序跋集》，人民文学出版社1996年版，第343页。

④ 〔清〕卢见曾：《北梦琐言序》，见丁锡根编著《中国历代小说序跋集》，人民文学出版社1996年版，第343页。

羽翼信史的史传传统使得小说家常常不自觉地用史传笔法来创作小说。

宋人张齐贤《洛阳搢绅旧闻记自序》说："摭旧老之所说，必稽事实；约前史之类例，动求劝诫。乡曲小辩，略而不书；与正史差异者，并存而录之，则别传、外传比也。"①宋人这种不加妄改篡编的实录精神，使别传、外传得以与正史并存，为我们保存下来非常珍贵的史料，以补正史所阙。

宋人文莹借用小说的文体为故国旧主立言作传，更是以史官自居。他说："惜其散在众帙，世不能尽见，因取其未闻而有劝者，聚为一家之书。及纂江南逸事，并为李先主昪立传。"②元代学者杨维桢《山居新话叙》云：

> 经史之外有诸子，亦羽翼世教者，而或议之说铃，以不要诸六经之道也。汉为陆生著书十二篇，号曰《新语》，至今传之者，亦以善著古今存亡之征。继《新语》者，有《说苑》《世说》，他如《笔语》《艾说》《夷坚》《侯鲭》《杂俎》《丛话》《桯史》《墨客》《夜冥》《野语》等书。虽精粗泛约之不同，亦可备稽古之万一。……其备古训，类《说苑》；摭拾国史之阙文，类《笔语》。③

杨维桢泰定四年（1327）中进士，历任天台县尹、钱清场盐司、建德路总管府推官、江西儒学提举等职。元修辽、金、宋三史，他作"正统辩"千言，总纂官欧阳玄赞叹说"百年后，公论定于此矣"，对杨维桢修史功绩做出了很高的评价。后明太祖下旨征召他纂修《礼乐》及《元史》，他以年迈辞，并作《老客妇谣》一首，以示其不仕两朝之志。作《山居新话》，书中所记皆见闻，其中有大量关于典章制度、政治活动以及士大夫嘉言懿行的记载，对于后人了解元末史实颇为有用。

---

① 〔宋〕张齐贤：《洛阳搢绅旧闻记自序》，见丁锡根编著《中国历代小说序跋集》，人民文学出版社 1996 年版，第 348～349 页。

② 〔宋〕文莹：《玉壶野史自序》，见丁锡根编著《中国历代小说序跋集》，人民文学出版社 1996 年版，第 356 页。

③ 〔元〕杨维桢：《山居新话叙》，见丁锡根编著《中国历代小说序跋集》，人民文学出版社 1996 年版，第 387～388 页。

二、教化价值

小说这一文体随着社会的进步而愈加受到重视，至此，小说已不仅仅是“闾里小知者”和“刍荛狂夫”等一般下层人士所为，一些上层文士官员也乐而为之，像欧阳修、洪迈这样的高官显宦不仅积极参与了小说的编纂和创作，还直接署上真名。这种由“君子弗为”向“君子乐为”、“小道”向“大道”的转变主要体现在不同时期的创作者对小说功能的不断发掘上。小说既然是为了“佐经书史传之穷”，达补史之效，那么它的是非好恶标准也不得不与经史相一致。对小说的评价向来是以经史为参照物的，这就注定了小说只能作为经史的附庸而存在。小说教化功能的利用和发挥是小说地位得以提高的最有效的工具。正是着眼于其教化作用，小说才得以在儒家文化体系中占有一席之地。

从春秋时期子夏的“虽小道，必有可观者焉”，到宋代罗烨的“夫小说者，虽为末学，尤务多闻”①，小说虽位卑身贱，但是有补于世的社会意义没有被完全掩盖。由此，小说“资治体、助名教、供谈笑、广见闻”的社会功能被逐渐放大。我国的文学观念的演变向来是以“文以明道”“文以贯道”“文以载道”为主。一代虽有一代之文学，但无论是何种文学形式，都免不了要承载“经夫妇、成孝敬、厚人伦、移风俗”的道德教化的功能。

> 所恶乎杂家者，为其害道也。若周君此书，虽出于平居暇日随笔纪录之作，而感时怀旧，奖善黜恶，断断然有补风教，则奚恶于杂哉！②

陈晦认为小说作为杂家之一，不仅无补于世，反而是有害的。周煇的《清波杂志》则不然，虽为周君平日里闲居随笔之作，但是“感时怀旧，奖善黜恶”，把文学和社会紧密地联系在一起，对当时的社会风气大有裨

---

① 〔宋〕罗烨：《醉翁谈录·舌耕叙引》，见丁锡根编著《中国历代小说序跋集》，人民文学出版社1996年版，第586页。

② 〔宋〕陈晦：《清波杂志跋》，见丁锡根编著《中国历代小说序跋集》，人民文学出版社1996年版，第378页。

益，将小说的实用功利主义发挥到了最大化。

宋代崇尚道教，北宋真宗至徽宗这一时期，是中国道教发展史上少有的黄金时代，同时兼容并包、并蓄佛教（徽宗除外），在“以神道设教”的思想支配下，一些小说家利用宗教来加强教化，用“善恶报应”“因果轮回”等佛家思想来宣传忠孝节义思想。佛教认为善恶所受之果报截然不同，一切善感受佛果，无明则受有为生灭之果，故善果从善因而生，恶果从恶因而生。恶因恶果与善因善果二者，其因与果之关系为同类因、等流果。欲知前世因，今生受者是；欲知后世果，今生造者是。《地藏菩萨本愿经》：“一切众生未解脱者，性识无定，恶习结业，善习结果，为善为恶，逐境而生，轮转五道，暂无休息。”①所有未解脱的众生，心性不定，恶习导致恶业，善行终结善果，善恶业力随外境而生，不得自主，轮回不息。道教也提倡与“因果论”相类似的“累世”说。

清人陆心源认为《夷坚志》有意识地塑造了一批忠臣、孝子、贞妇、烈女等形象，遵循着“善必受赏，恶必受罚”的写作原则，描绘出了一幕幕贯穿天国地府的人间悲喜剧：

> 甲集分忠臣、孝子、节义三门，乙集分阴德、阴谴、禽兽三门，丙集分冤对报应、幽明二狱、欠债、妒忌四门。丁集分贪谋、诈谋、骗局、奸淫、杂附妖怪五门，戊集分前定宴婚、嗣息、夫妻三门。己集分神仙、释教、淫祀三门，庚集分神道、鬼怪二门。辛集分医术、杂艺、妖巫、卜相、梦幻五门。壬集分奇异、精布、坟墓三门。癸集分设醮、冥官、善恶、僧道恶报、入冥五门。②

明人田汝成《夷坚志序》说：“天有常运，人有常经，天乱其运则善恶倒植，人乱其经则赏罚无章。”③希望借助不可抗之力的威慑给读者以警

① 《地藏菩萨本愿经》，清乾隆《大藏经》影印本。

② 〔清〕陆心源：《夷坚志又跋》，见丁锡根编著《中国历代小说序跋集》，人民文学出版社1996年版，第116页。

③ 〔明〕田汝成：《夷坚志序》，见丁锡根编著《中国历代小说序跋集》，人民文学出版社1996年版，第108~109页。

示，劝导他们抑恶扬善，各安天命。这些思想观念不仅影响了小说的思想性，客观上也造成了小说结构模式千篇一律，出现了大量的粗糙作品，令人不能卒读。即使艺术上稍显出众，也因内容迂腐而显得俗不可耐。

宋人章炳文指出，《搜神秘览》类似《宣室志》和《稽神录》，借鬼神来谈劝惩，使读者产生敬畏之心，以达到教化民众的目的。他说："昔张读有《宣室志》，不纪常人之娓娓；徐铉有《稽神录》，悉博物之渊源。类以意推派别之流，旁行合道，则造诡怪之理者，亦属于劝惩之旨焉。予复何愧。"①文学是人学，是作家用真情实感来如实地描绘现实生活，来表现人的思想感情和精神寄托。宋元小说中大量的伦理道德教化破坏了艺术的完美性和人物的真实性，扼制了作者真实情感的表达。

从另一意义上来讲，读者与作者所处的大环境相同，读者对作品所反映的教化意识必然会产生强烈的认同感和归属感。读者以作者的是非善恶为标准，理所当然地产生共鸣，在阅读的过程中不断地强化自我道德意识、提高道德标准，更加坚定惩恶扬善的决心，使得自己更能被他人和社会所接纳，达到了作者"贤者可为师""愚者可为戒"②的目的。

三、娱乐价值

人们在闲暇之际有休闲娱乐的需要，小说这一艺术形式随即应运而生。胡怀琛先生在《中国小说概论》中对小说做了这样的界定："'小'就是不重要的意思，'说'字在那时候和'悦'字是不分的，所以有时候'说'字就等于'悦'字。用在此处，'说'字至少涵有'悦'字的意思。'小说'就是讲些无关紧要的话，或是讲些笑话，供给听者的娱乐，给听者消遣无聊的光阴，或者讨听者的欢喜，这就叫做小说。当时不称为'小语'，不称为'小言'，不称为'小记'，而称为'小说'，就是这个意思。……凡是一

---

① 〔宋〕章炳文：《搜神秘览序》，见丁锡根编著《中国历代小说序跋集》，人民文学出版社 1996 年版，第 87 页。

② 〔宋〕罗烨：《醉翁谈录·舌耕叙引》，见丁锡根编著《中国历代小说序跋集》，人民文学出版社 1996 年版，第 585 页。

切不重要，不庄重，供人娱乐，给人消遣的话称为小说。"[①]小说的出现就是为了实现娱人的目的，达到使人发笑、感到愉悦的效果。

宋代一部分小说家并不在乎小说是否有补于世，也不在意是否真实地记录了历史事件，甚至仅仅为了娱心而作。秦果将"小说"与史书做了比较，指出"小说"不像史书"浩博而难观"，能使人"悦目"。小说文字浅显，受众范围更广泛，且具备一定的娱乐审美色彩。他说："史书之传信矣，然浩博而难观。诸子百家之小说，诚可悦目。"[②]苏辙说道："有黄氏老官学家也，有书不能读，时假其一二，将以寓目。"[③]明代学者胡应麟指出："大雅君子心知其妄而口竞传之，旦斥其非而暮引用之。"[④]他们明知道所言非实，但仍口耳相传，一面斥其虚，一面征其奇。与信史相较而言，他们更关心其娱乐功能，即是否"悦目"，有无"谑浪之语，细琐之汇，可喜可笑可骇可悲咸在焉"[⑤]；或者是否"新异可喜，绝无腐气"[⑥]，能够达到"或献一时之笑，或起千古之悲"[⑦]的艺术效果。

小说的娱乐价值和古代文人雅士"爱奇"的心理分不开，所谓"虽然物之不奇，不足以为传也，事之不异，不足以为记也"[⑧]，因此常常"作意好奇"，探求世间少有或绝有之事。《江淮异人录》中记录的"异常惊骇之

---

① 胡怀琛：《中国小说概论》，见刘麟生主编《中国文学八论》，中州古籍出版社1991年版，第3页。

② 〔宋〕秦果：《续世说序》，见丁锡根编著《中国历代小说序跋集》，人民文学出版社1996年版，第369页。

③ 〔宋〕苏辙：《龙川略志引》，见丁锡根编著《中国历代小说序跋集》，人民文学出版社1996年版，第368页。

④ 〔明〕胡应麟：《少室山房笔丛·九流绪论下》，上海书店出版社2001年版，第282页。

⑤ 〔宋〕杨万里：《独醒杂志序》，见丁锡根编著《中国历代小说序跋集》，人民文学出版社1996年版，第383页。

⑥ 〔元〕毛晋：《诚斋杂记跋》，见丁锡根编著《中国历代小说序跋集》，人民文学出版社1996年版，第390页。

⑦ 〔宋〕周密：《癸辛杂识自序》，见丁锡根编著《中国历代小说序跋集》，人民文学出版社1996年版，第386页。

⑧ 〔宋〕章炳文：《搜神秘览序》，见丁锡根编著《中国历代小说序跋集》，人民文学出版社1996年版，第87页。

事”为“世所罕睹”。[①] 清人沈屺瞻说《夷坚志》“滉瀁恣纵，瑰奇绝特，可喜可愕，可信可征”[②]，这些都说明了无论是小说批评家，还是小说创作者，他们都已经把“奇”作为评价小说的一个准绳而加以判断了。从美学层面看，“奇”与冲淡等风格相对，是中国叙事文学之美的一种形态、一种审美趣味。从心理层面看，“奇”在读者的心中产生了极大的张力和势能，由惊惧所引发的刺激是一个由痛感向快感转化的过程，展现出一个和读者身处的现实世界风物不同、规则相异的未知世界，奇谲瑰丽，令人神往。罗烨说：“自然使席上风生，不枉教座间星拱。”[③]由“爱奇”的心理而引发出小说作者“娱人”的动机，在创作过程中，作者设置出扑朔迷离的情节和错综复杂的人物关系，以达到动人心魄、出人意表的艺术效果。

宋元时期的话本小说是瓦舍艺人说书的底本，说书艺人为了吸引听众而争相求奇，创作者重视作品的娱乐性及趣味性的心态自不待言。鲁迅先生曰：“至于创作一方面，则宋之士大夫实在并没有什么贡献。但其时社会上却另有一种平民底小说，代之而兴了。这类作品，不但体裁不同，文章上也起了改革，用的是白话，所以实在是小说史上的一大变迁。因为当时一般士大夫，虽然都讲理学，鄙视小说，而一般人民，是仍要娱乐的；平民的小说之起来，正是无足怪讶的事。”[④]要而言之，从“小说”这一名称诞生之日起，小说就在发挥着它娱人的作用了。小说来自民间，伴随小说这一文体的确立，小说的娱乐性被不断放大，逐渐成为人民大众最喜爱的文学形式，小说家甚至把是否带给人们欢欣愉悦作为衡量小说成败

---

① 〔明〕伍光忠：《江淮异人录跋》，见丁锡根编著《中国历代小说序跋集》，人民文学出版社 1996 年版，第 569 页。

② 〔清〕沈屺瞻：《夷坚志序》，见丁锡根编著《中国历代小说序跋集》，人民文学出版社 1996 年版，第 110 页。

③ 〔宋〕罗烨：《醉翁谈录 · 舌耕叙引》，见丁锡根编著《中国历代小说序跋集》，人民文学出版社 1996 年版，第 587 页。

④ 鲁迅：《中国小说的历史的变迁》，见《鲁迅全集》第九卷，人民文学出版社 2005 年版，第 329 ~ 330 页。

的主要标准，所以在创作中着意作奇，极力增强故事的艺术感染力，借此满足人们求奇好异的心理需求，达到扣人心弦、引人入胜的目的。

第四节　从序跋看宋元小说的传播接受

一、口语传播

口语传播是人际传播的最主要形式，通过人与人的接触和交往来实现信息的传递。《传播学教程》中对于“口语”一词的定义为：“口语最初仅仅是一种将声音与周围事物或环境联系起来的符号，在人类认识世界和改造世界的社会实践中，逐渐提高了它的抽象能力，成了一种能够表达复杂含义的音声符号系统。……口语的产生无疑大大加速了人类社会进化和发展的进程，直到今天，口语依然是人类最基本、最常用和最灵活的传播手段。”①

小说从产生之初即存在口语传播形式，宋代文人雅爱剧谈，蔚然成风，不仅亲友之间，宾主之间，甚至偶遇相交，亦喜剧谈。历史故事、神怪故事、文人韵事、贤人淑德都成为他们剧谈的内容。宋人王明清《投辖录》说：“晤言一室，亲友话情，夜漏既深，互谈所觌，皆侧耳耸听，使妇辈敛足，稚子不敢左顾，童仆颜变于外，则坐客忻忻，怡怡忘倦，神跃色扬，不待投辖，自然肯留。”②

宋代喜谈风气极盛，小说的口语传播方式开始时比较简单，且都是随机自发式的，传播范围也非常有限。宋代的说唱伎艺经前代的演变和积累形成了多种曲艺品目，开始走向商业演出，其中说话这项伎艺更是盛极一时。“小说起宋仁宗，盖时太平盛久，国家闲暇，日欲进一奇怪之事以娱之。”③“小说伎艺人朱修、孙奇供职德寿宫，方端、刘和、任辩、施硅等

① 郭庆光：《传播学教程》，中国人民大学出版社 1999 年版，第 29 页。

② 〔宋〕王明清：《投辖录序》，见朱菊如、汪新森校点《投辖录　玉照新志》，上海古籍出版社 2012 年版，第 7 页。

③ 〔明〕郎瑛：《七修类稿》，广益书局 1936 年版，第 190 页。

供职御前。”①宋代宫廷的说唱，人才济济。此后说话艺术不再仅仅局限于宫廷之中，而是走向市井，在城市中广为流行开来。宋代说话主要是在城市中的酒楼茶社和勾栏瓦肆中进行，此外还有“打野呵”者，即“或有路歧，不入勾栏，只在要闹宽阔之处做场”②。城市中只要有空地的地方，就有说话等说唱伎艺的演出。据《东京梦华录》等宋代笔记记载，北宋时就出现了不少专门的说话艺人，有的既能表演又能编写话本，他们还成立了自己的行会组织来切磋伎艺。临安北瓦市中常常设两座勾栏，专讲史书，艺人有乔万卷、许贡士、张解元等。“小张四郎，一世只在北瓦，占一座勾栏说话，不曾去别瓦作场。”③他们的专业化程度是相当高的。

在小说口语传播过程中，传播主体、接受对象、传播手段均不断变化，只有传播内容即故事原型基本未变或变化较少。通过口头传播，小说也拥有了一群特殊的创作型接受群体，包括把小说与诗词等雅文学联系起来的文人士大夫以及演唱这些诗词的歌伎，还包括把文言小说改编为通俗文艺形式的书会才人以及从事说唱、表演的各色艺人。尤其是其中的书会才人与民间艺人，他们将小说改编为通俗易懂的演出底本，借助艺人的表演，使大量的小说走进了寻常百姓的日常生活中。这就突破了文化程度的限制，使寻常百姓也能参与到这一传播过程中来，对小说这一文体的传播空间无疑是非常成功的拓展。在这一传播过程中，市民一方面被演员们的表演内容和表演技巧所打动，被剧中跌宕起伏的情节和人物命运所牵引。另一方面，市民对于表演形式的接受程度和追求感官刺激的审美倾向又深深影响着小说作者的创作态度，使他们为迎合世俗需求开始倾向于采用民间市井喜闻乐见的形式，用自己的创作影响着市民的期

① 〔宋〕周密：《武林旧事》，见李小龙、赵锐评注《武林旧事》，中华书局 2007 年版，第 180 页。

② 〔宋〕周密：《武林旧事》，见李小龙、赵锐评注《武林旧事》，中华书局 2007 年版，第 158 页。

③ 〔宋〕周密：《武林旧事》，见李小龙、赵锐评注《武林旧事》，中华书局 2007 年版，第 180 页。

待视野，在题材选择、审美取向以及语言表达方面都趋向于世俗化、通俗化。

作为音声符号而存在的口语，其传播方式虽然灵活，传播能力却是十分有限的。这种制约表现在两个方面：第一，口语传播借助于人的口和耳，这就限制了口语只能在近距离内才能实现传播；第二，口语传播所使用的音声符号系统是稍纵即逝的，只能依赖于人脑的存储能力，不便于记录保存。由于口语传播受到空间和时间的巨大限制，不能把信息传播得更加广远，使信息保存得更加长久，所以宋元时期的人们不得不采用其他的传播方式来适应瞬息万变的时代生活和逐渐扩大的生存空间。

二、文本传播

东汉元兴元年（105），蔡伦在前人经验之上，用树皮、麻头及敝布、渔网等原料，经过挫、捣、抄、烘等工艺改进了造纸术。造纸术的改进，极大地推进了人类的文化交流，使得人类丰富多彩的精神世界得以借助书籍文本的形式展现出来。书籍的传播在人类社会的交往、文化交流和学术研究中，占有举足轻重的地位。早期古代社会缺乏书籍收藏机构和传播机构，大量的书籍传播活动不得不通过人际传播的交流形式来实现。人们通过借阅、传抄、赠予、互换等形式交流书籍，一同探索文化所带来的无限乐趣。这种人与人之间书籍交流的普及性与直接性，为文学交流和文学接受提供了最基本的条件。

书籍的借阅和传抄是文人雅士之间非常普遍的交流方式。元人孙道易《拊掌录跋》说："余家旧有《轩渠录》，此卷从吴纯斋处袖归，谨抄于且吃茶小轩中，起八月初三庚子，迄六日癸卯。"①元人钱孚《鬼董狐跋》称："《鬼董狐》五卷，得之毗陵杨道方（方刊作芳）家，此只抄本，后有少许（少许刊本作小）序，零落不能详……喜其序事虽涉怪而有据，故录置巾

① 〔元〕孙道易：《拊掌录跋》，见丁锡根编著《中国历代小说序跋集》，人民文学出版社 1996 年版，第 639 页。

笥中，以贻同好。”[①]清人孙毓修《鬼董狐跋》云：“钱跋谓得之毗陵杨道芳家，此只钞本，传之者关解元也……至元中叶，传本已稀，钱氏所见，是关汉卿钞本耳。”[②]宋人佚名《梅妃传跋》说：“此传得自万卷朱遵度家，大中戊（辰）年七月所书，字亦端好，其言时有涉俗者，惜乎史逸其说。略加修润而曲循旧语，惧没其实也。惟叶少蕴与予得之，后世之传，或在此本。”[③]

从这些序跋中可以得知，宋元时期的很多小说之所以能流传下来，与这些独具慧眼的文人的传抄不无关系。据日本学者称：仅平安后期宋船到日本仅见于记载的就多达七十次。商船携渡也成了中国书籍流入日本的主要途径，不少贵族文士往往通过商船购买他们需要的中国书籍。[④]宋元时期的文本甚至一度漂洋过海，流传到了国外。周夷《绿窗新话后记》说：

> 此书虽多半是节录旧文，但对于后世的小说、戏曲影响很大，许多小说、戏曲的故事都从本书中取材。举其重要的来说：“邢凤遇西湖水仙”，就是小说《西湖二集》“邢君瑞五载幽期”的本事，《宝文堂书目》著录有《邢凤此君堂遇仙传》；“苏东坡携妓参禅”就是小说《醒世恒言》“佛印师四调琴娘”的本事；“张浩私通李莺莺”就是小说《警世通言》“宿香亭张浩遇莺莺”的本事，《宝文堂书目》著录有《宿香亭记》。“王尹判道士犯奸”就是小说《拍案惊奇》“西山观设箓度亡魂，开封府备棺追活命”的本事；“苏守判和尚犯奸”就是小说

---

① 〔元〕钱孚：《鬼董狐跋》，见丁锡根编著《中国历代小说序跋集》，人民文学出版社1996年版，第589页。

② 〔清〕孙毓修：《鬼董狐跋》，见丁锡根编著《中国历代小说序跋集》，人民文学出版社1996年版，第591页。

③ 〔宋〕佚名：《梅妃传跋》，见丁锡根编著《中国历代小说序跋集》，人民文学出版社1996年版，第580页。

④ 据日本《宇槐记》记载，平安后期日本政权的实际操纵者和当时日本的著名学者藤原赖长，曾于仁平元年（1151）将其所需要的中国书籍制成《要书目录》，并以沙金三十两为礼，请中国商人刘文冲代购。参见［日］大庭修著，戚印平等译《江户时代中国典籍流播日本之研究》，杭州大学出版社1998年版，第10页。

> 《欢喜冤家》"一宵缘约赴两情人"的本事；这两篇本事，除《绿窗新话》外，他书都未载过。"王子高遇芙蓉仙"就是宋元戏文《王子高》的本事，一般都从施注苏轼诗中找它的出处，却不知它的来源在于《绿窗新话》。特别值得提出的是"金彦游春遇会娘"一篇，就是《醉翁谈录》所录宋人话本名目中的《锦庄春游》的本事，注出《剡玉小说》，此书各家都未见著录，《锦庄春游》话本大概不会再见于世了，所以《绿窗新话》中所载的本事对中国古典小说研究者就极有价值。①

周夷对《绿窗新话》做出了极高的评价，如果不是《绿窗新话》所载，那么这些篇目本事大概就散佚失传、无缘得见了。其中"邢凤遇西湖水仙"等六篇皆注明来源出处，此外还保留了绝版话本《锦庄春游》。

三、出版传播

在国家统一、政治相对开明、文化繁荣的社会氛围下，人们对精神层面的需求越来越迫切，对书籍产生了大量的需求。宋仁宗庆历年间（1041—1048），北宋发明家毕昇总结了历代雕版印刷的丰富实践经验，经过反复试验，终于制成了胶泥活字，实现排版印刷，完成了印刷史上一次重大的革命。"为用活字印行，以广其传。"②宋人已熟练地掌握了活字印刷术，借此使很多包括小说在内的书籍广为流传，开启了书籍印刷出版传播的新局面。与书籍的人际传播相比，出版传播是一种公开的、大众的传播渠道，具有较强的影响力和较大的覆盖面。

文人刊印文言小说的主要目的在于保存典籍，扩大其影响。"惜其字画漫漶，考诸旧籍，乃再刊而新之。"③"惜其湮坠于世，人所罕见，因命

---

① 周夷：《绿窗新话后记》，见丁锡根编著《中国历代小说序跋集》，人民文学出版社1996年版，第582～583页。

② 〔清〕孙毓修：《鬼董狐跋》，见丁锡根编著《中国历代小说序跋集》，人民文学出版社1996年版，第591页。

③ 〔宋〕佚名：《酉阳杂俎序》，见丁锡根编著《中国历代小说序跋集》，人民文学出版社1996年版，第303页。

工摹锓，以永流布。”①清人邵恩多《茅亭客话跋》曰：

宋刊本《茅亭客话》，十卷，见《读书敏求记》，寻亦散佚，故汲古阁刊本，后序已失，不复存矣。今岁秋，士礼居主人始得一南宋刊本，字画端方，墨香叆叆，目录后有题识一行云：“太庙前尹家书铺刊行。”清真子后序亦巍然独存，盖即也是翁所见本也。余以应照旷阁主人之命，因为录出，其中是正处不下百余，古书胜处，如是如是。②

陆游任新定郡守时，为了“以存故事”，也曾刻印《世说》等书。为了使所刻印的小说能够快速流传，刻印者多强调该书的社会价值以抬高其地位。石京刻印黄休复的《茅亭客话》称已本来自秘不示人的珍藏，以示其少有且珍贵。他说：“此集自先祖太傅藏于书笥，仅五十余载，而世莫得其闻也。余因募工锓板，庶几以广其传。”③在出版发行之前，文人们或出版商要对文稿进行校对考证，以确保趋近原文。正如清人周庆承《鬼董狐跋》所说：“右《鬼董狐》五卷，得之郑君虹桥，写韵楼主人倩之录此册，俾予校雠。”④

今人周夷《绿窗新话后记》记述了《绿窗新话》由抄本到刻本的过程：国内仅有一二抄本，藏吴兴嘉业堂及日本细川书店，1927 年董康据细川书店藏本，抄其目录载于《书舶庸谭》中；1935—1936 年《艺文杂志》据嘉业堂本曾分期刊出 154 篇；1957 年古典文学出版社据以排印校补本，原书删佚之文，始一一补入。⑤

明代学者胡应麟详细记述了如何辨别刻本的优劣：“凡书之直之等

---

① 〔宋〕佚名：《述异记后序》，见丁锡根编著《中国历代小说序跋集》，人民文学出版社 1996 年版，第 70 页。

② 〔清〕邵恩多：《茅亭客话跋》，见丁锡根编著《中国历代小说序跋集》，人民文学出版社 1996 年版，第 351 ~ 352 页。

③ 〔宋〕石京：《茅亭客话后序》，见丁锡根编著《中国历代小说序跋集》，人民文学出版社 1996 年版，第 351 页。

④ 〔清〕周庆承：《鬼董狐跋》，见丁锡根编著《中国历代小说序跋集》，人民文学出版社 1996 年版，第 590 页。

⑤ 周夷：《绿窗新话后记》，见丁锡根编著《中国历代小说序跋集》，人民文学出版社 1996 年版，第 581 ~ 583 页。

差，视其本、视其刻、视其纸、视其装、视其刷、视其缓急、视其有无。本视其钞、刻，钞视其讹正，刻视其精粗，纸视其美恶，装视其工拙，印视其初终，缓急视其时又视其用，远近视其代又视其方。合此七者参伍而错综之，天下之书之直之等定矣。”①小说刻本作为特殊商品的价值日益显现，宋人秦果指出：“惜其书成，未及刊行，转相传写，不无乌焉成马之弊。今兹善本，从义郎李君敏得之于前靖守王君长孺，相与镂板而藏焉。王亲受于孔，知其不谬，李今为沅人，徒有其本，而所传盖未广也。”②

宋代刻书业发达，从官方、士大夫文人到民间书坊主、书铺主等书商，形成了广泛的社会组织。他们出于多重目的参与到小说的印刷销售活动中，成为小说的传播主体，为小说的传播拓展了更大的空间，对于小说的流传普及起到了巨大推动作用。洪迈的《夷坚志》《容斋随笔》曾在多处刻印销售，“《夷坚志》四百二十卷，或刊于蜀，或刊于婺，或刊于杭。此八十卷，则刊于建宁学者”③。宋孝宗所见到的《容斋随笔》就是内侍从书坊购得入宫的。元代的手工业发展迅速，尤以造纸业和印刷业为最，并且逐步细化，出版和发行各成体系，不再混杂一处。随着市场需求的不断扩大，出现了各种专业化程度较高的书坊，大都、平水、杭州、建阳为当时最主要的四大刻书中心。这些刻书中心以刊刻经史子集、诸子百家为主，兼刻科举考试等点拨指导性书籍，涉及方方面面，极大地促进了元代社会的文学接受活动。

毋庸讳言，宋元小说传播的普及及其创作的转型，有着诸多因素，如小说自身发展的规律、文坛的风气、统治者的喜爱及文教政策影响等，但灵活多样的传播方式及小说在传播过程中逐渐明朗的商业价值和娱乐价值，直接影响着小说的传播速度、范围、效果等。丰富多彩的传播方式，借

① 〔明〕胡应麟：《少室山房笔丛·经籍会通四》，上海书店出版社 2001 年版，第 43 页。

② 〔宋〕秦果：《续世说序》，见丁锡根编著《中国历代小说序跋集》，人民文学出版社 1996 年版，第 369 ~ 370 页。

③ 〔清〕陆心源：《夷坚志跋》，见丁锡根编著《中国历代小说序跋集》，人民文学出版社 1996 年版，第 115 页。

助着日趋发达的图书刻印技术和广泛的图书销售渠道，使宋元的小说传播空前繁荣起来，其速度、广度都是前代所无可比拟的。

第五节　从序跋探寻宋元小说版本流变

一、序跋校勘中发现的错误

版本是书籍发展到一定阶段出现的特定的文化产物，程千帆、徐有富《校雠广义》曰："版本的含义实为一种书的各种不同的本子，古今中外的图书，普遍存在这种现象，并不仅仅限于宋、元古籍。……有了许多不同本子，就出现了文字、印刷、装帧等等各方面的许多差异。研究这些差异，并从错综复杂的现象中找出其规律，这就形成了'版本之学'。"①宋代版刻大行，名义遂定，版本也逐渐受到文人收藏家的重视。宋代学者叶梦得云：

> 唐以前，凡书籍皆写本，未有模印之法，人以藏书为贵。人不多有，而藏者精于雠对，故往往皆有善本。学者以传录之艰，故其诵读亦精详。五代时，冯道始奏请官镂《六经》板印行。国朝淳化中，复以《史记》《前后汉》付有司摹印，自是书籍刊镂者益多，士大夫不复以藏书为意。学者易于得书，其诵读亦因灭裂，然板本初不是正，不无讹误。世既一以板本为正，而藏本日亡，其讹谬者遂不可正，甚可惜也。②

古人对古籍的版本要求甚严，不惜花重金多方搜求，对到手的古籍精校细勘，力求将讹谬降至最低限度。清人复翁记述了其校勘情形：

> 所收旧钞本，覆校至再，可云精审。向有朱墨两笔校字，兹悉标记，其不标记者，皆旧钞本字，而非由校改也。朱墨校殊不足信，兹就

---

① 程千帆、徐有富：《校雠广义》，齐鲁书社1991年版，第8页。

② 〔宋〕叶梦得撰，宇文绍奕考异，侯忠义点校：《石林燕语》，中华书局1984年版，第116页。

其文理优者标记之，俟读者领会之斯可耳。原本多方格阙疑字，案文义似无缺，不知所据云何。古书无旧刻，但从钞本作证，究未可臆定也。此本虽止后集一种，然所获良多，不仅在补阙数条也。不经见之书，见非一本，殊自幸耳。①

对勘，是古籍善本得以流传下来的必经环节。古籍中的对勘，是将同一部书的两种或两种以上的版本进行对照比较，发现其中不同之处，再进一步深入考证，辨别真伪，还原其貌。对勘需要两相对照，以此来核对各自的信息是否如一，判断信息来源是否准确可靠。古籍大都有序跋，其内容多为阐扬本书著述的优长，记述刻、抄的经过和年代等。鉴定者可从序跋正文及署款判定该书版本年代及真伪、讹托，从而成为鉴定古籍的依据之一。经手这项工作的人，往往会把对勘的过程和发现的错误以序跋的形式记录下来，因此，从这些序跋着手，有助于我们发现对勘中错误的原因和规律。这些错误主要分为以下几类：

第一，文字的差异。在传抄过程中由于字迹漫漶、辨认不清、理解偏差等客观因素或人为因素，将个别字词抄错的现象在小说的传播过程中时有发生。清人复翁记述了校勘《青琐高议》的情形："此前集钞胥至今春始完，适养疴内室西厢，手校其误，内有原本误，而钞胥已据文义改正，辄用朱笔识于旁，以存其旧。……是书后集先钞成，因手校一过，中多空白，或系原来缺文，或系剜去有字处，或系墨涂难辨处，聊存此梗概已耳。"②

此类文字的差异属于不甚影响文意的，还有一种是直接影响到文意的。周夷指出："因原书分量既少，抄本又多脱字，据抄本排印的《艺文杂志》更是亥豕满目，不堪卒读。好在书中每篇大都注有出处，我便根据原书来补正缺字、错字，有些被节录得前后情节语气不相衔接的，则录载全

① 〔清〕复翁：《青琐高议校钞本跋（五则）》，见丁锡根编著《中国历代小说序跋集》，人民文学出版社 1996 年版，第 576～577 页。

② 〔清〕复翁：《青琐高议校钞本跋（五则）》，见丁锡根编著《中国历代小说序跋集》，人民文学出版社 1996 年版，第 576 页。

文，在文中用小字注明原书中文字之有无，使读者既窥全豹，又能明了原书的本来面目。”①《艺文杂志》据《绿窗新话》抄本排印，因缺字太多，造成文意理解上的困难，再加上有些篇章被断章取义地节录，致使前后衔接不上，所以只能录载全文，并用小字在旁注明原书对应位置有无脱字，尽量还原此书本貌。

第二，版本错误。当古籍作为商品买卖后，一些唯利是图的商人使用种种手段，他们或把原书时代提早，或以残本充作全本，以提高书的价值来从中牟利。明代就已出现冒称宋版的情况。这些书商常见的作伪手法有两种：一是利用明清以来的影宋刻本或质量较好的刻本，去掉原书的序跋、牌记，以充宋刻。宋人周煇指出：“印板文字，讹舛为常。盖校书如扫尘，旋扫旋生。”②可见版刻的错误之多。清人夏敬观《渑水燕谈录跋》云：

> 宋《艺文志》作王闢之，以闢、闢字形近误。晁公武《读书志》作王闢，则脱“之”字。惟陈振孙《书录解题》合闢之自序，凡三百六十余事。此鲍廷博《知不足斋》本，凡三百五十二事。《四库》以商氏《稗海》本著录，分第四卷为二卷，缺“谈谑”门，才二百八十五条。其中误并二为一者十一，实有二百九十六事。黄荛圃校宋尹家铺本，九卷，亦缺“谈谑”，凡三百二十八事。盖第一卷有并二为一者，其数与此本前九卷相符。因是悟商本即出于九卷本，而有所删削，又析卷以充十卷也。此本“先兆”门缺一叶，于三百五十二事之外，尚多残缺不完之文。鲍氏以为不足三百六十余事之故，即在此残叶中。今以朱晦庵《名臣言行录》所引，逐条校勘，得六事，为此本所无，其事亦不属“先兆”门，而《莱公柏》《范文正进乌昧草》《秦人爱韩忠献》三事，均似节取之文，然则此本非止“先兆”残脱耳。黄校出宋刊，其谬

---

① 周夷：《绿窗新话后记》，见丁锡根编著《中国历代小说序跋集》，人民文学出版社 1996 年版，第 583 页。

② 〔宋〕周煇：《清波杂志》，见刘永翔校注《清波杂志校注》，中华书局 1994 年版，第 334 页。

误脱佚，不及鲍刊远甚，亦足征宋刊出坊本未尽善也。①

历代校对此书之人，为了凑足十卷本，有意或无意将一卷析为两卷，以残本充全本。

近代人张元济《清波杂志跋》列举了此书宋代以后各本的谬误后指出："《四库全书》著录为影宋精本，不知何以亦沿商、鲍二本之误。且章斯才之后序名，更误为张斯中，此可证展转传写之多讹，更足见宋刻之可贵。鲍氏言《稗海》亦有是正处，不敢没其善，予于宋本亦不敢没其短。因先校鲍本，复以商本核之，知鲍氏所遗尚多，而足以纠正宋刻者，亦自非鲜。今以校记附印卷末，俾读者得以互证焉。"②又如宋本和清钞本比他本多一目录，但这目录缺陷很多，不仅有脱漏，而且有些标题和正文风马牛不相及。若加整理，尚须重为拟题。由此可见，传世诸本虽各有所长，但均有所短，宋刻本也并非完美无瑕。只有经过认真细致的校勘，才能整理出一个真正的善本来。

清人钱熙祚《续世说跋》云：

孔平仲《续世说》十二卷世鲜传本。今所传乃影宋沅州公库使刊本，录自刘宋，迄后周，仍分三十八门，于南北朝取李延寿，于唐取刘昫，于五代取薛居正，其讹脱处，并得据诸书订正。今薛史《永乐大典》重辑，有数条可转据此书补之，惜余姚邵学士分纂时，未见也。曾慥《类说》三十一录《续世说》，有"江南李景宫中作高楼，众皆叹美，萧俨曰：'恨楼下无井，以此不及景阳楼！'"在"张溥请复八馆条"上，今此条阙，疑传写失去。至《事文类聚》后集三十七引孙恪遇猿女事，亦注《续世说》，其文不类，当是祝穆之误。③

《续世说》一书，不但传本罕见，今所见乃遍取各方传本以补全之作，而且

① 〔清〕夏敬观：《渑水燕谈录跋》，见丁锡根编著《中国历代小说序跋集》，人民文学出版社1996年版，第360～361页。

② 张元济：《清波杂志跋》，见丁锡根编著《中国历代小说序跋集》，人民文学出版社1996年版，第381页。

③ 〔清〕钱熙祚：《续世说跋》，见丁锡根编著《中国历代小说序跋集》，人民文学出版社1996年版，第370～371页。

其条目不见记载，多有脱落。读书要讲求版本，决不能有字即读，否则无法掌握其精髓，徒劳无功。正如清人段玉裁所说："不先正注、疏、释文之底本，则多诬古人；不断其立说之是非，则多误今人。"①

二、从序跋梳理各版本之间的异同

一部书籍，无论是经抄写、刻印还是其他方法制成，由于时代、地区、条件、写刻人等有所不同，各种本子之间也必然产生差异，从而具有不同的特征，如写或印的形式、年代、版次、字体、行款、纸张墨色、装订；内容的增删、修改、变化，以及一书在流传过程中留存于书上的题跋、识语、批校、藏章印记等。这种特征即构成一书的不同版本。清人卢文弨《书北梦琐言后》说："余今始取商氏本相比对，乃知商本亦大有佳者，其不知当时语意而妄改者间有之，即卢本亦不免也……然就余所校，已贤于旧本远甚。"②

卢文弨称赞商氏本为佳，虽间或不免有妄改，但仍瑕不掩瑜。《北梦琐言》原书三十卷，在元代以后已有散佚。近人缪荃孙以流传下来的二十卷本为基础，又从《太平广记》中辑出佚文四卷，收入《云自在龛丛书》中。1960 年，中华书局上海编辑所以缪荃孙本为底本，逸文部分用《太平广记》校订。2012 年，上海古籍出版社以中华书局本上编为底本，参校《稗海》本、《雅雨堂丛书》本、《四库全书》丁氏补抄本、吴氏拜经楼旧抄本，并校对了《云自在龛丛书》本。上海古籍出版社校点本较善于中华书局 1960 年本。

清人吴翌凤《江淮异人录校钞本跋》说："旧藏嘉靖间伍氏刊本，讹脱几不成书，武林鲍渌饮以藏本校正，因重录之。马氏《通考》、陈氏《解题》俱作二卷，然二十五人事迹具在，则为全本无疑。"③清人复翁也指出：

---

① 〔清〕段玉裁撰，钟敬华校点：《经韵楼集·与诸同志书论校书之难》，上海古籍出版社 2008 年版，第 336 页。

② 〔清〕卢文弨：《书北梦琐言后》，见丁锡根编著《中国历代小说序跋集》，人民文学出版社 1996 年版，第 344 页。

③ 〔清〕吴翌凤：《江淮异人录校钞本跋》，见丁锡根编著《中国历代小说序跋集》，人民文学出版社 1996 年版，第 573 页。

《江淮异人录》向未见有善本，此册藏五砚楼，识是枚庵所藏，而鲍君渌饮校过者，因检出之。是册刻入《知不足斋丛书》第十二集，检渌饮跋，但云善本，并未言宋刻校正，其源亦出于伍本，并以为伍已有改窜，未知何据？丛书与此本微异，其刊成在乾隆丁未，复在辛丑后，不知何以不据是本而又改易也？此云伍忠光，彼作伍光忠，或系笔误。枚庵藏本为渌饮刻入丛书，往往著述缘起，而此书不及枚庵名，当非是本矣。①

枚庵藏本因鲍廷博校对过故可信，但源出于伍光忠本，恐有篡改。又据枚庵藏本一贯风格，断此本非是本。复翁又说：

古书安能尽见，即如此书，鲍已得善本校伍氏本矣。枚庵云以文从宋本校正，殆未可信。枚庵既有此鲍校本，复又重录一清本，想已云尽善矣。顷子仙以友人求售之秀野藏钞本见示，予竭半日力校之，继以二更进毕此，触处多妙处。鲍君已作古，不及语之；吴丈朝夕见，当一一告之，俾知《江淮异人录》尚有善本出鲍本外也，特古书深藏，恨不能尽见耳。②

复翁几经比照，苦于不得一见善本而引为憾事。明人胡应麟曾指出："宋世图史一盛于庆历，再盛于宣和，而女真之祸成矣；三盛于淳熙，四盛于嘉定，而蒙古之师至矣。"③

由于图书刊刻的兴盛，为部头庞大的《夷坚志》的传播提供了便利。"今镂板于闽、于蜀、于婺、于临安，盖家有其书。"④"至元而蜀、浙之版已亡，惟建版尚存，缺四十三版。张绍先为福建提学，命天祐寻访旧本，因从

① 〔清〕复翁：《江淮异人录校本跋（五则）》，见丁锡根编著《中国历代小说序跋集》，人民文学出版社 1996 年版，第 572 页。

② 〔清〕复翁：《江淮异人录校本跋（五则）》，见丁锡根编著《中国历代小说序跋集》，人民文学出版社 1996 年版，第 571 ~ 572 页。

③ 〔明〕胡应麟：《少室山房笔丛·经籍会通一》，上海书店出版社 2001 年版，第 6 页。

④ 〔宋〕洪迈：《夷坚乙志序》，见丁锡根编著《中国历代小说序跋集》，人民文学出版社 1996 年版，第 94 页。

周宏羽借得浙本，补刊完全。此则元修后印本也。”①

《夷坚志》曾刊刻多次，就其所刊四种版本的次序看，刻于临安之版当较闽本等为后。而今本即出自杭（临安）本。据元代沈天佑为《夷坚志》所作之序，杭本与闽本是有着差别的，古杭之本“似与今来闽本详略不同，而所载之事，亦大同小异”②。因为洪迈在重新刊刻之后，常会做些改动。“八年夏五月，以会稽本别刻于赣，去五事，易二事，其它亦颇有改定处。”③因此，不能排除杭本的此则是据《夷坚志》以前刊本的同一故事增补而成的可能性。

《清波杂志》现存宋刊本、明商濬《稗海》本、清鲍廷博《知不足斋丛书》本、《四库全书》本和一些钞本。其中宋刊本原藏常熟瞿氏铁琴铜剑楼，傅增湘以为此本“审其雕工，当为江右刊本”。《续古逸丛书》《四部丛刊》影印的就是此本。而《知不足斋丛书》本则是鲍廷博以清曹炎所得本为底本，校以明姚咨抄本和《稗海》本而刻成的。《四部丛刊》本书末附有张元济所作的校勘记，是以商本和鲍本来校核宋刊的，但这个校勘记不但疏漏很多，错误亦复不少。清人孙毓修《鬼董狐跋》指出：“《知不足斋丛书》第十二集载《鬼董》五卷，伪阙极多，然他本可以是正也。涵芬楼藏写韵楼钞本，其书名题《鬼董狐》，与鲍刻不同，固已异之矣。取以相较，则钞本为胜。钞刻并有元泰定时人临安钱孚跋，知其同出一源，所异者，一名《鬼董》，一名《鬼董狐》耳。”④写韵楼钞本题名《鬼董狐》，与鲍刻相异，虽胜于鲍刻本，但二者同出一源，只是书名相异而已。

---

① 〔清〕陆心源：《夷坚志跋》，见丁锡根编著《中国历代小说序跋集》，人民文学出版社 1996 年版，第 115 页。

② 〔元〕沈天佑：《夷坚志序》，见丁锡根编著《中国历代小说序跋集》，人民文学出版社 1996 年版，第 108 页。

③ 〔宋〕洪迈：《夷坚乙志序》，见丁锡根编著《中国历代小说序跋集》，人民文学出版社 1996 年版，第 94 页。

④ 〔清〕孙毓修：《鬼董狐跋》，见丁锡根编著《中国历代小说序跋集》，人民文学出版社 1996 年版，第 590 ~ 591 页。

三、从序跋看版本变化的原因

我们通过版本在流传过程中形成的错综复杂的源流关系及版本之间的差异，可以推导出版本变化的原因，这也是版本学研究的内容之一。有学者指出："把版本解释成雕版印刷之本（印本），就不免将手写之本（抄本）排斥在版本之外。实际上，抄本和印本仅是版本的不同形态，没有不可逾越的界限。在雕版印刷发明之前，抄本是图书的唯一形式，自然没有抄本与印本之分。采用雕版印刷以后，抄本也没有被淘汰出局。"①

宋代文人嗜书如命，家藏汗牛充栋："多者三万卷，少者一二万卷，无所谓异本重本也。""古人私家藏书，必自撰目录。今世所传，宋晁公武《郡斋读书志》、陈振孙《直斋书录解题》是也……目中所录，一书多至数本。有成都石经本、秘阁本、旧监本、京本、江西本、吉州本、杭本、旧杭本、严州本、越州本、湖北本、川本、川大字本、川小字本、高丽本。此类书以正经正史为多，大约皆州郡公使库本也。同时岳珂刻九经三传，其沿革例所称，有监本、唐石刻本、晋天福铜版本、京师大字旧本……合二十三本。知辨别板本，宋末士大夫已开其风。"②

《世说新语》在宋代极为流行，版本繁富。据汪藻《世说叙录》载，其时有晁（文元）氏本、钱（文僖）氏本、晏（元献）氏本、王（仲至）氏本、黄（鲁直）氏本、章氏本、舅氏本、颜氏本、张氏本、韦氏本、邵氏本、李氏本等十余种版本。此外，宋代流传较广较持久者还有绍兴八年董弅刻本和淳熙十六年湘中刻本。造成一部书出现如此繁复的版本系统主要有以下几方面的原因：

第一，作者出自私人原因自己对先前所作进行修正。宋人周煇作《清波杂志》，在《清波别志自序》中说道："煇尝作《清波志》十有二卷，复省记平昔见闻，尚多遗佚，鸡肋弃之似可惜，乃裒为《别志》三卷。"③作者

---

① 欧阳健：《古代小说版本简论》，山西人民出版社 2005 年版，第 109 页。

② 叶德辉：《书林清话》，中华书局 1957 年版，第 4 ~ 5 页。

③ 〔宋〕周煇：《清波别志自序》，见丁锡根编著《中国历代小说序跋集》，人民文学出版社 1996 年版，第 376 页。

多方收集资料，完成《清波杂志》后仍有不少散佚在外，弃之可惜，遂集结成册，取名《别志》。清人夏敬观《归田录跋》云：

> 今所传《文忠公集》本及《稗海》《学津讨原》本皆二卷，与陈振孙《书录解题》合。振孙云："或言公为此录，未传而序先出，裕陵索之，其中本载时事及所经历见闻，不敢以进，旋为此本，而初本竟不复出。"王明清《挥麈后录》(《四库提要》误作《三录》)则曰："欧阳公《归田录》初成未出而序先传，神宗见之，遽命中使宣取，时公已致仕在颍州，以其间所记述有未欲广者，因尽删去之。又恶其太少，则杂记戏笑不急之事，以充满其卷帙。既缮写进入，而旧本亦不敢存。今世之所有皆进本，而原书盖未尝存之。"①

陈振孙与王明清皆指出欧阳修作《归田录》书未成而序已出，引起了宋神宗对此书的兴趣，派人索要全书。可是作者当时政敌环伺、境况堪忧，担忧书中所记见闻再生祸端，所以删去一些，择取其他不甚敏感之事充塞其间。

夏敬观又说："周煇《清波杂志》所记与明清之说同，惟末云：'原本亦尝出，《庐陵集》所载上下才二卷，乃进本也。'(《四库提要》引《清波杂志》系内府所藏影宋精本，与《稗海》本并作'原本亦尝出'，鲍氏《知不足斋》所刊《清波杂志》作'原本未尝出'。惟鲍刻出娄江曹彬侯所藏东海焦氏本，后得明姚舜咨写本校之，补录《别志》三卷，张贵谟序一篇，不及库本为可据。且原文下云'《庐陵集》所载上下才二卷'，则煇意在证原本不止二卷，亦以作'亦尝出者'于义为长。)案此三说皆出宋人，一云初本竟不复出；一云原书未尝存之；一云原本亦尝出。而初稿为一本，宣进者又一本，今所传者为宣进之本，则三说所同也。"②《归田录》原有初本和进本两种，而今初本早已不见踪迹，今世所见皆进本。

---

① 〔清〕夏敬观：《归田录跋》，见丁锡根编著《中国历代小说序跋集》，人民文学出版社1996年版，第354页。

② 〔清〕夏敬观：《归田录跋》，见丁锡根编著《中国历代小说序跋集》，人民文学出版社1996年版，第354～355页。

第二,以己之意度作者之情,对其内容进行篡改。由于个人对原作理解的差异,对原作妄改是造成版本不同的主要原因。在图书传播过程中,任意篡改原作的现象时有发生,后人以意改书,导致一部书籍面目混淆。一部书籍在面世后,对它进行增删评改,导致"一书多本"的现象,这在古代出版史上不胜枚举。"近世人轻以意改书,遂使古书日就讹舛,深可忿疾。"①今人傅增湘《校北梦琐言跋》指出:"夫明人昧于缺疑之义,骋其私臆,以欺罔后学,其愚妄自不足言。雅雨号称通人,而拾遗补缺,不为著明,毋亦蹈私造典籍之嫌耶?数百年沿误踵缪之书,一旦神明焕发,顿还旧观,其忻幸为何如也?"②傅增湘对明代改书的风气提出了严厉的批评,指其"窜乱卷第""欺罔后学"之过。对于明人"妄补标题"的行为,他喟叹道:"读书不得旧本,慎勿轻言校勘。"③

第三,剜改原书的目录和卷次,或去掉目录,以残本充全本。清人李北苑《渑水燕谈录跋》指出:"《稗海》所刻《渑水燕谈录》十卷,缺第十卷《谈谑》一则,以第四卷分作两卷,符十卷之数;又缺序目,非足本也。"④《稗海》版《渑水燕谈录》缺第十卷,于是书商把第四卷分成两卷,补足原版十卷之数。这样的以残本充全本的做法屡见不鲜。书籍在流传过程中难免有散佚缺卷的情况发生,后代文人书商为了使其完整,常从中择取一卷一分为二,契合其原载卷数。夏敬观《仇池笔记跋》说:

> 今钞本《类说》列第十卷,凡上、下二卷,共百三十八则,《四库》所收从赵本录出,凡载全文者九十二,去文存题者三十四。昆山徐氏传是楼钞本……取自钞本《类说》,增全文九,存题三,并见《志林》

---

① 〔清〕邵恩多:《茅亭客话跋》,见丁锡根编著《中国历代小说序跋集》,人民文学出版社 1996 年版,第 352 页。

② 傅增湘:《校北梦琐言跋》,见丁锡根编著《中国历代小说序跋集》,人民文学出版社 1996 年版,第 346 页。

③ 傅增湘:《校北梦琐言跋》,见丁锡根编著《中国历代小说序跋集》,人民文学出版社 1996 年版,第 346 页。

④ 〔清〕李北苑:《渑水燕谈录跋》,见丁锡根编著《中国历代小说序跋集》,人民文学出版社 1996 年版,第 359 ~ 360 页。

者，实有三十七则，与赵刻去文存题三十六则之数又不符。或赵氏检对《志林》有漏略耶？兹以三本对校，以正剜脱之误，其见于商刻《志林》中者，往往视此为详，殆商刻集自原文，此则已经曾懺删削。间有足以订正讹误者，因亦剌取之。①

第六节　从罗烨《醉翁谈录·舌耕叙引》看说话伎艺的分类与艺术特征

说话伎艺是中国古代小说发展史中的一个重要环节，由于种种原因，有关说话伎艺的文献资料十分匮乏。南宋罗烨《醉翁谈录》十集二十卷，为不可多得的南宋文人笔记之一，多转述或节录前人作品，保存了说话伎艺的分类、名目、存佚及艺术特征等多方面的资料。著者罗烨生平事迹不详。《醉翁谈录》国内不见传本，1941 年日本影印本字迹漫漶，在中国流传不广。1957 年古典文学出版社出版排印本，收在《中国文学参考资料小丛书》第一辑中。《醉翁谈录·舌耕叙引》是关于话本小说的一篇重要文献，涉及说话伎艺的分类、名目、存佚及艺术特征等多方面的问题，值得认真研究。

一、《舌耕叙引》与《醉翁谈录》全书之关系

《醉翁谈录》十集二十卷，每集二卷。目前所见《醉翁谈录》②并非此书全本，如《永乐大典》卷二四〇五载《苏少卿》一文，注明引自《醉翁谈录》“烟花奇遇类”，但今本《醉翁谈录》并无这一类别。《醉翁谈录》在国内久未见著录，后在日本发现并于 1941 年影印传世，号称“观澜阁藏孤本宋椠”。但此本乙集卷二中《吴氏寄夫歌》的作者吴伯固女为元代人，《王氏诗回吴上舍》中的吴仁叔妻也是元代人，这些材料或系后人窜入，因此

① 〔清〕夏敬观：《仇池笔记跋》，见丁锡根编著《中国历代小说序跋集》，人民文学出版社 1996 年版，第 366 页。

② 〔宋〕罗烨：《醉翁谈录》，古典文学出版社 1957 年版，本节引文俱见此版本。

有的学者认为此书为元刻本。《醉翁谈录》所载传奇文多为转述《太平广记》和唐宋其他传奇小说中的故事，另外还采录了一些诗词杂俎之类。关于该书性质，曾有学者指出“该书不是‘笔记’，也不是‘笔记传奇话本集’；它是一部专供‘小说’与‘合生’艺人参考使用的、以男女风情为旨趣的故事与资料的类编”。① 为了认清该书基本内容及其性质，不妨先将全书卷目及各卷部分条目列出：

甲集卷一“舌耕叙引”：小说引子、小说开辟

甲集卷二“私情公案”：张氏夜奔吕星哥

乙集卷一“烟粉欢合”：林叔茂私挈楚娘、静女私通陈彦臣、宪台王刚中花判

乙集卷二“妇人题咏”：唐宫人制短袍诗、吴氏寄夫歌、王氏诗回吴上舍

丙集卷一“宝窗妙语”：黄季仲不挟贵以易娶、因兄姊得成夫妇、致妾不可不察、僧行因祸致福

丙集卷二“花衢实录”：柳屯田耆卿、三妓挟耆卿作词

丁集卷一“花衢记录”：序平康巷陌诸曲、序诸妓子母所目、郑生诗赠赵降真、潘琼儿家最繁盛

丁集卷二“嘲戏绮语”：嘲人好色、嘲人不识羞、夫嘲妻青黑

戊集卷一“烟花品藻”

戊集卷二“烟花诗集”

己集卷一“烟粉欢合”：梁意娘与李生诗曲引、意娘与李生小帖、意娘复与李生二首

己集卷二“遇仙奇会”：赵旭得青童君为妻、薛昭娶云容为妻、郭翰感织女为妻、封陟不从仙姝命

庚集卷一“闺房贤淑”：刁氏夫人贤德、曹氏廉不受赠、贤于教子、勉夫为学、事姑孝感、道韫才辨

---

① 董上德：《论〈醉翁谈录〉的性质与旨趣》，载《学术研究》2001 年第 3 期。

庚集卷二“花判公案”:大丞相判李淳娘供状、张魁以词判妓状

辛集卷一“神仙嘉会类”:柳毅传书遇洞庭水仙女、刘阮遇仙女于天台山、裴航遇云英于蓝桥

辛集卷二“负约类”:王魁负心桂英死报

壬集卷一“负心类”:红绡密约张生负李氏娘

壬集卷二“夤缘奇遇类”:崔木因妓得家室

“题诗得耦类”:华春娘题诗遇君亮成亲

癸集卷一“重圆故事”:乐昌公主破镜重圆、无双王仙客终谐

“不负心类”:李亚仙不负郑元和

癸集卷二“重圆故事”:韩翃柳氏远离再会、张时与福娘再会

“离妻复合”:钱穆离妻而后再合

可以看出,除了庚集卷一“闺房贤淑”类之外,其余二十类皆关乎男女风情之事,其中有关妓女的故事尤为引人注目,体现了比较浓厚的市民情趣。

再看“舌耕叙引”第一篇“小说引子”的开首诗:

> 静坐闲窗对短檠,曾将往事广搜寻,
> 也题流水高山句,也赋阳春白雪吟;
> 世上是非难入耳,人间名利不关心,
> 编成风月三千卷,散与知音论古今。

所谓“编成风月三千卷,散与知音论古今”,恰与今本《醉翁谈录》内容相符,专采“风月”故事,供给说话人参考。但是将“舌耕叙引”视为今本《醉翁谈录》的序言或前言,又有不少疑问。

首先,“舌耕叙引”议论的话题非常宽泛,在“小说引子”题下有小注曰“演史讲经并可通用”。究竟是指这段“引子”“并可通用”呢,还是指全书内容“并可通用”呢?前面已指出,今本《醉翁谈录》的内容以男女风情为主,似乎无关于演史讲经,因此所谓“通用”显然是指这篇“小说引子”。从“引子”本身内容来看,也的确如此。在那首开首诗之后,“引子”并未接着议论男女风情的话题,而是讨论人分数等和三教九流的职责。

其次，接下来的“歌云”是一首概括数千年历史的歌谣，显然与演史密切相关。诗歌从“传自鸿荒判古初”始，至“宋承周禅握乾符”止，说明作者应为宋人。诗歌之后议论的内容也与演史相关，其结末云：“所业历历可书，其事班班可纪。乃见典坟道蕴，经籍旨深。试将便眼之流传，略为从头而敷演。得其兴废，谨按史书；夸此功名，总依故事。”明显是演史家口吻。“总依故事”句下小字注云：“如有小说者，但随意据事演说云云。”明显是指小说与演史有所不同，演史要“谨按史书”，小说则可“随意据事演说”。

再次，“小说引子”结尾的两首诗，其一：“破尽诗书泣鬼神，发扬义士显忠臣，试开戛玉敲金口，说与东西南北人。”其二：“春浓花艳佳人胆，月黑风寒壮士心，讲论只凭三寸舌，秤评天下浅和深。”不仅关乎男女风情，而且也涉及演史、公案等，是对说话伎艺的全面概括。

最后，“小说开辟”特别强调了说话艺人要具有广博的知识：“夫小说者，虽为末学，尤务多闻。非庸常浅识之流，有博览该通之理。幼习《太平广记》，长攻历代史书。烟粉奇传，素蕴胸次之间；风月须知，只在唇吻之上。《夷坚志》无有不览，《琇莹集》所载皆通。动哨、中哨，莫非《东山笑林》；引倬、底倬，须还《绿窗新话》。论才词有欧、苏、黄、陈佳句；说古诗是李、杜、韩、柳篇章。举断模按，师表规模，靠敷演令看官清耳。只凭三寸舌，褒贬是非；略囒万余言，讲论古今。说收拾寻常有百万套，谈话头动辄是数千回。说重门不掩底相思，谈闺阁难藏底密恨。辨草木山川之物类，分州军县镇之程途。讲历代年载废兴，记岁月英雄文武。”这些知识涵盖了诸多领域，远远超出了男女风情的范围。

由以上分析不难认定，这篇《舌耕叙引》应是一篇独立的议论说话伎艺特别是演史的文字，所以编排者将其作为甲集卷一，而非置于全书卷首。由此推想，《醉翁谈录》除了这十集二十卷“男女风情”之外，似乎还应有演史、公案等资料汇编。

二、说话伎艺的类型与名目

关于说话伎艺的类型，南宋孟元老《东京梦华录》卷五记载了“讲史”

“小说”“商谜”“合生”“说诨话”等。① 南宋灌圃耐得翁《都城纪胜》“瓦舍众伎”称：“说话有四家：一者小说，谓之银字儿，如烟粉、灵怪、传奇。说公案，皆是搏刀赶棒，及发迹变泰之事。说铁骑儿，谓士马金鼓之事。说经，谓演说佛书。说参请，谓宾主参禅悟道等事。讲史书，讲说前代书史文传、兴废争战之事。”②这里实际上提到了六种说话伎艺类型：“小说”“公案”“铁骑儿”“说经”“说参请”“讲史书”。南宋《西湖老人繁胜录》“瓦市”条提到了“说史书”“说经”“小说”“合生”“说诨话”等。③ 南宋吴自牧《梦粱录》卷二十“小说讲经史”条称：“说话者，谓之‘舌辩’，虽有四家数，各有门庭。且小说名‘银字儿’，如烟粉、灵怪、传奇、公案朴刀杆棒发发踪参之事，有谭谈子、翁三郎、雍燕、王保义、陈良甫、陈郎妇、枣儿余二郎等，谈论古今，如水之流。谈经者，谓演说佛书。说参请者，谓宾主参禅悟道等事，有宝庵、管庵、喜然和尚等。又有说诨经者，戴忻庵。讲史书者，谓讲说《通鉴》、汉唐历代书史文传，兴废争战之事，有戴书生、周进士、张小娘子、宋小娘子、邱机山、徐宣教；又有王六大夫，元系御前供话，为幕士请给讲，诸史俱通，于咸淳年间，敷演《复华篇》及中兴名将传，听者纷纷，盖讲得字真不俗，记问渊源甚广耳。但最畏小说人，盖小说者，能讲一朝一代故事，顷刻间捏合，与起令随令相似，各占一事也。”④这里实际上提到了“小说”“谈经”“说参请”“说诨经”“讲史书”等五种类型。南宋周密《武林旧事》卷六“诸色伎艺人”条记载了“演史”“说经诨经”“小说”“说诨话”“商谜”等五种类型。⑤

---

① 〔宋〕孟元老等著，周峰点校：《东京梦华录》（外四种），文化艺术出版社 1998 年版，第 32 页。

② 〔宋〕孟元老等著，周峰点校：《东京梦华录》（外四种），文化艺术出版社 1998 年版，第 86 页。

③ 〔宋〕孟元老等著，周峰点校：《东京梦华录》（外四种），文化艺术出版社 1998 年版，第 108 ~ 109 页。

④ 〔宋〕孟元老等著，周峰点校：《东京梦华录》（外四种），文化艺术出版社 1998 年版，第 306 页。

⑤ 〔宋〕孟元老等著，周峰点校：《东京梦华录》（外四种），文化艺术出版社 1998 年版，第 415 ~ 418 页。

以上五种笔记共记载了十种说话伎艺:“讲史”“小说”“公案”“铁骑儿”“说经”“说诨经”“说参请”“合生”“商谜”“说诨话”,但实际上说话家数应为四种。学界对此理解有所不同,一般认为所谓四种应是“讲史”、“小说”(包括“公案”“铁骑儿”)、“说经”(包括“说诨经”“说参请”)、“合生”(包括“商谜”“说诨话”)。《醉翁谈录·舌耕叙引》为四家数说话伎艺分类提供了证据,“小说引子”题下小字注“演史讲经并可通用”,显然将小说、演史、讲经视为并列的三种类型,加上正文中所说“或名演史,或谓合生”,恰好为说话伎艺四家数。

四家数之下的小说又分若干名目类型,灌圃耐得翁《都城纪胜》便称“小说,谓之银字儿,如烟粉、灵怪、传奇。说公案,皆是搏刀赶棒,及发迹变泰之事”,吴自牧《梦粱录》也说“小说名‘银字儿’,如烟粉、灵怪、传奇、公案朴刀杆棒……”两书对小说这一说话伎艺的六种具体名目类型记载完全相同。《醉翁谈录·舌耕叙引》“小说开辟”则多出了妖术、神仙两种:“夫小说者……有灵怪、烟粉、传奇、公案,兼朴刀、捍棒、妖术、神仙。”《醉翁谈录》所载 21 类风情故事中有 16 类涉及“公案”“烟粉”“传奇”“神仙”四类,其余五类“妇人题咏”“嘲戏绮语”“烟花品藻”“烟花诗集”“闺房贤淑”不在小说八种名目之中。

更为可贵的是,《醉翁谈录·舌耕叙引》“小说开辟”还列出了每一名目类型共计 107 种小说具体名称:

“灵怪”类 16 种:《杨元子》《汀州记》《崔智韬》《李达道》《红蜘蛛》《铁瓮儿》《水月仙》《大槐王》《妮子记》《铁车记》《葫芦儿》《人虎传》《太平钱》《巴蕉扇》《八怪国》《无鬼论》。

“烟粉”类 16 种:《推车鬼》《灰骨匣》《呼猿洞》《闹宝录》《燕子楼》《贺小师》《杨舜俞》《青脚狼》《错还魂》《侧金盏》《刁六十》《斗车兵》《钱塘佳梦》《锦庄春游》《柳参军》《牛渚亭》。

“传奇”类 18 种:《莺莺传》《爱爱词》《张康题壁》《钱榆骂海》《鸳鸯灯》《夜游湖》《紫香囊》《徐都尉》《惠娘魄偶》《王魁负心》《桃叶渡》《牡丹记》《花萼楼》《章台柳》《卓文君》《李亚仙》《崔护觅水》《唐辅采莲》。

"公案"类16种:《石头孙立》《姜女寻夫》《忧(夏)小十》《驴垛儿》《大烧灯》《商氏儿》《三现身》《火锹笼》《八角井》《药巴子》《独行虎》《铁秤槌》《河沙院》《戴嗣宗》《大朝国寺》《圣手二郎》。

"朴刀"类11种:《大虎头》《李从吉》《杨令公》《十条龙》《青面兽》《季铁铃》《陶铁僧》《赖五郎》《圣人虎》《王沙马海》《燕四马八》。

"捍棒"类11种:《花和尚》《武行者》《飞龙记》《梅大郎》《斗刀楼》《拦路虎》《高拔钉》《徐京落章(草)》《五郎为僧》《王温上边》《狄昭认父》。

"神仙"类10种:《种叟神记》《月井文》《金光洞》《竹叶舟》《黄粮梦》《粉合儿》《马谏议》《许岩》《四仙斗圣》《谢溏落海》。

"妖术"类9种:《西山聂隐娘》《村邻亲》《严师道》《千圣姑》《皮篋袋》《骊山老母》《贝州王则》《红线盗印》《丑女报恩》。

值得注意的是,这107种小说与《醉翁谈录》本书所载男女风情故事相类者甚少,只有辛集卷二"负约类"《王魁负心桂英死报》、癸集卷一"不负心类"《李亚仙不负郑元和》分别与"传奇"类《王魁负心》《李亚仙》相一致。但《醉翁谈录》本书分列为"负约类"和"不负心类",而"小说开辟"则统统归为"传奇类"。这107种小说名目应为说话伎艺名目,直至今日,很少发现其有刻本传世。因此,《醉翁谈录》的这一记载就更为珍贵。其中"传奇类""妖术类"的不少故事源于唐代传奇,如《莺莺传》《章台柳》《李亚仙》《崔护觅水》《西山聂隐娘》《红线盗印》等。

与长篇小说《水浒传》关系至为密切的有《石头孙立》《戴嗣宗》《青面兽》《花和尚》《武行者》等五种,《石头孙立》《戴嗣宗》归属于"公案类",这一分类似与明代百回本《水浒传》所述相关情节有所不同,说明水浒故事在南宋曾以独立故事的形式广为流传,为研究《水浒传》的成书提供了重要线索。《巴蕉扇》与长篇小说《西游记》、《杨令公》《五郎为僧》与杨家将系列小说等也都有着密切关系。

另外,"小说开辟"又顺便列出了演史的若干名目:"也说黄巢拨乱天下,也说赵正激恼京师。说征战有刘项争雄,论机谋有孙庞斗智。新话说张、韩、刘、岳;史书讲晋、宋、齐、梁。《三国志》诸葛亮雄材;收西夏说狄青大略。”这对于研究《三国演义》等历史演义小说的成书亦有一定意义。

三、说话伎艺的艺术特征

关于说话伎艺的艺术特征,其他南宋文人笔记也曾有过描述,但都极其简略。如吴自牧《梦粱录》称:“说话者,谓之‘舌辩’……谈论古今,如水之流……听者纷纷,盖讲得字真不俗,记问渊源甚广耳。但最畏小说人,盖小说者,能讲一朝一代故事,顷刻间捏合,与起令随令相似,各占一事也。”①灌圃耐得翁《都城纪胜》也说:“最畏小说人,盖小说者能以一朝一代故事,顷刻间提破。”②相比之下,《醉翁谈录·舌耕叙引》“小说开辟”对说话伎艺艺术特征的描述就更为全面了。

首先,说话伎艺要求表演者能够将广博的知识以生动形象的方式表现出来:

> 夫小说者,虽为末学,尤务多闻。非庸常浅识之流,有博览该通之理。幼习《太平广记》,长攻历代史书。烟粉奇传,素蕴胸次之间;风月须知,只在唇吻之上。《夷坚志》无有不览,《琇莹集》所载皆通。动哨、中哨,莫非《东山笑林》;引倬、底倬,须还《绿窗新话》。论才词有欧、苏、黄、陈佳句;说古诗是李、杜、韩、柳篇章。举断模按,师表规模,靠敷演令看官清耳。只凭三寸舌,褒贬是非;略嗢万余言,讲论古今。说收拾寻常有百万套,谈话头动辄是数千回。说重门不掩底相思,谈闺阁难藏底密恨。辨草木山川之物类,分州军县镇之程途。讲历代年载废兴,记岁月英雄文武。

说话伎艺所覆盖的知识面十分宽泛,即吴自牧所说“记问渊源甚广”。不但要精通古代历史、当代社会、男女风情、诗词文学等,而且要“举断模

① 〔宋〕孟元老等著,周峰点校:《东京梦华录》(外四种),文化艺术出版社 1998 年版,第 306 页。

② 〔宋〕孟元老等著,周峰点校:《东京梦华录》(外四种),文化艺术出版社 1998 年版,第 86 页。

按，师表规模，靠敷演令看官清耳。只凭三寸舌，褒贬是非；略嚯万余言，讲论古今”。“举断模按，师表规模”，是指各种模仿动作和惟妙惟肖的表演，也就是说，说话艺人不仅仅依靠讲说，而且要通过出色的表演打动听众。表演者的口才当然更为重要，“只凭三寸舌，褒贬是非；略嚯万余言，讲论古今”。他们口若悬河，出口成章，而且褒贬得当，是非鲜明。

这里所说的《太平广记》《夷坚志》都是卷帙浩繁的类书和笔记，《琇莹集》《东山笑林》《绿窗新话》则为文人编纂的故事或笑话集。“动哨、中哨，莫非《东山笑林》；引倬、底倬，须还《绿窗新话》”，应为说话伎艺的表现技巧，《东山笑林》为笑话集，“动哨、中哨”应指引用其中笑话以活跃气氛。《绿窗新话》为传奇小说集，以男女风情故事为主要内容，“引倬、底倬”，应为以《绿窗新话》中的故事作为引子、头回和结尾、收场，以此吸引听众。“倬”即显著之意，“引倬”应指开场所讲头回故事要为人所熟知。“底倬”与“引倬”相对，应指结尾处要用人们熟知的故事结束。《绿窗新话》中的故事符合这一要求，所以说“引倬、底倬，须还《绿窗新话》”。

其次，情感丰富，使听众产生喜怒哀乐的情感共鸣。“说国贼怀奸从佞，遣愚夫等辈生嗔”，凭着说话艺人的表演，愚夫也会对国贼奸佞恨之入骨。“说忠臣负屈衔冤，铁心肠也须下泪”，讲说忠臣义士蒙受冤屈，能够使那些铁心肠者也感动得落泪。“讲鬼怪令羽士心寒胆战”，羽士乃道士的别称，素以降妖捉怪为任，但听到鬼怪故事也会胆战心惊，可见说话艺人的高超伎艺。“论闺怨遣佳人绿惨红愁”，不仅有充满阳刚之气的故事，而且还有悲悲戚戚的才子佳人故事，使情感细腻的女子受到感动。“说人头厮挺，令羽士快心；言两阵对圆，使雄夫壮志。”讲说战场厮杀，人头落地，同样震撼人心。“谈吕相青云得路，遣才人着意群书”，讲说文人博取功名，使读书人更加勤学苦读。“演霜林白日升天，教隐士如初学道”，讲说得道成仙，使隐士更为迷恋道术。“噇发迹话，使寒门发愤”，讲说发迹变泰、青云直上，使贫寒之士更加发愤拼搏。“讲负心底，令奸汉包羞”，讲说忘恩负义，使那些奸佞小人无地自容。

由此可见，说话的艺术效果能够使各个层面的听众受到感动，无论村夫还是仕女，无论普通市民，还是下层文人，无论羽客隐士，还是士兵军人，都不例外。之所以能够达到如此奇妙的境界，除了说话内容的因素之外，说话艺人自身的情感态度和感情投入至关重要。正如“小说引子”结尾诗所说：“破尽诗书泣鬼神，发扬义士显忠臣，试开戛玉敲金口，说与东西南北人。”“春浓花艳佳人胆，月黑风寒壮士心，讲论只凭三寸舌，秤评天下浅和深。”

再次，表演手法多样。“讲论处不僀搭、不絮烦；敷演处有规模、有收拾。冷淡处提掇得有家数，热闹处敷演得越久长。曰得词，念得诗，说得话，使得砌。言无讹舛，遣高士善口赞扬；事有源流，使才人怡神嗟讶。”这里提到了说话伎艺的几种表演手法，所谓“讲论”，即有讲说有议论，不能够只是平铺直叙，该议论时就要摆出自己的见解，议论风生，是非鲜明，但又不能过于烦琐啰唆。所谓“敷演”，就是模仿表演，要能够模仿各类人物的言谈举止，恰到好处，收放自如。所谓“冷淡处提掇得有家数”，指故事情节跌宕起伏，在情节比较平淡时，同样能够巧妙处理，不至于冷场。所谓“热闹处敷演得越久长”，指情节进入高潮时，要尽可能使其延续的时间长一些。这些都是说话艺人多年的经验总结。

说话艺人在表演时要不时穿插诗词歌赋，“论才词有欧、苏、黄、陈佳句；说古诗是李、杜、韩、柳篇章”，除此之外，他们还要有自己的创作。所谓“说得话，使得砌”，是指在讲说过程中要善于以滑稽的动作和诙谐的语言引人发笑。“使砌”一词，见于宋无名氏《张协状元》戏文第一出：“苦会插科使砌，何吝搽灰抹土，歌笑满堂中。”①“砌”乃编造、拼凑之意，说明说话艺人能够凭着自己的才能创作出滑稽幽默的段子以愉悦听众。

“小说开辟”结尾有“诗曰”：

小说纷纷皆有之，须凭实学是根基，
开天辟地通经史，博古明今历传奇，
藏蕴满怀风与月，吐谈万卷曲和诗，

① 钱南扬校注：《永乐大典戏文三种校注》，中华书局1979年版，第1页。

辨论妖怪精灵话，分别神仙达士机，

涉案枪刀并铁骑，闺情云雨共偷期，

世间多少无穷事，历历从头说细微。

这十二句诗对说话伎艺做出了高度概括：知识广博，学问扎实；不仅博古，而且明今；情感丰富，口才流利；妖怪神仙，分辨清晰；刀枪铁骑，闺情云雨；娓娓道来，细腻入微。正是由于说话艺人的实践，中国古代白话小说逐渐得以成熟，并在明代终于达到鼎盛。

第四章　明代小说序跋研究(上)

明代是中国古代小说发展的高峰期,被后人称为明代“四大奇书”的《三国演义》《水浒传》《西游记》《金瓶梅》,既是中国章回小说四大类题材的开山之作,又代表了中国章回小说的最高成就。被后人称为“剪灯三话”的瞿佑《剪灯新话》、李昌祺《剪灯余话》、邵景瞻《觅灯因话》,代表了明代文言短篇小说的最高成就。被后人称为“三言”“二拍”的冯梦龙《喻世明言》《警世通言》《醒世恒言》、凌濛初的《拍案惊奇》《二刻拍案惊奇》,代表了明代白话短篇小说的最高成就。历来为上述作品撰写序跋者不计其数,涉及小说观念等各种问题。由于王猛博士已出版专著《明代小说序跋研究》,为避免重复,本章及第五章分别就上述作品序跋进行个案研究。

第一节　明代小说创作与小说序跋的文化背景

明代近三百年间,以儒学为主的文化学术思想发生了数次变化,每一次变化后的儒学思想都成为当时的主流思潮。因为这些思潮的产生基于时代政治与经济的现实,因而也势必对社会各领域、各文化范畴以及社会个体产生种种影响。明代的小说创作与小说序跋也不例外,从题材的选择到创作主旨,从价值取向到审美趣味,从情节构成到人物性格内涵,都有明显的变化轨迹。这种变化不仅有其自身演变的内部规律,而且要受到社会政治经济以及文化学术思潮的制约，是多种因素合力作用的结果。大体说来，明代前期（1368—1505，洪武至弘治）以程朱理学为主，但心学主张已初露端倪，此时小说创作与小说序跋的价值取向泾渭分明，忠孝节义成为其审美理想，人物之间的矛盾以及人物的内心冲突主要体现为伦理道德观念的内在矛盾。明代中期（1506—1572，正德至隆庆），王守仁的心学逐渐成为学术思潮的主流，此时小说创作与小说序跋出现了新的动向，其突出表现就是小说中人物的主体意识明显增强，伦理道德与人的情感欲望相互对立。明代后期（1573—1644，万历至崇祯），王学左派兴起，人们的价值观念发生了巨大变化，一方面人们的种种欲望得到了同情与肯定，另一方面情与理的矛盾也更为突出，从而构成了此时小说创作与小说序跋的主要面目。

一、明前期小说创作与程朱理学

明代建国之初，程朱理学被尊为官学，成为当时的主流思想。号称开国文臣之首的宋濂是程朱理学的著名学者金仁山的再传弟子，他明确地以朱子学为宗而讲“明体适用”之学。与宋濂同门的另一位儒者王祎为《元史》编纂总裁，也倡导有体有用之学。① 永乐年间，明成祖命胡广等人纂修《五经大全》《四书大全》《性理大全》，令礼部刊赐天下，并规定八股取士必须以《四书》《五经》为题。从中央到地方的各级学校教授生徒全部采用《四书》《五经》的朱学传注，只有恪守朱子之学才能取得入仕资格。此时甚至出现了批评程朱理学的人受处罚，其书也遭禁毁的事件。但是与宋元理学相比，明初的理学还是发生了一些细微的变化，正如《明史·儒林传序》所说：“原夫明初诸儒，皆朱子门人之支流余裔，师承有自，矩矱秩然。曹端、胡居仁笃践履，谨绳墨，守儒先之正传，无敢改错。”②曹端被推为明初理学之冠，“其学务躬行实践，而以静存为要”③。

---

① ［日］冈田武彦：《王阳明与明末儒学》，上海古籍出版社2000年版，第24页。
② 〔清〕张廷玉等：《明史·儒林传序》，中华书局2000年版，第4827页。
③ 〔清〕张廷玉等：《明史·儒林传序》，中华书局2000年版，第4838页。

薛瑄被公认为“一本程、朱之学”的一代理学之儒，“究心洛、闽渊源，至忘寝食”，“日探性理诸书”，遇有所得，即便札记。[①] 吴与弼、胡居仁师徒二人也都注重躬行践履，致力于个人节操和独立人格的修养。这四位学者有一个共通之处，即把朱子之学向着专门讲求心性道德、重视道德实践的方向发展。宋濂的弟子方孝孺“举止端整”，“以明王道、致太平为己任”。当燕王朱棣兵临南京城下时，他力请建文帝守京城以待援兵。城破后，方孝孺被逮入狱，宁死也不为燕王朱棣起草诏书，表现出了文人士大夫的道德实践和人格独立精神。[②]

这样一种儒学文化的氛围，决定了明前期小说创作的基本趋势。在这一时期成书的《三国志演义》和《水浒传》，尽管借鉴了以往的史料、野史、笔记、戏曲、平话、传说等资料，但其写定者起着关键性的作用，不能不受这种文化思潮的影响。有学者曾指出，罗贯中为元代理学家赵宝峰的门人，而赵宝峰被后人视为上承陆九渊，下启陈献章、王守仁的理学家[③]，可见其思想已兼有宋学和明学的特点。从价值取向上来说，《三国志演义》《水浒传》以及受其影响稍后出现的许多历史演义小说和英雄传奇小说都将忠孝节义放在了首位，注重主体意识中的伦常观念，但对主体意识中的情感尤其是男女之情十分漠视甚至给予贬抑。

在《三国志演义》《水浒传》等小说中，凡是所赞扬、所肯定的人物，首先是因为他们注重气节、重视德行，把维护纲常名教当作实现自我价值的主要方式。诸葛亮是《三国志演义》中最被推崇的人物，重要原因之一便是他的气节德操。刘备临终托孤，对他说道：“君才十倍曹丕，必能安邦定国，终定大事。若嗣子可辅则辅之；如其不才，君可自为成都之王。”诸葛亮听毕，汗流遍体，手足失措，泣拜于地曰：“臣安敢不竭股肱之力，效

---

① 〔清〕张廷玉等：《明史·儒林传序》，中华书局2000年版，第4831~4832页。

② 〔清〕张廷玉等：《明史·方孝孺传》，中华书局2000年版，第2669~2671页。

③ 〔清〕全祖望撰，朱铸禹汇校集注：《全祖望集汇校集注》卷二八《陆桴亭先生传》，上海古籍出版社2000年版，第512~513页。

忠贞之节,继之以死乎?”“言讫,叩头流血。”[①]诸葛亮的才智胆略远胜刘禅,但无论刘禅多么昏庸,诸葛亮也只能恪守君臣名分,最多向刘禅进谏几句忠言罢了。他明知“成败利钝非能逆料”,但也必须“鞠躬尽瘁,死而后已”。因为只有这样,他的生命价值才能得到完美体现。关羽是小说中又一位被推崇的忠义之士,据《三国志·蜀书·关羽传》载:“建安五年,曹公东征,先主奔袁绍。曹公禽羽以归,拜为偏将军,礼之甚厚。”[②]但在小说中,关羽面对身陷重围的险境,却仍然慷慨激昂:“吾今虽处绝地,视死如归。”“吾仗忠义而死,安得为天下笑?”[③]如果按照正史的记载,关羽这一形象便会黯然失色。作者经过一番改造后,才维护了这面忠义旗帜。与诸葛亮相反,曹操是小说倾力贬抑的人物,其重要原因便是他在某种程度上冲破了理学所推崇的道德规范。曹操不顾纲常名教的束缚,既然汉献帝懦弱无能,他便自己独揽朝政大权。董承等人要谋害自己,他便奋力反击,杀掉董承等千余人。对此,小说表现得深恶痛绝,视之为大逆不道的奸臣。由此可见,《三国志演义》具有鲜明的传统伦理道德至上的价值观念。

与此同时,《三国志演义》把人的道德意识与丰富的内心世界尤其是情感欲望对立起来,似乎人们只知为伦理纲常而生存,不知感情为何物。母子之间、兄弟之间、夫妇之间只有伦理道德、政治利害的关系,而没有任何感情可言。曹操为胁迫徐庶来归,将徐母囚禁。徐庶出于母子之情,辞别刘备,趱程赶回许昌。不料徐母见到儿子,勃然大怒,当即痛加训斥,竟自缢而死。诸葛亮与诸葛瑾弟兄二人分事蜀、吴,多年未曾见面。诸葛亮出使东吴,一心都在两国之间的公事上,绝不言与兄相见之事。周瑜指使诸葛瑾劝诸葛亮降吴,诸葛亮早已猜透了兄之来意,以忠、孝、义三全其美反唇相讥,说得诸葛瑾无言以对。江油守将马邈面临敌军压境的局势,无计可施,只能与妻李氏拥炉饮酒。李氏询问军

① 〔明〕罗贯中:《三国志演义》,山东文艺出版社 1991 年版,第 867 页。

② 〔晋〕陈寿:《三国志》,中华书局 2000 年版,第 697 页。

③ 〔明〕罗贯中:《三国志演义》,山东文艺出版社 1991 年版,第 245 页。

情,马邈却以意欲投降相告。李氏听罢大怒,唾马邈面曰:“汝为男子,先怀不忠不义之心,枉受国家爵禄,吾有何面目与汝相见耶!”①马邈降魏后,李氏果然自缢身死。伦理道德观念尤其是忠义观念渗透到了家庭之中,压倒了母子、兄弟、夫妇之情,伦理道德观念被描写成一种自觉意识和不可怀疑的律条。

诚如学者们所说,《水浒传》的作者直接采用了原有的许多单篇话本段子,对原来就颇精彩的节目,都原封不动地纳入小说之中,因而造成了全书的文笔不完全一致,艺术上也存在着差异。从情节内容上来看,全书可分为梁山义军初步形成(第一至四十一回),发展壮大(第四十二至七十一回),接受招安、征辽、征方腊、最终毁灭(第七十二至一百回)这样三个组成部分。每一部分的叙述重心、表现的意旨、蕴含的思想精神则有所转移、变化,并不完全一致,可以说是形成了音调不同的三部曲。② 然而,作为小说的最后写定者,他之所以如此结构全书,当然有他所要表达的思想观念。如果说第一部分显示了“乱由上作”“官逼民反”的主题,第二部分则演变为“杀尽贪官与污吏,忠心报答赵官家”,忠奸之争被凸显出来,第三部分就几乎把重心完全放到了忠奸斗争之上。一方面是处心积虑争取招安、一心一意为朝廷效力的宋江,另一方面却是把持朝政、陷害忠良的蔡京、高俅之流。虽然宋江等没能逃脱奸佞的毒害,招安不过是一场骗局,但小说的写定者仍然将宋江视为英雄,肯定他接受招安的举动,让他死后成神,“庙食千古”。至于李逵、武松、吴用、阮氏兄弟等人反对招安或破坏招安,只不过反衬出了宋江的忠心而已,因为这些人最终也一起接受了招安。受招安后的梁山好汉受歧视、排挤,也正突出了忠奸之间的尖锐对立。经过写定者的这样一番加工处理,小说的第一部分反而成了全书的一个铺垫,其对忠义的赞美肯定则贯穿了始终。

这一思想集中体现在主人公宋江身上,如果把宋元以来有关历史记载、戏曲、话本中的宋江与《水浒传》中的宋江做一比较,这一点就更为鲜

---

① 〔明〕罗贯中:《三国志演义》,山东文艺出版社 1991 年版,第 1191 页。

② 袁世硕:《水浒传·前言》,山东文艺出版社 1995 年版,第 1 页。

明。王偁的《东都事略》①、脱脱的《宋史》②皆称其为“淮南盗”“剧贼”，并称“其才必过人”。周密《癸辛杂识续集》所载龚开的《宋江三十六赞》③称其为“呼保义”，《大宋宣和遗事》④写宋江得了九天玄女的天书，命其“广行忠义，殄灭奸邪”，元杂剧中的宋江则带领众好汉全力惩治贪官污吏、奸佞歹徒。从宋江的结局来看，或被擒，或被招安，或被封为节度使，却从来没有称其接受招安后反被毒死。显然《水浒传》的写定者突出了其恪守伦理道德，尤其是忠于朝廷、力争招安的思想和行动。小说中的宋江人称“孝义黑三郎”，是远近有名的孝子。他对老父克尽孝道，言听计从，不敢有丝毫的反抗。他讲求信义，喜欢结识江湖好汉，乐于扶困济贫，仗义疏财。他出于义气，冒着危险救出了晁盖等人，也因此违反了朝廷的律条。他虽然不得已上了梁山，但始终忠心耿耿、不忘朝廷。他率领众好汉聚义梁山，是因奸臣当道，“蒙蔽圣聪”，不得已而为之。一旦皇帝醒悟，他便立即以接受招安来表现自己的忠良。接受招安是忠臣义士顺天应民之举，之所以结局凄惨，是因为奸佞误国。宋江明知将被毒害，却视死如归，忠心不改，以自己的生命赢得了忠义美名，因此他备受作者赞扬。高俅、童贯、蔡京之流陷害忠良，结党营私，受到作者的鄙视和唾弃。

在描写人的亲情方面，《水浒传》比《三国志演义》似乎多用了一些笔墨。小说中写到了宋江与宋太公的父子之情，李逵与老母的母子之情，武松与武大郎的兄弟之情，林冲与娘子的夫妇之情，等等。不难看出，这些描写都完全限定在理学所肯定的伦理道德规范之内，符合孝悌贞节的要求。然而对待男女之情，《水浒传》则持一种鲜明的否定态度，宋江之与

---

① 〔宋〕王偁：《东都事略》，见朱一玄编《明清小说资料选编》，齐鲁书社 1990 年版，第 261 页。

② 〔元〕脱脱等：《宋史》之《徽宗纪》《侯蒙传》《张叔夜传》，中华书局 2000 年版，第 407、11114、11141 页。

③ 〔宋〕周密：《癸辛杂识续集》，见朱一玄编《明清小说资料选编》，齐鲁书社 1990 年版，第 269 ~ 272 页。

④ 〔宋〕无名氏辑：《大宋宣和遗事》，见朱一玄编《明清小说资料选编》，齐鲁书社 1990 年版，第 275 ~ 281 页。

阎婆惜、武松之与潘金莲、杨雄之与潘巧云、卢俊义之与贾氏等,无不如此。这些女子虽然花容月貌,但生性淫荡,心如毒蝎,人们稍有不慎便会深受其害。这是对人们欲望的告诫和遏制。

值得注意的是瞿佑的文言小说集《剪灯新话》和李祯的《剪灯余话》,这两部小说集沿袭了唐以来文言小说的传统,讲述了许多烟粉、灵怪之事,在当时颇有轰动效应:"不惟市井轻浮之徒争相诵习,至于经生儒士多舍正学不讲,日夜记忆,以资谈论。"①永乐年间的翰林侍读曾棨在《剪灯余话序》中也说:"近时钱塘瞿氏,著《剪灯新话》,率皆新奇希异之事,人多喜传而乐道之,由是其说盛行于世。"对《剪灯余话》也给予了很高的评价:"秾丽丰蔚,文采烂然;读之者莫不为之喜见须眉,而欣然不厌也。"②由此可以看出此类小说受欢迎的程度,然而这类小说很快便被明令禁止,于是小说创作陷入了沉寂冷落。直到一百多年后的嘉靖年间,两书才得以重新面世,并出现了众多的效仿之作。这恰好从一个侧面说明了程朱理学对明初小说创作的深远影响。

二、明中期小说创作与心学

明代中叶儒学思想发生明显转变,其关键人物是被黄宗羲誉为"独开门户,超然不凡"③的陈献章(1428—1500)。他以南宋陆九渊心学的本体论为基础,创造了以个体人生为世界主宰的本体观,以此与程朱理学相区分。他主张心是本体,认为心、道之间存在着本质联系,道体现为心。因此,以个体自我之心,可得道之本体。陈献章的学说在当时虽未得到朝廷的承认,但在文人士大夫中的影响逐渐扩大,成为明代心学思潮的肇始者,也是从陆九渊到王守仁心学发展的中间环节。正如黄宗羲所说:"有

① 〔清〕顾炎武:《日知录之余》卷四"禁小说",见朱一玄编《明清小说资料选编》,齐鲁书社1990年版,第1115页。

② 〔明〕曾棨:《剪灯余话序》,见朱一玄编《明清小说资料选编》,齐鲁书社1990年版,第1116~1117页。

③ 〔清〕黄宗羲著,沈芝盈点校:《明儒学案》卷首《师说·陈白沙献章》,中华书局1985年版,第4页。

明之学，至白沙（陈献章世称白沙先生）始入精微。其吃紧工夫，全在涵养。喜怒未发而非空，万感交集而不动，至阳明而后大。两先生之学，最为相近……"①王守仁（1472—1529）是心学的集大成者，其思想正式形成于正德、嘉靖年间。他批评朱熹的"格物"说分裂了"心"与"理"，导致了学问与修养的分离，于是他在陆九渊"心即理"说的基础上进而论道："心即理也，此心无私欲之弊，即是天理，不须外面添一分。以此纯乎天理之心，发之事父便是孝，发之事君便是忠，发之交友治民便是信与仁，只在此心去人欲、存天理上用功便是。"②"致良知"是王守仁全部思想的集中和概括，表达了他的心学宗旨。他说："良知良能，愚夫愚妇与圣人同。但惟圣人能致其良知，而愚夫、愚妇不能致，此圣愚所由分也。"③他所说的"良知"，是每个人独立人格与自我意识的表现，"致良知"就是发挥自我意识的作用。其具体方法则可归纳为一静一动，既要息除念虑，专注于内心，又要"事上磨练"，在心体上下功夫。嘉靖年间，王守仁的心学思潮占据了主导地位，正如《明史·儒林传序》所称："宗守仁者曰姚江之学，别立宗旨，显与朱子背驰，门徒遍天下，流传逾百年，其教大行，其弊滋甚。嘉、隆而后，笃信程、朱，不迁异说者，无复几人矣。"④

王守仁倡导的心学本身已"显与朱子背驰"，并非至明后期异端思潮出现时才对小说创作产生影响。但以往论者对此点顾及不够，没有注意到这一特定时期的小说创作与此前和此后的不同，因而对产生于此期的小说所做出的论述不够稳妥恰当。此期的小说创作表现为两种不同的走向，一是书商出于营利目的模仿《三国志演义》《水浒传》而编撰的历史演义小说或英雄传奇小说，如熊大木编撰的《大宋演义中兴英烈传》《唐书志传》《全汉志传》，余邵鱼编撰的《列国志传》等。这些作品无论是其思

---

① 〔清〕黄宗羲著，沈芝盈点校：《明儒学案》卷五《白沙学案》，中华书局 1985 年版，第 78 页。

② 〔明〕王守仁：《传习录上》，上海古籍出版社 1992 年版，第 2 页。

③ 〔明〕王守仁：《传习录中·答顾东桥书》，上海古籍出版社 1992 年版，第 49 页。

④ 〔清〕张廷玉等：《明史·儒林传序》，中华书局 2000 年版，第 4827 页。

想内容还是艺术手法均未超出《三国志演义》和《水浒传》。值得注意的是第二种创作走向，虽然也在一定程度上借助了以往的积累，但作者的主体意识明显加强，其突出代表便是一批文言中篇传奇小说和神魔小说《西游记》。

在文言小说的发展进程中，唐传奇具有重要地位，因为那是文人用以表达情志、展示才华的最得力的文体。宋元以来，白话小说逐渐成熟，因而文言小说一度陷入沉寂。前文述及的“剪灯两话”，可谓生不逢时，但是到了明中叶，忽然涌现了一批中篇文言小说，这一现象本身就颇值得深思。文人用文言创作小说，其动机与创作白话小说有着明显区别，其中多多少少蕴含作者借小说抒发情志的因素。也就是说，文言小说更能体现出作者的主体意识。从内容上来看，这些中篇小说一方面继承了唐代《莺莺传》和元代《娇红记》的情节模式，同时又表现出了时代的气息特征。成化末年问世的《钟情丽集》赞扬敢于冲破封建礼法禁锢的忠贞爱情，肯定为争取婚姻自主而进行的抗争，在结局的安排上有大胆的突破和创新，写出了一出真正的喜剧。男女主人公凭借自己不屈不挠的抗争，终于迫使家长让步，从正面肯定了情和欲。此后出现的《怀春雅集》又有所变化，男女主人公的相思相爱不再遭受家长的反对或压制，甚至他们的风流韵事也被容忍，情与理、欲与礼的矛盾似乎消失了。同时也有一些作品，如《双卿笔记》《刘生觅莲记》等强调了理对情欲的规范作用。而《寻芳雅集》中的男主人公吴廷璋既引诱年轻寡妇娇鸾，又勾引娇鸾父亲之妾，作者对此给予了肯定；《天缘奇遇》标榜一夫多妻，语涉淫秽；《李生六一天缘》赞美追财逐色的李春华；等等。[①] 这种创作情形恰好说明了当时心学已出现派别分化的局面。

现存最早金陵世德堂刊本《西游记》虽然刊行于万历二十年(1592)，但嘉靖、万历间人周宏祖的《古今书刻》已著录有“鲁府”和“登州府”刊刻的《西游记》[②]，因此其成书时间应不晚于万历初年。这部小说问世时，

---

① 参见陈益源《元明中篇传奇小说研究》，华艺出版社 2002 年版。

② 〔明〕周宏祖：《古今书刻》，古典文学出版社 1957 年版，第 377 页。

王学已成为社会主要思潮，而王学左派尚未形成，因而《西游记》带有王学思想的鲜明印记。《西游记》表现出了前所未有的主体意识、“事上磨练”的功夫和“求放心”的题旨，从而超越了以往所有以取经故事为素材的文学作品。在取经故事的发展演变中，孙悟空是一个关键性的人物形象。刊行于宋元之际的《大唐三藏取经诗话》中首次出现了猴行者，他化为白衣秀才，自称是“花果山紫云洞八万四千铜头铁额猕猴王”[①]，主动来助唐僧取经。这位猴行者可以视为孙悟空的原型，所以王国维曾指出：“书中载玄奘取经，皆出猴行者之力，即《西游演义》所本。”[②]《取经诗话》中的猴行者，虽然神通广大，其反抗精神和放纵不羁的性格特征却极为有限。途经西王母池时，他说：“我八百岁时，到此中偷桃吃了；至今二万七千岁，不曾来也。”唐僧说：“愿今日蟠桃结实，可偷三五个吃。”他回答道：“我因八百岁时，偷吃十颗，被王母捉下，左肋判八百，右肋判三千铁棒，配在花果山紫云洞。至今肋下尚痛。我今定是不敢偷吃也。”来到西王母池前，唐僧只问了一句：“此莫是蟠桃树？”他赶忙说：“轻轻小话，不要高声！此是西王母池。我小年曾此作贼了，至今犹怕。”[③]这位猴行者尽管比唐僧还要小心谨慎，结果还是被西王母轻易拿下，配至花果山紫云洞。这与《西游记》中那天不怕、地不怕的孙悟空形象，相去何啻十万八千里。

元明杂剧中比较重要的“西游戏”是明初杨景贤的《西游记杂剧》，今存“明杨东来先生批评《西游记》”本[④]。全剧共六卷二十四折，其中第三卷第九折“神佛降孙”和第十折“收孙演咒”写孙行者被降伏事。孙行者的反抗精神较之《取经诗话》中的猴行者有了明显发展，他说：“一自开天

---

① 〔宋〕无名氏：《大唐三藏取经诗话》，见刘荫柏编《西游记研究资料》，上海古籍出版社 1990 年版，第 154 页。

② 王国维：《〈大唐三藏取经诗话〉跋》，见刘荫柏编《西游记研究资料》，上海古籍出版社 1990 年版，第 174 页。

③ 〔宋〕无名氏：《大唐三藏取经诗话·入王母池之处第十一》，见刘荫柏编《西游记研究资料》，上海古籍出版社 1990 年版，第 165 页。

④ 《古本戏曲丛刊》初集，文学古籍刊行社 1953 年版。

辟地,两仪便有吾身。曾教三界费精神,四方神道怕,五岳鬼兵嗔,六合乾坤混扰,七冥北斗难分,八方世界有谁尊,九天难捕我十万总魔君。”他还娶了金鼎国女子为妻,盗了太上老君的金丹,在九转炉中炼得铜筋铁骨、火眼金睛。又偷了王母仙桃百颗、仙衣一套,甚至惊动了玉帝。但在李天王的天兵、天将与二郎神、梅山七圣的共同征讨下,他便被擒获。观音菩萨用一铁戒箍又制服了他的凡心。根据《永乐大典》卷一三一三九“送”字韵“梦”字条①和朝鲜古代教科书《老乞大·朴通事谚解》②,可知明初永乐年间之前,曾有一部比较完整的《西游记平话》。虽然现在仅存很少的片段,但可以看出其中关于孙行者的一些描写与《西游记杂剧》大同小异,如他曾偷过王母娘娘的蟠桃、仙衣和太上老君的金丹,曾被李天王追拿等。此时孙行者的反抗精神不可谓不强烈了,但他还未与玉皇大帝一争高下,还没有自封为“齐天大圣”,还没有喊出“皇帝轮流做,今年到我家”的惊世之语。也就是说,他那颗心还未放纵到极致。以前论者主要从这一点立论,强调《西游记》对个性的张扬和肯定。但是另一方面,也是更为重要的一个方面,《西游记》的作者让这位神通广大、具有强烈反抗精神的孙悟空跳不出如来佛的手心,然后又被压在了五行山下。这是以往取经题材文学作品中所没有的情节,完全是百回本小说《西游记》作者的独创。作者决不会平白无故地构思出这样一种降伏悟空的手段和方式,其用意值得人们深思。

在百回本小说《西游记》之前,孙悟空始终没有成为故事的主人公。《取经诗话》也好,《西游记杂剧》也好,《西游记平话》也好,都是以讲述唐僧取经故事为主,主人公当然非唐僧莫属。但是百回本小说《西游记》彻底改变了这一状况,孙悟空成为全书的主人公,从而使全书的主旨发生

---

① 《永乐大典》卷一三一三九“送”韵“梦”条,见刘荫柏编《西游记研究资料》,上海古籍出版社1990年版,第230页。

② [朝鲜]边暹等编辑:《朴通事谚解》,见刘荫柏编《西游记研究资料》,上海古籍出版社1990年版,第248页。

了重要变化。百回本《西游记》[1]把孙悟空的故事置于全书之首，从第一回至第七回可视为孙悟空的一部小传。第一回《灵根孕育源流出，心性修持大道生》，第四回《官封弼马心何足，名注齐天意未宁》，第七回《八卦炉中逃大圣，五行山下定心猿》，这接连出现的“心”，或许如有的论者所说，仅仅是做表面文章。但如果没有王学的背景，这种表面文章也是做不出来的。再说，前七回的整体构思果真是一种“表面文章”吗？如果我们仅仅注意到孙悟空的反抗与自由意识，那就无法解释他又何以会在五行山下等待五百年，一旦遇见唐僧，便高兴地大喊：“我师父来也！我师父来也！”实际上这前七回非常清晰地勾画出了孙悟空由“放心”到“定心”的过程。关于此一旨意早被明末的评点者李贽一语道破，在第七回回末总评中说：“齐天筋斗，只在如来掌上，见出不得如来手也。如来非他，此心之常便是；妖猴非他，此心之变便是。饶他千怪万变，到底不离本来面目。常固常，变亦常耳，万千变态何益！何益！人可不自省！”[2]孙悟空那颗放纵不羁的心超越了以往所有戏曲、话本中的原型，但是当他在五行山下定心五百年后，便主动表示愿保护唐僧去西天取经，所谓“心猿归正，六贼无踪”正是此意。但是此心虽已归正，不经磨练依然不能证圣，所以还必须经过八十一难的反复磨练。

按照王学的主张，磨练过程就是“致良知”的过程，既要息除念虑，专注于内心，又要“事上磨练”，在心体上下功夫。《西游记》第十四回孙悟空从五行山下被唐僧解救出来做的第一件事，就是剿灭“眼看喜、耳听怒、鼻嗅爱、舌尝思、意见欲、身本忧”这“六贼”。然而这一举动遭到了唐僧的指责，悟空“按不住心头火发”，一个筋斗便离开了唐僧。听龙王讲了“圯桥进履”的故事后，他沉吟半晌，回心转意，决定重回唐僧身边。为了控制悟空这种桀骜不驯的个性，小说作者在以往铁戒箍的基础上，让观音菩萨给悟空戴上了紧箍，并传授给唐僧《定心真言》。悟空被紧箍束缚住后，“心上还怀不善，把那针儿晃一晃，碗来粗细，望唐僧就欲下手”。

---

① 〔明〕吴承恩：《西游记》，山东文艺出版社1996年版。

② 〔明〕李卓吾：《西游记》第七回回后总评，山东文艺出版社1996年版，第76页。

听说这是观音菩萨的主意时,他还要上南海打观音菩萨。只是因为惧怕观音也会念紧箍咒,这才“死心塌地,抖擞精神,束一束锦布直裰,扣背马匹,收拾行李,奔西而进”①。可见作者对观音菩萨的做法持赞同态度,而并非如有些论者所说是对悟空反抗精神遭受压制表示不满。但从小说情节的进展来看,每当唐僧念《定心真言》时,又总是冤枉了悟空。对此人们总习惯于理解为这是对唐僧是非不辨的讽刺,实际上并非如此简单。作者通过紧箍和紧箍咒告诉人们,修心不能完全依赖于强制性的措施,更需要内心的自觉。试看,每当唐僧不分青红皂白念紧箍咒时,悟空嘴上虽说不敢了,但内心并不服气,他那降妖伏魔的行动也并未因此而停止。九九八十一难的描写似更注重于“事上磨练”,以各种艰难困苦来考验取经的诚心,来说明“求放心”之难。这些都表明了小说作者对王学的理解与接受。

当然,受到王学的启发而结构全书,与书中对政治现实的讽刺、对人情世故的调侃等,并非水火不相容。读者在阅读过程中产生种种联想,正说明小说信息量的丰富。但不能因为有这样一些感受或联想,就否定小说所蕴含的心学内容,而且从某种意义上说,只有把握了小说与心学的关系,才能够对全书做出合乎逻辑的诠释,而不至于割裂全书。

三、明后期小说创作与泰州学派

王守仁年寿不永,嘉靖八年(1529)58 岁时便离开人世,其“致良知”说在门人中形成了不同的派别:以王畿、王艮为代表的左派,以聂豹、罗洪先为代表的右派和以邹守益、欧阳德为代表的正统派。由于王学左派最适应王学的发展方向及时代思潮,因此在明后期成为社会思想的主潮。王艮(1483—1541)及其弟子出身贫寒,或为煮盐灶丁,或为樵夫陶匠,故而“时时不满其师说”,表现出与王学不同的特色。王艮从要求个体人格的平等、尊严和独立的角度提出“尊身立本”的思想。他说:“身与道原是

① 〔明〕吴承恩:《西游记》,山东文艺出版社 1996 年版,第 179 页。

一件,至尊者此道,至尊者此身。尊身不尊道,不谓之尊身,尊道不尊身,不谓之尊道。须道尊身尊,才是至善。"①这里所说的"道"即"百姓日用之道",所说的"身"即活生生的人。因此,他对人的价值高度重视,为维护个人生存的权利、人格的尊严,他提出"明哲保身论"。他把王守仁所说的"良知"看作现成良知,"强调'当下现成',视工夫为本体之障碍而加以抛弃,并直接把吾心的自然流行当作本体与性命。因此,在这派儒者中流行着阳明所谓'人人心中有个圣人'的观点。他们认为,由于良知是现成的,所以若不悟得'有即无',便不能悟得良知真体。因此,他们提倡所谓'直下承当''直下之信''一了百当'的顿悟,而排斥渐修。……所以,他们轻视工夫,动辄随任纯朴的自然性情,或者随任知解情识,从而陷入任情悬空之弊,以至于产生蔑视人伦道德和世之纲纪的风潮"②。

黄宗羲曾说:"泰州(王艮)之后,其人多能以赤手搏龙蛇,传至颜山农、何心隐一派,遂复非名教之所能羁络矣。"③颜山农认为道在于纯任率性之自在,只有在放逸时方可用戒慎恐惧的功夫,他以闻见、道理、格式为魔障。他常说:"人之好贪财色,皆自性生,其一时之所为,实是天机所发,不可壅阏之。第过而不留,勿成固我而已。"④这种思想已具有积极肯定人的自然性情,摆脱名教束缚,进而发展为异端的趋向。其弟子何心隐(1517—1579)认为,人心不能无欲,孔孟所说的无欲,实非无欲而是寡欲。他认为君臣、父子、昆弟、夫妇之间,人与人之间的关系是朋友的关系,彼此是平等的;士、农、工、商,也应当是平等的。他特别指出,农工商贾并不低下,"农工之超而为商贾,商贾之超而为士……士之超而为圣贤"⑤。他对民众的心情欲求或者生活寄予同情,主张把人们从严

① 〔清〕黄宗羲著,沈芝盈点校:《明儒学案》,中华书局1985年版,第716页。

② 〔日〕冈田武彦:《王阳明与明末儒学》,上海古籍出版社2000年版,第104页。

③ 〔清〕黄宗羲著,沈芝盈点校:《明儒学案》,中华书局1985年版,第703页。

④ 〔明〕王世贞:《弇州史料后集》卷三五《嘉隆江湖大侠》,《何心隐集》附录,中华书局1960年版,第143页。

⑤ 〔明〕何心隐:《何心隐集》卷三《答作主》,中华书局1960年版,第53页。

酷的传统和名教的束缚中解放出来。他们“以化俗为任,随机指点农工商贾,从之游者千余。秋成农隙,则聚徒谈学,一村既毕,又之一村,前歌后答,弦诵之声,洋洋然也”①,结果被执政者诬为以讲学为名,鸠聚徒众,讥切时政而被弹压。李贽(1527—1602)大倡异端之说,对程朱理学乃至于孔子、孟子都提出了激烈的批评。他提出“人必有私”说:“夫私者,人之心也。人必有私,而后其心乃见;若无私,则无心矣。”②他又倡言“穿衣吃饭,即是人伦物理;除却穿衣吃饭,无伦物矣”③。他进一步指出“民情之所欲”即为“至善”。他提出“童心说”,认为童心是绝假纯真的最初一念,亦即真心。他说:“不必矫情,不必逆性,不必昧心,不必抑志,直心而动,是为真佛。”④越是读书知理,就越失去童心。他声称,戏曲小说是人情的真实描述,即童心本来面目的描述,其文字是“真文”,而对六经、《论语》、《孟子》反而抱有怀疑。⑤ 李贽尊重人的自然性情,曾对人说:“酒色财气,一切不碍。”⑥李贽之后,汤显祖提出的“至情”说和公安派提出的“性灵”说,都是“童心”说的继承与发展,对明后期的小说创作产生了极大影响。

尽管学者们对《金瓶梅》的成书时间始终存有争议,但根据袁宏道万历二十四年(1596)给董其昌的信可知,此时《金瓶梅》已在社会上开始流传,也就是说其创作时间应不晚于万历中期,而这时正是王学左派思潮盛行的时期。《金瓶梅》在取材上一改以往章回小说只瞩目于帝王将相、英雄豪杰的做法,从《水浒传》中抽出西门庆、潘金莲的故事演为数十万言的巨制,仅从这一点来看,已不难发现王学左派所给予的影响。《金瓶梅》全书的立意是“独罪财色二字”,但在具体描写过程中,又流露出对人的主体意识的肯定和赞赏,这正是此一时期王学左派思

① 〔清〕黄宗羲著,沈芝盈点校:《明儒学案》,中华书局1985年版,第720页。
② 〔明〕李贽:《藏书》卷三二《德业儒臣后论》,中华书局1974年版,第544页。
③ 〔明〕李贽:《焚书》卷一《答邓石阳》,中华书局1975年版,第4页。
④ 〔明〕李贽:《焚书》卷二《失言三首》,中华书局1974年版,第82页。
⑤ 〔明〕李贽:《焚书》卷三《童心说》,中华书局1975年版,第98~99页。
⑥ 〔清〕黄宗羲著,沈芝盈点校:《明儒学案》,中华书局1985年版,第347页。

想的生动表现。王学强调人的主体意识,但主体意识中势必含有人的种种欲望,如果说《西游记》对人的这些欲望还力主“事上磨练”和以“求放心”克服之,《金瓶梅》则只能诉诸因果宿命观念。因此《金瓶梅》的劝惩效果远不如其所展示的人的财色欲望更具有震撼力,这也是人们往往将其视为“诲淫”之作的原因。但实际上《金瓶梅》的作者一方面受到王学左派的影响,看到了人的主体意识、人的欲望的强盛,并在小说中做了极为充分的描写;另一方面,又如颜山农所强调的那样:“第过而不留,勿成固我而已。”西门庆、潘金莲、李瓶儿、庞春梅等人正因为没能做到“过而不留”,所以最终死于非命。应当指出的是,这种“欲与理”的矛盾既是以往文学作品中“情与理”矛盾的延续,又是一种突破,因为它赤裸裸地将人们本性中的原始欲望挖掘了出来。如果没有王学左派思潮的影响,这一突破是不可能实现的。但对这种欲望如何认识和处理,《金瓶梅》又退回到了传统伦理道德的藩篱之中,这也正是王学左派自身的局限性所在。

关于《封神演义》的成书时间和作者,学术界尚有争议。现知最早刊本为金阊舒冲甫刊本,该本卷首有李云翔序,序称:“余友舒冲甫自楚中重资购有钟伯敬先生批阅《封神》一册,尚未竟其业,乃托余终其事。余不愧续貂,删其荒谬,去其鄙俚,而于每回之后,或正词,或反说,或以嘲谑之语以写其忠贞侠烈之品,奸邪顽钝之态,于世道人心不无唤醒耳。”①该序言有两点值得注意:一是这一刊本的底本有钟伯敬的批语,钟惺(1574—1624),字伯敬,万历三十八年(1610)进士,这就是说,该底本应成于万历年间;二是李云翔在该本基础上又做了大量工作,因此尽管此前或许已有刊本,但今人所见到的刊本应成于天启年间。《封神演义》受王学左派思想的影响非常明显,这主要表现在对传统君臣、父子关系的大胆怀疑与否定。历史上商与周并非君臣关系,但小说故意将商、周处理为君臣关系,进而肯定了周武王讨伐商纣王、“以臣伐君”

① 〔明〕李云翔:《封神演义序》,见朱一玄编《明清小说资料选编》,齐鲁书社1990年版,第554页。

为正义之举,是以仁易暴、以有道伐无道。传统的父慈子孝观念也受到了严重挑战,哪吒形象便是明证。哪吒在《西游记》中已经出现,但只是众多天神中的一员,与其父托塔天王李靖没有任何冲突。但《封神演义》中的哪吒无拘无束,勇于反抗,为了不连累父母,剖腹、剜肠、剔骨肉还于父母。当李靖鞭打他的金身、毁坏他的行宫后,他忍无可忍,要向父亲复仇。小说以整回的篇幅写哪吒的复仇行动,字里行间充满了赞美之情,对李靖却以调侃的笔调暗含讥讽。只是在燃灯道人的干预下,才使父子言归于好。

"三言"的编撰者冯梦龙"酷嗜李氏(指李贽)之学"①,深受李贽影响。《今古奇观序》:"仁义礼智,谓之常心;忠孝节烈,谓之常行;善恶果报,谓之常理;圣贤豪杰,谓之常人。"②视伦理道德为人人内心皆有的平常之心,圣贤豪杰与平常之人并无本质区别,这与王学左派主张完全一致。"三言"的一个突出特点便是写出了平常人的可贵,尤其是商贾阶层也同样具有善良、正直、纯朴的品德。如《醒世恒言·施润泽滩阙遇友》③中的小商人施复,"是个小小户儿,本钱少",他意外捡到六两多银子,心中欢喜道:"今日好造化,拾得这些银子,正好将去凑做本钱。"但他转念一想,万一失主是个小本经营的客商,只有这些本钱,丢了这六两银子,就失去了养命之根,说不定还送了性命。想到这儿,他决心一定要把银子还给失主。因为他的这一善行,结果免遭一场灾难。所谓"善恶果报,谓之常理"。他们虽然经商致富,但并不违背传统道德规范,如《醒世恒言·徐老仆义愤成家》④中的老仆人阿寄,先是通过贩漆、贩米积攒了本钱,后来但闻有利息的便做,十年时间,家私巨富。但他"从不曾私吃一些好饮食,也不曾做一件好衣服……且又知礼数"。这就是作者笔下有德有义

① 〔明〕许自昌:《樗斋漫录》卷六,见朱一玄编《明清小说资料选编》,齐鲁书社1990年版,第330页。

② 〔明〕笑花主人:《今古奇观序》,见朱一玄编《明清小说资料选编》,齐鲁书社1990年版,第1057页。

③ 〔明〕冯梦龙:《醒世恒言》第十八卷《施润泽滩阙遇友》,齐鲁书社1990年版。

④ 〔明〕冯梦龙:《醒世恒言》第三十五卷《徐老仆义愤成家》,齐鲁书社1990年版。

的商人形象。

冯梦龙还大力宣扬“情教”说：“天地若无情，不生一切物。一切物无情，不能环相生。生生而不灭，由情不灭故。”[①]又说：“《六经》皆以情教也。《易》尊夫妇，《诗》首《关雎》，《书》序嫔虞之文，《礼》谨聘奔之别，《春秋》于姬姜之际详然言之，岂非以情始于男女？”[②]“三言”就体现了“情教”说的主张，如《喻世明言》中的《张舜美灯宵得丽女》，《警世通言》中的《乐小舍拼生觅偶》《玉堂春落难逢夫》《宿香亭张浩遇莺莺》《金明池吴清逢爱爱》，《醒世恒言》中的《卖油郎独占花魁》《乔太守乱点鸳鸯谱》《陈多寿生死夫妻》《闹樊楼多情周胜仙》等，都对男女爱情给予了充分肯定和赞美。当然，对男女爱情给予肯定并非自冯梦龙始，应当引起注意的是，冯梦龙在王学左派思潮的影响下，有了显著的发展和突破。一是女性在追求爱情方面表现得特别主动和大胆，如《喻世明言·张舜美灯宵得丽女》[③]中的刘素香对意中人张舜美主动提出：“你我莫若私奔他所，免得两地永抱相思之苦。”二是女性有着强烈的人格尊严和反抗精神，如《警世通言·王娇鸾百年长恨》[④]中的王娇鸾得知情人变心后，不再像《莺莺传》中的崔莺莺那样甘心受命运的捉弄，而是告到官府，使负心者受到应有的惩罚，被官府乱棒打死。三是不再斤斤计较所谓的贞操观念，如《喻世明言·蒋兴哥重会珍珠衫》[⑤]中的蒋兴哥得知妻子王三巧要改嫁时，表现得异常冷静，还赠送了丰厚的陪嫁。《醒世恒言·乔太守乱点鸳鸯谱》[⑥]中的乔太守看到“无媒苟合，节行已亏”的慧娘哭哭啼啼，非孙润不嫁，便有心要促成其事。尽管裴九老要求惩罚慧娘，不能周全奸夫淫

---

① 〔明〕冯梦龙：《情史序》，见朱一玄编《明清小说资料选编》，齐鲁书社1990年版，第1136页。

② 〔明〕冯梦龙：《情史叙》，见朱一玄编《明清小说资料选编》，齐鲁书社1990年版，第1137页。

③ 〔明〕冯梦龙：《喻世明言》第二十三卷《张舜美灯宵得丽女》，齐鲁书社1993年版。

④ 〔明〕冯梦龙：《警世通言》第三十四卷《王娇鸾百年长恨》，齐鲁书社1995年版。

⑤ 〔明〕冯梦龙：《喻世明言》第一卷《蒋兴哥重会珍珠衫》，齐鲁书社1993年版。

⑥ 〔明〕冯梦龙：《醒世恒言》第八卷《乔太守乱点鸳鸯谱》，齐鲁书社1990年版。

妇,但乔太守力排众议,成全了两人的婚事。四是表现出在婚姻爱情上相互平等的观念,如《醒世恒言·卖油郎独占花魁》①中的秦重和莘瑶琴,虽然一个是卖油的小贩,一个是花魁娘子,但两人相敬相爱,终于结成美好的婚姻。

如果说嘉靖时期的淫秽小说如《如意君传》等还比较少见,那么万历之后此类小说则一发不可收拾,至明清易代之际先后出现了数十种。《绣榻野史》《浪史》《痴婆子传》《僧尼孽海》《龙阳逸史》《昭阳趣史》《宜春香质》《弁而钗》《怡情阵》等便是其中的代表。这种情况的出现正像研究者们所反复强调的那样,是人欲横流的社会风气使然,但由王学左派发展而来的异端思潮改变了人们的价值观念,对此也起了推波助澜的作用。如《浪史》的作者又玄子说,"《浪史》风月,正使无情者见之还为有情","情先笃于闺房,扩而充之,为真忠臣、真孝子,未始不在是也"。② 为《绣榻野史》作序的憨憨子说得更为直接:"余将止天下之淫,而天下已趋矣,人必不受;余以诲之者止之,因其势而利导焉,人不必不变也。"③沃焦山人从阅读心理上对此类小说给予了肯定:"虽所谓真洁高逸之辈,未尝一回读,不神驰心移,情思萌动。"④可见在价值观念中,人们已将情欲、美色放在了重要位置,尽管某些艳情小说也打出了劝惩的旗帜,却显得那么软弱无力。

综上所述,明代前期、中期、后期的社会思潮分别是程朱理学为主、王守仁心学为主、王学左派为主的时期,小说创作与小说序跋也与此相关,呈现出明显的演变轨迹。当然,社会政治、经济同样作用于小说创作,但不同时期的儒学思潮似乎与小说的选材、主旨、思想倾向、审美趣味、人物

① 〔明〕冯梦龙:《醒世恒言》第三卷《卖油郎独占花魁》,齐鲁书社 1990 年版。

② 〔明〕又玄子:《浪史序》,转引自陈大康《明代小说史》,上海文艺出版社 2000 年版,第 474 页。

③ 〔明〕憨憨子:《绣榻野史序》,转引自陈大康《明代小说史》,上海文艺出版社 2000 年版,第 474 页。

④ 〔明〕沃焦山人:《春梦琐言序》,转引自陈大康《明代小说史》,上海文艺出版社 2000 年版,第 474 页。

内涵具有更为直接的关联。因此,在重视社会政治、经济对小说影响的同时,从儒学思潮对小说的影响这一角度来认识和把握明代小说的发展演变规律,具有十分重要的意义。

第二节 明清《三国演义》序跋的价值取向

自明刊本《三国志通俗演义》卷首载庸愚子弘治甲寅序以来,明清两代《三国演义》序跋现存二十余篇。有论者指出"由于明、清两代的政治环境、社会思潮极不一样,对明、清两代序跋者产生了不同影响",因此这些序跋关注的侧重点有所不同。① 若从其价值取向方面来看,则体现为多样性和丰富性,如通俗易懂的历史认识价值、伦理纲常的教化价值、奇异独特的审美价值、独立不羁的人格价值和军事谋略价值等。对此进行综合分析探讨,可以更好地把握《三国演义》的多重价值,并在前人论述的基础上,不断开发出《三国演义》的新价值。

一、通俗易懂的历史认识价值

明代著名文人陈继儒、袁宏道都对"通俗演义"的本质和功能做过辨析。陈继儒在《唐书演义序》中说:"演义,以通俗为义也者。故今流俗节目不挂司马、班、陈一字,然皆能道赤帝,诧铜马,悲伏龙,凭曹瞒者,则演义之为耳。演义固喻俗书哉,义意远矣!"②认为"演义"的本质是"通俗",而且意义深远。袁宏道在《东西汉通俗演义序》中对"通俗演义"的功能做了形象的说明:"今天下自衣冠以至村哥里妇,自七十老翁以至三尺童子,谈及刘季起丰沛,项羽不渡乌江,王莽篡位,光武中兴等事,无不能悉数颠末,详其姓氏里居。自朝至暮,自昏彻旦,几忘食忘寝,聚讼言之

---

① 温庆新:《明清文化视域下的〈三国演义〉序跋透视》,载《广东技术师院学报》2010 年第 2 期。

② 〔明〕陈继儒:《唐书演义序》,见丁锡根编著《中国历代小说序跋集》,人民文学出版社 1996 年版,第 961 页。

不倦。及举《汉书》《汉史》示人,毋论不能解,即解亦多不能竟,几使听者垂头,见者却步。……文不能通,而俗可通,则又通俗演义之所由名也。"[①]"通俗演义"可以让所有的接受者在愉悦欢快的心情之中了解历史,其功用可谓神奇至极。

两人对通俗演义的见解十分精辟,其源头则可以上溯至嘉靖元年本《三国志通俗演义》。《三国演义》刊本甚多,孙楷第先生称"今所知见明本已不下二十余种。书贾刻书时,屡易名色,极不一致"[②]。现存最早刊本明嘉靖壬午(1522)刊大字本,全称《三国志通俗演义》。不难发现,其书名与正史《三国志》不同之处,就在于"通俗演义"四字。刊刻者之所以郑重其事地在书名中加上"通俗演义"四字,就是要使读者明白,此书与历史著作的最大不同,便在于其通俗性。该本卷首有弘治甲寅(1494)庸愚子"序"和嘉靖壬午(1522)修髯子"引"各一篇[③],这应当是现知最早评论《三国演义》的两篇重要文献。庸愚子序指出了《三国志通俗演义》的多种价值,而最为突出的则是其通俗易懂的历史认识价值。这篇序文首先阐明历史著作"非独纪历代之事",而是由此"昭往昔之盛衰,鉴君臣之善恶,载政事之得失,观人才之吉凶,知邦家之休戚,以至寒暑灾祥,褒贬予夺"。但是问题在于"史之文,理微义奥","不通乎众人";而野史评话"言辞鄙谬,又失之于野"。"文不甚深,言不甚俗"的《三国志通俗演义》既"事纪其实,亦庶几乎史",又能使读者"人人得而知之","一开卷,千百载之事豁然于心胸矣"。这就告诉人们,《三国志通俗演义》不仅与史书具有同样的历史认识价值,而且更为浅显易懂。

修髯子的"引"形式非常独特,前面是一段主客问答式的议论,后面

---

① 〔明〕袁宏道:《东西汉通俗演义序》,见丁锡根编著《中国历代小说序跋集》,人民文学出版社1996年版,第883页。

② 孙楷第:《中国通俗小说书目》,作家出版社1957年版,第30页。

③ 〔明〕庸愚子《三国志通俗演义序》、修髯子《三国志通俗演义引》均见明嘉靖壬午(1522)刊大字本《三国志通俗演义》卷首。

是一首四十韵的诗歌。首先是客发问曰，历史著作已对三国历史有详尽记述，《三国志通俗演义》不有些多余了吗？这一问语似乎透露出这样一个信息，即《三国志通俗演义》问世之初，人们曾怀疑它存在的必要。接下来主人对历史著作与通俗小说的区别做了比较："史氏所志，事详而文古，义微而旨深，非通儒夙学，展卷间，鲜不便思困睡。故好事者，以俗近语，檃栝成编，欲天下之人，入耳而通其事，因事而悟其义，因义而兴乎感，不待研精覃思，知正统必当扶，窃位必当诛，忠孝节义必当师，奸贪谀佞必当去，是是非非，了然于心目之下，裨益风教广且大焉，何病其赘耶！"可见这位修髯子十分重视《三国志通俗演义》俗近的历史认识价值，充分肯定了其通俗性和普及性。

此后众多的明清序跋作者都强调了《三国演义》通俗易懂的历史认识价值。如明万历刊本《新刻京本补遗通俗演义三国全传》在书名中也特意加上"通俗"二字。卷首《重刊杭州考证三国志传序》的作者已不可考，在这篇简短的序言中，作者指出了《三国志通俗演义》"明白易晓"的历史认识价值，"愚夫俗士，亦庶几知所讲读焉"。①

明建阳吴观明刊本《李卓吾先生批评三国志》卷首有署名"秃子"（即李贽）撰写的一篇《序批评三国志通俗演义》。这篇序言虽然有些残缺，但不难看出对"俗"的反复肯定：

> 天地间莫便于俗……摛词而俗，取青紫如拾芥；治家而俗，积藏谷如聚尘；居官而俗，名不挂于弹章；居乡而俗，宣庙一块生猪肉，死去受享；器具而俗，适市者翘值以售；燕会而俗，设糖饼五牲，唱弋阳四平腔戏，宾以为敬；园圃而俗，卉木比偶，石狮瓦兽，松塔柏球，游人解颐，叹未曾有；写字而俗，姜立纲法帖一熟，胥吏衙门；作画而俗，汪海云、张平山等笔，肉眼珍收，重于石田、伯虎。识得此意，便知《批评三国志通俗演义》矣。然则昔吴门所行一本，较此孰居真赝？曰：昔年之本，香山之黄苦地，今日之本，亦青莲之李赤也。若在雅士，又

---

① 〔明〕无名氏：《重刊杭州考证三国志传序》，见朱一玄、刘毓忱编《三国演义资料汇编》，百花文艺出版社 1983 年版，第 284 页。

曰俗子俗子矣。[1]

序言结尾将“吴中本”与“建阳本”分别比作“香山之黄苦地”和“青莲之李赤”,“香山”当指白居易,因晚年白居易曾自号“香山”。“青莲”是李白之号。李赤则为唐代诗人,自以为已诗可比李白,故名李赤。因此这一比喻意为“建阳本”虽然更“俗”,但仍然带有李白的雅。

清初毛宗岗对《三国志通俗演义》做了整理修改,书名也不再出现“通俗”二字。在其评点本《三国志演义》卷首有署名金人瑞的一篇序言,认为《三国志演义》“据实指陈,非属臆造,堪与经史相表里”。但即使如此,也同样注意到了其雅俗共赏的历史认识价值:“今览此书之奇,足以使学士读之而快,委巷不学之人读之而亦快,英雄豪杰读之而快,凡夫俗子读之而亦快也。”[2]由此可以看出,与历史著作相比,历史演义小说的价值就在于其运用通俗易懂的艺术形式传播了历史知识。

二、伦理纲常的教化价值

明清两代文人大都十分重视小说所具有的伦理道德教化价值,许多序跋作者从两个方面强调了《三国演义》的教化价值:一是对忠义精神的赞美,一是对正统观念的肯定。

庸愚子的“序”和修髯子的“引”都指出了嘉靖本《三国志通俗演义》伦理纲常的教化价值。修髯子的“引”已如前述,庸愚子“序”中有一段话值得关注:“予谓诵其诗,读其书,不识其人,可乎?读书例曰:若读到古人忠处,便思自己忠与不忠;孝处,便思自己孝与不孝。至于善恶可否,皆当如此,方是有益。若只读过而不身体力行,又未为读书也。”杜贵晨先生认为其中的“书例”,即编撰体例,实为罗贯中原作所有。[3] 笔者同意这

---

① 〔明〕李贽:《序批评三国志通俗演义》,见朱一玄、刘毓忱编《三国演义资料汇编》,百花文艺出版社 1983 年版,第 275 页。

② 〔清〕金人瑞:《三国志演义序》,见朱一玄、刘毓忱编《三国演义资料汇编》,百花文艺出版社 1983 年版,第 291 ~ 292 页。

③ 杜贵晨:《〈三国志通俗演义〉作者罗贯中为元人及原本管窥——试说庸愚子〈序〉的考据价值》,载《河南教育学院学报(哲学社会版)》2013 年第 3 期。

一观点，理由很简单，既然前面说到“诵其诗，读其书，不识其人，可乎？”那么紧接着就应当是如何了解其人，显然罗贯中本人的“书例”正是认识其人的最有效的资料，因此，应当说是罗贯中率先指出了《三国演义》所具有的伦理纲常的教化价值。罗贯中提倡读书要“身体力行”，要将书中的忠孝转化为读者自身的实际行动。正是在这一见解的启发下，庸愚子讲述了自己读《三国志通俗演义》的感受：

> 予尝读《三国志》，求其所以，殆由陈蕃、窦武。立朝未久，而不得行其志，卒为奸宄谋之，权柄日窃，渐浸炽盛，君子去之，小人附之，奸人乘之，当时国家纪纲法度，坏乱极矣。噫！可不痛惜乎！矧何进识见不远，致董卓乘衅而入，权移人主，流毒中外，自取灭亡，理所当然。曹瞒虽有远图，而志不在社稷，假忠欺世，卒为身谋，虽得之，必失之，万古奸贼，仅能逃其不杀而已，固不足论。孙权父子，虎视江东，固有取天下之志，而所用得人，又非老瞒可议。惟昭烈汉室之胄，结义桃园，三顾草庐，君臣契合，辅成大业，亦理所当然。其最尚者，孔明之忠，昭如日星，古今仰之。而关、张之义，尤宜尚也。其他得失，彰彰可考。遗芳遗臭，在人贤与不贤，君子小人，义与利之间而已。观演义之君子，宜致思焉。

这段议论从伦理纲常角度对《三国志通俗演义》中的主要人物做出了评判，表露了鲜明的崇刘敬孙抑曹的情感，特别推崇诸葛亮、关羽、张飞等人的忠义。

此后众多的序跋作者都延续了上述观点，认为孔明、关羽的忠义是《三国演义》的重要价值。如明闽书林乔山堂刘龙田刊本《全像英雄三国志传》卷首李祥序称：“至若毅然不拔，关将永为称首；而托孤寄命，矢志靡贰，孔明又何忠贞乎？试读《出师二表》，令千载而下慷慨激烈，宁非扶纲植常之一大枢哉？”①明天启间黄正甫刊本《新刻考定按鉴通俗演义全像三国志传》卷首博古生序前面部分残缺不全，但结尾部分明确说道：

① 〔明〕李祥：《三国志传序》，见朱一玄、刘毓忱编《三国演义资料汇编》，百花文艺出版社1983年版，第272页。

“是以志三国者,志其忠肝义胆昭昭揭日月而行中天也。”[①]指出了《三国演义》的作者就是要赞颂关羽、诸葛亮的忠肝义胆。直至清末,许多序跋作者依然认定此种价值取向,如清咸丰三年常熟顾氏小石山房刊本《考证古本三国志演义》卷首清溪居士《重刊三国志演义序》,便认为《三国演义》“意主忠义,而旨归劝惩”[②]。可见伦理教化的价值取向贯穿了明清两代。

《三国演义》一改陈寿《三国志》奉曹魏为正统的观念,尊刘抑曹倾向鲜明,明清《三国演义》序跋对此都持肯定赞赏的态度,认为这是《三国演义》的重要价值之一。清嘉庆七年刊本卷首有明人吴翼登的《叙三国志传》,开头便说:“余读三国而知统之必以正者为尊也。”刘备虽然理应继承汉室,但并未急于即位:“抚昭烈帝之潜跃,按卧龙之终始,惟以仁以义,无诈无虞。迨汉祚既移,始建元称号,羽扇纶巾,堂堂正正,鞠躬尽瘁,大义凛然。君可以媲美汉高,臣可以下薄萧曹;若关若张若赵常山等,又岂出淮阴下哉?虽数限一隅,志不偏安,一时君臣喜起,大义赖以不坠。曹鬼孙犬,何敢望其后尘。信乎统之必以正也。虽谓三国,止一国;三国之志,止一国之志可。”[③]为了推崇刘备的正统地位,不仅贬低曹操,甚至将孙吴也全部否定。

明崇祯五年遗香堂刊本载有梦藏道人的序,该序特别赞许《三国演义》辨明正统之功。认为陈寿《三国志》“意有偏属,故于正闰贤愚之评断,屡为昔贤所纠。晋习凿齿作《汉晋春秋》,谓蜀以宗室为正,至晋文平蜀,乃为汉亡晋兴。唐李德林谓曹贼罪百田常,祸千王莽,而陈寿依违其事,遂以魏为正朔之国。合参二家,寿之正闰失归已大略具见矣……贯中合三而一,而模写诸葛独至。盖其意明以古今之正统属章武,以古今之一

---

① 〔明〕博古生:《三国志叙》,见朱一玄、刘毓忱编《三国演义资料汇编》,百花文艺出版社 1983 年版,第 273 页。

② 〔清〕清溪居士:《重刊三国志演义序》,见朱一玄、刘毓忱编《三国演义资料汇编》,百花文艺出版社 1983 年版,第 494 页。

③ 〔明〕吴翼登:《叙三国志传》,见丁锡根编著《中国历代小说序跋集》,人民文学出版社 1996 年版,第 892 页。

人属诸葛也。能作是观,思过半矣。愚夫妇与是非之公矣。不者,正其舛讹不发其意指,吾安知世之肉眼,不以良史许寿,而以说家薄贯中也”①。“章武”为刘备称昭烈帝时的年号,罗贯中能够“以古今之正统属章武,以古今之一人属诸葛”,纠正了陈寿《三国志》以魏为正统的错误,使读者可以明辨是非,虽然是小说,其价值却超过了正史。

三、奇异独特的审美价值

《声山别集》本《古本三国志》卷首有李渔序②,此序开头便说王世贞将《史记》《庄子》《水浒传》《西厢记》列为“四大奇书”,冯梦龙又将《三国演义》《水浒传》《西游记》《金瓶梅》列为“四大奇书”。两者相较,冯梦龙的“四大奇书”一说更为合理,因为“书之奇,当从其类”。贯华堂刊本《三国志演义》卷首有署名金人瑞的序,其内容与李渔序十分相近。两篇序言都对文学作品的“奇”表现出极大兴趣,尤其对《三国演义》奇异独特的审美价值做了细致评判。历史演义小说虽然通俗,但毕竟要忠于史实,那么,其“奇异”的审美价值又如何体现呢?因两序内容相近,不妨就李渔序做些分析。

李渔认为:“野史类多凿空,易于逞长。若《三国演义》,则据实指陈,非属臆造,堪与经史相表里。由是观之,奇又莫奇于《三国》矣。”《三国演义》是历史小说,要符合历史的实际,与《水浒传》《西游记》《金瓶梅》等小说不同,因此《三国演义》尤为奇特。历史演义小说很多,为何只有《三国演义》可称作奇书?这是因为“三国者,乃古今争天下之一大奇局;而演三国者,又古今为小说之一大奇手也”。这就从两个方面揭示了《三国演义》之所以奇特的原因:一是三国历史本身便为“古今争天下之一大奇局”,二是《三国演义》的作者为“古今为小说之一大奇手”。从客观上看

---

① 〔明〕梦藏道人:《三国志演义序》,见丁锡根编著《中国历代小说序跋集》,人民文学出版社1996年版,第896~897页。

② 〔清〕李渔:《古本三国志序》,见丁锡根编著《中国历代小说序跋集》,人民文学出版社1996年版,第899~901页。

小说题材奇,从主观上看作者手法奇,故而造就了《三国演义》的“奇”。

首先是历史题材之奇。汉末董卓擅权,群雄并起,刘备若能及早得到诸葛亮的辅佐,或许早就可以见到光武中兴的局面。但是天运善变,董卓虽然被诛,曹操却又挟天子以令诸侯,迫使刘备历经磨难,失去了建大义于天下的良机。这时大江南北或为曹操所有,或为东吴所据,唯有西南一隅,为刘备托足之地。若非诸葛亮帮助东吴取得赤壁之战的胜利,西南一隅恐怕也被曹操占据,东吴也难独立,那就会形成王莽篡汉的局面。但是天运再次变化,于是便有了三分天下的格局。政治军事局势的反复变化造成了题材之奇。

其次是历史人物之奇。“曹操一生,罪恶贯盈,神人共怒,檄之,骂之,刺之,药之,烧之,劫之,割须折齿,堕马落堑,濒死者数,而卒免于死。为敌者众,而为辅亦众;此又天之若有意以成三分,而故留此奸雄以为汉之蟊贼。”曹操虽然恶贯满盈,却躲过了一次又一次的危难。除曹操之外,周瑜、司马懿也都是奇异之人。曹操虽死,却又有司马懿成为诸葛亮的强劲对手。东吴也是人才济济,周瑜死后,又有陆逊做统帅,致使刘备惨败。“似皆恐鼎足之中折,而叠出其人才以相持也。”由于奇异人物的不断出现,造成了故事情节之奇。

再次是同起同灭之奇。“自古割据者有矣,分王者有矣,为十二国,为七国,为十六国,为南北朝,为东西魏,为前后梁,其间乍得乍失,或亡或存,远或不能一纪,近或不逾岁月,从未有六十年中,兴则俱兴,灭则俱灭,如三国争天下之局之奇者也。”假如三国并存时间太短,很难有复杂奇异的情节。反之,如果时间跨度太久,也同样很难驾驭。魏、蜀、吴三国几乎在数十年间同起同灭,这一历史奇局为小说家提供了绝好的素材。

最后是阅读之奇。《三国演义》的奇,“足以使学士读之而快,委巷不学之人读之而亦快;英雄豪杰读之而快,凡夫俗子读之而亦快;拊髀扼腕,有志乘时者读之而快,据梧而壁无情用世者读之而亦快也”。这就是说,不同的读者都可以通过阅读《三国演义》获得奇异的快感。

关于小说家手法之奇,李渔给予了充分肯定,认为罗贯中的手法甚至超过了陈寿："然三国之局固奇，而非得奇手以传之，则其奇亦不著于天下后世之耳目。"陈寿的《三国志》"质以文掩，事以意晦，而又爱憎自私，去取失实，览者终为郁抑不快"，"作演义者，以文章之奇而传其事之奇，而且无所事于穿凿，第贯穿其事实，错综其始末，而已无之不奇"。李渔认为，由于素材本身之奇，所以《三国演义》的作者只要"贯穿其事实，错综其始末"就可以取得"无之不奇"的效果。而要做到这一点，实非易事。作者只有匠心独运、精心营造才能完成。李渔在清两衡堂刊本《三国志演义序》中进而指出："首尾映带，叙述精详，贯穿联络，缕析条分。事有吻合而不雷同，指归据实而非臆造。……传中模写人物情事，神彩陆离，了若指掌，且行文如九曲黄河，一泻直下，起结虽有不齐，而章法居然井秩，几若《史记》之列本纪、世家、列传，各成段落者不侔。是所谓奇才奇文也。"[①]从叙事手法、情节结构、人物塑造等几个方面肯定了小说家的"奇才"。

李渔之外，清代还有不少人指出了《三国演义》奇异的审美价值。雍正七年致远堂刊本卷首有稺明氏所撰《三国演义叙》，这篇序言的作者是一位古文家，他将《三国演义》与古文做了比较，认为毛宗岗在《读三国志之法》中所说的"起结关锁，埋伏照应，所续离合宾主烘染之妙，一皆周秦汉魏六朝唐宋之文之遗法也。则《三国志》之奇，固不若周秦汉魏六朝唐宋之文之尤奇也。但人情听古乐而欲卧，闻新声而忘倦者比比。今既不能强斯世之人，尽喜读周秦汉魏六朝唐宋之文，而犹赖评野史者，尚能进以周秦汉魏六朝唐宋之文之法，则视一切蛙鸣蝉噪之书，相悬奚啻倍蓰乎！"[②]《三国演义》虽然是部小说，却可以使人们了解古文奇异之法。

雍正十二年郁文堂刊本黄叔瑛《三国演义序》对毛评本给予了高度评价："观其领挈纲提，针藏线伏，波澜意度，万窍玲珑，真是通身手眼。

① 〔清〕李渔：《三国志演义序》，见丁锡根编著《中国历代小说序跋集》，人民文学出版社 1996 年版，第 902～903 页。

② 〔清〕稺明氏：《三国演义叙》，见丁锡根编著《中国历代小说序跋集》，人民文学出版社 1996 年版，第 904 页。

而此书所自有之奇，与前此所未剖之秘，一旦披剥尽致，轩豁呈露，不惟作者功臣，以之追配圣叹外书，居然鼎足，不相上下。”①认为毛评本的功绩就是揭示了《三国演义》的“自有之奇”。光绪七年群玉山房刊本莼史氏《重校第一才子书叙》认为：“《三国志演义》一书，小说也，而未尝不可以观文章。自毛氏评之，圣叹称之述之，人知其书非寻常小说家比，且有以大文章视其书者。夫文章莫不妙于平庸陈腐，而莫妙于奇。……然则以奇说奇，上下数十年间，俾阅者知国势之鼎立，征战之逞雄，运筹之多谋，人才之散处分布，不择地而生。书中演说，有陈史所未发，申之而详者；有陈史所未备，补之而明者。陆离光怪，笔具锋芒，快心悦目，足娱闲遣，足助清谭；人皆称善，则虽谓之大文章可矣。”②指出了《三国演义》“以奇说奇”的审美价值。

明清两代对《三国演义》奇异独特审美价值的揭示，丰富了古代小说的幻奇理论。不仅神魔志怪小说以及英雄传奇小说具有幻奇的特点，即使历史演义小说也同样具有这一特点。但历史演义小说的奇必须具备两个条件，即题材奇、手法奇。真正能够满足这两个条件的历史演义小说并不多见，这也正是《三国演义》难以超越的原因。

四、其他价值取向

晚明异端思潮的代表李贽在明书林熊冲宇种德堂刊本卷首撰写《三国志叙》，表现出了一种全新的价值取向，他说：

> 且古来割壤窃号，递兴倏废，皆强并弱款，并未有如三国智足相衡，力足相抗，一时英雄云兴，豪杰林集，皆足当一面，敌万夫，机权往来，变化若神，真宇内一大棋局。两国手争能，不相下哉，宜志士览古乐观而忘倦也。乃吾所喜《三国》人物，则高雅若孔北海，狂肆若祢

① 〔清〕黄叔瑛：《三国演义序》，见丁锡根编著《中国历代小说序跋集》，人民文学出版社1996年版，第905～906页。

② 〔清〕莼史氏：《重校第一才子书叙》，见丁锡根编著《中国历代小说序跋集》，人民文学出版社1996年版，第907页。

正平，清隐若庞德公，以至卓行之崔州平，心汉之徐元直，玄鉴之司马德操，皆未效尽才于时。然能不为者，乃能大有为，而无所轻用者，正其大有用也。若人而可作，吾愿与为莫逆交。若诸葛公之矫矫人龙，则不独予向慕之，虽三尺竖子，皆神往之耳。世之阅《三国》者，傥尚多古人，将无同志乎？敢以质之知者。①

李贽不再纠缠于正统与非正统之争，也不再关心仁义道德之高下，而是将目光转向了孔融、祢衡、庞统、崔州平、徐庶、司马徽等人的气质与才华。不难看出，上述人物或特立独行，或隐居林下，李贽认为他们只有“不为”，才能大有作为。这是对个体人格价值的充分肯定。

明建阳吴观明刊本《李卓吾先生批评三国志》卷首载有缪尊素的《三国志演义序》，其价值取向亦十分独特。他认为刘备未竟其业，诸葛亮未尽其用，都不值得遗憾。使人感到遗憾的是，刘备、诸葛亮未能充分发挥吕布、周瑜的才能：“吕布一无赖匹夫，然有诛董卓之功，便当十世宥之。况布既能诛卓，亦必能诛操，借之为用，事在反掌，昭烈思未及此乎？若夫武侯之才，非死于周瑜者也；而周瑜之才，实能制曹瞒者也。赤壁一战，胆气已裂。倘使周瑜得尽其才，而武侯阴为之辅，曹瞒即奸雄，未必骄横至此！‘既生瑜，何生亮？’武侯倘闻此言，得无有悔其太骤者耶？”②吕布虽然人品极差，但具有盖世武功；周瑜虽然与诸葛亮各事其主，但其军事才能非同一般。假如刘备、诸葛亮能够联合吕、周二人，曹操未必能够得逞。这是对人才的一种全新见解，表现出与李贽相同的价值取向。

明人熊飞将《三国演义》《水浒传》合刻，名曰《英雄谱》。卷首有杨明琅的序言，其价值取向也很独特。序曰：“夫《水浒》《三国》，何以均谓之英雄也？曰：《水浒》以其地见，《三国》以其时见也。……向使遇得其时，而处当其地，则桃园之三结，与五臣之赓歌何以异？……寿亭

① 〔明〕李贽：《三国志叙》，见丁锡根编著《中国历代小说序跋集》，人民文学出版社 1996 年版，第 894～895 页。

② 〔明〕缪尊素：《三国志演义序》，见朱一玄、刘毓忱编《三国演义资料汇编》，百花文艺出版社 1983 年版，第 274 页。

侯忠义千古，黑旋风孝勇绝伦，持其青龙偃月扑刀大斧，何难劈开霄壤，扫荡妖氛耶？至若正平吐气于三弄，与日月而争光，夜叉发愤于一剑，登人肉于刀俎。其一时之志士贞夫烈女壮妇，靡不接踵辈出，以逞奇于天地之间。而又无所谓圣君贤相者，以大竟其用，而卒究其才。则时安得不为三国，地安得不为水浒？……故为君者不可以不读此谱，一读此谱，则英雄在君侧矣；为相者不可以不读此谱，一读此谱，则英雄在朝廷矣。经略掌勤王之师，马部主犁庭之役，又不可以不读此谱，一读此谱，则干城腹心尽属英雄，而沙漠鬼哭之傺，玉门冤号之声，各不复闻于耳矣。”①这就是说，《三国演义》可以让君相明白用人之道，使英雄能够施展才能，为国效力。

清光绪十年上海铅印本《三国演义》卷首傅冶山《三国演义跋》认为《三国演义》具有军事价值：“《三国演义》一书，所载战法阵法及雄韬武略，其深裨于实用者，诚非浅鲜。凡为士者，自束发受书，皆欲博览古今，贯通史事，求其宜古而不戾于公者，储有用之学，以为他年庭献之资。然史之所记，不过悉历朝君德之盛衰，臣品之忠奸，与夫礼乐典章宏纲巨制而已，绝未有记战法阵法如《三国演义》者。是书也，世人咸谓之为小说耳，不知是书虽曰小说，而其行军议论严正，余常玩索之，辄爱其贯串群书，深有合于六韬与夫司马穰苴之法。”②这一价值取向并非空穴来风，清人陈康祺《燕下乡脞录》称：“嘉庆间，忠毅公额勒登保，初以侍卫从海超勇公帐下，每战，辄陷阵，超勇曰：‘尔将材可造，须略识古兵法。’以翻清《三国演义》授之，卒为经略，三省教匪平，论功第一。”③可以看出，《三国演义》的确能够在兵法谋略方面给人以启发和帮助。

上述《三国演义》的多重价值在当下仍有重要意义，历史认识价值、

---

① 〔明〕杨明琅：《叙英雄谱》，见朱一玄、刘毓忱编《三国演义资料汇编》，百花文艺出版社 1983 年版，第 286 ~ 287 页。

② 〔清〕傅冶山：《三国演义跋》，见丁锡根编著《中国历代小说序跋集》，人民文学出版社 1996 年版，第 907 ~ 908 页。

③ 〔清〕陈康祺：《燕下乡脞录》，见朱一玄、刘毓忱编《三国演义资料汇编》，百花文艺出版社 1983 年版，第 710 页。

审美价值自不待言，李贽所指出的人才问题，也是值得我们认真思考的问题。即使忠义等伦理道德价值也并非迂腐之见。当今社会亟须重新审视和建构价值观，明清序跋对《三国演义》的价值取向应当是一个有益的参考。

第三节 《水浒传》明清序跋的差异及其原因

《水浒传》成书并刊行之后，明清两代文人为其所作序跋甚夥，成为《水浒传》诠释的重要内容。认真考察一下这些序跋，可以发现明清两代的评价取向有着明显变化，在某些方面甚至截然不同：明人认为是"忠义"之作，清人则认为是"诲盗"之作；明人对宋江称赏有加，清人则对之深恶痛绝。之所以产生这种不同甚至截然相反的见解，主要是时代和社会环境使然。但某一见解一旦形成，又会造成深远影响。对此现象做些深入分析，找出其意见相左的内在原因，或许可以帮助我们更好地理解这部奇书，并对当今学界之分歧挖掘出历史的根源。

一、明代"忠义"说

《水浒传》是否为赞美"忠义"之作？对这一问题，明清两代的序跋针锋相对，得出了完全不同的结论。

明代大声疾呼《水浒传》乃"忠义"之作的评论者，应首推著名思想家、异端思潮的代表李贽，他的《忠义水浒传序》可称得上是一篇全面肯定《水浒传》为忠义之作的宣言。① 他首先指出，《水浒传》是一部"发愤之作"，"施、罗二公身在元，心在宋。虽生元日，实愤宋事。是故愤二帝之北狩，则称大破辽以泄其愤；愤南渡之苟安，则称灭方腊以泄其愤。敢问泄愤者谁乎？则前日啸聚水浒之强人也。欲不谓之忠义不可也"。这

① 关于该序是否为李贽所作，学界曾有争议。胡适认为："但学界一般认为该序为李贽所作，评点批语则存疑。"（胡适：《百二十回本〈忠义水浒传〉序》，见《中国章回小说考证》，安徽教育出版社 1999 年版，第 99 页。）这一观点为人们所普遍接受。

就是说,《水浒传》的作者在梁山好汉身上寄托着强烈的民族意识和对南宋朝廷的极端不满,所以他们必定是忠义的化身。他接着分析了“水浒之众,何以一一皆忠义”的原因,按照他的理解,小德应当服从大德,小贤应当服从大贤。现在却是“以小贤役人,而以大贤役于人”,“其势必至驱天下大力大贤而尽纳之水浒矣。则谓水浒之众,皆大力大贤有忠有义之人可也”。他所说的小贤、小德,显然是指把持朝政的蔡京、高俅、童贯、杨戬等人,是他们把宋江等“大贤、大德”之人逼上了梁山。

李贽特别肯定宋江的“忠义”:“独宋公明者,身居水浒之中,心在朝廷之上;一意招安,专图报国;卒至于犯大难,成大功,服毒自缢,同死而不辞,则忠义之烈也！真足以服一百单八人者之心。故能结义梁山,为一百单八人之主。”宋江之所以接受招安是为了“报国”,即使最后被毒死,也是视死如归、大忠大义的壮烈之举。可见李贽把“报国”作为忠义的最高准则,宋江等梁山好汉一心为国,所以他们自然而然成为忠义的化身。

李贽最后呼吁人们都要认真来读《水浒传》:“故有国者不可以不读。一读此传,则忠义不在水浒,而皆在于君侧矣。贤宰相不可以不读。一读此传,则忠义不在水浒,而皆在于朝廷矣。兵部掌军国之枢,督府专阃外之寄,是又不可以不读也。苟一日而读此传,则忠义不在水浒,而皆为干城心腹之选矣。否则,不在朝廷,不在君侧,不在干城心腹,乌乎在？在水浒！此传之所为发愤矣！”曲终奏雅,李贽终于说出了他的真实用意,即《水浒传》可从反面警惊上至帝王、下至将相,不要像道君皇帝那样昏庸,不要像蔡京、高俅那样迫害贤良,那么,朝廷上下就会都是忠义之人。反过来,就只能把忠义之人统统驱赶到水浒梁山,朝廷之上则成为奸佞小人的天下。

在李贽之前,论者曾称《水浒传》为“义勇”之作,或“礼义”之作,但很少有人称其为“忠义”之作。如南宋周密《癸辛杂识·续集》卷上所载龚开的《宋江三十六赞》,龚开在序言中说:“余尝以江之所为,虽不得自齿,然其识性超卓,有过人者。立号既不僭侈,名称俨然,犹循轨辙,虽托之记载可也。古称柳盗跖为盗贼之圣，以其守壹至于极处，能出类而拔萃。若江者，其殆庶几乎！"①龚开生活于南宋后期，他对宋江主要肯定了两点，一是"识性超卓，有过人者"，这是因为他受了《东都事略·侯蒙传》所称"其材必过人"的影响，故有此完全一致的评价。二是"立号既不僭侈，名称俨然，犹循轨辙"，意谓宋江等人的名号并未超出法度的范围。所以他要"即三十六人，人为一赞，而箴体在焉。盖其本拨矣，将使一归于正，义勇不相戾，此诗人忠厚之心也"。也就是说，宋江等三十六人既勇且义，而未言其忠。

明代略早于李贽的另一位著名学者郎瑛在其《七修类稿》卷二十五"辩证类·宋江原数"中，从另一角度认为梁山好汉为"礼义"之徒。他说："史称宋江三十六人横行齐、魏，官军莫抗，而侯蒙举讨方腊，周公谨载其名赞于《癸辛杂志》，罗贯中演为小说，有'替天行道'之言，今扬子、济宁之地，皆为立庙。据是，逆料当时非礼之礼，非义之义，江必有之，自亦异于他贼也。"②郎瑛认为宋江必有"非礼之礼，非义之义"，因而"异于他贼"。所谓"非礼之礼，非义之义"，即与正统的"礼""义"有所不同的"礼""义"，但这种"礼""义"很受当地民众的拥戴，所以在其活动过的地区"皆为立庙"。

当今许多论者一般都将李贽视为反对礼教的异端思潮的代表，他却如此赞美《水浒传》的"忠义"，原因何在呢？实际上李贽并不笼统地反对礼，反而十分重视礼。他反对的是过于执泥古礼和只知外在的法律条文："今之言政、刑、德、礼者，似未得礼意，依旧说在政教上去了，安能使民格心从化也？……是政与刑自是一套，俗吏之所为也，非道之以德者之事也。"③只有将外在的礼内化为主体要求，才能使天下从礼："由中而出者

---

① 〔宋〕周密：《癸辛杂识·续集》，见马蹄疾编《水浒资料汇编》，中华书局 1980 年版，第 452 页。

② 〔明〕郎瑛：《七修类稿》，见马蹄疾编《水浒资料汇编》，中华书局 1980 年版，第 471 页。

③ 〔明〕李贽：《道古录》卷上，见《李贽文集》第 7 册，社会科学文献出版社 2000 年版，第 364 ~ 365 页。

谓之礼,从外而入者谓之非礼;从天降者谓之礼,从人得者谓之非礼;由不学、不虑、不思、不勉、不识、不知而至者谓之礼,由耳目闻见,心思测度,前言往行,仿佛比拟而至者谓之非礼。”[①]梁山众人就是一批“不学、不虑、不思、不勉、不识、不知”却讲求忠义的好汉,所以,李贽对其称赞有加。

大概在李贽撰写这篇序言的同时,万历二十二年(1594),双峰堂刻印了《水浒志传评林》,该本卷首有署名为“天海藏”的一篇序言,开篇便说道:“先儒谓尽心之谓忠,心制事宜之谓义。愚因曰:尽心于为国之谓忠,事宜在济民之谓义。若宋江等,其诸忠者乎,其诸义者乎!”接着序言作者称梁山好汉“愤国治之不平,悯民庶之失所”,揭竿而起,锄强扶弱,劫富济贫。因此“有为国之忠,有济民之义”“岂可曰:此非圣经,此非贤传,而可藐之哉?”[②]这位“天海藏”与李贽可谓同声相求,见解完全一致。

明代自李贽之后,称《水浒传》为忠义者的序跋日见其多。如杨定见在《忠义水浒全书小引》中讲述了刻印此书经过,其中说道:“吾探吾行笥,而卓吾先生所批定《忠义水浒传》及《杨升庵集》二书与俱,挈以付之。无涯欣然如获至宝,愿公诸世。吾问二书孰先?无涯曰:‘《水浒》而忠义也,忠义而《水浒》也,知我罪我,卓老之《春秋》近是。其先《水浒》哉!其先《水浒》哉!’”[③]袁无涯可谓深得李贽之心,径直把《水浒传》与“忠义”画上了等号,使杨定见大为感动。再如“五湖老人”从批评当时假道学出发,在明宝翰楼刻本《忠义水浒全传》卷首序中说:“余于梁山公明等,不胜神往其血性。总血性发忠义事,而其人足不朽。……余于《水浒》一编,而深赏其血性,总血性有忠义名,而其传亦足不朽。”[④]“大涤余人”则从有益于人文之治出发,在明末芥子园刻本《忠义水浒传》卷首“缘

---

① 〔明〕李贽:《焚书》卷三《四勿说》,中华书局1961年版,第101页。

② 〔明〕天海藏:《题水浒传叙》,见朱一玄、刘毓忱编《水浒传资料汇编》,南开大学出版社2002年版,第192~193页。

③ 〔明〕杨定见:《忠义水浒全书小引》,见朱一玄、刘毓忱编《水浒传资料汇编》,南开大学出版社2002年版,第187页。

④ 〔明〕五湖老人:《忠义水浒全传序》,见朱一玄、刘毓忱编《水浒传资料汇编》,南开大学出版社2002年版,第188页。

起”中说：“自忠义之说不明，而人文俱乱矣。……急则治标，莫若用俗以易俗，反经以正经。故特评此传行世，使览者易晓。亦知《水浒》惟以招安为心，而名始传，其人忠义也。施、罗惟以人情为辞，而书始传，其言忠义也。”①

如此众多的序跋作者都众口一声地认为《水浒传》为忠义之作，这就不仅仅是人文思潮问题，而与当时的朝政有关。李贽所谓“以小贤役人，而以大贤役于人”；“天海藏”所谓“尽心于国之谓忠”“愤国治之不平”；“五湖老人”所谓“总血性有忠义名”等，并非空发议论，而都有着极强的针对性。只要看一下自正德、嘉靖以来宦官如何专权、党争如何尖锐、忠良如何遭受迫害，就不难明白这些论者的用意了。宦官刘谨，奸相严嵩、严世蕃父子等先后把持朝政数十年，结党营私，迫害忠良。如此腐败的朝政当然会激起人们对忠义的强烈呼唤。朝政既然被这样一批小人把持着，人们自然就会将目光转向水浒中的英雄。诚如李贽所说：“不在朝廷，不在君侧，不在干城心腹，乌乎在？在水浒！”这就是明代序跋将《水浒传》视为忠义之作的现实原因。

二、清代“诲盗”说

当然，明代也曾有人批评《水浒传》为“诲盗”之书，但很少有人直接否定“忠义”之说。然而到了清初，以金圣叹为代表的许多评论者突然众口一词地否定《水浒传》为“忠义”之书。金圣叹为被自己腰斩的《第五才子书施耐庵水浒传》写了三篇序言，在第二篇序言中他对“忠义”之说大加挞伐。他首先分析了《水浒》这一书名的含义：“观物者审名，论人者辨志。施耐庵传宋江，而题其书曰《水浒》，恶之至，迸之至，不与同中国也。”为何“水浒”这一名称“恶之至，迸之至，不与同中国也”？这是因为“王土之滨则有‘水’，又在水外则曰‘浒’，远之也。远之也者，天下之凶物，天下之所共击也；天下之恶物，天下之所共弃也。若使忠义而在水浒，

① 〔明〕大涤余人：《刻忠义水浒传缘起》，见朱一玄、刘毓忱编《水浒传资料汇编》，南开大学出版社2002年版，第199～200页。

忠义为天下之凶物恶物乎哉!”所以他认为施耐庵当初之所以命名此书为《水浒》,已包含水浒众人绝对不可能“忠义”的用意。“而后世不知何等好乱之徒,乃谬加以‘忠义’之目。呜呼!忠义而在《水浒》乎哉?”甚至进一步指斥道:“以忠义予水浒者,斯人必有怼其君父之心,不可以不察也。”①这无疑将批评的矛头直指李贽等明代的评论者。

金圣叹论述了“忠义”不在水浒而在朝廷的道理:“忠者,事上之盛节也;义者,使下之大经也。忠以事其上,义以使其下,斯宰相之材也。忠者,与人之大道也;义者,处己之善物也。忠以与乎人,义以处乎己,则圣贤之徒也。……且水浒有忠义,国家无忠义耶!夫君则犹是君也,臣则犹是臣也,夫何至于国而无忠义?此虽恶其臣之辞,而已难乎为吾之君解也。父则犹是父也,子则犹是子也,夫何至于家而无忠义?此虽恶其子之辞,而已难乎为吾之父解也。”他认为说《水浒》为“忠义”就等于否定了国家的忠义,否定了“君父”的存在。

既然如此,施耐庵撰写《水浒传》的用意何在呢?在金圣叹看来,宋江等人“其幼皆豺狼虎豹之姿也,其壮皆杀人夺货之行也,其后皆敲扑劓刖之余也,其卒皆揭竿斩木之贼也。有王者作,比而诛之,则千人亦快,万人亦快者也,如之何而终亦幸免于宋朝之斧锧。彼一百八人而得幸免于宋朝者,恶知不将有若干百千万人,思得复试于后世者乎?耐庵有忧之,于是奋笔作传,题曰《水浒》,意若以为之一百八人,即得逃于及身之诛僇,而必不得逃于身后之放逐者,君子之志也。而又妄以‘忠义’予之,是则将为戒者而反将为劝耶!”金圣叹认为施耐庵原作仅有七十回,结末让梁山贼人“即得逃于及身之诛僇,而必不得逃于身后之放逐”,故以“惊噩梦”作结。罗贯中反而使之受招安、灭方腊,一一封赏,遂成“恶札”。

金圣叹生活于明末清初,上距几位明末的评论者不过十多年,观点却发生了剧变,其原因亦当从现实社会政治中去寻找。早在20世纪20年代胡适曾讨论过这一问题,他说:

---

① 〔清〕金圣叹:《水浒传序二》,见《第五才子书施耐庵水浒传》卷一,中华书局1975年影印贯华堂刻本。

圣叹最爱谈"作史笔法",他却不幸没有历史的眼光,他不知道《水浒》的故事乃是四百年来老百姓与文人发挥一肚皮宿怨的地方。宋、元人借这故事发挥他们的宿怨,故把一座强盗山寨变成替天行道的机关。明初人借他发挥宿怨,故写宋江等平四寇立大功之后反被政府陷害谋死。明朝中叶的人——所谓施耐庵——借他发挥他的一肚皮宿怨,故削去招安以后的事,做成一部纯粹反抗政府的书。①

因为胡适当年没有见到七十回本之外的《水浒传》,对《水浒传》成书演变的过程还把握得不太准确,所以他的这一段论述存在不少问题。尤其说腰斩《水浒》是明朝中叶人所为,更为不妥。这样一来他就无法解释为何明代后期众多评论者都称赞《水浒》为忠义之作,而不是什么"纯粹反抗政府的书"。实际上金圣叹并非"没有历史的眼光",应该说他的眼光不仅看到了历史,而且更加重视现实。请看金圣叹在七十回本"楔子"前的批语:

哀哉乎,此书既成,而命之曰《水浒》也。是一百八人者,为有其人乎,为无其人乎?诚有其人也,即何心而至于水浒也?为无其人也,则是为此书者之胸中,吾不知其有何等冤苦,而必设言一百八人,而又远托之于水涯。吾闻率土之滨,莫非王臣,普天之下,莫非王土也。一百八人而无其人,犹已耳。一百八人而有其人,彼岂真欲以宛子城、蓼儿洼者,为非复赵宋之所覆载乎哉?吾读《孟子》,至伯夷避纣居北海之滨、太公避纣居东海之滨二语,未尝不叹纣虽不善,不可避也;海滨虽远,犹纣地也:二老倡众,去故就新,虽以圣人,非盛节也。彼孟子者,自言愿学孔子,实未离于战国游士之习,故犹有此言,未能满于后人之心。若孔子其必不出于此。今一百八人而有其人,殆不止于伯夷、太公居海避纣之志矣。大义灭绝,其何以训?若一百八人而无其人也,则是为此书者之设言也。为此书者,吾则不知其胸中有何等冤苦,而为如此设言。然以贤如孟子,犹未免于大醇小疵之

① 胡适:《水浒传考证》,见胡适《中国章回小说考证》,安徽教育出版社 1999 年版,第 43 页。

讥,其何责于稗官？后之君子,亦读其书、哀其心可也。①

金圣叹说得何等明白！“殆不止于伯夷、太公居海避纣之志”,言外之意就是要超出两位古代圣贤的志向,亦即要“大义灭绝”,揭竿而起。而作书之人“其胸中有何等冤苦,而为如此设言”。也就是说,《水浒传》的作者是有意而为的,绝不是无病呻吟。

但金圣叹在《读第五才子书法》的开头又曾说:“施耐庵本无一肚皮宿怨要发挥出来,只是饱暖无事,又值心闲,不免伸纸弄笔,寻个题目,写出自家许多锦心绣口,故其是非皆不谬于圣人。后来人不知,却于《水浒》上加‘忠义’字,遂并比于史公发愤著书一例,正是使不得。”因此有人(如胡适先生)认为金圣叹前后矛盾,“没有历史的眼光”。然而,就在这段话后面,金圣叹接着说:“《水浒传》有大段正经处,只是把宋江深恶痛绝,使人见之真有犬彘不食之恨。从来人却是不晓得,《水浒传》独恶宋江,亦是歼厥渠魁之意,其余便饶恕了。”②看来,金圣叹认为《水浒传》的作者还是有所为而发的,只是不同意“忠义”之说而已。究竟出于何种原因,使金圣叹对“忠义”之说如此痛恨呢？说起来十分简单,正是明末农民起义使金圣叹产生了这种见解。胡适先生对此曾有一段论述:

这部七十回的《水浒传》处处“褒”强盗,处处“贬”官府。这是看《水浒》的人,人人都能得着的感想。圣叹何以独不能得着这个普遍的感想呢？这又是历史上的关系了。圣叹生在流贼遍天下的时代,眼见张献忠、李自成一班强盗流毒全国,故他觉得强盗是不能提倡的,是应该“口诛笔伐”的。圣叹是一个绝顶聪明的人,故能赏识《水浒传》。但文学家金圣叹究竟被《春秋》笔法家金圣叹误了。他赏识《水浒传》的文学,但他误解了《水浒传》的用意。他不知道七十

---

① 〔清〕金圣叹:《第五才子书施耐庵水浒传》楔子评语,中华书局1975年影印贯华堂刻本。

② 〔清〕金圣叹:《第五才子书施耐庵水浒传·读第五才子书法》,中华书局1975年影印贯华堂刻本。

回本删去招安以后事正是格外反抗政府，他看错了，以为七十回本既不赞成招安，便是深恶宋江等一班人。所以他处处深求《水浒传》的“皮里阳秋”，处处把施耐庵恭维宋江之处都解作痛骂宋江。这是他的根本大错。①

胡适先生指出金圣叹出于对现实社会的考虑而反对称颂梁山好汉，这无疑是正确的。但这恰恰说明了金圣叹对《水浒传》的本来用意是非常清楚的，而绝非“误解了《水浒传》的用意”。金圣叹在《水浒传序二》里说得再明白不过：“彼一百八人而得幸免于宋朝者，恶知不将有若干百千万人，思得复试于后世者乎?”所以他绝不允许宋江等人接受招安，所以明明是他腰斩《水浒传》，却偏偏要伪造出一个七十回本的“施耐庵古本”。胡适先生大概也被金圣叹的“皮里阳秋”所迷惑了，因此才认为在金圣叹之前，确实存在一种七十回本的《水浒传》；而金圣叹又误解了施耐庵，把“恭维宋江之处都解作痛骂宋江”。这简直就像是一个连环错，现在应当把它们一一理清了。

三、明代对宋江之赞美

与“忠义”之争相联系的，是对宋江及梁山好汉是否为盗贼的评价问题。在这一问题上，明清两代《水浒传》序跋依然有着明显的分歧。明人沈德符《万历野获编》卷五“武定侯进公”称，嘉靖年间武定侯郭勋家中有《水浒传》一部，“今新安所刻《水浒传》善本，即其家所传，前有汪太函《序》，托名天都外臣者”。② 尽管此本现已无可得见，那篇序言却保留了下来，此序落款署“万历己丑孟冬”，即万历十七年（1589），这应是我们今天所能够知道的对《水浒传》较早的评论之一。该序对宋江有一大段分析：

---

① 胡适：《水浒传考证》，见胡适《中国章回小说考证》，安徽教育出版社1999年版，第43页。

② 〔明〕沈德符：《万历野获编》卷五《勋戚》，见马蹄疾编《水浒资料汇编》，中华书局1980年版，第356页。

江以一人主之,始终如一。夫以一人而能主众人,此一人者,必非庸众人也。使国家募之而起,令当七校之队,受偏师之寄,纵不敢望鬉将军、韩忠武、梁夫人、刘岳二武穆,何渠不若李全、杨氏辈乎?余原其初,不过以小罪犯有司,为庸吏所迫,无以自明。既蒿目君侧之奸,拊膺以愤,而又审华夷之分,不肯右绁辽而左绁金,如郦琼、王性之逆。遂啸聚山林,凭陵郡邑。虽掠金帛,而不虏子女。唯翦婪墨,而不戕善良。诵义负气,百人一心。有侠客之风,无暴客之恶。是亦有足嘉者。①

该序从三个方面肯定了宋江的所作所为:一是能够率领梁山众人,“始终如一”,“必非庸众人也”,也就是说宋江是一位难得的将帅之才。这是从能力上对宋江的肯定。二是宋江之所以“啸聚山林”,乃是“为庸吏所迫”。同时又出于对朝廷内忧外患的现实和不肯屈服于辽金侵略者的考虑。这是从道义上对宋江的肯定。三是虽然落草为寇,但“有侠客之风,无暴客之恶”。这是从人品上对宋江的肯定。既然宋江完全是一位正面人物形象,那么,以他为首的梁山好汉当然也就不是盗贼。这位“天都外臣”又以孟子的观点为据,证明梁山众人不过是“窃钩者”,而蔡京、童贯、高俅之徒“诚窃国之大盗也”。甚至认为“道君为国,一至于此,北辕之辱,固自贻哉!”这与前举李贽所说“大贤处下,不肖处上”“以小德役大德,小贤役大贤”的观点相一致,为梁山好汉啸聚山林做了辩解。

另一位明人张凤翼说得更加直接:“礼失而求诸野,非得已也。论宋道,至徽宗,无足观矣。当时,南衙北司,非京即贯,非俅即勔,盖无刃而戮,不火而焚,盗莫大于斯矣。宋江辈逋逃于城旦,渊薮于山泽,指而鸣之曰:是鼎食而当鼎烹者也,是丹毂而当赤其族者也!建旗鼓而攻之。即其事未必悉如传所言,而令读者快心,要非徒虞初悠谬之论矣。乃知庄生寓言于盗跖,李涉寄咏于被盗,非偶然也。兹传也,将谓诲盗耶,将谓弭盗

① 〔明〕天都外臣:《水浒传序》,见马蹄疾编《水浒资料汇编》,中华书局1980年版,第2页。

耶？斯人也，果为寇者也，御寇者耶？彼名非盗而实则盗者，独不当弭耶？”[1]这就是说，朝廷一班奸佞才是最大的盗贼，宋江等梁山好汉“建旗鼓而攻之”，不是什么强盗，而是“御寇”的正义之师。

明万历甲寅（1614）刊行的吴从先《小窗自纪》卷三有《读水浒传》一文，尽管该文所论述的故事内容与今知各本多有不同，但对宋江的评价与前述几人的观点完全一致：

> 及读稗史《水浒传》，其词轧札不雅，怪诡不经。独其叙宋江以罪亡之躯，能当推戴，而诸人以穷窜之合，能听约束，不觉抚卷叹曰：天下有道，其气伸于朝，天下无道，其气礴于野，信哉！夫江，一亭长耳，性善饮，朋从与游，江能尽醉之，且悉其欢。人驯谨，而其中了然呐厚，而其诺硁然，抚孤济茕，人人得呼公明，人人咸愿为公明用也。……吁！江宁贼也哉？归则整徒众，扣河北而河北平，击山东而山东定。……及江请取方腊以赞，而方腊受馘。功高不封，竟毙之药酒中。呜呼！宋之君臣亦忍矣哉！……江之用心，不负夫宋；而宋之屠戮，惨加于江。……则江之非贼明矣。[2]

吴从先将宋江与蔡京、童贯等人做了比较，得出了以上结论，全面肯定了宋江的所作所为。

明末崇祯年间，书商将《水浒》《三国》合为一刻，名之《英雄谱》，卷首有杨明琅所撰序言，称：“夫《水浒》《三国》，何以均谓之英雄也？曰：《水浒》以其地见，《三国》以其时见也。……向使遇得其时，而处当其地，则桃园之三结，与五臣之赓歌何以异？梁山一百八人与周廷师师济济何以异？……公明主盟结义，专图报国，虽为亚父之交欢可也。……又无所谓圣君贤相者，以大竟其用，用卒究其才。则时安得不为三国，地安得不为水浒？而英雄之卒以《三国》《水浒》见也，又其英雄所以已哉？然此谱

① ［明］张凤翼：《水浒传序》，见朱一玄、刘毓忱编《水浒传资料汇编》，南开大学出版社2002年版，第170页。

② ［明］吴从先：《小窗自纪》，见朱一玄、刘毓忱编《水浒传资料汇编》，南开大学出版社2002年版，第193～195页。

一合,而遂使两日英雄之士,不同时不同地而同谱。”①口口声声称梁山众人为英雄,认为朝廷无圣君贤相,才使他们或“不遇其时”,或“不遇其地”,否则就像历代英雄一样,可以名垂史册。

从万历十七年(1589)的“天都外臣”到崇祯年间的杨明琅,在几十年的时间之内,众多《水浒传》序跋作者的观点如此一致,远非个人好恶所可解释。他们出于对奸佞把持朝政的憎恶,反过来推许宋江等人的抗争。他们出于对朝廷文臣武将皆无能之辈的失望,反过来称颂宋江等人的能力。一句话,他们是把宋江等人当作正义与能力的代表来看待的。

当然,明代也有个别人持有异议,如明容与堂本《水浒传》卷首有无名氏(或曰怀林)所撰的《梁山泊一百单八人优劣》一文②,对包括宋江在内的梁山众人做了不同的评价。该文称李逵为“梁山泊第一尊活佛”,因为他“为善为恶,彼俱无意”,“无成心也,无执念也”。其他如“石秀之为杨雄,鲁达之为林冲,武松之为施恩,俱是也”。但宋江则不同,“逢人便拜,见人便哭……的是假道学,真强盗也”。该文显然受到了李贽“童心说”的影响,认为只有“绝假纯真,最初一念之本心”才是真心,不应受外在“闻见道理”的干扰。即使如此,他还是强调若宋江“能以此收拾人心,亦非无用人也。当时若使之为相,虽不敢曰休休一个臣,亦必能以人事君,有可观者矣”。仍然肯定了宋江的能力和才干。吴用虽“一味权谋,全身奸诈”,但“倘能置之帷幄之中,似亦可与陈平诸人对垒”。对梁山其余众人,该文则认为不过是一班强盗而已。

四、清代对宋江之批评

然而若与清代序跋作者相比,《梁山泊一百单八人优劣》一文的观点就算是非常温和的了。前面已经说到,金圣叹在《读第五才子书法》中曾

---

① 〔明〕杨明琅:《叙英雄谱》,见朱一玄、刘毓忱编《水浒传资料汇编》,南开大学出版社2002年版,第204~205页。

② 〔明〕无名氏:《梁山泊一百单八人优劣》,见《明容与堂刻水浒传》卷首,上海人民出版社1975年影印本。

断言："《水浒传》有大段正经处，只是把宋江深恶痛绝，使人见之真有犬彘不食之恨。""《水浒传》独恶宋江，亦是歼厥渠魁之意，其余便饶恕了。"出于这一判断，他在回评中处处揭露宋江的虚伪可恶。金圣叹为何"独恶宋江"呢？请看他在七十回本第十七回的评语：

> 此回始入宋江传也。宋江盗魁也，盗魁则其罪浮于群盗一等。然而从来人之读《水浒》者，每每过许宋江忠义，如欲旦暮遇之。此岂其人性喜与贼为徒？殆亦读其文而不能通其义有之耳。自吾观之，宋江之罪之浮于群盗也，吟反诗为小，而放晁盖为大。何则？放晁盖而倡聚群丑，祸连朝廷，自此始矣。宋江而诚忠义，是必不放晁盖也；宋江而放晁盖，是必不能忠义者也。此入本传之始，而初无一事可书，为首便书私放晁盖。然则宋江通天之罪，作者真不能为之讳也。……凡费若干文字，写出无数机密，而皆所以深着宋江私放晁盖之罪。盖此书之宁恕强盗，而不恕宋江，其立法之严有如此者。①

金圣叹不愧是一位善辩之才，为了证明"独恶宋江"的观点，他能够找出如此之多的理由。但从中也不难看出，他认为宋江及梁山众人都是"群丑""强盗"。因此，他要添加"惊噩梦"一节，并在结尾处评道："吾观《水浒》洋洋数十万言，而必以天下太平四字终之，其意可以见矣。后世乃复削去此节，盛夸招安，务令罪归朝廷，而功归强盗，甚且至于裒然以忠义二字而冠其端，抑何其好犯上作乱，至于如是之甚也哉？"②他认为宋江等人是强盗，与其反对"招安"、反对称《水浒》为"忠义"出于同一原因，即"生在流贼遍天下的时代"，"故他觉得强盗是不能提倡的，是应该口诛笔伐的"。应当说，金圣叹是一位能够自觉地将文学作品的诠释与现实相结合的高手。

金圣叹的观点受到了清代读者的普遍认同，这可以从他删改的七十

---

① 〔清〕金圣叹：《第五才子书施耐庵水浒传》第十七回评语，中华书局 1975 年影印贯华堂刻本。

② 〔清〕金圣叹：《第五才子书施耐庵水浒传》第七十回评语，中华书局 1975 年影印贯华堂刻本。

回本成为清代最流行的本子得到证明。顺治十四年醉耕堂本《第五才子书水浒传》卷首有王仕云《水浒传总论》一文,开头即说:“施耐庵著《水浒》,申明一百八人之罪状,所以责备徽宗、蔡京之暴政也。然严于论君相,而宽以待盗贼,令读之者日生放辟邪耻之乐,且归罪朝廷以为口实,人又何所惮而不为盗?余故深亮其著书之苦心,而又不能不深憾其读书之流弊。后世续貂之家,冠以忠义,盖痛恶富贵利达之士,敲骨吸髓,索人金钱,发愤而创为此论。其言益令盗贼作护身符。”①论调与金圣叹如出一辙。但他在为该本写的序言中,对金圣叹的观点又有一定修正:“此百八人者,始而夺货,继而杀人,为王法所必诛,为天理所不贷,所谓忠义者如是,天下之人不尽为盗不止,岂作者之意哉?”他认为金圣叹还没能够把作者“示戒之苦心”阐扬殆尽,于是他进而指出:“《水浒》百八人,非忠义皆可为忠义,是子舆氏祖述孔子性相近之论,而创为性善之意也夫。”②这就是说,梁山众人还是可以成为忠义之士的,但必须“生尧舜之世”,“不幸生徽宗时”,“遂相率而为盗耳”。尽管做了这些修正,但还是将梁山众人视为了强盗。

金圣叹等人目睹明清之际“流贼遍天下”的社会现实,故对《水浒传》有以上之评价,其观点却一直影响到了清中叶乃至清末。乾隆年间,天下逐渐由乱而治,但依然视《水浒》为“诲盗”之书。乾隆四十二年(1777),龚炜在其《巢林笔谈》卷一中说:“施耐庵《水浒》一书,首列妖异,隐托讽讥,寄名义于狗盗之辈,凿私智于穿窬之手,启闾巷党援之习,开山林啸聚之端,害人心,坏风俗,莫甚于此!”③将《水浒传》完全视为诲盗之书,甚至认为《水浒传》的文字亦不必推崇:“古来写生文字,供人玩味者何限,而必沾沾于此耶?”也有人“截取百十五回本之六十七回至结末,称《后水

① 〔清〕王仕云:《水浒传总论》,见朱一玄、刘毓忱编《水浒传资料汇编》,南开大学出版社 2002 年版,第 307 页。

② 〔清〕王仕云:《第五才子水浒序》,见朱一玄、刘毓忱编《水浒传资料汇编》,南开大学出版社 2002 年版,第 306 ~ 307 页。

③ 〔清〕龚炜:《巢林笔谈》,见朱一玄、刘毓忱编《水浒传资料汇编》,南开大学出版社 2002 年版,第 323 页。

浒》，一名《荡平四大寇传》，附刊七十回之后以行”①。该本卷首有“赏心居士”写于乾隆壬子(1792)年的序，称“以群焉蚁聚之众，一旦而驰驱报国，灭寇安民，则虽其始行不端，而能翻然悔悟，改弦易辙，以善其终，斯其志固可嘉，而其功诚不可泯”②。虽然肯定了梁山众人的“翻然悔悟”，但还是认为“其始行不端”。光绪十三年(1887)，“梦痴学人”在其《梦痴说梦·前编》中也认为：“即以《水浒》《金瓶》而言，其书久经焚毁，禁止刊刻，至今毒种尚在。”③

金圣叹之说的影响可谓既远且深，甚至曾受西方思想浸熏的某些评论者也未能走出金圣叹所笼罩的阴影。著名报人王韬于光绪十四年(1888)为《第五才子书水浒传》撰写了一篇序言，他说：“试观一百八人中，谁是甘心为盗者？必至于途穷势迫，甚不得已，无可如何，乃出于此。盖于时，宋室不纲，政以贿成，君子在野，小人在位，赏善罚恶，倒持其柄。贤人才士，困踣流离，至无地以容其身。其上者隐遁以自全，其下者，遂至失身于盗贼。呜呼！谁使之然？当轴者固不得不任其咎。能以此意读《水浒传》，方谓善读《水浒》者也。”④这是对金圣叹“上自乱作”观点的继承。接下来他又说：“近来兵戈浩劫，未尝非此等荡检逾闲之谈，默酿其殃。然则《水浒》一书，固可拉杂摧烧也。”既然如此，那为何还要刊行、并为之作序呢？他借“顽石道人”之口解释道：

> 鄙意，与其逆以遇之，不如顺以导之。世之读《水浒》者，方且以宋江为义士，虽耐庵、圣叹，大声疾呼，指为奸恶，弗顾也。……耐庵于《水浒传》，终结以一梦，明示以盗道无常，终为张叔夜所翦除。于是山阴忽来道人遂有《结水浒》之作，俾知一百八人者，丧身授首，明

① 鲁迅：《中国小说史略》，东方出版社1996年版，第116页。

② 〔清〕赏心居士：《续水浒征四寇全传叙》，见朱一玄、刘毓忱编《水浒传资料汇编》，南开大学出版社2002年版，第309页。

③ 〔清〕梦痴学人：《梦痴说梦》，见朱一玄、刘毓忱编《水浒传资料汇编》，南开大学出版社2002年版，第327页。

④ 〔清〕王韬：《水浒传序》，见朱一玄、刘毓忱编《水浒传资料汇编》，南开大学出版社2002年版，第327～328页。

正典刑，无一漏网。今我以《水浒传》为前传，《结水浒传》为后传，并刊以行世，俾世之阅之者，懔然以惧，废然以返，俾知强梁者不得其死，奸回者终必有报。既使飞扬跋扈，弄兵潢池，逆焰虽张，旋归澌灭，又何况区区一方之盗贼哉？两书并行，自能使诈悍之徒，默化于无形，乖戾之气，潜消于不觉，而后耐庵、圣叹之苦心，亦可大白于天下。①

稍后的严复、梁启超等大名鼎鼎的近代启蒙思想家，虽然认识到了小说的“入人之深、行世之远”，或小说所具有的“熏、浸、刺、提”的艺术感染力，但依然视《水浒传》为“诲盗”之书。严复、夏曾佑认为“稗史小说”比国史更易流传，特于光绪二十三年（1897）在《国闻报》上附印小说。应当说其见解极有道理。但同时他们又说：“《水浒传》者，志盗也，而萑蒲狐父之豪，往往标之以为宗旨……盖天下不胜其说部之毒，而其益难言矣。”②光绪二十八年（1902），梁启超在其著名论文《论小说与群治之关系》中多次提及《水浒传》，认为“读《水浒》竟者，必有余快、有余怒。”但他同时又认为《水浒传》能够引导人们成为盗贼：“今我国民绿林豪杰，遍地皆是，日日有桃园之拜，处处为梁山之盟，所谓‘大碗酒、大块肉、分秤称金银、论套穿衣服’等思想，充塞于下等社会之脑中，遂成为哥老、大刀等会，卒至有如义和拳者起，沦陷京国，启召外戎，曰：惟小说之故。呜呼！小说之陷溺人群乃至如是，乃至如是！”③

直至今日，金圣叹之说依然影响甚巨，钱穆先生曾评曰：“但最可怪者，乃是《水浒》作者独于忠义堂上众所拥戴之领袖呼保义及时雨宋公明，却深有微辞。……此层最是《水浒》作者写此一部大书之深微作意所在。……把自己一番心情混合在社会群众心情中曲曲传达。……然而直

---

① 〔清〕王韬：《水浒传序》，见朱一玄、刘毓忱编《水浒传资料汇编》，南开大学出版社2002年版，第328页。

② 严复、夏曾佑：《国闻报附印说部缘起》，见朱一玄、刘毓忱编《水浒传资料汇编》，南开大学出版社2002年版，第335页。

③ 梁启超：《论小说与群治之关系》，见朱一玄、刘毓忱编《水浒传研究资料汇编》，南开大学出版社2002年版，第336～337页。

要待到圣叹出来为之揭发，于是圣叹乃一本作者之隐旨，而索性把后面平方腊为国建功衣锦还乡种种无当于原作者之隐旨的一刀切断，只以忠义堂一梦来结束，而成为此下最所流行之七十回本，此亦是圣叹对《水浒》一书之绝大贡献。”那么，《水浒传》作者为何要对宋江“深有微辞”呢？钱穆先生接着分析道：“今既认为《水浒》一书之作意，乃为同情社会下层之起而造反，而对于利用此群众急切需要造反之情势，处心积虑，运使权谋，出为领袖之人物，则不予以同情。因此乃宁愿为王进之飘然远引。若果把握住此一作意，则惟有在元末明初之智识分子，乃多抱有此心情，恰与本书作意符合。而圣叹之直认施耐庵为《水浒》作者之意见，乃大值重视。”①这就是说，《水浒传》作者对明末农民起义是同情的，但对朱元璋利用农民起义夺取政权则“深有微辞”，只有元末明初的知识分子才会有此种心情。但问题在于，为什么明代的许多评论者没有看出这一点，只有金圣叹才有这种眼光和识别能力呢？

依笔者之见，《水浒传》的成书既然是一个漫长而复杂的过程，其思想内涵也必然极为丰富庞杂。历代序跋作者处于不同的时代和社会环境之中，对其诠释也必然带有各自时代的特征。那么，究竟有没有更接近作品原意的解释呢？从理论上说，应该是有此可能的。这就需要首先辨清最接近原作的版本，其次必须深入了解作品产生的各种社会因素，再次应从作品的整体出发，而不是抓住其中一点而不及其余。如此或可寻找到更接近实际的答案。

第四节 《西游记》序跋及其“原旨”与接受

《西游记》自问世后，便不断有人为其撰写序跋，对其原旨进行深入探讨。明清两代学者分别从“心学”和“三教同源”说立论，今人则更注重于多元文化的碰撞而提出多种论断。从阐释学的角度来看，正是这种种

① 钱穆：《中国文学论丛》，生活·读书·新知三联书店 2002 年版，第 154、155 页。

对"原旨"的探求,不断丰富着《西游记》的内涵。

所谓"原旨",即作者希望通过作品要表达出来的最本初的旨意,它与创作意图既有联系又有区别。按照文学创作的一般规律,作者在进行一部文学作品的创作时,总会带着某种意图,或者说要通过这部作品传达某种思想、情感、意志、愿望甚或某种潜在意识等。但是,作者的意图是否能够与作品所传达的实际情况相一致,则存在着很大的疑问。这首先是因为作者在进行创作时,很可能许多事情同时出现在他的脑海里,从而造成了其意图的复杂多变。其次,作者要运用语言创造出形象,再由这些形象表达出其意图,在这一转换过程中,其意图也难以原封不动地保留下来。这就是说,在分析、解读作品时,希望通过揭示出作者的所谓"意图",进而揭示出该作品的"原旨",实际上是极不可靠的。至于"主题",则是读者在阅读过程中对作品做出的归纳,与"原旨"相去甚远。读者可以根据自己的理解来归纳作品的主题,但认识作品的"原旨"必须考虑到作者的意图。那么,如何把握作品的"原旨"呢?

从逻辑上说,每一部文学作品都应有其"原旨",然而实际情况并不如此简单,尤其是像《西游记》这样的"奇书",自其问世以来,其"原旨"便引起了人们的浓厚兴趣。从阐释学的角度来看,人们对"原旨"的各种探求,使《西游记》的内涵得以日益丰富。然而,自20世纪20年代胡适、鲁迅等对明清以来各种观点基本上予以否定后,大多数研究者都接受了他们的意见,这实际上是不公正的。这不仅仅是因为包括胡适、鲁迅在内的评论者们对《西游记》这部小说"原旨"的揭示,曾受到了前人的启发;更本质的问题在于,无论多么高明的评论者都要受到各自主客观条件的限制,都很难穷尽这部小说的全部丰富内涵。因此,心平气和地重新审视明清以来一些有代表性的观点,分析其产生的主客观原因,可以更好地看出《西游记》"原旨"的揭示历程及其规律,对于更好地认识这部小说的性质也不无裨益。

一、明人的见解与明代"心学"

就今天所掌握的有关资料来看,明代陈元之、李贽、谢肇淛、袁于令、盛于斯、吴从先等人在《西游记》序跋中都对其原旨做出了阐释。细加分析便会发现，他们的见解有一个共同之处，即《西游记》是一部心与魔相关之作，但心是否能够统魔以及如何统魔，又有着不同的见解。

明世德堂本《西游记》卷首有陈元之序，该序作于壬辰年即万历二十年（1592）。有的研究者认为这位陈元之就是世德堂本《西游记》的校订者华阳洞天主人[①]，因此他的序言就显得格外重要，在某种程度上可以视为小说写定者对小说"原旨"的说明。该序在引用了司马迁和庄子的两段话后说道："若必以庄雅之言求之，则几乎遗《西游》。"在他看来，《西游记》是一部"踳駮滑稽""卮言漫衍"之书。"踳駮"同"跅弛"，《中华大字典》释为"放纵不羁"。"卮言"，出自《庄子·寓言》："卮言日出，和以天倪。"陆德明释文引司马彪云："谓支离无首尾言也。"简略谈了自己的见解之后，陈元之又说道："旧有叙，余读一过。亦不著其姓氏作者之名。岂嫌其丘里之言与？"那么，旧叙是如何理解《西游记》的原旨呢？陈元之接着说：

> 其叙以狲，狲也；以为心之神。马，马也；以为意之驰。八戒，其所戒八也；以为肝气之木。沙，流沙；以为肾气之水。三藏，藏神、藏声、藏气之三藏；以为郛郭之主。魔，魔；以为口耳鼻舌身意恐怖颠倒幻想之障。故魔以心生，亦以心摄。是故摄心以摄魔，摄魔以还理。还理以归之太初，即心无可摄。此类以为道道成耳。此其书直寓言者哉！[②]

这一旧叙大概是最早提出《西游记》"原旨"乃为"摄心"主张者，其推理方法是首先认定《西游记》是一部"寓言"之书，再根据小说中屡称孙悟空为"心猿"、白马为"意马"，取经路上又是以悟空为主降妖伏魔，遂得出这一结论。陈元之基本上同意这一说法，因此他接着说："唐光禄既购是书，奇之，益俾好事者为之订校，秩其卷目梓之，凡二十卷数千（十）万言

---

① 张锦池：《西游记考论》，黑龙江教育出版社1997年版，第406～421页。

② 〔明〕陈元之：《西游记序》，见刘荫柏编《西游记研究资料》，上海古籍出版社1990年版，第556页。

有余,而充叙于余。余维太史、漆园之意,道之所存,不欲尽废,况中虑者哉?故聊为缀其轶叙叙之。不欲其志之尽湮,而使后之人有览,得其意忘其言也。”

为了让后世读者充分了解这一原旨,他再三强调这部小说的寓言性质:“彼以为浊世不可以庄语也,故委蛇以浮世。委蛇不可以为教也,故微言以中道理。道之言不可以入俗也,故浪谑笑虐以恣肆。笑谑不可以见世也,故流连比以明意。于是其言始参差而俶诡可观;谬悠荒唐,无端崖涘,而谈言微中,有作者之心傲世之意。夫不可没已。”

稍后出现了《李卓吾先生批评西游记》,尽管人们对该书是否为李贽所评还存有异议,但其中的观点发人深省。其“序言”称:“不曰东游,而曰西游,何也?东方无佛无经,西方有佛与经耳。西方何以独有佛与经也?东生方也,心生种种魔生。西灭地也,心灭种种魔灭,然后有佛,有佛然后有经耳。然则东独无魔乎?曰:已说心生种种魔生矣,生则不灭,所以独有无佛耳。无佛则无经可知。记中原有南瞻部洲,乃是口舌凶场,是非恶海,如娶孤女,而云挞父翁,无兄而云盗嫂,皆南瞻部洲中事也。此非大魔乎?佛亦如之何哉?经亦如之何哉?此所以不曰东游,而曰西游也。批评中,随地而见此意,职须读者具眼耳。”①序言承认西方有佛与经,但同时指出“心生种种魔生,心灭种种魔灭”,“生则不灭,所以独有无佛耳”。这种种“大魔”,即使佛经也无可奈何。这就是说,虽然看到了心与魔的关系,但并不认为心可以统魔。这倒是与李贽一贯的思想主张相一致。

再后的谢肇淛则又是另一种说法。《明史》卷二八六《文苑二》郑善夫传附谢肇淛小传,但讹误甚多。今人印晓峰先生曾予以辨析,知其生于隆庆元年(1567),卒于天启四年(1624),为万历二十年(1592)进士,历任南京刑部、兵部主事,工部屯田司主事、都水司郎中,云南布政使司左参政,卒于广西左布政使任上。为官勤勉,政务之暇,勤于著述,尤以《五杂

---

① 〔明〕李贽:《批点西游记序》,见朱一玄编《明清小说资料选编》,齐鲁书社 1989 年版,第 493 ~ 494 页。

组》最为著名。[1] 李维桢《五杂组序》指出,“在杭(谢肇淛字)此编,兼三才而用之,即目之儒家可矣”[2]。这一评价是有道理的。尽管此书很“杂”,但其主流则是儒家思想。在卷十五“事部三”中谢肇淛对《西游记》的“原旨”做了如下评论:“小说野俚诸书,稗官所不载者,虽极幻妄无当,然亦有至理存焉。如《水浒传》无论已,《西游记》曼衍虚诞,而其纵横变化,以猿为心之神,以猪为意之驰,其始之放纵,上天下地莫能禁制,而归于紧箍一咒,能使心猿驯伏,至死靡他,盖亦求放心之喻,非浪作也。”[3]

谢肇淛明确提出了“求放心”之说,其本源则来自《孟子》。孟子曰:“仁,人心也;义,人路也。舍其路而弗由,放其心而不知求,哀哉!人有鸡犬放,则知求之,有放心而不知求。学问之道无他,求其放心而已矣。”[4]从谢肇淛一贯的主张来看,他更为重视早期儒家的学说。就在这同一卷中他说道:“新建良知之说,自谓千古不传之秘,然孟子谆谆教人孝弟,已拈破此局矣,况又鹅湖之唾余乎?……夫道学空言,不足凭也,要看真儒,须观作用。”[5]同时,这一见解又与全书的结构相吻合:“其始之放纵”,指小说前七回悟空闹乱三界。“心猿驯服,至死靡他”,指取经路上悟空一往无前的表现。这就是所谓的“至理”。

袁于令(1592—1674)《西游记题词》曰:“文不幻不文,幻不极不幻。是知天下极幻之事,乃极真之事;极幻之理,乃极真之理。故言真不如言幻,言佛不如言魔。魔非他,即我也。我化为佛,未佛皆魔。魔与佛力齐而位逼,丝发之微,关头匪细。摧挫之极,心性不惊。此《西游》之所以作也。”袁于令认为“言佛不如言魔”,因为“魔非他,即我也”。“我化为佛,非佛即魔”。这实际上是肯定了“魔”存在的合理性。袁于令从小说家的角度又指出,对《西游记》的所谓“原旨”不必过于拘泥。他说道:“说者以

---

① 印晓峰:《五杂组出版说明》,见《五杂组》,上海书店出版社 2001 年版,第 1 页。
② 〔明〕李维桢:《五杂组序》,见《五杂组》,上海书店出版社 2001 年版,第 1 页。
③ 〔明〕谢肇淛:《五杂组》卷十五“事部三”,上海书店出版社 2001 年版,第 312 页。
④ 《孟子·告子上》。
⑤ 〔明〕谢肇淛:《五杂组》卷十五“事部三”,上海书店出版社 2001 年版,第 302 页。

为寓五行生克之理,玄门修炼之道。余谓三教已括于一部,能读是书者,于其变化横生之处引而伸之,何境不通?何道不洽?而必问玄机于玉匮,探禅蕴于龙藏,乃始有得于心也哉?"①

盛于斯、吴从先作为一般文人,也认为《西游记》"极有深意","皆关合性命真宗"②,是"一部定性书"③。

上述几位评论者或为文人学者,或为小说家,或为异端思想的代表,他们对《西游记》"原旨"的理解虽然有着或大或小的差别,但都应当引起我们的高度重视,因为只有他们最接近小说产生的年代,生活在与小说产生的同一文化背景之中。陈元之、谢肇淛似乎更重视"摄心""求放心",而袁于令、李贽只是说到心与魔之关系,尤其是李贽,他所谓"此非大魔乎?佛亦如之何哉?经亦如之何哉?"实际上是说面对这种种"魔",佛经亦无可奈何。这些差别有着时代文化思潮的原因。明代中后期"心学"成为思想的主流,并形成了许多派别。王守仁认为"心者,天地万物之主也","心外无理,心外无事,心外无物"④。他所强调的心,还是一种远离情欲、只存天理之心。因此,陈元之、谢肇淛认为应当收回这颗放纵的心。王学左派则肯定人欲的合理要求,追求个性的自然发展,认为"穿衣吃饭,即是人伦物理;除却穿衣吃饭,无伦物矣"⑤,"夫私者,人之心也,人必有私,而后其心乃见;若无私,则无心矣"⑥。因此,李贽才会肯定种种"魔"存在的合理性,而他的这种见解显然更为强调《西游记》的某一方面。

---

① 〔明〕袁于令:《西游记题词》,见朱一玄编《明清小说资料选编》,齐鲁书社 1990 年版,第 493 页。

② 〔明〕盛于斯:《休庵影语》,见朱一玄编《明清小说资料选编》,齐鲁书社 1990 年版,第 495 页。

③ 〔明〕吴从先:《小窗自纪》,见朱一玄编《明清小说资料选编》,齐鲁书社 1990 年版,第 496 页。

④ 〔明〕王守仁:《传习录上》,上海古籍出版社 1992 年版,第 2 页。

⑤ 〔明〕李贽:《焚书》卷一《答邓石阳》,中华书局 1975 年版,第 4 页。

⑥ 〔明〕李贽:《藏书》卷三二《德业儒臣后论》,中华书局 1974 年版,第 544 页。

二、清人的见解与“三教同源”说

清代为《西游记》撰写序跋者有一个共同点，即一方面承认《西游记》原旨的不可妄求，另一方面又一心要找到其原旨，于是歧义迭出，争论渐烈。其中刘廷玑应当说是一位很聪明的学者，他虽然感觉到《西游记》“为证道之书”，但紧接着又说“平空结构，是一蜃楼海市耳。此中妙理，可意会不可言传。所谓语言文字，仅得其形似者也”。① 这很有些现代批评的味道。其他序跋作者就没有这样通达了，他们对《西游记》“原旨”做出了许多阐述，按其主张可分为四种类型：一是延续“求放心”之说，代表人物是黄周星和汪象旭；一是力主“三教同源”说，代表人物是尤侗、刘一明和张含章；一是认定“教人诚心为学”说，代表人物是张书绅；一是主张“游戏三昧”说，代表人物是阮葵生。其中影响最大的是“三教同源”说。

黄周星、汪象旭共同评点的《西游证道书》一百回，卷首有虞集序，一般认为该序实即评点者假托之作。汪象旭，名淇，杭州人，曾编印《吕祖全传》《尺牍新语》等多种书籍，故可能为杭州书坊主人。黄周星，字九烟，江宁（今江苏南京）人，明末进士，曾官户部主事。这篇序基本上延续了明代“求放心”之说，只不过说得更为具体，甚至还联系到了小说的某些情节。如说：“此心放，则为妄心，妄心一起，则能作魔，如心猿之称王称圣而闹天宫是也。此心收，则为真心，真心一见，则能灭魔，如心猿之降妖缚怪而证佛果是也。”这可以视为对谢肇淛观点的补充。这篇序言还特别指出如果将《西游记》等同于《齐谐》稗乘之流，则如同“井蛙夏虫”，因为《西游记》“皆取象之文”“多寓言之蕴”。② 但是，汪象旭、黄周星的见解随后受到了不少人的批评，这表明清代人对《西游记》的理解与明代已经有了明显的分歧。

---

① 〔清〕刘廷玑：《在园杂志》，见刘荫柏编《西游记研究资料》，上海古籍出版社1990年版，第689～690页。

② 〔元〕虞集：《西游记序》，见朱一玄编《明清小说资料选编》，齐鲁书社1990年版，第497页。

尤侗(1618—1704)曾被顺治皇帝称为才子,他于康熙丙子年(1696)为“悟一子批评邱长春真人证道书《西游记真诠》”撰写了序言。在这篇序言中,他先是肯定“记西游者,传《华严》之心法也”,但接着又说:“虽然,吾于此有疑焉。”他的怀疑就是取经本来为佛教事,而“世传为丘长春之作”。“今有悟一子陈君起而诠解之,于是钩《参同》之机,抉《悟真》之奥,收六通于三宝,运十度于五行,将见修多罗中有炉鼎焉,优昙钵中有梨枣焉,阿阇黎中有婴儿姹女焉。”最后得出了《西游记》乃佛道儒三家思想融会贯通之书的结论:“若悟一者,岂非三教一大弟子乎?”

尤侗之所以有这种认识,一是与他本人的学养有关。正如他在这篇序言开头所说:“三教圣人之书,吾皆得而读之矣。东鲁之书,存心养性之学也;函关之书,修心炼性之功也;西竺之书,明心见性之旨也。”①二是与全真道主张三教合一的思潮相关。他所说的《参同》《悟真》皆道教经典,《周易参同契》,东汉魏伯阳撰,是道家系统的炼丹的最早著作;《悟真篇》,宋张伯端撰,用诗词百篇演说道教内丹法术,与《参同契》相互发明,是道教南宗的重要典籍。所谓“六通”,乃佛教“六神通”之略,即通过修持禅定可以得到神秘灵力。所谓“三宝”乃道教教义名词,即道、经、师三宝。其他“十度”“修多罗”“优昙钵”“阿阇黎”皆佛教教义,“五行”“炉鼎”“梨枣”“婴儿姹女”皆道教教义。

为了探求《西游记》的正旨或原旨,清代著名道士刘一明下了许多功夫。刘一明(1734—1821),号悟元子,别号素朴散人,是全真道龙门派第十一代传人。他学道于栖云山(今甘肃兰州东南),研究《周易》《参同契》《悟真篇》之理,著有《阴符经注》《参同直指》《悟真直指》《修真辩难》《象言破译》《悟道录》《西游原旨》等书,坊间汇刻为《道书十二种》。刘一明为有清一代内丹学大家,融会儒佛道三家思想。乾隆戊寅年(1758)25岁时他就完成了《西游原旨》的著述,在该书序言中他说道:“其书阐三教一家之理,传性命双修之道。……悟之者在儒即可成圣,在释即可成

① 〔清〕尤侗:《西游真诠序》,见朱一玄编《明清小说资料选编》,齐鲁书社1990年版,第498～499页。

佛，在道即可成仙。”他认为汪象旭“未达此义，妄议私猜，仅取一叶半简，以心猿意马，毕其全旨，且注脚每多戏谑之语，狂妄之词”，于是“使千百世不知《西游》为何书者，皆自汪氏始”。他认为“悟一子陈先生真诠一出，诸伪显然，数百年埋没之《西游》，至此方得释然矣”。[①] 但他又认为《真诠》尚未尽善尽美，于是他在每回之下细加解释。显然，刘一明是从道教这一特定角度来解读《西游记》的，却与尤侗不谋而合。

刘一明的几位弟子樊于礼、王阳健、张阳金、冯阳贵、夏复恒等极为赞赏自己老师的见解，都为《西游原旨》写了跋语。樊于礼在讲述了《西游原旨》从撰写到刊印的过程之后说道：“计生平著述，此书最为原起，而授刻独后，所谓以此始，而亦以此终也。”接着又重述了其师之言：“惟《西游记》一书，借俗语以演大道，其间性命源流，工程次第，与夫火候口诀，无不详明而且备焉。学者苟有志玩索，超凡入圣，无过此书矣。故《原旨》之作，较诸书更加详慎。”然后，樊于礼谈了自己的感受：“礼读《原旨》之注，而有味乎《西游》之本旨，因并读《真诠》之注，而知其《西游》之大旨。……足知先天性命之学，原本《太易》《阴符》《道德》诸经，乃圣人穷理尽性至命之学。”[②]

不仅刘一明的弟子十分推崇《西游原旨》，当时许多人亦纷纷予以首肯，如梁联第称：“《西游原旨》之书一出，而一书之原还其原，旨归其旨，直使万世之读《西游记》者，亦得旨知其旨，原还其原矣。道人之功，夫其微哉？”[③]杨春和说道：“晋邑悟元子，羽流杰士也。其于《阴符》《道德》《参同》《悟真》，无不究心矣。间尝三复斯书，二十余年，细玩白文，详味诠注，始也由象以求言，由言以求意，继也得意而忘言，得言而忘象，更著《西游原旨》，并撰读法，缺者补之，略者详之，发悟一子之所未发，明悟一

① 〔清〕刘一明：《西游原旨序》，见朱一玄编《明清小说资料选编》，齐鲁书社 1990 年版，第 508～509 页。

② 〔清〕樊于礼：《读〈西游原旨〉跋》，见朱一玄编《明清小说资料选编》，齐鲁书社 1990 年版，第 513～514 页。

③ 〔清〕梁联第：《栖云山悟元道人西游原旨叙》，见朱一玄编《明清小说资料选编》，齐鲁书社 1990 年版，第 510 页。

子之所未明,俾后之读《西游记》者,以为入门之筌蹄可也;即由是而心领神会,以驯至于得鱼忘筌,得兔忘蹄焉,亦无不可也。”①苏宁阿则径直认为悟一子、悟元子“二子之注功翼《西游》,《西游》之书功翼宗门道教。自兹以往,悟而成道者,吾不知有恒河几多倍矣”②。此后,《西游原旨》多次刊行,主持刊行者总是给予高度评价。

继承尤侗、刘一明的主张并且能够与小说实际相联系的是嘉道年间的张含章,他的弟子何廷椿曾说他“得异人渊源之授,由是造诣益深……平生博涉群籍,探源溯流,以为圣贤仙释,教本贯通”。张含章对《西游记》评价特别高,认为此书“托幻相以阐精微,力排旁门极弊,诚修持之圭臬,后学之津梁也”。于是“手为批注,以明三教一源”③,著《通易西游正旨分章注释》,并分别写了“自序”和“跋”。在“跋”中他说道:“《西游》之大义,乃明示三教一源。故以《周易》作骨,以金丹作脉络,以瑜迦之教作无为妙相。”然后用比附的方法来证明这一观点。如说:“齐天大圣者,言天亦同此道,非有异也。其闹天宫,乃赞乾元先天而天弗违之义。……开首七回,于悟空一人身上,明金丹至秘,非师莫度之旨。……十回至十二回,明离飞火扬神发为知之害。……自二十七回至七十七回六章,或明真心之不可暂离,或明二气之宜详辨,或明丹道法象于月,或明返魂亦在乎人,或明水火之不宜偏胜,或明旁门之自取殒身,或示真铅一味,或现虚无圈子,总教人善为调济,实力承当,毋生二念……”④

“三教同源”说与全真道在清代的中兴有着密切关系。从顺治到乾隆,几代帝王都对全真道的道禅融合及清静无为之道感兴趣,并给予褒

---

① 〔清〕杨春和:《悟元子西游原旨序》,见朱一玄编《明清小说资料选编》,齐鲁书社1990年版,第511页。

② 〔清〕苏宁阿:《悟元子注西游原旨序》,见朱一玄编《明清小说资料选编》,齐鲁书社1990年版,第512页。

③ 〔清〕何廷椿:《通易西游正旨序》,见朱一玄编《明清小说资料选编》,齐鲁书社1990年版,第501~502页。

④ 〔清〕张含章:《西游正旨后跋》,见朱一玄编《明清小说资料选编》,齐鲁书社1990年版,第504~506页。

扬。如康熙皇帝褒封全真中兴高道王常月，雍正皇帝封南宗祖师张伯端为“大慈圆通禅仙紫阳真人”，乾隆皇帝拨款修白云观，两度亲至白云观礼敬，并为丘处机书写楹联，表示了对全真道宗旨的尊重和仰慕。① 就是这位皇帝褒扬的王常月认为人心险恶，诸罪皆由心生，制心须持戒入定。制身则能皈依师宝，制心则能皈依经宝，制意则能皈依道宝。而刘一明正是王常月的传人。

当然也有不同意“三教同源”说的，如张书绅、阮葵生等。张书绅于乾隆戊辰年(1748)所撰《西游记总论》开头便说：“予幼读《西游记》……茫然不知其旨。”“及游都中，乃天下人文之汇，高明卓见者，时有其人。及聆其议论，仍不外心猿意马之旧套；至心猿意马之所以，究不可得而知也。”他不满足于前人的见解，一心要找到真正的原旨。在看到了《安天会》的呈文后，他“触目有感”，从而认定《西游记》“只是教人诚心为学，不要退悔”，所谓“心不诚者，西天不可到，至善不可止”。② 这显然是他本人的一种感受，但从某种意义上也丰富了《西游记》的内涵。

阮葵生则是“游戏”说的最早提出者，他在回答山阳县令关于是否可将《西游记》作为吴承恩的著作载入县志时说道：“然射阳才士，此或其少年狡狯，游戏三昧，亦未可知。要不过为村翁孰童笑资，必求得修炼秘诀，则梦中说梦，以之入志，可无庸也。”③《西游记》的作者是否为吴承恩，我们暂不追究，但阮葵生认为若要从《西游记》中求得“修炼秘诀”，是“梦中说梦”。他的“游戏”说为理解《西游记》“原旨”开辟了一条新路。这里需要顺便提及的是，阮葵生所谓“以之入志，可无庸也”，应理解为不同意将《西游记》写入县志，原因倒不是不承认吴承恩的著作权，而是因为其“游戏三昧”，价值不高。因此同治《山阳县志》、光绪《淮安府志》才会将

---

① 牟钟鉴、张践：《中国宗教通史》，社会科学文献出版社 2003 年版，第 900 页。

② 〔清〕张书绅：《西游记总论》，见朱一玄编《明清小说资料选编》，齐鲁书社 1990 年版，第 500 页。

③ 〔清〕阮葵生：《茶余客话》，见朱一玄编《明清小说资料选编》，齐鲁书社 1990 年版，第 457 页。

《西游记》删掉。

清代著名学者焦循也同意阮葵生的"游戏"说。他先是指出:"今揆作者之意,则亦老于场屋者愤郁之所发耳。黄袍怪为奎宿所化,其指可见。"随后说道:"然此特射阳游戏之笔,聊资村翁童子之笑谑,必求得修炼秘诀,亦凿矣。"①焦循看出了小说中的情节与作者身世的关联,作者在以游戏之笔进行调侃,这是从作品实际出发得出的结论。

三、今人的见解与多元文化的碰撞

20 世纪 20 年代,"游戏"说得到了胡适、鲁迅等学者的认同。尤其是胡适,他在 1923 年所写《西游记考证》的结论部分说道:"《西游记》被这三四百年来的无数道士和尚秀才弄坏了。道士说,这部书是一部金丹妙诀。和尚说,这部书是禅门心法。秀才说,这部书是一部正心诚意的理学书。这些解说都是《西游记》的大仇敌。现在我们把那些什么悟一子和什么悟元子等等的'真诠''原旨'一概删去了,还他一个本来面目。……这部《西游记》至多不过是一部很有趣味的滑稽小说,神话小说;他并没有什么微妙的意思,他至多不过有一点爱骂人的玩世主义。"②与以往的评论相比,胡适并没有提供更多的东西:他所说的"滑稽",明代的陈元之早已点出;他所说的"爱骂人的玩世主义",与陈元之所说的"浪谑笑虐"也没什么区别。但是他对悟元子刘一明的否定,倒使我们想起了刘一明对汪象旭的否定。只不过刘一明提出了自己的独到见解,胡适则重复了明代人的观点而已。

鲁迅在简略回顾了悟一子、张书绅和悟元子对《西游记》"原旨"的阐释史后指出:"特缘混同之教,流行来久,故其著作,乃亦释迦与老君同流,真性与元神杂出,使三教之徒,皆得随宜附会而已。"鲁迅比较客观地看到了小说本身三教融合的特征,所以也就难免三教之徒的附会。然后,

---

① 〔清〕焦循:《剧说》卷五,见朱一玄编《明清小说资料选编》,齐鲁书社 1990 年版,第 460 ~ 461 页。

② 胡适:《胡适古典文学研究论集》,上海古籍出版社 1965 年版,第 923 页。

鲁迅又表示"假欲勉求大旨",则谢肇淛"求放心"之喻,"已足尽之"。[1]这就是说,鲁迅对《西游记》"原旨"最少发表了三种意见:"游戏说""三教同源说""求放心说"。

胡适和鲁迅受到五四新文化运动的影响,对儒佛道三教持批判态度,更重视小说的文学性和娱乐性,所以才会有上述的理解。但是,胡适的解释毕竟过于简单化了,他只抓住了小说外在的某些特点,缺乏对小说的全面理解。鲁迅的解释比较全面,但又不够深入,因此整个20世纪对《西游记》原旨的探寻就从未停止过。如五六十年代盛行的"造反"说、"农民起义"说、"投降"说、"镇压"说等。从严格意义上讲,这些观点只能视为对小说主题的解释,而不是对"原旨"的理解。因为它脱离了作品产生的那个特定时代,是社会政治意识不断强化的结果。其弊端是将小说的整体割裂了开来,或用"双重主题"说、"主题转化"说强加解释。20世纪80年代以来,许多学者都认识到了这一问题的复杂性,所以在研究中尽量避免将问题简单化、武断化,而是以一种开放的态度,将小说置于其产生的特定时代,重新探讨这一问题,其中比较有代表性且有新意的是以下几家。

张锦池先生在《西游记考论》中从"孙悟空形象的演化史""世德堂本的怪异署名""观音和孙悟空的关系""与《水浒》的思想异同""与《焚书》的思想联系"等五个方面做了考察,认为《西游记》"所提出的核心问题,是究竟什么样的人才才是真正的治平人才以及如何对待这类人才问题。他认为道学之中已几无治平之人,期望能有观音式的人物去发现并起用孙悟空式的人物,以扫荡社会邪恶势力,共建玉华国式的王道乐土,这便是作者的创作本旨"。这一观点着眼于人才问题,显然受到了"重视人才"社会思潮的影响。同时,他还指出,"大闹天宫"在一定程度上"概括了新兴市民势力反对传统封建等级的观念和制度,提出了具有早期启蒙色彩的民主平等要求",从而反映了"新兴市民社会势力机智、聪明、奋迅进取、积极乐观以及个人奋斗的阶级特性"。[2] 这些见解前人未曾论及,

---

① 鲁迅:《中国小说史略》,东方出版社1996年版,第132页。

② 张锦池:《西游记考论》,黑龙江教育出版社1997年版,第252~293页。

为人们提供了一个新的阅读角度。

袁世硕先生也探讨了小说的主旨问题，袁先生说："唐僧取经的故事，原是弘扬佛法的，后来加入了道教的神道，增加了故事的趣味性，原旨被冲淡了，但大旨没有改变。《西游记》小说一开头就把热情赋予了孙悟空，借着原有的一点因由，渲染其对诸界神祇的轻慢、桀骜不驯，便显示了与取经故事原旨相悖的倾向，注定后面的取经故事也要发生肌质的变化。""在这既定的取经故事的大框架里，在许多与各种妖魔斗法的生动有趣的情节里，作者注入了寻常的世态人情。""在小说中，一切都被世俗化了，读者从神魔斗法里看到的往往是自己熟悉的社会诸相。将神佛世俗化，时而投以大不敬的揶揄、调侃，也便在一定程度上解除了其原是人为的神秘性、神圣性，但觉得好玩，而丢掉了虔诚的敬畏。这就是《西游记》小说的精髓、价值之所在。"①袁先生从小说所叙写的实际内容和艺术效果入手，得出了以上结论。

林辰先生在其《神怪小说史》中对以往诸家评论打了个比方："试想旧说、新说、今说，都有道理，又都不能完全自圆其说而否定他说。这正像那个瞎子摸象的故事：摸着腿的说是柱，摸着肚的说是壁，摸着鼻的说是蛇。因此，笔者认为：像《西游记》《水浒传》《三国演义》这样经过长期积累的集大成之作，内容十分庞杂，主题是多元的而不是单一的，不宜于用什么单一的主题去套它。"②林先生的见解十分通达，这也正是阐释学的观点。但是林先生终于还是要对《西游记》的原旨做出自己的解释，他认为"《西游记》是一部鼓励人们勇敢向上的神怪小说，是一部具有寓言性和讽刺性的作品。……笔笔不离世事人情……尽管也有崇佛抑道的倾向性，但儒释道三教合一的思想仍居于主导地位"③。所谓"鼓励人们勇敢向上"，与张书绅"只是教人诚心为学，不要退悔"大体相当。"三教合一"更是前人多次提及。而林先生所强调的"寓言性"，尽管前人也曾多次说

---

① 袁世硕：《西游记·前言》，山东文艺出版社1996年版，第6～10页。

② 林辰：《神怪小说史》，浙江古籍出版社1998年版，第301页。

③ 林辰：《神怪小说史》，浙江古籍出版社1998年版，第304页。

过，但却是这部小说的本质特征之所在。

袁行霈先生主编的《中国文学史》第七编第八章由黄霖先生撰写，其中对《西游记》原旨做了这样的概括："就其最主要和最有特征性的精神来看，应该说还是在于'游戏中暗藏密谛'（李卓吾评本《西游记总批》），在神幻、诙谐之中蕴涵着哲理。这个哲理就是被明代个性思潮冲击、改造过了的心学。因而作家主观上想通过塑造孙悟空的艺术形象来宣扬'明心见性'，维护封建社会的正常秩序，但客观上倒是张扬了人的自我价值和对于人性美的追求。"①黄霖先生认为作者主观的意图与作品客观的效果之间存在着差异，对主观意图的分析与明代评论者的观点相一致，而对客观效果的分析则颇有新意。

不仅年辈稍长的学者在认真地苦苦探索，一些年轻的学者也在做着不懈的努力。李安纲教授在其五卷本《〈西游记〉奥义书》的"自序"中指出："《西游记》的主题并不是'滑稽''谐剧'和'好玩'，而是在表现全真道的教义……并不是在讽刺佛教、道教，而是以道教全真教经典《性命双修万神圭旨》为原型，混一三教，整合文化，从而建立自己的结构体系。"具体来说，"第一回采用了宋代俞琰的《乾坤交变十二壁挂图》的结构，前七回孙悟空的故事又采用了邱处机的《大丹直指》的结构。儒、释、道三教学说各自成体系，却又浑然一体，毫无龃龉地统一在《性命双修万神圭旨》的网络结构之中"，"孙悟空是人类心灵的象征，而心灵就是佛，所以最终正果是'斗战胜佛'。因为修道就是修心，修心才能成道，必须无往而不斗，无斗而不胜，才能脱去凡心，成就圣心、佛心"。② 李安纲教授的这些见解延续并发展了清代刘一明等全真道的观点，只不过说得更为直接、更为全面了。

陈文新、乐云合著的《〈西游记〉：彻悟人生》认为"《西游记》是一部具有浓郁象征意味的神魔小说"，"是一部寓有心性修养的严肃主题的书"。"对《西游记》的主旨，我们不可过于拘泥。《西游记》的内涵不限

① 袁行霈主编：《中国文学史》第4卷，高等教育出版社1999年版，第152页。

② 李安纲：《〈西游记〉奥义书》，中国社会科学出版社2002年版，第8～9页。

于劝学，不限于谈禅，也不限于讲道，但用‘求放心’来论说其大旨还是较为合适的。所谓‘求放心’，即将放纵的心收回，这是一个心性修养的命题。从这样一个视角看问题，《西游记》所写的一连串降魔伏怪之役可以理解为对自我心灵中各种欲望的克服。”①这显然与明代陈元之、谢肇淛的观点基本一致。

于是，我们可以发现，从明代到今天的四百余年中，对《西游记》原旨的阐释与接受，似乎经过了一个否定之否定的过程。之所以说是“似乎”，是因为谁也否定不了谁，就像谁也说服不了谁一样。尽管如此，还是应当重视小说产生的那个特定时代的种种特征。因为只有这样，才不至于离作品的实际过于遥远。至于读者根据自己的阅读体会而归纳出种种主题，这倒不必去深究，因为《西游记》本身就是一部寓言性的小说，其中的神也好，怪也好，只不过是象征手段而已。

---

① 陈文新、乐云：《〈西游记〉：彻悟人生》，武汉大学出版社 2002 年版，第 167 ~ 176 页。

第五章　明代小说序跋研究(下)

第一节　《金瓶梅》序跋的价值取向

《金瓶梅》问世之后,为其作序跋者代不乏人,其价值取向则具多元性特征,如词话本卷首廿公作的跋语虽然十分简短,却指出了《金瓶梅》三方面的价值:第一,"有所刺"的功利价值;第二,"曲尽人间丑态"的认识价值;第三,"处处埋伏因果"的劝惩价值。① 满文本《金瓶梅序》说道:"历观编撰古词者,或劝善惩恶,以归祸福;或快志逞才,以著诗文;或明理言性,以喻他物;或好正恶邪,以辨忠奸。"②这种多元的价值取向贯穿于其问世以来的四百余年间。大体说来,明清两代对《金瓶梅》的伦理教化价值较为看重,20 世纪则更为重视其社会认识价值和审美艺术价值。至于其负面价值,历来都存在着歧义,相比较而言,20 世纪的诠释者则表现得更为客观理智。

一、伦理教化价值

就我们今天所掌握的资料来看,对《金瓶梅》最早做出价值判断的当

① 〔明〕廿公:《金瓶梅词话跋》,见《金瓶梅词话》卷首,人民文学出版社 1985 年版,第 4 页。

② 〔清〕佚名:《满文本〈金瓶梅序〉》,见黄霖编《金瓶梅资料汇编》,中华书局 1987 年版,第 5 页。

为袁宏道。他在万历二十四年(1596)致董其昌的信中说道:“《金瓶梅》从何得来?伏枕略观,云霞满纸,胜于枚生《七发》多矣。”①枚乘是汉代著名辞赋家,在其代表作《七发》中,吴客指出楚太子“久耽安乐,日夜无极”,“纵耳目之欲,恣支体之安”,因而患病在身。只有请博闻强识的君子来启发诱导,改变其贪图安乐的情志,才可能痊愈。袁宏道认为《金瓶梅》告诉了人们相同的道理,而且更为重要深刻,于是才有“胜于枚生《七发》多矣”的赞叹。袁宏道对《金瓶梅》教化价值的肯定与其文学观相一致,是明末特定社会思潮的表现。

强调《金瓶梅》的价值在于以轮回报应达到劝惩的教化目的,词话本欣欣子序最具代表性。从《金瓶梅》的情节结构来看,西门庆、潘金莲、李瓶儿、庞春梅等男女主人公皆因放纵欲望,终于败亡,这大概也是小说作者的初衷。欣欣子或许担心读者不能体会作者的良苦用心,而专注于淫乱的描写,所以在序中反复说道:

> 无非明人伦,戒淫奔,分淑慝,化善恶,知盛衰消长之机,取报应轮回之事。如在目前始终,如脉络贯通,如万系迎风而不乱也。使观者庶几可以一哂而忘忧也……既其乐矣,然乐极必悲生……至于淫人妻子,妻子淫人,祸因恶积,福缘善庆,种种皆不出循环之机。故天有春夏秋冬,人有悲欢离合,莫怪其然也。合天时者,远则子孙悠久,近则安享终身;逆天时者,身名罹丧,祸不旋踵。②

在欣欣子看来,以轮回报应实现教化目的,这是《金瓶梅》最为重要的价值。那么如何看待小说中“语涉俚俗,气含脂粉”的淫秽描写呢?欣欣子以为“富与贵,人之所慕也,鲜有不至于淫者。哀与怨,人之所恶也,鲜有不至于伤者”,显然对“乐而不淫,哀而不伤”的传统诗教提出了不同见解。他指出,《金瓶梅》“虽市井之常谈,闺房之碎语”,但“使三尺童子闻

---

① 〔明〕袁宏道:《致董其昌》,见黄霖编《金瓶梅资料汇编》,中华书局1987年版,第227页。

② 〔明〕欣欣子:《金瓶梅词话序》,见《金瓶梅词话》,人民文学出版社1985年版,第1页。

之，如饫天浆而拔鲸牙，洞洞然易晓。虽不比古之集，理趣文墨，绰有可观”。这也就是他在序言中所说的“一哂而忘忧”，这实际上在不经意中道出了《金瓶梅》寓教于乐的价值。

与其同时的“东吴弄珠客”为《金瓶梅》作序的第一句话就是：“《金瓶梅》，秽书也。”然后他又指出：“然作者亦自有意，盖为世戒，非为世劝也。”所谓“为世戒，非为世劝”，即此书是以西门庆、潘金莲等人为反面人物来告诫世人，而并非让世人以其为效法的榜样。所以他说：“读《金瓶梅》而生怜悯心者，菩萨也；生畏惧心者，君子也；生欢喜心者，小人也；生效法心者，乃禽兽耳。”①因此这位“东吴弄珠客”所强调的依然是《金瓶梅》的劝惩价值。

清康熙年间紫髯狂客与欣欣子的见解十分一致，他在《豆棚闲话总评》中说：“趣如《西门传》而不善读之，乃误风流而为淫。其间警戒世人处，或在反面，或在夹缝，或极快，或极艳，而悲伤零落，寓乎其间，世人一时不解者也。”②同为康熙年间的满文本《金瓶梅序》的作者主要以报应轮回观念来肯定《金瓶梅》的劝惩价值：“其于修身齐家、裨益于国之事一无所有。至西门庆以计力药杀武大，犹为武大之妻潘金莲以春药而死，潘金莲以药毒二夫，又被武松白刃碎尸。如西门庆通奸于各人之妻，其妇婢于伊在时即被其婿与家僮玷污。吴月娘背其夫，宠其婿使入内室，奸淫西门庆之婢，不特为乱于内室。……西门庆虑遂谋中，逞一时之巧，其势及至省垣，而死后尸未及寒，窃者窃，离者离，亡者亡，诈者诈，出者出，无不如灯消火灭之烬也。其附炎趋势之徒，亦皆陆续无不如花残木落之败也。其报应轻重之称，犹戥秤毫无高低之差池焉。”③由此可见，清康熙年间《金瓶梅》流传甚广，以至于满族统治者也十分重视此书，他们所看重的

---

① 〔明〕东吴弄珠客：《金瓶梅词话序》，见《金瓶梅词话》，人民文学出版社 1985 年版，第 2 页。

② 坊间石印本《豆棚闲话》卷末，见黄霖编《金瓶梅资料汇编》，中华书局 1987 年版，第 263 页。

③ 康熙四十七年满文本《金瓶梅》卷首，见黄霖编《金瓶梅资料汇编》，中华书局 1987 年版，第 5 ~ 6 页。

正是《金瓶梅》的劝惩价值。

晚清的许多论者也注意到了《金瓶梅》的教化价值。四桥居士在《隔帘花影序》中指出:"《金瓶梅》一书,虽系空言,但观西门平生所为,淫荡无节,蛮横已极,宜乎及身即受惨变,乃享厚福以终?至其报复,亦不过妻散财亡,家门零落而止,似乎天道悠远,所报不足以蔽其辜,此《隔帘花影》四十八卷所以继正续两编而作也。"①这实际上是说《金瓶梅》的报应轮回还不够充分。

20 世纪以来,人们更多看重的是《金瓶梅》的"讽世"价值。如梦生在 1914 年《雅言》第一卷第七期《小说丛话》中说:

> 《金瓶梅》乃一最佳最美之小说,以其笔墨写下等社会、下等人物,无一不酷似故。若以《金瓶梅》为不正经,则大误。《金瓶梅》乃一惩劝世人、针砭恶俗之书。若以《金瓶梅》为导淫,则大误。……《金瓶梅》开卷以酒色财气作起,下却分四段以冷热分疏财色二字,而以酒气穿插其中,文字又工整,又疏宕,提纲挈领,为一书之发脉处,真是绝奇绝妙章法。写"财"之势利处,足令读者伤心;写"色"之利害处,足令读者猛省;写看破财色一段,痛极快极,真乃作者一片婆心婆口。读《金瓶梅》者,宜先书万遍,读万遍,方足以尽惩劝,方不走入迷途。②

1936 年上海新文化书社再版本《古本金瓶梅》前有观海道人所撰序言,落款时间为"大明嘉靖三十七年",显系伪托。他也再三强调了《金瓶梅》的劝惩价值:"子不观乎书中所纪之人乎?某人者,邪淫昏妄,其受祸终必不免,甚且殃及妻孥子女焉。某人者,温恭笃行,其获福终亦可期,甚且泽及亲邻族党焉。此报施之说,因果昭昭,固尝详举于书中也。至于前之所以举其炽盛繁华者,正所以显其后之凄凉寥寂也;前之所以详其势焰

---

① 〔清〕四桥居士:《隔帘花影序》,见黄霖编《金瓶梅资料汇编》,中华书局 1987 年版,第 17 页。

② 梦生:《小说丛话》,见黄霖编《金瓶梅资料汇编》,中华书局 1987 年版,第 336 ~ 337 页。

熏天者，正所以证其后之衰败不堪也。一善一恶，一盛一衰，后事前因，历历不爽，此正所以警惕乎恶者，奖励乎善者也。”①

也有的论者从显与隐的辩证关系入手，肯定《金瓶梅》的教化价值。如西湖钓叟《续金瓶梅集序》认为：“《金瓶梅》旧本，言情之书也。情至则流易于败检而荡性。今人观其显不知其隐，见其放不知其止，喜其夸不知其所刺。……《西游》阐心而证道于魔，《水浒》戒侠而崇义于盗，《金瓶梅》惩淫乱而炫情于色，此皆显言之，夸言之，放言之，而其旨则在以隐，以刺，以止之间。唯不知者曰怪，曰暴，曰淫，以为非圣而畔道焉。”②这位论者同样是肯定《金瓶梅》的伦理教化价值，但能够顾及小说的实际描写，提醒读者要透过表面内容把握住其实质。

1996 年，王平发表《〈红楼梦〉〈金瓶梅〉色空观念之比较》一文，指出了《金瓶梅》的“讽世”价值：

> 西门庆家的由盛转衰至为简单明了，这便是作为一家之主的西门庆“贪欲丧命”。西门庆一死，有万贯家财、数十口之家的一个官商之家，顷刻间支离破碎，人财两空，真可谓“盛由一人，败由一人”。西门庆家的由盛转衰，向人们传递了这样一个信息，即“财色”诱人亦害人。正如张竹坡评语所说：“此回总结‘财色二字’利害，故‘二八佳人’一诗，放于西门泄精之时，而积财积善之言，放于西门一死之时。西门临死嘱敬济之言，写尽痴人，而许多账本，总示人以财不中用，死了带不去也。”（七十九回回首总评）因此，西门庆家由盛转衰的原因是十分显明的，其中寓示的道理也是非常确定的，是人们可以理解和把握的。在某种意义上说，也是人们可以防止的，这也正是作者向世人进的箴言。③

① 观海道人：《金瓶梅序》，见黄霖编《金瓶梅资料汇编》，中华书局 1987 年版，第 12 页。

② 〔清〕西湖钓叟：《续金瓶梅集序》，见黄霖编《金瓶梅资料汇编》，中华书局 1987 年版，第 15 页。

③ 王平：《〈红楼梦〉〈金瓶梅〉色空观念之比较》，载《红楼梦学刊》1996 年第 2 期。

2001年,张锦池先生发表《论金瓶梅的结构方式与思想层面》一文,也同样强调了这一价值:“《金瓶梅》写故事的由来和结局,是以‘悌’起、以‘孝’结,反映了作者用以‘讽世’的主要思想武器是‘仁’和‘天理’,属小说的哲理层面。”①指出了《金瓶梅》“讽世”的依据是儒家的伦理道德观念,这可以视为伦理教化价值的延伸。2002年,陈东有先生发表《〈金瓶梅词话〉道德说教中的哲学命题》一文,从哲学高度论述了《金瓶梅》的劝惩主旨:“《金瓶梅词话》不是一部哲学著作,但其道德说教以中国哲学的传统命题作为自己的基础。《金瓶梅词话》的道德说教是通俗的、大众的,也是落后的、消极的,但道德说教思想基础中的哲学命题作为一种经历了长时期积累的文化思考,对人类的文明进程仍不失其重要的启迪价值。”②

二、社会认识价值

词话本《金瓶梅》廿公所作跋语,虽不过寥寥数语,却以“曲尽人间丑态”六字概括了《金瓶梅》的社会认识价值。谢肇淛的《金瓶梅跋》则对其社会认识价值分析得比较全面:“其中朝野之政务,官私之晋接,闺闼之媟语,市里之猥谈,与夫势交利合之态,心输背笑之局,桑中濮上之期,尊罍枕席之语,驵侩机械意智,粉黛之自媚争妍,狎客之从谀逢迎,奴佁之稽唇淬语,穷极境象,駴意快心。譬之范工抟泥,妍媸老少,人鬼万殊,不徒肖其貌,且并其神传之。信稗官之上乘,炉锤之妙手也。”③这段话从几个方面形象地概括了《金瓶梅》对社会各个方面的反映,强调了《金瓶梅》的认识价值。首先,《金瓶梅》表现的社会生活面十分广阔,上至朝廷政务,下至市井猥谈,均有细致描写。其次,对各个社会阶层的精神面貌刻画得

---

① 张锦池:《论〈金瓶梅〉的结构方式与思想层面》,载《求是学刊》2001年第1期。

② 陈东有:《〈金瓶梅词话〉道德说教中的哲学命题》,载《金瓶梅研究》第七辑,知识出版社2002年版,第105页。

③ 〔明〕谢肇淛:《金瓶梅跋》,见黄霖编《金瓶梅资料汇编》,中华书局1987年版,第3页。

惟妙惟肖。他特别声明:“有嗤余诲淫者,余不敢知。”

清初谢颐(即张潮)在《批评第一奇书金瓶梅叙》中充分肯定了张竹坡对《金瓶梅》认识价值的挖掘:

> 故悬鉴燃犀,遂使雪月风花、瓶磬篦梳、陈茎落叶诸精灵等物,妆娇逞态,以欺世于数百年间,一旦潜形无地,蜂蝶留名,杏梅争色,竹坡其碧眼胡乎!向弄珠客教人生怜悯畏惧心,今后看官睹西门庆等各色幻物,弄影行间,能不怜悯,能不畏惧乎!其视金莲,当作弊屣观矣。①

康熙年间的满文本《金瓶梅序》的作者认为《金瓶梅》对社会各色人物均有逼真描写,他说:“自常人之夫妇,以及僧道尼番、医巫星相、卜术乐人、歌妓杂耍之徒,自买卖以及水陆诸物,自服用器皿以及谑浪笑谈,于僻隅琐屑毫无遗漏,其周详备全,如亲身眼前熟视历经之彰也。”②

进入20世纪以来,评论者更为重视《金瓶梅》的社会认识价值。平子(即狄葆贤)在1904年《新小说》第八号《小说丛话》中论道:

> 《金瓶梅》一书,作者抱无穷冤抑,无限深痛,而又处黑暗之时代,无可与言,无从发泄,不得已借小说以鸣之。其描写当时之社会情状,略见一斑。然与《水浒传》不同:《水浒》多正笔,《金瓶》多侧笔;《水浒》多明写,《金瓶》多暗刺;《水浒》多快语,《金瓶》多痛语;《水浒》明白畅快,《金瓶》隐抑凄恻;《水浒》抱奇愤,《金瓶》抱奇冤。处境不同,故下笔亦不同。③

天僇生(即王钟麒)1907年在《月月小说》第二卷《中国三大家小说论赞》中说:

> 时则若王氏之《金瓶梅》。元美生长华阀,抱奇才,不可一世,

---

① 〔清〕谢颐:《第一奇书序》,见《张竹坡批评第一奇书金瓶梅》,齐鲁书社1988年版,第1页。

② 〔清〕佚名:《满文本〈金瓶梅序〉》,见黄霖编《金瓶梅资料汇编》,中华书局1987年版,第6页。

③ 〔清〕狄葆贤:《小说丛话》,见黄霖编《金瓶梅资料汇编》,中华书局1987年版,第303页。

> 乃因与杨仲芳结纳之故,致为严嵩所忌,戮及其亲,深极哀痛,无所发其愤。彼以为中国之人物、之社会,皆至污极贱,贪鄙淫秽,靡所不至其极,于是而作是书。盖其心目中,固无一人能少有价值者。彼其记西门庆,则言富人之淫恶也;记潘金莲,则伤女界之秽乱也;记花子虚、李瓶儿,则悲友道之衰微也;记宋蕙莲,则哀谗佞之为祸也;记蔡太师,则痛仕途黑暗,贿赂公行也。嗟乎!嗟乎!天下有过人之才人,遭际浊世,把弥天之怨,不得不流而为厌世主义,又从而摹绘之,使并世之恶德,不能少自讳匿者,是则王氏著书之苦心也。轻薄小儿,以其善写淫媟也宝之,而此书遂为老师宿儒所诟病,亦不察之甚矣。①

认定王世贞是《金瓶梅》的作者固然有待商榷,对《金瓶梅》社会认识价值的论述却是深刻稳妥的。

废物(即王文濡)1915 年在《香艳杂志》第九期《小说谈》中特别强调了《金瓶梅》对下层社会的认识价值:

> 《金瓶梅》何以为才子之作?以其所描写为下等社会情事也。中上两等社会,吾人固习见而习闻之。执笔状之,则连篇累牍,势不难举,身所接构,心所蕴蓄,目所见,耳所闻,一一如数家珍。况我国下等社会,情事尤为复杂,描写更难着笔。西人小说家,如司各脱、迭更司辈,其著作脍炙人口者亦以此。元美为有明一代作家,文字古奥,直追秦汉,何以降心为此?即曰有所为而为,惩淫可也,导淫诲淫不可也。②

陈独秀、胡适、钱玄同等五四新文化运动的代表性人物,对古代文学的价值基本持一种否定态度,且不时表现出一种矛盾和过激的心态。1917 年,他们就包括《金瓶梅》在内的古代小说的价值问题曾展开过讨

---

① 〔清〕王仲麒:《中国三大家小说论赞》,见黄霖编《金瓶梅资料汇编》,中华书局 1987 年版,第 319 页。

② 王文濡:《小说谈》,见黄霖编《金瓶梅资料汇编》,中华书局 1987 年版,第 325 页。

论。钱玄同在《与陈独秀书》中说:“我以为元明以来的词曲小说,在《中国文学史》里面,必须要详细讲明。并且不可轻视,要认做当时极有价值的文学才是。”①在《寄胡适之》中说:“《金瓶梅》一书,断不可与一切专谈淫猥之书同日而语。此书为一种骄奢淫佚、不知礼仪廉耻之腐败社会写照。观其书中所叙之人,无论官绅男女,面子上是老爷、太太、小姐,而一开口,一动作,无一非极下作极无耻之语言之行事,正是今之积蓄不义钱财而专事‘打扑克’‘逛窑子’‘讨小老婆’者之真相。”②

陈独秀在《答钱玄同》中回答说:“中国小说,有两大毛病:第一是描写淫态,过于显露;第二是过贪冗长。(《金瓶梅》《红楼梦》细细说那饮食衣服装饰摆设,实在讨厌。)这也是‘名山著述的思想’的余毒。”③但他此前在《答胡适》中曾说:“足下及玄同先生盛称《水浒》《红楼》等为古今说部第一,而均不及《金瓶梅》,何耶?此书描写恶社会,真如禹鼎铸奸,无微不至,《红楼梦》全脱胎于《金瓶梅》,而文章清健自然,远不及也。乃以其描写淫态而弃之耶?则《水浒》《红楼》又焉能免?”④在陈独秀看来,《金瓶梅》的价值甚至要超过《水浒传》和《红楼梦》,原因即在于《金瓶梅》对社会的描写无微不至。

胡适不同意钱玄同的观点,他在《答钱玄同》中说:“先生与独秀先生所论《金瓶梅》诸语,我殊不敢赞成。我以为今日中国人所谓男女情爱,尚全是兽性的肉欲。今日一面正宜力排《金瓶梅》一类之书,一面积极译著高尚的言情之作,五十年后,或稍有转移风气之希望。此种书即以文学的眼光观之,亦殊无价值。何则?文学之一要素,在于‘美感’。请问先

---

① 钱玄同:《与陈独秀书》,见黄霖编《金瓶梅资料汇编》,中华书局 1987 年版,第 345 页。

② 钱玄同:《寄胡适之》,见黄霖编《金瓶梅资料汇编》,中华书局 1987 年版,第 346 页。

③ 陈独秀:《答钱玄同》,见黄霖编《金瓶梅资料汇编》,中华书局 1987 年版,第 342 页。

④ 陈独秀:《答胡适》,见黄霖编《金瓶梅资料汇编》,中华书局 1987 年版,第 342 页。

生读《金瓶梅》,作何美感?"①钱玄同在同期《新青年》回答说:"至于前书论《金瓶梅》诸语,我亦自知大有流弊,所以后来又写了一封信给独秀先生,说,'从青年良好读物上面着想,实在可以说,中国小说没有一部好的,没有一部应该读的',这就是我自己取消前说的证据。且我以为不但《金瓶梅》流弊甚大,就是《红楼》《水浒》,亦非青年所宜读。"②钱玄同对《金瓶梅》价值所表现出的矛盾态度,是五四时期全盘否定传统文学激进思潮的产物,对后来的学术界造成了一定影响。

与他们三位相比,鲁迅先生的意见显然更为中肯稳妥,他在《中国小说史略》中说:"作者之于世情,盖诚极洞达,凡所形容,或条畅,或曲折,或刻露而尽相,或幽伏而含讥,或一时并写两面,使之相形,变幻之情,随在显见,同时说部,无以上之。""故就文辞与意象以观《金瓶梅》,则不外描写世情,尽其情伪,又缘衰世,万事不纲,爰发苦言,每极峻急,然亦时涉隐曲,猥黩者多。"③鲁迅先生能够不为一时的政治功利所左右,因此其学术思想更为严谨和公允,能够经得起历史的检验。

1933 年 7 月,郑振铎在《文学》第 1 期刊文,认为《金瓶梅》是一部"很伟大的写实小说","反映的是一个真实的中国的社会",高度赞扬了《金瓶梅》杰出的现实主义成就。他说:"在《金瓶梅》里所反映的是一个真实的中国的社会。这社会到了现在,似还不曾策划能够为过去。要在文学里看出中国社会的潜伏的黑暗面来,《金瓶梅》是一部最可靠的研究资料。""《金瓶梅》的社会是并不曾僵死的;《金瓶梅》的人物们是至今还活跃于人间的,《金瓶梅》的时代,是至今还顽强的生存着。""然而这书是三百五六十年前的著作!到底是中国社会演化得太迟钝呢?还是《金瓶梅》的作者的描写,太把这个民族性刻画得入骨三分,洗涤不去?"④

---

① 胡适:《答钱玄同》,见黄霖编《金瓶梅资料汇编》,中华书局 1987 年版,第 345 页。

② 钱玄同:《答胡适之》,见黄霖编《金瓶梅资料汇编》,中华书局 1987 年版,第 348 页。

③ 鲁迅:《中国小说史略》,东方出版社 1996 年版,第 142、144 页。

④ 吴晗、郑振铎等:《论金瓶梅》,文化艺术出版社 1984 年版,第 49～50 页。

1934年，吴晗在《文学季刊》创刊号发表《〈金瓶梅〉的著作时代及其社会背景》一文，认为《金瓶梅》是一部杰出的现实主义小说，“它抓住社会的一角，以批判的笔法，暴露当时新兴的官僚势力的商人阶级的丑恶生活”，“告诉了我们当时封建阶级的丑恶面貌，和这个阶级的必然的没落”。西门庆由一个破落户而为土豪、乡绅，最后成为一个官僚，其发展过程，揭示了“他所代表他所属的那个新兴阶级，利用政治的和经济的势力，加紧地剥削着无告的农民”，成为整个社会的毒瘤和吸血鬼。①

1936年，阿丁在《天地人半月刊》发表《〈金瓶梅〉之意识及技巧》一文，认为：“《金瓶梅》的中心思想，在于讽世，在于暴露资产阶级的丑态。它描写上至朝廷下至奴婢的腐败；它描写人情的险恶，世态的炎凉；它描写富贵是人之所好，美色是人之所爱。它描写嫉妒，它描写愤恨，它描写谄佞，它描写刁滑，总之是把整个的现实社会，为之露骨的摄出。”“是一部大胆的、写实的、平凡的、琐屑的家庭小说，社会小说，人情小说”，“是更深刻更现实的代言者”。②

1980年，孙逊在《论〈金瓶梅〉的思想意义》一文中认为，《金瓶梅》是“一部暴露晚明社会黑暗的书”。它如一面镜子，“忠实地反映了这一特定的时代；并以其全部的艺术力量，深刻地暴露了这个时代、这个社会的种种黑暗与丑行”。其对社会矛盾的暴露与揭示，主要有“土地问题”以及“封建政治的黑暗与腐朽”。而伴随而来的，则是“社会风气的浸薄颓败”。小说便是通过这些真实生活场景的展示，让“我们不仅看到了这个社会、这个阶级的极端丑恶和腐朽，而且看到了它们除去灭亡，不会有也不配再有更好的命运！”此外，对于《金瓶梅》通过叙述平常的家庭生活，从而展示不平常的社会意义，以及《金瓶梅》“描写世情，尽其情伪”的特点，作者也都进行了一系列的阐释与评价。总之，在作者看来，“《金瓶梅》是一部具有深刻思想内容的现实主义文学巨著。它以真实的笔触，

---

① 吴晗、郑振铎等:《论金瓶梅》，文化艺术出版社1984年版，第41～44页。

② 阿丁:《〈金瓶梅〉之意识及技巧》，见周钧韬编《金瓶梅资料汇编(1919—1949)》，北京大学出版社1991年版，第169～170页。

广阔地展示了它所属的那个时代的风貌,深刻而全面地暴露了晚明社会的黑暗与罪恶”。①

1983年,章培恒在《论〈金瓶梅词话〉》一文中指出,《金瓶梅》“对社会现实作了清醒的、富于时代特征的描绘”,“在我国小说史上是一部里程碑性质的作品,因为它显示出现实主义在我国小说创作中的进一步发展,标志着我国小说史的一个新阶段的开始”。小说通过对西门庆这个作恶多端却能步步高升的恶霸的描述,深刻揭示了“当时统治集团从上到下都烂透了”的社会现实。② 1991年,王启忠先生出版《〈金瓶梅〉价值论》一书,认为《金瓶梅》对封建政治肌体做了整体性的解剖,他指出:“与以前的长篇小说相比,《金瓶梅》对封建社会政治的描写,已超越了忠与奸、正与邪、有道于无道、爱国与卖国的道德理念表面层次,深入到封建政治肌体的里层,进行整体性的解剖和实质性的批评,描绘出封建社会后期晚明时代的政治风貌,揭示出由于商品经济发展和异端思想崛起的双向促发,封建政治肌体的蜕变腐化、官僚阶层的世俗化和官僚的市侩化、组织机构运行机制效能的软化、内部调解力失灵的普遍化,在客观上预示了封建制度必然衰亡的历史发展趋势,因而具有宝贵的认识价值。”③

2008年,黄霖先生在其《金瓶梅讲演录》一书中,认为《金瓶梅》是“一部反腐败的经典”,“《金瓶梅》写明代的历史,不但写了统治集团的贪婪与腐败,写了社会的矛盾与对立,同时将触角广泛地伸向了社会各个阶层和各种各样的阴暗面,使我们嗅到了整个社会的腐烂气息”。④ 以上诠释可以说是进入20世纪以来对《金瓶梅》诠释的主流价值取向。

---

① 孙逊:《论〈金瓶梅〉的思想意义》,载《上海师范学院学报(社会科学版)》1980年第3期。

② 章培恒:《论〈金瓶梅词话〉》,见盛源、北婴选编《名家解读〈金瓶梅〉》,山东人民出版社1998年版,第168页。

③ 王启忠:《〈金瓶梅〉价值论》,上海文艺出版社1991年版,第116~117页。

④ 黄霖:《金瓶梅讲演录》,广西师范大学出版社2008年版,第121页。

三、审美艺术价值

最早对《金瓶梅》的审美艺术价值做出全面论述的是张竹坡，他在《竹坡闲话》《金瓶梅寓意说》《金瓶梅读法》以及回评中对《金瓶梅》的悲剧价值、叙事结构、人物刻画、反讽手法等都做了细致分析。他说："《金瓶梅》，何为而有此书也哉？曰：此仁人志士、孝子悌弟不得于时，上不能问诸天，下不能告诸人，悲愤鸣唈，而作秽言以泄其愤也。"①在众人对《金瓶梅》一书的作者纷纷揣测之时，张竹坡却能跳出这一思维定式，从文学发生学和审美的角度对《金瓶梅》的创作主旨做出概括。他认为《金瓶梅》与司马迁创作《史记》有相同之处："《金瓶梅》到底有一种愤懑的气象。然则《金瓶梅》断断是龙门再世。"②这就从审美意识上肯定《金瓶梅》一书充满了悲剧意蕴，从而揭示了《金瓶梅》的审美价值。

在《金瓶梅读法》中，张竹坡从多个方面充分挖掘和总结了《金瓶梅》的艺术价值。关于《金瓶梅》的叙事结构，他说："《金瓶》有板定大章法。如金莲有事生气，必用玉楼在旁，百遍皆然，一丝不易，是其章法老处。他如西门至人家饮酒，临出门时，必用一人或一官来拜、留坐，此又是'生子加官'后数十回大章法。《金瓶》一百回，到底俱是两对章法，合其目为二百件事。然有一回前后两事，中用一语过节；又有前后两事，暗中一笋过下。"③"读《金瓶》，须看其入笋处。如玉皇庙讲笑话，插入打虎；请子虚，即插入后院紧邻。"④"《金瓶》每于极忙时偏夹叙他事入内。如正未娶金

① 〔清〕张竹坡：《竹坡闲话》，见《张竹坡批评第一奇书金瓶梅》，齐鲁书社 1988 年版，第 8 页。

② 〔清〕张竹坡：《金瓶梅读法》，见《张竹坡批评第一奇书金瓶梅》，齐鲁书社 1988 年版，第 45 页。

③ 〔清〕张竹坡：《金瓶梅读法》，见《张竹坡批评第一奇书金瓶梅》，齐鲁书社 1988 年版，第 26 页。

④ 〔清〕张竹坡：《金瓶梅读法》，见《张竹坡批评第一奇书金瓶梅》，齐鲁书社 1988 年版，第 27 页。

莲,先插娶孟玉楼;娶玉楼时,即夹叙嫁大姐;生子时,即夹叙吴典恩借债;官哥临危时,乃有谢希大借银;瓶儿死时,乃入玉箫受约;择日出殡,乃有请六黄太尉等事;皆于百忙中,故作消闲之笔。非才富一石者何以能之?”①

关于《金瓶梅》的人物刻画,他说:“《金瓶》内正经写六个妇人,而其实止写得四个:月娘,玉楼,金莲,瓶儿是也。然月娘则以大纲故写之;玉楼虽写,则全以高才被屈,满肚牢骚,故又另出一机轴写之。然则以不得不写。写月娘,以不肯一样写;写玉楼,是全非正写也。其正写者,惟瓶儿、金莲。然而写瓶儿,又每以不言写之。夫以不言写之,是以不写处写之。以不写处写之,是其写处单在金莲也。单写金莲,宜乎金莲之恶冠于众人也。”②关于《金瓶梅》的反讽手法,他说:“又月娘好佛,内便隐三个姑子,许多隐谋诡计,教唆他烧夜香,吃药安胎,无所不为。则写好佛,又写月娘之隐恶也,不可不知。”③

清代学者刘廷玑是一位艺术鉴赏能力极高的学者,他对《金瓶梅》的人物描写和结构技巧等艺术价值格外赞赏,说道:“文心细如牛毛茧丝,凡写一人,始终口吻酷肖到底,掩卷读之,但道数语,便能默会为何人。结构铺张,针线缜密,一字不露,又岂寻常笔墨可到者。”④

20 世纪初是《金瓶梅》的审美艺术价值被充分挖掘的时期,许多评论者如平子(狄葆贤)、曼殊、黄人、姚锡钧等将《金瓶梅》与《红楼梦》《水浒传》《西厢记》做了比较,由于他们充分认识到了《金瓶梅》的审美艺术价值,其见解就比较客观公允。平子在 1904 年《新小说》第八号《小说丛

---

① 〔清〕张竹坡:《金瓶梅读法》,见《张竹坡批评第一奇书金瓶梅》,齐鲁书社 1988 年版,第 38 页。

② 〔清〕张竹坡:《金瓶梅读法》,见《张竹坡批评第一奇书金瓶梅》,齐鲁书社 1988 年版,第 28 页。

③ 〔清〕张竹坡:《金瓶梅读法》,见《张竹坡批评第一奇书金瓶梅》,齐鲁书社 1988 年版,第 34 页。

④ 〔清〕刘廷玑:《在园杂志》,见黄霖编《金瓶梅资料汇编》,中华书局 1987 年版,第 253 页。

话》中论道："其中短简小曲，往往隽韵绝伦，有非宋词、元曲所能及者，又可以征当时小人女子之情状，人心思想之程度，真正一社会小说，不得以淫书目之。"①他在《小说新语》中说："或谓《金瓶》有何佳处，而亦与《水浒》《红楼》并列？不知《金瓶》一书，不妙在用意，而妙在语句。吾谓《西厢》者，乃文字小说；《水浒》《红楼》，乃文字兼语言之小说；至《金瓶》则纯乎语言之小说，文字积习，荡除净尽，读其文者，如见其人，如聆其语，不知此时为看小说，几疑身入其中矣。此其故，则在每句中无丝毫文字痕迹也。"②

曼殊（近人多认为是梁启超之弟梁启勋，而非苏曼殊）也持相同观点，他在《小说丛话》中说："吾见小说中，其回目之最佳者，莫如《金瓶梅》。《金瓶梅》之声价，当不下于《水浒》《红楼》，此论小说者所评为淫书之祖宗者也。余昔读之，尽数卷，犹觉毫无趣味，心窃惑之。后乃改其法，认为一种社会之书以读之，始知盛名之下，必无虚也。……至于《金瓶梅》，吾固不能谓为非淫书，然其奥妙，绝非在写淫之笔。盖此书的是描写下等妇人社会之书也。试观书中之人物，一启口，则下等妇人之言论也；一举足，则下等妇人之行动也。虽装束模仿上流，其下等如故也；供给拟于贵族，其下等如故也。若作者之宗旨在于写淫，又何必取此粗贱之材料哉？论者谓《红楼梦》全脱胎于《金瓶梅》，乃《金瓶梅》之倒影云，当是的论。若其回目与题词，真佳绝矣。"③

黄人在《小说小话》中说："语云：'神龙见首不见尾。'龙非无尾，一使人见，则失其神矣。此作文之秘诀也。我国小说名家能通此旨者，如《水浒记》，如《石头记》，如《金瓶梅》，如《儒林外史》，如《儿女英雄传》，皆不完全，非残缺也，残缺其章回，正以完全其精神也。""《金瓶

---

① 〔清〕狄葆贤：《小说丛话》，见黄霖编《金瓶梅资料汇编》，中华书局1987年版，第303页。

② 〔清〕狄葆贤：《小说新语》，见黄霖编《金瓶梅资料汇编》，中华书局1987年版，第304页。

③ 曼殊：《小说丛话》，见黄霖编《金瓶梅资料汇编》，中华书局1987年版，第305页。

梅》主人翁之人格,可谓极下矣,而其书历今数百年,辄令人叹赏不置。此中消息,惟熟于盲、腐二史者心知之,固不能为赋六合,叹三恨者之徒言也。”①

姚锡钧(号鹓雏)在1916年《春声》第一集《稗乘谭隽》中说道:“《金瓶梅》如急湍峻岭,殊少回旋;《石头记》如万壑争鸣,千岩竞秀。《金瓶梅》如布帛粟食,仅资饱暖;《石头记》如琼裾玉佩,仪态万方。”“词家北宋得美成,南宋得梦窗,而白石峙其中,为蜂腰焉。以我所见,说部中《水浒》《金瓶梅》《石头记》殆亦相似。《水浒传》大刀阔斧,气象万千,为之初祖。《金瓶》一变而为细笔,状间阎市井难状之形,故为隽上。《石头记》则直为工笔矣。然细迹之,盖无一不自《金瓶》一书脱胎换骨而来。”“《石头》多词曲,《金瓶》多小曲;《石头记》绘阀阅大家,《金瓶梅》写市井编户;各有所当也。然《石头记》词曲,恰未臻上乘。”②

1936年,阿丁《〈金瓶梅〉之意识及技巧》一文对《金瓶梅》的结构笔法做了恰切的评价。阿丁认为《金瓶梅》最大的特点是“平淡中见神奇”。《金瓶梅》所写,多为家庭琐事,大众实相,内容平淡无奇,亦不为一般人所关注;但正是“材料愈现实愈平浅,而能在平淡中曲曲传出各人的心情,社会的世相来,这就是不可及处,也就是《金瓶梅》的出色之处”。因而,“《金瓶梅》唯一的特长,即是在平凡处透不平凡,琐屑处见不琐屑”。“全书有结构,有埋伏线,‘千岩竞秀,万壑争流’,但结局仍是有一条总脉,归到一处”。在这种结构推进中,“全书人物,一一轻便带出”,“但其重要者,又一一为之依次归宿,理络分明,所以其结构是得以称颂的”。比如描写整个社会的腐败,“有一线的安排:上至徽、钦二帝,蔡太师、朱太尉……中以西门庆为主角,西门庆的家庭为中心,下至奴婢贩夫走卒”。如此则整个一条主线贯于其中,各色人等杂陈缀于其上,经络分明

① 黄人:《小说小话》,见黄霖编《金瓶梅资料汇编》,中华书局1987年版,第311~312页。

② 姚锡钧:《稗乘谭隽》,见黄霖编《金瓶梅资料汇编》,中华书局1987年版,第332~333页。

而又穿针引线融为一体，蔚为大观，共同服务于作者揭腐惩弊的主题需要。①

1962年，任访秋《略论金瓶梅中的人物形象及其艺术成就》一文认为：《金瓶梅》中“作者最着力的，还是对反面人物的刻画”，而塑造的那些正面人物，“只不过是作为反面人物的衬托才出现的”。“西门庆是一个封建时代末期，由流氓市侩，逐步发展成奸商，而兼官僚、豪绅、恶霸的典型人物”。作者认为，在整部小说里，自始至终写了西门庆如何的狠毒，却没有写他如何的悭吝，因为西门庆不是一个封建地主出身，而是一个市侩商人出身。同时又好结交一些地痞流氓，来供他驱使。“倘若他是一个视财如命，别人沾不上他一点光的话，那群帮闲像应伯爵、常时节之流，也就根本不会终天来趋奉他了。”而且，西门庆的钱也不是白抛的，“他是刁徒，是市侩，花一个钱就要赚十个钱”，因而，其财富亦一天天累积起来。全书结构“是以书中的主要人物和故事在发展中出现的主要矛盾作中心，分出阶段，依次安排，而各个情节，也就是这些矛盾斗争在发展中的具体表现”。《金瓶梅》的人物塑造“一个个都是有血有肉，活生生的人，不是影子，不是概念化的东西”。

《金瓶梅》之所以能够取得这样巨大的成就，“主要原因是在塑造人物上符合于现实主义创作方法的规律”。同时，作者还归纳了《金瓶梅》刻画人物的方法：首先是对人物出身做比较扼要的介绍，其次是通过语言表现人物性格，再次是善于通过生活上的细节来突出人物特点，最后是经常通过别人的评论说明人物特点。在表现社会生活上，作者认为《金瓶梅》特别擅长采用对比与讽刺的手法。比如对比，则更容易突出事物的矛盾。《金瓶梅》中最常用的几种对比手法：首先是苦乐对比，其次是贫富对比，再次是贞廉奸贪两种不同考语的对比，以及盛衰的对比和立场的对比等。这些对比可以揭示社会之矛盾对立，人情之冷暖变化，等等，从

① 阿丁：《〈金瓶梅〉之意识及技巧》，见周钧韬编《金瓶梅资料汇编（1919—1949）》，北京大学出版社1991年版，第170～173页。

而达到“入木三分”的表达效果。① 这篇文章较为全面地概括了《金瓶梅》的审美艺术价值。王启忠先生认为:“《金瓶梅》在古代小说形象演化的道路上,是由类型化向个性化转折的标志,呈现出多样、流变的形态。”“就小说艺术本体而言,《金瓶梅》在‘写实’上有着艺术升华的水准和历史超越性的意义。”“《金瓶梅》在小说由文言到白话的变革中,具有举足轻重的地位。”②2010 年,霍现俊先生出版《〈金瓶梅〉艺术论要》一书,从独创性构思、人物设置、语言寓意、网状结构等多个方面分析了《金瓶梅》的审美艺术价值。③

四、关于负面价值问题

对《金瓶梅》负面价值的认定,主要集中在其露骨的淫秽描写上。就现有资料来看,最早对此表示关注的是董其昌、袁中道等人,他们认为此书“诲淫”。袁中道在《游居杮录》中记录了董其昌对《金瓶梅》两种截然相反的态度,董其昌曾说:“近有一小说,名《金瓶梅》,极佳。”又曾“言及此书曰:‘决当焚之。’”袁中道的态度则很直接:“此书诲淫,有名教之思者,何必务为新奇,以惊愚而蠹俗乎?”④稍后,沈德符在《万历野获编》中说:“此等书(指《金瓶梅》)必遂有人板行,但一刻则家传户到,坏人心术。”⑤出于这方面的考虑,他拒绝了冯梦龙刊行的建议。薛冈在《天爵堂笔余》中也说:“此虽有为之作,天地间岂容有此一种秽书!当急投秦火。”⑥董其昌、袁中道、沈德符等与袁宏道为同时代人,甚至生活在同一

---

① 任访秋:《略论金瓶梅中的人物形象及其艺术成就》,载《开封师院学报》1962 年第 2 期。

② 王启忠:《金瓶梅价值论》,上海文艺出版社 1991 年版,第 214、227、243 页。

③ 霍现俊:《〈金瓶梅〉艺术论要》,天津古籍出版社 2010 年版。

④ 〔明〕袁中道:《游居杮录》,见黄霖编《金瓶梅资料汇编》,中华书局 1987 年版,第 229 页。

⑤ 〔明〕沈德符:《万历野获编》,见黄霖编《金瓶梅资料汇编》,中华书局 1987 年版,第 230 页。

⑥ 〔明〕薛冈:《天爵堂笔余》,见黄霖编《金瓶梅资料汇编》,中华书局 1987 年版,第 235 页。

社会环境之中，他们所读的应是同一部《金瓶梅》，但对《金瓶梅》的价值取向形同水火。这说明他们的文学观与道德观有一定差别。相比而言，袁宏道更看重《金瓶梅》的教化价值，在他看来，《金瓶梅》的正面价值要大于其负面价值。

清代许多论者对《金瓶梅》的负面影响更是耿耿于怀，甚至编造了不少耸人听闻的传说以告诫世人。申涵光在《荆园小语》中说："世传做《水浒传》者三世哑。近世淫秽之书如《金瓶梅》等，丧心败德，果报当不止此。每怪友辈极赞此书，谓其摹画人情，有似《史记》，果尔，何不直读《史记》，反悦其似耶？至家有幼学者，尤不可不慎。"[①]其中最有代表性的当属笠舫的《文昌帝君谕禁淫书天律证注》。他在注释中说《金瓶梅》的作者因为写了这部书而遭报应，后流为丐死。[②]

20 世纪初，有些论者延续了清人的观点，1919 年 5 月上海民权出版部初版的《古今小说评林》中对《金瓶梅》给予了严厉批评。曾任南方大学教授的张焘（号冥飞）说："《金瓶梅》一书，丑秽不可言状。其命意，其布局，其措词，毫无可取，而世人乃目为'四大奇书'之一，此可见世上并够得上看小说书之人而亦无之也。可哀也已！"又说："《金瓶梅》以前，未有淫书，作者诚足为作淫书者之始祖矣。但其他之淫书，其所写之若男若女，无论如何污秽龌龊，决不至如西门庆、潘金莲之甚。盖奸夫淫妇之罪恶，亦自有轻重之分。即如《水浒》中潘巧云之于海阇黎，贾氏之于李固，犹为彼善于此者，一则尚无谋杀杨雄之心，一则谋杀卢俊义而未成也。今作者偏有取于罪恶重大之西门庆与潘金莲，苟非作者淫凶之性，与之俱化，亦必作者惟恐世人之不淫凶，而必欲牵率之以同归于恶兽之类。是即作者耻独为恶兽之意志也乎。……统观《金瓶梅》全部，直是毫无意识。其布局之支离牵强，又无章法可言。至其措词，则全是山东土话，可厌已

① 〔清〕申涵光：《荆园小语》，见黄霖编《金瓶梅资料汇编》，中华书局 1987 年版，第 250 页。

② 〔清〕笠舫：《文昌帝君谕禁淫书天律证注》，见黄霖编《金瓶梅资料汇编》，中华书局 1987 年版，第 293 页。

极。……《金瓶梅》之可厌处,最以其出死力写西门庆、潘金莲,其好恶实拂人之性。”[①]《民权报》的编辑蒋子胜(字箸超)说:“《金瓶梅》则淫书之尤者耳。《飞燕外传》《游仙窟》,虽语涉秽亵,犹带三分斯文气。至《金瓶梅》则如痴汉游街,赤条条一丝不挂矣。试问此种淫媟事,即能写的几百套、几千套,套套不雷同,吾总以为无生动气也。而右之者谓为意主惩戒。信是言也,则不妨弑父以教人孝,杀妻以教人义,名教何在?”[②]上述两位论者将注意力完全放在了《金瓶梅》的负面价值上,这种评价显然有过激之嫌了。

有的评论者则能够以客观理性的态度对待这一问题。著名小说家吴趼人在1906年《月月小说》第一卷发表的《杂说》中说:“《金瓶梅》《肉蒲团》,此皆著名之淫书也,然其实皆惩淫之作,此非著作者之自负如此,即善读者亦能知此意,固非余一人之私言也。顾世人每每指为淫书,官府且从而禁之,亦可见善读者之难其人矣。”[③]吴趼人身为小说家,十分明白不能仅仅从表面上来理解小说的创作心理和创作动机,而应当从更深的层面把握小说家的良苦用心。

20世纪后期,人们对于这一问题的态度有了明显变化。1989年,刘辉发表《〈金瓶梅〉的历史命运与现实评价——之一:非淫书辩》,对《金瓶梅》艳情描写做了一个系统的梳理与总结,再次重申《金瓶梅》的非淫书观。刘辉考察了历代对《金瓶梅》艳情描写的评价,《如意君传》对《金瓶梅》的影响以及两者之间的根本区别,认为虽然“《金瓶梅》继后承袭,而《金瓶梅》毕竟不是《如意君传》的翻版,起码不像《如意君传》那样,充塞满纸,专意于此”,“无论怎么说,历来把《金瓶梅》视为‘古今第一淫书’‘淫书之首’,这个观点是根本不能成立的”。《金瓶梅》是否淫书,“还必

① 冥飞:《古今小说评林》,见黄霖编《金瓶梅资料汇编》,中华书局1987年版,第358~360页。

② 箸超:《古今小说评林》,见黄霖编《金瓶梅资料汇编》,中华书局1987年版,第361页。

③ 吴趼人:《杂说》,见黄霖编《金瓶梅资料汇编》,中华书局1987年版,第322页。

须和它同时代出现的淫书相比较，才能辨明”。“《金瓶梅》和《肉蒲团》绝然不同。它给人们展示的，乃是一幅明代后期丰富的社会生活风俗画卷，上至皇帝、权贵、大吏，下至篾片、地痞、娼妓，朝野政务，人情世态，尽收其内，说它是有明一代之一百科全书，毫不夸张”；而淫书则“着意所写，专在性交”，两者显然不可同日而语。刘辉认为仅以量的不同，“作为衡量或判断它是不是一部淫书的标准，恐有失偏颇”，因而“关键还在于质的显著差异”。比如《金瓶梅》中的性描写，“除了韵文部分的意在渲染，可以全部删除之外，都与刻画人物性格密不可分，李瓶儿之温顺，潘金莲之狡诈，王六儿之贪财，宋蕙莲之‘占高枝’，无一不在性生活的描写中，鲜明地展现出她们的这一性格特色”。“评价任何一部文艺作品，都不可脱离开这部作品产生的特定时代”。因而，从这个角度来考虑，“《金瓶梅》中的性描写，从大胆肯定人的性欲出发，进一步肯定人的生存价值，带有浓厚的人文主义色彩，标志了一个时代的觉醒”。所以综上来看，《金瓶梅》绝然不是一部淫书。①

1993年，张国星发表《性·人物·审美——〈金瓶梅〉谈片》，重点谈到了对《金瓶梅》性描写问题的看法。作者认为：“《金瓶梅》中的性描写，是笑笑生刻划人物性格心理、构架人物命运、完成其艺术目的的重要之笔，反映着作家的文化——艺术观念，是小说不可阉割的有机成分。”“审美不是美，更不等于美感；人类的性爱‘并非不洁’，而小说形象却能让你看了反感，这恰恰说明了它审美功能的价值实现”。而且，“作家选择性甚至是淫乱作为审美观照的角度，并以此展示更广阔的社会、人生世界，无疑是不能非议的”。②

黄霖先生在《金瓶梅讲演录》中设专章论述了《金瓶梅》性描写问题，

---

① 刘辉：《〈金瓶梅〉的历史命运与现实评价——之一：非淫书辩》，载《金瓶梅学刊》1989年试刊号，见盛源、北婴选编《名家解读〈金瓶梅〉》，山东人民出版社1998年版，第106～123页。

② 张国星：《性·人物·审美——〈金瓶梅〉谈片》，见张国星编《中国古代小说中的性描写》，百花文艺出版社1993年版，第271～273页。

认为:“《金瓶梅》写性的基色调,不是为了写性而写性,也不是为了宣淫或牟利。它写性,是与写人、写社会联系在一起的,或者说,它是通过写性来写人、写社会的,与‘著意所写,专在性交,又越常情,如有狂疾’者是很不相同的。”“归根结底,就是要求我们阅读、研究《金瓶梅》的人,首先自己要有一种健全的性心理,要保持一种正确的态度,要有一种‘怜悯心’‘畏惧心’,而不是‘生欢喜心’‘生效法心’,这样,即使书中有的描写有点出格下流,也不会‘人自淫’了。”[①]将性描写视为作品不可分割的组成部分,并强调正确的阅读心态,这一价值取向势必取代以往的狭隘偏见,从而占据诠释中的主导地位。

第二节　从《金瓶梅》《续金瓶梅》序跋看其作者与成书

《金瓶梅》究竟成书于何时？它的作者又是谁？这两个问题困扰了人们多年。这两个问题之所以难以解决,不仅有资料缺乏的客观原因,也有认识上的主观原因。本节主要以明代几篇《金瓶梅》序跋及清代《续金瓶梅》序言为依据,对《金瓶梅》的作者与成书问题做一分析。

一、欣欣子序与《金瓶梅》作者

万历丁巳刻本《金瓶梅词话》卷首有一篇署名“欣欣子”的序言,全文如下:

> 窃谓兰陵笑笑生作金瓶梅传,寄意于时俗,盖有谓也。人有七情,忧郁为甚。上智之士,与化俱生,雾散而冰裂,是故不必言矣。次焉者,亦知以理自排,不使为累。惟下焉者,既不出了于心胸,又无诗书道腴可以拨遣,然则不致于坐病者几希。
>
> 吾友笑笑生为此,爰罄平日所蕴者,著斯传,凡一百回。其中语

① 黄霖:《金瓶梅讲演录》,广西师范大学出版社 2008 年版,第 152、164 页。

句新奇，脍炙人口，无非明人伦，戒淫奔，分淑慝，化善恶，知盛衰消长之机，取报应轮回之事。如在目前始终，如脉络贯通，如万系迎风而不乱也。使观者庶几可以一哂而忘忧也。

其中未免语涉俚俗，气含脂粉。余则曰：不然。《关雎》之作，乐而不淫，哀而不伤。富与贵，人之所慕也，鲜有不至于淫者。哀与怨，人之所恶也，鲜有不至于伤者。吾尝观前代骚人，如卢景晖之《剪灯新话》、元微之之《莺莺传》、赵君弼之《效颦集》、罗贯中之《水浒传》、丘琼山之《钟情丽集》、卢梅湖之《怀春雅集》、周静轩之《秉烛清谈》，其后《如意传》《于湖记》，其间语句文确，读者往往不能畅怀，不至终篇而掩弃之矣。此一传者，虽市井之常谈，闺房之碎语，使三尺童子闻之，如饫天浆而拔鲸牙，洞洞然易晓。虽不比古之集，理趣文墨，绰有可观。其他关系世道风化，惩戒善恶，涤虑洗心，无不小补。譬如房中之事，人皆好之，人皆恶之。人非尧舜圣贤，鲜有不为所耽。富贵善良，是以摇动人心，荡其素志。观其高堂大厦，云窗雾阁，何深沉也；金屏绣褥，何美丽也；鬓云斜亸，春酥满胸，何婵娟也；雄凤雌凰迭舞，何殷勤也；锦衣玉食，何侈费也；佳人才子，嘲风咏月，何绸缪也；鸡舌含香，唾圆流玉，何溢度也；一双玉腕绾复绾，两只金莲颠倒颠，何猛浪也。既其乐矣，然乐极必悲生。如离别之机将兴，憔悴之容必见者，所不能免也。折梅逢驿使，尺素寄鱼书，所不能无也。患难迫切之中，颠沛流离之顷，所不能脱也。陷命于刀剑，所不能逃也；阳有王法，幽有鬼神，所不能逭也。至于淫人妻子，妻子淫人，祸因恶积，福缘善庆，种种皆不出循环之机。故天有春夏秋冬，人有悲欢离合，莫怪其然也。合天时者，远则子孙悠久，近则安享终身；逆天时者，身名罹丧，祸不旋踵。人之处世，虽不出乎世运代谢，然不经凶祸，不蒙耻辱者，亦幸矣！吾故曰：笑笑生作此传者，盖有所谓也。

序言开头便说："窃谓兰陵笑笑生作《金瓶梅传》……"这便是作者为"兰陵笑笑生"的由来。值得注意的是，在此刻本之前，并没有人提到过

“兰陵笑笑生”。这位“笑笑生”是刻书者随意杜撰出来的呢？抑或确有所指？假如是后者，所指又是何意呢？有意思的是，尽管该刻本提出了“兰陵笑笑生”，但当时并没有引起人们的重视。更多的人却津津乐道于作者为著名文人王世贞，康熙十二年(1673)，宋起凤在其《稗说》中便明确此说；康熙乙亥(1695)，谢颐在《第一奇书序》中又说道：“金瓶一书，传为凤洲门人之作也。或云即凤洲手。”①清代评点家张竹坡及清人的许多笔记如《寒花庵随笔》《秋水轩笔记》又提出所谓“苦孝说”，认为《金瓶梅》是王世贞为报父仇而作。实际上持王世贞说的这些人们是根据了屠本畯和沈德符的含糊其词引申而来，并没有可靠的资料予以证实。这就是说，明清两代对《金瓶梅》的作者始终没有搞清，对所谓“兰陵笑笑生”也未给予特别的关注。

20世纪以来，《金瓶梅》的作者问题成为学术界关注的热点问题，其中集体创作说与个人创作说之争异常激烈。早在40年代，赵景深、冯沅君先生就透漏出“集体累积”说的想法。1954年，潘开沛在《光明日报》上撰文首次明确提出“集体创作”说。② 1980年，赵景深先生撰文认为“《金瓶梅词话》是民间的集体创作”，“《金瓶梅词话》以前，应该有一本金瓶梅说唱词话。后来却把这一部金瓶梅说唱词话改写为《金瓶梅词话》，只不过是保留了词话的名称，实际上只是普通的小说”。③ 1986年，王利器先生撰文对“大名士”之说加以驳斥，认为“《金瓶梅词话》当亦出自书会中人之手耳。以此，在书中保存着许多说唱话本的家风”。④ 同年，徐朔方先生在《〈论金瓶梅成书及其他〉自序》中说道：“《金瓶梅词话》存在着如此众多的破绽、矛盾、错乱、前后脱节或重复。比所有的长

---

① 〔清〕谢颐：《第一奇书金瓶梅序》，见朱一玄编《明清小说资料选编》，齐鲁书社1990年版，第621页。

② 潘开沛：《〈金瓶梅〉的产生和作者》，载《光明日报》1954年8月29日。

③ 赵景深：《评朱星同志金瓶梅三考》，载《上海师范学院学报(社会科学版)》1980年第4期。

④ 王利器：《〈金瓶梅词话〉成书新证》，见刘辉、杜维沫编《金瓶梅研究集》，齐鲁书社1988年版，第14页。

篇小说都更为严重(这是以前的研究者所未曾指出的),这表明它是未经认真整理的一部世代累积型集体创作。”但徐朔方先生又认为《金瓶梅词话》有一位“写定者”,这位“写定者或写定者之一是李开先或他的崇信者”。①

这种“集体创作”再加一“写定者”的观点受到不少研究者的认同。2000年,王汝涛、刘家骥先生提出自己的见解,即“《金瓶梅》是由众说唱人底本拼合,兰陵笑笑生写定的”。他们列举了五条理由:第一,《金瓶梅词话》中“说唱人遗留的痕迹太多了,且不说大量的诗、词、散曲充斥书中,用以代言,迹象更明显的是紧急时刻,书中人却大唱其曲……其实都是说书艺人为了使听众提神而加的手段”。其次,书中的所谓别字是“俚俗之人(说书人)的用字习惯”。再次,写定者的学问不高,历史事件错误太多,官制,地名隶属,宋制、明制杂糅。第四,全书水平不一致。后二十回大约是另一人提供的底本,写定者笑笑生既不能彻底替他改写,就只能保留了前后不相称的面目。第五,援引傅憎享先生的观点,从“情欲描写移植错位”断定非文士所作,《金瓶梅词话》是说书人述录的,是向说听的话本归化,呈俗文化形态。②

当然,更多的研究者依然坚持“个人创作”说,他们认为,明代几位著名文人在提到《金瓶梅》时,均感到非常新鲜,而非累积已久。再者,《金瓶梅》具有较为完整的艺术结构、一以贯之的思想和统一的文学风貌。还有,如果《金瓶梅》是累积型的创作,为何在此之前没有类似内容的作品流传?于是根据自己掌握的材料和对这些材料的理解,在作者问题上提出了众多的人选,其中又有南北方的不同。如王世贞、屠隆、王稚登、徐渭、汤显祖、冯梦龙、沈德符、李渔等为南方人;李开先、贾三近、李先芳、冯惟敏、谢榛、贾梦龙、丁惟宁等为北方人。

---

① 徐朔方:《〈论金瓶梅成书及其他〉自序》,见刘辉、杜维沫编《金瓶梅研究集》,齐鲁书社1988年版,第21页。

② 王汝涛、刘家骥:《也谈〈金瓶梅〉的作者》,见王平主编《金瓶梅文化研究》,华艺出版社2000年版,第46页。

尽管对《金瓶梅》作者的争论异常激烈,很难取得共识,但有关作者的几个基本问题谁也无法绕开,为大家所公认。这几个问题是:第一,如何理解“兰陵笑笑生”?第二,究竟是集体创作还是个人创作?第三,作者或写定者应是北方人还是南方人?在无法令人信服地解决作者问题的情况下,对上述几个问题做些综合分析,或许也不无益处。

“兰陵笑笑生”是万历丁巳本《金瓶梅词话》卷首欣欣子序言所提出的作者,但这只不过是一个符号而已。因为《金瓶梅》的作者本来就不想透漏自己的身份,否则明代的那几位著名文人也不会丝毫不知作者的情况。但是,从另一个角度考虑,“兰陵笑笑生”又不会是“欣欣子”或刻书者信口所言,也就是说,这一符号里面总要有某种含义,于是研究者们提出了不同的理解。有人认为兰陵是地名,或在山东峄县(今枣庄市峄城区),或在江苏武进(今常州市武进区)。有人认为兰陵是指美酒,有人认为是指作者隐居之处而拟化的山名。结合欣欣子既不愿透漏作者的姓名,又想在这一符号中有一定的含义,倒不妨从荀况被贬出走兰陵这一历史事件方面去考虑。这就是说,《金瓶梅》的作者或写定者是一位不得志之人,但“笑笑生”一名又表现出其笑对人生的态度。既不得志又能笑对人生,这大概也较符合《金瓶梅》一书的立意本旨吧。

关于集体创作还是个人创作,两说似乎都有道理,但双方未能换位思考,也就是说,如何能够回答不同观点者的论据以说服对方,尤其是说服不了对方时,是否能客观公正地接受某些事实?如持集体创作说的理由主要是许多地方保留有说唱者的语气,每回都插入诗、词、散曲,行文粗疏、重复,采录、抄袭他人作品极多等,这是无法回避的事实。造成这种现象的原因可以有两个:第一,的确是说唱者所创作,却并不一定是“集体创作”,出于某一位说唱者之手也并非没有可能;第二,是许多说唱者的集体创作,而且累积了多时。但第二种说法马上会遇到“个人创作”说的严重挑战。因为《金瓶梅词话》尽管粗疏,但毕竟具有较为完整的艺术结构、一以贯之的思想和统一的文学风貌等。如何面对这一挑战呢?最明智的选择当然是放弃第二种说法，而保留第一种观点。

现在再来看个人创作说，持这一观点的主要理由除了刚刚提到的“完整”“统一”外，还有就是明代一些著名文人对该书的反应均是首次所闻，而非世代累积。这里有必要将“集体创作”与“世代累积”加以区分，集体创作不一定非要世代累积不行，也可以是同时的几个人所共同创作。如果不把采录、抄袭他人的作品等同于“世代累积”，那么种种迹象表明，《金瓶梅词话》世代累积成书的可能性不大。那么，这位文人究竟是北方人还是南方人呢？研究者们曾尝试着运用多种方法来探析这一问题，其中最常用的是分析小说所运用的语言。分析语言又可以分别从词汇、语法和语音入手，正如许多研究者所指出的那样：《金瓶梅词话》所运用的语言词汇涉猎的地域相当广泛，按照由北至南的次序，既有北京官话，也有雁北方言；既有秦晋方言，也有冀鲁方言；既有鲁南方言，也有徐州方言；既有吴语方言，也有广东四邑甚至川北一带的方言。

造成这一现象的原因可从主客观两个方面寻找。从主观方面来看，或许是作者走南闯北，能够随心所欲地融会各地方言词汇；从客观方面来看，或许作者所生活的地域环境就带有这种语言特点。然而，如果从语音和语法方面来分析，问题可能就会更加清楚一些。有关《金瓶梅词话》语音研究的论著不是太多，其中张鸿魁先生的专著《〈金瓶梅〉语音研究》①受到研究者的较为普遍的首肯，该书详细考察了《金瓶梅词话》的各种语音特点，进而认为作者应为北方人。有关《金瓶梅词话》语法方面的论著略多，其中朱德熙先生的论文《汉语方言里的两种反复问句》②更有说服力，该文发现《金瓶梅词话》第五十三回至五十七回中的反复问句只用“可 VP”（如：你可去？）结构，而其他各回基本上只使用“VP 不 VP”（如：你去不去？）的结构。而恰恰是北方地区多使用“VP 不 VP”，南方地区多使用“可 VP”。从而断定，第五十三回至五十七回应出自南方人之手，其他各回则应出自北方人之手。如果再结合其词汇方面的特点，问题似乎

① 张鸿魁：《金瓶梅语音研究》，齐鲁书社 1996 年版。

② 朱德熙：《汉语方言里的两种反复问句》，载《中国语文》1985 年第 1 期。

就更加清晰了:这位作者即使不是北方人,也应曾在北方长期生活过,而且他生活的地域环境应是南北交汇、交通便利之处。假如再从小说所描写的生活习俗、故事内容等来考察,那么作者或写定者所生活的地域就呼之欲出了。

二、"东吴弄珠客"董其昌与《金瓶梅》

在《金瓶梅》的早期传播过程中,董其昌(1555—1636)是一位重要人物,有必要对其与《金瓶梅》的关系做一番细致梳理。董其昌与《金瓶梅》的关系有以下资料:

袁宏道(1568—1610)读了董其昌的《金瓶梅》抄本后,于万历二十四年(1596)致函询问:"《金瓶梅》从何得来?伏枕略观,云霞满纸,胜于枚生《七发》多矣。后段在何处?抄竟当于何处倒换?幸一的示。"①

此信可证董其昌在万历二十四年(1596)已拥有《金瓶梅》抄本,但应该只有"前段",不然袁宏道不会问:"后段在何处?抄竟当于何处倒换?"其次,这是袁宏道致董其昌的私人信函,因此董其昌应当是最早得知袁宏道对《金瓶梅》基本态度之人。再次,袁宏道称"抄竟当于何处倒换",说明袁宏道已经拥有《金瓶梅》前段的抄本。

袁中道(1570—1626)在其日记《游居杮录》万历四十二年(1614)记道:"往晤董太史思白,共说诸小说之佳者,思白曰:'近有一小说,名《金瓶梅》,极佳。'予私识之。后从中郎真州,见此书之半,大约模写儿女情态具备,乃从《水浒传》潘金莲演出一支。所云'金'者,即金莲也;'瓶'者,李瓶儿也;'梅'者,春梅婢也。旧时京师,有一西门千户,延一绍兴老儒于家。老儒无事,逐日记其家淫荡风月之事,以西门庆影其主人,以余影其诸姬,琐碎中有无限烟波,亦非慧人不能。追忆思白言及此书曰:'决当焚之。'以今思之,不必焚,不必崇,听之而已。焚之亦自有存之者,非人力所能消除。但《水浒》崇之则诲盗,此书诲淫,有名教之思者,何必

① 〔明〕袁宏道:《与董思白书》,见黄霖编《金瓶梅资料汇编》,中华书局1987年版,第227页。

务为新奇,以惊愚而蠹俗乎?"①

黄霖先生考定袁中道从乃兄袁宏道在真州是万历二十五年(1597)至万历二十六年(1598)间,因此袁中道与董其昌见面的时间应在万历二十五年之前,与袁宏道致董其昌函的时间相一致。从此记载可知董其昌先是说《金瓶梅》"极佳",同时又说"决当焚之"。尽管这是近二十年后袁中道追忆董其昌语,但仍可说明董其昌对《金瓶梅》的态度是比较矛盾和复杂的。其次,董其昌说"近有一小说",可见为时不会太久,且董其昌应当知其根底,但又闭口不谈作者为谁。

《金瓶梅词话》"东吴弄珠客序"落款题"万历丁巳季冬东吴弄珠客漫书于金阊道中"。有几点可证这位"东吴弄珠客"即为董其昌。其一,弄珠楼原址位于旧时平湖县城东门外的东湖之中,始建于明嘉靖中叶。万历三十四年(1606)夏,平湖知县萧鸣甲在原基础上增建而成"弄珠楼",成为浙西名景。"弄珠楼"落成之际,萧鸣甲念及董其昌与平湖的因缘,向时任湖广提学副使的董氏索墨。他欣然应允,除题匾"弄珠楼"外,又赋《寄题萧使君"弄珠楼"诗》二首助兴。清张云锦撰《东湖弄珠楼志》六卷(清乾隆鲍询、王瑛等刻本)亦有相关记载,当年弄珠楼有石刻董其昌七律二首,乾隆间已无存。诗云:"壁间妙迹思翁字,颗颗明珠未寂寥。三尺青珉惊羽化,只今愁唱弄珠谣。"董氏还以飞白体署弄珠楼,更题拱间曰:"晴川历历汉阳树,芳草萋萋鹦鹉洲。"由此可知,董其昌与"弄珠"一词有着密切关联。其二,"万历丁巳"即万历四十五年(1617),此时董其昌的确是在"金阊道中"。据当时民间的写本《黑白传》《民抄董宦事实》可知,万历四十四年(1616),董其昌遭遇一次"民变",惶惶然避难于苏州、镇江、丹阳、吴兴等地,半年不得安身,此即所谓"民抄董宦"案。董其昌心神不定,居无定所,完全符合"漫书于金阊道中"情形。其三,从"东吴弄珠客序"可知,这位"东吴弄珠客"十分清楚袁宏道对《金瓶梅》的赞赏,所谓"袁石公亟称之",但又说"亦自寄其牢骚耳,非有取于《金瓶

---

① 〔明〕袁中道:《游居柿录》,见黄霖编《金瓶梅资料汇编》,中华书局1987年版,第229页。

梅》也”,“不然,石公几为导淫宣欲之尤矣!”而“东吴弄珠客”本人对《金瓶梅》的态度也很矛盾复杂,既称之为“秽书”,又说“作者亦自有意,盖为世戒,非为世劝也”,“若有人识得此意,方许他读《金瓶梅》也”。这种态度与袁宏道致董其昌函及袁中道《游居柿录》所记完全一致,

董其昌与丁惟宁(1542—1611)、丁耀亢(1599—1669)父子交往密切。这里有必要旧话重提,即1990年2月发现于山东诸城的一封信,杨国玉先生曾就此信撰文考证,笔者同意其基本观点,但关键是此信是否真实。正如杨国玉先生文中所说:“可惜,诸城新发现的这封信是丁氏后人于清同治五年(1866)录藏的一份抄件,而非董思白手迹,使我们失去了从其书体特征上判断是否出自董氏之手的重要线索。或许也正因为这个重要因素的缺失,引起了一些学者的质疑。黄霖、陈诏二位先生分别讲论、撰文,提出了多方面证据,对以上问题给予了全面否定。他们的观点在当时产生的影响相当大,此后,这封信便似乎从人们的视野中‘淡出’了。”①我们不妨再对这封信做些分析。如果此信是赝品,那么造假者是谁?其动机为何?杨国玉在该文后记中说道:“这封信的发现者是多年来一直致力于《醒世姻缘传》研究并提出作者‘丁耀亢说’的张清吉先生。据张先生函告:1987年秋,他在诸城博物馆查找有关丁耀亢的资料时,在一大堆纸色发黄多为破碎的字画、遗墨等物中检得此信,于是即将内容抄录下来。因当时尚未涉足《金瓶梅》研究,故对信中的‘弄珠客思白’字眼未予格外注意。到1990年2月,在南京参加海峡两岸明清小说学术研讨会期间,方知‘弄珠客’为《金瓶梅》的序作者署名。但会后再去诸城搜觅原件,被告知那堆文稿已在当年年底打扫卫生时清除掉了。后来,张先生当时所抄录的信文即在一些学者中传抄开来。原件不存,确是一件非常遗憾的事情!笔者以为,对于这封信的内容,不宜轻易否定,而应该采取理性、审慎的态度予以进一步的深入辨析。”

为了便于分析,不妨将此信全文照录如下:

---

① 杨国玉:《〈金瓶梅〉研究的新起点——“弄珠客思白”致丁惟宁书札辩证》,载《河北建筑科技学院学报(社科版)》2001年第1期。

侍御公帏下：京师嗟阔，斗转数匝。邮筒相问，共觞梦求，痛何以堪！公退林泉，羲皇是敦，而虞卿蕉尾之效高邃，吾之知也。公之奇书，楚人椟中物，郑人岂识之哉！思白咏诵，契杜樊川所云"一杯宽幕席，五字弄珠玑"也。嘱予固箧，懔从命，无敢稍违也。帛轴二，歙砚、湘管各一遗公，驿至否？金阊颙望意系。顿首。弄珠客思白上。丙午清和望日。

收信人为丁惟宁，信的内容符合丁惟宁的生平经历，无须赘言。信的撰写者署名"弄珠客思白"，文中又自称"思白"，写于"丙午清和望日"即明万历三十四年(1606)四月十五日。如果此信系伪造，关键在于"弄珠客思白"五字。但信的正文中已出现"思白"两字，因此只有"弄珠客"三字有造假的必要。我们现在不妨先不理会这三个字，那么信中的"公之奇书""嘱予固箧""懔从命，无敢稍违也"应如何解释呢？一般的诗文称不上是"奇书"，也没有必要"固箧"。此信的前半部分显然是客套话、寒暄语，自"公之奇书"以下，才是致函的本意。依笔者陋见，事情原委应是董其昌于万历二十四年(1596)将《金瓶梅》借与袁宏道传抄后，引起许多文人的关注，远在五莲的丁惟宁闻知此情，致函叮嘱。董其昌此信正是对此叮嘱的答复。所谓"楚人椟中物，郑人岂识之哉！"即指一般读者只是看到《金瓶梅》淫秽的一面，而未能体会作者戒世的良苦用心。这与"东吴弄珠客序"中的观点完全一致。

还应注意的是，信中说"思白咏诵，契杜樊川所云'一杯宽幕席，五字弄珠玑'也"，而且写这封信函的同年万历三十四年(1606)夏，正是平湖知县萧鸣甲向董其昌索墨之时，亦即董其昌与"弄珠"二字发生密切关联之际，看来，董其昌对"弄珠"二字特别感兴趣。或许就在此时，董其昌才用"弄珠客"名号，十一年后为《金瓶梅》作序也就沿用了此号。当然，这一切要以此信的真实性为基础，否则便全部冰消瓦解。

那么，董其昌何时得到《金瓶梅》抄本的呢？这是"丁惟宁说"的关键所在，其中有一条线索值得关注，即嘉靖四十年(1562)进士、延宁兵备副使、诸城人陈烨所撰《东武西社八友歌》。诗中有"董生文学已升堂，志高不乐游邑庠,云间孤鹤难颉颃”“聪明才隽丁足当,弹琴伯牙字钟王,蔚如威风云间翔”等句。“董生”即董其昌,“聪明才隽”之“丁”即丁惟宁。因在八人中董其昌年最少,故陈烨称其为“董生”,又因董其昌已于1589年中进士,故有“董生文学已升堂”之句。据丁纪范《九老全图》跋知,“东武西社”成立于万历二十三年(1595),董其昌应当到诸城与会。[①] 是否此次诸城之行董其昌得到了《金瓶梅》不全之抄本,然后回到南方的第二年便将《金瓶梅》半部抄本借给了袁宏道,需要认真考虑。

丁耀亢在其诗集《逍遥游》卷二《江游》“己卯春夏”题记中说:“忆昔己未渡江,负笈云间,从董玄宰、乔剑浦两先生游。庚申,僦石虎丘,与陈古白、赵凡夫结山中社。去今三十年,少年诗文无足存者。自己卯避地,溯海而淮而江,既不得南枝,蜡屐倦游,止于白下。纪其所见,积箧中遂成帙。然雪鸿留迹,蕉鹿迷痕,无益也。存之志慨尔。”[②]丁耀亢去江南拜见董其昌等人是“己未”年,即万历四十七年(1619),丁耀亢年二十一。庚申(1620)岁暮,丁耀亢自江南返回诸城。此次丁耀亢去江南前后不过一年有余,此时“东吴弄珠客序”已完成,但未提及刊行之事。是否因为董其昌的《金瓶梅》来自诸城丁惟宁,才有丁耀亢此次短暂的江南之行,去董其昌处商定《金瓶梅》刊行之事,值得推敲。

三、谢肇淛《金瓶梅跋》与《金瓶梅》的成书

谢肇淛(1567—1624)《金瓶梅跋》云:“余于袁中郎得其十三,于丘诸城得其十五。”[③]谢肇淛所谓“于丘诸城得其十五”,表明他是在诸城从邱志充处得到《金瓶梅》抄本的。有资料可证谢肇淛曾来过诸城,万历《诸城县志》收录谢肇淛写于万历三十一年(1603)的七律《秋日客诸城同莀

① 张清吉:《金瓶梅奥秘探索》,中州古籍出版社2000年版,第3~4页。

② 〔清〕丁耀亢撰,李增坡主编,张清吉校点:《丁耀亢全集》,中州古籍出版社1999年版,第667页。

③ 〔明〕谢肇淛:《金瓶梅跋》,见黄霖编《金瓶梅资料汇编》,中华书局1987年版,第4页。

伯王明府登超然台》：

一片秋光爽色开，况逢仙令共登台，
城连平楚天边去，云涌群山海上来。
潍水尚寒高鸟尽，穆陵无恙夜乌哀。
尊前欲洒千秋泪，往事残碑伴绿苔。

谢肇淛于万历三十一年(1603)来到诸城，他的《金瓶梅》“于丘诸城得其十五”，可以断定即此时此地所抄。

据《邱氏族谱》记载，邱志充字介子，号六区，万历三十八年(1610)进士，授工部都水司主事，后任河南省汝宁知府，又升山西怀来道道员。因是诸城人，故被谢肇淛称为“丘诸城”，又因曾当过工部都水司主事，故沈德符称为“邱工部”。邱志充是丁惟宁的表侄，且邱、丁两家世代有姻亲关系，所以邱志充的《金瓶梅》来自丁惟宁有一定根据。

就目前所见资料来看，早期拥有《金瓶梅》抄本的诸人中，袁宏道的抄本来自董其昌，袁中道、谢肇淛、沈德符等人的抄本又来自袁宏道，这些应该没有什么疑问。因此，董其昌的抄本来源至关重要，上文已经探讨了董其昌与丁惟宁的关系。如果要证明董其昌的抄本确实来源于诸城丁惟宁，还需要考察其他几位拥有《金瓶梅》抄本者的情形。据各类记载可知，徐阶、刘承禧、王世贞、王宇泰、文在兹、王稚登、邱志充也都被认为拥有《金瓶梅》的抄本，但实际情形还应做认真分析。

徐阶(1503—1583)为松江华亭人，与董其昌同里。但徐阶去世时，董其昌才28岁，所以董其昌与徐阶后人交往的可能性更大。沈德符《万历野获编》引袁宏道语云：“今惟麻城刘延白承禧家有全本，盖从其妻家徐文贞录得者。”[①]袁宏道如何得知刘承禧家有全本，还应追寻到其致董其昌函。袁宏道既然致函询问董其昌，《金瓶梅》“后段在何处”，董其昌理应做出回答。不妨做一个推测，徐阶之孙徐元春乃刘承禧岳父，刘承禧家的抄本虽然来自徐家，但应是徐阶后人所有。从袁宏道称徐阶谥号

---

① 〔明〕沈德符：《万历野获编》，见黄霖编《金瓶梅资料汇编》，中华书局1987年版，第230页。

“文贞”可知,此时徐阶应已去世。不排除是徐阶后人从董其昌处得到抄本,又为刘承禧所抄录。

王世贞(1526—1590)虽然也来过诸城,且与丁惟宁有交往,但其“家藏全书”的疑问最大。《东武诗存》中收有王世贞的《诸城山行》一诗,陈烨、丁惟宁编撰的万历《诸城县志》收录王世贞的《拟古乐府琅邪王歌》八首,《过诸城题公署屏》诗二首。丁耀亢《述先德谱序》记载了丁惟宁与王世贞的交游史实:“(先大人惟宁)能诗,不苦吟,亦不存稿。弇州先生(王世贞)为青州兵宪,巡诸邑,观兵海上,相与咏和,每为听赏。”①王世贞为青州兵备副使是在嘉靖三十六年(1557)至嘉靖三十八年(1559)间,直至王世贞于万历十八年(1590)去世,《金瓶梅》是否已经成书,都很难断定,因此说他的《金瓶梅》抄本来自丁惟宁显然没有说服力。谢肇淛《金瓶梅跋》所说“唯弇州家藏者最为完好”②,屠本畯《山林经济籍》所谓“王大司寇凤洲先生家藏全书,今已失散”③,均可理解为王世贞后人家中曾藏有其书,但只是传闻而已。

屠本畯《山林经济籍》又云:“往年予过金坛,王太史宇泰出此,云以重赀购抄本二帙。”④屠本畯与王宇泰何时在金坛相见,关系到《金瓶梅》的早期传播情形,值得做些考察。屠本畯本人生卒年不详,主要活动于明万历年间(1573—1620),曾以父荫任太常寺典簿、礼部郎中、两淮运司同知,后移福建任盐运司同知。《山林经济籍》系其罢官里居时编著,约于万历四十一年(1613)刊刻。

王肯堂(1549—1613),字宇泰,一字损仲,又字损庵,号念西居士,又

① 〔清〕丁耀亢:《述先德谱序》,见《丁耀亢全集》,中州古籍出版社1999年版,第289页。

② 〔明〕谢肇淛:《金瓶梅跋》,见黄霖编《金瓶梅资料汇编》,中华书局1987年版,第4页。

③ 〔明〕屠本畯:《山林经济籍》,见黄霖编《金瓶梅资料汇编》,中华书局1987年版,第231页。

④ 〔明〕屠本畯:《山林经济籍》,见黄霖编《金瓶梅资料汇编》,中华书局1987年版,第231页。

号郁冈斋主。明代金坛（今江苏省常州市金坛区）人。生于明嘉靖二十八年（1549），卒于明万历四十一年（1613）。《明史》有传，附于其父王樵传后。王肯堂万历七年（1579）中举，万历十七年（1589）中进士，从此步入仕途，选庶吉士，授检讨。万历二十年（1592），因上书抗御倭寇事，被诬以“浮躁”降职，引疾归。万历三十四年（1606），吏部侍郎杨时乔保荐，补南京行人司副。万历四十年（1612），改迁福建布政司右参政。万历四十一年（1613）得允告老回乡金坛，旋病逝。王肯堂自万历十七年（1589）中进士后离开金坛，至万历二十年（1592）回到家乡。万历三十四年（1606）再次离开金坛，万历四十一年（1613）回到家乡不久即病逝。明代修史之事由翰林院负责，称翰林为“太史”，屠本畯与王肯堂见面是在金坛，且称其为“太史”，显然是在万历二十年（1592）至万历三十四年（1606）之间。董其昌将《金瓶梅》抄本借给袁宏道是在万历二十四年（1596）前，袁宏道时在吴县，此时王肯堂亦在金坛。王肯堂喜交游，与董其昌为同年进士，且曾与其论书画。因此，王肯堂的《金瓶梅》抄本应与董其昌有一定关系。

薛冈《天爵堂笔余》云：“往在都门，友人关西文吉士以抄本不全《金瓶梅》见示，余略览数回……后二十年，友人包岩叟以刻本全书寄敝斋，予得尽览。”①文在兹是万历二十九年（1601）进士，初授翰林院庶吉士，薛冈“往在都门”见到他出示抄本的时间，应在万历二十九年（1601）之后。但文在兹的《金瓶梅》抄本是否源于董其昌，尚有疑问。因为董其昌万历十七年（1589）举进士，授翰林院庶吉士，万历二十年（1592），授翰林院编修。万历二十二年（1594），皇长子朱常洛出阁讲学，充任讲官。万历二十六年（1598），任湖广按察司副使。万历三十二年（1604），出任湖广提学副使。也就是说，文在兹在京为官时，董其昌已离开京城。

王穉登与丁惟宁交往密切，最为有力的证据是五莲“丁公石祠”内王穉登题“羲皇上人”匾额及其诗作一首。从诗意来看，王穉登应该来过五

① 〔明〕薛冈：《天爵堂笔余》，见黄霖编《金瓶梅资料汇编》，中华书局1987年版，第235页。

莲九仙山,最后两句"昼眠梦晤安期语,翘首澹洲鹤使逢",表明了对丁惟宁的思念之情。既然称丁惟宁为"羲皇上人",王稚登来五莲当然是在丁惟宁罢归山居之时。屠本畯《山林经济籍》云:"复从王征君百谷家又见抄本二帙,恨不得睹其全。"①可见王稚登所藏《金瓶梅》抄本也是不全之抄本,与董其昌、王肯堂、邱志充等人所藏《金瓶梅》相一致,这应是《金瓶梅》早期流传的真实情形。

沈德符《万历野获编》说:"中郎又云,尚有名《玉娇李》者,亦出此名士手,与前书各设报应因果。武大后世化为淫夫,上烝下报;潘金莲亦作河间妇,终以极刑;西门庆则骙憨男子,坐视妻妾外遇,以见轮回不爽。中郎亦耳剽,未之见也。去年抵辇下,从邱工部六区(自注:志充)得寓目焉,仅首卷耳……而贵溪分宜相构亦暗寓焉。至嘉靖辛丑庶常诸公,则直书姓名,尤可骇怪,因弃置不复再展,然笔锋恣横酣畅,似尤胜《金瓶梅》。邱旋出守去,此书不知落何所。"②袁宏道听说有《玉娇李》一书,与《金瓶梅》为同一作者。沈德符在邱志充处见到过此书,但仅有首卷。内容与《金瓶梅》相连接,又暗寓夏言(贵溪)、严嵩(分宜)争斗事,且直接书写嘉靖辛丑庶常诸公,可见此书作者对朝廷政事十分熟悉。联系丁惟宁的仕途遭遇,亦有符合之处。《玉娇李》作为《金瓶梅》的续书,"与前书各设报应因果",是否使丁耀亢因此受到启发,在改朝换代之际作《续金瓶梅》,与前集亦互为因果,这一问题也值得深入探讨。

四、《续金瓶梅》序跋与丁耀亢

《续金瓶梅》卷首有以"西湖钓史"之名号所作序,认为《金瓶梅》乃"言情之书也。情至则流易于败检而荡性。今人观其显,不知其隐;见其放,不知其止;喜其夸,不知其所刺。蛾油自溺,鸩酒自毙。袁石公先叙之

① 〔明〕屠本畯:《山林经济籍》,见黄霖编《金瓶梅资料汇编》,中华书局 1987 年版,第 231 页。

② 〔明〕沈德符:《万历野获编》,见黄霖编《金瓶梅资料汇编》,中华书局 1987 年版,第 230～231 页。

矣，作者之难于述者之晦也”。又说：“今天下小说如林，独推三大奇书，曰《水浒》《西游》《金瓶梅》者，何以称夫？《西游》阐心而证道于魔，《水浒》戒侠而崇义于盗，《金瓶梅》惩淫而炫情于色。此皆显言之，夸言之，放言之，而其旨则在以隐、以刺、以止之间，唯不知者曰怪，曰暴，曰淫，以为非圣而畔道焉，乌知夫稗官野史足以翊圣而赞经者。……《续金瓶梅》者，惩述者不达作者之意，遵今上圣明颁行《太上感应篇》，以《金瓶梅》为之注脚……而其旨，一归之劝世。”①《续金瓶梅后集》“凡例”也明确说道：“坊间禁刻淫书，近作仍多滥秽。兹刻一遵今上颁行《太上感应篇》，又附以佛经、道箓，方知作书之旨，无非赞助圣训，不系邪说导淫。”②总体来看，在朝廷、坊间都在禁毁《金瓶梅》之时，丁耀亢却对《金瓶梅》有如此评价，并将《金瓶梅》作为顺治皇帝颁行《太上感应篇》的注脚，以达到为《金瓶梅》正名的目的。这些都可看出丁耀亢与众不同的态度，应当引起充分注意。

《续金瓶梅后集》“凡例”又说：“前集中年月、事故或有不对者，如应伯爵已死，今言复生，曾误传其死，一句点过。前言孝哥年已十岁，今言七岁离散出家，无非言幼小孤孀，存其意，不顾小失也。客中并无前集，迫于时日，故或错讹，观者略之。”③由此可见，丁耀亢不仅对《金瓶梅》十分熟悉，而且可以根据需要修正、改动《金瓶梅》的某些情节。所谓“客中并无前集”，说明他完全根据记忆创作《续金瓶梅》，表明了他对《金瓶梅》的熟悉程度非同一般。

康熙四年乙巳（1665）八月，67 岁的丁耀亢因作《续金瓶梅》被逮入狱，经友人傅掌雷、龚鼎孳、刘正宗等全力援救，于当年腊月获释。出狱后作《漫成次友人韵》诗八首④，其第六首云：

---

① 〔清〕西湖钓史：《续金瓶梅后集序》，见《金瓶梅续书三种》，齐鲁书社 1988 年版，第 3～4 页。

② 《金瓶梅续书三种》，齐鲁书社 1988 年版，第 5～6 页。

③ 《金瓶梅续书三种》，齐鲁书社 1988 年版，第 5 页。

④ 〔清〕丁耀亢撰，李增坡主编，张清吉校点：《丁耀亢全集》，中州古籍出版社 1999 年版，第 479 页。

老夫傲岸耽奇癖,捉笔谈天山鬼惊。
误读父书成赵括,悔违母教失陈婴。
非前湖海多风雨,强向丘园剪棘荆。
征室何如宣室诏,九霄星斗似知名。

此诗的颔联用了两个典故,“误读父书成赵括”见《史记·廉颇蔺相如列传》。战国时赵奢为赵国名将,其子赵括“自少时学兵法,言兵事,以天下莫能当。尝与其父奢言兵事,奢不能难,然不谓善”。蔺相如称其“徒能读其父书传,不知合变也”。[①] 果然在长平战役中,赵括被秦击败身死。后人多以“赵括”喻指夸夸其谈而无实际本领的人。丁耀亢此处用这一典故,是说自己因“误读父书”而遭牢狱之灾。赵括读其父之书而只会纸上谈兵,说明读的是兵书;丁耀亢读了父亲的书而作《续金瓶梅》被逮入狱,显然丁耀亢所读的“父书”,理应与《续金瓶梅》相关。

“悔违母教失陈婴”见《史记·项羽本纪》:“陈婴者,故东阳令史,居县中,素信谨,称为长者。东阳少年杀其令,相聚数千人,欲置长,无适用,乃请陈婴。婴谢不能,遂强立婴为长,县中从者得二万人。少年欲立婴便为王,异军苍头特起。陈婴母谓婴曰:‘自我为汝家妇,未尝闻汝先古之有贵者。今暴得大名,不祥。不如有所属,事成犹得封侯,事败易以亡,非世所指名也。’婴乃不敢为王。谓其军吏曰:‘项氏世世将家,有名于楚。今欲举大事,将非其人,不可。我倚名族,亡秦必矣。’于是众从其言,以兵属项梁。”[②]项梁立熊心为楚怀王,陈婴任上柱国,封五县。项梁死后,陈婴随项羽征战,项羽死后陈婴降汉,汉高祖六年十二月被封为堂邑侯。陈婴因为听从了母亲的劝阻,得以封侯,功成名就。丁耀亢悔恨自己未能听从母亲教诲,不仅未能赢得功名,反而招来灾难。丁耀亢罹祸是因写《续金瓶梅》,那么,丁母的教诲也应与《续金瓶梅》有关。换言之,丁耀亢的母亲似应了解丁耀亢作《续金瓶梅》的内情,不然便不会阻止丁耀亢写作此书。

丁耀亢的诗词留存甚多,其中涉及《金瓶梅》的诗作也是重要线索。

---

① 〔汉〕司马迁:《史记》,中华书局2000年版,第1910页。
② 〔汉〕司马迁:《史记》,中华书局2000年版,第211页。

如作于康熙六年(1667)的《登超然台谒苏文忠公有感》:“穆陵霸气尚纵横,台畔遗文记典刑。物有可观皆可乐,人能超世始超名。旧河沙岸翻为谷,官署归鸦不入城。我著《瓶梅》君咏桧,古今分谤愧先生。”①苏轼曾作《王复秀才所居双桧》诗。诗云:“凛然相对敢相欺,直干凌空未要奇。根到九泉无曲处,世间惟有蛰龙知。”副相王珪向神宗诬告称:“陛下飞龙在天,轼以为不知己,而求之地下之蛰龙,非不臣而何?”神宗却回答曰:“诗人之词,安可如此论? 彼自咏桧,何预朕事?”丁耀亢将自己作《续金瓶梅》而入狱与苏轼作咏桧诗而遭诬陷相提并论,在愤懑不平中,还透露出一丝自豪与欣慰,表明丁耀亢对因作《续金瓶梅》而带来的牢狱之灾并不感到后悔。

丁耀亢的这种感受保持了相当长的时间,在同一年作的《梅花禅偈二首》中,把《金瓶梅》隐藏在诗句之中:“梅花扫尽留月明,月明金瓶一样同。”②虽然因《续金瓶梅》遭受了那么多痛苦,但丁耀亢依然对“金瓶梅”三字充满了感情。第二年丁耀亢作《中秋前一夜梦龚芝麓同游》诗:“竹林客散叹离居,梦里笛声到故庐。珠海光潜因瘗砚,《瓶梅》香尽久焚书。秋风锦字无鸿雁,明月空梁有珮琚。千里相思难命驾,当时挥泪忆停车。”③“《瓶梅》香尽久焚书”,可见他对《金瓶梅》的评价非常之高。

《金瓶梅词话》的最后一回出现了两句诗:“三降尘寰人不识,倏然飞过岱东峰。”这两句诗有何含义? “岱东峰”即泰山以东的山峰,究竟指哪座山峰? 似乎为了回答这一问题,丁耀亢在《续金瓶梅》第六十二回中讲了一段仙家因果:

> 当初东汉年间,辽东三韩地方,有一邑名野鹤县,出了一个神仙。在华表庄,名丁令威,学道云游在外,久不回乡。到了晋末,南北朝大

---

① 〔清〕丁耀亢撰,李增坡主编,张清吉校点:《丁耀亢全集》,中州古籍出版社 1999 年版,第 524 页。

② 〔清〕丁耀亢撰,李增坡主编,张清吉校点:《丁耀亢全集》,中州古籍出版社 1999 年版,第 557 页。

③ 〔清〕丁耀亢撰,李增坡主编,张清吉校点:《丁耀亢全集》,中州古籍出版社 1999 年版,第 603 页。

> 乱,辽东为乌桓所据,杀亡大半,人烟稀少。忽然华表石柱上,有三丈余高,落下一只朱顶雪衣的仙鹤来,终日不去,引得左近人民去观看,他也不飞不起。那些俗子村夫,还将砖石弓矢去伤他的,他安然不动,那砖石弓矢也不能近他。人人敬他是仙人托化,来此度人。果然到了八月中秋,半夜子时,长唳一声,化一道人歌曰:"有鸟有鸟丁令威,去家千岁今来归。城郭如故人民非,何不学仙冢累累。"向街头大叫,说:"五百年后,我在西湖坐化。"后来南宋孝宗末年,临安西湖有一匠人善于锻铁,自称为丁野鹤。弃家修行,至六十三岁,向吴山顶上结一草庵,自称紫阳道人。庵门外有一铁鹤,时有群儿相戏,说谁能使铁鹤飞去就是神仙。只见丁道人从旁说:"我要骑他上天,等我叫他先飞,我自骑去。"因将手一挥,那铁鹤即时起舞,空中回旋不去。丁道人却向庵中沐浴一毕,留诗曰:"懒散六十三,妙用无人识,顺逆两相忘,虚空镇常寂。"书毕,盘足而化。群儿见丁道人骑鹤过江去了。至今紫阳庵有丁仙遗身塑像,又留下遗言说:"五百年后,又有一人,名丁野鹤,是我后身,来此相访。"后至明末,果有东海一人,名姓相同,来此罢官而去,自称紫阳道人。①

丁耀亢讲述完丁令威转世故事后,写下了《三降尘寰诗》:"坐见前身与后身,身身相见已成尘。亦知华表空留语,何待西湖始问津。丁固松风终是梦,令威鹤背未为真。还如葛井寻圆泽,五百年来共一人。"并在《续金瓶梅》卷末绘了一帧《丁紫阳鹤化前身》图。《金瓶梅词话》说"三降尘寰人不识,倏然飞过岱东峰",显然即指丁令威"三降尘寰"的传说,每降一次尘寰暗喻一代人。"岱东峰"不是别处,正是丁耀亢的家乡九仙山。丁令威第一次坐化转世为丁纯,第二次坐化转世为丁惟宁,第三次坐化转世为丁耀亢。上述诗中所谓"坐见前身与后身","身身相见已成尘",说明丁耀亢与其父丁惟宁两代人是"身身相见"。

可以与此相证的是,丁耀亢在《仲夏自山中复过沙鹤村立先柱史墓

---

① 《金瓶梅续书三种》,齐鲁书社 1988 年版,第 636~637 页。

碑》诗中说:“孙枝渐远家声在,华表难忘忆祖丘。”[①]在《自少林寺回东武止于石佛寺》诗中说:“归来非梦仍疑梦,莫认辽阳丁令公。”[②]《金瓶梅》与《续金瓶梅》同时引用丁令威的传说,也应引起足够的关注。

有意思的是,丁惟宁及其友人在许多诗中都将丁惟宁喻为白鹤或仙鹤,即以五莲“丁公石祠”内石碑诗为例。

丁惟宁《山中即事三首其三》

凤翮高骞侍从班,羽仪方仰忽投闲。
削成丘壑疑天外,领就烟霞出世间。
永誉自了高月旦,神游从此托仙山。
独发千里瞻依在,遥见云头鹤往还。

丁惟宁闲居在九仙山下,遥想千里之外的“凤翮”“羽仪”,自己却如云间白鹤,自由往还。

王化贞《送丁先生藏主山中》

先生乘鹤五云中,华表归来憩此宫。
烟横野岫闲清昼,花落幽庭任晚风。
犹有姓名传太史,可能杖屦对青峰。
千秋俎豆人如在,不与平泉金品同。

王化贞与丁惟宁交游甚笃,此诗首联便将丁惟宁比作丁令威,发人深省。

王稚登《赠丁道枢九仙五莲胜概遥寄小诗一首》

万叠层峦瑞气浓,胜游何日循长风?

---

① 〔清〕丁耀亢撰,李增坡主编,张清吉校点:《丁耀亢全集》,中州古籍出版社1999年版,第587页。

② 〔清〕丁耀亢撰,李增坡主编,张清吉校点:《丁耀亢全集》,中州古籍出版社1999年版,第464页。

云藏香阁古今在，地产瑶华原隰重。
春雪游澌归别涧，晓岚横翠接群峰。
昼眠梦晤安期语，翘首瀛洲鹤使逢。

王稚登与丁惟宁也是好友，此诗尾联将丁惟宁比作仙鹤，希望与其在仙境中相逢。

广陵后学魏天斗《寄题柱史丁先生大隐祠》

先生耽隐入深崖，东海风清钓渭台。
心赏已孤天外事，文章岂羡洛中才？
泉鸣涧石遗珂迹，月满松萝得句怀。
莫讶千秋高士逝，数声白鹤下凡来。

海上后学乔师稷《题丁侍御先生祠》

旧掌乌名绣斧寒，高风今于画图看。
扶将鸠杖闲骢马，披得羊裘挂豸冠。
华表不归丁令鹤，东武空说九仙峦。
已知世德清如水，玉树森森秀可餐。

此两诗虽为稍晚的文人所作，但更加明确地将丁惟宁与丁令威化鹤之事相联系，可以见出当时文人对丁惟宁化白鹤所持的认同态度。

第三节　“剪灯三话”序跋中的小说观

“剪灯三话”是明初瞿佑《剪灯新话》、李昌祺(名祯，以字行世)《剪灯余话》和明末邵景瞻《觅灯因话》三部作品的合称。尽管小说结集于不同时间，但是三部作品都从不同侧面反映了明代社会的政治、经济、文化、宗教等，又因其命名方式、卷目设计、题材、写作风格都较接近，主题思想、创作意图、人物形象、语言风格等方面也极为相似，故有“剪灯三话”之称。

“剪灯三话”在我国小说史上占据着十分重要的地位，是文言小说到通俗小说的重要转折性作品，也是明初文言小说向唐人传奇传统复归的作品。对明代小说、戏曲都产生了极其深远的影响。“从汉文化区的影响来看，说它是一部具有国际意义的文学作品，是毫不过分的……《剪灯新话》是明代文言中篇小说的发轫者，同时还诱发了明清才子佳人小说的诞生。”①《剪灯新话》还流播海外，朝鲜作家金时习仿照《剪灯新话》作《金鳌新话》，越南作家阮屿仿照《剪灯新话》作《传奇漫录》。《剪灯新话》作为我国小说史上第一本个人创作的传奇集，是继唐传奇之后对小说文体艺术自觉的新开拓。继瞿佑之后，李昌祺（名祯，以字行）模仿《剪灯新话》而作《剪灯余话》。李昌祺在自序中云：“客有以钱塘瞿氏《剪灯新话》贻余者，复爱之，锐欲效颦。”②可以说《剪灯新话》的出现不仅预示文言小说的复兴，也标志传奇小说集的创作进入一个新时期。

“三话”问世后，很快便遭到朝廷禁毁。明正统七年（1415）二月，时任国子监祭酒的李时勉上疏皇帝称：“近有俗儒，假托怪异之事，饰以无根之言，如《剪灯新话》之类，不惟市井轻浮之徒争相诵习，至于经生儒士，多舍正学不讲，日夜记忆，以资谈论。若不严禁，恐邪说异端，日新月盛，蛊乱人心。乞敕礼部，行文内外衙门，及提调学校佥事御史，并按察司官，巡历去处，凡通此等书籍，即令焚毁，有印卖及藏习者，问罪如律。庶俾人知正道，不为邪妄所惑。”③《剪灯新话》成为中国小说史上第一部禁毁小说。

鲁迅先生评《剪灯新话》为：“文题意境，并抚唐人，而文笔殊冗弱不相副，然以粉饰闺情，拈掇艳语，故特为时流所喜，仿效者纷起，至于禁止，其风始衰。”④《剪灯新话》在艺术上虽非上乘之作，但与唐人传奇相比，《剪灯新话》在艺术上一个显著的特色，是受话本小说的影响，描写人物的思想状况、心理活动更细致、深刻、生动。⑤ 近年来，“三话”日益受到研

---

① 石昌渝：《〈剪灯新话〉价值的重估》，载《古典文学知识》1992 年第 2 期。

② 〔明〕李祯：《剪灯余话序》，见丁锡根编著《中国历代小说序跋集》，人民文学出版社 1996 年版，第 603 页。

③ 《明英宗实录》，台湾“中央研究院”历史语言研究所 1962 年校印本。

④ 鲁迅：《中国小说史略》，东方出版社 1996 年版，第 165 页。

⑤ 吴志达：《中国文言小说史》，齐鲁书社 1994 年版，第 690 页。

究者的重视,在一些文学史及小说史专著中,“三话”逐渐占有一席之地。

一、不平则鸣,发愤著书

《剪灯新话》表现的是瞿佑的“感离抚遇”和“哀穷悼屈”,而《剪灯余话》表现的是李昌祺对仕途前程的灰心和跻身功名淡淡的悔意,是他“豁怀抱,宣郁闷”之作。桂衡《剪灯新话序》:“盖宗吉以褒善贬恶之学。训导之间,游其耳目于词翰之场,闻见既多,积累益富。恐其久而记忆之或忘也,故取其事之尤可以感发、可以惩创者,汇次成编,藏之箧笥,以自怡悦,此宗吉之志也。”①李昌祺在自序中称:“矧余两涉忧患,饱食之日少,且性不好博弈,非借楮墨吟弄,则何以豁怀抱,宣郁闷乎?虽知其近于滑稽谐谑,而不惶恤者,亦犹疾痛之不免于呻吟耳,庸何讳哉?”②李时勉和李昌祺为同乡旧友,为其《至正妓人行》作跋时称:“吾友广西布政使李公昌祺。”他规劝昌祺将心力用于“辅国安民”的大计中:“公为方面大臣,固当以功名事业自期,宣上恩德,以施惠政,使环数千里之地,熏陶于春风和气之中。乃以其文章黼黻至治,而歌咏太平,挫之金石,传之无穷,然后足以见公之大。”③然而李时勉对李昌祺的劝进并没有起到什么作用。李昌祺在自序中说:“虽然,《高唐》《洛神》,意在言外,皆闲暇时作,宜其考事精详,修辞缛丽,千载之下,脍炙人口;若余者,则负谴无聊,故假此以自遣,初非平居有意为之,以取讥大雅,较诸饱食博弈,或者其庶乎?”④

瞿佑《剪灯新话序》云:

---

① 〔明〕桂衡:《剪灯新话序》,见丁锡根编著《中国历代小说序跋集》,人民文学出版社 1996 年版,第 602 页。

② 〔明〕李祯:《剪灯余话序》,见丁锡根编著《中国历代小说序跋集》,人民文学出版社 1996 年版,第 604 页。

③ 〔明〕李时勉:《剪灯余话序》,见周楞伽校注《剪灯新话》(外二种),上海古籍出版社 1981 年版,第 261 ~262 页。

④ 〔明〕李祯:《剪灯余话序》,见丁锡根编著《中国历代小说序跋集》,人民文学出版社 1996 年版,第 604 页。

余既编辑古今怪奇之事，以为《剪灯录》，凡四十卷矣。好事者每以近事相闻，远不出百年，近止在数载，襞积于中，日新月盛，习气所溺，欲罢不能，乃援笔为文以纪之。其事皆可喜可悲、可惊可怪者。所惜笔路荒芜，词源浅狭，无嵬目鸿耳之论以发扬之耳……自以为涉于语怪，近于诲淫，藏之书笥，不欲传出。客闻而求观者众，不能尽却之。则又自解曰：《诗》《书》《易》《春秋》，皆圣笔之所述作，以为万世大经大法者也；然而《易》言"龙战于野"，《书》载"雉雊于鼎"，"国风"取淫奔之诗，《春秋》纪乱贼之事，是又不可执一论也。①

瞿佑《剪灯新话》中流露出的反道学、重情欲的思想倾向是对传统观念的反叛，也是人性本然状态的彰显。杨义评《剪灯新话》："作品是肯定婚姻中的情欲因素的，它甚至以情欲嘲弄了礼数，把礼教化作徒有仪式的外壳来包裹着情欲的内核。它写了'商女+才女'的类型，以商肆市民的趣味重新省视了被宋儒扭曲了的人间伦理。从而形成了明人小说不同于唐人的豪情飞扬。宋人的理念凝重，却是更为正视人间情欲的审美思路。"②凌云翰《剪灯新话序》："昔陈鸿作《长恨传》并《东城老父传》，时人称其史才，咸推许之。乃观牛僧孺之《幽怪录》，刘斧之《青琐集》，则又述奇纪异，其事之有无不必论，而其制作之体，则亦工矣。乡友瞿宗吉氏著《剪灯新话》，无乃类是乎？"③唐人小说重"史才、诗笔、议论"，间或穿插诗词，好发议论，这种"制作之体"在《剪灯新话》中有充分的体现。

《剪灯新话》的自序和各篇他序不是在同一时期完成的，而《剪灯余话》有四篇序言则在同一年完成。如下表所示：④

① 〔明〕瞿佑：《剪灯新话序》，见丁锡根编著《中国历代小说序跋集》，人民文学出版社1996年版，第599~600页。

② 杨义：《中国古典小说史论》，人民出版社1998年版，第236页。

③ 〔明〕凌云翰：《剪灯新话序》，见丁锡根编著《中国历代小说序跋集》，人民文学出版社1996年版，第600页。

④ 陈洪：《中国小说理论史》，天津教育出版社2005年版，第35页。

年代	篇目	作者
洪武十一年(1378)	剪灯新话序	瞿佑
洪武十四年(1381)	剪灯新话序	吴植
洪武二十二年(1389)	剪灯新话序	桂衡
洪武三十年(1397)	剪灯新话序	凌云翰
永乐十八年(1420)	剪灯余话序	李祯
永乐十八年(1420)	剪灯余话序	曾棨
永乐十八年(1420)	剪灯余话序	王英
永乐十八年(1420)	剪灯余话序	罗汝敬
宣德八年(1433)	剪灯余话序	刘敬
宣德八年(1433)	剪灯余话序	张光启

吴植《剪灯新话序》:“其词则传奇之流,其意则子氏之寓言也。宗吉家学渊源,博及群集,屡荐明经,母老不仕,得肆力于文学。余尝接其论议,观其著述,如开武库,如游宝坊,无非惊人之奇,希世之珍;是编特武库、宝坊中之一耳。然则观是编者,于宗吉之学之博,尚有徵也。”①吴植对于瞿佑的勤勉好学、博闻强记赞不绝口,故“其才充而敏,故其文也赡”。

桂衡与瞿佑为好友,他在《剪灯新话序》中以七言歌行揭示了瞿佑创作中的内心活动,详细刻画了作者情感的生成、酝酿、喷薄而出直至最终完成的全过程:

> 山阳才人畴与侣?开口为今阖为古!春以桃花染性情,秋将桂子熏言语。感离抚遇心怦怦,道是无凭还有凭。沉沉帐底昼吹笛,煦煦窗前宵剪灯。倏而晴兮忽而雨,悲欲啼兮喜欲舞,玉箫倚月吹凤凰,金栅和烟锁鹦鹉。造化有迹尸者谁?一念才萌方寸移,善善恶恶苟无失,怪怪奇奇将有之。丈夫未达虎为狗,濯足沧浪泥数斗,气寒

① 〔明〕吴植:《剪灯新话序》,见丁锡根编著《中国历代小说序跋集》,人民文学出版社1996年版,第601页。

骨耸铮有声，脱帻目光如电走。道人青蛇天动摇，不斩寻常花月妖，茫茫尘海沤万点，落落云松酒半瓢。世间万事幻泡耳，往往有情能不死，十二巫山谁道深，云母屏风薄如纸。莺莺宅前芳草迷，燕燕楼中明月低，从来松柏有孤操，不独鸳鸯能并栖。久在钱塘江上住，厌见潮来又潮去，燕子衔春几度回？断梦残魂落何处？还君此编长啸歌，便欲酌以金叵罗，醉来呼枕睡一觉，高车驷马游南柯。①

桂衡认为小说创作需要有丰富的想象力，作品中的世界就是作者营构的虚拟世界，“一念才萌方寸移”“倏而晴兮忽而雨”。在这种神思迅捷转换的变化中，随着情节的推移，作者自身也经历着随之而来的多重情感体验。作者已然幻化成为剧中人，在故事情节的千回百转中忽悲忽喜，沉浸在“欲啼欲舞”的状态下无法自拔。在这篇序言中桂衡还提出了“往往有情能不死”这一创作理念，这不能不让人联想到二百多年之后的汤显祖，他在《牡丹亭题词》中说：“情不知所起，一往而深。生者可以死，死可以生。生而不可与死，死而不可复生者，皆非情之至也。”②在创作动机上，杜衡说“丈夫未达虎为狗，濯足沧浪泥数斗”，是对瞿佑受困于世、寄情于笔的形象描述。

刘敬认为作家的文化修养对小说创作有着至关重要的决定作用，他在《剪灯余话序》中说：

昔人谓作史有三长，曰才、学、识。今观公之卓冠时髦，如玉宇澄秋，云汉昭回，可望而不可及；而其学问之该博，识鉴之精通，又不啻如川汇河输，而四海一委；鉴空衡平，而理无不烛也。有是哉，公之能事乎！兼是三者之长，而本之以圣贤之学，抑何言之不立，何书之不著耶？然此特以泄其暂尔之愤懑，一吐其胸中之新奇，而游戏翰墨云尔，岂公之至哉？亦岂士之望于公哉？嗟乎！以公之硕学令望，暂试

① 〔明〕桂衡：《剪灯新话序》，见丁锡根编著《中国历代小说序跋集》，人民文学出版社1996年版，第602页。

② 〔明〕汤显祖著，徐朔方、杨笑梅校注：《牡丹亭》，人民文学出版社1963年版，第1页。

于方面,已善其治矣。使其异日登庸庙堂,职专辅弼,则其论道经邦,黼黻皇猷,又当何如也?虽然,谓之《剪灯余话》,则日论嘉言之不足,于以继其晷,而续其绪余,抑岂不有以醒人之耳目而涤其昏困耶?是编也,侔诸垂世立教之典,虽有径庭,然士固有一饭不忘其君者。伏惟皇上宵旰图治,九重万几,日昃不遑;异时斯言,倘获上闻,一尘圣聪,亦未必不如《太平御览》之一端,以少资五云天畔之怡颜也。敬不敏,什袭所录,欲刊而未能。宣德癸丑夏,知建宁府建宁县事盱江张公光启,锐意欲广其传,书来,谓子所录得真,请寿诸梓,遂序其始末,以此本并《云白遗音》附之,以同其刊云。①

刘敬充分肯定了李昌祺多方面的才能,指出这些文学才能是小说创作成功的必要条件。

二、劝惩教化,有补于世

明初,程朱理学被规定为官方哲学,并成为科举考试的唯一范本。明太祖朱元璋诏示:“五经、四书如五谷,家家不可缺。”②洪武三年(1370)《设科取士诏》规定:“乡试、会试首场考《五经》义;《易》程、朱氏注,古注疏;《书》蔡氏传、古注疏;《诗》朱氏传、古注疏;《春秋》左氏、公羊、谷梁、胡氏、张洽传;《礼记》古注疏;《四书》义。”③永乐十二年(1417)五月,明成祖朱棣命胡广、杨荣、金幼孜等人编撰《五经四书大全》和《性理大全》,并下令颁发到“六部并两京国子监及天下郡县学。”④由于明初统治者对思想、文化的控制,《剪灯新话》也不自觉地受到了这种社会风气的浸润。

瞿佑在《剪灯新话》自序中明确指出小说的补世之功能:“今余此编,

① 〔明〕刘敬:《剪灯余话序》,见丁锡根编著《中国历代小说序跋集》,人民文学出版社1996年版,第608页。

② 〔明〕黄溥:《闲中今古录摘抄》,中华书局1985年版,第15~16页。

③ 转引自刘建明《明代政权与文学走向》,光明日报出版社2010年版,第190页。

④ 〔明〕徐学聚:《国朝典汇》,北京大学出版社1993年版,第1576页。

虽于世教民彝，莫之或补，而劝善惩恶，哀穷悼屈，其亦庶乎言者无罪，闻者足以戒之一义云尔。”①瞿佑的同乡友人凌云翰《剪灯新话序》也说：“是编虽稗官之流，而劝善惩恶，动存鉴戒，不可谓无补于世。矧夫造意之奇，措词之妙，粲然自成一家言，读之使人喜而手舞足蹈，悲而掩卷堕泪者，盖亦有之。自非好古博雅，工于文而审于事，曷能臻此哉！至于《秋香亭记》之作，则犹元稹之《莺莺传》也，余将质之宗吉，不知果然否？”②

李昌祺《剪灯余话》问世后，其诸多好友纷纷为之作序，肯定了其劝善惩恶、有补于世的社会价值。临川王英《剪灯余话序》曰：“经以载道，史以纪事；其他有诸子焉，托词比事，纷纷藉藉，著之为书；又有百家之说焉，以志载古昔遗事，与时之丛谈、诙语、神怪之说，并传于世；是非得失，固有不同，然亦岂无所可取者哉！在审择之而已。是故言之泛溢无据者置之；事核而其言不诬，有关于世教者录之……其间所述，若唐诸王之骄淫，谭妇之死节，赵鸾、琼奴之守义，使人读之，有所惩劝；至于他篇之作，措词命意，开阖抑扬，亦多有可取者，此余之所以喜也。”③

罗汝敬《剪灯余话序》云：“夫圣经贤传之垂宪立范，以维持世道者，固不可尚矣。其稗官、小说、卜筮、农圃，与凡捭阖笼罩，纵横术数之书，亦莫不有裨于时。矧兹所记，若饼师妇之贞（《长安夜行录》），谭氏妇之节（《月夜弹琴记》），何思明之廉介（《何思明游酆都录》），吉复卿之交谊（《两川都辖院志》），贾、祖两女之雅操（《连理树记》《凤尾草记》），真、文二生之俊杰识时（《青城舞剑录》），举有关于风化，而足为世劝者。”④《剪灯余话》重“节操”，常常是有政治寓意的。如《鸾鸾传》篇末议论说：“节

---

① 〔明〕瞿佑：《剪灯新话序》，见丁锡根编著《中国历代小说序跋集》，人民文学出版社1996年版，第600页。

② 〔明〕凌云翰：《剪灯新话序》，见丁锡根编著《中国历代小说序跋集》，人民文学出版社1996年版，第600～601页。

③ 〔明〕王英：《剪灯余话序》，见丁锡根编著《中国历代小说序跋集》，人民文学出版社1996年版，第605～606页。

④ 〔明〕罗汝敬：《剪灯余话序》，见丁锡根编著《中国历代小说序跋集》，人民文学出版社1996年版，第606～607页。

义,人之大闲也。士君子讲之熟矣,一旦临利害,遇患难,鲜能允蹈之者。鸾幽女妇,乃能乱离之中全节不污,卒之夫死于忠,妻死于义。惟其读书达礼,而赋质之良,天理民彝,有不可泯。世之抱琵琶过别船者,闻鸾之风,其真可愧哉!"

刘敬《剪灯余话序》说:"于以美善,于以刺恶;或凛若斧钺,或褒若华衮;可以感发人之善心,可以惩创人之佚志;省之者足以兴,闻之者足以戒;斯岂傅岩之近词,实乃薇垣之佳制也。"①

张光启《剪灯余话序》:"公(李昌祺)惜其措词美而风教少关,于是搜寻古今神异之事,人伦节义之实,著为诗文,纂集成卷,名曰《剪灯余话》……是编之作,虽非本于经传之旨,然其善可法,恶可戒,表节义,砺风俗,敦尚人伦之事多有之,未必无补于世也……四海相传《新话》工,若观《余话》迥难同。搜寻神异希奇事,敦尚人伦节义风。一火锻成金现色,几宵细剪烛摇红。笑余刻枣非狂僭,化俗宁无小补功!"②

明代中叶,邵景瞻受《剪灯新话》影响而有《觅灯因话》之作,其《觅灯因话小引》曰:"万历壬辰,自好子读书遥青阁,案有《剪灯新话》一编,客过见之,不忍释手,阅至夜分始罢。已抵足矣,客因为道耳闻目睹古今奇秘,累累数千言,非幽冥果报之事,则至道名理之谈;怪而不欺,正而不腐;妍足以感,丑可以思;视他逸史述遇合之奇而无补于正,逞文字之藻而不免于诬,抑亦远矣。自好子深有动于其衷,呼童举火,与客择而录之,凡二卷。客曰:'是编可续《新话》矣。'命之曰《觅灯因话》。盖灯已灭而复举,阅《新话》而因及,皆一时之高兴,志其实也,而何嫌乎不文。观者幸无以不文病之。"③邵景瞻强调其作品的"有补于正",尤为重视小说的教化功能。

---

① 〔明〕刘敬:《剪灯余话序》,见丁锡根编著《中国历代小说序跋集》,人民文学出版社1996年版,第607~608页。

② 〔明〕张光启:《剪灯余话序》,见丁锡根编著《中国历代小说序跋集》,人民文学出版社1996年版,第609页。

③ 〔明〕邵景瞻:《觅灯因话小引》,见丁锡根编著《中国历代小说序跋集》,人民文学出版社1996年版,第610页。

以上序跋无一不是从小说劝善惩恶、有补于世的角度出发来评价“三话”的。“三话”虽然在思想内容上有不少劝善惩恶、因果报应之类的说教，但瑕不掩瑜，总体上来说，这三部小说集具有一定的艺术吸引力，对后世小说创作产生了极大的影响。

三、逞才露能，以文为戏

“三话”都流露出明显的炫耀才学的倾向，这种倾向在那些较少涉及风化礼教的作品里尤为明显。虽然瞿佑也重视小说的补史功能，但他也承认《剪灯新话》的娱乐性大于教育性。《剪灯新话》中虽有宣教之作，却是凭借了婉转曲折的故事情节和绮丽多姿的辞藻语汇才流布甚广的。其语言艺术上的美感超越了思想内容上的深刻性。凌云翰《剪灯新话序》便强调指出：“矧夫造意之奇，措词之妙，粲然自成一家言，读之动人喜而手舞足蹈，悲而掩卷堕泪者，盖亦有之。”①肯定了小说中感发人情的力量。桂衡《剪灯新话序》也说：“伏而观之，但见其有文、有诗、有歌、有可喜、有可悲、有可骇、有可嗤。”②程毅中先生指出：“它（《剪灯新话》）作为明代传奇小说的一部代表作，不仅填补了文言小说史上的一段空白，而且开拓了‘用传奇法，而以志怪’的道路，它的历史价值还是不能忽视的。”③

李昌祺《剪灯余话自序》曰：“既释徽缨，寓顺城门客舍，学士曾公子棨过余，偶见焉，乃抚掌曰：‘兹所谓以文为戏者非耶？’”④李昌祺的同年好友曾棨也说道“夫圣贤之大经大法，载之于书者，盖已家传人诵；有不可思议，有足以广材识、资谈论者，亦所不废。昌祺学博才高，其文思之敏

① 〔明〕凌云翰：《剪灯新话序》，见丁锡根编著《中国历代小说序跋集》，人民文学出版社1996年版，第600页。

② 〔明〕桂衡：《剪灯新话序》，见丁锡根编著《中国历代小说序跋集》，人民文学出版社1996年版，第602页。

③ 程毅中：《〈剪灯新话〉简说》，载《古典文学知识》1992年第2期。

④ 〔明〕李祯：《剪灯余话序》，见丁锡根编著《中国历代小说序跋集》，人民文学出版社1996年版，第604页。

赡,不啻泉之涌而山之积也。故其所著,秾丽丰蔚,文采烂然;读之者莫不为之喜见须眉,而欣然不厌也。又何其快哉!”[①]王英《剪灯余话序》:“窃喜昌祺之博闻广见,才高识伟,而文词制作之工且丽也……俾世之士皆知昌祺才识之广,而勿讶其所著之为异也。昌祺所作之诗词甚多,此特其游戏耳。”[②]刘敬《剪灯余话序》亦云:“其卷四,其编二十,皆湖海之奇事,今昔之异闻;漱艺苑之芳润,畅词林之风月,锦心绣口,绘句饰章;于以美善,于以刺恶;或凛若斧钺,或褒若华衮;可以感发人之善心,可以惩创人之佚志;省之者足以兴,闻之者足以戒;斯岂傅岩之近词,实乃薇垣之佳制也。”[③]

张光启称李昌祺:“雄词丽句,则旋转如乾坤,辉映如日月者,亦有之矣。”[④]随着小说戏曲等通俗文学样式的繁盛,这种戏笔为文、取乐俗众的功能进一步得到了加强。明代作为一个通俗文学获得长足发展的时代,小说之游戏功能在此时得到了集中的体现,表现之一便是对“戏笔”文字的肯定和宣扬。“戏笔”理论的出现,填补了明代小说理论的空白,为明中后期至清代文言小说创作及理论批评的兴盛起到了不容忽视的过渡和奠基作用。

小说本身即具有娱乐功能,小说的“说”字本来就具有“悦”的含义。《说文解字·言部》称:“说,释也。”段玉裁注:“说释即悦怿,说悦、释怿皆古今字,许书无悦怿二字也。悦怿者,开解之意,故为喜悦。”[⑤]鲁迅先生指出:“至于小说,我以为倒是起于休息的。人在劳动时,既用歌吟以自娱,借它忘却劳苦了,则到休息时,亦必要寻一种事情以消遣闲暇。这种

---

① 〔明〕曾棨:《剪灯余话序》,见丁锡根编著《中国历代小说序跋集》,人民文学出版社1996年版,第605页。

② 〔明〕王英:《剪灯余话序》,见丁锡根编著《中国历代小说序跋集》,人民文学出版社1996年版,第605～606页。

③ 〔明〕刘敬:《剪灯余话序》,见丁锡根编著《中国历代小说序跋集》,人民文学出版社1996年版,第607～608页。

④ 〔明〕张光启:《剪灯余话序》,见丁锡根编著《中国历代小说序跋集》,人民文学出版社1996年版,第609页。

⑤ 〔清〕段玉裁:《说文解字注》,古籍书店1981年版,第98页。

事情，就是彼此谈论故事，而这谈论故事，正就是小说的起源。”①

“三话”在一定程度上对明代的社会现实做了同步反映，上承唐宋传奇之余绪，下启后代文言小说之繁兴，效仿者《剪灯谈录》《剪灯琐语》《秉烛清谈》等，不一而足。二百余年间，出现如此众多的仿效之作，在中国文言小说史乃至中国小说史上也属罕见。对清代文言小说扛鼎之作《聊斋志异》亦颇有影响。“三话”很早就流传于海外，如日本之《奇异杂记谈》《御伽婢子》，朝鲜之《金鳌新话》、越南之《传奇漫录》等，亦受其明显影响。

第四节　“三言”“二拍”序跋中的小说理论

明代嘉靖以后，通俗小说越来越受到人们的欢迎，更多文人为通俗小说撰写序跋，如蒋大器、张尚德、林瀚、余邵鱼、李贽、叶昼、欣欣子、陈眉公等，都通过小说序跋或小说评点在小说理论方面有所建树。和上述诸位名家并驾齐驱的是冯梦龙的“三言”序跋和凌濛初的“二拍”序跋，均堪称是中国古代小说理论的重要文献资料。

一、“三言”“二拍”序跋撰写的文化背景

冯梦龙、凌濛初的小说序跋探讨了文学创作中个人情感的抒发和教化作用。在“三言”“二拍”个别篇目中，个人情感的抒发有时会演变为情欲的宣泄。从这一角度而言，如果说“三言”“二拍”的个别篇目是《金瓶梅》的余绪，当无太多的争议。与此同时，“三言”“二拍”的许多篇目又在宣扬传统道德观念，不同声音的出现缘于特殊的文化背景。

文学观念难以脱离文化的大背景，程朱理学至明中叶发生变化，“嘉、隆而后，笃信程、朱，不迁异说者，无复几人矣”②。如著名学人陈献

① 鲁迅：《中国小说的历史的变迁》，见《鲁迅全集》第九卷，人民文学出版社 2005 年版，第 312 ~ 313 页。

② 〔清〕张廷玉等：《明史 · 儒林一》，中华书局 2000 年版，第 4827 页。

章,本“颖悟绝人,读书一览辄诵”,却再上礼部不第,遂“舍彼之繁,求吾之约”①,离朱入陆,转向心学,“学宗自然,而要归于自得”②。阳明学派中坚人物王畿,科举失意,转而受业于王守仁。阳明心学作为明代文化史上的一个转捩点,对于明清文学观念的转型产生了巨大的影响。阳明心学虽为官方所抑制,但为上流社会和广大士子所认同。王阳明以内心的真是非为是非的求道路线,本意在于激励人们借助道德修持而达到圣人的境界,但也为情欲留下了空间。王阳明生前曾批评学生陆澄:

性一而已,仁义理智,性之性也;聪明睿知,性之质也;喜怒哀乐,性之情也;私欲客气,性之弊也。质有清浊,故情有过不及,而蔽有浅深也。私欲客气,一病两痛,非二物也。③

情感的抒发需要节制,但如何节制以达到中庸的境界,唯一的标准就是天理,而天理又在于“吾心之权度”,而权度的结果则可能流向狷狂自恣,如王畿,既主张率性而行,合名教于自然,但又强调顺乎天则。王阳明及其追随者虽不以孔子之是非为唯一之是非,但并非不依效孔子,如颜钧的《劝忠歌》《劝孝歌》讲的就是劝善、做好人、讲孝悌。但和程朱理学相比,王阳明及其追随者更重视自然的人性,承认情欲存在的合理性。

这股重自我、重个性、重情欲的文化思潮改变着人们的生活观念、趣味与生活追求,由最初的完善个人道德之修持,发展到后来的任由个性之张扬与欲望之放纵,淫乐思想成为道德境界的反面,成为晚明士人头上的一块扎眼的疤痕。《郝大卿遗恨鸳鸯绦》《金海陵纵欲亡身》《汪大尹火焚宝莲寺》《乔兑换胡子宣淫,显报施卧师入定》《闻人生野战翠浮庵,静观尼昼锦黄沙巷》《甄监生浪吞秘药,春花婢误泄风情》《任君用恣乐深闺,杨太尉戏宫馆客》《两错认莫大姐私奔,再成交杨二郎正本》等小说中对乱性行为的理解甚至欣赏的态度即为显证。

---

① 〔明〕李贽:《续藏书·理学名臣》,中华书局1959年版,第417~418页。

② 〔清〕黄宗羲撰,沈芝盈点校:《明儒学案·师说》,中华书局1985年版,第4页。

③ 〔明〕王守仁著,于自力等注释:《传习录》卷中《答陆原静书》,中州古籍出版社2004年版,第39页。

嘉靖皇帝对王阳明的打压使得阳明心学的发展势头得到遏制，无论是在朝还是在野的士人都有反对这一思潮的声音。明代的文化思潮由最初的程朱理学转向明代后期的阳明心学，至清初再次回归程朱理学。程朱理学在国家危难之际适时地将拯世情怀纳入文人的视域。冯梦龙和凌濛初作为科举中人，虽程度不一地接受了阳明心学，又不可能不受到程朱理学思想的熏染，性情与教化构成了“三言”“二拍”的双重主题。

二、《古今小说叙》中的小说观

冯梦龙以绿天馆主人的笔名所撰《古今小说叙》，不仅梳理出了中国古代通俗小说的发展脉络，更重要的是强调了通俗小说虽“通俗”但非“鄙俚浅薄”的审美特质；提倡通俗小说要适应“里耳”的阅读趣味；反对用复古的眼光来审视文学的发展；重视通俗小说的社会教育作用。

> 迨开元以降，而文人之笔横矣。若通俗演义，不知何昉。按南宋供奉局，有说话人，如今说书之流。其文必通俗，其作者莫可考。泥马倦勤，以太上享天下之养。仁寿清暇，喜阅话本，命内珰日进一帙，当意，则以金钱厚酬。于是内珰辈广求先代奇迹及闾里新闻，倩人敷演进御，以怡天颜。然一览辄置，卒多浮沉内庭，其传布民间者，什不一二耳。然如《玩江楼》《双鱼坠记》等类，又皆鄙俚浅薄，齿牙弗馨焉。暨施、罗两公，鼓吹胡元，而《三国志》《水浒》《平妖》诸传，遂成巨观。要以韫玉违时，销熔岁月，非龙见之日所暇也。
>
> 皇明文治既郁，靡流不波。即演义一斑，往往有远过宋人者。而或以为恨乏唐人风致，谬矣。食桃者不费杏，绨縠毳锦，惟时所适。以唐说律宋，将有以汉说律唐，以春秋、战国说律汉，不至于尽扫羲圣之一画不止。可若何？大抵唐人选言，入于文心；宋人通俗，谐于里耳。天下之文心少而里耳多，则小说之资于选言者少，而资于通俗者多。试令说话人当场描写，可喜可愕，可悲可涕，可歌可舞。再欲捉刀，再欲下拜，再欲决脰，再欲捐金。怯者勇，淫者贞，薄者敦，顽钝者汗下。虽日诵《孝经》《论语》，其感人未必如是之捷且深也。噫，不

通俗而能之乎？茂苑野史氏，家藏古今通俗小说甚富。因贾人之请，抽其可以嘉惠里耳者，凡四十种，畀为一刻。余顾而乐之，因索笔而弁其首。①

《古今小说叙》所蕴含的小说观非常丰富。其一，对通俗小说传播路径的界分。虽然通俗小说的地位一直不高，但它绝非只是下层百姓的业余娱乐，在上层社会也有着独特的需求。宋高宗喜听小说竟然不经意之间成就了通俗小说创作的繁荣。“当意，则以金钱厚酬”，冯梦龙虽然语焉不详，但也留下了小说传播的珍贵文献。市场需求决定文学存在形态，这种非文学因素对文学走向的影响值得探讨。这些通俗小说的幸运是因为遇到了宋高宗，宋高宗的阅读需求成为通俗小说创作的外在动力；而这些通俗小说的不幸也是因为遇到了宋高宗，因为宋高宗的御览而只能限于内廷，极少能够传布到民间。而传布到民间的，又“鄙俚浅薄”，如《玩江楼》《双鱼坠记》，没能掀起通俗小说创作与传播的高潮。

其二，通俗小说审美特质的界定。冯梦龙认为宋代以来的通俗小说虽然没有唐传奇的文采，但通俗小说恰因其通俗性而满足了市井百姓的阅读要求。

《六经》《语》《孟》，谭者纷如，归于令人为忠臣，为孝子，为贤牧，为良友，为义夫，为节妇，为树德之士，为积善之家，如是而已矣。经书著其理，史传述其事，其揆一也。理著而世不皆切磋之彦，事述而世不皆博雅之儒。于是乎村夫稚子，里妇估儿，以甲是乙非为喜怒，以前因后果为劝惩，以道听途说为学问，而通俗演义一种，遂足以佐经书史传之穷。②

文化水平不高的市井百姓阅读文言小说比较困难，虽然唐传奇文、义俱佳，但曲高和寡，只能“入于文心”。冯梦龙并没有因倡导通俗而反对

① 〔明〕绿天馆主人：《古今小说叙》，见丁锡根编著《中国历代小说序跋集》，人民文学出版社1996年版，第773～774页。

② 〔明〕无碍居士：《警世通言叙》，见丁锡根编著《中国历代小说序跋集》，人民文学出版社1996年版，第776～777页。

小说的文学性，只是认为“尚理或病于艰深，修词或伤于藻绘，则不足以触里耳而振恒心”①。通俗小说要通俗，但不要鄙俚浅薄。《双鱼坠记》虽然被作为“鄙俚浅薄”的案例而被冯梦龙所指摘，当时在民间却是很受欢迎的，如《西湖游览志余》：“若《红莲》《柳翠》《济颠》《雷峰塔》《双鱼扇坠》等记，皆杭州异事，或近世所拟作者也。”②《熊龙峰刊行小说四种·附录》认为《双鱼扇坠》这个故事被晁氏《宝文堂书目》所收录，这一说法有误，《宝文堂书目》所收录的不是话本体小说《孔淑芳双鱼扇坠记》，而是文言体小说《孔淑芳记》。

其三是反对用复古的眼光来看待通俗小说，并用“食桃”而“费杏”的比喻来说明这一态度的不可取。“絺縠毳锦，惟时所适”，不能因为唐传奇的优秀而否定宋代以来的通俗小说。冯梦龙用历史发展的眼光，要求采用不同的审美标准来考察不同类型、不同时期的文学，而不可千篇一律。“以唐说律宋，将有以汉说律唐，以春秋、战国说律汉，不至于尽扫羲圣之一画不止。可若何?”问题提得何其尖锐。明人的复古浪潮一浪高过一浪，前后七子引领了明代文坛近百年的风骚，但也把文学创作引向了不归之路。文学创作固然需要继承，没有继承就没有发展；但如果只有继承，而没有自己的特色，那就只能重复前人的老路。文学需要创新，需要变化，首先是要有正确的接受心态，不能是古而非今，面对新事物就一棒打死。其次要有全新的文学理论和评判标准，只有用全新的文学理论，从新的审美角度来看待通俗小说，才能正确解读其所包蕴的美。如果从明末文坛复古与反复古激烈斗争的宏观时代背景下加以考察冯梦龙的这一言论，而不是仅仅局限于小说的范畴，其横扫复古浊氛的意义就不同凡响了。

其四是重视通俗小说的教育作用。认为通俗小说感人的快捷和深

---

① 〔明〕可一居士：《醒世恒言序》，见丁锡根编著《中国历代小说序跋集》，人民文学出版社 1996 年版，第 779 页。

② 〔明〕田汝成：《西湖游览志余》卷二十“熙朝乐事”，台湾成文出版社 1983 年版，第 900 页。

刻,远非《孝经》《论语》所能及。在《古今小说叙》中,虽然冯梦龙从接受效果角度将通俗小说与《孝经》《论语》加以比较,认为"虽日诵《孝经》《论语》,其感人未必如是之捷且深也",但绝没有某些学者所认定的冯梦龙此举大有否认儒家经典的意味。实际上,通俗小说所阐发的道义就是《孝经》《论语》讲述的人生处世之道。只是因为通俗小说的通俗性和形象性而使得人们"情出",进而"性通",从而"喻"(明白道理)、"警"(受到警诫)、"醒"(醒悟人生)。冯梦龙在《警世通言叙》中还列举了里中小儿听讲三国故事的例子来证明其接受效果:

里中儿代庖而创其指,不呼痛,或怪之。曰:"吾顷从玄妙观听说《三国志》来,关云长刮骨疗毒,且谈笑自若,我何痛为!"夫能使里中儿有刮骨疗毒之勇,推此说孝而孝,说忠而忠,说节义而节义,触性性通,导情情出。视彼切磋之彦,貌而不情;博雅之儒,文而丧质,所得而未知孰赝而孰真也!①

冯梦龙否定的只是士子的情伪,情伪的士子其言论不可谓不高明,但只是有一副虚伪的华而不实的外表,独独缺失了讲学、化人最核心的要义——"道",甚至违背常情,一味地空谈心性,又何能谈得上感动人心?

三、《警世通言叙》《醒世恒言序》中的小说观

在冯梦龙看来,文学的魅力在于真性情的传达,唯有真性情方可入人心。冯梦龙的"真情观"第一次出现在《警世通言叙》中,而这一小说理论又和其一贯的文学思想相一致。冯梦龙在《〈太霞新奏〉序》中曾指出:"文之善达性情者无如《诗》,三百篇之可以兴人者,唯其发于中情,自然而然故也。"②在《步雪新声序》中也说:"学者死于诗而乍活于词,一时丝之肉之,渐熟其抑扬节奏之趣,于是增损而为曲,重叠而为套数,浸淫而为

① 〔明〕无碍居士:《警世通言叙》,见丁锡根编著《中国历代小说序跋集》,人民文学出版社 1996 年版,第 777 页。

② 〔明〕冯梦龙:《〈太霞新奏〉序》,见吴毓华编著《中国古代戏曲序跋集》,中国戏剧出版社 1990 年版,第 279 页。

杂剧、传奇,固亦性情之所必至矣。”①冯梦龙的小说眉批也常可看到这样的评语,如“叙别致凄婉如真”“描写炎凉世态极工”“话得真切动人”“情至语”“真真”等。

文学虽然在不断的发展,文学样式在不断的变换,但文学是人学的道理永远不变。冯梦龙认为,文学作为人学,首先是要传达人的真性情,而人的真性情就在于良知,在于符合人类的普遍道德。

野史尽真乎?曰:不必也。尽赝乎?曰:不必也。然则,去其赝而存其真乎?曰:不必也。……而或者曰:“村醪市脯,不入宾筵,乌用是齐东娓娓者为?”呜呼!《大人》《子虚》,曲终奏雅,顾其旨何如耳!人不必有其事,事不必丽其人。其真者可以补金匮石室之遗,而赝者亦必有一番激扬劝诱,悲歌感慨之意。事真而理不赝,即事赝而理亦真,不害于风化,不谬于圣贤,不戾于诗书经史,若此者其可废乎!②

冯梦龙在《警世通言叙》中提出了两个重要的小说概念——“事真”“理真”。通俗小说所选用的素材是否可以虚构,是否还有追求内容绝对真实的必要,关于这一问题的回答,在整个明代出现了两派不同的观点:第一派以蒋大器和张尚德为代表,蒋大器(庸愚子)在《三国志通俗演义序》中提出“事纪其实,亦庶几乎史”③,张尚德(修髯子)在《三国志通俗演义引》也提出了“羽翼信史而不违”④的相同看法。第二派以熊大木为代表,允许小说可以进行适当的虚构,熊大木《大宋武穆王演义序》中指出,小说可以和本传互有异同,稗官野史可以记史实之所未备。冯梦龙采

---

① 〔明〕冯梦龙:《步雪新声序》,转引自傅承洲《冯梦龙“立情教”新说》,载《南阳师范学院学报》2003年第1期。

② 〔明〕无碍居士:《警世通言叙》,见丁锡根编著《中国历代小说序跋集》,人民文学出版社1996年版,第776~777页。

③ 〔明〕庸愚子:《三国志通俗演义序》,见丁锡根编著《中国历代小说序跋集》,人民文学出版社1996年版,第887页。

④ 〔明〕修髯子:《三国志通俗演义引》,见丁锡根编著《中国历代小说序跋集》,人民文学出版社1996年版,第888页。

纳了两派观点的合理部分,他并没有熊大木的极端,认为追求材料的绝对真实就丧失了小说主体的独立性。在冯梦龙看来,小说题材可以虚构,也可以真实。题材真实的小说可以弥补正史的不足,流芳百世;题材虚构的小说,只要"理真"即可。从这一论点来看,冯梦龙的小说观念比较辩证,糅合了两家观点,为小说的发展留下了很大的发展空间。冯梦龙在材料真实的辩证之后,思维又比上述两派更进了一步。

在允许虚构的前提下,冯梦龙进一步探讨了小说虚构的标准或依据——"理真",这一概念第一次出现在对小说的评论之中,这是冯梦龙的异于常人之处。"理真"的内涵在《警世通言叙》中讲得相当明确:"不害于风化,不谬于圣贤,不戾于诗书经史。""理"就是伦理纲常,就是做人的普遍道德。冯梦龙相当自信地宣称:"若此者其可废乎!"在冯梦龙看来,他的"三言"表现的主题就是伦理纲常,就是做人的道德问题,单凭这一点就可以流传千古了。

事实上,冯梦龙的"三言"固然不乏宣扬纲常伦理的篇目,但也有离经叛道的异端思想和情绪,而这些篇目同样得到了普遍传播。在同治七年(1868)江苏巡抚丁日昌的查禁书目中,抱瓮老人的《今古奇观》和冯梦龙的《情史》就赫然列在其中,而冯梦龙的"三言"和《情史》之间题材的承继关系如下:

《喻世明言》	《情史》
卷一　蒋兴哥重会珍珠衫	卷十六　珍珠衫
卷二　陈御史巧勘金钗钿	卷十四　柳鸾英　卷十八　张灏
卷四　闲云庵阮三偿冤债	卷三　阮华
卷五　穷马周遭际卖𫗴媪	卷二　卖𫗴媪
卷六　葛令公生遣弄珠儿	卷四　葛周
卷九　裴晋公义还原配	卷四　裴晋公
卷十二　众名姬春风吊柳七	卷十八　柳耆卿
卷十七　单符郎全州佳偶	卷二　单飞英

（续表）

《喻世明言》	《情史》
卷十八　杨八老越国奇逢	卷二　杨公
卷二十　陈从善梅岭失浑家	卷二十一　猿精
卷二十七　金玉奴棒打薄情郎	卷二　绍兴士人
卷二十八　李秀卿义结黄贞女	卷二　王善聪
卷三十三　张古老种瓜娶文女	卷十九　张果老
卷三十五　简帖僧巧骗皇甫妻	卷十四　金山僧惠明
卷四十　沈小霞相会出师表	卷四　沈小霞妾

《警世通言》	《情史》
卷十　钱舍人题诗燕子楼	卷一　关盼盼
卷十二　范鳅儿双镜重圆	卷一　范希周
卷二十二　宋小官团圆破毡笠	卷一　金三妻
卷二十三　乐小舍拚生觅偶	卷七　乐和
卷二十四　玉堂春落难逢夫	卷二　玉堂春
卷二十六　唐解元一笑姻缘	卷五　唐寅
卷三十　金明池吴清逢爱爱	卷十　金明池当垆女
卷三十一　赵春儿重旺曹家庄	卷四　娄江妓
卷三十二　杜十娘怒沉百宝箱	卷十四　杜十娘
卷三十四　王娇鸾百年长恨	卷十六　周廷章

《醒世恒言》	《情史》
卷三　卖油郎独占花魁	卷五　史凤
卷五　大树坡义虎送亲	卷十二　勤自励
卷七　钱秀才错占鸳鸯侍	卷二　吴江钱生
卷八　乔太守乱点鸳鸯谱	卷二　昆山民
卷九　陈多寿生死夫妻	卷十　陈寿

(续表)

《醒世恒言》	《情史》
卷十　刘小官雌雄兄弟	卷二　刘奇
卷十四　闹樊楼多情周胜仙	卷十　草市吴女
卷十五　赫大卿遗恨鸳鸯绦	卷十八　赫应祥
卷十六　陆五汉硬留合色鞋	卷十八　张荩
卷十九　白玉娘忍苦成夫	卷二　程万里
卷二十三　金海陵纵欲亡身	卷十七　金废帝海陵
卷二十四　隋炀帝逸游召谴	卷五　隋帝广
卷二十八　吴衙内邻舟赴约	卷三　江情
卷三十二　黄秀才徼灵玉马坠	卷九　黄损

资料来源:李梦生:《中国禁毁小说百话》,上海书店出版社 2006 年版,第 81 ~83 页。

丁日昌禁毁淫词小说的理由是:"淫词小说,向干例禁;乃近来书贾射利,往往镂板流传,扬波扇焰","殊不知忠孝廉节之事,千百人教之而未见为功,奸盗诈伪之书,一二人导之而立萌其祸,风俗与人心,相为表里。近来兵戈浩劫,未尝非此等逾闲荡检之说,默酿其殃"①。丁日昌对《古今小说》《情史》等的定性是"淫词小说""奸盗诈伪之书""逾闲荡检之说","三言"很多篇目来自《情史》,而"三言"又有 29 篇小说被《今古奇观》收录。在《今古奇观》收录的 29 篇中,《蒋兴哥重会珍珠衫》《蔡小姐忍辱报仇》《钱秀才错占凤凰俦》《乔太守乱点鸳鸯谱》《唐解元玩世出奇》《女秀才移花接木》《赵县君乔送黄柑子》《夸妙术丹客提金》等篇目恐难达到"不害于风化,不谬于圣贤,不戾于诗书经史"的道德标准。可见,"三言"并非完全恪守传统伦理道德观念,有时明显突破了传统伦理道德的藩篱。

在《醒世恒言序》中,冯梦龙依旧在大谈通俗小说的教化功能,并夸

① 《同治七年江苏巡抚丁日昌查禁淫词小说》,见王利器辑录《元明清三代禁毁小说戏曲史料》第二编《地方法令》,上海古籍出版社 1981 年版,第 142 页。

张地把救世的重任授予了通俗小说，而对文言小说颇多讥评，或嫌其“艰深”，或怨其“藻绘”。实际上，冯梦龙编辑的“三言”也或多或少地存在“藻绘”之嫌，诗词的大量穿插除妨碍了故事叙述的进度，还有卖弄的嫌疑，如《一窟鬼癞道人除怪》中有15首词、2首诗；《王娇鸾百年长恨》中有26首诗、1首词；《赵伯昇茶肆遇仁宗》中有11首诗和6首词；《旌阳宫铁树镇妖》中有17首诗和1首词。短篇小说中出现如此之多的诗词，虽然部分诗词有推动情节发展或点明主旨的功能，但“三言”每篇都有2首以上的诗词，对于力主通俗的冯梦龙而言，通俗小说也许真的并不很通俗。

冯梦龙还认为，通俗小说可以“醒人”，可以“醒天”，这一切都源于它的通俗性和叙事方向的清醒。由于对忠孝的坚守和对气节的追求，通俗小说才称得上是“六经国史之辅”，并因“立言”而获得永恒和不朽。

冯梦龙在序跋中阐发的种种小说观点或理论，大有“语不惊人死不休”的意味，但小说文本和小说理论之间经常出现重大冲突，且表现出一定程度的偏执倾向，比如对于通俗的外在形式的追求，对于道德阐释的执着。冯梦龙的小说理论作为一个体系虽然不够完美，但无疑具有时代引领价值，这是无可否认的。

四、“二拍”序跋中的小说理论

“二拍”序跋包括凌濛初《拍案惊奇自序》《二刻拍案惊奇小引》和睡乡居士《二刻拍案惊奇序》。凌濛初的小说序跋主要阐发了三个方面的内容：第一，对文坛污浊现状的忧虑；第二，对宋元小说创作的评点；第三，“奇”的审美范畴的界定。睡乡居士的序跋则主要探讨小说创作中“人”“事”“文”的不同呈现以及对“奇”的范畴的进一步的探讨。

> 今之人但知耳目之外牛鬼蛇神之为奇，而不知耳目之内日用起居，其为谲诡幻怪，非可以常理测者固多也……宋、元时有小说家一种，多采闾巷新事为宫闱承应谈资，语多俚近，意存劝讽。虽非博雅之派，要亦小道可观。近世承平日久，民佚志淫。一二轻薄恶少，初学拈笔，便思污蔑世界，广摭诬造，非荒诞不足信，则亵秽不忍闻，得

罪名教,种业来生,莫此为甚!而且纸为之贵,无翼飞,不胫走,有识者为世道忧之,以功令厉禁,宜其然也。独龙子犹氏所辑《喻世》等诸言,颇存雅道,时著良规,一破今时陋习;而宋、元旧种,亦被搜括殆尽。肆中人见其行世颇捷,意余当别有秘本,图出而衡之。不知一二遗者,皆其沟中之断,芜略不足陈已。因取古今来杂碎事可新听睹、佐谈谐者,演而畅之,得若干卷。其事之真与饰,名之实与赝,各参半。文不足征,意殊有属。凡耳目前怪怪奇奇,当亦无所不有,总以言之者无罪,闻之者足以为戒,则可谓云尔已矣。若谓此非今小史家所奇,则是舍吐丝蚕而粪金牛,吾恶乎从罔象索之?即空观主人题于浮樽。①

凌濛初的自序首先表达了对于污浊文坛的不满以及对色情文学泛滥所造成的恶果的忧虑。作为一个正统文人,凌濛初的序跋包含了深重的人生感喟,这是一个下层官员经常要面对的问题,即如何用正统的文化观念来感染、感化、感动受众。而明末的社会现实是因为“承平日久,民佚志淫”,造成迎合民众低俗审美需求的艳情小说大量涌现,如明末盛行一时的《痴婆子传》《如意君传》《花神三妙传》等。读者难以逃脱情色内容对身心的诱惑,所以,凌濛初把批判的矛头指向了这些小说的作者:“一二轻薄恶少,初学拈笔,便思污蔑世界,广摭诬造,非荒诞不足信,则亵秽不忍闻,得罪名教,种业来生,莫此为甚!”

其次是阐述了创作“二拍”的动机。出于对冯梦龙编辑“三言”行为的推崇,“颇存雅道,时著良规,一破今时陋习”,同时又有感于“宋、元旧种,亦被搜括殆尽”“一二遗者,皆其沟中之断,芜略不足陈已”的尴尬现状,凌濛初才决定不再寻找残篇来编辑,而是“取古今来杂碎事可新听睹、佐谈谐者,演而畅之”。

再次是重复了冯梦龙序跋中的虚构观念,并且和冯梦龙一样,追求在素材虚构之下的“意”的传达,而这一概念和冯梦龙的“理真”似乎差别

① 〔明〕即空观主人:《拍案惊奇自序》,见丁锡根编著《中国历代小说序跋集》,人民文学出版社 1996 年版,第 785 ~ 786 页。

不大。

最后是“奇”的范畴的界定。从小说的发展而言，唐传奇是比较早打出“奇”这一旗号的，提出“非奇不传”的口号。但从唐传奇遗留下来的文本来看，它的“奇”的准确内涵是情感的超凡脱俗和主人公人生历程的离奇变幻，以情节的出奇制胜和华美的文辞而赢得赞誉。而从戏剧发展的层面来考察，明清两朝的传奇同样也是标榜“非奇不传”，强调的是奇人奇事，素材的陌生感成为明清戏剧家的共同追求，所以，明清时期才会出现大量的翻案剧。故而，不论是小说还是戏剧，作为一种对美的追求，都倾向于在题材上标新立异。凌濛初在《拍案惊奇自序》中完全不同于他的前辈，提出要写日常生活，在百姓的人生中寻求生命的意义。而“耳目前怪怪奇奇，当亦无所不有，总以言之者无罪，闻之者足以为戒”，“奇”就在“耳目前”。在凌濛初看来，小说创作如果舍弃耳目前之所见，而一味追求情感的超凡脱俗和主人公人生历程的离奇变幻，则无异于“舍吐丝蚕而粪金牛”。

如果说凌濛初在《拍案惊奇自序》中集中表述了他的小说理论的话，在崇祯五年的《二刻拍案惊奇小引》中，除交代了《初刻拍案惊奇》的创作过程、小说的刊刻以及热销的情形之外，又重申了其“意存劝戒”的文学立场：

> 丁卯之秋事，附肤落毛，失诸正鹄，迟回白门。偶戏取古今所闻一二奇局可纪者，演而成说，聊舒胸中磊块。非曰行之可远，姑以游戏为快意耳。同侪过从者索阅一篇竟，必拍案曰：“奇哉所闻乎！”为书贾所侦，因以梓传请。遂为钞撮成编，得四十种。支言俚说，不足供酱瓿；而翼飞胫走，较捻髭呕血、笔冢研穿者，售不售反霄壤隔也。嗟乎！文讵有定价乎？贾人一试之而效，谋再试之。余笑谓一之已甚。顾逸事新语可佐谈资者，乃先是所罗而未及付之于墨，其为柏梁余材，武昌剩竹，颇亦不少，意不能恝，聊复缀为四十则。其间说鬼说梦，亦真亦诞，然意存劝戒，不为风雅罪人，后先一指也。竺乾氏以此等亦为绮语障，作如是观，虽现稗官身为说法，恐维摩居士知贡举，又

不免驳放耳。崇祯壬申冬日,即空观主人题于玉光斋中。①

《二刻拍案惊奇小引》中有两点值得关注:一是"游戏说",二是"抒愤说"。过去的小说家和小说评论家为了提升小说的社会地位,总是喜欢将小说比附经史,而凌濛初则认为小说是抒发一己之情感的工具,但同时又说,"意存劝戒"。而劝诫的创作意图如何在胸中块垒宣泄的过程中得以实现?对这一重大理论问题,凌濛初没有做出明确解释。

在"二拍"序跋中,最具亮色的是睡乡居士的《二刻拍案惊奇序》,第一次明确地提出"无奇是奇"的文学理念,而且对凌濛初的游戏创作态度与劝诫意图之间的关系做出了较好的回答。

今小说之行世者,无虑百种,然而失真之病,起于好奇。知奇之为奇,而不知无奇之所以为奇。舍目前可纪之事,而驰骛于不论不议之乡,如画家之不图犬马而图鬼魅者……今举物态人情,恣其点染,而不能使人欲歌欲泣于其间。此其奇与非奇,固不待智者而后知之也。则为之解曰:"文自《南华》《冲虚》,已多寓言,下至非有先生、冯虚公子,安所得其真者而寻之?"不知此以文胜,非以事胜也。至演义一家,幻易而真难,固不可相衡而论矣。即如《西游》一记,怪诞不经,读者皆知其谬;然据其所载,师弟四人各一性情,各一动止,试摘取其一言一事,遂使暗中摹索,亦知其出自何人,则正以幻中有真,乃为传神阿堵,而已有不如《水浒》之讥。岂非真不真之关,固奇不奇之大较也哉!

即空观主人者,其人奇,其文奇,其遇亦奇。因取其抑塞磊落之才,出绪余以为传奇,又降而为演义,此《拍案惊奇》之所以两刻也。其所据摭,大都真切可据。即间及神天鬼怪,故如史迁纪事,摹写逼真,而龙之踞腹,蛇之当道,鬼神之理,远而非无,不妨点缀域外之观,以破俗儒之隅见耳。若夫妖艳风流一种,集中亦所必存,唯污蔑世界之谈,则戛戛乎其务去。鹿门子常怪宋广平之为人,意其铁石心肠,

① 〔明〕凌濛初:《二刻拍案惊奇小引》,见丁锡根编著《中国历代小说序跋集》,人民文学出版社1996年版,第789页。

而为《梅花赋》则清便艳发，得南朝徐、庾体。繇此观之，凡托于椎陋以眩世，殆有不足信者夫。主人之言固曰："使世有能得吾说者，以为忠臣孝子无难；而不能者，不至为宣淫而已矣。"此则作者之苦心，又出于平平奇奇之外者也。

时剞劂告成，而主人薄游未返，肆中急欲行世，征言于余。余未知搦管，毋乃"刻画无盐，唐突西子"哉！亦曰"簸之扬之，糠秕在前"云尔。

壬申（崇祯五年，1632）冬日睡乡居士题并书。①

首先，睡乡居士对于文坛怪现状进行了尖锐的批评，指出小说虚假失真的真实原因："今小说之行世者，无虑百种，然而失真之病，起于好奇。知奇之为奇，而不知无奇之所以为奇。舍目前可纪之事，而驰骛于不论不议之乡，如画家之不图犬马而图鬼魅者……今举物态人情，恣其点染，而不能使人欲歌欲泣于其间。此其奇与非奇，固不待智者而后知之也。"由于创作理念的落后，同时也不愿意放下身段来倾听民间的声音，所以也就只能在已知的笔记中翻寻奇奇怪怪的陈年旧事来涂抹成篇。对于这种行为，睡乡居士讥讽为"如画家之不图犬马而图鬼魅者"，讽刺不可谓不辛辣。

其次是对"奇"的内涵的解读。虽然凌濛初也曾就此发表过议论，但未能切中肯綮。无奇即是奇，"目前可纪之事"即是奇，物态人情无一不是奇。这一新鲜的提法不仅开启了一个全新的审美视域，而且将尘俗世界和小说中的世界画一等号，从而为打开创作世界的大门提供了广阔的天地。最难能可贵的是，在提出小说创作要写"目前可纪之事"的时候，又指出小说创作的兴奋点在于对物态人情的描摹，从而将中国小说由对叙事的热衷引向对人的表现。由注重事件自身的新奇到对人自身的立体展现，这是中国小说史上的一次重大认识上的转折。虽然小说人物成功的立体塑造还有待于清代的吴敬梓和曹雪芹来完成，但小说理念的超前

① 〔明〕睡乡居士：《二刻拍案惊奇序》，见丁锡根编著《中国历代小说序跋集》，人民文学出版社 1996 年版，第 788～789 页。

呈现,对于小说实践的指引价值,可谓是厥功至伟。

最后是对“真”的内涵的再确认。不同于冯梦龙的“情真”“理真”,睡乡居士追求的“真”是渊源有自:“其所捃摭,大都真切可据。即间及神天鬼怪,故如史迁纪事,摹写逼真,而龙之踞腹,蛇之当道,鬼神之理,远而非无,不妨点缀域外之观,以破俗儒之隅见耳。若夫妖艳风流一种,集中亦所必存,唯污蔑世界之谈,则戛戛乎其务去。”

作为明代短篇通俗小说的巅峰,“三言”“二拍”完成了由改编到独创的转变,从故事内容到语言表达都表现出了鲜明的俚俗化的市井风格。作为最能直接而全面地反映明末社会生活的创作流派,同时也作为从《金瓶梅》到《红楼梦》之间最重要的中介环节,其序跋所归纳的小说理论对于中国古代小说的发展提供了最明晰、也是最正确的指向标。

第六章　清代小说序跋撰写的人文环境

清代小说在中国古代小说史上具有总结性的特征,各类题材、各种类型的小说都出现了优秀之作。清人为此前及同代小说撰写了大量序跋,不难发现,这些序跋多标榜小说的劝惩功能,甚至连艳情小说都不例外。序跋作者的这一行为似可理解为清代社会人文环境的必然产物,清代统治者利用政治权力对小说的地位以及传播造成了巨大的干扰和影响。从政治的高度来考察小说和权力的关系,可以发现,清廷对于小说的管控,不仅表现为对不符合主流意识形态的小说的禁毁,还表现为对文本的重塑,借助于对文本的篡改和全新的诠释,以达到统一意识形态的目的。正如阿尔维托·曼古埃尔所说:"那些欲阻止他人学习阅读的威权读者,那些决定何者可读何者不可读的狂热读者,那些拒绝为乐趣而阅读、要求只重述他们坚持为真之事实的禁欲读者:所有这一切都企图限制读者巨大且多样的能量。但是检查官也可能以不同的方式来运作,不需要焚火或法庭。他们可以重新诠释书本,让书本只遂自己的目的,以合理化他们的独裁权利。"①在小说文本诠释的过程中,除了官方的干预,序跋作者也扮演了重要角色,值得关注。

---

① [加拿大]阿尔维托·曼古埃尔著,吴昌杰译:《阅读史》,商务印书馆2002年版,第353页。

第一节　清代小说序跋撰写的政治环境

清代刊刻的小说不管如何诲淫或如何诲盗，序跋者大多会对小说的创作动机或创作主旨加以肯定，认为小说无非是在证明"积善之家必有余庆，积不善之家必有余殃"，如以冯乐声与十二美姝浪言淫行为表现题材的《浓情秘史》，其序曰："常观淫词读书，多描写淫情，不归于正史，观之者易入于邪思。惟《浓情秘史》一书，情词雅致，趣味弥长，令人观之不厌，亦且终归劝善改过，久有益于身心性命也，乃援笔而作序。"①一方面是序跋的"劝善改过"，"有益于身心性命"，一方面却是文本自身的艳冶满纸。只有在小说的最后一回，冯乐声的师兄才有几句劝诫之言："论子前修炼之功，当列大唐公侯之位。因你淫媾多女，虽有夙缘，未尽婚礼，以犯奸淫之罪，幸有爵位折去，不至夭寿。"②冯乐声听从劝告，从此不再外出淫乱。小说结局竟然是冯乐声生了一百个儿子，因儿子得官，冯乐声受封，诸姬赠诰，一门荣华富贵。序跋者所说的"劝善改过""有益于身心性命"等语在小说中难以找到相应的情节。清代小说序跋者在小说序跋中所做出的道德论断，其中固然可能有序跋者自身的文化信仰的要素在内，但更重要的是严酷的政治环境使得书坊主和序跋者不得不利用道德教化来为小说抹上一层伪装，从而为小说的合理存在找到依据。

严迪昌先生曾用"世事波诡云谲，文坛诗苑几皆万籁俱寂，搢绅士大夫每成寒蝉仗马"③来形容清代的文学生态，可谓是不刊之论。康熙、雍正、乾隆三朝文字狱不断，时世险危，文人因此而招致惨祸的大有人在，仅

① 佚名：《浓情秘史序》，见《浓情秘史》卷首，青海人民出版社1999年据北京大学图书馆藏嘉庆间刊本影印。

② 佚名：《浓情秘史》，青海人民出版社1999年据北京大学图书馆藏嘉庆间刊本影印。

③ 严迪昌：《往事惊心叫断鸿——扬州马氏小玲珑山馆与雍、乾之际广陵文学集群》，载《文学遗产》2002年第4期。

原北平故宫博物院文献馆编的《清代文字狱档》和黄裳先生的《笔祸史谈丛》中所呈现的部分史实就已触目惊心。清廷关注诗文两界的风吹草动，当然也从未失去对于通俗文学走向的掌控，有清一代关于禁毁小说的谕旨频下。天下甫定，顺治皇帝便启动了小说淫词的禁毁令，而康熙皇帝更是五下诏令，严禁淫词小说：

> 康熙五十三年，甲午，夏，四月，乙亥，谕礼部，朕惟治天下，以人心风俗为本，欲正人心，厚风俗，必崇尚经学，而严绝非圣之书，此不易之理也。近见坊间多卖小说淫词，荒唐俚鄙，殊非正理；不但诱惑愚民，即缙绅士子，未免游目而蛊心焉。所关于风俗者非细。应即通行严禁，其书作何销毁，市卖者作何问罪，著九卿詹事科道会议具奏。寻议，凡坊肆市卖一应小说淫词，在内交与八旗都统、都察院、顺天府，在外交与督抚，转行所属文武官弁，严查禁绝，将板与书，一并尽行销毁。如仍行造作刻印者，系官革职，军民杖一百，流三千里；市卖者杖一百，徒三年。该管官不行查出者，初次罚俸六个月，二次罚俸一年，三次降一级调用。从之。①

康熙一朝，随着经济的复苏，小说全面复兴，特别是康熙后期，不仅言情小说有艳情化的趋势，艳情小说也开始大量刊刻。康熙皇帝认为小说淫词的广泛传播对风俗人心将产生不良影响，一方面诏令严惩著述者、刊刻者、市卖者，一方面也下令严惩失职的官员，试图从传播的源头对小说淫词进行全面的封杀。从上述的诏令可知，促使康熙皇帝禁毁小说淫词的根本动因是“正人心，厚风俗”，认为人心关系着国家的长治久安。当时的思想界也持有同样看法：“天下去朴久矣！朴者，人之本，万物之根，世道治乱之源也。夫惟朴去至于尽，而小人盗贼、弑逆、烝报、杀戮之祸害相寻矣，故世之治也，必先反朴。而其乱必先之以浮靡巧诈，言行乖戾，以酝酿杀机。天地莫可如何，遂听人之所为。日月星辰易其度，山崩川竭震坼贸乱之变，成兵戈疾疫水旱之灾，其势有

---

① 王利器辑录：《元明清三代禁毁小说戏曲史料》，上海古籍出版社 1981 年版，第 27～28 页。

所不得已。”①整个社会从上到下亟盼道德的回归，并渴盼由此而获得天下大治。而这种几乎贯穿整个清代的社会思潮对于小说的传播是非常不利的。张竹坡在《金瓶梅读法》中就点明了在社会思潮重压下胆战心惊的小说阅读心理：“今有读书者看《金瓶》，无论其父母师傅禁止之，即其自己亦不敢对人读。不知真正读书者，方能看《金瓶梅》，其避人读者，乃真正看淫书也。”②虽然张竹坡有所强辩，但这种难以消除的阅读心理上的负罪感正是那个时代社会思潮的衍生物。而张竹坡自刊《第一奇书金瓶梅》之后，不仅不能利用张家为宦众多的社会关系网为之服务，反而要远离家乡，远至金陵推销。并仅仅因为评点了《金瓶梅》，从此便是“故园北望白云遥，游子依依泪欲飘。自是一身多缺陷，敢评风月惹人嘲”③。在其生命的最后三年，落到了有家难归的地步。吴敢先生认为张竹坡第五次被秋闱点额与其评点《金瓶梅》不无关系，张竹坡为其评点、刊行《金瓶梅》的行为付出了极大的代价。④

雍正朝是清朝历史上最为专制的时期，文网密布，文化高压达到了极致。雍正皇帝以为：“致治之要，首在风化，移风易俗，莫先于鼓励良善，使人人知彝伦天则之为重，忠孝廉节之宜敦。”⑤雍正三年（1725），在修订《大清律例》时，康熙五十三年（1714）的这一谕旨被载入《大清律例》的《刑律》“造妖书妖言”条，从而在法理层面确立了对小说传播的威压，小说刊印和创作两方面数字的大幅下滑体现了政令的效果，处于社会上层的作家大都退出了小说创作领域，甚至这一时期的小说序跋者都难觅达官贵宦的踪影，清代小说创作和小说刊刻第一次出现全

---

① 〔清〕魏礼：《答张一衡书》，见魏源《皇朝经世文编》卷四《学术·广论》，清道光刻本第九叶上。

② 〔清〕张竹坡：《金瓶梅读法》，见《张竹坡批评第一奇书金瓶梅》，齐鲁书社 1988 年版，第 42 页。

③ 〔清〕张竹坡：《客虎阜遣兴》，见吴敢《张竹坡与〈金瓶梅〉研究》，文物出版社 2009 年版，第 241 页。

④ 吴敢：《张竹坡与〈金瓶梅〉研究》，文物出版社 2009 年版，第 195 页。

⑤ 《世宗宪皇帝圣训》卷二六《厚风俗》，台湾商务印书馆 1983 年影印《文渊阁四库全书》，第 412 册第 346 页。

面萧条态势。

乾隆朝的文化政策经历了几起几落。乾隆初年，文化政策出现了松动的迹象。乾隆元年（1736）五月，江西巡抚俞兆岳上奏查禁扮演淫戏，以此醇化风俗。乾隆皇帝谕旨批示云："先王因人情而制礼，未有拂人情以发令者。忠孝节义，固足以兴发人之善心，而媟亵之词，亦足以动人心之公愤，此郑卫之风，夫子所以存而不删也。若能不行抑勒，而令人皆喜忠孝节义之戏，而不观淫秽之出，此亦移风易俗之一端也，汝试姑行之。"①此谕旨一经颁布，地方官员发现乾隆皇帝对于戏曲的看法与其父雍正皇帝的偏激有所不同，对戏曲演出管理政策因此渐趋于宽松。与此同时，地方官员对于小说刊刻的管理也不像雍正朝那样严厉，向来被视作"淫词小说"的通俗小说也开始大量地刊刻与传播。乾隆三年（1738），广韶学政王丕烈的奏折曾经言及当时的小说传播情景："查淫词小说，原为风俗人心之害，故例禁綦严。或地方官奉行不力，日久法弛，致向来旧书，至今销毁未尽；甚至收卖各种，公然叠架盈箱，列诸市肆，租赁与人，供其观看。若不并行申禁，不但旧板又复刷印，且新板接踵刊行，实非拔本塞源之计。"②因此，他要求朝廷再次申明严禁淫词小说的法令。乾隆皇帝看到此奏折后，要求九卿议准。乾隆三年（1738）五月，刑部及九卿核准，修订康熙五十三年（1714）所制定的书坊禁例，此法令得到乾隆皇帝的批准：

乾隆三年议准，查定例：凡坊肆市卖一应淫词小说，在内交八旗都统、察院、顺天府，在外交督抚等，转饬所属官，严行查禁，务将书板尽行销毁，有仍行造作刻印者，系官革职，军民杖一百，流三千里，市卖者杖一百，徒三年，该管官弁不行查出者，一次罚俸六个月，二次罚俸一年，三次降一级调用。盖淫词秽说，最为风俗人心之害，

① 《高宗纯皇帝实录》（一）"乾隆元年五月下"，见《清实录》第9册，中华书局1985年版，第485页。

② 王利器辑录：《元明清三代禁毁小说戏曲史料》，上海古籍出版社1981年版，第42页。

例禁綦严。但地方官奉行不力，致向存旧刻销毁不尽；甚至收买各种，叠架盈箱，列诸市肆，租赁与人观看。若不严行禁绝，不但旧板仍然刷印，且新板接踵刊行，实非拔本塞源之道。应再通行直省督抚，转饬该地方官，凡民间一应淫词小说，除造作刻印，《定例》已严，均照旧遵行外；其有收存旧本，限文到三月，悉令销毁。如过期不行销毁者，照《买看例》治罪。其有开铺租赁者，照《市卖例》治罪。该管官员任其收存租赁，明知故纵者，照《禁止邪教不能察缉例》，降二级调用。①

乾隆三年（1738）的诏令并没有得到忠实的贯彻执行，从这一时期的小说序跋可知，像怡贤亲王弘晓已斗胆出来为不伤大雅的《平山冷燕》作序，还说"莫不模拟神情，各有韵致，足以动人观感，起人鉴戒，与唐宋之小说，元人之传奇，借耳目近习之事，为劝善惩恶之具，其意同也"②的话，这是乾隆五年（1740）的事情。

但从乾隆中期开始，文化政策又一次收紧。乾隆十九年（1754）三月，福建监察御史胡定上奏道：

阅坊刻《水浒传》，以凶猛为好汉，以悖逆为奇能，跳梁漏网，惩创蔑如。乃恶薄轻狂曾经正法之金圣叹，妄加赞美；梨园子弟，更演为戏剧；市井无赖见之，辄慕好汉之名，启效尤之志，爰以聚党逞凶为美事，则《水浒》实为教诱犯法之书也。③

当胡定的奏折两次提到《水浒传》的叙事立场是"以凶猛为好汉，以悖逆为奇能"，定会诱使市井无赖们"聚党逞凶"时，《水浒传》的禁止传播就与清廷政治秩序的维持捆绑在一起了，那么，《水浒传》被禁毁的命

① 王利器辑录：《元明清三代禁毁小说戏曲史料》，上海古籍出版社 1981 年版，第 41～42 页。

② 〔清〕冰玉主人：《平山冷燕序》，见丁锡根编著《中国历代小说序跋集》，人民文学出版社 1996 年版，第 1246 页。

③ 王利器辑录：《元明清三代禁毁小说戏曲史料》，上海古籍出版社 1981 年版，第 44 页。

运似乎就成为难以避免的结局。《水浒传》一书的查禁已不是单纯的社会道德净化问题。清廷有意识地把文学问题上升为政治问题，把《水浒传》等小说视作“教诱犯法”的教材，似乎它的传播与否直接关系到清廷政治的能否稳定，这说明清王朝查禁小说行动的性质和目的已悄然发生了变化。

在这种文化背景下，当时文人阅读、刊刻书籍稍有不慎，就可能会大祸临门。乾隆三十三年(1768)，清宗室永忠曾读过《红楼梦》抄本，写诗三首，名之曰《因墨香得观红楼梦小说吊雪芹》:“传神文笔足千秋，不是情人不泪流。可恨同时不相识，几回掩卷哭曹侯。”“颦颦宝玉两情痴，儿女闺房语笑私。三寸柔毫能写尽，欲呼才鬼一中之。”“都来眼底复心头，辛苦才人用意搜。混沌一时七窍凿，争教天不赋穷愁。”诗上方有清宗室弘旿批语:“此三章诗极妙。第《红楼梦》非传世小说，余闻之久矣，而终不欲一见，恐其中有碍语也。”①弘旿是永忠的堂叔、乾隆的堂兄弟，作为皇族，尚如此忌讳“碍语”，避祸唯恐不及，乾隆朝中后期禁书运动的严厉也由此可窥一斑。

但是，乾隆朝小说禁毁的历史真相到底如何，我们从对《四库全书》禁毁书目的梳理，发现乾隆时期对小说禁毁的力度并不是很大。据陈乃乾《索引式的禁书总录》统计，乾隆朝借编修《四库全书》的名义，禁毁书籍多达2453种，被抽毁的有402种，总数多达2855种，约为《四库全书》所收3470种的六分之五，而通俗小说依然寥寥无几。据姚觐元《清代禁毁书目四种》、陈乃乾《索引式的禁书总录》、孙殿起《清代禁书知见录》、雷梦辰《清代各省禁书汇考》、王利器《元明清三代禁毁小说戏曲史料》等书辑录，乾隆一朝禁毁的通俗小说总共有10种，所占比例不足禁书总数的0.4%。

① 〔清〕爱新觉罗·永忠:《延芬室集》，上海古籍出版社1990年版，第778页。

表1　乾隆朝禁毁小说一览

小说篇名	小说作者	初版时间	奏缴者	奏缴时间	奏缴者按语
英烈传小说	郭勋		湖南巡抚刘墉	四十六年十一月七日	语句混杂，应销毁，计四本
镇海春秋			浙江巡抚陈辉祖	四十六年六月十四日	吴门啸客编，事词指，俱多违碍
			江苏巡抚□□□	乾隆□十□年□月□□日	明吴门啸客述
辽海丹忠录			归安姚氏刊《禁书总目》		
剿闯小说			违碍书籍目录	四十三年江宁布政使刊	残缺不全，无著作姓氏
			两江总督萨载	四十五年正月十日	
退虏公案			违碍书籍目录	四十三年江宁布政使刊	
樵史演义或樵史	江左樵子（一说陆应旸）		两江总督萨载	四十六年二月初八日	不载著书人姓名，纪天启、崇祯事实，中有违碍之处，应请销毁
			湖南巡抚刘墉	四十六年十一月七日	无撰人姓氏，虽系小说残书，于吴逆不乘名于本朝，多应冒犯，应销毁，计一本

（续表）

小说篇名	小说作者	初版时间	奏缴者	奏缴时间	奏缴者按语
定鼎奇闻	蓬蒿子	辛卯（1651）八年庆云楼刊本	违碍书籍目录	四十三年江宁布政使刊	系蓬蒿子编
			两江总督高晋	四十三年九月十八日	
归莲梦或归莲梦小说			湖北巡抚姚成烈	四十□年□月□□日	刊本，无编辑姓氏，计四本全
			两江总督萨载	四十六年四月二十四日	未著姓名
精忠传			江西巡抚郝硕	四十七年七月十三日	坊间刻本，多有未经敬避字样，及指斥金人之语，应请销毁
说岳全传	钱彩	甲子（1684）二十三年孟春上浣，永福金丰识于余庆堂（据清大文堂刊本）	江西巡抚郝硕	四十七年七月十三日	仁和钱彩编次，内有指斥金人语，且词内多涉荒诞，应请销毁

随着政局的恶化，后来的清朝皇帝们在禁毁的道路上渐行渐远。如果说乾隆皇帝还是禁毁艳情小说和宣扬暴力文化的小说的话，嘉庆皇帝在执政初期是对所有的小说一律禁毁，甚至连坊肆都禁止开设了。御史蔡炯奏疏严禁民间结会，销毁稗官小说，对此，嘉庆皇帝批复云：“至稗官小说，编造本自无稽，因其词多俚鄙，市井粗解识字之徒，手挟一册，薰染

既久，斗狠淫邪之习，皆出于此，实为风俗人心之害，坊肆刊刻售卖，本干例禁，并著实力稽查销毁，勿得视为具文。"①嘉庆七年（1802），嘉庆皇帝曾通谕全国，严禁小说："将各坊肆及家藏不经小说，现已刊播者，令其自行烧毁，不得仍留原板，此后并不准再行编造刊刻，以端风化而息诐词。将此通谕知之。"②

嘉庆中后期，随着时局的恶化，清廷的文化政策变得软硬有差。嘉庆十五年（1810），御史伯依保曾奏疏查禁《灯草和尚》《如意君传》《浓情快史》《株林野史》《肉蒲团》等艳情小说，此奏疏虽然得到了嘉庆皇帝的支持，但禁令并没有扩大到全国，只是谕令"五城御史出示禁止"，并要求胥吏等不得"借端向坊市纷纷搜查"，因为白莲教等民间宗教形式的农民起义直接动摇清王朝的根本，从而导致嘉庆皇帝的文化政策趋向于实用、实效，艳情小说虽然背离封建道德观念，但并不影响其政权根本，而"好勇斗狠"的海盗小说直接影响了清廷政治局势的稳定。因此，在社会矛盾日趋激化的社会背景下，嘉庆皇帝对于斗狠的"海盗"小说的管理力度相应地加强了，而对于淫邪的"淫词小说"的查禁政策相应地趋向宽松。

如果说在顺治、康熙、雍正、乾隆、嘉庆五朝，小说的禁毁还缺乏可操作性的话，道光年间的小说禁毁就划定了一条红线。道光十八年（1838），在小说刊刻的重镇，江苏按察使司按察使裕谦再次颁布告示，称"苏郡坊肆，每将淫书淫画销售射利，炫人心目，亵及闺房，长恶导淫，莫此为甚"③。不久，公局便"收得一百余种，并板片二十余种，照估给价毁讫"，考虑到"各坊铺中所藏淫书板本尚多"，"特将收过各种书目开后"，敦促众书铺"自行检点，一并送局，幸勿遗漏自误"。④

江苏苏州地方政府召集各书坊共同议定条约，公禁出版淫书的目录。

---

① 王利器辑录：《元明清三代禁毁小说戏曲史料》，上海古籍出版社1981年版，第64页。

② 王利器辑录：《元明清三代禁毁小说戏曲史料》，上海古籍出版社1981年版，第56～57页。

③ 〔清〕余治：《得一录》卷十一之一，同治十一年刻本，第768页。

④ 〔清〕余治：《得一录》卷十一之一，同治十一年刻本，第774～775页。

表2　被禁毁的艳情小说

被禁的出处	小说名
俞正燮《癸巳存稿》载嘉庆十五年御史伯依保奏禁小说、《劝毁淫书征信录》载禁毁小说书目及《得一录》载计毁淫书目单、同治七年丁日昌查禁淫词小说	《浓情快史》
嘉庆十五年御史伯依保奏禁	《灯草和尚》
	《如意君传》
	《株林野史》
	《肉蒲团》
道光十八年	《三妙传》
同治七年江苏巡抚丁日昌奏准查禁淫辞小说	《龙图公案》《品花宝鉴》《昭阳趣史》《玉妃媚史》《浓情快史》《绣榻野史》《幻情逸史》《梦纳姻缘》《灯月缘》《万恶缘》《雅观缘》《水浒》《桃花影》《隔帘花影》《姣红传》《红楼梦》《补红偻梦》《红楼重梦》《呼春稗史》《隋炀艳史》《禅真后史》《株林野史》《巫梦缘》《一夕缘》《云雨缘》《诊痴符》《西厢》《梧桐影》《如意君传》《循环报》《续红楼梦》《红楼圆梦》《金瓶梅》《春灯谜史》《巫山艳史》《禅真逸史》《浪史》《金石缘》《五美缘》《梦月缘》《桃花艳史》《何必西厢》《鸳鸯影》《三妙传》《贪欢报》《后红楼梦》《红楼复梦》《唱金瓶梅》《续金瓶梅》《紫金环》《前七国志》《牡丹亭》《七美图》《桃花艳》《灯草和尚》《怡情阵》《两交欢》《同拜月》《蜃楼志》《石点头》《蒲芦岸》《情史》《碧玉塔》《艳异编》《天豹图》《增补红楼》《脂粉春秋》《八美图》《载花船》《痴婆子》《倭袍》《一片情》《皮布袋》《锦上花》《奇团圆》《八段锦》《醒世奇书》《碧玉狮》《日月环》《天宝图》《红楼补梦》《风流野志》《杏花天》《闹花丛》《醉春风》《摘锦倭袍》《同枕眠》《弁而钗》《温柔珠玉》《清风闸》《今古奇观》《汉宋奇书》《摄生总要》《梼杌闲评》《反唐》《凤点头》《国色天香》《无稽谰语》《绿牡丹》《锦绣衣》《笑林广记》《北史演义》《风流艳史》《寻梦托》《拍案惊奇》《双珠凤》《芙蓉洞》《一夕话》《岂有此理》《宜春香质》《女仙外史》《妖狐媚史》《文武元》《海底捞针》《十二楼》《摘锦双珠凤》《乾坤套》《解人颐》《更岂有此理》《子不语》《夜航船》

（续表）

被禁的出处	小说名
同治七年江苏巡抚丁日昌续查禁淫辞小说	《隋唐》《文武香球》《五凤吟》《百鸟图》《换空箱》《九美图》《蟫史》《龙凤金钗》《刘成美》《一箭缘》《空空幻》《十美图》《二才子》《绿野仙纵（踪）》《真金扇》《鸾凤双箫》《锦香亭》《绣球缘》《双剪发》《巫山十二峰》《钟情传》《白蛇传》《探河源》《花间笑语》《双玉燕》《百花台》《万花楼》《合欢图》《四香缘》《盘龙镯》《双凤奇缘》《玉连环》《金桂楼》《玉鸳鸯》

清代小说的政治环境随着政局的恶化而变得越发险恶。在前期，虽然禁令不断，但由于统治者自身的娱乐需要，加上小说作为大众通俗读物的特性，统治者难以从根本上对其加以遏止。到了后期，由于社会动荡，嘉庆皇帝、道光皇帝意识到要使天下长治久安，就必须要收拾放纵的人心，使其重回儒家君君臣臣父父子子的道统。而小说作为大众读物，其对人心的影响是深远的，因而受到了官府和正统文人的长期打压，自然也就成为禁毁的主角。但在前中期，清廷对小说采取有针对性地打击的策略，而非全面出击，既照顾到了大众的娱乐需求，同时又净化了文化市场，所以清廷的行动也赢得了相当一部分人的理解和支持。上下的合力终于促成了清代后期对小说传播的有效压制，虽然很快迎来了清王朝的灭亡，时间不长，对小说发展的影响却是很大的。对于小说而言，清代前中期是一个特殊的时期，相比较政教功能来讲，小说更加追求娱乐价值，但后期随着小说禁毁运动的深化，小说的政教功能得以强化，而这一态势直接影响了现当代小说的发展走向。

第二节　清代小说序跋撰写的文化环境

清廷对于层出不穷的小说采取了不间断的严打政策，特别是康熙后期和嘉庆年间，对于小说淫词的打压收到了一定的效果，如张竹坡点评的《金瓶梅》在康熙年间曾广泛流行于江苏的南京、扬州等地，却不见于同治七年(1868)和十年(1871)江苏巡抚丁日昌的禁毁书目,极有可能在当时的江苏图书市场上已踪迹难觅了。

但令人诡异的是,一方面是从顺治九年(1652)开始清廷就一直致力于禁毁的淫词小说却屡禁不止,并且一直到嘉庆十五年(1810),御史伯依保还在奏请查禁《灯草和尚》《如意君传》《浓情快史》《株林野史》《肉蒲团》,而同治七年(1868)江苏巡抚丁日昌禁毁小说目录中仅艳情小说就有四十多部,可见艳情小说在清代的传播渠道虽然狭窄,但市场的占有率应当还是很高的,否则嘉庆十五年(1810)被查禁的《肉蒲团》改名为《循环报》的市场行为就难以理解了。同时,表现在才子佳人小说之中,明清小说又有着很大的变化:"在明人小说中,冶游的人往往是些富商荡子,而在清人小说中却尽有的是正经的才子,这又很显明地呈出了二朝文人对于冶游这桩事的态度的殊异。"①这样风流的小说恰又是整个清代最流行的。

造成这种现象的一个重要原因在于社会思想大一统的缺失,使得整个社会上下难以形成对于小说淫词封杀的合力。即使是理学思潮最盛的康熙、雍正两朝,思想界也绝非没有杂音,被清初三大家猛烈抨击的心学思想也如瓣香一缕,在整个清代一直是绵延不绝。康熙朝著名的思想家唐甄为学尊孟法王,力斥宋明以来理学家的主静无欲之说,服膺王阳明的"致良知"和"知行合一"学说,并立足现实,强调以事功之学去救世,"儒之为贵者,能定乱,除暴,安百姓也。若儒者不言功……何以异于匹夫匹妇乎?"②不仅道出了"自秦以来,凡为帝王者皆贼也"的惊世骇俗之论,而且认为"君子之为学也,不可以不知兵"。就连时任都察院左副都御史的许三礼、已故前工部尚书汤斌、侍读学士李光地等朝廷重臣都转向了心学。康熙皇帝对此深感不满:"熊赐履所作《日讲四书解义》甚佳,汤斌又谓不然。以此观之,汉人行径殊为可耻。况许三礼、汤斌、李光地俱言王

---

① 谭嘉定:《中国小说发达史》,见《中国小说研究资料汇编》,台湾天一出版社 1981 年版,第 376 页。

② 〔清〕唐甄著,吴泽民编校:《潜书》,中华书局 1963 年版,第 3 页。

守仁道学，熊赐履惟宗朱熹，伊等学问不同。”①

康熙皇帝一生谨守儒家道统，但社会思想分化尚至如此，至乾隆朝，社会风气更是风尘日下。以乾隆三十八年（1773）戴震奉召入京，预修《四库全书》为标志，汉学得到朝廷优容，大张其军，一时朝中显贵亦附庸风雅，“自四库馆启之后，当朝大老皆以考博为事，无复有潜心理学者”②。朝野官绅，“竞尊汉儒之学，排击宋儒，几乎南北皆是矣”③。

清代文化环境从总体上来讲，偏重于宋明理学，理学的道统和世俗化的小说是水火难容，文化环境对于小说的传播可以说是特别的不利。“在民族歧视极深、绝对皇权专制的时期，帝王本身的思想意识往往就能决定着政治发展的趋势。”④入清以后，在帝王的力推之下，社会思潮发生了明显变化，明代中后期一度遭到严厉批判的程朱理学到清朝又恢复了它在思想界的统治地位。清人入关以后，重拾理学道统，天下学宫流布着清朝历代帝王御制的大著，有顺治皇帝御注的《孝经》，康熙皇帝御纂的《诗经传说汇纂》《周易折中》《书经传说汇纂》《日讲四书解义》，雍正皇帝御编的《孝经集注》，乾隆皇帝的《周易述义》《仪礼义疏》《礼记义疏》《诗义折中》《春秋直解》《周官义疏》。其中又以康熙皇帝对程朱理学的推崇尤巨：“迨程子、朱子出，表章学庸，遂开千古道学之统。”⑤故“凡立说一准于考亭”⑥，“国家列在学官，著之功令，家有其书，人人传习”⑦。已故史学家孟森先生曾指出：“康熙朝之达官，几有北宋士大夫之风，而道学之一脉，历雍、乾两朝，名臣迭出……考其渊源，皆自康熙朝理学诸臣所传播种子。”又说：“清之理学，实以帝王好尚，为有力之提倡。帝王为求

---

① 《康熙起居注》第四册，东方出版社 2014 年版，第 173 页。

② 〔清〕姚莹：《覆黄又园书》，《东溟文集·文外集》卷一，见《续修四库全书》第 1512 册，上海古籍出版社 2002 年版，第 625 页。

③ 〔清〕袁枚：《随园诗话》卷二，人民文学出版社 1982 年版，第 49 页。

④ 姚念慈：《再评“自古得天下之正莫如我朝”——〈面谕〉、历代帝王庙与玄烨的道学心诀》，载《清史论丛》（2009 年号），中国广播电视出版社 2008 年版，第 151 页。

⑤ 〔清〕鄂尔泰、张廷玉等编纂：《国朝宫史》，北京古籍出版社 1994 年版，第 570 页。

⑥ 〔清〕鄂尔泰、张廷玉等编纂：《国朝宫史》，北京古籍出版社 1994 年版，第 561 页。

⑦ 〔清〕鄂尔泰、张廷玉等编纂：《国朝宫史》，北京古籍出版社 1994 年版，第 560 页。

有益于政俗,但得躬行实践之儒,不问门户。”①

康熙年间的范希哲结合对理学的参悟,对《水浒传》做了道统意义上的解读,提出了别样的见解,这应该算是主流文化从思想上对小说加以全新诠释的典型案例:

> 人读《水浒传》,无不曰:剧盗中能假仁义、仗智数,凡所作为每每出人之意表,故其事虽不经,纵观全部,或钦其忠义,或壮其英侠,或喜其鸿毛一死,然诺如山,或怪其诡诈奸欺,粗豪莽烈。吾悉以为不然。《水浒传》之妙,妙在鼠窃、狗偷、娼优、乞丐,皆不弃绝。所以时迁盗甲、杰士倾心,忠义归诚,粉脂汲引,如此至微至贱之中,伏此揭地掀天之绩,凡于世人之有一技一能者,盖可忽置之哉。……嗟乎!呼延忠孝竟入网罗,气节武师亦迷本性,要知胸无把握者,皆缘平昔涵养未深,薰陶鲜述之故耳。由此观之,礼乐诗书之气,操持坚忍之功,乌容一日已哉。②

其中所谓“涵养”“操持坚忍之功”,这些宋明理学特有的概念,揭示了道学中人一生特有的历练功夫。所谓的“格物致知”,就是要做到在日常的生活琐事之中参悟大道,在任何险恶的情境之下都能够不改自己的本色,真正做到“富贵不能淫,贫贱不能移,威武不能屈,方谓之大丈夫”。正因为如此,范希哲才为呼延灼、武松等惋惜,惋惜他们一生的气节最终不保,缘于没有能够真正理解“忠义”的真正内涵。他们在宋江等人的蛊惑面前没有能够守住自己的本性,这是呼延灼、武松的个人悲剧,也是作为社会个体在巨大的诱惑面前迷失自我的悲剧。

如果说范希哲是从文化的角度来解读《水浒传》的悲剧性的话,乾嘉时期著名的学者钱大昕则从传播和接受的角度来谈小说的社会影响和禁毁小说的社会意义:

> 古有儒、释、道三教,自明以来,又多一教曰小说。小说演义之

---

① 孟森:《明清史讲义》,商务印务馆 2017 年版,第 565 ~ 566 页。

② 〔清〕范希哲:《〈偷甲记〉序》,见吴毓华编著《中国古代戏曲序跋集》,中国戏剧出版社 1990 年版,第 331 ~ 332 页。

书，未尝自以为教也，而士大夫农工商贾无不习闻之，以至儿童妇女不识字者，亦皆闻而如见之，是其教较之儒、释、道而更广也。释、道犹劝人以善，小说专导人以恶。奸邪淫盗之事，儒、释、道书所不忍斥言者，彼必尽相穷形，津津乐道，以杀人为好汉，以渔色为风流，丧心病狂，无所忌惮。子弟之逸居无教者多矣，又有此等书以诱之，曷怪其近于禽兽乎！世人习而不察，辄怪刑狱之日繁，盗贼之日炽，岂知小说之中于人心风俗者，已非一朝一夕之故也。有觉世牖民之责者，亟宜焚而弃之，勿使流播。内自京邑，外达直省，严察坊市有刷印鬻售者，科以违制之罪，行之数十年，必有弭盗省刑之效。或訾吾言为迂，远阔事情，是目睫之见也。①

钱大昕认为，儒释道文化都是导人以善的，而小说则“专导人以恶”，而小说之恶主要源于其叙事的倾向性，“以杀人为好汉，以渔色为风流”。钱大昕的言论虽然有其迂腐之处，但也道出了当时流行小说的特征，尤其是艳情小说盛行一时。但他提出的解决问题的办法则过于极端，“有刷印鬻售者，科以违制之罪”，欲从源头上对小说加以遏止。嘉庆年间的王室贵族昭梿从接受效果的角度来谈小说的危害性，其对小说的态度与钱大昕相类似，其《啸亭续录》卷五《明末风俗》云：“小说盲词，古无是物，自施耐庵作俑，其后任意编造，层见叠出，愚夫诵之，几与正史并行。助乱长奸，言之切齿。”②

理学成为影响有清一代的社会主流思潮，“理学的酝酿、成熟和衰变，作为一种文化现象，必然要影响到世人的文化心理，不管是否真正介入理学之具体课题的思考，理学研习和论辩的文化氛围和有关的思维方式、价值观念，都不能不潜移默化或明确诱导着人们的思想意识和情感心理”③。在这样的思想背景下，不是只有皇帝及其朝廷官员对小说持有

① 〔清〕钱大昕著，陈文和点校：《潜研堂文集》，见《嘉定钱大昕全集》（玖），凤凰出版社 2016 年版，第 271 页。

② 〔清〕昭梿撰，何英芳点校：《啸亭续录》，中华书局 1980 年版，第 512 页。

③ 韩经太：《理学文化与文学思潮》，中华书局 1997 年版，第 1 页。

“诲盗诲淫”的社会认识，它已经成为当时的一种文化观念，以为小说坏人心术，败坏社会道德，影响正常的社会秩序，“淫词”已经成为“小说”的代名词。

稗官野史，吴歈越曲，胥纵观览。因见其中写才子佳人之欢会，多流于淫荡之私，有伤风人之雅思，力为反之。（乾隆三十九年，稽山棣园李春荣《水石缘自叙》）

历观古来传奇，不外乎佳人才子；总以吟诗为媒，牵引苟合；渐至淫荡荒乱，大坏品行，殊伤风化，余力为洗之。（乾隆五十九年，《水石缘后序》）

客伴虽有小说，多属郑卫之淫风，案前开卷，能不放荡性情者鲜矣。（乾隆四十七年，松林居士《二度梅奇说序》）

尝稽古今小说，非序淫亵，则载荒唐，不啻汗牛充栋，使阅者目乱神迷，一旦丧其所守。（嘉庆十四年，敏斋居士《警富新书序》）

予赋性迂拙，小说家无所好，于《红楼梦》之淫靡烦芜，尤鄙之。（道光三十年，五桂山人《妙复轩评石头记序》）

如果说连一般的小说都可能被扣上“淫亵”的罪名的话，艳情小说在整个清代的广泛传播和其被评价之低就成为清代小说传播史上一个很有意思的现象。艳情小说在清代后期遭到了强有力的遏止，其文学生态之恶劣不仅缘于政府的打压，小说序跋者也推波助澜。清代小说序跋重点批评了小说淫邪的内容和负面的接受效果：“稗史之行于天下者，不知几何矣。或作诙奇诡谲之词，或为艳丽淫邪之说。其事未必尽真，其言未必尽雅。方展卷时，非不惊魂眩魄。然人心入于正难，入于邪易。虽其中亦有一二规戒之语，正如长卿作赋，劝百而讽一。流弊所及，每使少年英俊之士，非慕其豪放，即迷于艳情。人心风俗之坏，未必不由于此。”①类似的言论还见于乾隆元年闲斋老人《儒林外史序》：“至

① 〔清〕自怡轩主人：《娱目醒心编序》，见丁锡根编著《中国历代小说序跋集》，人民文学出版社1996年版，第826页。

《水浒》《金瓶梅》，诲盗诲淫，久干例禁。”[①]乾隆二十九年芙蓉主人《痴婆子传自序》：“惟知云雨绸缪，罔顾纲常廉耻，岂非情之痴也乎哉！”“与其贪众人之欢以玷名节，孰若成夫妇之乐以全家声乎？”[②]乾隆四十二年李绿园《歧路灯序》：“若夫《金瓶》，诲淫之书也。”[③]乾隆五十九年王昙《古本金瓶梅考证》：“（俗本）专铺张床笫等秽亵俚鄙之语。”[④]这种从上到下的舆论造势必然会对艳情小说的传播产生不利的影响。

理学在经历了明代的失落之后，再一次被赋予拯救天下的重任，可是在经历了明末的阳明心学、朝代陵替和清初的思想界向原始儒学的回归之后，社会出现了与最高统治者离心离德的倾向，而这一倾向直接动摇了清廷统治的思想根基。为了证明君天下的合理性，清廷在强调参悟理学大道的同时，特别强调知行合一，这一政策实际上是一种巧妙的折中，既平衡了宋学，又照顾了回归派。然而阳明心学绵延不绝，影响了有清一代。“性而味，性而色，性而声，性而安佚，性也。”[⑤]阳明心学对人欲合理的提倡使得纵欲思想横溢一时，明末袁宏道的“五快活说”赤裸裸地传达了对纵欲的追逐：

> 然真乐有五，不可不知。目极世间之色，耳极世间之声，身极世间之鲜，口极世间之谭，一快活也。堂前列鼎，堂后度曲，宾客满席，男女交舄，烛气薰天，珠翠委地，金钱不足，继以田土，二快活也。箧中藏万卷书，书皆珍异。宅畔置一馆，馆中约真正同心友十余人，人中立一识见极高，如司马迁、罗贯中、关汉卿者为主，分曹部署，各成一书，远文唐、宋酸儒之陋，近完一代未竟之篇，三快活也。千金买一

---

① 〔清〕闲斋老人：《儒林外史序》，见丁锡根编著《中国历代小说序跋集》，人民文学出版社1996年版，第1681页。

② 〔清〕芙蓉主人：《痴婆子传自序》，见丁锡根编著《中国历代小说序跋集》，人民文学出版社1996年版，第1344页。

③ 〔清〕绿园老人：《歧路灯序》，见丁锡根编著《中国历代小说序跋集》，人民文学出版社1996年版，第1633页。

④ 〔清〕王昙：《古本金瓶梅考证》，见丁锡根编著《中国历代小说序跋集》，人民文学出版社1996年版，第1114页。

⑤ 〔明〕何心隐撰，容肇祖整理：《何心隐集》卷二，中华书局1960年版，第40页。

舟，舟中置鼓吹一部，妓妾数人，游闲数人，泛家浮宅，不知老之将至，四快活也。然人生受用至此，不及十年，家资田地荡尽矣。然后一身狼狈，朝不谋夕，托钵歌妓之院，分餐孤老之盘，往来乡亲，恬不知耻，五快活也。士有此一者，生可无愧，死可不朽矣。[①]

最具诱惑力的在于其最后的结论：奢侈即可不朽，而“就奢侈而言，其关涉人之欲望而非需要。需要的有限性凝固了奢侈的发生，而欲望解禁的无限性发展推动奢侈成为动态化过程。在此意义上，个体性奢侈的官能化快感，必然激励其不断寻绎日趋完美的精致化形式”[②]。在纵欲的旗帜引领之下，明清时期流传的大部分艳情小说都在明代后期产生了，而艳情小说的男主人公如果没有后来的仕途得意的话，绝对有可能达到袁宏道所标榜的“五快活”的人生妙境，所以说艳情小说揭示了性与理的二律背反：“性本能失去控制，必将溃决而不可收拾，则苦心建设而成的文化组织将被扫荡而去。”[③]理虽然具有强大的规范作用，但性本能一旦被唤醒，就会以不可阻挡的趋势反抗理的制约。

明清艳情小说香艳的程度比起《游仙窟》《金瓶梅》要有过之而无不及，而明清时期这样的艳情小说光是存世的就有50多种，这50多种小说在清代都曾多次出版，具体详见台湾大英百科股份有限公司1994—1997年出版的《思无邪汇宝》。而当时人们对于艳情小说的认识也由下可见一斑：

其事虽近淫淫，而章法、笔法、句法、字法，无一不足启发后人。因悟圣叹批《会真记》《金瓶梅》诸书曰：“淫者见之谓之淫，文者见之谓之文。”而先生传《意外缘》之笔，亦近乎是。（道光元年，龚晋《载阳堂意外缘序》）

---

① 〔明〕袁宏道著，钱伯城笺校：《袁宏道集笺校》卷五，上海古籍出版社1981年版，第205～206页。

② 妥建清：《论晚明士人的颓废生活审美风格——以晚明士人任侈生活为中心》，载《人文杂志》2013年第5期。

③ ［奥地利］弗洛伊德：《精神分析引论》，商务印书馆1996年版，第246页。

《载阳堂意外缘》多淫秽之笔，却被评论为“章法、笔法、句法、字法，无一不足启发后人”，“淫者见之谓之淫，文者见之谓之文”，可见当时对于猥亵小说的认可程度。

思想的驳杂为小说的传播与接受提供了一种可能，而清廷对于小说淫词的禁毁政策似乎又堵住了这种有限的可能性，但政策执行可操作性的缺乏和政策本身的不连贯性使得本应该毫无漏洞的大一统的天下变得千疮百孔，小说才得以在这一张千疮百孔的铁幕下进退自如。

第三节　清代小说序跋与小说的现实接受

清代小说之所以能够出现繁荣局面，与其较高的现实接受度有很大关系，这一点迥异于诗文。清代的思想文化环境异常残酷，文字狱不断，一件文字狱被杀戮、被流放者动辄即以百千计。严迪昌先生以“风声鹤唳”形容清代诗文的接受环境。诗文是士大夫们发抒情志的媒介，同时也是时代思潮的风向标，朝廷自然对其倍加关注。清朝统治者对于士大夫从来就没有真正地放心过，否则也没有必要设置满汉双套官僚体制来压制汉人了。清朝政权对于汉族文人实行分化政策，能够为我所用的就有限度地利用，不能为我所用的至少要做成顺民，不能做顺民的也就只有杀戮了，这实际上是历朝历代统治者都用惯了的手法，只是因为清朝是满人的政权，所以才会有这么多批判的声音。小说不同于诗文，它是大众的消遣物。对于通俗文学，清朝统治者在相当长的一段时间内表现得较为宽容。

小说在清代严酷的社会大环境中，其传播与接受的途径基本上是畅通的，并没有因为文字狱而受到太多的封杀。在部分学者眼中，有了顺治、康熙、雍正、乾隆四朝残酷的文字狱，小说在整个清代的接受环境似乎不存在有再思考的价值，更因为严迪昌先生对清代文化环境所做的一番宏论之后，学界就万马齐喑了，甚至还有学人为这样的文化环境叫好，认为它净化了明人弄脏了的文学，“现当代把古代的‘偷情’解读为爱情，把纵欲荒淫当作性自由和性解放，把修身立德当作对人性的摧残和压抑等都是极端的看法，都是一厢情愿的痴人说梦，都是历史当下性自我的解读，都是对历史自以为是的误读和曲解”①。

不管清代的时局怎样变换，小说依然在继续传播，戏曲虽然屡屡被禁，但并没有妨碍其继续演出。例如水浒戏，早在乾隆十九年(1755)，清廷就已批准了福建道监察御史胡定查禁水浒戏的奏折：

> 吏部为敬陈习弊等事，考功司案呈吏科抄出本部会议得掌福建道监察御史胡定奏称……阅坊刻《水浒传》，以凶猛为好汉，以悖逆为奇能，跳梁漏网，惩创蔑如。乃恶薄轻狂曾经正法之金圣叹，妄加赞美；梨园子弟，更演为戏剧；市井无赖见之，辄慕好汉之名，启效尤之志，爰以聚党逞凶为美事，则《水浒》实为教诱犯法之书也。查康熙五十三年，奉禁坊肆卖淫词小说。臣请申严禁止，将《水浒传》毁其书板，禁其扮演，庶乱言不接，而悍俗还淳等语。……乾隆十九年三月二十三日题，本月二十六日，奉旨依议，钦此。②

尽管禁令在先，但是《义侠记》《水浒记·杀惜》《水浒记·杀嫂》《翠屏山·杀山》等剧目依然在乾隆年间的扬州剧坛上演。盐商汪启源的家班中名角许天福就以擅演“三杀三刺”(《水浒记·杀惜》《水浒记·杀嫂》《翠屏山·杀山》《一捧雪·刺汤》《渔家乐·刺梁》《铁冠图·刺虎》)而著称。③ 另外，乾隆年间著名的秦腔演员魏长生因演出《滚楼》《烤火》《葡萄架》，场面太过淫亵，九门提督将其赶出北京城，也并没有被赶尽杀绝。到扬州后，魏长生被当时的商总江春礼聘，在邗沟演出，一晚的出场费是四千两纹银。

小说和戏曲不同的是，戏曲是视觉形象艺术，可以通过演员的表演来

---

① 张同胜：《〈水浒传〉诠释史论》，山东大学2007年博士学位论文，第109页。

② 王利器辑录：《元明清三代禁毁小说戏曲史料》，上海古籍出版社1981年版，第44～45页。

③ 王军明：《乾隆时期扬州剧坛与戏曲禁令关系考》，载《玉林师范学院学报》2012年第3期。

了解剧情，而小说则不同，它必须借助于文本的阅读来完成。清代小说接受传播的途径很多，第一，从为小说作序跋者可以见出。《中国历代小说序跋集》收录了638篇清人执笔的序跋，序跋者中有许多诸生、举人乃至于进士。正是因为他们的登高一呼，使得这一文体在当时的社会中得到了相当的关注。雍正甲寅(1734)句曲外史《水浒传叙》："近新城先生，最喜说部，一时才人，翕然从之。旁搜远采而进于剞劂者，莫不各极恢奇曲洽之美。"①王士禛为《聊斋志异》稍加评骘，并留下了一首诗："姑妄言之妄听之，豆棚瓜架雨如丝。料应厌作人间语，爱听秋坟鬼唱时。"热衷于禁毁书籍的江苏巡抚丁日昌，也曾与《红楼梦》之类的通俗小说有过相当密切的关系。道光二十一年(1841)，年仅十九岁的丁日昌为友人黄昌麟所著的《红楼二百咏》写了序和跋以及二百条评语。综观其二百条评语，皆以赞誉诗作的笔法高超为主调，其间也偶见他对《红楼梦》人物表达看法。论及平儿、司琪、赵姨娘、王熙凤、鸳鸯等人物，无不透漏出他对《红楼梦》的烂熟。丁日昌前后矛盾的思想与行为恰好真实地反映出了清代后期知识分子对待通俗小说的复杂心态。

表3　清代小说序跋者的功名身份

序号	序跋者	仕宦的起点	序跋名
1	钱谦益(1582—1664)	万历三十八年探花	吴越春秋跋
			玉剑尊闻序
2	梁维枢(1587—1662)	万历四十三年举人	玉剑尊闻引
3	丁耀亢(1599—1669)	顺治五年拔贡	续金瓶梅序
4	李清(1602—1683)	崇祯四年进士	女世说自序
5	吴伟业(1609—1672)	崇祯四年榜眼	梁水部玉剑尊闻序
6	高珩(1612—1697)	崇祯十六年进士	聊斋志异序

① 〔清〕句曲外史：《水浒传叙》，见丁锡根编著《中国历代小说序跋集》，人民文学出版社1996年版，第1499页。

（续表）

序号	序跋者	仕宦的起点	序跋名
7	王羌特（1615—1680）	顺治四年拔贡	孤山再梦序
8	尤侗（1618—1704）	康熙十八年博学宏词	西游真诠序
			题板桥杂记
			坚瓠秘集序
9	吴任臣（？—1689）	康熙十八年博学宏词	山海经广注序
			山海经序
10	王仕云	顺治九年进士	评论出像水浒传总论
			五才子水浒序
11	丁澎（1622—1686）	顺治十二年进士	今世说序
12	汪琬（1624—1691）	顺治十二年进士	说铃自序
13	王士禄（1626—1673）	顺治十二年进士	说铃序
14	唐梦赉（1628—1698）	顺治六年进士	聊斋志异序
15	朱彝尊（1629—1709）	康熙十八年博学宏词	鉴戒录跋
16	徐嘉炎（1631—1703）	康熙十八年博学宏词	鉴戒录跋
17	刘璋（1667—？）	康熙三十五年举人	飞花艳想序
18	毛际可（1633—1708）	顺治十五年进士	坚瓠四集序
			今世说序
19	王士禛（1634—1711）	顺治十五年进士	唐阙史跋
			越绝书跋
			青琐高议跋
			世说新语跋
			池北偶谈自序
20	顾贞观（1637—1714）	康熙五年举人	坚瓠五集序
21	钮琇（？—1704）	康熙十一年拔贡生	觚剩续编自序
			觚剩自序
22	陈奕禧（1648—1709）	康熙年间贡生	女仙外史序
23	查嗣瑮（1652—1733）	康熙三十九年进士	鉴戒录跋

（续表）

序号	序跋者	仕宦的起点	序跋名
24	曹寅（1658—1712）		鉴戒录跋
25	汪士鋐（1658—1723）	康熙三十六年会元	鉴戒录跋
26	叶藇（1670—1760）		女仙外史跋语
27	张书绅		新说西游记总论
28	卢见曾（1690—1768）	康熙六十年进士	北梦琐言序
29	杭世骏（1696—1773）	乾隆元年博学宏词	飞龙全传序
30	徐述夔（1703—1763）	乾隆年间举人	遍地金序
31	李海观（1707—1790）	乾隆元年举人	歧路灯题识
32	袁枚（1716—1798）	乾隆四年进士	原本金瓶梅跋
			子不语自序
33	卢文弨（1717—1796）	乾隆十七年探花	书北梦琐言后
			三水小牍跋
34	弘晓（1722—1778）	怡亲王	平山冷燕序
35	鲍廷博（1728—1814）	嘉庆十八年举人	江淮异人录跋
36	毕沅（1730—1797）	乾隆二十五年状元	山海经新校正序
37	周广业（1730—1798）	乾隆四十八年举人	桃溪客语序
38	许宝善（1732—1804）	乾隆二十五年进士	北史演义叙
			南史演义序
			娱目醒心编序
39	李调元（1734—1802）	乾隆二十八年进士	江淮异人录识语
			丽情集序
			丽情集又序
40	和邦额（1736—1795）	乾隆三十九年举人	夜谭随录自序
41	高鹗（约1738—约1815）	乾隆六十年进士	红楼梦序
42	孔继涵（1739—1784）	乾隆三十六年进士	聊斋志异序
43	王友亮（1742—1797）	乾隆五十六年进士	柳崖外编序
44	屠绅（1744—1801）	康熙二十八年进士	六合内外琐言序

（续表）

序号	序跋者	仕宦的起点	序跋名
45	吴锡麒（1746—1818）	乾隆四十年进士	吴门画舫录序
46	赵怀玉（1747—1823）	乾隆四十五年举人	鉴诫录跋
47	杨复吉（1747—1820）	乾隆三十七年进士	影梅庵忆语跋
			妇人集补跋
			悦容编跋
			香天谈薮跋
			海鸥小谱跋
			十美词纪跋
			胭脂记事跋
48	秦子忱	山东兖州都司	续红楼梦弁言
49	曾衍东（1750—约 1825）	乾隆三十七年举人	小豆棚序
50	孙星衍（1753—1818）	乾隆五十二年榜眼	燕丹子叙
51	王昙（1760—1817）	乾隆五十九年举人	古本金瓶梅考证
52	乐钧（1766—1816）	嘉庆六年举人	耳食录自序
53	宋翔凤（1779—1860）	嘉庆五年举人	吴门画舫续录序
54	俞鸿渐（1781—1846）	嘉庆二十一年举人	印雪轩随笔自序
55	但明伦（1782—1855）	嘉庆二十四年进士	聊斋志异序
56	田秫	道光十五年进士	如意君传序

这些达官名士不仅表现出了对小说这一文体的接受，而且欣然作序、直接署名，因此可以得出结论：清代小说和宋词一样，虽然文体地位不高，但其现实接受度较高。仅《聊斋志异》就有“康熙己未春日谷旦，紫霞道人高珩题”“康熙壬午仲秋既望，豹岩樵史唐梦赉拜题”“乾隆三十年，岁次乙酉十一月，仁和余集撰”“乾隆丙戌端阳前二日，莱阳后学赵起杲书于睦州官舍”等诸多序跋。像这样的序跋在清代极多，并非像有的学者所指出的那样，清代小说的社会地位低，其唯一的依据就是清代的小说作者和序跋者多为匿名。如果真是如此，以上现象就无法解释了。

第二，收藏。清代小说社会接受度还有另一个标尺，那就是乾隆年间在编纂《四库全书总目》时，大量列举并品评了皇家珍藏的小说。皇家珍藏的小说数量虽然和当时社会留存的小说数量相比，并不占有多大的比例，特别是“小说家类存目”仅占9%，“小说家类”也就只是占到了37%，但皇家珍藏小说的事实借《四库全书》的编纂向外予以公布，至少可以证明一点：在清朝，收藏小说乃正当之事。

表4 《四库全书总目·子部·小说家类》标注的内府小说藏本

序号	作者	小说名	四库馆臣的评价
1	〔晋〕葛洪	《西京杂记》	其中所述虽多为小说家言，而摭采繁富，取材不竭，李善注《文选》，徐坚作《初学记》，已引其文。杜甫诗用事谨严，亦多采其语。词人沿用数百年，久成故实，固有不可遽废者焉
2	〔南朝宋〕刘义庆	《世说新语》	世俗所行凡二本：一为王世贞所刊，注文多所删节，殊乖其旧；一为袁褧所刊，盖即从陆（陆游）本翻雕者。虽版已刓敝，然犹属完书。义庆所述，刘知几《史通》深以为讥，然义庆本小说家言，而知己绳之以史法，拟不于伦，未为通论
3	〔唐〕张鷟	《朝野佥载》	其书皆纪唐代故事，而于谐噱荒怪，纤悉胪载，未免失于纤碎，故洪迈《容斋随笔》讥其记事琐屑擿裂，且多媟语。然耳目所接，可据者多，故司马光作《通鉴》亦引用之，兼收博采，固未尝无裨于见闻也
4	〔唐〕刘肃	《大唐新语》	皆取轶文旧事有裨劝戒者……其中谐谑一门，繁芜猥琐，未免自秽其书，有乖史家之体例，今退置小说家类，庶协其实
5	〔唐〕韦绚	《刘宾客嘉话录》	盖《学海类编》所收诸书，大抵窜改旧本，以示新异，遂致真伪糅杂，炫惑视听。幸所搀入者尚有踪迹可寻，今悉刊除，以存其旧
6	〔唐〕赵璘	《因话录》	所载亦不免于缘饰，然其他实多可资考证者，在唐人说部之中，犹为善本焉

（续表）

序号	作者	小说名	四库馆臣的评价
7	〔唐〕崔令钦	《教坊记》	然其风旨有足取者，虽谓曲终奏雅，亦无不可，不但所列曲调三百二十五名足为词家考证也
8	〔唐〕张固	《幽闲鼓吹》	固所记虽篇帙寥寥，而其事多关法戒，非造作虚辞，无裨考证者。比唐人小说之中，犹差为切实可据焉
9	〔唐〕范摅	《云溪友议》	然六十五条之中，诗话居十之七八，大抵为孟棨《本事诗》所未载，逸篇琐事，颇赖以传。又以唐人说唐诗，耳目所接，终较后人为近，故考唐诗者如计有功纪事诸书，往往据之以为证焉
10	无名氏	《玉泉子》	所记皆唐代杂事，亦多采他小说为之……不尽其所自作也
11	〔宋〕孙光宪	《北梦琐言》	世所行者凡二本，一为明商濬《稗海》所刻，脱误殆不可读。近时扬州新刻，乃元华亭孙道明所藏，犹宋时陕西刊版，差完整有绪。故今以扬州本著录，不用商氏本云
12	〔宋〕田况	《儒林公议》	又况曾为夏竦幕僚……书中虽于竦多怨词，而于富弼诸人竦所深嫉者，仍揄扬其美，绝无党同伐异之见，其心术醇正亦不可及。盖北宋盛时，去古未远，儒者犹存直道，不以爱憎为是非也
13	〔宋〕王辟之	《渑水燕谈录》	盖此本为商濬《稗海》所刻，明人庸妄，已有所删削矣，所记诸条多与史传相出入。……然野史传闻，不能尽确，非独此书为然，取其大致之近实可也
14	〔宋〕江休复	《嘉祐杂志》	休复所与交游率皆胜流，耳濡目染，具有端绪，究非委巷俗谈可比也
15	〔宋〕吴处厚	《青箱杂记》	晁公武《读书志》谓所记多失实……其论诗往往可取，亦不必尽以人废也
16	〔宋〕苏辙	《龙川略志》《别志》	朱子生平以程子之故，追修洛蜀之旧怨，极不满于二苏，而所作《名臣言行录》，引辙此志几及其半，则其说信而有征，亦可以见矣

（续表）

序号	作者	小说名	四库馆臣的评价
17	〔宋〕陈师道	《后山谈丛》	洪迈《容斋随笔》议其……皆爽其实，今考之良信，然迈称其笔力高简，必传于后世
18	〔宋〕刘延世	《孙公谈圃》	宋临江刘延世录所闻于孙升之语也
19	〔宋〕张舜民	《画墁录》	中多载宋时杂事，于《新唐书》《五代史》均屡致不满之词，盖各有所见，不足为异，其说不妨并存。……以一时典故，颇有借以考见者，姑存以备宋人小说之一种云尔
20	〔宋〕魏泰	《东轩笔录》	泰是书宋人无不诋諆之，而流传至今，则以其书自报复恩怨以外，所记杂事亦多可采录也
21	〔宋〕赵令畤	《侯鲭录》	是书采录故事诗话颇为精赡……然令畤所与游处皆元祐胜流，诸所记录多尚有典型，是固不以人废言矣
22	〔宋〕方勺	《泊宅编》	明人传刻古书，每多臆为窜乱……记载亦或失实，然其间遗闻轶事，摭拾甚多，亦考古者所不废
23	无名氏	《道山清话》	先大父国史在馆阁最久，多识前辈，尝以闻见著《馆秘录》《曝书记》并此书为三
24	〔宋〕无名氏	《枫窗小牍》	所记多汴京故事……多可与史传相参，其是非亦皆平允
25	〔宋〕范公偁	《过庭录》	其书多述祖德，皆绍兴丁卯、戊辰间闻之其父，故命曰《过庭》，语不溢美，犹有淳实之遗风
26	〔宋〕王明清	《玉照新志》	此书多谈神怪及琐事，亦间及朝野旧闻及前人逸作。……盖明清博物洽闻，兼娴掌故，故随笔记录皆有裨见闻也
27	〔宋〕王明清	《投辖录》	所记皆奇闻异事，客所乐听，不待投辖而留也。所列凡四十四事，大都掇拾丛碎，随笔登载，不能及《挥麈录》之援据赅洽，有资考证。然故家文献所言多信而有征，在小说家中犹为不失之荒诞者
28	〔宋〕邵伯温	《闻见前录》	犹及见元祐诸耆旧，故于当时时政，具悉端委

（续表）

序号	作者	小说名	四库馆臣的评价
29	〔宋〕周煇	《清波杂志》《别志》	所记皆宋人杂事。……是书原本十二卷，商濬《稗海》作三卷，盖明人刊本多好合并删削，不足为异
30	〔宋〕郑元祐	《遂昌杂录》	多记宋末轶闻，及元代高士名臣轶事，而遭逢世乱，亦间有忧世之言。其言皆笃厚质实，非《辍耕录》诸书捃拾冗杂者可比
31	〔明〕陶宗仪	《辍耕录》	于有元一代法令制度及至正末东南兵乱之事纪录颇详。所考订书画文艺，亦多足备参证。惟多杂以俚俗戏谑之语，闾里鄙秽之事，颇乖著作之体。叶盛《水东日记》深病其所载猥亵，良非苛论。然其首尾赅贯，要为能留心于掌故，故朱彝尊《静志居诗话》谓宗仪练习旧章，元代朝野旧事实借此书以存，而许其有裨史学，则虽瑜不掩瑕，固亦论古者所不废矣
32	〔晋〕郭璞注	《山海经》	观书中载夏后启、周文王及秦汉长沙、象郡、余暨、下巂诸地名，断不作于三代以上，殆周秦间人所述，而后来好异者又附益之欤？观《楚词·天问》，多与相符，使古无是言，屈原何由杜撰？朱子《楚词辨证》谓其反因《天问》而作，似乎不然。……书中序述山水，多参以神怪，故《道藏》收入太元部竞字号中。究其本旨，实非黄老之言。然道里山川，率难考据。……诸家并以为地理书之冠，亦为未允。核实定名，实则小说之最古者尔
33	〔汉〕东方朔	《神异经》	所载皆荒外之言，怪诞不经，共四十七条。……世所传他事皆非。其赞又言后世好事者取其奇言怪语附著之朔云云，则朔书多出附会，在班固时已然。此书既刘向《七略》所不载，则其为依托，更无疑义。……观其词华缛丽，格近齐梁，当由六朝文士影撰而成，与《洞冥》《拾遗》诸记先后并出。……固不妨过而存之，以广异同。……今从《文献通考》列小说类中，庶得其实焉

（续表）

序号	作者	小说名	四库馆臣的评价
34	〔后秦〕王嘉	《拾遗记》	文起羲炎以来，事迄西晋之末。……嘉书盖仿郭宪《洞冥记》而作。其言荒诞，证以史传皆不合。……或上诬古圣，或下奖贼臣，尤为乖迕。……然历代词人，取材不竭，亦刘勰所谓事丰奇伟，辞富膏腴，无益经典，而有助文章者欤？
35	〔晋〕干宝	《搜神记》	
36	〔晋〕陶潜	《搜神后记》	陶集多不称年号，以干支代之，而此书题永初、元嘉，其为伪托固不待辨。然其书文词古雅，非唐以后人所能
37	〔隋〕颜之推	《还冤志》	上始周宣王杜伯之事，不得目以北齐，即之推亦始本梁人，后终隋代。……自梁武以后，佛教弥昌，士大夫率皈礼能仁，盛谈因果。之推《家训》有《归心篇》，于罪福尤为笃信，故此书所述，皆释家报应之说。……其文词亦颇古雅，殊异小说之冗滥。存为鉴戒，固亦无害于义矣。陈继儒尝刻入秘笈中，刊削不完，仅存一卷。此本乃何镗《汉魏丛书》所刻，犹为原帙，今据以著录焉
38	〔唐〕冯翊子	《桂苑丛谈》	其书前十条皆载咸通以后鬼神怪异及琐细之事，后为史遗十八条，其十二条亦纪唐代杂事，余六条则兼及南北朝。……然则作是书者，其江南人欤？
39	〔唐〕张读	《宣室志》《补遗》	是书所记皆鬼神灵异之事，岂以其外祖牛僧孺尝作《元怪录》，读少而习见，故沿其流波欤？
40	〔宋〕徐铉	《稽神录》	是编皆记神怪之事
41	〔宋〕李昉	《太平广记》	所采书三百四十五种。古来轶闻琐事、僻笈遗文咸在焉。卷帙轻者往往全部收入，盖小说家之渊海也。……其书虽多谈神怪，而采摭繁富，名物典故，错出其间，词章家恒所采用，考证家亦多所取资。又唐以前书，世所不传者，断简残编，尚间存其什一，尤足贵也

（续表）

序号	作者	小说名	四库馆臣的评价
42	〔宋〕郭彖	《睽车志》	是书皆纪鬼怪神异之事，为当时耳目所见闻者。……大旨亦主于阐明因果，以资劝戒。特摭拾既广，亦往往缘饰附会，有乖事实。……其他亦多涉荒诞，然小说家言，自古如是，不能尽绳以史传，取其勉人为善之大旨可矣
43	〔晋〕张华	《博物志》	
44	〔梁〕任昉	《述异记》	采辑先世之事，纂新述异，皆时所未闻，将以资后来属文之用，亦《博物志》之意。……其书文颇冗杂，大抵剽窃诸小说而成
45	〔唐〕段成式	《酉阳杂俎》《续集》	

说明：以上出自“子部·小说家类”，约占其总数的37%。

表5 《四库全书总目·子部·小说家类存目》标注的内府小说藏本

序号	作者	小说名	四库馆臣的评价
1	无名氏	《汉杂事秘辛》	其文淫艳，亦类传奇，汉人无是体裁也
2	〔汉〕伶元	《飞燕外传》	其文纤靡，不类西汉人语。……大抵皆出于依托，且闺帏媟亵之状，嫕虽亲狎，无目击理。即万一窃得之，亦无娓娓为通德缕陈理，其伪妄殆不疑也
3	无名氏	《残本唐语林》	
4	〔明〕陆深	《玉堂漫笔》	是书乃在翰林时记其每日所得，而于考核典故为尤详。其载杨士奇子稷得罪，为出于陈循所构陷，亦修史者所未详也
5	〔明〕陆深	《金台纪闻》	皆深官翰林时杂记正德乙酉至戊子四年中朝廷故事及友朋论说

（续表）

序号	作者	小说名	四库馆臣的评价
6	〔明〕陈继儒	《太平清话》	是书杂记古今琐事，征引舛错，不可枚举。当时称继儒能识古今书画，然如所载耐辱居士《墨竹笔铭》，证以《唐书·司空图传》，乖舛显然，殊不能知其伪也
7	〔宋〕张师正	《括异志》	《文献通考》载师正擢甲科后，宦游四十年不得志，于是推变怪之理，参见闻之异，得二百五十篇
8	〔宋〕李献民	《云斋广录》《后集》	所载皆一时艳异杂事。文既冗沓，语尤猥亵。……其书大致与刘斧《青琐高议》相类。然斧书虽俗，犹时有劝戒。此则纯乎诲淫而已
9	〔宋〕无名氏	《五色线》	然是书杂引诸小说新诞之语，或不纪所出，割裂舛谬，不可枚举，至谓楚襄王梦神女事出《史记》，其庸妄可知
10	〔元〕无名氏	《异闻总录》	此本剿袭其言，并其自称亦未改，则亦剽剟而成者矣
11	〔明〕洪应明	《仙佛奇踪》	考释道自古分门，其著录之书亦各分部。此编兼采二氏，不可偏属，以多荒怪之谈，姑附之小说家焉
12	〔宋〕邱璿	《牡丹荣辱志》	以诸花各分等级役属之，又一一详其宜忌，其体略如李商隐《杂纂》。非论花品，亦非种植，入之农家为不伦，今附之小说家焉
13	〔宋〕苏轼	《东坡问答录》	所记皆与僧了元往复之语，诙谐谑浪，极为猥亵。又载佛印环叠字诗，及东坡长亭诗，词意鄙陋，亦出委巷小人之所为，伪书中之至劣者也
14	〔宋〕苏轼	《渔樵闲话》	书中多引唐小说，议论皆极浅鄙，疑宋时流俗相传有是书，而明人重刻者复假轼以行耳
15	〔明〕牛衷	《埤雅广要》	然佃虽以引用王安石《字说》为陈振孙等所讥，而其博奥之处要不可废。衷所补庞杂饾饤，殆不成文，甚至字谜小说，杂然并载

（续表）

序号	作者	小说名	四库馆臣的评价
16	〔明〕陈邦俊	《广谐史》	夫寓言十九，原比诸史传之滑稽，一时游戏成文，未尝不可少资讽谕。至于效尤滋甚，面目转同，无益文章，徒烦楮墨。搜罗虽富，亦难免于叠床架屋之讥矣
17	〔明〕吴从先	《小窗自纪》《艳纪》《清纪》《别纪》	《自纪》皆俳谐杂说及游戏诗赋，词多儇薄。《艳纪》采录汉至明杂文，分体编录，踳（同“舛”）驳殊甚。《清纪》摹仿《世说》，分清语、清事、清韵、清学四门，《别纪》兼涉志怪。总明季纤诡之习也

说明：以上出自“子部·小说家类存目”，约占其总数的9%。

对于皇家珍藏的小说，四库馆臣们也给予了“小说家类”和“小说家类存目”的区分，即使是属于“小说家类”的小说，四库馆臣们的评价也并非都是肯定之词，甚至讥评极为苛刻，如“猥亵”“荒诞，证以史传皆不合”“缘饰附会，有乖事实”“冗杂”；而对属于“小说家类存目”的个别小说篇目，却给予了“少资讽谕”“博奥之处要不可废”“时有劝戒”等正面评价。从这些评价之中，一方面可以看到四库馆臣们的小说观，另一方面也看到了其评价标准的前后一致性。

第三，抄本。一部小说，像《儒林外史》《红楼梦》这样的作品，动辄几十万字，抄录一部，费时费力费财，绝非易事。藏有这些小说抄本的一般是文人，或是达官贵人、世家子弟。

乾隆三十一年（1766），赵起杲《聊斋志异弁言》曰：“丙寅冬，吾友周子季和自济南解馆归，以手录淄川蒲留仙先生《聊斋志异》二册相贻。深以卷帙繁多，不能全钞为憾。予读而喜之，每藏之行笥中，欲访其全，数年不可得。丁丑春，携至都门，为王子闰轩攫去。后予宦闽中，晤郑荔芗先生令嗣。因忆先生昔年曾宦吾乡，性喜储书，或有藏本。果丐得之。命侍史录正副二本，披阅之下，似与季和本稍异。后三年，再至都门，闰轩出原钞本细加校对，又从吴君颖思假钞本勘定，各有异同，始知荔芗当年得于其家者，实原稿也。癸未官武林，友人鲍以文屡怂恿予付梓，因循未果。后借钞者众，藏本不能遍应，遂勉成以公同好……此书之成，出资勷事者，鲍子以文；校雠更正者，则余君蓉裳、郁君佩先暨予弟皋亭也。乾隆丙戌端阳前二日，莱阳后学赵起杲书于睦州官舍。”[①]

周永保《瑶华传跋》云：“乙丑之春得见香城先生《瑶华传》抄本一册，乃喟然叹曰：天下未尝无才也，其湮没于剞劂所不及者岂少也哉！”[②]

从上述序文中可知，一部《聊斋志异》，手抄全书的有周季和、赵起杲、郑方坤、吴颖思等人；《瑶华传》有香城先生的抄本。在小说被刊印流通之前，手抄成为小说传播最主要的方式。对于资金雄厚的文人，不仅可以雇人抄写，而且还可以购买，但每每价值不菲。毛庆臻《一亭考古杂记》：“乾隆八旬盛典后，京板《红楼梦》流衍江浙，每部数十金。至翻印日多，低者不及二两。”[③]朝鲜李圭景《五洲衍文长笺散稿》卷七“小说辨证说”载乾隆四十年（1775），朝鲜永城副尉申绥委托来华的“首驿”李谌购买《金瓶梅》，“一册直银一两，凡二十册”[④]，全套值银二十两。程伟元《红楼梦序》云：“好事者每传抄一部，置庙市中，昂其值得数十金，可谓不胫而走者矣。然原目一百廿卷，今所传只八十卷，殊非全本。”[⑤]逍遥子《后红楼梦序》云：“曹雪芹《红楼梦》一书，久已脍炙人口，每购抄本一部，须数十金。”[⑥]尤夙真《瑶华传序》云：“哄传有《红楼梦》一书，云有一百余

---

① 〔清〕赵起杲：《聊斋志异弁言》，见丁锡根编著《中国历代小说序跋集》，人民文学出版社1996年版，第139～140页。

② 〔清〕周永保：《瑶华传跋》，见丁锡根编著《中国历代小说序跋集》，人民文学出版社1996年版，第1433页。

③ 〔清〕毛庆臻：《一亭考古杂记》，见一粟编《红楼梦资料汇编》，中华书局1964年版，第357页。

④ 〔韩〕崔溶澈：《中国禁毁小说在韩国》，载《东方丛刊》1998年第3辑。

⑤ 〔清〕程伟元：《红楼梦序》，见丁锡根编著《中国历代小说序跋集》，人民文学出版社1996年版，第1160页。

⑥ 〔清〕逍遥子：《后红楼梦序》，见丁锡根编著《中国历代小说序跋集》，人民文学出版社1996年版，第1175页。

回。因回数烦多，无力镌刊，今所流传者皆聚珍板印刷，故索价甚昂，自非酸子纸裹中物可能罗致，每深神往。”①动辄几十两白银的售价，在乾隆年间足可购买二三亩良田，如此之高的价格竟然无法阻挡读者的阅读欲望，可见小说的惊人魅力。

第四，小说租赁。图书通过市场来获得，这就需要一定的经济支撑。袁枚就记述过这样的一件尴尬事：“昆山徐懒云（云路）秀才买书无钱，而书贾频至，乃自嘲云：‘生成书癖更成贫，贾客徒劳过我频。聊借读时佯问值，知非售处已回身。’”②对于爱书一族来说，经济条件不是能否购书的唯一条件。经济条件并不好的读书人仍充满了强烈的购书意愿，他们中的许多人为购置图书竭尽全力，如长洲王芑孙《买书》诗就写道：“王生爱书如爱玉，尽日摩挲看不足。王生买书如买山，倒囊不办青铜钱。宿逋未了益新债，拥絮披吟亦差快。朝来映雪哦残编，掉头不问厨无烟。”③宜兴储气虹《诔侄砺金君文》：“凡载籍有未经人道，未亲目睹者，一闻其目，辄欣焉往购，志在必得之以为快。道途虽远，不惮其劳，价值虽高，不惜其费，故层签叠架，其家之藏书颇富。”④对于经济条件不是很好的文人而言，租书阅读比较可行。乾隆三年（1738）规定：“其有开铺租赁者，照市卖例治罪。”⑤嘉庆皇帝也意识到：“此等小说，未必家有其书，多由坊肆租赁，应行实力禁止，嗣后不准开设小说坊肆，违者将开设坊肆之人，以违制论。”⑥道

① 〔清〕尤凤真：《瑶华传序》，见丁锡根编著《中国历代小说序跋集》，人民文学出版社1996年版，第1431页。

② 〔清〕袁枚著，顾学颉校点：《随园诗话补遗》卷八，见《随园诗话》，人民文学出版社1982年版，第770页。

③ 〔清〕王芑孙：《渊雅堂编年诗稿》卷一，见《清代诗文集汇编》第442册，上海古籍出版社2010年版，第36页。

④ 〔清〕储凤林修：《宜兴南臧储氏分支谱》卷四，清光绪十九年永绥堂木刻活字印本。

⑤ 〔清〕素尔讷纂修，霍有明、郭海文校注：《钦定学政全书校注》卷七《书坊禁例》，武汉大学出版社2009年版，第32页。

⑥ 王利器辑录：《元明清三代禁毁小说戏曲史料》，上海古籍出版社1981年版，第65页。

光二十四年(1844)禁文有云:“更有一种税书铺户,专备稗官野史,及一切无稽唱本,招人赁看,名目不一,大半淫秽异常,为害尤巨。”①

第五,小说出版。如古吴墨浪子《西湖佳话》就有康熙十二年序刊本、金陵王衙藏板;乾隆十年植桂楼藏板;乾隆十五年序刊、金阊绿荫堂刊本;乾隆十六年刊翰海楼藏板、金阊学耕堂刊本;乾隆十六年会敬堂藏板;乾隆十六年会敬堂藏板、文翰楼发兑本;乾隆五十一年序刊、大文堂藏本。《今古奇观》有文盛堂藏板、清初刊大字本;清初同文堂刊本;乾隆三十八年翰海楼刊本;乾隆四十九年重刊本;乾隆五十年宝翰楼刊本;乾隆五十年书业堂藏板;乾隆五十一年浙省会成堂重刊本;乾隆五十二年文盛堂藏板重刊本;嘉庆十七年崇文堂刊本;道光以前积秀堂刊本;道光二十六年刊本。《龙图公案》《玉娇梨》《平山冷燕》《五美缘》《封神演义》《绿野仙踪》《斩鬼传》《四望亭全传》《东周列国志》《双凤奇缘传》《反唐演义全传》《五虎平西前传》《新世弘勋》等小说的版本都很多。特别是《玉娇梨》《平山冷燕》的刊刻跨越了整个清代,仅现在可知的,前后共有四五十个书坊参与了两书的刊刻,由此可以推知,这些小说的市场非常之大。

第六,藏书家书目。过去一直有学者认为,清代藏书家的书目中没有“小说”这一板块,或者是开了天窗的,但实则不然,钱曾《也是园书目》开创性地在传统的经史子集的四部基础之上,设立了“戏曲小说”类,又细分为“古今杂剧”“曲谱”“曲韵”“说唱”“传奇”“宋人词话”“通俗小说”“伪书”八个小类,其中“宋人词话”收入《灯花婆婆》《种瓜张老》《紫罗盖头》《女报冤》《风吹轿儿》《错斩崔宁》《小山亭儿》《西湖三塔》《冯玉梅团圆》《简帖和尚》《李焕生五阵雨》《小金钱》《宣和遗事》《烟粉小说》《奇闻类记》《湖海奇闻》等话本小说16种。“通俗小说”录有《古今演义三国志》十二卷、《旧本罗贯中水浒传》二十卷、《黎园广记》二十卷等3种。祁理孙的《奕庆藏书楼书

① 王利器辑录:《元明清三代禁毁小说戏曲史料》,上海古籍出版社1981年版,第120页。

目》则将传统的“子部”分为十家,其第九家为“稗乘家”,包括“演义”,却没有著录任何通俗小说。

综上所述,清代小说的接受传播在清代前中期获得了长足的发展,小说的读者不仅包括社会中下层文人,也有大量的上层人物。虽然小说禁毁不断,但在更长时期内,诏令只是一纸空文,并没有得到认真的贯彻执行,从而为小说在清代前中期的接受提供了便利。

第四节　小说序跋与《水浒传》在清代的接受环境

目前可知的《水浒传》被禁毁的最早记载是在崇祯十五年(1642),清代继承了明代的这一文化政策,且一直延续到清末。明清两代的《水浒传》序跋出现了两种截然不同的声音,前者如李卓吾,后者如金圣叹。清代小说序跋对于《水浒传》的评价出现了一边倒的态势,虽然中间也夹杂了几句好评,但绝不足以改变清人对于《水浒传》的负面评论。

一、《水浒传》在清代传播的困境

明代“四大奇书”,除《三国演义》之外,《水浒传》《金瓶梅》《西游记》在清代都受到了程度不一的抵制,《水浒传》在清代的传播是与小说禁毁相终始的。但颇具讽刺意味的是,一方面是政府不断地禁毁和正统文人的口诛笔伐,另一方面是清代不同版本《水浒传》的广泛传播。《水浒传》在清代流传的版本至少有五种:七十回本、一百回本、一百一十五回本、一百二十回本和一百二十四回本。其中最著名的当是金圣叹评点的七十回本。

七十回本系统除了贯华堂本之外,还有顺治十四年醉耕堂本《评论出像水浒传》和雍正十二年句曲外史序本。金圣叹评点的《水浒传》在清代流传之广,正如昭梿所言:“自金圣叹好批小说,以为其文法毕具,逼肖龙门,故世之续编者,汗牛充栋,牛鬼蛇神,至士大夫家几上,无不陈《水浒传》《金瓶梅》以为把玩。余以小说初无一佳者,其他庸劣者无足论。

……世人于古今经史略不过目，而津津于淫邪庸鄙之书称赞不已，甚无谓也。”①

木陈忞《奏对别记上》：“上曰：‘苏州有个金若采，老和尚可知其人么？’师曰：‘闻有个金圣叹，未知是否。’上曰：‘正是其人。他曾批评得有《西厢》《水浒》，议论尽有遐思，未免太生穿凿，想是才高而见僻者。’师曰：‘与明朝李贽所谓‘卓吾子’者同一派头耳。’”②

因评点《水浒传》而使皇帝耳闻大名，并得到皇帝“才高”的评价，不可谓不是一种奇事。

《沉吟楼诗选·春感八首·诗序》也留下了类似的记载：“顺治庚子正月，邵子兰雪从都门归，口述皇上见某批《才子书》，谕词臣‘此是古文高手，莫以时文眼看他’等语，家兄长文具为某道。某感而泪下，因北向叩首敬赋。”③

金圣叹因评点《水浒传》为其赢得了极大的声誉，但同时也招致了太多的骂名。即使得到了顺治皇帝的赏识，也不能改变正统文人对他的恶评和咒骂。

“金圣叹《才子书》，当如毒蛇蚖蝎，以不见为幸！”“聪明人用心虚明，魔来附之，遂肆言无忌，至陷王难。今有人焉，金若采是也。”④

金人瑞批《水浒》《西厢》，灵心妙舌，开后人无限眼界，无限文心。故虽小说、院本，至今不废。惟议论多不醇正。董阆石先生深訾之。⑤

---

① 〔清〕昭梿撰，何英芳点校：《啸亭续录》卷二“小说”条，中华书局1980年版，第427页。

② 〔清〕金圣叹著，陆林辑校整理：《金圣叹全集·散文杂著卷下》，凤凰出版社2016年版，第71页。

③ 〔清〕金圣叹著，陆林辑校整理：《金圣叹全集·诗词曲卷下》，凤凰出版社2016年版，第1234页。

④ 〔清〕冯班：《钝吟杂录叙》《家戒》，见《金圣叹全集·散文杂著卷下》，凤凰出版社2016年版，第88页。

⑤ 〔清〕蒲松龄著，任笃行辑校：《全校会注集评聊斋志异》，齐鲁书社2000年版，第2483页。

金圣叹所批《水浒传》《西厢记》等书，眼明手快，读之解颐。微嫌有太亵越处，有无忌惮处。然不失为大聪明人，每言锦绣才子，殆自道也。后得奇祸，不知何以遂至于是，可胜惋惜！近有人向余述其平日言之狂诞、行之邪放，曰："此盆成括一流人也。"余为悚然。有才者不易得，才而不轨于正，业报固若是烈欤！①

初批《水浒传》行世，昆山归玄恭庄见之曰："此倡乱之书也。"继又批《西厢记》行世，玄恭见之又曰："此诲淫之书也。"顾一时学者，爱读圣叹书，几于家置一编。而圣叹亦自负其才，益肆言无忌，遂陷于难，时顺治十八年也。②

理论和解释不仅是使生命得以存续的工具，而且它们就是生命本身的展开与迸发。人不能单纯地生活在"解释的世界"中，但也总是靠着"解释"生活在世界上，无论这解释是可以证实的判断，抑或客观性乏绝的信念，甚至完全是超验性的信仰。归庄、冯镇峦、陆文衡等对金圣叹的攻讦，既是文化学术思想深刻抵牾下的必然产物，也是当时正统文人对金圣叹道德形象的妖魔化的必然结果。

除了金评本之外，清代流传的《水浒传》另有一百卷本，以康熙五年汪象旭重修的明万历年间刻、李卓吾评点的《忠义水浒传》一百卷本为代表。聚德堂刊行过《新刻出像京本忠义水浒传》，十卷，一百一十五回。坊刻《水浒全传》十二卷，一百二十四回，首有乾隆丙辰古杭陈枚简侯序。上述版本惜乎都流传不广。

清代还流行过中胜堂藏板的《荡平四大寇传》，截取《水浒传》一百一十五回本的第六十七至一百十五回，十卷四十九回，又名《征四寇传》《水浒后传》《续水浒传》，只是删去了一百一十五回本中描写风景或军容的诗词及韵文。

---

① 〔清〕陆文衡：《啬庵随笔·鉴戒》，见《金圣叹全集·散文杂著卷下》，凤凰出版社2016年版，第88页。

② 王利器辑录：《元明清三代禁毁小说史料》，上海古籍出版社1981年版，第209页。

《水浒传》不同的文本满足了众多读者不同的阅读需求，但其社会影响一直为正统文人所忧心。

寄名义于狗盗之雄，凿私智于穿窬之手；启闾巷党援之习，开山林啃聚之端。害人心，坏风俗，莫甚于此。而李卓吾谓宇宙有五大部文字，并此于《史记》、杜诗、苏文、《李献吉集》，悖矣。若以其穿插起伏、形容摹绘之工，则古来写生文字，供人玩味者何限，而必沾沾于此耶？①

如果说归庄、冯镇峦、陆文衡等的观点只是一己之印象，属于传统的感悟式的评论的话，那么龚炜的议论就丰富得多了。龚炜从小说的内容、社会影响到艺术成就等三方面进行了全方位的抨击。在龚炜看来，《水浒传》的内容和经典有参商之别，不过是"寄名义于狗盗之雄，凿私智于穿窬之手"罢了，只能"启闾巷党援之习，开山林啃聚之端。害人心，坏风俗"。艺术成就也不值得夸赞，"若以其穿插起伏、形容摹绘之工，则古来写生文字，供人玩味者何限，而必沾沾于此耶？"龚炜的讥评清楚地显示了《水浒传》在清代社会传播过程中遭遇到的巨大的舆论阻力。

文化名流制造的种种舆论非常不利于《水浒传》在清代的传播，可是钱曾的《也是园书目》开创性地在传统的经史子集的四部基础之上，设立了"戏曲小说"类，又细分为"古今杂剧""曲谱""曲韵""说唱""传奇""宋人词话""通俗小说""伪书"八个小类，其中"宋人词话"收入话本小说 16 种，"通俗小说"录有《古今演义三国志》12 卷、《旧本罗贯中水浒传》20 卷、《黎园广记》20 卷等 3 种。但钱曾的这一举动还是为时人齿冷："《续文献通考》，以《琵琶记》《水浒传》列之《经籍志》中，虽稗官小说，古人不废，然罗列不伦，何以垂后。近则钱遵王书目，亦有《水浒传》，明时《文华殿书目》，亦有《三国志通俗演义》。"②阮葵生认为出

① 〔清〕龚炜撰，钱炳寰点校：《巢林笔谈》，中华书局 1981 年版，第 27 页。

② 〔清〕阮葵生：《茶余客话》，见王利器辑录《元明清三代禁毁小说戏曲史料》，上海古籍出版社 1981 年版，第 208 页。

身名门的钱曾竟然把小说和经典的经史子集混为一谈，实有不伦不类之感。

虽然社会舆论造成了《水浒传》在清代传播的困境，但读者的喜爱打破了所有的坚冰。《水浒传》的流传情形被记录在了众多的笔记之中：刘廷玑《在园杂志》、章学诚《丙辰札记》、昭梿《啸亭杂录》《续录》、梁恭辰《劝戒四录》、瞿灏《通俗编》、平步青《霞外捃屑》、梁章钜《浪迹丛谈》《续谈》、俞樾《小浮梅闲话》、俞樾《茶香室丛钞》《续钞》《三钞》。刘廷玑在《在园杂志》中对金圣叹评点《水浒传》的行为还推许有加："金圣叹加以句读字断，分评总批，觉成异样花团锦簇文字。"①

二、清代小说序跋与《水浒传》的接受

清代流传的《水浒传》主要有金圣叹、桐庵老人王望如、句曲外史、古杭枚简侯等序本，其他涉及对《水浒传》评论的小说序跋有金圣叹《三国志演义序》、李渔《古本三国志序》、褚人获《封神演义序》、梅溪主人《清风闸序》、闲斋老人《儒林外史序》、陶家鹤《绿野仙踪序》、小琅嬛主人《五虎平南后传序》、尤夙真《瑶华传序》、燅燅子《林兰香叙》、忽来道人《荡寇志缘起》《荡寇志引言》、俞龙光《荡寇志识语》、观鉴我斋《儿女英雄传序》等。

明代小说序跋已开启了对于小说形式美的探讨，随着明清易代，或出于对清廷高压文化政策的被迫接受，或出于文化反思下的主动回归，清代小说序跋表现出一定程度的理学化色彩。决定文学走向的不是文学自身，而是太多的非文学因素。清廷禁毁令和清代社会思潮所造成的先入之见严重干扰了清代小说序跋者对《水浒传》的解读，导致清代小说序跋者对于《水浒传》传播所产生的社会影响更多地表现出道德至上的倾向。这种偏离文学的立场在打开《水浒传》阐释空间的同时，也模糊了小说的文学性。乾隆元年闲斋老人《儒林外史序》云：

---

① 〔清〕刘廷玑撰，张守谦点校：《在园杂志》，中华书局2005年版，第83页。

至《水浒》《金瓶梅》，诲盗诲淫，久干例禁，乃言者津津夸其章法之奇，用笔之妙，且谓其摹写人物事故，即家常日用米盐琐屑，皆各穷神尽相，画工化工合为一手，从来稗官无有出其右者。①

嘉庆十四年陈枚《水浒传序》云：

然吾愿天下正气男子，当效群雄下半截，而垂戒前途之难束缚，则此传允为古今一大奇书，可以不朽矣。②

道光末年忽来道人《结水浒全传引言》云：

缘施耐庵先生《水浒传》。并不以宋江为忠义。众位只须看他一路笔意，无一字不描写宋江的奸恶，其所以称他忠义者，正为口里忠义，心里强盗，愈形出大奸大恶也。圣叹先生批得明明白白："忠于何在？义于何在？"③

咸丰元年俞龙光《荡寇志识语》云：

耐庵之笔深而曲，不善读者辄误解，而复坏于罗贯中之续貂，诚恐盗言孔甘，乱是用彰矣。盖先君子遗意，虽以小说稗官为游戏，而于世道人心亦大有关系，故有是作。④

清廷的文化统治理念和社会思潮向程朱理学的回归形成了一种较强的风气，使《水浒传》在清代的传播受到了程度不一的抵制。清政府旷日持久的查禁小说运动，严重阻碍了通俗小说的收藏与著录。乾隆十九年(1755)三月，福建监察御史胡定上奏折云："阅坊刻《水浒传》，以凶猛为好汉，以悖逆为奇能，跳梁漏网，惩创蔑如。乃恶薄轻狂曾经正法之金圣叹，妄加赞美；梨园子弟，更演为戏剧，市井无赖见之，辄慕好汉之名，启效

① 〔清〕闲斋老人：《儒林外史序》，见丁锡根编著《中国历代小说序跋集》，人民文学出版社 1996 年版，第 1681 页。

② 〔清〕陈枚：《水浒传序》，见丁锡根编著《中国历代小说序跋集》，人民文学出版社 1996 年版，第 1501 页。

③ 〔清〕忽来道人：《结水浒全传引言》，见丁锡根编著《中国历代小说序跋集》，人民文学出版社 1996 年版，第 1516 页。

④ 〔清〕俞龙光：《荡寇志识语》，见丁锡根编著《中国历代小说序跋集》，人民文学出版社 1996 年版，第 1519 页。

尤之志，爰以聚党逞凶为美事，则《水浒》实为教诱犯法之书也。”①嘉庆十八年（1813）十月，御史蔡炯上奏疏严禁民间结会，销毁稗官小说，嘉庆皇帝立即批准实施，并谕旨云：“至稗官小说，编造本自无稽，因其词多俚鄙，市井粗解识字之徒，手挟一册，薰染既久，斗狠淫邪之习，皆出于此，实为风俗人心之害，坊肆刊刻售卖，本干例禁，并著实力稽查销毁，勿得视为具文。”②

和朝廷禁毁上下其手的是地方大员的禁毁，如康熙二十五年（1686），江宁巡抚汤斌曾下令：“为政莫先于正人心，正人心莫先于正学术。朝廷崇儒重道，文治修明，表章经术，罢黜邪说，斯道如日中天。独江苏坊贾，惟知射利，专结一种无品无学、希图苟得之徒，编纂小说传奇，宣淫诲诈，备极秽亵，污人耳目，绣像镂板，极巧穷工。游佚无行，与少年志趣未定之人，血气摇荡，淫邪之念日生，奸伪之习滋甚。风俗凌替，莫能救正，深可痛恨，合行严禁。仰书坊人等知悉：除《十三经》《二十一史》及《性理》《通鉴纲目》等书外，如宋元明以来大儒注解经学之书，及理学、经济、文集、语录，未经刊板，或板籍毁失者，照依原式，另行翻刻，不得听信狂妄后生，轻易增删，致失古人著述意旨。今当修明正学之时，此等书出，远近购之者众，其行广而且久，尔等计利亦当出此。若曰古书深奥，难以通俗，或请老成醇谨之士，选取古今忠孝廉节、敦仁尚让、实事善恶、感应凛凛可畏者，编为醒世训俗之书，既可化导愚蒙，亦足检点身心，在所不禁。若仍前编刻淫词小说戏曲，坏乱人心，伤败风俗者，许人据实出首，将书板立行焚毁。其编次者、刊刻者、发卖者，一并重责，枷号通衢，仍追原工价，勒限另刻古书一部，完日发落。”③

---

① 王利器辑录：《元明清三代禁毁小说戏曲史料》，上海古籍出版社 1981 年版，第 44 页。

② 王利器辑录：《元明清三代禁毁小说戏曲史料》，上海古籍出版社 1981 年版，第 64 页。

③ 〔清〕汤斌：《禁邪说示》，见贺长龄编《皇朝经世文编》卷六八《礼政十五》，道光本，第 61 页。

和清廷、地方政府小说禁毁令相对应的还有当时的社会思潮。不管是以实学相号召的颜李学派、倾向于阳明心学的蕺山学派，还是主张回归原始儒学的顾炎武，其最终都指向不可撼动的“天理”或“道”，这种共同的选择在很大程度上影响了一代人的审美心理。

三、小说序跋与清代《水浒传》接受的理学化倾向

清代小说序跋者在评论《水浒传》时表现出强烈的理学化色彩。当然，“一件艺术品的全部意义，是不能仅仅以其作者和作者的同时代人的看法来界定的，它是一个累积过程的结果，也即历代的无数读者对此作品批评过程的结果。”①但作为一种文化现象，不能不引起我们的注意。

程朱理学影响了有清一代的社会主流思潮，“理学的酝酿、成熟与衰变，作为一种文化现象，必然要影响到世人的文化心理，不管是否真正介入理学之具体课题的思考，理学研习和论辩的文化氛围和有关的思维方式、价值观念，都不能不潜移默化或明确诱导着人们的思想意识和情感心理”②。同时，清初至中叶，因时局变化，经世致用思潮复归并日趋兴盛，诸如“文之不可绝于天地间者，曰明道也，纪政事也，察民隐也，乐道人之善也。若此者有益于天下，有益于将来，多一篇，多一篇之益矣。若夫怪力乱神之事，无稽之言，剿袭之说，谀佞之文，若此者有损于己，无益于人，多一篇，多一篇之损矣”，“凡文之不关六经之旨，当世之务者，一切不为”③，这些观点更是盛行于士大夫及社会之中。

在评点《水浒传》思想性时，清代小说序跋多继承金圣叹评论《水浒序》的观点，从反忠义的角度，对以宋江为首的梁山泊英雄多有所批评。

---

① ［美］勒内·韦勒克、奥斯汀·沃伦著，刘象愚等译：《文学理论》，生活·读书·新知三联书店1984年版，第35页。

② 韩经太：《理学文化与文学思潮》，中华书局1997年版，第1页。

③ 〔清〕顾炎武：《文须有益于天下》，见《顾炎武全集·日知录》，上海古籍出版社2011年版，第739页。

如陈枚（署名古杭枚简侯）《水浒传序》：“然吾愿天下正气男子，当效群雄下半截，而垂戒前途之难束缚，则此传允为古今一大奇书，可以不朽矣。”①王望如（号桐庵老人）《五才子水浒序》：“近见《续文献通考·经籍志》中，亦列《水浒》，且以忠义命之，又不可使闻于邻国。试问：此百八人者，始而夺货，继而杀人，为王法所必诛，为天理所不贷，所谓忠义者如是，天下之人不尽为盗不止，岂作者之意哉？”②

金圣叹将《水浒传》依附于《史记》，不仅包含有提升小说社会地位的动机，而且实质上是对其附丽于官方话语立场的一种声明：“《水浒传》方法，都从《史记》出来，却有许多胜似《史记》处。若《史记》妙处，《水浒》已是件件有。”③在将《水浒传》和《史记》相提并论时，更强调艺术构思上的相类似之处。在谈到人物塑造时说：“《水浒传》一个人出来，分明便是一篇列传，至于中间事迹，又逐段逐段自成文字。亦有两三卷成一篇者，亦有五六句成一篇者。”④对于明清文人的这种文化心理，钱锺书先生一语道破：“明、清评点章回小说者，动以盲左、腐迁笔法相许，学士哂之。哂之诚是也，因其欲增稗史声价而攀援正史也。然其颇悟正史稗史之意匠经营，同贯共规，泯町畦而通驿，则亦何可厚非哉。”⑤

清代小说序跋者将《水浒传》比附《史记》，其实质是对虚构写法的认可和接受。明清时期由最初的对虚构性的遮遮掩掩，到清代的大幕揭开，虚构的写作技法已为大众所普遍接受，序跋者也将其作为亮点在序跋中加以凸显。对“史”的求实精神的背叛代表了当时一部分文人的群体心

---

① 〔清〕陈枚：《水浒传序》，见丁锡根编著《中国历代小说序跋集》，人民文学出版社 1996 年版，第 1501 页。

② 〔清〕桐庵老人：《五才子水浒序》，见丁锡根编著《中国历代小说序跋集》，人民文学出版社 1996 年版，第 1498～1499 页。

③ 〔清〕金圣叹：《读第五才子书法》，见丁锡根编著《中国历代小说序跋集》，人民文学出版社 1996 年版，第 1488 页。

④ 〔清〕金圣叹：《读第五才子书法》，见丁锡根编著《中国历代小说序跋集》，人民文学出版社 1996 年版，第 1489 页。

⑤ 钱锺书：《管锥编》（一），生活·读书·新知三联书店 2000 年版，第 317 页。

理。历史小说借助虚幻，彻底摆脱了对于历史事实的依赖和束缚，事实上也更方便于文以载道。

金圣叹还从体会文章精严和行文法则的角度来欣赏《水浒传》的写作技巧，并且非常罕见地提出《水浒传》是一切读书之法的总根源，这一点与当时正统的观点全然相左。在《贯华堂第五才子书水浒传序三》中，金圣叹说："嗟乎！人生十岁，耳目渐吐，如日在东，光明发挥。如此书，吾即欲禁汝不见，亦岂可得？今知不可相禁，而反出其旧所批释，脱然授之于手也。夫固以为《水浒》之文精严，读之即得读一切书之法也。汝真能善得此法，而明年经业既毕，便以之遍读天下之书，其易果如破竹也者，夫而后叹施耐庵《水浒传》真为文章之总持。不然，而犹如常儿之泛览者而已。"①

四、《水浒传》序跋的褒贬对立

鲁迅先生在评论《儒林外史》的时候，曾经慨叹"伟大也要人懂"，将此挪移到对《水浒传》的接受问题上也非常恰当。清代小说序跋者出于各自不同的文化立场，在评价《水浒传》的时候，表现出鲜明的褒贬对立，具体体现在对《水浒传》创作动因的探讨方面。

创作动机源于心理驱力和张力。驱力是内指向的心理需要，张力是外指向的，源于外部刺激的激发。小说序跋剖析了作者施耐庵的情绪态度、思想认识和文化结构，进而对小说的生存与否产生巨大的影响力。

清代的小说序跋关于《水浒传》创作动因的揭示，形成了三派截然对立的观点。三派观点的交锋，其焦点在于对《水浒传》创作动机分析上的差异而带来的对阅读效果的不同展望。

第一派对梁山好汉持肯定观点，以陈忱《水浒后传论略》为代表，认

---

① 〔清〕金圣叹：《〈水浒传〉序三》，见《贯华堂第五才子书水浒传》，江苏古籍出版社 1985 年版，第 11 页。

为施耐庵愤恨于社会的黑暗动荡和人心的贪婪狡诈而有意为之："《水浒》，愤书也……愤大臣之覆餗，而许宋江之忠；愤群工之阴狡，而许宋江之义；愤世风之贪，而许宋江之疏财；愤人情之悍，而许宋江之谦和；愤强邻之启疆，而许宋江之征辽；愤潢池之弄兵，而许宋江之灭方腊也。"①明代大涤余人《刻忠义水浒传缘起》曾说：

> 施、罗惟以人情为辞，而书始传，其言忠义也。所杀奸贪淫秽，皆不忠不义者也。道揆法守，讵不相因哉？故能大法小廉，不拂民性，使好勇疾贫之辈，无以为口实，则盗弭矣。且即以此写愚夫愚妇之情者，写圣贤之情，则文体亦得矣。正辞禁非，或有权巧。盖正史不能摄下流，而稗说可以醒通国。化血气为德性，转鄙俚为菁华，其于人文之治，未必无小补云。②

作为明末遗民的陈忱，其观点显然延续了明人的见解。

第二派持折中观点，以王望如为代表。在顺治十四年醉耕堂刊本《评论出像水浒传总论》中，王望如提出以下两个方面的观点："施耐庵著《水浒》，申明一百八人之罪状，所以责备徽宗、蔡京之暴政也。然严于论君相而宽以待盗贼，令读之者日生放辟邪侈之乐，且归罪朝廷以为口实，人又何所惮而不为盗？余故深亮其著书之苦心，而又不能不深憾其读书之流弊。"③和激进派相同的一点在于，二者都认为小说创作的外在刺激物是政治的黑暗，但王望如同时又认为，小说有憎恨君相而宽待盗贼的叙事倾向，由于创作动机偏狭，过于重视对上层社会的"恶"的揭示，试图由此而掀起政治改良的浪潮。但由于小说对社会下层之"恶"过于宽容或认识力度不够，造成小说的局面不够阔大，同时也容易使一般读者产生阅

---

① 〔清〕陈忱：《水浒后传论略》，见黄霖、韩同文选注《中国历代小说论著选》，江西人民出版社2000年版，第312页。

② 〔明〕大涤余人：《刻忠义水浒传缘起》，见丁锡根编著《中国历代小说序跋集》，人民文学出版社1996年版，第1472页。

③ 王望如：《评论出像水浒传总论》，见丁锡根编著《中国历代小说序跋集》，人民文学出版社1996年版，第1496页。

读过程中理解上的偏差。

第三派以蔡元放为代表，对《水浒传》绿林好汉的行为予以尖锐的批评，认为其暴力倾向容易引起读者的效尤之心。《评刻水浒后传叙》："故以太史公之才，为史家之祖，而为游侠、货殖立传，后之人犹且訾之，独奈何而取绿林暴客御人夺货之行而传之耶！如《水浒》前传之述宋江等一百八人之事，已不可，则今兹之《水浒后传》，犹奈何又取其残剩诸人而铺张扬厉之，不亦效尤而罪又甚焉者乎？而抑知其殊不然也。善读书者，必有以深窥乎作者之用心，而后不负乎其立言之本趣。"①

王望如和蔡元放对《水浒传》涉暴的情节表示了担忧甚至谴责，提醒读者注意。浦安迪先生曾经就《水浒传》的寓意结合李逵人物形象做出评论："李逵即'反'的象征。这种造反冲动，既针对大宋王朝，也针对梁山泊内部的等级统治……最后，他的呐喊，已经具有打破一切秩序羁绊的意义。"②王望如和蔡元放从统治稳定的需要出发，表达了自己的担忧，但从传播学的角度看，《水浒传》序跋者作为小说的传播者，可以通过评论引起接受者的阅读兴趣。著名传播学家威尔伯·施拉姆、威廉·波特指出："像糕饼必须要烤制和拿出来卖一样，信息也必须加工，并且以符号的形式发出来。像买主必须决定买不买一样，接受者也必须权衡一下想不想买和想不想吃。"③受到元代暴力文化强烈影响的《水浒传》，其所表现出的血腥气息已经引起了清代社会的高度关注，因此，对于清代水浒序跋者和评论家而言，如何重新审视这部小说，将其纳入传统文化的序列，进而为整个社会所接收，就成了必须要解决的一个重要任务，否则，将会严重影响到其传播。

"诲盗说"是清代解读《水浒传》的主要倾向，"忠义说"则延续明代

---

① 〔清〕蔡奡：《评刻水浒后传叙》，见丁锡根编著《中国历代小说序跋集》，人民文学出版社 1996 年版，第 1511～1512 页。

② 〔美〕浦安迪：《中国叙事学》，北京大学出版社 1996 年版，第 146 页。

③ 〔美〕威尔伯·施拉姆、威廉·波特著，陈亮等译：《传播学概论》，新华出版社 1984 年版，第 61 页。

评论者的观点时有出现，古杭枚简侯嘉庆十四年《水浒传序》曰：

> 然吾愿天下正气男子，当效群雄下半截，而垂戒前途之难束缚，则此传允为古今一大奇书，可以不朽矣。①

清代小说序跋者或认同明人关于《水浒传》的文学见解，或追随清统治者的要求，在这种不断阐释中《水浒传》得以流传，并不断接受读者的评判，从而建构了清代《水浒传》接受史。

---

① 〔清〕陈枚：《水浒传序》，见丁锡根编著《中国历代小说序跋集》，人民文学出版社1996年版，第1501页。

第七章　清代小说序跋与小说传播

缘于巨大商业利润的考虑，清人在小说传播方面可谓是不遗余力，从众多单篇文言小说的结集出版，到二十回左右的中篇小说的刊刻，都能够做到在较短时间内完成文本的刊刻，并以序跋的形式向读者加以推荐。而对于动辄长达百回左右的长篇小说，被及时刊刻的可能性则较小，需要较长时间的市场准备。这些小说最初多以手抄本的形式流传，当时机成熟时，出于对广阔市场前景的预期，书坊主才会投入大量资金刊刻问世。在传播的手抄阶段，也有序跋对其进行评价，如蒲松龄的《聊斋志异》，这些评价大都对小说做了肯定，为小说的传播提供了便利。清代被读者广泛接受的小说，做到"几于家置一集"的不仅有《红楼梦》，还有《三国演义》《水浒传》，"顾一时学者，爱读圣叹书，几于家置一编"①。道光四年段䵴《聊斋志异序》："留仙《志异》一书，脍炙人口久矣。余自髫龄迄今，身之所经，无论名会之区，即僻陬十室，靡不家置一册。"②在小说序跋的宣传与鼓动之下，小说的传播在清代取得了长足的发展。

---

① 〔清〕梁章钜：《归田琐记》卷七，见《笔记小说大观》第十九册，广陵古籍刻印社1983年版，第40页。

② 〔清〕段䵴：《聊斋志异序》，见丁锡根编著《中国历代小说序跋集》，人民文学出版社1996年版，第148页。

第一节 小说序跋与通俗小说的传播

许多清代通俗小说涉及两性话题，虽然清廷对于小说的淫亵和暴力倾向极力遏制，但由于清廷把更多的精力放在政治上，同时因为这些小说赢得了广大读者的喜爱，所以即使清廷有一些禁毁举动，收效也不是很大。序跋在小说的传播过程中起到了积极作用，许多序跋从积极的角度评论小说，对其社会影响给予正面的评价，如尤夙真《瑶华传序》："于每回之后，妄加评语，其灰蛇伏线处犹恐难明者，特为拈出之，盖由得其情而爱其文也。若《红楼梦》，但嫌其繁，不觉其有情，致其生出枝节，未见其一一收罗。"①

序跋者评论对小说的传播产生了双面的影响：短期内通过序跋的推介，完成了作者和读者之间的双向互动，进而激励作者按照市场的规律和读者的需求进行创作；同时引领读者通过正确的阅读，提升审美品位。序跋者或为作者本人，或为作者的师友故旧，能够比较准确地将作者的创作意图和创作过程向读者做一明晰的揭示；序跋者同时又是读者，清楚自己的阅读需求。作为作者和读者之间的中介，序跋者借助序跋扩大了小说的传播。

一、清代通俗小说的繁荣

通俗小说这个概念早在明朝末年就已经被提出，小说作家冯梦龙在《古今小说·序》中第一次正式使用"通俗小说"这一词，随后便一直沿用至今。中国古代通俗小说沿着"传说—口传历史—市人小说—说话—话本小说—通俗小说"一脉逐步发展而趋于完善。通俗小说反映和表现的主要是世俗民众的奇趣、俗趣，适应的是大众的兴趣爱好、阅读能力和接受心理，满足的是社会上最广泛的读者群的娱乐需求。

---

① 〔清〕尤夙真：《瑶华传序》，见丁锡根编著《中国历代小说序跋集》，人民文学出版社 1996 年版，第 1432 ~ 1433 页。

清代通俗小说作品众多，江苏省社会科学院明清小说研究中心、江苏省社会科学院文学研究所编的《中国通俗小说总目提要》收录一千多部作品，其中清代白话通俗小说的数量在四百种左右。与明代相比，清代通俗小说作者和序跋者不署姓名者更为普遍。其中原因颇为复杂，假托名人如钟惺、冯梦龙等，是书坊主借名人自重，以拓展小说的销路；一些艳情小说，因语涉淫秽，不便署名；许多小说作家出身下层，科举蹭蹬，未免在作品中抒发牢骚或指斥时弊，因担心触犯时忌，而不敢署名；一些时事小说，因为所写内容涉及时人，出于某种考虑，不愿署名，如《魏忠贤小说斥奸书凡例》云："是书得自金陵游客，其字号曰'草莽臣'，不愿以姓名见知。"通俗小说虽不见收于《四库全书总目》，但其所取得的成就十分巨大。

从题材类型看，通俗小说在明代历史演义小说、英雄传奇小说、神魔小说、世情小说等小说类型基础上，又创作出了才子佳人小说、才学小说、讽刺小说、侠义小说等新类型，各种题材的出现丰富和发展了清代的通俗小说。

清代通俗小说可分为四个阶段。第一个阶段为顺治、康熙时期。作为对前代同一题材小说总结性的改编和再创造，长篇历史演义小说大量涌现，成就突出的有《说岳全传》《水浒后传》《隋唐演义》等。这些作品在前代小说的基础上都有了进一步的发展，例如《说岳全传》"继承了英雄传奇的传统，既有浓厚的民族情绪，又有相当的社会批判力度，对英雄人物的崇拜心理也表露得极为充分"①。这一时期的才子佳人小说也是佳作频出，其中《好逑传》《玉娇梨》《平山冷燕》等作品的成就最为突出。《好逑传》描写了铁中玉和水冰心的恋爱婚姻故事，水冰心迥异于以前才子佳人小说中的女性，不仅美丽聪慧，处事的智慧连铁中玉都望尘莫及，更重要的是其身上表现出的民主意识和平等观念。这一时期算是清代通俗小说的繁荣期。

第二个阶段是乾隆年间，这是清代通俗小说的巅峰期。清代通俗小

① 陈美林、冯保善、李忠明：《章回小说史》，浙江古籍出版社 1998 年版，第 133 页。

说的巅峰力作都在这一时期出现，吴敬梓的《儒林外史》与曹雪芹的《红楼梦》可为代表。《儒林外史》在清朝通俗小说中有着举足轻重的地位，鲁迅先生在《中国小说的历史的变迁》中就提到“在清朝，讽刺小说反少有，有名而几乎是唯一的作品，就是《儒林外史》”[①]。闲斋老人的《儒林外史序》中对其也是称赞有加：“有《水浒》《金瓶梅》之笔之才；而非若《水浒》《金瓶梅》之致为风俗人心之害也！则与其读《水浒》《金瓶梅》，无宁读《儒林外史》。”[②]闲斋老人将《儒林外史》与“明代四大奇书”的《水浒》《金瓶梅》相对立，推许其创作才华，更赞其力避二书的弊端，通体干净的小说同样达到了很高的文学成就。和《儒林外史》相比，《红楼梦》的成就更高，对当时及后世的影响也更大，是清代小说的最高峰，它代表着这个时期小说的主流。清代通俗小说到这一时期开启了题材的转型，在真实反映社会现实的同时，开始思考时代文化的合理性。通俗小说在力推传统文化合理内核的同时，也注意暴露传统道德规范自身的荒诞。如贾宝玉挨打，传统道德要求做儿子的要“小棰则待，大棰则走，以逃暴怒也”[③]。孔子当年批评曾子说：“今子委身以待暴怒，立体而不去，杀身以陷父不义，不孝孰是大乎？”[④]而贾宝玉的问题是事先并不知道他将面对的是“大棰”还是“小棰”，因此，贾宝玉怎么办？等到知道贾政处在盛怒之中，自己的结局很不妙的时候，想跑又没有机会了，而等死就是陷父亲贾政于不义。这就是贾宝玉的悲哀，贾宝玉的愚忠差点换来了最大的不孝。类似的文化思考同样见于《儒林外史》，浸淫于儒家文化的士子却是不忠不孝、不仁不义，而忠孝节烈只在民间，在社会底层。

---

① 鲁迅：《中国小说的历史的变迁》，见《鲁迅全集》第九卷，人民文学出版社 2005 年版，第 344 页。

② 〔清〕闲斋老人：《儒林外史序》，见丁锡根编著《中国历代小说序跋集》，人民文学出版社 1996 年版，第 1681 页。

③ 〔汉〕刘向著，向宗鲁校证：《说苑校证》卷三《建本》，中华书局 1987 年版，第 61 页。

④ 〔汉〕刘向著，向宗鲁校证：《说苑校证》卷三《建本》，中华书局 1987 年版，第 61 页。

第三个阶段,嘉庆到同治时期,此时通俗小说进入了创作的衰微时期。这一时期作品虽也多,精品却少。小说内容往往脱离现实,一味地宣扬名教和因果报应,缺乏撼动人心的内核和创新能力,致使整个小说创作呈现萎靡、沉闷的景象。如对《红楼梦》的续写肇始于乾隆末年,到嘉庆、道光年间达到高潮,大量涌现的续貂之作,作为对《红楼梦》的反动,在艺术上显现出全面的倒退,大团圆的结局凸显庸俗化,更有甚者,嘉庆四年刊印的《绮楼重梦》处处模仿《金瓶梅》,贾宝玉成了小淫虫,风流旖旎的爱情场景被偷香窃玉所取代。然而这一时期也有《绿牡丹》《双凤奇缘》《镜花缘》等不多见的极有新意之作。

第四个阶段,光绪、宣统时期。这是中国古代小说史的收官期。然而由于谴责小说的出现,通俗小说在清代迎来了最后的繁荣。随着西方文化观念的引进,文学创作观念也因之发生了改变。这一时期的谴责小说在思想内容、艺术手法以及精神气质上都有了显著变化。小说已不再局限于对官场、科举等的讽刺,描写对象已深入到社会的方方面面。如关于妇女解放问题的《黄绣球》,描写华工受到奴役的《苦社会》,反抗外来侵略的《邻女语》《罂粟花》也出现在了中国通俗小说之中。《官场现形记》《二十年目睹之怪现状》《老残游记》《孽海花》等是这一时期谴责小说的代表之作,它们能够深刻地反映当时社会的情状,加之出色的文学写作技法而流传于后世。当时报纸、杂志的出版,以及印刷技术的进步,都对小说的创作和发表起到了促进作用,使谴责小说为通俗小说再迎来一个小高潮。

二、通俗小说传播与小说序跋

从某种意义上说,小说只有被读者所接受,传播过程才得以最终完成。清代通俗小说序跋中保存了许多传播史料,借助这些史料,我们可对清代通俗小说传播的诸多情形,如传播方式、传播效果等有更好了解。

(一)小说序跋所提及的通俗小说

小说序跋真实地记录了通俗小说的流传情形,如乾隆十九年禁毁的

《水浒传》出现在了乾隆二十九年陶家鹤的《绿野仙踪序》中；康熙五十三年禁毁的淫词小说《玉楼春》，一年后刘廷玑依然对其有所批评，看来清代通俗小说是禁而不毁。冯梦龙的"三言"在清代虽然被禁，但雍正四年芾斋主人仍然撰写了《二刻醒世恒言叙》，可见抱翁老人在明末编选的《今古奇观》，并未完全取代"三言""二拍"在清代的传播。《玉娇梨》《平山冷燕》自从康熙年间出现于三江钓叟的《铁花仙史序》之后，在小说序跋中更是屡屡现身，直到光绪年间，可见其影响力之大。

表6　清代小说序跋所提及通俗小说名目

年代	作者	序跋名	所载通俗小说书目	主要观点
顺治元年	金人瑞	三国志演义序	《水浒》	余尝集才子书者六，其目曰《庄》也，《骚》也，马之《史记》也，杜之律诗也，《水浒》也，《西厢》也
康熙二十八年	李渔	古本三国志序	《水浒》《西游》《金瓶梅》	据实指陈，非属臆造，堪与经史相表里。由是观之，奇又莫奇于《三国》矣
康熙三十四年	褚人获	封神演义序	《水浒》《西游》《平妖》《逸史》	此书直与《水浒》《西游》《平妖》《逸史》一般诡异，但觉新奇可喜，怪变不穷，以之消长夏、祛睡魔而已。又何必究其事之有无哉？又何必论其文之优劣哉？
康熙五十八年	褚人获	隋唐演义序	《隋唐志传》《逸史》《遗文》《艳史》	《隋唐志传》创自罗氏，纂辑于林氏，可谓善矣。然始于隋唐剪彩，则前多阙略，厥后铺缀唐季一二事，又零星不联属，观者犹有议焉。昔箨庵袁先生，曾示予所藏《逸史》，载隋炀帝朱贵儿、唐明皇杨玉环再世因缘事，殊新异可喜……合之《遗文》《艳史》，而始广其事

（续表）

年代	作者	序跋名	所载通俗小说书目	主要观点
康熙五十九年	黄越	第九才子书平鬼传序	《西游记》《金瓶梅》《水浒传》	无者造之而使有，有者化之而使无。不惟不必有其事，亦竟不必有其人。……令阅者惊风云之变态而已耳
康熙年间	兼修堂	斩鬼传跋	《草木春秋》	老夫爱其才华，细加笔削，更觉快心夺目。不取与烟霞散人共口孽之愆。然而复敢大言曰：此书居《草木春秋》之上
康熙年间	三江钓叟	铁花仙史序	《平山冷燕》《玉娇梨》	《平山冷燕》则皆才子佳人之姓为颜，而《玉娇梨》者又至各摘其人名之一字以传之，草率若此，非真有心唐突才子佳人，实图便于随意扭捏成书而无所难耳。此书则有特异焉者
康熙年间	天花藏主人	两交婚小传序	《平山冷燕》	故于《平山冷燕》四才子之处，复拈甘、辛《两交婚》为四才子之续。……若二书儒雅风流，后先占胜，诗词情性，分别出奇，实有谓之佳，谓之美，逗才色于大冶之外，而前不容湮，后不可没，又安得不顾盼而啧啧称其为相续也哉？
雍正四年	芾斋主人	二刻醒世恒言叙	《喻世明言》《警世通言》《醒世恒言》	墨憨斋所纂《喻世》《警世》《醒世》三言，备拟人情世态，悲欢离合，穷工极变。不惟见闻者相与惊愕，且使善知劝，而不善亦知惩，油油然共成风化之美
乾隆元年	闲斋老人	儒林外史序	《金瓶梅》《三国志》《西游记》《水浒传》	世称四大奇书，人人乐得而观之，余窃有疑焉。……读者有所观感戒惧，而风俗人心，庶以维持不坏也。……《三国》不尽合正史……至《水浒》《金瓶梅》，诲盗诲淫，久干例禁

（续表）

年代	作者	序跋名	所载通俗小说书目	主要观点
乾隆十四年	静恬主人	金石缘序	《情梦柝》《玉楼春》《玉娇梨》《平山冷燕》	情词赠答，淫亵不堪。如《情梦柝》《玉楼春》《玉娇梨》《平山冷燕》诸小说，脍炙人口，由来已久，谁知其中破绽甚多，难以枚举
乾隆二十九年	陶家鹤	绿野仙踪序	《水浒》《金瓶梅》	愿善读说部者，宜疾取《水浒》《金瓶梅》《绿野仙踪》三书读之，彼皆谎到家之文字也；谓之为大山，大水，大奇观书，不亦宜乎？
乾隆四十二年	绿园老人	歧路灯序	《三国志》《水浒》《西游》《金瓶梅》	坊佣袭"四大奇书"之名，而以《三国志》《水浒》《西游》《金瓶梅》冒之。呜呼，果奇也乎哉！……不通《左》《史》，何能读此（《金瓶梅》）；既通《左》《史》，何必读此？
乾隆四十七年	松林居士	二度梅奇说序	《好逑传》《玉娇梨》《平山冷燕》	小说所最著者《好逑传》《玉娇梨》《平山冷燕》之类，然或仅尚其侠，或慕其才，岂若此说之给事精忠，公子纯孝，昭君节烈，书童真义也哉！君子观之，可以助其上达；小人观之，可以止其下流，庶近忠孝
乾隆四十七年	水箬散人	驻春园小史序	《玉娇梨》《情梦柝》《祁禹传》	间有类《玉娇梨》《情梦柝》，似不越寻常蹊径，而笔墨潇洒，皆从唐宋小说《会真》《娇红》诸记而来，与近世稗官迥别
乾隆五十八年	许宝善	北史演义叙	《三国演义》《两晋》《隋唐》《残唐五代》《南北宋》	独《三国演义》，虽农工商贾妇人女子无不争相传诵。……《三国演义》……演史而不诡于史，斯真善演史者耳。《两晋》《隋唐》皆不能及，至《残唐五代》《南北宋》，文义猥杂，更不足观

（续表）

年代	作者	序跋名	所载通俗小说书目	主要观点
乾隆六十年	杨澹游	鬼谷四友志序	《东周列国传》《孙庞斗智》	盖《列国》之繁，坊刻之鄙，于是摘取斯编，卷列为之。揣其近理，缪加评点，也有同余志而省蒲子之言，读百家小传，完实其原，以举经传缺略，有裨于正道者
乾隆六十年	许宝善	南史演义序	《北史演义》	《北史演义》问世……远近争先睹之为快矣
嘉庆十一年	晴川居士	白圭志序	《列国》《三国》《西游》《金瓶梅》	造说者，藉事辑书尚以为难，若平空举事，尤其难矣。如周末之《列国》，汉末之《三国》，此传奇之最者，必有其事而后有其文矣。若夫《西游》《金瓶梅》之类，此皆无影而生端，虚妄而成文，则无其事而亦有其文矣。但其事无益于世道，余常怪之
嘉庆十四年	尤夙真	瑶华传序	《红楼梦》	每到一处，哄传有《红楼梦》一书，云有一百余回。……凡著书立说，须要透得出一个理字，既无理字透出，其情何由而生？
嘉庆二十四年	梅溪主人	清风闸序	《封神传》《水浒传》《金瓶梅》《红楼梦》	凭虚结撰，隐其人，伏其事……振糜俗，挽颓风
嘉庆年间	兰皋居士	绮楼重梦楔子	《红楼梦》《金瓶梅》	其事则琐屑家常，其文则俚俗小说，其义则空诸一切
道光元年	龚晋	载阳堂意外缘序	《金瓶梅》	其事虽近淫淫，而章法、笔法、句法、字法，无一不足启发后人。……淫者见之谓之淫，文者见之谓之文

（续表）

年代	作者	序跋名	所载通俗小说书目	主要观点
道光十八年	蘇蔆子	林兰香叙	《三国志》《水浒传》《西游记》《金瓶梅》	集四家之奇以自成为一家之奇者也。……人皆以奇为奇，而我以不奇为奇也

以上清代通俗小说序跋共涉及28部通俗小说，其中被提及次数最多的是《金瓶梅》，其次是《水浒传》《三国演义》。如果说《三国演义》是因为得到清廷的欣赏而在清代得以广泛传播的话，那么，屡被禁毁的《水浒传》在清代小说传播领域似乎并不逊色于《三国演义》，小说序跋中提到《水浒传》的有9处，包括顺治元年金圣叹的《三国志演义序》、康熙二十八年李渔的《古本三国志序》、康熙三十四年褚人获的《封神演义序》、康熙五十九年黄越的《第九才子书平鬼传序》、乾隆元年闲斋老人的《儒林外史序》、乾隆二十九年陶家鹤的《绿野仙踪序》、乾隆四十二年绿园老人的《歧路灯序》、嘉庆二十四年梅溪主人的《清风闸序》和道光十八年蘇蔆子《林兰香叙》，略多于提及《三国演义》的序跋5处。

"六才子书"的概念首先出现在顺治元年金圣叹的《三国志演义序》中，和后来的"十才子书"完全不同。"六才子书"包括《离骚》《庄子》《史记》、杜诗、《水浒传》《西厢记》。另从康熙二十八年李渔《古本三国志序》可知，明代嘉靖、万历年间的王世贞即有《史记》《南华》《水浒》《西厢》"四大奇书"之说，金圣叹似乎承继了王世贞的说法而稍加增补。冯梦龙亦有"四大奇书"一说，但相较王世贞和金圣叹，体例划一，包括《三国》《水浒》《西游》《金瓶梅》。在"才子书""奇书"系列中，只有《水浒传》全部入列，被清廷推崇的《三国演义》却只能瞠乎其后了。

在上述的关于《水浒传》的评价中，提到最多的就是小说的虚构。序跋者作为典型的读者，最看重的就是"无者造之而使有，有者化之而使无。不惟不必有其事，亦竟不必有其人"[1]，"彼皆谎到家之文字"[2]。但到了乾隆四十二年的绿园老人《歧路灯序》，对《水浒传》评价的态度开始转向："坊佣袭'四大奇书'之名，而以《三国志》《水浒》《西游》《金瓶梅》冒之。呜呼，果奇也乎哉！"[3]将批评的矛头指向了书坊主，认为追逐利润的书坊主是盗用四大奇书名义的始作俑者。"四大奇书"之奇，清人多有正面思辨，绿园老人却认为其根本无"奇"。在绿园老人眼中，小说之"奇"在于依傍正史，在于用写作正史的精神去创作小说，并要用读史的眼光来审视字面背后的天地仁爱之心。李绿园撰写《歧路灯》的良苦用心就是要为世人立万世楷模，书中谭孝移的临终遗言"用心读书，亲近正人"堪称教育子女的航向明灯。"不通《左》《史》，何能读此；既通《左》《史》，何必读此？"[4]在绿园老人看来，读"四大奇书"重在读懂小说情节背后所饱含的恻隐之心、羞恶之心、恭敬之心、是非之心，只有洞晓史书的微言大义，才是小说的合格读者。但如果读熟了《左》《史》，看透了历史、社会、人生，又何必读小说，而去污染自己的眼球呢？到了嘉庆八年卧闲草堂刊本闲斋老人《儒林外史序》："世称四大奇书，人人乐得而观之，余窃有疑焉。……至《水浒》《金瓶梅》，诲盗诲淫，久干例禁，乃言者津津夸其章法之奇，用笔之妙，且谓其摹写人物事故，即家常日用米盐琐屑，皆各穷神尽相，画工化工合为一手，从来稗官无有出其右者。呜乎！其未见《儒林外史》一书乎？"[5]不仅沿袭了李绿园《歧路灯序》的观点，进一步怀疑"四大奇书"的合理性，而且还搬出了政府禁令中的文字，"诲盗诲淫，

---

① 〔清〕黄越：《第九才子书平鬼传序》，见丁锡根编著《中国历代小说序跋集》，人民文学出版社1996年版，第1677页。

② 〔清〕陶家鹤：《绿野仙踪序》，见丁锡根编著《中国历代小说序跋集》，人民文学出版社1996年版，第1424页。

③ 〔清〕绿园老人：《歧路灯序》，见丁锡根编著《中国历代小说序跋集》，人民文学出版社1996年版，第1632页。

④ 〔清〕绿园老人：《歧路灯序》，见丁锡根编著《中国历代小说序跋集》，人民文学出版社1996年版，第1633页。

⑤ 〔清〕闲斋老人：《儒林外史序》，见丁锡根编著《中国历代小说序跋集》，人民文学出版社1996年版，第1681页。

久干例禁”，来为《儒林外史》宣传造势。序跋文字对于《水浒传》评价的风向转变恰和乾隆朝的文化政策转向相一致，可见小说序跋者政治嗅觉的灵敏。

（二）通俗小说的传播路径

清代小说价格比较昂贵，一般读者只能艳羡而已。如《瑶华传序》：

余一身落落，四海飘零，亦自莫知定所。由楚而至豫章，再由豫章而游三浙，今且又至八闽矣。每到一处，哄传有《红楼梦》一书，云有一百余回。因回数烦多，无力镌刊，今所流传者皆系聚珍板印刷，故索价甚昂，自非酸子纸裹中物可能罗致，每深神往。抵闽后，窃见友人处有一函置于案侧，询之曰《红楼梦》，不觉为之眼馋。再四情恳，而允假六日，遂珍重携归阅之。费去五日夜心神，得其全部要领，似与从前耳闻阅者之赞美大相径庭。偶于广座谈及，而大众似有以盲人目我者，心窃疑之。①

从尤夙真的《瑶华传序》中还可知，程伟元、高鹗分别于乾隆五十六年、五十七年刊刻的一百二十回聚珍版《红楼梦》，已经流传到了江、浙、闽，虽然比起手抄的《红楼梦》动辄一部需白银二三十两的价格而言可能会便宜一些，但在尤夙真看来，价格依旧高昂，可高昂的售价竟然无法挡住读者购买的热情的脚步，其中就包括尤夙真在福建的朋友。尤夙真在漳郡的朋友丁秉仁就著有《红楼梦外史》，但与《红楼梦》毫无关联，只是借其名头传扬一己之作而已，但尤夙真在序中竟赞其“先得我心之所同”，且以“合于情理”许之。虽然丁秉仁的《瑶华传》与《红楼梦》情节无关涉，但其对于《红楼梦》当是熟知的，因为在《红楼梦外史》中有大量的关于《红楼梦》的品评的文字。

如果说《红楼梦》文本价格不菲的话，从篇幅上来看基本相当的《水浒传》《金瓶梅》价格也不会太低。乾隆中期，《金瓶梅》一套的价格是二十两纹银，这一价格在当年可以购买成三亩良田或六石大米。鉴于此，动

① 〔清〕尤夙真：《瑶华传序》，见丁锡根编著《中国历代小说序跋集》，人民文学出版社1996年版，第1431页。

辄百回的长篇通俗小说的传播路径只能面向社会少数有钱阶层。

昭梿《啸亭续录》卷二的记载同样指出了《水浒传》《金瓶梅》等大部头通俗小说的接受者："自金圣叹好批小说，以为其文法毕具，逼肖龙门，故世之续编者，汗牛充栋，牛鬼蛇神，至士大夫家几上，无不陈《水浒传》《金瓶梅》以为把玩。"①金圣叹将小说评点引入到了一个全新的境界，以至于士大夫人人家里都陈列着《水浒传》和《金瓶梅》。小说评点要求读者把小说当成文章来读，这对于提升小说的社会地位十分有益。更重要的是，小说评点使读者对小说技法和人物形象理解更透彻，对作者的构思和故事可能的走向有更清醒的认知。在阅读过程中，读者对作者创作构想的悬揣有利于提升阅读过程的趣味性。但对一般的读者而言，他们关心的是故事的情节结局，是人物命运的沉浮，而对于文学的技法并不十分感兴趣。评点本的盛行说明了一个问题：此时小说的主要读者已经是对文学技法非常讲求的文人了。金圣叹则进而指出了小说在普通民众中的影响：

> 今览此书之奇，足以使学士读之而快，委巷不学之人读之而亦快；英雄豪杰读之而快，凡夫俗子读之而亦快也。②

按照金圣叹《三国志通俗演义序》的说法，明末清初《三国演义》的读者不仅包括学士、英雄豪杰，也包括委巷不学之人和凡夫俗子，这些凡夫俗子和委巷不学之人作为社会的底层，他们很有可能以租赁的方式得到阅读《三国演义》的机会。

通俗小说之所以能够赢得上层人士的喜爱，主要是缘于这些小说的创作并不是一味直白浅显，它也会追求更多精神上的东西，对人生的理想、社会问题等的探求。通俗小说对社会人生探索的深度已经引起了知识分子们的兴趣，使他们也成为通俗小说的受众群体。事实上，明清的小说家们很好地做到了这一点，尤其到了清代，《红楼梦》的内在

---

① 〔清〕昭梿撰，何英芳点校：《啸亭续录》，中华书局1980年版，第427页。

② 〔清〕金人瑞：《三国志演义序》，见丁锡根编著《中国历代小说序跋集》，人民文学出版社1996年版，第898页。

追求已经足以达到使之成为中国小说创作巅峰之作的高度，使得文人也为之迷狂。

潘建国教授认为："截止于乾隆中后期，白话通俗小说的创作和刊印，均已十分兴盛，而作为国家总书目的《四库全书总目》，居然对此不屑一顾，悉数摒弃，其中的原因颇为复杂，既涉及到图书目录学传统的承继问题，又与当时的社会背景密切相关；既有政府禁毁、知识阶层群体鄙视等外因，又有白话通俗小说整体上编撰粗糙、艺术平庸、趣味低下等内因。"①

不可否认，通俗小说不乏粗制滥造的作品，但之所以没有被收入《四库全书全目》，很大程度上是因为四库馆臣对虚构的偏见。通俗小说是以虚构的方式来讲述故事，而"任何符号组合，只要再现卷入人物的情节，即讲故事，就成为叙述。人类永远需要听故事讲故事，这来自人类对掌握混乱经验的需求，来自人们找到生命意义的渴求"②。而生命意义的寻求在清代通俗小说的故事背后表现出多元化特征：有的注重生命感性经验的传达，如艳情小说，通过色情描写，调节生活的性压抑与苦闷，缓释被压抑的情欲；有的则是借助金戈铁马，在疆场上实现忠君爱国和光宗耀祖的人生梦想，如历史演义小说；有的则在看似荒诞或荒唐的行为背后看到了作为"人"的道德坚守或文化操守，如神魔小说；有的只是满足在现实中不能实现的人生梦想，其中可能有报国的宏愿，但更多的是一己的功成名就和婚姻的美满多元，如才子佳人小说；有的则在探寻生命意义的道路上，仅仅看到了理想的失落、道德的沦丧和一生所信奉的文化的衰落，只能留下一声长长的浩叹，如《儒林外史》。"近日世人所脍炙于口者，莫如《红楼梦》一书，其词甚显，而其旨甚微，诚为天地间最奇最妙之文。"③嘉庆、道光年间兴起的谴责小说更是以其对社会价值深刻的探问，牢牢地

① 潘建国：《中国古代小说书目研究》，上海古籍出版社 2005 年版，第 56 页。

② 赵毅衡：《演示叙述：一个符号学分析》，载《文学评论》2013 年第 1 期。

③ 〔清〕犀脊山樵：《红楼梦补序》，见丁锡根编著《中国历代小说序跋集》，人民文学出版社 1996 年版，第 1190 页。

抓住了知识分子的眼球,它们所吸引的是具有相同的思想意识和美学趣味的"社会精英",也就是"社会精英阶层中文学功底深厚的成员如承认自己在白话小说制作中的作用,通常只为他们的同僚而特意创作"①。同时,这些文化精英们会将自己的思想见解通过对通俗小说的阅读表达出来,清代大量优秀通俗小说的序跋和评点鲜明地体现出这一点,通俗小说在此时被接受的程度已经十分深了。

(三)清代通俗小说的娱乐性追求

读者从来就不是完全被动地接受既有的精神产品,而是通过对文本的选择表示个人的喜好。通俗小说作家不能仅根据自己的兴趣爱好,还必须顾及读者的需求,读者和作家之间通过小说文本实现着精神的交流。德国学者曼弗烈德·纳乌曼《从历史、社会角度看文学接受》说道:"某一时代产生的文学不仅仅体现着作家们的创作个性,同时也体现了读者们的需求、趣味和接受能力。因此,这一时期创作的作品或作品集合所显示的不同的特性总是内含了文学接受中的读者群体的某些特性。"②接受美学的奠基人姚斯也指出:"一部文学作品,并不是一个自身独立、向每一时代的每一读者均提供同样的观点的客体。它不是一尊纪念碑,形而上学地展示其超时代的本质。它更多地像一部管弦乐谱,在其演奏中不断获得读者新的反响,使本文从词的物质形态中解放出来,成为一种当代的存在。"③

清代小说序跋中大量关于艳情小说的评论,可视为读者欣赏趣味的有力证据,这种欣赏趣味直接推动了通俗小说对娱乐性的追求。更有甚者,色情已成为清代艳情小说的重要元素。

---

① [美]何谷理:《明清白话文学的读者层辨识——个案研究》,见乐黛云、陈珏编选《北美中国古典文学研究名家十年文选》,江苏人民出版社 1996 年版,第 461 页。

② [德]曼弗烈德·纳乌曼:《从历史、社会角度看文学接受》,见张廷琛编《接受理论》,四川文艺出版社 1989 年版,第 71 页。

③ [德]姚斯:《文学史作为文学理论的挑战》,见[德]姚斯、[美]霍拉勃著,周宁、金元浦译《接受美学与接受理论》,辽宁人民出版社 1987 年版,第 26 页。

表7　清代小说序跋提及的艳情小说

被提及的艳情小说	出处	作序者	作序时间	版本	关于被引艳情小说的评论
金瓶梅	古本三国志序	李渔	康熙己未（1679）		冯犹龙亦有四大奇书之目：曰《三国》也，《水浒》也，《西游》与《金瓶梅》也
	第九才子书平鬼传序	黄越	康熙庚子（1720）	积庆堂抄本	无者造之而使有，有者化之而使无。不惟不必有其事，亦竟不必有其人。……令阅者惊风云之变态而已耳
	儿女英雄传序	观鉴我斋	雍正甲寅（1734）	北京聚珍堂活字本	其旨少远、词近微、文可观、事足鉴
	儒林外史序	闲斋老人	乾隆元年（1736）	卧闲草堂刊本	诲盗诲淫；为风俗人心之害
	绿野仙踪序	陶家鹤	乾隆甲申（1764）		谎到家之文字也；谓之为大山，大水，大奇观书，不亦宜乎？
	歧路灯序	绿园老人	乾隆丁酉（1777）	乾隆四十五年传抄本	不通《左》《史》，何能读此；既通《左》《史》，何必读此？
	白圭志序	晴川居士	嘉庆丙寅（1806）	补余轩刊本	无影而生端，虚妄而成文，则无其事而亦有其文矣。但其事无益于世道
	清风闸序	梅溪主人	嘉庆己卯（1819）		凭虚结撰，隐其人，伏其事
	绮楼重梦楔子	兰皋居士		嘉庆刊本	其事则琐屑家常，其文则俚俗小说，其义则空诸一切
	载阳堂意外缘序	龚晋	道光辛巳（1821）		淫者见之谓之淫，文者见之谓之文……
	林兰香叙	𦍒𦍑子		道光十八年刊本	有《金瓶梅》之粉腻，而未及于妖淫。……《金瓶梅》以乱奇而人奇之

（续表）

被提及的艳情小说	出处	作序者	作序时间	版本	关于被引艳情小说的评论
玉妃媚史	昭阳趣史序	白眉老人			
艳史	隋唐演义序	褚人获	康熙乙亥（1695）		合之《遗文》《艳史》，而始广其事；极之穷幽仙证，而已竟其局。其间阙略者补之，零星者删之，更采当时奇趣雅韵之事点染之，汇成一集，颇改旧观
玉楼春	金石缘序	静恬主人	乾隆己巳（1749）		作者先须立定主见，有起有收，回环照应，一点清眼目，做得锦簇花团，方使阅者称奇，听者忘倦

艳情小说在明清两代获得了长足的发展，从清代小说序跋对所提及的艳情小说的评论中，可以看出清人对于《金瓶梅》的推崇。在清代小说序跋中，提及艳情小说的共有16处，其中提及《金瓶梅》的就有11处，超过通俗小说序跋提及《水浒传》的9次和《三国演义》的5次；被提及的艳情小说共六篇，而三篇如《梵林艳史》《金瓶梅弹词》《玉妃媚史》没有被评价。由以上数据可知《金瓶梅》在清人心目中的地位之高。

清代艳情小说对性快感的渲染和那种让人欲仙欲死的感觉的描写，对性事的放纵充满了好奇甚至是羡慕，显示了清人潜意识中对性生活的渴望。如《春灯谜史》让一对初会的男女充满激情地欣赏着对方的生殖器，《杏花天》把性生活美满的女子描写得“欢容意美，别样精神”，《株林野史》让年过五十的芸香“不亚处女”。

在清代小说序跋对《金瓶梅》的众多评论中，清人关注的焦点在于其“奇”的审美特征和艺术虚构的特点，而对于造成西门家反宅乱的淫行则避而不谈，如兰皋居士在《绮楼重梦楔子》评论《红楼梦》说道：“其事则琐屑家常，其文则俚俗小说，其义则空诸一切，大略规仿吾家凤洲先生所撰《金瓶梅》，而较有含蓄，不甚着迹，足餍读者之目。”①如如居士《肉蒲团序》，以佛道文化的教旨做出解释：“一笑千金，便是三乘七宝；香闺绣阁，可通慈室空门。”②有的序跋者将所有的过失都归结为读者的文化缺失，如佚名《跋金瓶梅后》说：“胸中无五千卷书，断不可读稗官小说，虽贯华才子诸书，徒坏人心术耳，何暇论其行文之妙、发始之端哉！市井细人，往往以假托之词，据为典故，其不令人喷饭者鲜矣。”③

清代小说序跋对小说中的色情文字持批评态度者比较普遍，如佩蘅子《吴江雪》第九回说：“原来小说有三等。其一，贤人怀着匡君济世之才，其所作都是惊天动地，流传天下，垂训千古。其次，英雄失志，狂歌当泣，嘻笑怒骂，不过借来舒写自己这一腔块垒不平之气。这是中等的了。还有一等的，无非说牝说牡，动人春兴的。这样小说世间极多，买者亦复不少。书贾借以觅利，观者借以破愁。”④但整个社会对性放纵的谴责还是有些软弱无力，“读者读小说，不像读经史那样，是为了求取‘经义’，作为进身之阶，而仅仅是为了消愁解闷，遣情寄兴，追求的是新奇有趣。读者对待小说的这种基本态度，反馈到作者和书坊，就产生了两种结果：第一，小说只是一种闲书，不必字字考究，马虎一点，也不要紧；第二，重要的是迎合读者的兴味，博得他们的欢迎”⑤。

南海爱日老人《续金瓶梅序》：“不善读《金瓶梅》者，戒痴导痴，戒淫导淫。”对于这种阅读效果的产生，刘廷玑更多地归咎于读者而非作品自身：

---

① 〔清〕兰皋居士：《绮楼重梦楔子》，见丁锡根编著《中国历代小说序跋集》，人民文学出版社1996年版，第1182页。

② 〔清〕如如居士：《肉蒲团序》，见丁锡根编著《中国历代小说序跋集》，人民文学出版社1996年版，第1343页。

③ 〔清〕佚名：《跋金瓶梅后》，见丁锡根编著《中国历代小说序跋集》，人民文学出版社1996年版，第1109页。

④ 〔清〕佩蘅子：《吴江雪》，见《古本小说集成》，上海古籍出版社1994年版，第128页。

⑤ 欧阳健：《古代小说版本漫话》，辽宁教育出版社1992年版，第14～15页。

不善读《水浒》者，狠戾悖逆之心生矣。不善读《三国》者，权谋狙诈之心生矣。不善读《西游》者，诡怪幻妄之心生矣。欲读《金瓶梅》，先须体认前序，内云："读此书而生怜悯心者，菩萨也；读此书而生效法心者，禽兽也。"然今读者多肯读七十九回以前，少肯读七十九回以后，岂非禽兽哉。近日之小说若《平山冷燕》《情梦柝》《风流配》《春柳莺》《玉娇梨》等类，佳人才子，慕色慕才，已出之非正，犹不至于大伤风俗，若《玉楼春》《宫花报》，稍近淫佚，与《平妖传》之野，《封神传》之幻，《破梦史》之僻，皆堪捧腹，至《灯月圆》《肉蒲团》《野史》《浪史》《快史》《媚史》《河间传》《痴婆子传》，则流毒无尽。更甚而下者，《宜春香质》《弁而钗》《龙阳逸史》，悉当斧碎枣梨，遍取已印行世者，尽付祖龙一炬，庶快人心。然而作者本寓劝惩，读者每至流荡，岂非不善读书之过哉。天下不善读书者，百倍于善读书者。读而不善，不如不读；欲人不读，不如不存。①

缘于中国古代文化的性宽容，中国古代性文学几度繁荣，在两性关系的表现上曾出现过《素女经》的理性，《诗经》的奔放，《汉武帝内传》《搜神记》的上天入地，《长恨歌》的浪漫多情，《游仙窟》的风流旖旎，"三言"的风华绝代。而一旦宋明理学跃升至统治思想的高度以后，中国古代文化迎来了拐点，社会由此被分裂成绝不相能的两大群体：一方面是以王艮为代表的泰州学派对于人欲的充分肯定，另一方面是程朱理学的"存天理，遏人欲"的学说，"万恶淫为首"的观念使得人们对于正常的两性关系充满了原罪感的体认，而"严酷的道德通常是对于情欲的反动，因此一个表现出这种反动的人通常充满着猥亵的思想——这些思想之所以猥亵，并不是因为它们含有性的成分，而是因为道德使得那个思想者不能对于这个问题产生纯洁而健康的思想"②，所以在清代出版的艳情小说序跋中，每每充斥着道德的说教。

本以嗜欲故，遂迷财色，因财色故，遂成冷热，因冷热故，遂乱真

① 〔清〕刘廷玑撰，张守谦点校：《在园杂志》，中华书局2005年版，第84～85页。

② ［英］罗素著，吴默朗译：《罗素说幸福人生》，现代出版社2010年版，第301页。

假。因彼之假者欲肆其趋承,使我之真者皆遭其荼毒,所以此书独罪财色也。①

尝观淫词诸书,多浮泛而不切当,平常而不惊奇。惟有《碧玉楼》一书,切实发挥,不但词藻绚烂,而且笔致新鲜,真足令阅者游目骋怀,解其倦而豁其心。其尤有可取者,劝人终归于正,弗纳于邪,殆警半之奇文也。是为序。②

余观小说多矣,类皆妆饰淫词为佳,陈说风月为上,使少年子弟易入邪思梦想耳。惟兹演说十二回,名曰《谐佳丽》,其中善恶相报,丝毫不紊。足令人晨钟警醒,暮鼓唤回,亦好善之一端云。③

从来情者,性之动也。性发为情,情由于性。而性实具于心者也。心不正则偏,偏则无拘无束,随其心之所欲。发而为情,未有不流于痴矣。矧闺门衽席间,尤为易痴者乎!尝观多情女子,当其不过一念之偏,偶迨其继也,遂至欲心之难遏;甚至情有独钟,不论亲疏,不分长幼,不别尊卑,不问僧俗,惟知云雨绸缪,罔顾纲常廉耻,岂非情之痴也乎哉!一旦色衰爱弛,回想当时之谬,未有不深自痛恨者!嗟嗟!与其悔悟于既后,孰若保守于从前?与其贪众人之欢以玷名节,孰若成夫妇之乐以全家声乎?是在为少艾时光,有以制其心,而不使用情之偏,则心正而情不流于痴矣。何自来《痴婆子》自诮耶!④

清代社会对于艳情小说的两极态度昭示着社会思潮的矛盾冲突,艳情小说竟在禁毁令下能够被出版,在指责声中被欣赏,在艳羡的目光下被批判,毫无疑问,艳情小说由此而成为审视清人人文世界的一个绝佳的窗口。

---

① 〔清〕张竹坡:《金瓶梅闲话》,见丁锡根编著《中国历代小说序跋集》,人民文学出版社 1996 年版,第 1083 页。

② 〔清〕竹溪修正山人:《碧玉楼序》,清积善堂梓行本卷首。

③ 〔清〕佚名:《欢喜浪史叙》,见《欢喜浪史》卷首,青海人民出版社 1999 年版。

④ 〔清〕芙蓉主人:《痴婆子传序》,见丁锡根编著《中国历代小说序跋集》,人民文学出版社 1996 年版,第 1344 页。

清代艳情小说的创作和出版呈现出顺治、康熙年间和嘉庆、道光年间两个阶段性高潮，但大多缺少《金瓶梅》对社会黑暗的观照和对自然的生存方式的期盼，而将过多的笔墨投放到对性爱的描写之中，清代小说序跋对此始终保持着清醒的理性和犀利的批判。清代艳情小说虽然艺术价值不高，但作为清代文学的一个重要支派，从下表可见其出版情况。清代小说序跋留下了它的浮光掠影，为艳情小说的广泛传播发酵助力，勾起读者的阅读欲望和购买冲动。虽然太多雷同的性爱情节令人生厌，但在对异性的性关怀中也彰显了男性叙述视角背后的题材转型，从而赋予了香艳的艳情小说以全新的生命意义的终极思考。

表8　清代出版的艳情小说

小说名	现存版本	刊刻时间	其他
一片情	好德堂刊本	顺治	同治七年丁日昌禁书目著录
三妙传	竹轩刊本		同治七年丁日昌禁书目著录
株林野史			嘉庆十五年、同治七年被查禁
梧桐影	啸花轩刊本	顺康间	同治七年丁日昌禁书目著录
十二笑	墨憨主人序本	清初刻本	不见于同治七年丁日昌禁书目
弁而钗		清初刊本	同治七年丁日昌禁书目著录
载花船	顺治刊本	清初	同治七年丁日昌禁书目著录
空空幻（鹦鹉唤、醒世奇言）	梧岗主人序本	清初	同治七年丁日昌禁书目著录
醉春风	啸花轩刊本	康熙	不见于同治七年丁日昌禁书目
杏花天	啸花轩刊本	康熙	抄袭《天缘奇遇》，同治七年丁日昌禁书目著录
	本衙藏版		
	佛云阁刊本		
巫山艳史（意中情）	啸花轩刊本	康熙	同治七年丁日昌禁书目著录
	残本	乾嘉间	
欢喜冤家	梦闲子序本	康熙乙卯（1675）	不见于同治七年丁日昌禁书目

（续表）

小说名	现存版本	刊刻时间	其他
肉蒲团（后改名为《循环报》）	西陵如如居士序本	康熙癸酉(1693)	嘉庆十五年被查禁，同治七年丁日昌禁书目只提及《循环报》，而无《肉蒲团》
	木活字本	道光	
金瓶梅	湖南刊本（张竹坡序本）	康熙乙亥(1695)	康熙二十六年、康熙四十七年、雍正三年被查禁，且不见于同治七年丁日昌禁书目
春灯迷史	紫宙轩刊本	康熙年间	同治七年丁日昌禁书目著录
灯草和尚（后改名为《灯花梦全传》）	清和轩刊本	康熙甲寅(1674)	嘉庆十五年被查禁，同治七年丁日昌禁书目只有《灯草和尚》
姑妄言	抄本	雍正年间	不见于同治七年丁日昌禁书目
金石缘	静恬主人序本	乾隆己巳(1749)	同治七年丁日昌禁书目著录
闹花丛	情士自跋本	乾隆二十七年	同治七年丁日昌禁书目著录
痴婆子传	红豆书屋刊本	乾隆甲申(1764)	同治七年丁日昌禁书目著录
浓情快史	聚古堂藏板	明末清初	嘉庆十五年、同治七年被查禁。康熙年间的《金石缘》提及，似应有更早的刊本，未见
	醉月轩刊本		
	啸花轩刊本	乾嘉间	
	有思堂藏板		
蜃楼志	罗浮居士序本	嘉庆甲子(1804)	同治七年丁日昌禁书目著录
欢喜浪史（后改名为《梅梦缘》）	又玄子序本		同治七年丁日昌禁书目只有《浪史》
碧玉楼	积善堂刊本	清末	不见于同治七年丁日昌禁书目
如意君传	青霞室刊本		嘉庆十五年被查禁
换夫妻	冰雪轩藏板		不见于同治七年丁日昌禁书目
桃花艳史	合影楼刊本		同治七年丁日昌禁书目著录
浓情秘史			不见于同治七年丁日昌禁书目

（续表）

小说名	现存版本	刊刻时间	其他
两肉缘			不见于同治七年丁日昌禁书目
桃花影（又名《牡丹奇缘》）	畹香斋		同治七年丁日昌禁书目著录
艳婚野史	醒醉轩刊本		不见于同治七年丁日昌禁书目
巧缘浪史	醒醉轩刊本		不见于同治七年丁日昌禁书目
妖狐艳史	松竹轩编		不见于同治七年丁日昌禁书目
风流和尚（又名《谐佳丽》）	抄本		不见于同治七年丁日昌禁书目
怡情阵			同治七年丁日昌禁书目著录

第二节　通俗小说序跋与小说类型传播

清代通俗小说的繁荣不仅体现在文人的积极参与和欣赏趣味的多元化，更表现在通俗小说的题材的多元化而带来的对社会生活全方位的思考和叙事元素的大融合。不同的小说类型带给读者不同的审美体验，而不同类型的小说在传播的起步阶段，序跋者在作者和读者之间起到了桥梁作用，序跋的阐释功能为小说传播发挥了重要作用。

一、从《玉娇梨》等才子佳人小说序跋看其传播

明末清初以天花藏主人、烟水散人为代表的小说家创作了一大批才子佳人小说，鲁迅称之为世情小说的“异流”。清代前期才子佳人小说出现了不少佳作，除孙楷第先生《中国通俗小说书目》著录的 27 种才子佳人小说之外，另有《生花梦》《醒名花》《绣屏缘》《女开科》《巧联珠》《锦香亭》《五凤吟》《终须梦》《蝴蝶媒》《快士传》《醒风流》《凤箫媒》《凤凰池》等 13 种，有学者认为也是清前期小说。另据张俊《清代小说史》，补入《山水情传》《集咏楼》《风流配》三种；据大塚秀高先生《增补中国通俗小

说书目》，补入《人月圆》一种；据石昌渝主编《中国古代小说总目·白话卷》，补入《十二峰》一种；据《古本小说集成》，补入《十美图》一种；另有《平山冷燕》和《玉娇梨》合刻本一种，共补入七种。传奇如《补张灵崔莹合传》、话本如《五色石》《珍珠舶》等。从顺治末年到雍正年间的六七十年中，才子佳人小说成为小说艺苑里最有影响力的一个小说流派，乾隆时期虽然开始衰落，但仍然不断有作品出现。道光年间，才子佳人小说再次盛行，书商为了抢占市场先机，往往不注重校刻质量。《离合剑莲子瓶》的文中多有脱讹即为证明。《梅兰佳话》写梅如玉、兰漪漪、桂蕊的婚姻恋爱故事，既未脱明末清初才子佳人小说的格套，又效法《红楼梦》，以大量诗词曲赋来炫弄才气，与明末《娇红记》、清初《玉娇梨》相比，差距明显，才子佳人小说逐渐走向末路。

才子佳人小说序跋明确揭示了以两性之爱为审美主体的美学品格，从而和艳情小说对于肉欲的追逐划清了界限，进而为读者的接受指明了方向。作为对艳情小说的反动，素政堂主人《玉娇梨叙》云："小说家艳风流之名，凡涉男女悦慕，即实其人其事以当之，遂令无赖市儿泛情，闾妇得与郑卫并传。无论兽态颠狂，得罪名教，即秽言狼籍，令儒雅风流几于扫地，殊可恨也。"因此他"每欲痛发其义，维挽淫风"，荻岸散人所著《玉娇梨》，"正砭世之针，医俗之竹"，旨在"一洗淫污之气，使世知风流有真，非一妄男女所得浪称也"①。雀市道人《醒风流传奇序》就指出艳情小说之弊"在于凭空捏造，变幻淫艳，贾利争奇，而不知反为引导入邪之饵。世之翻阅者日众，而捻管者之罪孽日深，何不思之甚也"，因此，他创作《醒风流》，即有意摈弃艳情小说中的色情描写，使"世之逞风流者，观此必惕然警醒，归于老成"②。清李春荣在《水石缘自叙》中也声称："因见其中写才子佳人之欢会，多流于淫荡之私，有伤风人之雅思，

① 〔清〕素政堂主人：《玉娇梨叙》，见《玉娇梨》，《古本小说集成》影印清初刊本，上海古籍出版社 1994 年版，第 6～13 页。

② 〔清〕雀市道人：《醒风流传奇序》，见丁锡根编著《中国历代小说序跋集》，人民文学出版社 1996 年版，第 1284 页。

力为反之。”[①]清蠡庵《女开科传引》也说：“若夫以妖艳之书，启天下淫男子逸荡之心，则妄语之诫，舌战之祸，固生平所自矢不为矣。”[②]一些评点者也认为“用情非正，总属淫词”[③]，肯定才子佳人小说写“才子之乐，不害于雅；佳人之乐，不失其正”[④]，“才色在所不偏，劝戒俱所不废”[⑤]，“虽多委曲缠绵，然义正词严，不事半点污亵”[⑥]。

才子佳人小说的代表作《玉娇梨》一经面世，即受到市场的追捧，小说一再被刊印，现存最早的刊本是大连图书馆珍藏的顺治年间刻印的《新镌批评绣像玉娇梨小传》，另有康熙乙酉年间梅园重镌本、雍正年间的崇德堂本、退思堂本、振贤堂本、文光堂本、善成堂本、聚锦堂本，乾隆五年的翼圣堂重刊本、乾隆十二年的文益堂本、乾隆十三年刊本、三十六年刊本、四十七年禅山振贤堂刊本和重刊本、青云楼本，嘉庆十八年刊本、三元堂刊本，道光年间玉尺堂刊本、厦门文德堂本、大文堂本、两仪堂刊本、映月楼刊本、经纶堂刊本、大兴堂本、宝华楼刊本、经元堂刊本、善成堂刊本、集文堂刊本、聚盛堂刊本、老会贤刊本、裕德堂刊本、三让堂刊本、聚锦堂刊本、益智堂本和重刊本、绿荫堂本、金阊拥万堂刊本、宏德堂本等。从版本之多可见其受欢迎的程度和书商追逐流行的心理。

书商准确地把握住市场的脉搏，《平山冷燕》《两交婚》等才子佳人小

---

① 〔清〕李春荣：《水石缘自序》，见丁锡根编著《中国历代小说序跋集》，人民文学出版社 1996 年版，第 1294 页。

② 〔清〕蠡庵：《女开科传引》，见丁锡根编著《中国历代小说序跋集》，人民文学出版社 1996 年版，第 1308 ~ 1309 页。

③ 〔清〕水箬散人：《驻春园小史序》，见丁锡根编著《中国历代小说序跋集》，人民文学出版社 1996 年版，第 1306 页。

④ 〔清〕古吴子：《人间乐序》，见丁锡根编著《中国历代小说序跋集》，人民文学出版社 1996 年版，第 1264 页。

⑤ 〔清〕拚饮潜夫：《〈春柳莺〉序》，见《春柳莺》，春风文艺出版社 1983 年版，第 1 页。

⑥ 〔清〕泆江钓徒：《玉觉禅序》，见丁锡根编著《中国历代小说序跋集》，人民文学出版社 1996 年版，第 1251 页。

说被推出，还有天花才子的《快心编》(课花书屋藏板)，墨憨斋主人的《醒名花》，古吴娥川主人的《生花梦》，隺市道人的《醒风流》《凤箫媒》，书坊山水邻的《金云翘传》(天花藏主人序)，天花主人的《惊梦啼》，东吴赤绿山房的《吴江雪》，风吟楼刊云间嗤嗤道人的《五凤吟》，聚锦堂的《英云梦传》等。这些新创作的小说与已得到市场认可的名著的大量刊行，说明了当时该类小说的风行。在众多的才子佳人小说序跋中，被作为样板来品评的就是最初的《玉娇梨》和《平山冷燕》。

表9 提及《玉娇梨》和《平山冷燕》的小说序跋

序跋者	序跋名	序跋时间	序跋与小说传播
素政堂主人	玉娇梨序		客曰："白描绘事，逊色牡丹；无弦焦桐，让声羯鼓。倘优俳操去取之权，牙侩秉《春秋》之笔，则子将之奈何?"予曰："不然，是非识者定之。方今文人才女满天下，风流之种不绝，当有子云其人者谓予知言，子其俟之!"
三江钓叟	铁花仙史序		然其书成而命之名也，往往略不加意。如《平山冷燕》则皆才子佳人之姓为颜，而《玉娇梨》者又至各摘其人名之一字以传之，草率若此，非真有心唐突才子佳人，实图便于随意扭捏成书而无所难耳
天花藏主人	两交婚小传序		若二书儒雅风流，后先占胜，诗词情性，分别出奇，实有谓之佳，谓之美，逗才色于大冶之外，而前不容湮，后不可没，又安得不顾盼而啧啧称其为相续也哉?
松林居士	二度梅奇说序	乾隆四十七年	小说所最著者《好逑传》《玉娇梨》《平山冷燕》之类，然或仅尚其侠，或慕其才，岂若此说之给事精忠，公子纯孝，昭君节烈，书童真义也哉!君子观之，可以助其上达；小人观之，可以止其下流，庶近忠孝
天花藏主人	合刻七才子书序	乾隆四十七年	凡纸上之可喜可惊，皆胸中之欲歌欲哭

（续表）

序跋者	序跋名	序跋时间	序跋与小说传播
静恬主人	金石缘序		小说何为而作也？曰：以劝善也，以惩恶也。……作者先须立定主见，有起有收，回环照应，一点清眼目，做得锦簇花团，方使阅者称奇，听者忘倦。切忌序事直捷，意味索然；又忌人多混杂，眉目不楚；甚者说鬼谈神，怪奇悖理；又如情词赠答，淫亵不堪。如《情梦柝》《玉楼春》《玉娇梨》《平山冷燕》诸小说，脍炙人口，由来已久，谁知其中破绽甚多，难以枚举……龆龄闺媛，诗篇字法，压倒朝臣，天下又有是理乎？且当朝宰辅，方正名卿，为女择配，不由正道，将闺中诗词索人倡和，成何体统？此即理之所必无，宜为情之所宜有？若夫古怪矜奇者，又不足论，无惟巧合

从接受的角度看，《玉娇梨》《平山冷燕》作为才子佳人小说的经典之作，被序跋者品头论足，有褒有贬。褒者从内容上赞其“儒雅风流，后先占胜，诗词情性，分别出奇，实有谓之佳，谓之美，逗才色于大冶之外”①，从形式上夸其“立定主见，有起有收，回环照应，一点清眼目，做得锦簇花团”②，从创作动机上直指文学正宗的“发愤著书”：“凡纸上之可喜可惊，皆胸中之欲歌欲哭。”③贬者讥其“情词赠答，淫亵不堪”：“其中破绽甚多，难以枚举……堂堂男子，乔扮女妆，卖人作婢，天下有是理乎？龆龄闺媛，诗篇字法，压倒朝臣，天下又有是理乎？且当朝宰辅，方正名卿，为女择配，不由正道，将闺中诗词索人倡和，成何体统？此即理之所必无，宜为

① 〔清〕天花藏主人：《两交婚小传序》，见丁锡根编著《中国历代小说序跋集》，人民文学出版社1996年版，第1250页。

② 〔清〕静恬主人：《金石缘序》，见丁锡根编著《中国历代小说序跋集》，人民文学出版社1996年版，第1291页。

③ 〔清〕天花藏主人：《合刻七才子书序》，见丁锡根编著《中国历代小说序跋集》，人民文学出版社1996年版，第1242页。

情之所宜有？若夫古怪矜奇者，又不足论，无惟巧合。”[①]客观地讲，褒贬两极的评价都有其合理之处，对此类小说的发展指明了方向。

才子佳人小说出现了和艳情小说合流的倾向：“间有类《玉娇梨》《情梦柝》，似不越寻常蹊径，而笔墨潇洒，皆从唐宋小说《会真》《娇红》诸记而来，与近世稗官迥别。”[②]该序跋指出乾隆时期才子佳人小说发生了变化，和一味谈情的早期才子佳人小说有很大不同。才子佳人小说由写心的浪漫滑向了写性的恶趣。清吴航野客在《驻春园》“开宗明义”篇中即说：“历览诸种传奇，除《醒世》《觉世》，总不外才子佳人，独让《平山冷燕》《玉娇梨》出一头地。由其用笔不俗，尚见大雅典型。”[③]之所以认为《玉娇梨》无意之中成就了经典，是因为素政堂主人在《玉娇梨序》云：“客曰：‘白描绘事，逊色牡丹；无弦焦桐，让声羯鼓。倘优排操去取之权，牙侩秉春秋之笔，则子将奈何？’予曰：‘不然，是非识者定之。方今文人才女满天下，风流之种不绝，当有子云其人者谓予知言，子其俟之！’”[④]可见作者本人并未意识到此书会成为后来同类小说的典范。

康熙后期，才子佳人小说出现了程式化的倾向，内容上也出现了较多的淫秽描写，因此，才子佳人小说遭到了更多的批评。

《五凤吟》第三回《做春梦惊散鸾俦》：“二人（素梅、轻烟）又道：‘佳人才子配合，是世间美事。小姐你是个明达的人，怎不思反经从权，效那卓文君故事，也成一段风流佳话。若拘于礼法之中，不过一村姑之所为耳，何足道哉？当面失却才子，徒贻后悔，窃为小姐不取也。’雪娥呻吟不语。……‘雪娥含羞说道：‘妾之心事非图淫欲，只

① 〔清〕静恬主人：《金石缘序》，见丁锡根编著《中国历代小说序跋集》，人民文学出版社 1996 年版，第 1291～1292 页。

② 〔清〕水箬散人：《驻春园小史序》，见丁锡根编著《中国历代小说序跋集》，人民文学出版社 1996 年版，第 1305 页。

③ 〔清〕吴航野客编次，李致忠校点：《驻春园》，春风文艺出版社 1985 年版，第 1 页。

④ 〔清〕荑狄散人：《玉娇梨》，见《明清善本小说丛刊》第八辑，台湾天一出版社 1994 年影印本，卷首。

为慕才使然。故不惜自媒越礼，多露贻讥，君如不信，请观妾容。然犹恐一朝订约，异日负盟，令妾有白头之叹。君亦当虑耳。'"①

《五凤吟》第五回《爱情郎使人挑担》："婉如怒道：'若今日苟合，则君为穴隙之夫，妾作淫奔之女，岂不贻笑于人？即妾欲从君，君亦何取？幸毋及乱。若再强我，有死而已。'……笑道：'妾寻一替身来，君能免妾否？'婉如向绛玉道：'养兵千日，用在一朝，你权代劳，权阻他兴，日后我自看觑你。'"②

《金石缘》第七回《助贤夫梅香苦志，逢美女浪子宣淫》："爱珠在内，安闲快乐，做诗写字之外，将些淫词艳曲，私藏觑看。""将一本《浓情快史》一看，不觉两朵桃花上脸，满身欲火如焚。""（利图）见书案上几本《浓情快史》，想道：'主人看这样书，自然是个风流人了。'"③

《五凤吟》中的琪生和雪娥、婉如之间虽也有诗酒流连，但已经没有了《玉娇梨》中的两情相悦。失意于小姐，得意于丫鬟，琪生先后和侍女素梅、轻烟、绛玉苟合。小姐也没有了往日的风流旖旎，婉如竟被描画成一个地道的皮条客。而琪生这样的一个才子形象和过去小说中的人物设计迥然有别，道行有亏的琪生竟然科考高中，殿试虽只是在二甲，但也做到了翰林院庶吉士，并迅速高升到南直隶巡按，情节设计荒唐之极。至于《金石缘》中的利图和爱珠，自然算不上才子佳人，但小说中对爱珠阅读《浓情快史》之类的艳情小说后的生理和心理反应以及春情萌动后的神态变化都做了细致的摹写，这是典型的对当时流行的艳情小说情节要素的借鉴和模仿，也是对市场需求的一种迅速调整和积极回应。对于诸如此类的情节构架，李春荣在《水石缘后序》中给出了辛辣的批评："历观古来传奇，不外乎佳人才子；总以吟诗为媒，牵引苟合。"④《快心编》"凡例"

---

① 〔清〕云间嗤嗤道人：《五凤吟》，太白文艺出版社1996年版，第14～16页。

② 〔清〕云间嗤嗤道人：《五凤吟》，太白文艺出版社1996年版，第34～35页。

③ 〔清〕无名氏：《金石缘》，太白文艺出版社1996年版，第54～55页。

④ 〔清〕李春荣：《水石缘后序》，见丁锡根编著《中国历代小说序跋集》，人民文学出版社1996年版，第1294页。

亦云:“从来传奇小说,往往托兴才子佳人,缠绵烦絮,剌剌不休,想耳目间久已尘腐。”①

相比较以上诸家序跋所作出的评论,刘廷玑的见解则相对开明公允,对于才子佳人小说中适度的两性描写表达了似可接受的阅读立场:“近日之小说,若《平山冷燕》《情梦柝》《风流配》《春柳莺》《玉娇梨》等类,佳人才子,慕色慕才,已出之非正,犹不至于大伤风俗。若《玉楼春》《宫花报》稍近淫佚,与《平妖传》之野,《封神传》之幻,《破梦史》之僻,皆堪捧腹。至《灯月圆》《肉蒲团》《野史》《浪史》《快史》《媚史》《河间传》《痴婆子传》则流毒无尽。更甚而下者,《宜春香质》《弁而钗》《龙阳逸史》,悉当斧碎枣梨,遍取已印行世者,尽付祖龙一炬,庶快人心。”②

才子佳人小说出现了千篇一律的模式化创作倾向,引起了批评者的不满与批判。《红楼梦》第一回指出:“满纸潘安、子建、西子、文君”,其作者不过是“要写出自己的那两首情诗艳赋来,故假拟出男女二人名姓,又必旁出一小人其间拨乱,亦如剧中之小丑然。且鬟婢开口即者也之乎,非文即理。故逐一看去,悉皆自相矛盾、大不近情理之话”。③ 脂砚斋也多次尖锐批评才子佳人小说的模式化倾向:“可笑近之小说中,满纸羞花闭月等字”,“最可笑世之小说中,凡写奸人则用鼠目鹰腮等语”(第一回),“最可厌近之小说中,满纸千伶百俐,这妮子并通文墨等语”(第三回),“最可厌近之小说中满纸神童天分等语”(第十八回),“可笑近之小说中有一百个女子,皆是如花似玉一副脸面”,“最可厌野史貌如潘安,才如子建”,“最恨近日小说中,一百美人诗词语气,只得一个艳稿”(第三十七回),“最恨野史有一百个女子皆曰聪敏伶俐,究竟看来他行为也只平平”(第四十八回)。

小说序跋者要求才子佳人小说创作要扎根现实,合乎生活情理,避免重蹈窠臼,坚持创新。在这种文学批评的导引下,清代的小说作者开始自觉地贴近现实,在描写才子佳人的悲欢离合时,也写出了人情世态之歧

① 〔清〕天花才子:《快心编》,人民文学出版社 1992 年版,第 2 页。
② 〔清〕刘廷玑撰,张守谦点校:《在园杂志》,中华书局 2005 年版,第 84 ~ 85 页。
③ 〔清〕曹雪芹、高鹗:《红楼梦》,人民文学出版社 1996 年版,第 4 页。

变，虽然还未构成作品的主要内容，但毕竟增强了作品的生活实感；至于一些作家打破创作窠臼的努力，也有效地促进了该类小说的创新与演变，如三江钓叟在《铁花仙史序》中指出："作者实故意翻空出奇，令人以为铁、为花、为仙者，读之而才子佳人之事掩映乎其间。"[①]风月盟主在《赛花铃后序》中评论其他说部："非说干戈则说鬼物，非说讼狱则说婚姻。求其干戈、鬼物、讼狱、婚姻兼备者，则莫如白云道人之为《赛花铃》。"[②]鲁迅先生也称该类型的小说为"事状纷繁，又混入战争及神仙妖异事，已轶出于人情小说范围之外矣"[③]。至于《好逑传》《雪月梅》等，在才子佳人小说的框架内增加英雄传奇、神魔怪异等成分；《飞花艳想》则在才子佳人小说中融入艳情小说的内容。

二、从《三国演义》等历史演义小说的序跋看其传播

清代历史演义小说序跋强调素材的真实性，重视起结关锁、埋伏照应、宾主烘染等技法。对素材真实性的要求源于小说"羽翼信史"的认知。历史演义小说与史传文学关系密切，章学诚说："余尝论史笔与文士异趋，文士务去陈言，而史笔点窜涂改，全贵陶铸群言，不可私矜一家机巧也。"[④]史传的作者只能为他人立言，"陶铸群言"。历史演义小说源于讲史，讲史善于敷演铺陈的特点为历史演义小说所继承，但永远没有绝对的真实和绝对的虚构，历史演义小说必须善于将史传的写实转换为小说中的虚实结合，而明确的主旨、精心营造的情节又赋予了作品以既源于历史又超越历史的审美品格。

清代的历史演义小说以《隋唐演义》和《说岳全传》为代表，不同于

---

① 〔清〕三江钓叟：《铁花仙史序》，见丁锡根编著《中国历代小说序跋集》，人民文学出版社 1996 年版，第 1335 页。

② 〔清〕风月盟主：《赛花铃后序》，见丁锡根编著《中国历代小说序跋集》，人民文学出版社 1996 年版，第 1272 页。

③ 鲁迅：《中国小说史略》，东方出版社 1996 年版，第 155 页。

④ 〔清〕章学诚：《跋〈湖北通志〉检存稿》，见《文史通义新编》，上海古籍出版社 1993 年版，第 884 页。

《三国演义》的是，这两部小说在讲史过程中掺杂了神异事物的叙写。虽然《三国演义》中也有诸如借东风、祈禳等神异的片段，但只是表现人物智慧的一部分，缺少对整个叙事构架的影响力。而《隋唐演义》的两世姻缘，《说岳全传》的大鹏神话，不仅从一开始就确立了故事的主旨，甚至对小说叙事的未来走向发挥着决定性的影响。

清代历史演义小说版本最多的当然还是《三国演义》，远超过《隋唐演义》和《说岳全传》。《三国演义》情节的被熟悉程度大大超出了人们的想象，以至于取代了陈寿的《三国志》，成为清人接受三国历史的重要文献来源。如王应奎《柳南续笔》指出：

> “既生瑜，何生亮”二语，出《三国演义》，实正史所无也。而王阮亭《古诗选·凡例》、尤悔庵《沧浪亭诗序》并袭用之。以二公之博雅且犹不免此误，今之临文者，可不慎欤？①

《三国演义》在明代刊行以后引起了广泛的好评，明代中期序跋者称道的多是它“羽翼信史”、“事纪其实，亦庶几乎史”②、“羽翼信史而不违”③的特点。明代后期，小说序跋者对小说创作原则的思考有了明显的进步，“虚”与“实”的关系成为这一时期人们关注的焦点，大多数序跋者都肯定了小说创作中虚构的合理性，如熊大木《大宋中兴通俗演义序》云：

> 或谓小说不可紊之以正史，余深服其论。然而稗官野史实记正史之未备，若使的以事迹显然不泯者得录，则是书竟难以成野史之余意矣。如西子事昔人文辞往往及之，而其说不一。……质是而论之，则史书小说有不同者，无足怪矣。④

---

① 〔清〕王应奎撰，王彬、严英俊点校：《柳南续笔》，中华书局1983年版，第137～138页。

② 〔明〕庸愚子：《三国志通俗演义序》，见罗贯中《三国志通俗演义》，上海古籍出版社1980年版，第1页。

③ 〔明〕修髯子：《三国志通俗演义引》，见罗贯中《三国志通俗演义》，上海古籍出版社1980年版，第3页。

④ 〔明〕熊大木：《新刊大宋演义中兴英烈传序》，见黄霖、韩同文选注《中国历代小说论著选》，江西人民出版社2000年版，第117页。

熊大木以历史上对西施故事的不同叙述为例，论述了“稗官野史实记正史之未备”的道理。凌濛初对自己的创作也做过类似的说明：

取古今来杂碎事可新听睹、佐谈谐者，演而畅之，得若干卷。其事之真与饰，名之实与赝，各参半。文不足征，意殊有属。凡耳目前怪怪奇奇，当亦无所不有，总以言之者无罪，闻之者足以为戒，则可谓云尔已矣。①

其中的“饰”“赝”即艺术虚构，他认为历史演义小说要取材于史，但又要有所虚构。谢肇淛《五杂组序》对艺术虚构的必要性做了更为明确的表述：

凡为小说及杂剧戏文，须是虚实相半，方为游戏三昧之笔，亦要情景造极而止，不必问其有无也。古今小说家，如《西京杂记》《飞燕外传》《天宝遗事》诸书，《虬髯》《红线》《隐娘》《白猿》诸传，杂剧家如《琵琶》《西厢》《荆钗》《蒙正》等词，岂必真有是事哉？近来作小说，稍涉怪诞，人便笑其不经，而新出杂剧，如《浣纱》《青衫》《义乳》《孤儿》等作，必事事考之正史，年月不合、姓字不同，不敢作也，如此则看史传足矣，何名为戏？②

他认为小说戏曲存在的价值即在“虚实相半”，“不必问其有无”，以史实为依托，借助于虚构，使得“情景造极”，否则，事事以正史为文学真实的唯一标准，“看史传足矣”，小说戏曲也就失去了存在的意义。

将文学虚构推向极致的当属李贽和金圣叹。李贽认为小说创作应根据作者的创作目的来选择、编造故事，他在《忠义水浒传》评中一再指出：“《水浒传》事节都是假的，说来却似逼真，所以为妙。常见近来文集，乃有真事说做假者，真钝汉也；何堪与施耐庵、罗贯中作奴。（第一回评）”“天下文章，当以趣为第一。既是趣了，何必实有其事，并实有其人？若

① 〔明〕凌濛初：《拍案惊奇序》，见《拍案惊奇》，齐鲁书社 1993 年版，第 1 ~ 2 页。
② 〔明〕谢肇淛：《五杂组》，上海书店出版社 2009 年版，第 313 页。

一一推究如何如何,岂不令人笑杀?(第五十三回评)"①

李贽认为文学虚构可以完全脱离史实,不必实有其事,实有其人,比起谢肇淛的"虚实相半"又更精进了一层。通过对《水浒传》虚构属性的充分肯定,李贽认为虚构才是小说创作的正途,同时又认为小说情节虽可以完全虚构,但又须"说来却似逼真",要符合生活的真实。他同时还认为,虚构的终极目标在于"趣",强调小说情节虚构之下的趣味性和娱乐价值。只要能够娱乐读者,至于是否实有其人、其事,一概可以不计较。但李贽的文学主张有两个致命的缺陷,文学的创作是"我手写我心",作者在创作的时候如果过于强调对读者兴趣的满足的话,一方面容易失去自我,另一方面也容易因迎合大众而滑向恶俗。

金圣叹对小说虚构特性的认识则更明晰。他在崇祯十四年本的《读第五才子书法》中说道:

> 《史记》是以文运事,《水浒》是因文生事。以文运事,是先有事生成如此如此,却要算计出一篇文字来,虽是史公高才,也毕竟是吃苦事。因文生事即不然,只是顺着笔性去,削高补低都繇我。②

通过对《史记》和《水浒传》创作方式的比较,金圣叹提出了"因文生事"的文学理念,其中的"生事"即艺术虚构,而情节虚构的依据在于"因文",根据故事发展的需要加以合理虚构。金圣叹的这一文学主张涉及了人物的塑造、选材的典型和语言的个性化等重要论题。"因文生事"的主张迥异于李贽的"趣"的文学诉求的简单化。

相较于明人的虚实之争,清人序跋在历史演义小说创作理念上出现了集体回归,认为历史演义小说叙事之"奇"不仅在于真实,更在于小说的教化功能,"与经史相表里"。清代小说序跋力反明人的趣味化的追求,而强调文学的政教功能,反映出了清人对明末社会思潮的反拨。

---

① 〔明〕李贽:《忠义水浒传》评语,见朱一玄、刘毓忱编《水浒传资料汇编》,南开大学出版社 2002 年版,第 172、179 页。

② 〔清〕金人瑞:《读第五才子书法》,见丁锡根编著《中国历代小说序跋集》,人民文学出版社 1996 年版,第 1487 页。

表10　清代小说序跋中关于《三国演义》的评点

序跋者	序跋名	序跋时间	相关观点
金圣叹	三国志演义序	顺治元年	据实指陈，非属臆造，堪与经史相表里。由是观之，奇又莫奇于《三国》矣。……今览此书之奇，尽以使学士读之而快，委巷不学之人读之而亦快；英雄豪杰读之而快，凡夫俗子读之而亦快也。……作演义者，以文章之奇而传其事之奇，而且无所事于穿凿，第贯穿其事实，错综其始末，而已无之不奇
李渔	古本三国志序	康熙十八年	然野史类多凿空，易于逞长。若《三国演义》，则据实指陈，非属臆造，堪与经史相表里。由是观之，奇又莫奇于《三国》矣。……然三国之局固奇，而非得奇手以传之，则其奇亦不著于天下后世之耳目。前此虽有陈寿一志，较之荀勖、裴颤魏晋诸纪，差为此，善于彼，而质以文掩，事以意晦，而又爱憎自私，去取失实，览者终为郁抑不快。……《演义》一书之奇，足以使学士读之而快，委巷不学之人读之而亦快；英雄豪杰读之而快，凡夫俗子读之而亦快也；拊髀扼腕，有志乘时者读之而快；据梧而壁无情用世者读之而亦快也。……作演义者，以文章之奇而传其事之奇，而且无所事于穿凿，第贯穿其事实，错综其始末，而已无之不奇，此又人事之未经见者也
稗明氏	三国演义叙	雍正七年	适坊友持重刻毛声山原评《三国演义》索序于予，予曰："此稗官小说也，重刻奚为？"坊友曰："不然。是书也，凡天时地利人事政治，以及权谋术数之道，无不备具，故远近咸争购而乐售焉。兹因旧板漫漶，复为厘订，剞劂大板，以广其传，先生其为我叙之。"……又转幸夫今之人，犹藉此稗官小说之书，可以开其心思，启其神志，而于天时地利人事政治权谋术数之道，尚能考什一于千百也。……然予玩其《读三国志之法》，其云起结关锁，埋伏照应，所续离合宾主烘染之妙，一皆周秦汉魏六朝唐宋之文之遗法也。则《三国志》之奇，固不若周秦汉魏六朝唐宋之文之尤奇也。但人情听古乐而欲卧，闻新声而忘倦者比比

（续表）

序跋者	序跋名	序跋时间	相关观点
黄叔瑛	三国演义序	雍正十二年	大都附会时事，征实为多，视彼翻空而易奇者，转若运棹不灵；又其行文，不无支蔓，字句间亦或瑕瑜不掩。卓吾李氏盖尝病之。……况《西厢》诲淫，《水浒》导乱，且属子虚乌有，何如演义一书，其人其事，章章史传，经文纬武，竟幅锦机，熟其掌故，则益智之粽也；寻其组织，亦指南之车也
闲斋老人	儒林外史序	乾隆元年	古今稗官野史，不下数百千种，而《三国志》《西游记》《水浒传》及《金瓶梅演义》，世称四大奇书，人人乐得而观之，余窃有疑焉。……《三国》不尽合正史
绿园老人	歧路灯序	乾隆四十二年	古有“四大奇书”之目，曰盲左，曰屈骚，曰漆庄，曰腐迁。迨于后世，则坊佣袭“四大奇书”之名，而以《三国志》《水浒》《西游》《金瓶梅》冒之。呜呼，果奇也乎哉！
佚名	满文本金瓶梅序	乾隆四十七年	其书虽稗官古词，而莫不各有一善。如《三国演义》《水浒》《西游记》《金瓶梅》四种，固小说中之四大奇也，而《金瓶梅》于此为尤奇焉
许宝善	北史演义叙	乾隆五十八年	独《三国演义》，虽农工商贾妇人女子无不争相传诵。夫岂演义志转出正史上哉？其所论说易晓耳。……演史而不诡于史，斯真善演史者耳
小琅环主人	五虎平南后传序	嘉庆六年	至其谋想之高超，临阵之变幻，止齐才佞之奇特，斗智斗法之崛谲，则又可作《水浒》观，可作《三国》观，即以之作《封神》《西游》观，亦无不可
晴川居士	白圭志序	嘉庆十一年	夫造说者，藉事辑书尚以为难，若平空举事，尤其难矣。如周末之《列国》，汉末之《三国》，此传奇之最者，必有其事而后有其文矣

（续表）

序跋者	序跋名	序跋时间	相关观点
蟠蔞子	林兰香叙	道光十八年	近世小说，脍炙人口者，曰《三国志》、曰《水浒传》、曰《西游记》、曰《金瓶梅》，皆各擅其奇，以自成为一家。惟其自成一家也，故见者从而奇之。……有《三国》之计谋，而未邻于谲诡……《三国》以利奇而人奇之……是人皆以奇为奇，而我以不奇为奇也
卢联珠	第一快活奇书序	道光二十七年	盖奇则传，不奇则不传，书之所贵者奇也。故《三国》之谲，《西游》之幻，《西厢》之荡，《水浒》之侠，人瑞金氏标之为“四大奇书”

从上表可见，清人小说序跋表现出对《三国演义》的强烈关注和熟知，清晰地表明了《三国演义》在清代传播的深广程度。但从接受而言，表现为两个不同层面的认知体系：一是对《三国演义》予以充分认可的小说序跋，其品评主要集中于两点：第一是小说之“真实”，一是小说中的机诈诡谲。而《三国演义》之奇，奇在历史的真实，这一点反映了清人对于历史演义小说编撰的原则的体认，反对虚构，追求真实，用小说这一文体来还原历史的原生态。清代通俗小说叙事中滥用虚构的叙事技法招致了部分文人的强烈不满，昭梿《啸亭续录》卷二云：“自金圣叹好批小说，以为其文法毕具，逼肖龙门，故世之续编者，汗牛充栋，牛鬼蛇神，至士大夫家几上，无不陈《水浒传》《金瓶梅》以为把玩。余以小说初无一佳者，其他庸劣者无足论。即以前二书论之，《水浒传》官阶地理虽皆本之宋代，然桃花山既为鲁达由代郡之汴京路，何以三山聚义时，反在青州？北京之汴，不过数程，杨志奚急行数十日尚未至，又纡至山东郓城何也？此皆地理未明之故。一百八人原难铺排，然亦必各见圭角，始为著书体裁，如太史公《汉兴诸王侯》是也。今于鲁达、林冲辈详为铺叙，至卢俊义、关胜辈乃天罡著名者，反皆草率成章，初无一见长处。又于马麟、蒋敬等四五人层见叠出，初不能辨其眉目，太史公之笔固如是乎？至三打祝家庄后，文字益加卑鄙，直与续传无异，此善读书人必能辨别者。《金瓶梅》其淫亵

不待言，至叙宋代事，除《水浒》所有外，俱不能得其要领。以宋、明二代官名羼乱其间，最属可笑。是人尚未见商辂《宋元通鉴》者，无论宋、金正史，弇州山人何至谫陋若此，必为赝作无疑也。世人于古今经史略不过目，而津津于淫邪庸鄙之书称赞不已，甚无谓也。”①

清代历史演义小说最能鲜明体现写作原则真实性的是蔡元放的《东周列国志》，蔡元放也每以此自许：

稗官故亦史之支派，特更演绎其词耳。善读稗官者，亦可进于读史，故古人不废。《东周列国》一书，稗官之近正者也……盖稗官不过纪事而已。其有知愚忠佞贤奸之行事，与国家之兴废存亡，盛衰成败，虽皆胪列其迹，而与天道之感召，人事之报施，知愚忠佞贤奸计言行事之得失，及其所以盛衰成败废兴存亡之故，固皆未能有所发明，则读者于事之初终原委，方且懵焉昧之，又安望其有益于学问之数哉？夫既无与于学问之数，则读犹不读，是为无益之书，安用灾梨祸枣为！坊友周君……属予者屡矣。寅卯之岁，予家居多暇，稍为评骘，条其得失而抉其隐微。虽未必尽合于当日之指，而依理论断，是非既颇不谬于圣人，而亦不致贻嗤于博识之士。聊以豁读者之心目，于史学或亦不无小裨焉。②

蔡元放以史传文学之体例笔法，不仅还原了东周那一段历史，而且使读者借以洞察“天道之感召，人事之报施，知愚忠佞贤奸计言行事之得失，及其所以盛衰成败废兴存亡之故”。蔡元放自陈创作动机，显与《三国演义》趣味有别，这一点很好地反映了清代宋学与汉学易帜的时代大背景下求真的文学主张。小说和绝对的真实本是风马牛不相及的两极，但清人能较好地将二者融为一体。

追求真实同样是《说岳全传》的创作旨趣，但金丰在《说岳全传序》中所指出的“真实”已完全不同于蔡元放关于“真实”的定位。

---

① 〔清〕昭梿撰，何英芳点校：《啸亭续录》，中华书局1980年版，第427页。

② 〔清〕蔡元放：《东周列国志序》，见丁锡根编著《中国历代小说序跋集》，人民文学出版社1996年版，第868～869页。

从来创说者，不宜尽出于虚，而亦不必尽出于实。苟事事皆虚，则过于诞妄，而无以服考古之心；事事皆实，则失于平庸，而无以动一时之听。①

金丰关于“真实”的观点已与今天的文学观念相差无几。历史演义小说不能仅仅追求真实，追求完全真实的后果不仅可能像金丰所讲，“失于平庸，而无以动一时之听”，更致命的弊端在于处处受制于历史的原貌，小说将完全等同于历史，进而迷失小说的特色。金丰同时还强调，历史演义小说要虚构，但又不能“事事皆虚”，虚构太多则“过于诞妄”。金丰序跋中所展现的小说美学观实则是对《三国演义》“三分虚，七分实”的另一种表述，金丰继承的是《三国演义》的小说创作理念，其《说岳全传》以历史真实为依托，虚构部分则较好地赋予了小说人物以神化的色彩，满足了受众娱乐化的阅读倾向。《说岳全传》第一回到第十四回写岳飞的青少年时代，这部分虚构成分很多，如蟒蛇怪献神枪。第十五回到第六十回虚实相半，凸显了岳飞抗击金兵的显赫战功。第六十一回到第八十回写岳飞死后，岳家军及后代小英雄在岳雷率领下一直杀到黄龙府，平定金国，岳飞的冤狱得到平反，秦桧等卖国贼受到惩罚，这部分以虚构为主，以汉人胜利的结局倾吐了读者心中的愤懑不平之气。

小说序跋关注《三国演义》的第二点就是机诈诡谲，这是作为事“奇”的一个重要方面。《三国演义》最出彩的地方在于战争描写，《三国演义》上承《左传》，将更多的兴趣点和笔墨投注于战前的运筹帷幄，从而凸显故事中人的睿智，而不再是战争本身，彰显了叙事文学再现生活的细致化和精致化。应该说，序跋中的这些评论很好地指出了历史演义小说的创作正途，但清代历史演义小说在描写战争的时候，多流于空洞，战前运筹近于儿戏，大战则近乎闹剧，如《五虎平西前传》《五虎平南后传》等。

---

① 〔清〕金丰：《说岳全传序》，见丁锡根编著《中国历代小说序跋集》，人民文学出版社1996年版，第987页。

但也有部分序跋对《三国演义》持有负面的评价，认为其“不尽合正史”①，因而不“奇”。这种观点在清代虽然不是主流看法，但有一定的市场。历史演义小说是否一定要合于史，这个问题在清代的小说序跋中有争鸣，如佚名《后宋慈云走国全传叙》就从根本上否认了历史演义小说要合乎史实：“稗传外史，奇幻无根者十之七八，近史实录者十之二三，惟在布演者之安排耳。”②

三、从《红楼梦》等世情小说的序跋看其传播

世情小说一般取材于世俗社会及日常生活，其所写“大率为离合悲欢及发迹变态之事，间杂因果报应”③，旨在反映世态炎凉、人情冷暖以讽诫世人。“继承《金瓶梅》以家庭写世情的传统，《醒世姻缘传》《红楼梦》《歧路灯》等作品先后诞生，世情小说取代历史演义、英雄传奇和神魔小说，一跃成为章回小说的主流。”④

世情小说序跋从创作原则上强调素材的合理性和小说的政教功能，从创作手法上追捧“似而不似”，强调在不露痕迹之中描画出人物的性格和神韵。世情小说序跋的诸多理论总结代表了一个时代文论的最高成就，为小说美学品位的判断立下了标杆，使得读者在小说的品评上有了一个评判准则，同时也为世情小说的创作提供了理论支持。

清代世情小说的代表作《红楼梦》虽在各个方面都取得了瞩目的成就，小说的刊刻却迟至三十多年之后。一部小说的刊刻要受到诸多外在因素的制约，如市场对小说的认可度、刊刻所需的资金、印刷的物质条件和可接受的价格等。正是伴随着印刷技术进步而带来的成本的降低，世情小说在清代中后期的传播才有了一个快速的发展。但即使如此，动辄

① 〔清〕闲斋老人：《儒林外史序》，见丁锡根编著《中国历代小说序跋集》，人民文学出版社1996年版，第1681页。

② 〔清〕佚名：《后宋慈云走国全传叙》，见《后宋慈云走国全传》，《古本小说集成》据福文堂本影印，上海古籍出版社1994年版，第1页。

③ 鲁迅：《中国小说史略》，东方出版社1996年版，第141页。

④ 陈美林、冯保善、李忠明：《章回小说史》，浙江古籍出版社1998年版，第133页。

百回的世情小说，如果没有广泛的社会需求的话，书坊主不会贸然刊刻，如《聊斋志异》《红楼梦》《儒林外史》等清代重量级的小说，都是在作品问世几十年之后才得以刊行。起初它们都是以抄本的形式在文人中流传，在传播过程中累积了不少积极评价，如逍遥子《后红楼梦序》称："曹雪芹《红楼梦》一书，久已脍炙人口，每购抄本一部，须数十金。自铁岭高君梓成，一时风行，几于家置一集。"①聚珍版技术不仅刷印精美，而且可使价格有所下降，这就使得《红楼梦》的刊行有了可能，但即使如此，程伟元、高鹗最关心的还是读者可接受的价格，《红楼梦引言》云："是书刷印，原为同好传玩起见，后因坊间再四乞兑，爰公议定值，以备工料之费，非谓奇货可居也。"②他们在小说序跋中对价格问题做了解释："原为同好传玩起见。"可见动机很纯洁，没有贪图钱财的考虑。可是印刷要"备工料之费"，言明我的定价只是工本费，而不是囤积居奇，借以排除借机大赚一笔的嫌疑。但可以据此猜测，乾隆五十七年活字印刷的程乙本价格还是不菲。可按照逍遥子序言中的说法，即使价格不菲，也已经做到了"几于家置一集"。"家置一集"的表述未免有夸大其词之嫌，但也说明了《红楼梦》在当年受欢迎的程度。

《红楼梦》的传播与其禁毁相终始，最早查禁《红楼梦》的是嘉庆年间的玉麟（满洲正黄旗，乾隆六十年进士）：

> 《红楼梦》一书，我满洲无识者流，每以为奇宝，往往向人夸耀，以为助我铺张。甚至串成戏出，演作弹词，观者为之感叹欷歔，声泪俱下，谓此曾经我所在场目击者。其实毫无影响，聊以自欺欺人，不值我在旁齿冷也。其稍有识者，无不以此书为诬蔑我满人，可耻可恨。若果尤而效之，岂但《书》所云"骄奢淫佚，将由恶终者哉"？我做安徽学政时，曾经出示严禁，而力量不能远及，徒唤奈何！有一庠

① 〔清〕逍遥子：《后红楼梦序》，见丁锡根编著《中国历代小说序跋集》，人民文学出版社 1996 年版，第 1175 页。

② 〔清〕程伟元、高鹗：《红楼梦引言》，见丁锡根编著《中国历代小说序跋集》，人民文学出版社 1996 年版，第 1162 页。

士颇擅才笔，私撰《红楼梦节要》一书，已付书坊剞劂。经我访出，曾褫其衿，焚其板，一时观听，颇为肃然，惜他处无有仿而行之者。①

“开谈不说《红楼梦》，读尽诗书也枉然”，但如何评价《红楼梦》，清代的文人并非都是对其赞誉有加，参见下表。

表11 小说序跋中对《红楼梦》的评论

序跋者	序跋名	序跋时间	序跋相关观点
戚蓼生	石头记序		两歌而不分乎喉鼻，二牍而无区乎左右，一声也而两歌，一手也而二牍，此万万不能有之事，不可得之奇，而竟得之《石头记》一书。嘻！异矣。夫敷华掞藻，立意遣词，无一落前人窠臼……第观其蕴于心而抒于手也，注彼而写此，目送而手挥，似谲而正，似则而淫，如《春秋》之有微词，史家之多曲笔
梦觉主人	红楼梦序	乾隆四十九年	“事之近理，词无妄诞”；“似而不似”；“事有重出，词无再犯，其吟咏诗词，自属清新不落小说故套；言语动作之间，饮食起居之事，竟是庭闱形表，语谓因人，词多彻性，其诙谐戏谑，笔端生活未坠村编俗俚。此作者工于叙事，善写性骨也”；“书之传述未终，余帙杳不可得”
舒元炜	红楼梦序	乾隆五十四年	至其指事类情，即物呈巧，皎皎灵台，空空妙伎。……足以破闷怀，足以供清玩。主人曰：“……色空幻境，作者增好了之悲；哀乐中年，我亦堕辛酸之泪。”
程伟元	红楼梦序	乾隆五十六年	即间称有全部者，乃检阅仍只八十卷，读者颇以为憾。……数年以来，仅积有廿余卷。一日偶于鼓担上得十余卷，遂重价购之，欣然翻阅，见其前后起伏，尚属接笋，然漶漫不可收拾。乃同友人细加厘剔，截长补短，抄成全部，复为镌板，以公同好

① 〔清〕梁恭辰：《北东园笔录四编》卷四，南开大学出版社2012年版，第32～33页。

（续表）

序跋者	序跋名	序跋时间	序跋相关观点
高鹗	红楼梦序	乾隆五十六年	予以是书虽稗官野史之流，然尚不谬于名教，欣然拜诺，正以波斯奴见宝为幸
程伟元、高鹗	红楼梦引言	乾隆五十七年	“词意新雅”“用笔吞吐，虚实掩映”
逍遥子	后红楼梦序		曹雪芹《红楼梦》一书，久已脍炙人口，每购抄本一部，须数十金。自铁岭高君梓成，一时风行，几于家置一集
秦子忱	续红楼梦弁言	嘉庆三年	《红楼梦》一书，脍炙人口者数十年，余以孤陋寡闻，固未尝见也。丁未春（1797，嘉庆二年）……同寅中有此，即为借观，以解烦闷
郑师靖	续红楼梦序	嘉庆四年	《红楼梦》为记恨书，与《西厢记》等
尤夙真	瑶华传序	嘉庆四年	每到一处，哄传有《红楼梦》一书，云有一百余回。因回数烦多，无力镌刊，今所流传者皆系聚珍板印刷，故索价甚昂，自非酸子纸裹中物可能罗致，每深神往。……若《红楼梦》，但嫌其繁，不觉其有情，致其生出枝节，未见一一收罗
少海氏	红楼复梦自序	嘉庆四年	是以雪芹曹先生以《红楼梦》一书梓行于世，即李青莲所谓叙天伦之乐事而已。……雪芹之梦，美人香土，燕去楼空
张汝执	红楼梦序	嘉庆六年	适性怡情，以排郁闷，聊为颐养余年之一助
海圃主人	续红楼梦楔子		曩者曹雪芹先生有感而作《石头记》一书，别名为《红楼梦》者，寄感慨于和平，寓贬褒于惩劝，趋俚入雅，化腐为新，洵哉价重当时，名噪奕世矣。其尤奇者，缘之所限，迹不必合，而情之所系，境无终睽，为千古才士佳人另开生面，而终以空诸所有结之
周永保	瑶华传跋	嘉庆十年	最可厌者，莫如近世之《红楼梦》，蝇鸣蚓唱，动辄万言，汗漫不收，味同嚼蜡。世顾盛称之，或又从而续之，亦大可怪矣。……乙丑之春得见香城先生《瑶华传》抄本一册……岂散漫芜秽之《红楼梦》所能梦游其境者哉！

（续表）

序跋者	序跋名	序跋时间	序跋相关观点
兰皋居士	绮楼重梦楔子	嘉庆十年	《红楼梦》一书，不知谁氏所作。其事则琐屑家常，其文则俚俗小说，其义则空诸一切，大略规仿吾家凤洲先生所撰《金瓶梅》，而较有含蓄，不甚着迹，足餍读者之目。
娜嬛山樵	补红楼梦序	嘉庆十九年	雪芹先生之书，情也，梦也；文生于情，情生于文者也。不可无一、不可有二之妙文
犀脊山樵	红楼梦补序	嘉庆二十四年	近日世人所脍炙于口者，莫如《红楼梦》一书，其词甚显，而其旨甚微，诚为天地间最奇最妙之文。……余在京师时，尝见过《红楼梦》元本，止于八十回，叙至金玉联姻，黛玉谢世而止。今世所传一百二十回之文，不知谁何伧父续成者也。原书金玉联姻，非出自贾母、王夫人之意，盖奉元妃之命，宝玉无可如何而就之，黛玉因此抑郁而亡，亦未有以钗冒黛之说……令人见之欲呕
梅溪主人	清风闸序	嘉庆二十四年	抑或有凭虚结撰，隐其人，伏其事，若《金瓶梅》《红楼梦》者；究之不知实指何人，观者亦不过互相传为某某而已
讷山人	增补红楼梦序	嘉庆二十五年	《红楼梦》一书，不知作自何人之手，或曰曹雪芹之手笔也，姑弗深考。然其书则反复开导，曲尽形容，为子弟辈作戒，诚忠厚悱恻，有关于世道人心者也。顾其旨深而词微，具中下之资者，鲜能望见涯岸，不免堕入云雾中，久而久之，直曰情书而已
王希廉	红楼梦批序	道光十二年	《红楼梦》虽小说，而善恶报施，劝惩垂诫，通其说者，且与神圣同功
舒其锳	注聊斋志异跋	道光十七年	或又问于余曰：曹雪芹《红楼梦》，此南方人一大手笔，不可与《聊斋》并传？余应之曰：《红楼梦》不过刻画骄奢淫逸，虽无穷生新，然多用北方俗语，非能如《聊斋》之引用经史子集，字字有来历也

（续表）

序跋者	序跋名	序跋时间	序跋相关观点
田秫	如意君传序	道光二十二年	降而稗官小说，如《三国志》《西游》《水浒》《西厢》《聊斋》《红楼》《虞初新志》
徐璈	第一快活奇书序	道光二十六年	稗官如《红楼梦》，艳称时尚，情隐事新，奇；卒读令人不快，不奇
卢联珠	第一快活奇书序	道光二十七年	外此小说家言，若《牡丹亭》《红楼梦》《聊斋》《虞初》等集，且无虑数百十种，亦皆各出其奇，各擅其奇
幻中了幻居士	品花宝鉴序	道光二十九年	余于诸才子书并《聊斋》《红楼梦》外，则首推石函氏之《品花宝鉴》矣
五桂山人	妙复轩评石头记序	道光三十年	予赋性迂拙，小说家无所好，于《红楼梦》之淫靡烦芜，尤鄙之……阅四年（道光二十八年），新之竟后来，意外之逢可喜，而尤喜《红楼梦》评之窥全璧也
小苍山房	快心录序		此书仿《红楼梦》之作也

在《红楼梦》问世后的短短一百年之中，竟有27篇小说序跋对其评论，如果将这些序跋串在一起，分明就是一部《红楼梦》清代简明传播史。上述撰写序跋者，有进士高鹗、徐璈、田秫，有龙门书院主讲卢联珠和东鲁书院山长郑师靖，有山东兖州都司秦子忱，有官宦子弟王希廉。

《红楼梦》早期的序跋者关注更多的是其创作技法之妙。这些序跋者可谓个个都是文坛名人，他们一致赞赏《红楼梦》“似而不似”的笔法，这也是《红楼梦》区别于其他小说的重要一点。《水浒传》也有“似而不似”的美学风格，人物之间同中有异，如武松和鲁智深虽同属于粗鲁型，但鲁智深做事不计较事情的成功与否，只是一味在做；武松则精于算计，不做则已，做了就必须成功。杨雄之于石秀，显见石秀的精明和机心，而杨雄只是一味的粗豪。相较于《水浒传》，《红楼梦》相似人物之间的区别更加细微，如贾宝玉之与甄宝玉，秦可卿之与尤三姐，黛玉之与晴雯，宝钗之与袭人，王熙凤之与小红，贾琏、贾珍之与贾赦。人物之间的细微区分只能凭借读者的感性体验，而无法用理性的言语来明晰地阐述，但又绝无混淆的可能。

小说序跋关注的第二点是“似谲而正，似则而淫，如《春秋》之有微词，史家之多曲笔”。如第八回《比通灵金莺微露意，探宝钗黛玉半含酸》、第十九回《情切切良宵花解语，意绵绵静日玉生香》。类似的场景还有第十三回《秦可卿死封龙禁尉，王熙凤协理宁国府》，其中贾珍抢眼的表现，暴露了贾珍和秦可卿之间的乱伦之恋。贾宝玉听到秦可卿驾鹤西去的消息之后，口吐鲜血，亦有深意在焉。再如第七十七回《俏丫鬟抱屈夭风流，美优伶斩情归水月》，晴雯临终赠别，内容不可谓不香艳，但带着晴雯体温的内衣被转移到贾宝玉身上的时候，读者只觉得真情流露，而不可能产生一丝的邪念。

后期小说序跋者更多关注作品的内容，认为《红楼梦》为记恨之书，而所谓的“恨”只不过是宝黛结局的不完满，这种评点有点雾里看花，终隔一层。因为《红楼梦》追求的是作品的“味”，而不是离奇曲折的情节、波澜壮阔的场景或圆满的故事结局，小说处处留下的空白点和形象的不确定性成为作品之“味”的重要来源，同时也构成了读者难解其中真“味”的最大障碍。小说以日常生活的诗意观照与反思来追忆逝水年华，用朝花夕拾的苍凉打量如花似梦的青春，在舒缓的节奏中唱响了一曲生命的悲歌，竟因此而被有的序跋者攻讦为“散漫芜秽”，这种评论更属不着边际。如海圃主人《续红楼梦楔子》云：

> 曩者曹雪芹先生有感而作《石头记》一书，别名为《红楼梦》者，寄感慨于和平，寓贬褒于惩劝，趋俚入雅，化腐为新，洵哉价重当时，名噪奕世矣。其尤奇者，缘之所限，迹不必合，而情之所系，境无终睽，为千古才士佳人另开生面，而终以空诸所有结之。①

① 〔清〕海圃主人：《续红楼梦楔子》，见丁锡根编著《中国历代小说序跋集》，人民文学出版社 1996 年版，第 1180 页。

清代的读者对于故事结局的多元化追求使得清代的小说创作不再简单地停留在大团圆层面，读者对于悲剧结局的接受成为清代小说读者欣赏趣味的多元化的一个重要标志，这种欣赏趣味的多元化也带来了世情小说叙事的全新模式。

四、从公案小说的序跋看其传播

公案小说创作昌盛于明代，衰微于清代。清人创作的较有特色的长篇公案小说是《蓝公奇案》，嘉庆、道光年间的《施公案》一版再版、一续再续，只是清代公案小说最后的回光返照而已。清人创作的文言短篇公案小说则散见于蒲松龄的《聊斋志异》、袁枚的《子不语》、纪晓岚的《阅微草堂笔记》和高廷瑶的《宦游纪略》。明代著名公案小说《包公案》在清代屡次刊刻，有清初刊本、乾隆四十年书业堂刊本、嘉庆七年听玉斋评点本（有五卷本和十卷本之分）、嘉庆十四年乾元堂刊本和嘉庆十五年增美堂藏板本等，《施公案》和《蓝公奇案》的序跋也曾提及。

《聊斋志异》中公案小说的叙事重心已经由公案转向对社会的批判，公案只是叙事的一个环节，如《石清虚》《考弊司》《梦狼》等对贪官污吏的批判，《崔猛》《席方平》等对复仇抗暴之举和反抗精神的赞扬，《老龙舡户》《于中丞》《折狱》等对循良官吏的表彰和念恤百姓之苦理念的宣扬，《郭安》《续黄粱》等对腐败科举制度的揭露。“《聊斋志异》中的公案故事，千姿百态，妙不可言。境界高远，形象优美，不是读一般公案小说那样获得‘紧张’与‘智慧’的愉悦而已。”①

袁枚《子不语》中的《真龙图变假龙图》，揭露昏官套用《龙图公案》的办案模式而造成的恶果。纪晓岚《阅微草堂笔记》卷三第十二条，写唐执玉断案，几乎为弄鬼者所欺骗，最终采纳下属意见，罪犯终于得到了应有的惩罚。

高廷瑶《宦游纪略》作为一本记录作者自身官宦生涯的笔记，其中有

---

① 黄岩柏：《公案小说史话》，辽宁教育出版社 1992 年版，第 78 页。

一篇写自己改正错判的故事。当时作者为广州知府，曲江县解来盗案案犯十四人，经过审讯，最后终于找到真主犯，巡抚、臬司主动承担责任，假首犯的性命得以保全。

清代较有特色的公案小说是蓝鼎元的《鹿洲公案》和《施公案》。《鹿洲公案》是一本极为特殊的公案小说专集，说它特殊，是因为它不仅是用文言写成的，而且还是作者当县令办案的真实经历："此其知普宁县时所谳诸案，自叙其推鞫始末，为二十四篇。"①全书涉及杀人、拐卖、盗窃等种种案情，其中多写到反诬现象，反诬往往涉及讼师、衙役、不法监生等出谋划策，使得案情复杂化。二十四则故事全是作者亲身经历，在公案小说史上独树一帜。作者蓝鼎元，曾在雍正年间做过县令，他的《公案偶记》在光绪年间被书商以专集的形式刊印，并改名为《蓝公奇案》。

鹿洲先生独坐土室，日夜读书著述。余过之曰："噫！有此安闲自得之一日乎？"鹿洲笑曰："吾所入者皆自得，若安闲与否，则非吾所知也。"俄有民自十里百里至者，皆提筐挈榼，悲歔太息，言公为政似龙图，而祸变出意外，民等甚为不服。先生笑而谢之且摇手曰："后不可作斯语，此非所以爱我也惠来。"邑民王希伍年八十余矣，扶杖行二百里，携米五升，鸡子十数枚，馈先生而泣焉，曰："天乎！天乎！不图包公一至于此。"余于是叹先生异政，感及邻封。去官之后，乃见舆情，不独潮、普两邑之民为然矣。先生听讼如神，果有包孝肃遗风。每当疑狱难明，虚公静鞫，似别有钩致之术。虽狡黠讼师、积年老贼，词说不能难、夹责不能服者，一见先生，即鬼诈不知何往，不待刑而毕输其情。余每怪世人谳讼全以刑法推敲，三木之下，何求不得？万一有差，九原怨痛，宁有极乎？先生听断，惟恐小民不得尽其词，怡色和声，从容辩析，俟其无所逃遁，而后定其是非。是以刑者不冤，死者无恨。民不能欺而亦自不敢欺，此吾夫子所谓大畏民志者也。使天下司刑之官皆如先生之公明详慎，宇内岂有冤民哉？先生

① 〔清〕永瑢等：《四库全书总目》，中华书局1965年版，第576页。

追思往事，择其案情稍异者，笔之成书，为《公案偶纪》二卷。夫世所传《龙图公案》，吾不知其真赝何如，觉中间鬼事太多，不足为训，且亦有非孝肃公实迹者。以《鹿洲公案》视之，似更质而加之以文，卓卓乎可传也。人皆以公忠受祸，为先生扼腕，余独以此为先生贺，则操心可以对君父，制行可以对庶民。求仁得仁，夫复何歉？况孟夫子有生于忧患之说乎？先生自服官以来，惟在普得寝食耳，未两月而普邑大治。当道以先生为才，俾兼潮篆。奉檄日，自普启行，入潮境，沿途相验命案者三宗。而后至潮邑，又当上年歉收之后，五营军士乏粮半载，盗贼遍野，行人持梃结队，尚岌岌未必保全。豪强奸宄，暴寡凌弱，窃人之妻，鬻人之子，争山霸海，夺田侵宅，日告愬者一二千人。先生极力整顿，筹兵食，靖萑苻，治豪猾，狱讼随到随决。黎明视事，漏下二三鼓，而后退食。又，词状、簿书不肯假手他人。鸡六鸣而后就寝，东方微白，复起视事，如是者一载有余，无一日一时之间断。地方宁静，治绩甫成，又有战船、炮台、城垣、营房、西谷之大累，心血俱竭，尚朔望偕诸生讲学谈道，使之共兴于尊君、亲上、孝弟、忠信之风。讲毕课文，躬为评骘。亲友咸劝节劳，曰："功名与身命孰重？"先生曰："吾一日不如此，便觉此心不可以对君。非为名也。吾一介草茅，受恩深重，鞠躬尽瘁，死而后已。"余乃知先生之遭厄，正造物所以厚先生而延之命也。从兹得遂志林泉，等身著述，自足千秋。即使重出勤劳，亦多此一番休养。阅历人情变态、宦海风波，未必非忧戚玉成之一助。余所以为先生贺，亦信先生能自乐其乐也。潮邑已臻大治，夜户弗扃，民有仁让之俗。读《鹿洲公案》者，当知先生一片苦心，不徒以创见而夸美之也。是为序。雍正己酉春日衡山年同学愚弟旷敏本拜手题。①

序跋详细地介绍了蓝鼎元的遭遇，历述其道德学问、断案风格和小说的创作过程，大段的人物对白使得序跋近乎传记文学，蓝鼎元的人物形象

① 〔清〕旷敏本：《鹿洲公案序》，见沈云龙主编《近代中国史料丛刊续编》第41辑，台湾文海出版社1966年版，第1~16页。

呼之欲出，这在清代小说序跋之中算是特例。序文借助与《鹿洲公案》的比较，认为《龙图公案》描写的神鬼之事太多，且很多案件与包拯没有关系，从而间接地指出了小说创作的正途——真实。应当讲，旷敏本对《龙图公案》的批评非常准确。《鹿洲公案》全部是蓝鼎元对自己所审奇案的追忆，绝无鬼神之事，但缺少虚构，又有大段公文和说理性的文字，冲淡了小说叙事的色彩，情节的生动性也大打折扣，所以有很多学者认为它不是小说，而是历史记载。旷敏本同时还认为："等身著述，自足千秋。即使重出勤劳，亦多此一番休养。阅历人情变态、宦海风波，未必非忧戚玉成之一助。"作者的不幸人生不仅可以成就道德学问，更可由此化为等身著述，为作者赢得千秋美名。

《施公案》初集写成于嘉庆二年（1797），是公案小说向章回长篇发展，并与武侠小说结合最早、最典型的代表作。全书共八卷九十七回。续书则是1840年以后的产物。清佚名《施公案序》云：

> 折狱之道，不在乎捷捷善言，而在乎忠贞慈谅也……特采其实事数十条，表而出之，使天下后世知施公之为人，且使为官者知以施公为法也。①

小说序跋表现出明显的理学化倾向，似乎做官只要具备忠贞慈谅的内在品质，就可以高精准地破案，显然有些迂腐。这与嘉庆年间理学的回归有着很大的关系，与清初对实践能力的重视差别甚大。据史料记载，康熙二十四年（1685），施仕纶以荫生出任泰州知州，历任扬州知府、江宁知府、湖南布政使、顺天府尹、户部侍郎、漕运总督等。"本朝江都县令施公，其为人也，峭直刚毅，不苟合，不苟取。一切故人亲党，有干谒者，俱正色谢绝之。江都为之语曰：'关节不到，有阎罗施老。'以其行比宋朝包公，所可异者。而其为官，克己怜民，凡民有一害，必思有以除之；有一利，必思有以兴之。即至密至隐之情，未有不采赜索隐，曲得其实者。而一时无情之人，不敢尽虚诞之辞。则普天下施公所历之政

---

① 〔清〕佚名：《施公案叙》，见丁锡根编著《中国历代小说序跋集》，人民文学出版社1996年版，第1610～1611页。

善,几无舍冤之民矣!”[1]清人笔记记载的施仕纶是一位精明果敢、清廉刚正的好官,受到皇帝的赏识和百姓的爱戴。

在《施公案》中,施仕纶可谓是无案不破,但断案的手法近乎荒唐,并未见序跋所言之“忠贞慈谅”,如对九黄、七珠杀人案的审理,借助于梦中提示:“外边墙头之下,有群黄雀儿,九只,点头摇尾,唧留喳啦,不住乱叫……七个小猪儿……”醒后登堂,即抽签命令快头英公然、张子仁将九黄、七猪捉拿归案。当两个快头请示九黄、七猪是人名、物名时,施仕纶公然赏了他们十五大板。在多次追比之下,英公然、张子仁最终在关外莲花院抓住了凶犯九黄、七猪,凶案告破。在第七十八回《当堂审张氏,张氏吐真情》中,施仕纶发问:“与你男人还是结发,还是半路夫妻?”当施仕纶得知张氏是填房以后,即定性为奸杀;而在第三百八十回《折疑狱吓煞族叔祖,断遗腹恩及未亡人》中,当听说吴氏待公婆还孝顺,且举动还端庄,又见吴氏悲痛难胜,就知道另有原因。后果不出所料,是误食荆花鲫鱼汤的缘故。第二十八回《解开螃蟹情弊,差人访拿凶犯》借助拆字而破案。《施公案》中的很多案子侦破依靠三点:梦中点化、玄想和侠客襄助,作为公案小说没有任何精彩可言,难怪鲁迅先生评论为“文意俱拙”[2]。

第三节　文言小说序跋与小说传播

《四库全书总目》共收录小说319部,其中“小说家类”收123部,“小说家类存目”收196部。“小说家类”共收“杂事之属”86部、“异闻之属”32部、“琐语之属”5部,“小说家类存目”共收“杂事之属”101部、“异闻之属”60部、“琐语之属”35部。其中清代部分并不见于“小说家类”,只有“小说家类存目”收录了35部,约占总数的10%,包括“杂事之属”17部、“异闻之属”14部、“琐语之属”4部。但未见于《四库全书总目》著录的文言小说甚夥,如《虞初新志》《虞初续志》《广虞初新志》《聊斋志异》《阅微草堂笔记》

① 〔清〕佚名:《施公案》附录二,江苏古籍出版社1994年版,第2003页。
② 鲁迅:《中国小说史略》,东方出版社1996年版,第228页。

及其后许多文言小说，由此可知清代文言小说数量之大。

一、从《聊斋志异》的序跋看其传播

《聊斋志异》在抄本阶段，即得到高珩、唐梦赉、孔继涵、殿春亭主人等诸位文人的赏识。现存最早的版本为赵起杲在浙江刊刻的青柯亭本。后陆续发现青柯亭本失收的篇目，由段甡和胡定生分别刊行。其后但明伦、何守奇、吕湛恩、冯镇峦等评注本陆续刊行，极大地推动了《聊斋志异》的传播。

表 12 《聊斋志异》序跋

序跋者	序跋名	序跋时间	相关观点
蒲松龄	聊斋自志	康熙十八年	才非干宝，雅爱搜神；情类黄州，喜人谈鬼。闻则命笔，遂以成编。久之，四方同人，又以邮筒相寄，因而物以好聚，所积益夥。……集腋为裘，妄续幽冥之录；浮白载笔，仅成孤愤之书：寄托如此，亦足悲矣！
高珩	聊斋志异序	康熙十八年	志而曰异，明其不同于常也。……则谓异之为义，即易之冒道，无不可也。夫人但知居仁由义，克己复礼，为善人君子矣……虽孔子之所不语者，皆足辅功令教化之所不及
唐梦赉	聊斋志异序	康熙二十一年	大要多鬼狐怪异之事……其论断大义，皆本于赏善罚淫与安义命之旨，足以开物而成务
殿春亭主人	聊斋志异跋	雍正元年	余家旧有蒲聊斋先生《志异》钞本，亦不知其何从得。后为人借去传看，竟失所在。……仲明与蒲俱淄人，亲串朋好，稔相浃，遂许为乞原本借钞，当不吝。岁壬寅冬，仲明自淄携稿来，累累巨册，视向所失去数当倍。披之耳目益扩。乃出资觅佣书者亟录之，前后凡十阅月更一岁首，始告竣
南村	聊斋志异跋	雍正元年	聊斋少负艳才，牢落名场无所遇，胸填气结，不得已为是书。余观其寓意之言，十固八九，何甚悲以深也！

（续表）

序跋者	序跋名	序跋时间	相关观点
蒲立德	聊斋志异跋	乾隆五年	《志异》十六卷，先大父柳泉先生著也……其事多涉于神怪；其体仿历代志传；其论赞或触时感事，而以劝以惩；其文往往刻镂物情，曲尽世态……此《山经》《博物》之遗，《远游》《天问》之意，非第如干宝《搜神》已也。初亦藏于家，无力梓行，近乃人竞传写，远迩借求矣
练塘老渔	聊斋志异跋	乾隆十六年	见怪不怪，我正即能辟邪；怕鬼有鬼，疑心适以杀子
余集	聊斋志异序	乾隆三十年	太守公出淄川蒲柳泉先生《聊斋志异》，请余审定而付之梓……沉冥抑塞，托志幽遐，至于此极！余盖卒读之而悄然有以悲先生之志矣
赵起杲	聊斋志异弁言	乾隆三十一年	丙寅（1746）冬，吾友周子季和自济南解馆归，以手录蒲留仙先生《聊斋志异》二册相贻。深以卷帙繁多，不能全钞为憾。予读而喜之，每藏之行笥中，欲访其全，数年不可得。丁丑（1757）春，携至都门，为王子闰轩攫去。后予宦闽中，晤郑荔芗（方坤）先生令嗣。因忆先生昔年曾宦吾乡，性喜储书，或有藏本。果丐得之。命侍史录正副二本，披阅之下，似与季和本稍异。后三年，再至都门，闰轩出原钞本细加校对，又从吴君颖思假钞本勘定，各有异同，始知荔芗当年得于其家者，实原稿也。癸未（1763）官武林，友人鲍以文屡怂恿予付梓，因循未果。后借钞者众，藏本不能遍应，遂勉成以公同好。……此书之成，出赀勷事者，鲍子以文；校雠更正者，则余君蓉裳、郁君佩先暨予弟皋亭也
孔继涵	聊斋志异序		今《志异》之所载，皆罕所闻见，而谓人能不异之乎？然寓言十九，即其寓而通之，又皆人之所不异也。不异于寓言之所寓，而独异于所寓之言，是则人之好异也。……后之读《志异》者，骇其异而悦之，未可知；忌其寓而怒之愤之，未可知；或通其寓言之异而慨叹流连，歌泣从之，亦未可知

（续表）

序跋者	序跋名	序跋时间	相关观点
陈廷机	聊斋志异序	道光四年	诸小说正编既出，必有续作随其后，虽不能媲美前人，亦袭貌而窃其似；而蒲聊斋之《志异》独无。非不欲续也，亦以空前绝后之作，使唐人见之，自当把臂入林，后来作者，宜其搁笔耳。兹幸获其遗稿数十首，事新语新，几于一字一珠，而又有可以感人心、示劝戒之意。……维时雪亭段君，踊跃付梓
刘瀛珍	聊斋志异序	道光年间	今乃得其遗稿若干首，奇情异采，矫然若生，而无是公乌有先生又于于然来矣。黎阳段君雪亭，毅然以付梓自任，斯岂独《聊斋》之知己，抑亦众读《聊斋》者所郁郁于中，而今甫得一伸者也
胡泉	聊斋志异序	道光年间	豆棚瓜架，雨夕风晨，固已邀鉴赏于渔洋，不啻策衙官于屈、宋。……斯其雅趣诙奇，能启文心于齑臼；岂第清词俶诡，堪发妙想于子虚？
段𬘡	聊斋志异序	道光四年	留仙《志异》一书，脍炙人口久矣。余自髫龄迄今，身之所经，无论名会之区，即僻陬十室，靡不家置一册。盖其学深笔健，情挚识卓，寓赏罚于嬉笑，百诵不厌。……假干宝《搜神》，聊志一生心血，欲以奇异之说，冀人之一览，其情亦足悲矣。是书流传既久，而俗坊吝于铅椠，将其短类半删去之；渐久而失愈多，殊堪恨恨。然好事者尚可广搜远绍，符其原额。己巳春，于甘陵贾氏家获睹雍正年间旧钞，是来自济南朱氏，而朱氏得自淄川者。内多数十则，平素坊本所无。余不禁狂喜。遂假录之，两朝夕而毕。后复核对各本皆阙，殆当时初付剞劂，即亡之矣。好事之家，得其一鳞片甲，不啻天球，余何忍听其湮没，而不公诸海内乎？然欲付梨枣而啬于资，素愿莫偿，恒深歉怅。兹于道光癸未(1843)，与德州刘仙舫雨夜促膝言及之，仙舫毅然醵金，余遂得于甲申秋录而付梓

（续表）

序跋者	序跋名	序跋时间	相关观点
吕湛恩	聊斋志异序	道光五年	余童年从先君读，课业之暇，闻诸同人谈鬼狐仙怪事，靡靡可听。初不知有《聊斋志异》，其后闻之而喜；又以不得读为憾。及长，读之，如有夙缘，神与相遇，而若或引之，几至忘啜废枕
蔡培	聊斋志异序	道光五年	乙酉春，偶从博庵王少府案头见有《聊斋志异》注十六卷，询知为吕子叔清所辑。……盖吕子之才识，不让于柳泉，而其功名之困顿，亦与柳泉等，士君子穷而在下，怀抱利器能不得展，往往托于文章，以自舒其抑郁无聊之气，则吕子之成是书，吾知其性情所寄，欲与柳泉为徒，岂沾沾于鬼狐仙怪云尔哉！至其博引繁征，条分缕晰，则又本诸家学
胡定生	聊斋志异拾遗序	道光十年	《聊斋志异拾遗》一卷，都四十二则，乃荣小圃通守随尊甫筠圃先生任淄川时，得自蒲氏裔孙者
何彤文	注聊斋志异序	道光十七年	若著《聊斋》者生逢盛世，以彼其才其学其识而不获一第，无怪其嘲试官谓并盲于鼻也。《聊斋》胎息《史》《汉》，浸淫晋魏六朝，下及唐宋，无不薰其香而摘其艳。其运笔可谓古峭矣，序事可谓简洁矣，铸语可谓典赡矣。其志异也，大而雷龙湖海，细而虫鸟花卉，无不镜其原而点缀之，曲绘之。且言狐鬼，言仙佛，言贪淫，言盗邪，言豪侠节烈，重见叠出，愈出愈奇，此其才又岂在耐庵之下哉！至其每篇后“异史氏曰”一段，则直与太史公列传神与古会，登其堂而入其室。渔洋老人虽间有搔着痛痒处，尚不能与之并驾齐驱，后之批《聊斋》者，亦可毋庸邻女效颦，般门弄斧矣！且近之读《聊斋》者，无非囫囵吞枣，涉猎数遍，以资谈柄，其于章法、句法、字法，规模何代之文，出于何书，见于何典，则茫夫未之知也，即读焉如未读也，有执以相问难者，十不得其一二焉……我国家二百年来，人文之盛亦云极矣。而二百年中，可传之书有三，一代作者皆出于北人而南人未之逮也。一为孔东亭之《桃花扇》，一为王阮亭之《精华录》，一为蒲留仙之《聊斋志异》

（续表）

序跋者	序跋名	序跋时间	相关观点
舒其锳	注聊斋志异跋	道光十七年	《聊斋志异》大半假狐鬼以讽喻世俗。……《红楼梦》不过刻画骄奢淫逸，虽无穷生新，然多用北方俗语，非能如《聊斋》之引用经史子集，字字有来历也
但明伦	聊斋志异序	道光二十二年	不知其他，惟喜某篇某处典奥若《尚书》，名贵若《周礼》，精峭若《檀弓》，叙次渊古若《左传》《国语》《国策》，为文之法，得此益悟耳。……岁己卯（嘉庆二十四年，1819），入词垣，先后典楚、浙试，皇华小憩，取是书随笔加点，载以臆说，置行箧中。为友人王蓌堂、钱辰田两侍读，许信臣、朱桐轩两学使见而许之，谓不独揭其根柢，于人心风化，实有裨益。嘱咐剞劂而未果。兹奉命莅任江南，张桐厢观察、金瀛仙主政、叶素庵孝廉诸友，复怂恿刊布，以公同好

从诸家序跋可知，《聊斋志异》一经面世，即受到文人的追捧，序跋所涉及的观点代表了当时文人的传统文学观念："辅功令教化之所不及"；"事新语新，几于一字一珠，而又有可以感人心、示劝戒之意"；"引用经史子集，字字有来历"；"《聊斋》胎息《史》《汉》，浸淫晋魏六朝，下及唐宋，无不薰其香而摘其艳。其运笔可谓古峭矣，序事可谓简洁矣，铸语可谓典赡矣"。

更为重要的是，序跋中还交代了手抄本的版本及其来龙去脉，给我们留下了丰富的《聊斋志异》传播史料。如青柯亭本，从赵起杲本人的序跋可知，青柯亭本应以郑荔芗本为底稿，参照了周季和本和吴颖思本，三本之间有着细微差异。

《聊斋志异》取得了很高的文学成就，却不见收于《四库全书》，因为其不符合《四库全书》的收录标准。《四库全书总目·子部·小说家类》小序云，文言小说"唐宋而后，作者弥繁。中间诬谩失真、妖妄荧听者固为不少，然寓劝戒、广见闻、资考证者亦错出其中"，"迹其流别，凡有三派:其一叙述杂事,其一记录异闻,其一缀辑琐语也”,“今甄录其近雅驯者,以广见闻。惟猥鄙荒诞,徒乱耳目者则黜不载焉”。① 从《四库全书总目》收录的实际情形来看,十分强调小说的所谓真实性、持论的正统和语言的雅洁。对宋王辟之《渑水燕谈录》、赵令畤《侯鲭录》、王应龙《翠屏笔谈》,元无名氏《东南纪闻》,明陶宗仪《辍耕录》、无名氏《双溪杂记》分别评论道:

盖此本为商濬《稗海》所刻,明人庸妄,已有所删削矣,所记诸条多与史传相出入……然野史传闻,不能尽确,非独此书为然,取其大致之近实可也。②

是书采录故事诗话颇为精赡……然令畤所与游处皆元祐胜流,诸所记录多尚有典型,是固不以人废言矣。③

其书多记诗话,兼及神怪杂事,亦小说家流。然采摭冗碎,绝无体例。④

偶涉古事,余皆南北宋之轶闻,间与他书相出入,疑亦杂采说部为之……而南岳夫人一事尤为猥亵,亦未免堕小说窠臼,自秽其书。然大旨记述近实,持论近正,在说部之中犹为善本。⑤

此书乃杂记闻见琐事……于有元一代法令制度及至正末东南兵乱之事纪录颇详。所考订书画文艺,亦多足备参证。惟多杂以俚俗戏谑之语,闾里鄙秽之事,颇乖著作之体。叶盛《水东日记》深病其所载猥亵,良非苛论。然其首尾赅贯,要为能留心于掌故,故朱彝尊《静志居诗话》谓宗仪练习旧章,元代朝野旧事实借此书以存,而许其有裨史学,则虽瑜不掩瑕,固亦论古者所不废矣。⑥

案焦竑《经籍志》载,《双溪杂记》二卷,王琼撰。……是编其杂

---

① 〔清〕永瑢等:《四库全书总目》,中华书局 1965 年版,第 1182 页。
② 〔清〕永瑢等:《四库全书总目》,中华书局 1965 年版,第 1190 页。
③ 〔清〕永瑢等:《四库全书总目》,中华书局 1965 年版,第 1194 页。
④ 〔清〕永瑢等:《四库全书总目》,中华书局 1965 年版,第 1217 页。
⑤ 〔清〕永瑢等:《四库全书总目》,中华书局 1965 年版,第 1202 页。
⑥ 〔清〕永瑢等:《四库全书总目》,中华书局 1965 年版,第 1203 页。

记见闻之作也，所载朝廷故事，于弘治以前颇有稽核，足与正史相参，即是非取予，亦不甚剌谬。至正嘉之间，则自任其私，多所污蔑，不可尽据为实录。考明史本传，琼督边之功及荐王守仁以平宸濠，其功固不可没，然平日与江彬、钱宁等相比，而与杨廷和、彭泽等不协，故记中于廷和与泽诋诬尤甚。至于大礼一事，曲徇世宗之意，悉归其过于廷和，尤非定论矣。①

《四库全书》严格的收录标准与《聊斋志异》自抒孤愤的风格显然抵牾。尤其是《聊斋志异》某些篇章以欣赏的眼光描写男女情爱，大胆炽热，更为假道学所不容。如“乃梯而过，遂共寝处”（《红玉》），“生大喜，遂共欢好”（《张于旦》），“狎亵既竟，流丹浃席”（《林四娘》），“息烛登床，绸缪甚至”（《莲香》），“合卺之后，甚惬心怀”（《娇娜》），“继而灭烛登床，狎情荡甚”（《胡四娘》），“即就枕席，宛转万态，款接之欢，不可言寓”（《阿秀》），“乃揽体入怀，代解裙结。玉体乍露，热香四流，偎抱之间，觉鼻息汗熏，无气不馥”（《葛巾》）。对蒲松龄笔下的多情狐女，陈寅恪《柳如是别传》指出：“清初淄川蒲留仙松龄《聊斋志异》所纪诸狐女，大都妍质清言，风流放诞，盖留仙以齐鲁之文士，不满其社会环境之限制，遂发遐思，聊托灵怪以写其理想中之女性耳。实则自明季吴越胜流观之，此辈狐女，乃真实之人，且为篱壁间物，不待寓意游戏之文，于梦寐中以求之也。若河东君者，工吟善谑，往来飘忽，尤与留仙所述之物语仿佛近似。”②

《聊斋志异》不被《四库全书》收录还有一重要原因，就是蒲松龄与纪昀的文学观相左。乾隆五十八年（1793）十一月，纪昀的门生盛时彦在为《姑妄听之》作序时，引述纪昀的话：“时彦尝谓先生诸书，虽托诸小说，而义存劝戒，无一非典型之言，此天下之所知也。至于辨析名理，妙极精微；引据古义，具有根柢，则学问见焉。……夫著书必取熔经义，而后宗旨正；必参酌史裁，而后条理明；必博涉诸子百家，而后变化尽。……故不明著

---

① 〔清〕永瑢等：《四库全书总目》，中华书局1965年版，第1219页。

② 陈寅恪：《柳如是别传》，生活·读书·新知三联书店2001年版，第75页。

书之理者，虽诂经评史，不杂则陋；明著书之理者，虽稗官脞记，亦具有体例。先生尝曰：‘《聊斋志异》盛行一时，然才子之笔，非著书者之笔也。虞初以下，干宝以上，古书多佚矣。可见完帙者，刘敬叔《异苑》、陶潜《续搜神记》，小说类也；《飞燕外传》《会真记》，传奇类也。《太平广记》事以类聚，故可并收。今一书而兼二体，所未解也。小说既述见闻，即属叙事，不比戏场关目，随意装点……今燕昵之词，媟狎之态，细微曲折，摹绘如生。使出自言，似无此理。使出作者代言，则何从闻而见之？又所未解也。留仙之才，余诚莫逮万一，惟此二事，则夏虫不免疑冰。……’”①纪昀明确表达了对蒲松龄《聊斋志异》创作手法的不满。作为传奇体小说，固然可以虚构，在虚构中陶写文人的人生旨趣，但同时需要交代素材来源，以示文章内容的真实可信；而《聊斋志异》从内容上隶属于志怪，从情感寄托的角度来看，《聊斋志异》与明末清初的志怪性传奇非常接近，即都经常发挥人不如兽、狐鬼可亲的愤世嫉俗的思想。《聊斋志异》传达的是世俗之情，对朝廷多有批判。因此，《四库全书》是不可能收录的。

纪昀《阅微草堂笔记》亦有独特的成就，清人易宗夔说：“故公胸有千秋，而不轻著一书，其所欲言者，悉于《四库提要》中阐发之。而惟以觉世之心，自托于小说稗官之列。”②傅增湘记载的《滦阳消夏录》为三卷，并录有手识：“检点燕公纪事珠，拈毫一字几踌躇；平生曾是轻干宝，浪被人称鬼董狐。前因后果验无差，琐记搜罗鬼一车；传语洛闽门弟子，稗家原不入儒家。己酉五月廿六日缮竟附题。”③刘墉跋语曰：“正容庄语，听者恐卧，导以隽永，使人意消，不以文为制而以文为戏，晋公亦何规乎！瑰玮连犿，吾爱其笔。石庵居士题。”④贾臻跋语：“道光庚戌十一月文达元孙谷原上舍自盟津来，以是本见贻，余受而藏之，自诧眼福。第一卷刘文清跋

①　〔清〕盛时彦：《姑妄听之跋》，见《阅微草堂笔记》，浙江古籍出版社 1997 年版，第 350～351 页。

②　〔清〕易宗夔：《新世说》，见钱仲联主编《清诗纪事》“乾隆朝卷”，江苏古籍出版社 1989 年版，第 5630 页。

③　傅增湘：《藏园群书经眼录》，中华书局 2009 年版，第 668～669 页。

④　傅增湘：《藏园群书经眼录》，中华书局 2009 年版，第 669 页。

尾人人知其真迹，此卷后公自识四行实公亲书，人或未之知也，特为拈出，以告后之获睹是本者。又公自题两绝句，前一首与今刻本异，此当是初稿。故城后学贾臻读完附记，时在河南郡署躬自厚斋。”①

清人邱炜萲说：“《阅微》五种，体例较严，略于叙事，而议论之宏拓平实，自成一家，亦小说之魁矣。”②鲁迅先生也说：“《阅微草堂笔记》虽‘聊以遣日’之书，而立法甚严，举其体要，则在尚质黜华，追踪晋宋……故与《聊斋》之取法传奇者途径自殊，然较以晋宋人书，则《阅微》又过偏于论议。盖不安于仅为小说，更欲有益人心，即与晋宋志怪精神，自然违隔；且末流加厉，易堕为报应因果之谈也。惟纪昀本长文笔，多见秘书，又襟怀夷旷，故凡测鬼神之情状，发人间之幽微，托狐鬼以抒己见者，隽思妙语，时足解颐；间杂考辨，亦有灼见。叙述复雍容淡雅，天趣盎然，故后来无人能夺其席，固非仅借位高望重以传者矣。”③“《滦阳消夏录》方脱稿，即为书肆刊行，旋与《聊斋志异》峙立；《如是我闻》等继之，行益广。其影响所及，则使文人拟作，虽尚有《聊斋》遗风，而摹绘之笔顿减，终乃类于宋明人谈异之书。”④

不管是“聊斋体”，还是“阅微体”，到道光年间都开始走下坡路，其中很重要的原因在于后继者既没有蒲松龄发愤著书的精神，也没有纪昀对社会的深刻见解，只是一味地从形式上加以模仿，遗神取貌，丧失了内在神韵之后，只剩下一具空壳。“体式较近于纪氏五书者，有云间许元仲《三异笔谈》四卷（道光七年序），德清俞鸿渐《印雪轩随笔》四卷（道光二十五年序），后者甚推《阅微》，而云‘微嫌其中排击宋儒语过多’（卷二），则旨趣实异。……江阴金捧阊之《客窗偶笔》四卷（嘉庆元年序），福州梁恭辰之《池上草堂笔记》二十四卷（道光二十八年序），桐城许奉恩之《里

① 傅增湘：《藏园群书经眼录》，中华书局 2009 年版，第 669 页。

② 〔清〕邱炜萲：《五百石洞天挥麈》，见钱仲联主编《清诗纪事》“乾隆朝卷”，江苏古籍出版社 1989 年版，第 5630 页。

③ 鲁迅：《中国小说史略》，东方出版社 1996 年版，第 170～171 页。

④ 鲁迅：《中国小说史略》，东方出版社 1996 年版，第 173 页。

乘》十卷（似亦道光中作），亦记异事，貌如志怪者流，而盛陈祸福，专主劝惩，已不足以称小说。”①

二、《虞初新志》等文言小说集序跋与小说传播

清人对文言小说的贡献之一在于保存，诸多文言小说集的出版不仅保证了单篇小说的不易流失，同时也为读者打开了一扇方便之门。在小说集的编撰过程中，编撰者有自己的原则，对文学有自己的观点，这些观点彰显了一个时代的文学接受倾向。

张潮认为传奇小说多借“才子、佳人、英雄、神仙”等幽奇题材抒写“感愤”：鄙人性好幽奇，衷多感愤。故神仙英杰，寓意《四怀》；外史奇文，写心一启（予向有才子、佳人、英雄、神仙《四怀诗》及《征选外史启》）。生平罕逢秘本，不惮假抄；偶尔得遇异书，辄为求购。②

《虞初新志·总跋》又说：

> 夫人以穷愁而著书，则其书之所蕴，必多抑郁无聊之意以寓乎其间。读者亦何乐闻此如怨如慕、如泣如诉之音乎？予不幸，于己卯岁误堕坑井中，而肺附中山不以其困也而贳之，犹时时相嚗啮，既无有有道丈人相助举手，又不获遇聂隐娘辈一泣诉之，唯暂学羼提波罗蜜，俟之身后而已。于斯时也，苟非得一二奇书消磨岁月，其殆将何以处此乎？然则予第假读书一途以度此穷愁，非敢曰唯穷愁始能从事于铅椠也。③

张潮指出，散文以雅洁为前提，而传奇小说则铺叙宜详。《虞初新志·凡例十则》：“一事而两见者，叙事固无异同，行文必有详略。如《大铁椎传》，一见于宁都魏叔子，一见于新安王不庵。二公之文，真如赵璧

① 鲁迅：《中国小说史略》，东方出版社1996年版，第174页。

② 〔清〕张潮：《虞初新志·凡例十则》，见《说海》第2册，人民日报出版社1997年版，第321页。

③ 〔清〕张潮：《虞初新志·凡例十则》，见《说海》第2册，人民日报出版社1997年版，第319页。

隋珠，不相上下。顾魏详而王略，则登魏而逸王。只期便于览观，非敢意为轩轾。”①以翔实或雅洁为审美标准是传奇小说和叙事古文区别之所在，张潮的见解冲破了古文叙事规范的束缚：

> 古今小说家言，指不胜偻，大都饾饤人物，补缀欣戚，累牍连篇。非不详赡，然优孟叔敖，徒得其似，而未传其真。强笑不欢，强哭不戚，乌足令耽奇揽异之士心开神释、色飞眉舞哉？况天壤间浩气卷舒，鼓荡激薄，变态万状，一切荒诞奇僻、可喜可愕、可歌可泣之事，古之所有，不必今之所无，古之所无，忽为今之所有，固不仅飞仙盗侠、牛鬼蛇神，如《夷坚》《艳异》者所载者为奇矣。此《虞初》一书，汤临川称为小说家之“珍珠船”，点校之以传世，洵有取尔也。独是原本所撰述，尽摭唐人佚事，唐以后无闻焉。临川续之，合为十二卷，其间调笑滑稽，离奇诡异，无不引人着胜。究亦简帙无多，搜采未广，予是以慨然有《虞初后志》之辑。需之岁月，始可成书，先以《虞初新志》授梓问世。其事多近代也，其文多时贤也，事奇而核，文隽而工，写照传神，仿摹逼肖，诚所谓古有而今不必无、古无而今不必不有，且有理之所无，竟为事之所有者。读之令人无端而喜，无端而愕，无端而欲歌欲泣，诚得其真，而非仅得其似也。夫岂强笑不欢、强哭不戚、饾饤补缀之稗官小说可同日语哉！学士大夫酬应之余，伊吾之暇，取是篇而浏览之，匪唯涤烦祛倦，抑且纵横俯仰，开拓心胸，具达观而发旷怀也已。②

张潮还认为，传奇小说的选材贵真贵奇。而所谓的“真”，不仅要求素材符合生活的真实，而且还要求人物事件刻画描写的逼真，要得其神似，“而非仅得其似也”。在追逐奇异的道路上，张潮重拾汤显祖在《牡丹亭》中的文学主张：“理之所无，竟为事之所有。”生活中尽有未必符合儒

---

① 〔清〕张潮：《虞初新志·凡例十则》，见《说海》第2册，人民日报出版社1997年版，第321页。

② 〔清〕张潮：《虞初新志自叙》，见《说海》第2册，人民日报出版社1997年版，第320页。

家道统的事情，但是确实发生了，这样的素材经隽永的笔触稍加点染，就会达到“化工”的境界：“文隽而工。”这样的事件，这样的笔触，这样的文章，读者一旦接触，定会“无端而喜，无端而愕，无端而欲歌欲泣”。也只有这样的文章，才能真正实现“涤烦祛倦”“纵横俯仰，开拓心胸，具达观而发旷怀”的文学功能。

稍后郑澍若也强调传奇小说贵真，也认为传奇小说可以“凿方心，开灵牖”，“咤风云，锵金石，助麈谭而备輶轩之咨访”。

> 山来张先生辑《虞初新志》，几于家有其书矣。诚以所编纂者，事非荒唐不经，文无鄙俚不类，较之汤临川之续合《虞初》原本，光怪陆离，足以凿方心，开灵牖，弥觉引人入胜……非敢谓开拓万古心胸，有闻乐观止之叹，然而其文其事，则皆可以咤风云，锵金石，助麈谭而备輶轩之咨访者也。①

但从选文来看，郑澍若的《虞初续志》和张潮的《虞初新志》有着很大的不同。张潮的选文中有《义犬记》《义虎记》等，但多抒发人不如动物的感慨，而郑澍若则标榜忠孝节义。

黄承增同样强调了传奇小说题材的“奇”“真”“雅”“工”的审美元素和“开拓心胸、涤烦祛倦”的社会功用：

> 吾歙张心斋以其卷帙无多，欲辑《虞初后志》，自云需之岁月，始可成书。乃先以《虞初新志》问世，今所传诒清堂袖珍本二十卷是也。当日心斋仅就同时诸家手授钞本汇刻成书，究为搜罗未广……事多近代，文多时贤，奇而核，隽而工，亦犹心斋所云，或足资学士大夫开拓心胸、涤烦祛倦之一助云。②

三书均以顺治、康熙年间仕宦作家为主。《广虞初新志》收录了嘉庆年间 1 人，乾隆年间 4 人。史震林的作品被收录了 52 篇之多，占了整个

① 〔清〕郑澍若：《虞初续志自序》，见丁锡根编著《中国历代小说序跋集》，人民文学出版社 1996 年版，第 1809 页。

② 〔清〕黄承增：《广虞初新志自叙》，见丁锡根编著《中国历代小说序跋集》，人民文学出版社 1996 年版，第 1810 页。

篇幅的4成。共收录了83人。

三书共收入未做官的92位作家247篇作品，其中明代的有二人。《虞初新志》收录了如毛先舒、余怀、顾彩、杜濬、魏禧、王猷定这些大家作品，《虞初续志》收录了如蒲松龄、邱维屏、毛先舒、胡天游、归庄、邵长蘅等大家作品，《广虞初新志》收录了如林璐、毛先舒、冯班、顾景星等名家作品。

从以上简略统计可以看出，黄承增虽然高举张潮的美学大旗，但相比较张潮和郑澍若而言，在选篇上，标准明显降低了不少。从单个作家的选录篇目来看，黄承增也有贪图大而全的倾向，和张潮、郑澍若的精选存在明显的不同。但从小说的传播角度而言，黄承增的编撰行为更有利于读者对某一单个作家进行全方位的考察。

第四节　清代小说序跋的广告价值

大部分清人小说序跋表现出来较强的宣传意味，借助于对小说内容的简介、创作主旨的揭橥、创作过程与动机的揭示、版本源流的勾勒、创作理念的探求以及接受效果的宣扬，进而达到吸引受众并刺激其购买的目的。也有部分清代小说序跋表现出来的广告意识较弱，具体表现在以下几个方面：第一，部分序跋和小说自身的宣传没有关联；第二，封面或回前的识语含蓄地为小说营销造势；第三，序跋明确传达着对小说文本的负面评价。

一、有广告价值的清代小说序跋

大部分清代小说序跋起到了广告宣传功效，或是介绍小说内容，使读者对作品有一大概了解，对小说阅读产生引领作用；或是揭橥小说主旨，帮助读者正确理解作品。特别是一些容易产生阅读误区的或者难以透过字面看透文本背后主题的，需要序跋者借助这一特殊形式予以揭示；或是揭秘创作动机，进而引起读者的共鸣；或勾勒版本源流，打造正版大牌的印象；或宣扬创作理念，提升小说的社会地位。总之，不管动机何如，最终目的只有一个，即推动小说的销售。

（一）介绍作品内容和价值

古代小说叙事强调的是事件本身的有因有果，明确的道德劝诫构成了事件推演的原动力，事件演进的自身就是一种文化道德观念的展示。“个体趋同于社会及群体的文化精神，也是一种自‘一分为二’转向‘合二为一’的哲学意识”①。以时事或史事作为道德载体，在中国古代文化传统的烛照之下，使故事获得一种亘古不变的经典阐释与深远的社会影响。如高珩《聊斋志异序》曰：

然子长列传，不厌滑稽；卮言寓言，蒙庄嚆矢。且二十一史果皆实录乎？仙人之议李郭也，固有遗憾久矣。而况勃窣文心，笔补造化，不止生花，且同炼石。佳狐佳鬼之奇俊也，降福既以孔皆，敦伦更复无斁，人中大贤，犹有愧焉……古人著书，其正也，则以天常民彝为则，使天下之人，听一事，如闻雷霆，奉一言，如亲日月。外此而书或奇也，则新鬼故鬼，鲁庙依稀；内蛇外蛇，郑门踯躅，非尽矫诬也。倘尽以“不语”二字奉为金科，则萍实、商羊、羵羊、楛矢，但当摇首闭目而谢之足矣。……吾愿读书之士，揽此奇文，须深慧业，眼光如电，墙壁皆通，能知作者之意，并能知圣人或雅言、或罕言、或不语之故，则六经之义，三才之统，诸圣之衡，一一贯之。异而同者，忘其异焉可矣。②

再如唐梦赉《聊斋志异序》：

今观留仙所著，其论断大义，皆本于赏善罚淫与安义命之旨，足以开物而成务，正如扬云《法言》，桓谭谓其必传矣。③

---

① 吴士余：《中国小说思维的文化机制》，华东师范大学出版社1990年版，第48页。

② 〔清〕高珩：《聊斋志异序》，见丁锡根编著《中国历代小说序跋集》，人民文学出版社1996年版，第136页。

③ 〔清〕唐梦赉：《聊斋志异序》，见丁锡根编著《中国历代小说序跋集》，人民文学出版社1996年版，第138页。

彭一楷《台湾外志叙》也表达了相同的观点：

故读是编者，可以教孝，可以教忠，可以教义。闺阁闻之，亦莫不油然生节烈之心。有功名教，良非浅鲜。①

由于清代考据学的兴盛，文人阶层都以有学问、懂考据为荣，正如梁启超所说："稍为时髦一点的阔官乃至富商大贾，都要'附庸风雅'，跟着这些大学者学几句考据的内行话。"②在此风气濡染之下，清代小说序跋也往往掺入考据。清代著名学者黄丕烈便精于版本考证：

《梁公九谏》一卷，赐书楼藏旧钞本，此载诸《读书敏求记》中者也。今此本有赐书楼图记，字迹又旧，则其为述古堂物无疑。赐书楼未知谁氏，余所藏《张乖崖集》宋阙钞补者，每叶版心皆刻赐书楼，所钞字迹，审是明人书，未知即此家否？此本卷中有辨之印，此姑余山人沈与文也。尾叶有一印，其文曰'姑苏吴岫家藏'，此吴方山也，皆吾郡中人，二人皆嘉靖时人，皆藏书家，则此书之珍重由来已久。偶为他邑所得，而仍归郡中。物之流传固自有异，然更得也是翁一番记述，不愈足引重乎？嘉庆癸亥三月朔黄丕烈书。③

该序从图记的考辨入手，对小说的传播过程进行了系统的梳理，由此可见黄丕烈作序态度的审慎，在将《梁公九谏》和《张乖崖集》的字迹加以比对之后，得出的结论依然模棱两可："未知即此家否？"又，通过对两位苏州明代嘉靖时期藏书大家的辨识，进而得出一句不容置疑的结论："此书之珍重由来已久。"而这一切都源自黄丕烈的学术功力。再如其对《开元天宝遗事》的考证：

《开元天宝遗事》上、下，《顾氏文房小说》本也。书仅明刻耳，在汲古毛氏时已珍之，宜此时视为罕珍矣。

---

① 〔清〕彭一楷：《台湾外志叙》，见丁锡根编著《中国历代小说序跋集》，人民文学出版社 1996 年版，第 1045 页。

② 梁启超：《中国近三百年学术史》，东方出版社 1996 年版，第 25 页。

③ 国家图书馆编：《国家图书馆藏古籍题跋丛刊》第 8 册，北京图书馆出版社 2002 年版，第 732 页。

初，书友以是书及皇甫涍辑本《支遁集》示余，索值甚昂，为有诸名家图记也。余许以家刻书直千钱者易之，未果，携之去。明日往询，云需三饼金。后日亲访之，其《支遁集》为他人以千钱易去矣，遂持此册归，稍慰求古之心。盖毛氏旧物，余本留心，而阳山顾氏名元庆者，在吴中为藏书前辈，非特善藏而又善刻，其标题《顾氏文房小说》者，皆取古书刊行，知急所先务矣。此《开元天宝遗事》，虽未知所从出之本云何，然借西宾陆拙夫藏《历代小史》本证之，彼已脱落几条，是此本为善。闻周文香严有元刊本，当假勘之。唐朝小说尚有《太真外传》《梅妃传》《高力士传》，皆刊入《顾氏文房小说》。向藏《梅妃传》亦顾本，《太真外传》别一钞本，《高力士传》竟无此书，安得尽有顾刻之四十种耶？以明刻而罕秘如是，宜毛氏之珍藏于前，而余亦宝爱于后也。①

《开元天宝遗事》的一段藏书史话关联着嘉靖年间藏书大家顾元庆和明末的毛晋，为此书增加了不少的分量，更何况嘉靖年间的刻本到明末已很罕见，以至于毛晋都视为珍宝，到清代嘉庆年间自然价值不菲，对于书商而言自是奇货可居，对于黄丕烈当是志在必得，从其三访书商、书商坚拒的行为中可以看出，书商确实是行家里手，善本自然有善本的价值。黄丕烈在购买之后，通过和家庭教师陆拙夫所藏的《历代小史》加以比对，进一步证实了"此本为善"，难怪其要"宝爱于后"了。

王士禛《世说新语跋》云：

《世说新语》《侯鲭录》及《白孔六帖》《万花谷》皆吾家旧书。时在顺治戊子己丑间，予尚童稚，未为诸生也。予游宦三十年，不能以籯金遗子孙，唯嗜书之癖，老而不衰。每闻士大夫家有一秘本，辄借钞其副，市肆逢善本，往往典衣购之。今予池北书库所藏，虽不敢望四部七录之万一，然亦可以娱吾之老而忘吾之贫。

康熙辛未，予官兵部侍郎，居京师，此二书适在笈中，翻阅怃然，

---

① 〔清〕复翁：《开元天宝遗事明刻本跋》，见丁锡根编著《中国历代小说序跋集》，人民文学出版社 1996 年版，第 337 页。

如遇贫交于契阔死生之后，其悲愉感慨有出于寻常相万者。故剑之情，讵可忘耶？因重装之，而手记于卷首。①

《四库全书总目》云：

世俗所行凡二本，一为王世贞所刊，注文多所删节，殊乖其旧；一为袁褧所刊，盖即从陆本（陆游所刊）翻雕者。虽版已刓敝，然犹属完书。义庆所述，刘知几《史通》深以为讥，然义庆本小说家言，而知几绳之以史法，拟不于伦，未为通论。②

将两段文字比较，一是王士禛宝爱有加，收藏之中的酸甜苦辣，只有个中之人方能体味，所以在序跋的最后，交代"涑辈其珍惜之"，只可惜在其身后不久，王家大部分藏书流落江湖，其中有一部分被筠圃主人玉栋收藏。而《四库全书总目》在比对了两个版本之后，对王世贞编刊的《世说新语》极为不满，认为该书版本价值不高。

鲍廷博《鉴诫录跋》谈到了其收藏刊行《鉴诫录》的过程：

乾隆乙巳，吴郡程君叔平厚价收之，携示金君鄂岩德舆，适予与方君兰如薰、赵君味辛怀玉同集于桐华馆，得寓目焉。并以家藏抄本互相雠比，正讹补缺，十得八九，较渔洋所改，不啻过之。叔平嘱予刊入丛书，以广其传。忽忽十有九年，始践宿诺，而兰如、鄂岩已相继下世，味辛又远宦山左，俱不及预枣梨之役，回视桐华馆，遂如黄公酒垆，邈然有山河之感矣。刊成寄示叔平，相与致慨，然叔平公世之心系，切盼是书之成久矣，感念之余，又当欣然开卷也。③

清人对古代小说最大的贡献之一在于保存了大量的作品，同时也有其弊病，在正讹补缺的名义下对小说文本做了一系列改动，导致文本失真。一部《鉴戒录》，王士禛和鲍廷博都对其做过改动，因依据不同，所以

---

① 〔清〕王士禛：《世说新语跋》，见丁锡根编著《中国历代小说序跋集》，人民文学出版社 1996 年版，第 266～267 页。

② 〔清〕永瑢等：《四库全书总目》，中华书局 1965 年版，第 1182 页。

③ 〔清〕鲍廷博：《鉴诫录跋》，见丁锡根编著《中国历代小说序跋集》，人民文学出版社 1996 年版，第 332 页。

就出现了不同的版本。

（二）揭示小说主旨

在序言中直接介绍小说的主旨，不仅有利于读者对作品产生兴趣，而且对阅读具有导向性，方便读者阅读。世裕堂主人《续证道书东游记序》曰：

> 昔人撰《西游》，借金公木母、意马心猿之义。而此记，借酒色财气、逞邪弄怪之谈。一魅恣，则以一伦扫，扫魅还伦，尽归实理。①

顾石城《吴江雪序》云：

> 然其间之小节，人所易知，大义人所不觉……如金乡公主既许赫腾，赫腾战死，虽见江潮之美，不肯改节，是一部中之正旨，一人而已。②

舒其锳《聊斋志异跋》云：

> 《聊斋志异》大半假狐鬼以讽喻世俗。嬉笑怒骂，尽成文章，读之可发人深醒。第其笔意高古，字句典雅，固非纨袴子所能解，亦非村学究所能读，盖非具一代才不能著《聊斋》，非读破万卷书亦不能注《聊斋》也。然则注《聊斋》者可谓《聊斋》之功臣，而序注《聊斋》者实亦注《聊斋》者之知己矣。注之难，序之正，不易。注者序者或许余为能读《聊斋志异》者。③

蒲松龄《募请水陆神像序》云：

> 人神相通，感召深切……神无所托则不灵，人无所感则不动……发因果之妙义，奸邪悚其毛发，儿女惕其梦魂，圣人神道设教之意义，遂得以行乎其间矣。④

---

① 〔清〕世裕堂主人：《续证道书东游记序》，见丁锡根编著《中国历代小说序跋集》，人民文学出版社 1996 年版，第 1416～1417 页。

② 〔清〕顾石城：《吴江雪序》，见丁锡根编著《中国历代小说序跋集》，人民文学出版社 1996 年版，第 1239 页。

③ 〔清〕舒其锳：《注聊斋志异跋》，见丁锡根编著《中国历代小说序跋集》，人民文学出版社 1996 年版，第 144 页。

④ 〔清〕蒲松龄：《募请水陆神像序》，见路大荒《蒲松龄集》，上海古籍出版社 1986 年版，第 76 页。

舒其锳的跋语与蒲松龄的自序相一致，但对《聊斋志异》的解读绝不能仅限于此。“《聊斋志异》往往借助因果报应、宿命轮回、阴谴冥诛、得道成仙等佛道观念，弘扬孝悌信义等儒家道德规范，对小说中的僧道法术以儒家民本思想为评判的标准。在关心民生的同时，流露出一定的出世思想。”①

审美标准、审美理想和审美情趣等因素的差异，造成不同读者对同一部小说产生多种不同的阐释。众多序跋有利于读者在比较中扩大对文本的理解，还可以达到拓宽市场的目的，如《西游原旨》瞿家鏊、苏宁阿、梁联第、杨春和、刘一明等人的序。清人序跋对于《西游记》原旨的阐述，从主旨上大致可以分为四类：一是“求放心”，代表人物是黄周星和汪象旭；二是“三教同源”，代表人物是尤侗、刘一明和张含章；三是“教人诚心为学”，代表人物是张书绅；四是“游戏三昧”说，代表人物是阮葵生。其中影响最大的是“三教同源”说。

向阅所有解者，或指为炉火烧炼，或指为男女阴阳，或指为御女闺丹，或指为心肾相交，或指为搬运顽空。②

澹漪道人汪象旭，未达此义，妄议私猜，仅取一叶半简，以心猿意马，毕其全旨，且注脚每多戏谑之语，狂妄之词。③

一切惟心造而已。后人有《西游记》者，殆《华严》之外篇也。其言虽幻，可以喻大；其事虽奇，可以证真；其意虽游戏三昧，而广大神通具焉。④

然数百年来，有悟一子之《真铨》，而后读之者，始知《西游记》为

---

① 王平：《古典小说与古代文化讲演录》，广西师范大学出版社 2008 年版，第 49 ~ 50 页。

② 〔清〕夏复恒：《重刊西游原旨跋》，见丁锡根编著《中国历代小说序跋集》，人民文学出版社 1996 年版，第 1375 页。

③ 〔清〕刘一明：《西游原旨序》，见丁锡根编著《中国历代小说序跋集》，人民文学出版社 1996 年版，第 1364 ~ 1365 页。

④ 〔清〕尤侗：《西游真诠序》，见丁锡根编著《中国历代小说序跋集》，人民文学出版社 1996 年版，第 1359 页。

修炼性命之书矣。①

袁世硕先生综合了四家观点，认为："唐僧取经的故事，原是弘扬佛法的，后来加入了道教的神道，增加了故事的趣味性，原旨被冲淡了，但大旨没有改变。《西游记》小说一开头就把热情赋予了孙悟空，借着原有的一点因由，渲染其对诸界神祇的轻慢、桀骜不驯，便显示了与取经故事原旨相悖的倾向，注定后面的取经故事也要发生肌质的变化。""在这既定的取经故事的大框架里，在许多与各种妖魔斗法的生动有趣的情节里，作者注入了寻常的世态人情。""在小说中，一切都被世俗化了，读者从神魔斗法里看到的往往是自己熟悉的社会诸相。将神佛世俗化，时而投以大不敬的揶揄、调侃，也便在一定程度上解除了其原是人为的神秘性、神圣性，但觉得好玩，而丢掉了虔诚的敬畏。这就是《西游记》小说的精髓、价值之所在。"②

小说主旨的揭示可以因人的认识不同而异，张竹坡《金瓶梅闲话》曰：

本以嗜欲故，遂迷财色，因财色故，遂成冷热，因冷热故，遂乱真假。因彼之假者欲肆其趋承，使我之真者皆遭其荼毒，所以此书独罪财色也。③

《碧玉楼序》曰：

尝观淫词诸书，多浮泛而不切当，平常而不惊奇。惟有《碧玉楼》一书，切实发挥，不但词藻绚烂，而且笔致新鲜，真足令阅者游目骋怀，解其倦而豁其心。其尤有可取者，劝人终归于正，弗纳于邪，殆警世之奇文也。是为序。④

---

① 〔清〕杨春和：《西游原旨序》，见丁锡根编著《中国历代小说序跋集》，人民文学出版社 1996 年版，第 1368 页。

② 袁世硕：《说〈西游记〉》，见《文学史学的明清小说研究》，天津教育出版社 2008 年版，第 111 ~ 129 页。

③ 〔清〕张竹坡：《金瓶梅闲话》见丁锡根编著《中国历代小说序跋集》，人民文学出版社 1996 年版，第 1083 页。

④ 〔清〕《碧玉楼序》，见《明清善本小说丛刊》"艳情小说"《碧玉楼》卷首，台湾天一出版社 1993 年版。

《欢喜浪史叙》云：

余观小说多矣，类皆妆饰淫词为佳，陈说风月为上，使少年子弟易入邪思梦想耳。惟兹演说十二回，名曰《谐佳丽》，其中善恶相报，丝毫不紊。足令人晨钟警醒，暮鼓唤回，亦好善之一端云。①

风月又玄子《浪史序》云：

天下为闺房儿女之事，叙之简策，人争传诵，千载不灭，何为乎？情也。盖世界以有情而合，以无情而离。故夫子删诗，而存扶苏子矜，不废桑间濮上之章已。今可以兴观，可以群怨，宁非情乎？盖忠臣孝子，未必尽是真情，而儿女切切，十无一假。则《浪史》风月，正使无情者见之还为有情，情先笃于闺房，扩而充之，为真忠臣，为真孝子，未始不在是也。②

秋斋《意外缘辩》云：

此书虽蹈于淫，然由于缘动于情，即蹈于淫，犹可说也……况天下之淫事何日无之？亦何处无之？人非圣贤，谁能免此？③

清代艳情小说序跋沿袭明代东吴弄珠客等序跋的传统，从小说劝惩观念入手，为淫亵的小说内容辩护，以期将读者引入正途。

（三）阐明创作经历和动机

清代小说序跋中有许多介绍创作过程和创作动机的文字，陈述创作素材的言之有据，和明代的务虚形成鲜明的对比。这种文学追求和清代的实学思潮紧密相连。小说创作，特别是历史演义小说、文言小说，对素材的事事有出处的终极追求，彰显了一个时代的文学精神。这一精神在《四库全书》的编纂之中被忠实地贯彻。《四库全书总目·子部·小说家类》小序云，文言小说“唐宋而后，作者弥繁。中间诬谩失真、妖妄荧听者

---

① 〔清〕佚名：《欢喜浪史叙》，见《欢喜浪史》卷首，青海人民出版社 1999 年版。

② 〔清〕风月又玄子：《浪史》，见《思无邪汇宝》第四册，台湾大英百科股份有限公司 1994 年版，第 37 页。

③ 〔清〕秋斋：《意外缘辨》，见《中国古代珍稀本小说续》第 11 册，春风文艺出版社 1997 年版，第 211 页。

固为不少，然寓劝戒、广见闻、资考证者亦错出其中”，“迹其流别，凡有三派：其一叙述杂事，其一记录异闻，其一缀辑琐语也”，“今甄录其近雅驯者，以广见闻。惟猥鄙荒诞，徒乱耳目者则黜不载焉”。① 四库馆臣追求小说的教化功能、历史功能和学术功能，而对小说的文学性则不够重视。认为情节虚构，描摹铺陈，导致“诬谩失真，妖妄荧听”；如果渲染情感，尚奇志怪，则“猥鄙荒诞，徒乱耳目”。

通过对小说创作经历和动机的介绍，序跋者试图以此来证明自己所言非虚，同时表明了小说应具有的另一功能，即作为历史文化的补充：

《北史演义》……远近争先睹之为快矣。特南朝始末，未能兼载，览古之怀，人犹未餍，且于补古来演义之阙，犹为未备也；乃复劝其作《南史演义》。……或谓：“南朝风尚，贤者骛于玄虚，不肖者耽于声色，所遗事迹，类皆风流话柄，所谓六朝金粉是也。载之于书，恐观者色飞眉舞，引于声色之途而不知返，讵非作书者之过耶？”余应之曰：“嘻！子何见之小也。夫有此国家即有兴替，而政令之是非，风俗之淳薄，礼乐之举废，宫闱之淑慝，即于此寓焉。其兴也，必有所以兴；其亡也，必有所以亡。……”②

然樵子颇识字，闲则取《顺天胪笔》《酌中志略》《寇营纪略》《甲申纪事》等书，销其岁月……久而樵之，以成野史。不樵草、樵木，而樵书史，因负之以售与爨者。③

盖稗官不过纪事而已。其有知愚忠佞贤奸之行事，与国家之兴废存亡，盛衰成败，虽皆胪列其迹，而与天道之感召，人事之报施，知愚忠佞贤奸计言行事之得失，及其所以盛衰成败废兴存亡之故，固皆未能有所发明，则读者于事之初终原委，方且懵焉昧之，又安望其有

① 〔清〕永瑢等：《四库全书总目》，中华书局 1965 年版，第 1182 页。

② 〔清〕许宝善：《南史演义序》，见丁锡根编著《中国历代小说序跋集》，人民文学出版社 1996 年版，第 944～945 页。

③ 〔清〕樵子：《樵史自序》，见丁锡根编著《中国历代小说序跋集》，人民文学出版社 1996 年版，第 1040 页。

益于学问之数哉？……寅卯之岁，予家居多暇，稍为评骘，条其得失而抉其隐微。虽未必尽合于当日之指，而依理论断，是非既颇不谬于圣人，而亦不致贻嗤于博识之士。聊以豁读者之心目，于史学或亦不无小裨焉。①

虽遐稽史册，其足以为劝惩者，灿若日星，原无庸更借于稗官野乘。然而史册所载，其文古，其义深，学士大夫之所抚而玩，不能挟此以使家喻而户晓也。如欲使家喻而户晓，则是书不无裨于世教云。②

如今他既妄造伪言，抹杀真事。我亦何妨提明真事，破他伪言，使天下后世深明盗贼忠义之辨，丝毫不容假借。③

从上述序跋可知，清代历史演义小说的创作动机在于将“其文古，其义深”的正史蜕变为家喻户晓的小说，使普通民众晓“成败废兴存亡之故”，“明盗贼忠义之辨”，居安思危，以史为鉴，“依理论断，是非既颇不谬于圣人，而亦不致贻嗤于博识之士”。

（四）论述创作理论

清人小说序跋继承了明人的文学观念，对奇与真、虚与实、同而不同等理论进行了有益的探讨。同时又能独出机杼，在感性评析上更上一层楼。清代小说评点大家有毛宗岗、张竹坡、金圣叹、天花藏主人、闲斋老人、蔡元放、脂砚斋、但明伦、文龙等人，他们的序跋都不乏理论的建树。李渔《古本三国志序》说道：

然野史类多凿空，易于逞长。若《三国演义》，则据实指陈，非属臆造，堪与经史相表里。由是观之，奇又莫奇于《三国》矣。……然三国之局固奇，而非得奇手以传之，则其奇亦不著于天下后世之耳目。前此虽有陈寿一志，较之荀勖、裴頠魏晋诸纪，差为此，善于彼，

---

① 〔清〕蔡元放：《东周列国志序》，见丁锡根编著《中国历代小说序跋集》，人民文学出版社 1996 年版，第 868～869 页。

② 〔清〕滋林老人：《说呼全传序》，见丁锡根编著《中国历代小说序跋集》，人民文学出版社 1996 年版，第 993 页。

③ 〔清〕忽来道人：《结水浒全传引言》，见丁锡根编著《中国历代小说序跋集》，人民文学出版社 1996 年版，第 1516～1517 页。

而质以文掩，事以意晦，而又爱憎自私，去取失实，览者终为郁抑不快。……作演义者，以文章之奇而传其事之奇，而且无所事于穿凿，第贯穿其事实，错综其始末，而已无之不奇，此又人事之未经见者也。①

为了推销他评点的《三国演义》，李渔大谈"与经史相表里""无所事于穿凿""奇局""奇手"等概念，类似的措辞早已见于明代庸愚子、李贽的序跋，至清代顺治元年金圣叹《三国志演义序》又一次明确无误地提出，李渔只是重复了以上诸位的说法而已。借助于主客问答以及与史书的前后比较，清楚明白地化解了读者心中对于第一奇书的"奇"之困惑。"与经史相表里"，这是历史演义小说必须坚守的底线。即使是以历史为表现对象，一个有社会责任感的作者也要有自己鲜明的道德观念，并且有义务借助于文本叙事来澄清其道德立场。

由"与经史相表里"到奇人奇事，"奇"的内涵发生着变化，但终极目的都是通过叙事来雄辩地传达理念，最终旨归在于说服、限制和规范个人的道德行为。道光年间，雪樵主人的《双凤奇缘序》与古溪老人的《双凤奇缘序》都宣扬奇人奇文，而杜陵男子则强调在日常生活的琐屑中寻找创作的素材，并且同样可以化腐朽为神奇：

或女子徒以才见，临风作赋，对月敲诗，乃闺阁诲淫之渐，非奇也。或女子徒以色胜，尤物移人，蛾眉不让，又脂粉涂抹之流，非奇也。奇莫奇于有才有色，虽颠沛流离，不改坚贞之志，能武能文，虽报仇泄恨，自全忠义之名。非特此也，前因梦而咏好逑，能使芳魂归故土；后因梦而歌麟趾，犹是骨肉正中宫，乃知二难会称于女子者固奇，两美兼收于一君者尤奇。故名曰《双凤奇缘》，是为序。②

女子奇其才而不奇其貌，虽道蕴、文姬不足谓之奇；抑有奇其貌

---

① 〔清〕李渔：《古本三国志序》，见丁锡根编著《中国历代小说序跋集》，人民文学出版社1996年版，第899～901页。

② 〔清〕雪樵主人：《双凤奇缘序》，见《古本小说丛刊》第17辑第4册，中华书局1991年版，第1625～1628页。

而不奇其才，即南威、西子亦何足谓乎奇。夫奇也者，必才色兼优，遇颠沛流离，不改坚贞之志；殚精竭虑，克全忠义之名，故不谓之奇，而其奇传矣。①

是故阅史者虽多，而究传者不少也。更而溯诸其原，虽非痛快奇文，焕然机局，较之淫辞艳曲，邪正犹有分焉。然好淫辞、僻艳曲之辈，阅此未必协心。唯喜正传、疾淫艳者，必以余言为不谬也。②

常则觅生活于故纸，变则化臭腐为神奇。③

尤夙真《瑶华传序》提出"凡著书立说，须要透得出一个理字，既无理字透出，其情何由而生？若屏绝情理而著书，则吾不知其所著何书矣"④，强调小说情理并重而理尤重要。这一观点反映了正统文人的文学观念。

（五）缕述版本源流

清代特别是嘉庆、道光年间，出版了大量的唐宋元明时期的小说，这些小说因为年代久远，不同版本之间文字差异较大，甚或散落不全，书坊主在出版这些小说的时候，就面临着版本校勘问题。小说序跋对此也多有涉及，便于读者更好地了解版本的来龙去脉和该版本的价值。

古书自宋、元板刻而外，其最可信者，莫如铜板活字。盖所据皆旧本，刻亦在先也。诸书中有会通馆、兰锡堂、锡山安氏馆等名目，皆活字本也。……忆己卯春，香严作古，遗书分散，其目颇流转于坊间，独此书不著录，或疑其家固守，或已属他人，竟于无意中遇之，虽重直不惜矣。⑤

---

① 〔清〕古溪老人：《双凤奇缘序》，见丁锡根编著《中国历代小说序跋集》，人民文学出版社1996年版，第884页。

② 〔清〕李雨堂：《万花楼杨包狄演义叙》，见丁锡根编著《中国历代小说序跋集》，人民文学出版社1996年版，第995～996页。

③ 〔清〕杜陵男子：《蟫史序》，见丁锡根编著《中国历代小说序跋集》，人民文学出版社1996年版，第1430页。

④ 〔清〕尤夙真：《瑶华传序》，见丁锡根编著《中国历代小说序跋集》，人民文学出版社1996年版，第1432页。

⑤ 〔清〕荛夫：《开元天宝遗事铜活字本跋》，见丁锡根编著《中国历代小说序跋集》，人民文学出版社1996年版，第338～339页。

予游宦三十年，不能以籯金遗子孙，唯嗜书之癖，老而不衰。每闻士大夫家有一秘本，辄借钞其副，市肆逢善本，往往典衣购之。今予池北书库所藏，虽不敢望四部七录之万一，然亦可以娱吾之老而忘吾之贫。……此本亦是吾小时故书，中有朱笔点阅者，乃顺治癸巳年手迹，即长儿涑始生之岁，尔时吾年二十。今六十矣，流光如驰，不堪把玩。抚此旧物，如遇故人，儿辈其宝之。①

黄丕烈和王士禛都是著名的藏书家，他们对小说版本的概述，开阔了读者的视野，阐明了该版本的价值。

校雠之精、版本之良，也可以起到广告效果。同治七年务本堂刊本赵怀玉《艺苑捃华序》云：

“小说九百，本自虞初。”见于张衡《西京赋》。厥后作者弥繁，虽叙杂事，记异闻，缀琐语。流派各殊，然寓劝惩、广见闻、资考证则一也。顾单本流传，易于澌灭，不特无以信后世之目，且将以失古人之心矣。小读书堆主人插架既富，尤嗜说部，丹黄之余，摘择善本，仿《百川学海》，荟而梓之。不惟克聚古人之心，且足以怡后世之目，既名之曰《艺苑捃华》，复序其缘起如此。②

（六）谈论阅读感受

不少小说序跋者与小说作者有着特殊关系，或是亲朋故旧，或是师徒，或是宾主。因为关系特殊，他们在谈论阅读感受时，就比较真实，使读者有如见其人之感。

续编六十四章，忽惊忽疑，如骂如谑，读之可以瞿然而悲，粲然而笑矣。③

夫妙解连环，而要之不诡于大道，即施、罗二子，斯秘未睹，况其

① 〔清〕王士禛：《世说新语跋（二则）》，见丁锡根编著《中国历代小说序跋集》，人民文学出版社 1996 年版，第 266～267 页。

② 〔清〕赵怀玉：《艺苑捃华序》，见丁锡根编著《中国历代小说序跋集》，人民文学出版社 1996 年版，第 1799 页。

③ 〔清〕爱日老人：《续金瓶梅序》，见丁锡根编著《中国历代小说序跋集》，人民文学出版社 1996 年版，第 1117 页。

下者乎！语云“为善如登”，笠道人将以是编偕一世人结欢喜缘，相与携手徐步而登此十二楼也，使人忽忽忘为善之难而贺登天之易，厥功伟矣！①

白云道人，苕上逸品，饱诗书，善词赋，诙谐调笑，恒寄意于翰墨场中。故其下笔处诗词霏霏，而诵其说者恍身入万花谷中……烟水散人又严加校阅，增补至十六回，更觉面目一新。窃料是编一出，洛阳纸贵无疑矣。②

余子曼翁以所著《板桥杂记》示予为序，予间阅之，大抵《北里志》《平康记》之流，南部烟花宛然在目，见者靡不艳之。③

二、充满宣传意味的识语

封面上的识语虽仅寥寥数语，但可以概括小说内容，也可以归纳小说素材性质，还可以介绍版本的精良。总之，识语充满着浓厚的广告宣传意味，和小说的序跋互相呼应。

《新世鸿勋》庆云楼本封面有“是刻详载逆闯寇乱之因繇，恭纪大清荡平之始末，虽大端百出，而铺序有伦，虽小说一家，而劝惩有警，其于世道人心不无少补。海内识者幸请鉴诸”④的识语，与蓬蒿子《定鼎奇闻序》观点完全一致：

国家治乱，气数兴衰，运总由天，复因人召。当明季之世，妖异迭生，灾沴屡见。是以覆地翻天之祸，成于跳梁跋扈之徒，使生民罹害，烈于汤火。迨夫否极而泰承，乱甚而治继，天应人顺。大清鼎新，迅

① 〔清〕钟离濬水：《十二楼序》，见丁锡根编著《中国历代小说序跋集》，人民文学出版社 1996 年版，第 825 页。

② 〔清〕风月盟主：《赛花铃后序》，见丁锡根编著《中国历代小说序跋集》，人民文学出版社 1996 年版，第 1272～1273 页。

③ 〔清〕尤侗：《题板桥杂记》，见丁锡根编著《中国历代小说序跋集》，人民文学出版社 1996 年版，第 441 页。

④ 《新世鸿勋》庆云楼本封面识语，见《古本小说集成》，上海古籍出版社 1994 年版。

扫豺狼，顿清海宇。今赤眉尽歼于秋肃锋芒之下，俾黔首咸登于春台化育之中。率土倾心，普天欢忭，又讵非斯世斯民一大庆幸哉。兹《新世鸿勋》一编，乃载逆闯寇乱之始末，即所谓运数兴替之因繇。然运数虽系乎天机，而厥因实由于人造。惟顾举世之人，悉皆去恶存善，就正离邪。既无邪慝因缘，自绝循环报复，虽亿万斯年，当永享太平之盛也。①

与小说序跋相比，该识语不仅言简意赅地概括了小说的基本内容和社会功用，更重要的是最后一句，“海内识者幸请鉴诸”，希望读者能够购买阅读。蓬蒿子顺治八年作序时，中原大地百姓刚刚经历了改朝换代的剧痛，蓬蒿子却说“黔首咸登于春台化育之中。率土倾心，普天欢忭，又讵非斯世斯民一大庆幸哉”。汉族读者看到这种对清廷的吹捧之词，自然十分反感，对小说的销售十分不利。

《梁武帝西来演义》封面有绍裕堂主人识语：“本堂《梁武帝传》一书绘梓流通，据史立言。我得我失，不出因缘果报。引经作传，西来西去，无非救度慈悲。英雄打破机关，便能立地成佛；达士跳过爱河，即可豁然悟道。识者自能鉴之。”②

类似的识语还见于《樵史通俗演义》的扉页：

深山樵子，见大海渔人而傲之曰，见闻吾较广，笔墨吾较赊也。明衰于逆珰之乱，坏于流寇之乱，两乱而国祚随之。当有操董狐之笔，成左孔之书者。然真则存之，赝则删之，汇所传书，采而成帙，樵自言樵，聊附于史。古云，野史补正史之阙，则樵子事哉。③

简短的识语交代了创作内容和创作动机，使读者能够在很短时间内对小说内容有一印象：小说内容是“明衰于逆珰之乱，坏于流寇之乱，两乱而国祚随之”，创作动机为“野史补正史之阙”，并慨然以此为己

① 〔清〕蓬蒿子：《定鼎奇闻序》，见丁锡根编著《中国历代小说序跋集》，人民文学出版社 1996 年版，第 1036 页。

② 《梁武帝西来演义》封面识语，见《古本小说集成》，上海古籍出版社 1994 年版。

③ 马廉著，刘倩编：《马隅卿小说戏曲论集》，中华书局 2006 年版，第 176 页。

任，“则樵子事哉”。作者以史家的标准来规范小说创作，作品以时间为序，依次表现了辽东战事、魏阉乱政、李自成起义、南明政权，对相关历史人物评价比较客观公正，作者以这四十回小说演绎了一部亡国痛史。

《樵史通俗演义》的序言则与识语各异其趣：

> 樵子日存山中，量晴较雨，或亦负薪行歌。每每晴则故人相过，携酒相慰劳。雨则闭门却扫，昂首看天。一切世情之厚薄，人情之得丧，仕路之升沉，非樵子之所敢知，况敢问时代之兴废哉！然樵子颇识字，闲则取《顺天胪笔》《酌中志略》《寇营纪略》《甲申纪事》等书，销其岁月。或悄焉以悲，或戚焉以哀，或勃焉以怒，或抚焉以惜，竟失其喜乐之两情。久而樵之，以成野史。不樵草、樵木，而樵书史，因负之以售与爨者。放声行歌，歌曰：“山径兮萧萧，山风兮刁刁。望旧都兮迢迢，思贤人兮焦焦。舟子兮招招，须友兮聊聊。心旌动兮摇摇，樵斧荒兮翘翘。醉起兮朝朝，醉眠兮宵宵。好鸟兮鸣条，好花兮未雕。容与兮逍遥，聊且兮为此中之老樵。吁嗟乎！山中之老樵！”①

自序中虽然也有作者创作经历的介绍和《樵史通俗演义》创作素材来源的铺排，和识语中的“补正史之阙”前后呼应，但自序中更多的是抒发作者身处江湖、心在庙堂的感慨。面对动荡的时局，作者只能渴望贤能之士救民于水火，而自己却不敢过问时代之兴废。自序揭示了樵子日日沉醉的内心苦痛和只能沉沦下僚的悲伤。这种带有强烈抒情意味的序言可称得上是一篇优美的散文。

《聊斋志异》在刊刻之前有高珩、唐梦赉等名人的序跋，王士禛的赠诗，殿春亭主人的钞本，但其出版则晚至乾隆三十二年（1767），距高珩、唐梦赉作序时间已有八十余年之久。乾隆三十一年（1766），余集和赵起杲准备刊行青柯亭本《聊斋志异》时，依次收录了高珩、唐梦

① 〔清〕樵子：《樵史自序》，见丁锡根编著《中国历代小说序跋集》，人民文学出版社 1996 年版，第 1040 ~ 1041 页。

赉的序和作者的自志，并刊刻了当年王士禛的赠诗："姑妄言之姑听之，豆棚瓜架雨如丝。料应厌作人间语，爱听秋坟鬼唱时。"这首小诗为《聊斋志异》赢得了巨大的市场空间和读者的认可度。赵起杲之所以要把高珩、唐梦赉的序放在开头，更多考虑的是其文坛地位与影响。高珩为《聊斋志异》"正名"，提出"可与六经同功"，极大提高了《聊斋志异》的价值。

《阅微草堂笔记》卷首《题辞》通过对小说内容的概要性介绍，同样起到了扩大宣传的目的："平生心力坐销磨，纸上烟云过眼多。拟筑书仓今老矣，只应说鬼似东坡。""前因后果验无差，琐记搜罗鬼一车。传语洛闽门弟子，稗官原不入儒家。"①

有的识语极力宣传自己的正宗地位，借批评翻刻盗版者来宣示自身的价值，以吸引更多的读者。如《原本海公大红袍传》在第一回前有双行文字："如有翻刻版者男盗女娼。"另如纪昀的《滦阳消夏录》，卷首前有庚戌（乾隆五十五年，1790）重九后四日观弈道人再记云："好事者辗转传钞，竟入书贾之手，有两本刊行：一为李本，所据乃断烂草稿，讹漏颇多。又每条增立标题，尤非余本意。曾嘱友人戒其勿刻，未知其听余否也。一为张氏此本，虽强分三卷为六卷……而核其首末，尚未改原书。因再题数行，以著刊版之缘起。"②纪昀通过对流传版本的批评，证明了自己的小说颇受欢迎。

《春灯闹》识语云："《桃花影》一编，久已脍炙人口，兹后以《春灯闹》续梓，识者鉴诸。"③识语和序跋前后呼应："今岁仲夏，友人有以魏、卞事倩予作传。予亦在贫苦无聊之极，遂坐洙水钓矶，雨窗十日，而草创编就……此书一出，不胫而走，于是又有新著《春灯闹》问世，题曰桃

① 〔清〕观弈道人：《阅微草堂笔记题辞》，见丁锡根编著《中国历代小说序跋集》，人民文学出版社1996年版，第179页。

② 〔清〕观弈道人：《滦阳消夏录自序》，见《阅微草堂笔记会校会注会评》，凤凰出版社2012年版，第1105页。

③ 〔清〕紫宙轩主人：《春灯闹·识语》，见石昌渝主编《中国古代小说总目·白话卷》，山西教育出版社2004年版，第31页。

花影二编。”[①]另如《闹花丛》，其作者自跋谓：“今岁孟秋，友人有以庞刘事倩予作传。予援笔草创，两旬编就。……友人必欲寿之梨枣，予亦不能强。”[②]大连图书馆藏有的康熙、雍正年间《赛花铃》刊本的封面上有“他书皆不雅驯，此书则说部翘楚”的识语。

《十二笑》的识语则打名人效应，其封面左题：“墨憨著述行世多种，为稗史之开山，实新言之宗匠，名传邺下，纸贵洛阳。兹刻尤发奇藏，知音幸同珍赏。意味深长，勿仅以笑谈资玩也。”[③]该识语号称此书乃冯梦龙的作品，但第二个故事的开头称“说在明末时”，卷首《笑引》末尾又有“子犹后人”的印章，显系伪托。

还有的书坊主为了招徕读者，书名加上“古本”“正本”“京本”“官板”等，以示版本精良；或在标题上用“志传”“全传”“厄传”等；从时间看有“新镌”“新刊”“新刻”等。对于小说常标有“京本”“官板”，郑振铎、胡士莹均做过总结。郑振铎指出：“以‘京本’二字为标榜的，乃是闽中书贾的特色”，“但闽中书贾为什么要加上‘京本’二字于其所刊书之上呢？其作用大约不外乎表明这部书并不是乡土的产物，而是‘京国’传来的善本名作，以期广引顾客的吧”。[④] 胡士莹的观点与郑振铎相同：“标‘京本’字样，实书贾伪托以示版本之可靠，犹之宋说话人以‘京师老郎’为号召一样，这是当时福建建安一带书贾的惯技。”[⑤]

书坊主聘请文人写小说序跋，有时候并未起到正面宣传小说的目的，相反，有些文人对小说持有偏见，如《海公大红袍全传》，光绪十九年文渊山房刊本李春芳的序：“《大红袍》一书，稗官家言也……兹书所述公行

---

① 〔清〕烟水散人：《桃花影跋》，见石昌渝主编《中国古代小说总目·白话卷》，山西教育出版社 2004 年版，第 377 页。

② 〔清〕佚名：《闹花丛·自跋》，见石昌渝主编《中国古代小说总目·白话卷》，山西教育出版社 2004 年版，第 238 页。

③ 《十二笑》识语，见《古本小说集成》，上海古籍出版社 1994 年版。

④ 郑振铎：《明清两代的平话集》，见《中国文学论集》，岳麓书社 2011 年版，第 371 页。

⑤ 胡士莹：《话本小说概论》，中华书局 1980 年版，第 492 页。

事，与本传多不合，语近附会。”[1]该序坚持小说要符合历史真实的原则，表达了对《大红袍全传》叙事虚构的不满。王士禛《青琐高议跋》：“如此俚鄙而能传后世，事固有不可解者。”[2]王士禛《越绝书跋》：“诸子之言，诞妄不经如此，《吕览》《淮南》《新序》《说苑》之类，类此者多有，君子存而不论可矣。”[3]汪士汉《吴越春秋序》：“《吴越春秋》，后汉赵晔所作。其属辞比事，皆不与《春秋》《史记》《汉书》相似，盖率尔而作，非史策之正也。”[4]

---

① 〔清〕李春芳：《大红袍序》，见丁锡根编著《中国历代小说序跋集》，人民文学出版社1996年版，第1020页。

② 〔清〕渔洋山人：《青琐高议跋》，见丁锡根编著《中国历代小说序跋集》，人民文学出版社1996年版，第575页。

③ 〔清〕王士禛：《越绝书跋》，见丁锡根编著《中国历代小说序跋集》，人民文学出版社1996年版，第246页。

④ 〔清〕汪士汉：《吴越春秋序》，见丁锡根编著《中国历代小说序跋集》，人民文学出版社1996年版，第239～240页。

第八章　清代小说序跋与小说作者及读者关系

清代小说作者和序跋者的关系因通俗与文言的区分而有明显差别。文言小说得到文人的广泛接受，达官贵宦也参与到文言小说的创作和小说序跋的写作之中，在序跋中介绍作者或序跋者身份，述说作者与序跋撰者的交往及情谊。通俗小说作者多为社会中下层文人，社会交往面不够宽广，所以序跋者多为作者本人。即使由他人作序，也多为佚名，有笔名的序跋者大多因史料缺乏而无法考证，作者和序跋者的关系难以确考。

第一节　通俗小说作者与序跋者

从下表中可以得知，丁锡根编著《中国历代小说序跋集》收录的 135 部清人创作的通俗小说中，有 70 多篇序跋是自序，明确朋友关系的有 20 余篇，注明存在宾主关系的有 3 篇，同学、同乡关系的有 7 篇。陈天池因家族地位比较显赫，故有 5 位官员为其作序，《红楼梦》因出版家程伟元的关系，请举人高鹗作序；吕熊因做幕僚，才找到了出资者和有一定社会地位的序跋者。从通俗小说序跋者和作者的关系来看，通俗小说在清代的社会地位还是较低的。

表13 清代通俗小说作者和序跋者的关系

序号	小说名	作者	序跋者	作序时间	关系
1	定鼎奇闻	蓬蒿子	蓬蒿子	清初	自序
2	续金瓶梅	丁耀亢,顺治四年拔贡	爱日老人	顺治年间	叔侄
			西湖钓叟	顺治十七年	
			天隐道人		
3	七峰遗编(清代仅有传抄本)	佚名	七峰樵道人	顺治五年	未知
4	平山冷燕	荻岸散人	天花藏主人	顺治十五年	自序
			冰玉主人	乾隆五年	无
5	樵史通俗演义	樵子	樵子		自序
6	两交婚小传	步月主人	天花藏主人		自序
7	金云翘传	青心才人	天花藏主人	顺治年间	自序
8	无声戏	李渔	伪斋主人	顺治年间	
9	十二楼	李渔	钟离濬水	顺治十五年	朋友
10	照世杯	酌元亭主人徐震	谐道人	顺治末年	
11	鸳鸯梦	南岳道人	浪迹生		
12	春柳莺	南北鹖冠史者	拚饮潜夫	康熙元年	
13	赛花铃	白云道人	烟水散人	康熙元年	无
			风月盟主		未知
14	水浒后传	陈忱	雁宕山樵	康熙三年	自序
			蔡元放	乾隆三十五年	无
15	吴江雪	佩蘅子	佩蘅子	康熙四年	自序
			顾石城	康熙四年	朋友
16	济公全传	香婴居士	香婴居士	康熙七年	自序
17	醉菩提传	天花藏主人	桃花庵主人		未知
18	麟儿报	佚名	天花藏主人	康熙十一年	
19	生花梦	古吴娥川主人	青门逸史石仓氏	康熙十二年	朋友
20	梁武帝西来演义	天花藏主人	佚名	康熙十二年	未知

（续表）

序号	小说名	作者	序跋者	作序时间	关系
21	古今传奇	梦闲子	梦闲子	康熙十四年	自序
22	孤山再梦	王羌特	惊梦主人王羌特	康熙十五年	自序
			千亩主人	康熙十五年	忘年交
			天放子	康熙十五年	
23	合浦珠	烟水散人	烟水散人		自序
24	三国后传石珠演义	梅溪遇安氏	澹园主人	康熙十九年	未知
25	好逑传	名教中人	宣化里维风老人	康熙二十二年	
26	说岳全传	钱彩	金丰	康熙二十三年	朋友
27	生绡剪	谷口生	谷口生		自序
28	鸳鸯针	华阳散人（吴拱宸）	独醒道人		
29	肉蒲团	情痴反正道人	如如居士	康熙三十二年	
30	西游真诠	山阴悟一子陈士斌	尤侗	康熙三十五年	
31	飞花咏小传	佚名	天花藏主人	清初	未知
32	后七国演义	古吴烟水散人	遁世老人		
33	隋唐演义	褚人获	褚人获	康熙三十四年	自序
34	斩鬼传	烟霞散人	烟霞散人	康熙四十年	自序
			瓮山逸士		
			兼修堂		
35	台湾外记	江日昇	陈祈永	康熙四十三年	朋友
			彭一楷		同学
			余世谦		朋友
			吴存忠		朋友
			江日昇	康熙四十三年	自序
36	豆棚闲话	艾衲居士	艾衲居士	康熙四十六年	自序
			天空啸鹤	康熙四十六年	未知

（续表）

序号	小说名	作者	序跋者	作序时间	关系
37	女仙外史	吕熊	吕熊		自序
			陈奕禧，江西南安郡守	康熙五十年	宾主
			叶旉，广州府知府	康熙五十年	宾主
38	连城璧	李渔	杜濬		朋友
39	珍珠舶	烟水散人	烟水散人		自序
40	女才子	烟水散人	烟水散人		自序
			钟斐		通家弟
41	画图缘	步月主人	天花藏主人		
42	定情人	素政堂主人	素政堂主人		自序
43	赛红丝	佚名	天花藏主人		
44	幻中真	烟霞散人	天花藏主人		
45	惊梦啼	天花主人	竹溪啸隐		
46	西游证道书	澹漪子	笑苍子	康熙年间	
47	快心编	天花才子	佚名	康雍年间	未知
48	五凤吟	嗤嗤道人	苏潭道人		
49	金石缘	静恬主人	静恬主人		自序
50	巧联珠	烟霞逸士	云水道人	雍正元年	未知
51	英云梦	震泽九容楼主人松云氏	剩斋氏	雍正元年	同乡
52	铁花仙史	封云山人	三江钓叟		
53	雨花香	石成金	袁载锡，文林郎，内阁中书，改授扬州府江都县儒学教谕兼训导	雍正四年	年家眷弟
			石成金	雍正四年	自序

（续表）

序号	小说名	作者	序跋者	作序时间	关系
54	纲鉴通俗演义	吕抚	李之果	雍正五年	师徒
			吕抚	雍正十年	自序
55	飞花艳想	刘璋	刘璋	雍正七年	自序
56	儒林外史	吴敬梓	闲斋老人	乾隆元年	
57	说唐全传	佚名	如莲居士	乾隆元年	未知
			鸳湖渔叟	乾隆元年	未知
58	东周列国志	蔡元放	蔡元放	乾隆十七年	自序
59	反唐演义	如莲居士	如莲居士	乾隆十八年	自序
60	东汉演义	清远道人	清远道人	乾隆二十年	自序
61	石头记	曹雪芹	曹雪芹		自序
62	西游原旨	素朴散人刘一明	素朴散人刘一明	乾隆二十三年	自序
			梁联第，乾隆四十八年举人	嘉庆三年	
			苏宁阿，宁夏将军，兼甘肃提督	嘉庆六年	宾主
			杨春和	嘉庆四年	
			瞿家鏊	嘉庆二十四年	
			王阳健		师徒
			樊于礼		师徒
			张阳全		师徒
			冯阳贵		师徒
			夏复恒	嘉庆二十五年	师徒
63	绿野仙踪	李百川	陶家鹤	乾隆二十九年	朋友
			侯定超	乾隆三十六年	朋友

（续表）

序号	小说名	作者	序跋者	作序时间	关系
64	飞龙全传	吴璿	吴璿	乾隆三十三年	自序
			杭世骏,雍正二年举人,乾隆元年博学宏词,编修	嘉庆二年	托名
65	水石缘	李春荣	李春荣	乾隆三十九年	自序
			李春荣	乾隆五十九年	自序
			何昌森	乾隆三十九年	砚弟
66	雪月梅传	镜湖逸叟	镜湖逸叟	乾隆四十年	自序
67	歧路灯	李海观	李海观	乾隆四十二年	自序
			佚名	乾隆四十三年	无
68	说呼全传	佚名	滋林老人	乾隆四十四年	未知
69	鸳鸯会(疗妒缘)	静恬主人	静恬主人	乾隆四十五年	自序
70	醒世姻缘传	西周生	环碧主人	乾隆四十六年	无
			东岭学道人		无
71	驻春园小史	吴航野客	水箬散人	乾隆四十七年	朋友
72	二度梅奇说	惜阴堂主人	松林居士	乾隆四十七年	无
73	合刻七才子书	天花藏主人	天花藏主人（托名）	乾隆四十七年	
74	红楼梦	曹雪芹	梦觉主人	乾隆四十九年	无
			舒元炜	乾隆五十四年	无
			程伟元	乾隆五十六年	无
			高鹗	乾隆五十六年	无
			小泉、兰墅	乾隆五十七年	无
			张汝执	嘉庆六年	无
			王希廉	道光十二年	无
75	西湖拾遗	陈树基	陈树基	乾隆五十六年	自序
76	娱目醒心编	杜刚	许宝善	乾隆五十七年	朋友

（续表）

序号	小说名	作者	序跋者	作序时间	关系
77	岭南逸史	黄耐庵	醉园狂客	乾隆五十八年	叔侄
78	北史演义	杜纲	许宝善，乾隆二十五年进士	乾隆五十八年	朋友
79	儿女英雄传	文康	东海吾了翁	乾隆五十九年	无
80	鬼谷四友志	杨澹游	杨澹游	乾隆六十年	自序
81	南史演义	杜刚	许宝善，乾隆二十五年进士	乾隆六十年	朋友
82	锋剑春秋	黄淦	黄淦		自序
83	五色石	徐述夔	徐述夔		自序
84	遍地金	徐述夔	哈哈道士		未知
85	八洞天	徐述夔	徐述夔		自序
86	醒风流传奇	隺市道人	隺市道人		自序
87	后红楼梦	佚名	逍遥子	嘉庆元年	未知
88	续红楼梦	秦子忱	秦子忱	嘉庆三年	自序
			郑师靖	嘉庆四年	朋友
89	红楼复梦	小和山樵南阳氏	少海氏	嘉庆四年	自序
			陈诗雯		未知
90	绮楼重梦	兰皋居士	蒳园居士	嘉庆四年	未知
			兰皋居士	嘉庆十年	自序
91	瑶华传	丁秉仁	尤夙真	嘉庆四年	朋友
			周永保	嘉庆十年	朋友
92	五虎平西前传	佚名	佚名	嘉庆六年	未知
93	五虎平南后传	佚名	小琅环主人		未知
94	蜃楼志	庾岭老人	罗浮居士	嘉庆九年	未知
95	常言道	落魄道人	西土痴人	嘉庆九年	未知
96	粉妆楼全传	竹溪山人	竹溪山人	嘉庆十年	自序

（续表）

序号	小说名	作者	序跋者	作序时间	关系
97	续红楼梦	海圃主人	海圃主人	嘉庆十年	自序
98	雷峰塔奇传	玉花堂主人	吴炳文	嘉庆十一年	朋友
99	白圭志	崔象川	晴川居士	嘉庆十一年	未知
100	玉蟾记	通元子黄石	种柳主人	嘉庆十二年	未知
			恬澹人		未知
101	万花楼杨包狄演义	李雨堂	李雨堂	嘉庆十三年	自序
102	希夷梦	汪寄	汪寄	嘉庆十四年	自序
103	双凤奇缘	雪樵主人	雪樵主人	嘉庆十四年	自序
			古溪老人	道光二十三年	未知
104	警富新书	安和先生	敏斋居士	嘉庆十四年	未知
105	燕山外史	陈球	螟巢居士吴展成	嘉庆十六年	未知
106	听月楼	佚名	佚名	嘉庆十七年	未知
107	海公大红袍全传	李春芳	李春芳	嘉庆十八年	自序
108	红楼圆梦	梦梦先生	梦梦先生	嘉庆十九年	自序
109	补红楼梦	嫏嬛山樵	嫏嬛山樵	嘉庆十九年	自序
110	西湖小史	蓉江	李荔云，举人	嘉庆二十二年	同窗
111	三分梦全传	潇湘仙史	潇湘仙史	嘉庆二十三年	自序
112	争春园全传	寄生氏	寄生氏	嘉庆二十四年	自序
113	清风闸	浦琳	梅溪主人	嘉庆二十四年	未知
114	风月鉴	吴贻先	吴贻先	嘉庆二十五年	自序
115	增补红楼梦	嫏嬛山樵	嫏嬛山樵	嘉庆二十五年	自序
			讷山人	嘉庆二十五年	朋友
116	飞跎全传	邹必显	一笑翁	嘉庆二十二年	朋友
117	红楼梦补	归锄子	犀脊山樵	嘉庆二十四年	朋友
			归锄子		自序

（续表）

序号	小说名	作者	序跋者	作序时间	关系
118	施公案	佚名	佚名	嘉庆年间	未知
			佚名	道光十九年	未知
119	杨文广平闽全传	佚名	佚名	道光元年	未知
120	载阳堂意外缘	周竹安	龚晋	道光元年	砚友
			周竹安		自序
121	镜花缘	李汝珍	许乔林		无
			洪棣元		无
			麦大鹏	道光九年	无
			谢叶梅	道光十年	无
			佚名		未知
122	绿牡丹全传	佚名	爱莲居士	道光十一年	未知
			佚名	道光二十七年	未知
123	海公小红袍全传	佚名	铁崖外史	道光十二年	未知
124	如意君传	陈天池（大学士陈廷敬的后代）	陈天池	道光十三年	自序
			徐璈，嘉庆十九年进士，十七年阳城县令	道光二十年	官与绅
			田秫，赐进士出身文林郎，知陕西长武县	道光二十二年	同乡
			卢联珠，龙门知县，兼龙门书院主讲	道光二十七年	同乡
			刘象恒，阳城县知县	道光二十七年	官与绅
			刘作霖，举人，平阳府吉州教授	道光二十八年	朋友

（续表）

序号	小说名	作者	序跋者	作序时间	关系
125	林兰香	随缘下士	嶙峻子	道光十八年	未知
126	梅兰佳话	曹梧冈	赵小宋	道光十九年	朋友
127	通易西游正旨	张含章	无名子		师徒
128	离合剑莲子瓶	佚名	白叟山人	道光二十二年	无
129	白鱼亭	黄瀚	黄瀚	道光二十二年	自序
130	红楼幻梦	花月痴人	花月痴人	道光二十三年	自序
131	荡寇志	俞万春	俞万春	道光二十七年	自序
132	风月梦	邗上蒙人	邗上蒙人	道光二十八年	自序
133	云钟雁全传	江陵渔隐	珠湖渔隐	道光二十九年	自序
134	品花宝鉴	陈森	卧云轩老人	道光二十九年	未知
			幻中了幻居士		无
			陈森		自序
135	妙复轩评石头记	曹雪芹	张新之	道光三十年	无
			五桂山人		无

一、通俗小说自序的特点

通俗小说中的自序占到了全部序跋的一半。作为自序，作者对于自己的创作过程、创作动机自可言之凿凿，取信于读者，而为其他类型的序跋者所无法取代。吕抚《纲鉴通俗演义自序》云：

《纲鉴演义》何为而辑也？通俗也。……吕子安世于治经之外，日取《通鉴纲目》及二十四史而折衷之，历代之统绪而序次之，历代之兴亡而联续之，历代之仁暴忠佞贞淫条分缕析而纪实之。芟其繁，缉其简，增纲以详，裁目以略，事事悉依正史，言言若出新闻，始终条贯，为史学另开生面，不特经生学士，即妇人小子，逐回分解，亦足以润色枯肠。末卷专言修身齐家之事,以通俗也,实人人之布帛菽粟也。①

作为秀才的吕抚在《纲鉴通俗演义自序》中坦陈小说创作的历史依据,标榜"事事悉依正史"。但吕抚的"悉依正史"实际上是大打折扣的,因为自序中明言小说素材是源自司马光的《资治通鉴》、朱熹《资治通鉴纲目》和二十四史,但绝不是照搬照抄,而是"折衷之",即以意取舍,并非刻意追求与历史切合的真实,只是按照对历史的理解而进行再创造。其动机在于效法先贤,"留纲常于万古"。另从县令李之果的序言中可知,吕抚的小说创作至少实现了他的创作动机,"无事褒讥,而是非贤奸自见"②。

如莲居士《反唐演义序》重点说明了小说的创作动机:

传奇之家,又复敷演成文,曲加描写,用人行政、帷德不修之处,几有不堪寓目者。……后之人览中兴全传,识盛衰之始末,其间忠奸邪正,亦足以惩劝于兴起,其有裨于治道人心匪浅矣。前书因坊间失序,以致差讹,且自卢陵王以下,具不例载矣。于是乎搜寻原刻,更正增补,使阅者无憾于胸膈,是为之序。③

如莲居士认为,该书"足以惩劝于兴起,其有裨于治道人心匪浅矣"。作者有鉴于过去的小说中对于"用人行政、帷德不修之处"描写的沉溺,造成了"不堪寓目"的恶劣的阅读效应,而且因为原有的坊刻本在事件的叙述交代中出现时间的错乱,以至于造成历史的失真,再加上卢陵王以下的历史缺少详细的记载。鉴于以上三点缘由,作者要搜寻原刻,更正增补,而成《反唐演义》。序文否认自己即小说作者,仅以校订者自居,但改动的幅度又很大,因此从自相矛盾的言语中可以判断,如莲居士应是《反唐演义》的作者。

情士《闹花丛自跋》云:

---

① 〔清〕吕抚:《纲鉴通俗演义自序》,见丁锡根编著《中国历代小说序跋集》,人民文学出版社 1996 年版,第 1070 页。

② 〔清〕李之果:《纲鉴通俗演义序》,见丁锡根编著《中国历代小说序跋集》,人民文学出版社 1996 年版,第 1071 页。

③ 〔清〕如莲居士:《反唐演义序》,见丁锡根编著《中国历代小说序跋集》,人民文学出版社 1996 年版,第 967 ~968 页。

予作《庞刘传》，以为庞生天缘奇遇，凑合颇多，然尤不若祁禹狄之佳遇甚多也。殊不知世间奇奇怪怪，如才子名媛无端而邂逅，投起便咏诗唱和，暗订姻盟，真乃巧遇。今岁孟秋，友人有以庞刘事请余作传，予遂援笔草创而为句，才就其事。虽与祁生仿佛，然以庞生看榜为由，突会佳人，订约赴期，殊出望外。至于寡居之桂萼，处子之琼娥，一旦乔扮贺喜，两人而为淫污，则桂萼、琼娥之遇，尤为奇艳。后来小姐相思，全仗假医生之挑病。后来全愈间，母氏之酬愿，适叔子之归家而捉奸鸣法，官判脱罪，子民是有念于王学宪之恩深且大也。假使按律正法，则庞生无所用其施为，信乎？天付良缘，不容人所不肯尔。乃世固有志读书求一人眼，卒不可得者。文英以十四游泮，而鼎甲争先。官居尚书，为之身登仙府，即云赤松点化，然其前生固是仙君也。

予适饱小点，不过以传文英事，聊以自怡。友人必欲请之梨枣，公诸国门。予亦不能强，只得听之而已。①

情士不仅介绍了创作的过程，“友人有以庞刘事请余作传”，而所谓的“友人”，从其自序下文“友人必欲请之梨枣”可知，其身份当为书坊主，这是属于典型的命题作文。从作者情士对《庞刘传》和《奇缘记》的对比以及《庞刘传》的情节介绍中，可以看出作者对于情欲的基本立场。官家子弟庞文英因帅气博学，而得以和五个女子风流缠绵，虽遇险恶，终能安然脱险，坐拥一妻四妾，最后身登仙府。作者借小说宣扬欲望的合理性。

二、通俗小说中他序的特点

为小说作序跋的其他人或为作者的师友，或为小说校刊者，或为书坊主，或为后来的读者。序跋者如果是作者的师友故旧，则多从接受效果赞赏作品，如杜濬（笔名钟离濬水）的《十二楼序》：

盖自说部逢世，而侏儒牟利，苟以求售。其言猥亵鄙靡，无所不至，为世道人心之患者无论矣。即或志存扶植，而才不足以达其辞，

① 〔清〕情士：《闹花丛自跋》，见《思无邪汇宝·闹花丛》卷首，台湾大英百科股份有限公司2000年版。

趣不足以辅其理，块然幽闷，使观者恐卧而听者反走，则天地间又安用此无味之腐谈哉！今是编以通俗语言鼓吹经传，以入情啼笑接引顽痴……夫妙解连环，而要之不诡于大道，即施、罗二子，斯秘未睹，况其下者乎！语云"为善如登"，笠道人将以是编偕一世人结欢喜缘，相与携手徐步而登此十二楼也，使人忽忽忘为善之难而贺登天之易，厥功伟矣！道人尝语余云："吾于诗文非不究心，而得志愉快，终不敢以稗史为末技。"①

该序强调了小说的娱乐价值和社会功用并行不悖，在笑声中实现道统纲常的坚守。应该说，杜濬的序对李渔小说的审美特征把握比较准确，对李渔小说的宣传切入角度非常巧妙。

再如烟水散人的《赛花铃题辞》：

予谓稗家小史，非奇不传。然所谓奇者，不奇于凭虚驾幻，谈天说鬼，而奇于笔端变化，跌宕波澜。……一经点勘，则一聚一散，波涛迭兴；或喜或悲，性情互见。至夫点睛扼要，片言只字不为简；组词织景，长篇累牍不为繁。使诵其说者，眉掀颐解，恍如身历其境，斯为奇耳。……予自传《美人书》以后，誓不再拈一字。忽今岁仲秋，书林氏以《赛花铃》属予点阅。②

烟水散人的小说观是"非奇不传"，这也是烟水散人为《赛花铃》所做的广告宣传。烟水散人所说之"奇"包括了三方面的含义：第一，笔端变化，跌宕波澜，小说情节要有起伏，有张有弛；第二，语言表达要繁简得宜，所谓"片言只字不为简""长篇累牍不为繁"；第三，从读者接受的角度来看，小说情节、人物都可以虚构，但必须使读者有身临其境之感。烟水散人创作小说甚多，如《清风亭》《玉支玑》《珍珠舶》《灯月缘》《桃花影》《女才子书》《后七国乐田演义》等，并被书坊主邀请校刊小说，这与其文学素养密

---

① 〔清〕钟离濬水：《十二楼序》，见丁锡根编著《中国历代小说序跋集》，人民文学出版社 1996 年版，第 824 ~ 825 页。

② 〔清〕烟水散人：《赛花铃题辞》，见丁锡根编著《中国历代小说序跋集》，人民文学出版社 1996 年版，第 1271 页。

切相关。

有的通俗小说序跋者是读者，和作者毫无关联，这类序跋一般都介绍自己和小说的因缘，如幻中了幻居士《品花宝鉴序》：

> 余从友人处多方借抄，其中错落不一而足，正订未半，而借者踵至，虽欲卒读几不可得。后闻外间已有刻传之举，又复各处探听，始知刻未数卷，主人他出，已将其板付之梓人。梓人知余处有抄本，是以商之于余，欲卒成之；即将所刻者呈余披阅，非特鲁鱼亥豕，且与前所借抄之本少有不同。今年春……再三校阅，删订画一，七越月而刻成，若非余旧有抄本，则此数卷之板竟为爨下物矣。至于石函氏与余未经谋面，是书竟赖余以传，事有因缘，殆可深信。①

虽然幻中了幻居士也是小说的校刊者，但与作者从未谋面，所以序跋只是介绍了文本的刊印经历以及由此而发的感慨，中间具有广告价值的内容就是零星的几句关于校刊过程的介绍。

第二节　文言小说作者与序跋者

一、文言小说的作者

文言小说不论是作者还是序跋者，基本都署真实名姓，文言小说的作者多为大家。宁稼雨先生所撰《中国文言小说总目提要》一书，列举清代文言小说589部，其中作者姓名、身份可考的有284部，其中秀才2位，举人44位，进士72位，此外，还有多位世家子弟，以及为官之人。

首先，满族作家是清代文言小说作者的重要组成部分。满族文人生活优越，地位显贵，满族小说家创作了不少作品。乾隆年间，满洲镶白旗人和邦额创作《夜谭随录》；满洲镶红旗人庆兰创作《萤窗异草》；汉军正蓝旗人佟世思创作《耳书》；满洲镶黄旗钮祜禄氏清福；官至礼部尚书、兵

---

① 〔清〕幻中了幻居士：《品花宝鉴序》，见丁锡根编著《中国历代小说序跋集》，人民文学出版社1996年版，第1209页。

部尚书，创作《志异新编》；汉军镶红旗人刘廷玑创作《在园杂志》。

其次，众多的汉族文人士大夫也是小说创作群体的重要组成部分，他们或是进士，或是朝廷命官，或是普通文人。在身份可考证的218位清代文言小说作家中，进士有84位，除此之外还有像魏禧、王猷定、毛先舒、余怀、顾彩、杜濬、蒲松龄、邱维屏、冯班、顾景星、胡天游、归庄、邵长蘅、林璐等著名文人。

其中进士出身的有：《诺皋广志》的作者徐芳，明崇祯十三年进士；《见闻琐异钞》的作者严曾榘，康熙三年进士；《子不语》《续子不语》的作者袁枚，乾隆四年进士；《阅微草堂笔记》的作者纪昀，乾隆十九年进士；《东皋杂抄》的作者董潮，乾隆二十八年进士；《新搜神记》《尾蔗丛谈》的作者李调元，乾隆二十八年进士；《六合内外琐言》的作者屠绅，乾隆二十八年进士；《梦阑琐笔》《梦阑续笔》的作者杨复吉，乾隆三十七年进士；《廿一史感应录》的作者彭希涑，乾隆四十九年进士；《右台仙馆笔记》《广杨园近鉴》的作者俞樾，道光三十年进士。此外，进士王兰皋、周亮工、施闰章、董含、王士禛、顾嗣立等都曾参与到文言小说的创作之中，为文言小说的发展做出了自己的贡献。

举人出身的有：《秋谷杂编》的作者金维宁，《见闻纪异》的作者陈藻，《夜谭随录》的作者和邦额，《谐铎》的作者沈起凤，《北东园笔录》的作者梁恭辰，《小豆棚》的作者曾衍东，《黄竹子传》的作者吴兰修，《寄园寄所寄》的作者赵吉士，《天全州闻见录》的作者陈登龙，《春梦十三痕》的作者许桂林，《蝶阶外史》的作者高继衍，《印雪轩随笔》的作者俞鸿渐，《止园笔谈》的作者史梦兰，《两般秋雨庵随笔》的作者梁绍壬，《翼駉稗编》的作者汤用中，《寄龛志》的作者孙德祖，《蕉轩随录》的作者方浚师等。

贡生出身的有：《冥报录》的作者陆圻，《信征全集》的作者段永源，《汤琵琶传》的作者王猷定，《聊斋志异》的作者蒲松龄，《太仙漫稿》的作者韩邦庆，《稗勺》的作者鲍钤等。

诸生出身有的：《雪烦庐记异》的作者张道，《道听途说》的作者潘纶恩，《燕山外史》的作者陈球，《闻见卮言》的作者祝文彦，《三侬赘人广自序》的作者汪价,《柳南随笔》的作者王应奎,《桃溪客语》的作者吴骞等。

一些地方官员也参与了文言小说创作,《史异纂》《有明异丛》的作者傅燮詷,为知府;《志异续编》的作者宋永岳,为香山新安巡抚,《劝戒近录》《池上草堂笔记》的作者梁恭辰,为梁章钜第三子,官至温州知府。还有《鹂砭轩质言》的作者戴莲芬、《谈异》的作者王景贤等。

这些进士、举人、秀才、贡生、诸生以及官员,是清代文言小说创作的中坚力量,有力地推动了清代文言小说的繁荣。

二、文言小说序跋者

丁锡根编著的《中国历代小说序跋集》列举了 201 部文言小说,其中有 122 部作品有清人作序或跋,共计 166 位清人为历代文言小说撰写了序跋。在这 166 位序跋者中,依旧不乏著名文人。在已考证身份的 48 位序跋者中,有进士 22 位,此外,还有举人、秀才、诸生、贡生共计 16 位。

明万历三十八年进士钱谦益为《吴越春秋》作序,顺治十五年进士王士禛为《越绝书》作跋,康熙十六年进士卢见曾为《北梦琐言》作序,乾隆四年进士袁枚为《新齐谐》作序,乾隆十七年进士卢文弨为《北梦琐言》作跋,乾隆四十六年进士王友亮为《柳崖外编》作序,嘉庆十四年进士蔡培为《聊斋志异》作序,道光十二年进士马国翰为《青史子》《宋子》《齐谐记》作序,光绪十八年进士叶德辉为《大唐世说新语》作序。如上文所说,序跋者中进士出身的有 22 人,这在身份可考的序跋者中占了很大比例。足见清代文人对文言小说的喜爱与重视。

大量的举人、秀才、诸生、贡生也乐于为文言小说撰写序跋。如举人有:乐钧为《耳食录》作序,赵怀玉、鲍廷博为《鉴诫录》作跋,李中馥为《原李耳载》作序,李清为《女世说》作序,顾贞观为《坚瓠集》作序,俞鸿渐为《印雪轩随笔》作序,梁恭辰为《池上草堂笔记》作序;秀才有:王韬为《淞隐漫录》《淞隐续录》作自序,李渔为《古今笑史》作序;诸生有:陆烜为《松窗杂录》作跋,复翁为《开元天宝遗事》作跋,枚庵、吴翌凤为《江淮异人录》作跋,张山来为《一夕话》作跋。这些举人、秀才、诸生、贡生,在功名上不如进士显赫，但他们饱读诗书，才华出众，对文学有着自己的见解，其中不乏有名气的文人。文言小说的兴盛繁荣离不开他们的参与。

表14　清代文言小说作者与序跋者关系概览

小说名	作者	序跋者	作序时间	关系
女世说	李清	李清	顺治年间	自序
古今笑史序	朱石钟	李渔	康熙六年	朋友
觚剩	钮琇，康熙十一年拔贡生	钮琇，康熙十一年拔贡生	康熙三十九年	自序
觚剩续编	钮琇，康熙十一年拔贡生	钮琇，康熙十一年拔贡生	康熙四十一年	自序
一夕话	陈皋谟	陈皋谟	康熙五十七年	自序
柳崖外编	徐昆，乾隆五十六年进士	王友亮，乾隆五十六年进士	乾隆五十八年	同年、朋友
六合内外琐言	屠绅，乾隆二十八年进士	姬金麟	乾隆年间	朋友
小豆棚	曾衍东，乾隆三十七年举人	曾衍东，举人，知县	乾隆六十年	自序
蟫史	屠绅，乾隆二十八年进士	小停道人	嘉庆五年	朋友
蟫史	屠绅，乾隆二十八年进士	杜陵男子		主客
玉剑尊闻	梁维枢，万历四十三年举人	钱棻，崇祯十五年举人		年家子
玉剑尊闻	梁维枢，万历四十三年举人	吴伟业，崇祯四年榜眼	顺治十二年	年家弟
玉剑尊闻	梁维枢，万历四十三年举人	钱谦益，万历三十八年探花	顺治十四年	通家眷社弟
玉剑尊闻	梁维枢，万历四十三年举人	梁维枢，万历四十三年举人	顺治十一年	自序

（续表）

小说名	作者	序跋者	作序时间	关系
说铃	汪琬，顺治十二年进士	计东	康熙年间	师徒
虞初新志	张潮	张潮	康熙二十二年	自序
		张潮	康熙三十九年	自序
板桥杂记	余怀	余怀	顺治年间	自序
		冒辟疆	康熙年间	朋友
		尤侗，康熙十八年博学宏词	顺治年间	朋友
明语林	吴肃公	吴肃公	康熙二十年	自序
池北偶谈	王士禛	王士禛，顺治十五年进士	康熙三十年	自序
坚瓠集	褚人获	杨致弥	康熙三十四年	年家同学弟
		李炳	康熙三十年	通家弟
		毛宗岗		同学
		毛际可，顺治十五年进士		朋友
		顾贞观，康熙十一年举人		年家弟
		徐柯	年家眷侄	徐琛
		佚名		
		褚篆		叔侄
		孙致弥		年家眷小弟
		朱陵		通家弟
		洪昇		朋友
		尤侗	康熙三十九年	朋友
		张潮	康熙二十二年	朋友

（续表）

小说名	作者	序跋者	作序时间	关系
今世说	王晫	王晫	康熙二十二年	自序
		冯景		师徒
		丁澎，顺治十二年进士		同乡
		毛际可，顺治十五年进士		朋友
		严允肇，顺治十八年进士		朋友
耳书	佟世思	佟世思		自序
聊斋志异	蒲松龄	蒲松龄	康熙十八年	自序
		高珩，崇祯十六年进士	康熙十八年	宾主
		唐梦赉，顺治六年进士	康熙二十一年	宾主
		赵起杲，乾隆三十年浙江严州知府	乾隆三十一年	无
		余集，乾隆三十一年进士	乾隆三十年	无
		孔继涵，乾隆三十六年进士		无
		但明伦，嘉庆二十四年进士	道光二十二年	无
		舒其锳	道光十七年	无
笑倒	陈皋谟	陈皋谟	康熙五十七年	自序
半庵笑政	陈皋谟	张潮，岁贡生，翰林院孔目		
夜谭随录	和邦额	和邦额	乾隆四十四年	自序

（续表）

小说名	作者	序跋者	作序时间	关系
谐铎	沈起凤，乾隆三十三年举人	殷杰	乾隆五十六年	朋友
		韩藻，乾隆三十三年举人	乾隆五十六年	同年
		钱棨，乾隆四十六年状元		朋友
		王昶，乾隆十九年进士		朋友
		黄桂芳		朋友
		马惠	乾隆五十六年	学生
		沈清瑞，乾隆五十二年进士	乾隆五十六年	弟弟
耳食录	乐钧，嘉庆六年举人	乐钧，嘉庆六年举人	乾隆五十七年	自序
		吴嵩梁，嘉庆五年举人	乾隆五十七年	同乡
		徐承恩	道光元年	朋友
子不语	袁枚，乾隆四年进士	袁枚，乾隆四年进士		自序
黄生三奇遇古风	黄耐庵	李梦松	嘉庆六年	同乡弟
三异笔谈	许元仲，道光七年被罢官	许元仲	道光七年	自序
归田琐记	梁章钜，嘉庆七年进士，累官至江苏巡抚	许惇	道光二十五年	师徒
浪迹丛谈	梁章钜，嘉庆七年进士，累官至江苏巡抚	梁章钜，嘉庆七年进士，累官至江苏巡抚	道光二十一年以后	自序

（续表）

小说名	作者	序跋者	作序时间	关系
印雪轩随笔	俞鸿渐，嘉庆二十一年举人	俞鸿渐，嘉庆二十一年举人	道光二十五年	自序
		俞殿龄	道光二十七年	侄孙
		汪俭	道光二十七年	师徒
池上草堂笔记	梁恭辰，官至温州知府	梁恭辰，官至温州知府	道光二十三年	自序
		退庵居士	道光二十三年	父子
两般秋雨盦随笔	梁绍壬，道光元年举人，官内阁中书	汪适孙，候选詹事府主簿	道光十七年	表兄弟
秦淮画舫录	捧花生	捧花生	嘉庆二十一年	自序
虞初续志	郑澍若	郑澍若	嘉庆七年	自序

文言小说作者和序跋者的关系比较简单，序跋作者基本上就是作者本人和亲朋故友，像赵起杲这样的序跋者在文言小说中并不多见。如乾隆五十三年（1788）周广业为其朋友吴骞《桃溪客语》作序："宜兴为东南奥区，吾友吴君槎客寓游其间，既著《国山碑考》，复著《桃溪客语》，搜剔溪山，爬梳人物，博而且精，洵不负此地矣。"①作为朋友，对作者本人非常了解，所以，其创作的准备过程以及对小说的评价，在序跋中都得到了体现。

赵起杲《聊斋志异弁言》极言小说文本的难得以及颇受欢迎的情形：

> 丙寅冬，吾友周子季和自济南解馆归，以手录淄川蒲留仙先生《聊斋志异》二册相贻。深以卷帙繁多，不能全钞为憾。予读而喜之，每藏之行笥中，欲访其全，数年不可得。丁丑春，携至都门，为王子闰轩攫去。后予宦闽中，晤郑荔芗先生令嗣。因忆先生昔年曾宦吾乡，性喜储书，或有藏本。果丐得之。命侍史录正副二本，披阅之

① 袁行霈、侯忠义编：《中国文言小说书目》，北京大学出版社 1981 年版，第 377 页。

下，似与季和本稍异。后三年，再至都门，闰轩出原钞本细加校对，又从吴君颖思假钞本勘定，各有异同，始知荔芗当年得于其家者，实原稿也。癸未官武林，友人鲍以文屡怂恿予付梓，因循未果。后借钞者众，藏本不能遍应，遂勉成以公同好。……此书之成，出赀勷事者，鲍子以文；校雠更正者，则余君蓉裳、郁君佩先暨予弟皋亭也。乾隆丙戌端阳前二日，莱阳后学赵起杲书于睦州官舍。①

经过赵起杲等人的努力，第一部《聊斋志异》刻本终于问世，大大促进了《聊斋志异》的广泛流传。

无论通俗小说还是文言小说的序跋，或肯定小说的伦理教化价值，或揭示小说的高超技法，或交代出版细节，或简述作者及序跋者的身世遭遇，或预示小说的传播效果等。这些序跋既有助于小说的销售，也能够为读者提供必要的信息，在小说传播过程中起到了重要作用。

第三节 清代小说的读者

鲁迅先生《中国小说史略》指出："雍乾以来，江南人士惕于文字之祸，因避史事不道，折而考证经子以至小学，若艺术之微，亦所不废；惟语必征实，忌为空谈，博识之风，于是亦盛。逮风气既成，则学者之面目亦自具，小说乃'道听途说者之所造'，史以为'无可观'，故亦不屑道也。"②鲁迅先生认为小说不受清代文人的重视，谈论者较少。然而清代小说读者并不少，不仅中下层文人，还有许多上层文人，甚至皇室成员及皇帝本人都热衷于阅读小说。

一、小说序跋与通俗小说读者

清代通俗小说的读者面非常广泛，不仅有中下层文人，而且还包括大

① 〔清〕赵起杲：《聊斋志异弁言》，见丁锡根编著《中国历代小说序跋集》，人民文学出版社 1996 年版，第 139 ~ 140 页。

② 鲁迅：《中国小说史略》，东方出版社 1996 年版，第 202 页。

批满人、清朝贵族,甚至皇室成员及皇帝本人。

(一)皇帝及皇亲贵戚

《文献》1983 年第 2 期收录了黄润华的《满文翻译小说述略》,文后附录了《满译小说知见目录》,显示了清代小说读者群的真实情形。《四库全书总目》向世人公开了皇家珍藏的一批小说,其内府藏本都是文言小说,而且多为宋元版本。《满译小说知见目录》中列举的小说不仅有《三国演义》《聊斋志异》及 16 部才子佳人小说,还有被历代统治者禁毁的《水浒传》《金瓶梅》。在这被翻译成满文的 40 部小说中,最显耀者莫过于天花藏主人创作的作品,著录了其《玉娇梨》《平山冷燕》《金云翘传》《玉支玑》《画图缘》《两交婚》《赛红丝》《醉菩提全传》《麟儿报》等九部小说,均为手抄孤本,除了《平山冷燕》为乾隆抄本以外,其余均为康熙年间译本。由此可见满族皇室成员对小说的阅读兴趣。具体书目如下:

1. 笔炼阁主人(徐述夔)《八洞天》,八卷,八册,抄本,每半页七行。

2. 罗贯中著,查布海等译《三国演义》,顺治七年(1648)刻本,每半页九行,二十四册。又:满汉合璧本,雍正刻本,每半页十四行,四十八册。

3.《三教同理小说》,存三卷。

(1)皇明大儒王阳明先生出身靖难录,冯梦龙著,存十八册。

(2)净慈寺济颠罗汉显圣记,佚名著,十三册。

(3)许旌阳得道擒蛟全传,邓志谟著,存十二册。

4. 施耐庵《水浒传》,一百回,抄本,每半页九行,存三十二册。

5. 烟霞散人《凤凰池》,十六回,康熙抄本,存十三册。

6. 荻岸散人《平山冷燕》,二十回,乾隆三十五年(1770)抄本,每半页十一行,十册。

7. 天花藏主人《玉支玑》,二十回,抄本,每半页七行,十册。

8. 荑荻山人《玉娇梨》,二十回,抄本,十三册。

9. 珊城清远道人《东汉演义》,八卷,三十二回,抄本,存五册。

10. 冯梦龙著，蔡元放注《东周列国志》，抄本，二十册。

11. 陟斋辑译《可信录》，满汉合璧本，道光十四年(1834)稿本，二册，末题“道光十四年荷月既望书于安边分府署内”。

12. 烟霞逸士《巧连珠》，四卷，抄本，一册。

13. 苏庵主人《归莲梦》，十二回，抄本，每半页七行，十二册。

14. 吴娥川主人《生花梦》，抄本，存十二册。

15. 集芙主人《生绡剪》，二十则，抄本，每半页七行，十册。

16. 甄伟《西汉通俗演义》，八卷，康熙十八年(1679)抄本，八册。

17. 吴承恩《西游记》，一百则，抄本，每半页六行，五十册。

18. 余邵鱼《列国志传》，抄本，每半页九行，二十册。

19. 冯梦龙《新列国志》，抄本，二十二册。

20. 天花才子《后西游记》，四十回，抄本，每半页六行，二十册。

21. 名教中人《好逑传》，四卷，十八回，雍正十一年(1733)抄本，十册。

22. 天花藏主人《两交婚》，十八回，抄本，存一册(第七、八回)。

23. 李渔《连城壁》，十卷，抄本，每半页七行，十册。

24. 徐渭《英烈传》，抄本，存五册。

25. 天花藏主人《画图缘》，四卷，十六回，康熙二十九年(1690)抄本，八册。

26. 青心才人《金云翘传》，四卷，二十回，抄本，八册。

27. 兰陵笑笑生《金瓶梅》，一百回，康熙四十七年(1703)刻本，每半页九行，四十册。

28. 佚名《金粉惜》，抄本，六册。

29. 吴门啸客《前七国》，存五卷(卷六至卷十)，抄本，每半页八行，五册。

30. 许仲琳《封神演义》，二十卷，一百回，抄本，每半页九行，二十册。

31. 熊大木《南宋演义》，十卷，五十则，抄本，每半页九行，十册。

32. 桃源居士编《唐人小说》,存十二卷,顺治抄本,四十册。

33. 佚名《唐代演义》,顺治抄本,存三册。

34. 蒲松龄著,札克丹译《〔择翻〕聊斋志异》,二十四卷,满汉合璧,道光二十八年(1848)刻本,每半页十四行。又,光绪三十三年(1907)二酉斋重刻本,二十四册。

35. 佚名《寒彻骨》,稿本,一册。

36. 方汝浩《禅真教史》,乾隆四十年(1775)抄本,二十册。

37. 天花藏主人《赛红丝》,十六回,抄本,每半页七行,八册。

38. 天花藏主人《醉菩提全传》,康熙二十三年(1684)抄本,存七册(第4~10册)

39. 陆应旸《樵史演义》,四十回,抄本,每半页七行,十册。

40. 天花藏主人《麟儿报》,十六回,抄本,五册。①

康熙皇帝并非第一个喜欢汉族小说的满族统治者,努尔哈赤、皇太极、多尔衮等均对汉人小说有所涉猎。努尔哈赤"稍长,读书识字,好看《三国》《水浒》二传,自谓有谋略"②。王文奎在天聪六年(1633)给皇太极的一封奏折中说:"汗尝喜阅《三国志传》,臣谓此一隅之见,偏而不全。其帝王治平之道,微妙者载在四书,显明者详诸史籍。"③顺治七年(1650),多尔衮以摄政王的名义下令三院组织翻译并颁行了《三国演义》,并下达谕旨:"此书可以忠臣、义贤、孝子、节妇之懿行为鉴,又可以奸臣误国、恶朝乱政为戒。文虽粗糙,然甚有益处,应使国人知此兴衰安乱之理也。"其谕旨的着眼点在于以纲常名教来统一思想,维持教化,巩固统治。但顺治皇帝的藏书可不只是圣贤语录,还有大量的小说:"世祖……命三臣升殿,赐观殿中书数十架。经史子集、稗官小说、传奇时艺,无

---

① 黄润华:《满文翻译小说述略》,载《文献》1983年第2期。

② 黄润华:《略论满文译本〈金瓶梅〉》,见徐朔方、刘辉编《金瓶梅论集》,人民文学出版社1986年版,第721页。

③ 罗振玉编:《天聪朝臣工奏议》,见潘喆、孙方明、李鸿彬编《清入关前史料选辑》第二辑,中国人民大学出版社1989年版,第24页。

不有之。"①

《水浒传》自明末被禁毁后，在清代更是命运多舛。乾隆十八年(1753)有官员上谕："近有不肖之徒，并不翻译正传，反将《水浒》《西厢记》等小说翻译，使人阅看，诱以为恶……似此秽恶之书，非惟无益，而满洲等习俗之偷，皆由于此。如愚民之惑于邪教，亲近匪人者，概由看此恶书所致。于满洲旧习，所关甚重，不可不严行禁止。""除官行刊刻、旧有翻译正书外，其私行翻写，并清字古词，俱着查核严禁。将现有者查出烧毁，再交提督从严查禁，将原板尽行烧毁。如有私自存留者，一经察出，朕惟该管大臣是问。"②由此可知，《水浒传》在此之前曾有满文译本在民间流传。就在乾隆皇帝下令对《水浒》严查之际，皇宫中就藏有一部《水浒传》的手抄本。

满人欣赏的是历史演义小说，认为可从历史中汲取经验教训，从小说中学习用兵打仗的谋略，因此，《三国演义》被满族统治者所关注。"清太宗崇德四年，命大学士达海译是书，顺治七年告竣。清初满洲武将不识汉文者，类多喜读是书。魏源《圣武记》谓乾嘉中紫光名将海额诸人皆当得力于此。"③由汉族官员范文程、洪承畴、冯铨参与的，布海等满族文人翻译的《三国演义》于顺治七年(1650)刊印，共二十四册。现藏于故宫博物院图书馆和大连图书馆，国家图书馆藏有十六册残本。雍正年间，又刊印满汉文合璧本，共四十八册。

因为清廷对关羽的尊崇，所以对《三国演义》的传播不遗余力，三国故事流布于士大夫之间，以至于将小说和正史混为一谈，闹出了不少笑话："其余如三国英雄之遗事，流传于群众之谈麈者，亦多根据于演义焉，甚至士夫且有以演义为正史者……王氏士禛诗中有《吊庞士元》之作，竟

---

① 《世祖科跣召词臣》，见《清朝野史大观》卷一，江苏广陵古籍刻印社 1998 年版，第 6 页。

② 《清实录》第 14 册《高宗纯皇帝实录》(6)卷四四三，中华书局 1986 年版，第 773 ~ 774 页。

③ 国家图书馆编：《国家图书馆藏古籍题跋丛刊》第 28 册，国家图书馆出版社 2002 年版，第 227 页。

以落凤坡三字著之于题，前人所笑为谬误者也。清雍正间有某侍郎保举人才，引孔明不识马谡事，清宪宗责其不当以小说入奏，责四十，仍枷示焉。"[①]"《竹叶亭杂记》又述乾隆初，某侍卫擢荆州将军，人贺之，辄痛哭，怪问其故，将军曰：'此地以关玛法尚守不住，今遣老夫，是欲杀老夫也。'盖熟读演义而愦愦者。"[②]先后被译成满文的历史演义小说还有《樵史演义》《东周列国志》《列国志传》《前七国》《西汉演义》《东汉演义》《唐代演义》《南宋演义》等。

包括《金瓶梅》在内的更多其他题材类型的小说也被译成了满文，阿什坦在顺治后期曾上奏："近见满洲译书内，多有小说稗言。非惟无益，恐流行渐染，则人心易致于邪慝。况圣贤古训，日详究之，犹恐不及，何暇费日时于无用之地？臣请皇上谕八旗读书人等，凡关圣贤义理、古今治乱之书，仍许翻译，此外杂书稗言，概为禁饬，不许翻译。"[③]作于康熙四十七年（1708）的满文本《金瓶梅序》反复强调小说的训诫功能："凡百回中以为百戒。每回无过结交朋党、钻营勾串、流连会饮、淫黩通奸、贪婪索取、强横欺凌、挑唆离间而已，其于修身齐家、裨益于国之事一无所有。"但序跋者同时认为上述这一切都只是表面现象，惩恶扬善才是小说的主旨："西门庆虑遂谋中，逞一时之巧，其势及至省垣，而死后尸未及寒，窃者窃，离者离，亡者亡，诈者诈，出者出，无不如灯消火灭之烬也。其附炎趋势之徒，亦皆陆续无不如花残木落之败也。其报应轻重之称，犹戥秤毫无高低之差池焉。且西门庆之为乐，不过五六年耳。其余掸掇谄媚、乞讨钻营、行强凶乱之徒，亦揭示于二十年之内。"[④]《金瓶梅》试图以西门及其家庭的悲剧结局达到劝惩目的，正可与多尔衮的谕旨以及上述议论相呼应。

---

① 国家图书馆编：《国家图书馆藏古籍题跋丛刊》第 28 册，北京图书馆出版社 2002 年版，第 228 页。

② 国家图书馆编：《国家图书馆藏古籍题跋丛刊》第 28 册，北京图书馆出版社 2002 年版，第 228 页。

③ 〔清〕鄂尔泰等修：《八旗通志》，东北师范大学出版社 1985 年版，第 5339 页。

④ 〔清〕佚名：《满文本金瓶梅序》，见丁锡根编著《中国历代小说序跋集》，人民文学出版社 1996 年版，第 1108 页。

清朝统治者一方面大肆禁毁淫词小说，另一方面又予以翻译、收藏。汉文文本甫出，满文译本很快就随之出现。《金瓶梅》《西厢记》等书籍被翻译后，“人皆争诵焉”。康熙皇帝对于淫词小说多次下诏严令禁止，如康熙二年(1663)“禁私刻琐语淫词”，并要求“访实何书系何人编造，指名题参，交与该部议罪”；康熙四十年(1701)“禁淫词小说”，声称“永行严禁”，而《金瓶梅》竟能在康熙四十七年(1708)被译成满文并刻版印行。满文《金瓶梅》译本是根据崇祯本或张竹坡评点本翻译的，但又将东吴弄珠客、谢颐的序文以及各种评语全部删除，前面只是冠上了一篇满文序，绣像二百幅也没有被收录。

《聊斋志异》满文译本最早刻于道光二十八年(1848)，共选录了129个故事。翻译者是满洲正红旗人札克丹，字秀峰，号五费居士，进士，道光六年(1826)在盛京任工部主事时开始翻译《聊斋志异》。

皇亲贵戚喜爱读小说，弘晓《平山冷燕序》记道：“庚申(1740)夏月，小监于肆中购得《平山冷燕》一书，余退朝之暇，取而观之，以消长夏。”①很难想象，如果没有亲王弘晓的默许，或者是日常的爱好，小监怎敢冒昧将才子佳人小说呈给自己的主子？弘晓为了证明自己阅读的合理性，对小说进行了高度评价：

> 以耳目近习之事，寓劝善惩恶之心，安见小说传奇之不犹愈于艳曲纤词乎？夫文人游戏之笔，最宜雅俗共赏。阳春白雪，虽称高调，要之举国无随而和之者，求其拭目而观与倾耳而听，又乌可得哉？……莫不模拟神情，各有韵致，足以动人观感，起人鉴戒，与唐宋之小说，元人之传奇，借耳目近习之事，为劝善惩恶之具，其意同也。②

十九岁的亲王弘晓对于自己的阅读行为找到了一个很合理而又体面的理由：“动人观感，起人鉴戒”，“劝善惩恶”。弘晓似乎不仅是看看《平山冷

① 〔清〕冰玉主人：《平山冷燕序》，见丁锡根编著《中国历代小说序跋集》，人民文学出版社1996年版，第1246页。

② 〔清〕冰玉主人：《平山冷燕序》，见丁锡根编著《中国历代小说序跋集》，人民文学出版社1996年版，第1246页。

燕》之类的才子佳人小说，据《怡府书目》记载，弘晓看过的小说可能还有《金瓶梅》《绣谷春容》《一夕话》《今古奇观》《警世通言》《醒世恒言》《艳史》《豆棚闲话》，而《影堂陈设书目录》除了《怡府书目》著录的之外，还有《聊斋志异》《醉菩提》《宜春香质》《剪灯丛话》《英云梦传》《七才子书》《六才子书》《第一奇书》《西游记》《红楼梦》等。另从序跋可知，《四库全书》不收录的唐宋小说、元传奇，弘晓似乎都很熟悉，可见其对小说的喜爱。

礼亲王昭梿在他的笔记《啸亭杂录》《续录》中批评了《承运传》《金瓶梅》《正统传》《平妖传》《水浒》《封神演义》等 6 种小说。说明他至少读过这六种小说。著名学者章学诚在他的《丙辰札记》里开列了《金瓶梅》《三国演义》《水浒传》《西游记》《列国志》《东西汉》《说唐》《南北宋》等 8 种小说，刘廷玑《在园杂志》提到的小说更是多达 38 种：《三国演义》《水浒》《西游记》《金瓶梅》《玉娇梨》《平山冷燕》《情梦柝》《春柳莺》《平妖传》《封神传》《风流配》《破梦史》《宫花报》《灯月圆》《玉楼春》《肉蒲团》《野史》《浪史》《快史》《媚史》《河间传》《痴婆子传》《禅真逸史》《禅真后史》《宜春香质》《弁而钗》《龙阳逸史》《东西晋演义》《后三国志》《后西游记》《续西游记》《东游记》《南游记》《北游记》《后水浒》《续金瓶梅》《前七国》《后七国》等。

清廷皇室以及皇亲贵戚、达官贵宦们对于小说的接受不仅仅局限于文言小说，对于通俗小说也表现出极浓的兴趣和宽广的阅读面。

（二）其他类型的读者

日本学者大木康指出："白话小说读者乃包括以生员为主的科举考生及商贾两大类。"① 小说序跋证明了这一观点。为通俗小说撰写序跋者有一部分是文学家、官员或社会名人等，吕熊《女仙外史》康熙五十年刊本的序跋者为江西南安郡守陈奕禧，出身名门。钱谦益、王士禛、许宝善等 50 多位为通俗小说撰写序跋者均为进士出身。由此可知，清代通俗小

---

① ［日］大木康：《关于明末白话小说的作者和读者》，载《明清小说研究》1988 年第 2 期。

说的接受群体中有不少上层人士，他们对通俗小说的传播起到了重要作用。

大量的中下层文人和书坊主不仅是读者，还通过序跋为通俗小说宣传造势。天隐道人《续金瓶梅序》云：

天隐道人曰："《续金瓶梅》古今未有之奇书也，正书也，大书也。……《齐谐》志怪，《庄》《列》论理，借海吏之谈，而作菩提之语，奇莫奇于此。唐人纪事，则藻绮风云；元人说海，则借谈神鬼，虽快麈谈，无裨风化。此则假饮食男女讲阴阳之报，复因鄙夫邪妇推世运之生化。涤淫秽而入莲界，拔贪欲以返清凉。不堕狐禅，不落理障，褒贤鞭佞，崇节诛淫，上翊天道，下阐王章，正莫正于此。……"①

该序极力抬高《续金瓶梅》，认为可以"涤淫秽而入莲界，拔贪欲以返清凉"。《欢喜浪史序》认为"天下惟闺房儿女之事，叙之简册，人争传诵，千载不灭"，又云："世之人开卷无味便生厌心，一见私情比昵之事便恨其少"，"其中善恶相报，丝毫不紊。足令人晨钟警醒，暮鼓唤回，亦好善之一端云"②。知不足斋主人《野叟曝言序》宣称："正大者天理，猥亵者人情。天理即寓乎人情之中，非即人情而透辟之，即天理不能昌明至十二分也。"③憨憨子《绣榻野史序》谈到自己读书成癖，僮仆"偶市《绣榻野史》进余"，他起初以为这部小说"有裨声教者类，可以娱目，不意其为谬戾"。一年后，他"间通过书肆中，见冠冕人物与夫学士少年行，往往诹咨不绝"。看到如此之多的人关注《绣榻野史》，他"慨然归，取而评品批抹之"④。

某些小说中还有一些关于读者的描述，如《蜃楼志》第三回写笑官买

① 〔清〕天隐道人：《续金瓶梅序》，见丁锡根编著《中国历代小说序跋集》，人民文学出版社 1996 年版，第 1119 页。

② 〔清〕佚名：《欢喜浪史序》，见《欢喜浪史》卷首，青海人民出版社 1999 年版。

③ 〔清〕知不足斋主人：《野叟曝言序》，见丁锡根编著《中国历代小说序跋集》，人民文学出版社 1996 年版，第 1572 页。

④ 〔清〕憨憨子：《绣榻野史序》，见丁锡根编著《中国历代小说序跋集》，人民文学出版社 1996 年版，第 1340 页。

回《娇红传》《灯月缘》《趣史》《快史》送给心上人素馨；《笔梨园》第一回写江干城避乱山居时，买来几部小说，不时观看；《肉蒲团》第三回写未央生为激起妻子的性欲，将《绣榻野史》《如意君传》《痴婆子传》等放在案头，任其翻阅；《廿四史通俗演义》第四十二回交代了创作过程，为了将古今事迹汇为通俗演义，吕抚购求了《开辟演义》《盘古志》《夏禹王治水传》《列国志》《西汉传》《东汉传》《三国志》《两晋传》《南北史》《艳史》《隋唐演义》《唐传》《残唐传》《北宋志》《南宋志》《岳王传》《辽金元外史》《英烈传》《新世弘勋》等书；《红楼梦》第二十三回写茗烟为逗引宝玉开心，去书坊买来古今小说并那飞燕、合德、武则天、杨贵妃的外传与那传奇角本；《野叟曝言》第三十一回记载了四嫂给璇姑送来的《会真记》《娇红传》；《金石缘》中的苏州林员外之女爱珠贪看《快史》；《儿女英雄传》中的江湖英雄邓九公给朋友安学海准备的小说有《三国演义》《水浒传》《绿牡丹》《施公案》和《于公案》等。

《红楼梦》第五十四回《史太君破陈腐旧套，王熙凤效戏彩斑衣》写道：

> 贾母便问："近来可有添些什么新书？"那两个女先儿回说道："倒有一段新书，是残唐五代的故事。"贾母问是何名，女先儿道："叫做《凤求鸾》。"……贾母忙道："怪道叫作《凤求鸾》。不用说，我已猜着了，自然是这王熙凤要求这雏鸾小姐为妻了。"女先儿笑道："老祖宗原来听过这一回书。"众人都道："老太太什么没听过！便没听过，猜也猜着了。"①

某些序跋中也有类似的介绍，如《柳崖外编序》："今年春以所梓《柳崖外编》遗余，余呈家母，览之亟为叹赏，问曰：'徐舍人汝之同年乎？吾见时贤说部多矣，非太俚即大奇，是编以文言道俗情，又不雷同于古作者，无愧《聊斋》再世矣。'"②王友亮的母亲"见时贤说部多矣"，其中包括《聊

---

① 〔清〕曹雪芹、高鹗：《红楼梦》，人民文学出版社 1996 年版，第 474 页。

② 〔清〕王友亮：《柳崖外编序》，见丁锡根编著《中国历代小说序跋集》，人民文学出版社 1996 年版，第 175 页。

斋志异》,王母的评论也很有见地,可见对小说的熟悉程度非同一般。

二、小说序跋与文言小说读者

小说序跋不仅反映了一个时期的审美诉求,同时也可以带动审美风尚的改变。清代文言小说序跋表现出了对文风雅洁、语言优美的偏爱和对内容真实的追求。这种审美趣味要求文言小说反对虚构,崇尚真实,进而追求理趣和博识,对其文学性则有所忽视。纪晓岚的《阅微草堂笔记》已初露端倪,其后许仲元的《三异笔谈》、俞鸿轩的《印雪轩随笔》、俞樾的《右台仙馆笔记》《耳邮》等文言小说更是如此。

嘉庆年间,冯镇峦在《读聊斋杂说》中表露了对构思灵巧、语言优美和议论醇正的欣赏:"金人瑞批《水浒》《西厢》,灵心妙舌,开后人无限眼界,无限文心。故虽小说、院本,至今不废。惟议论多不醇正。董阆石先生深訾之。是书虽系小说体例,出入诸史,不特具有别眼,方能着语,亦须具有正大胸襟,理明义熟,方识得作者头脑处。故纪文达推为才子之笔,莫逮万一。而赵清曜称为'有功名教,无忝著述'也。"①

清代文言小说序跋者希望读者群不断扩大,他们在序跋中反复夸赞文言小说的优长之处:

> 长洲许氏重刊于后,海内好古敏求者,胥快睹之矣。②
>
> 卷帙繁赜,颇碍行笈,兹易为袖珍,俾好古者便于取携。③
>
> 可以充俭腹,可以佐麈谭,可以供拈毫者之采撷,而生其藻彩,为功岂浅鲜哉!④

---

① 〔清〕冯镇峦:《读〈聊斋〉杂说》,见《全校会注集评聊斋志异》,齐鲁书社 2000 年版,第 2483 页。

② 〔清〕黄晟:《重刻太平广记序》,见丁锡根编著《中国历代小说序跋集》,人民文学出版社 1996 年版,第 1771 页。

③ 〔清〕莲塘:《唐人说荟例言》,见丁锡根编著《中国历代小说序跋集》,人民文学出版社 1996 年版,第 1794 页。

④ 〔清〕彭翥:《唐人说荟序》,见丁锡根编著《中国历代小说序跋集》,人民文学出版社 1996 年版,第 1795 页。

容斋有《随笔》，沈氏有《笔谭》，多述宋元间遗事，读者无不服其该洽，今以是书准之，又何多让焉，是为一言以引之。①

余闻其去年收汪氏开万楼书，索观其目，检所欲得者，皆已卖去，甚乏意味。最后举是书以对，问其刻与钞？则云旧刻。急索观之，目录俱全；尤为欣幸，盖旧所收者，前失目录几叶，此刻独全，故如获至宝。②

事多近代，文多时贤，奇而核，隽而工，亦犹心斋所云，或足资学士大夫开拓心胸、涤烦祛倦之一助云。③

众多文言小说序跋提到的读者群都是"好古者""好古敏求者"，对读者的定位非常明晰；序跋者强调文言小说"可以充俭腹，可以佐麈谭，可以供拈毫者之采撷""服其该洽""开无限文心""足资学士大夫开拓心胸、涤烦祛倦"等，对小说的娱乐功能不够重视。所以，文言小说的读者以文人为主。

在清代文言小说中，蒲松龄《聊斋志异》和纪昀《阅微草堂笔记》成就最高。二书相继刊行后，出现了文言小说阅读的高潮，二书序跋者分别讲述了抄写或刊行经过，提出了文言小说的审美标准。

余家旧有蒲聊斋先生《志异》钞本，亦不知其何从得。后为人借去传看，竟失所在。每一念及，辄作数日恶；然亦付之阿闳佛国而已。一日，偶语张仲明世兄。仲明与蒲俱淄人，亲串朋好，稔相浃，遂许为乞原本借钞，当不吝。岁壬寅冬，仲明自淄携稿来，累累巨册，视向所失去数当倍。披之耳目益扩。乃出资觅佣书者亟录之，前后凡十阅月更一岁首，始告竣。中间雠校编次，晷穷晷继，挥汗握冰，不少释。

① 〔清〕陈俶：《耳载小引》，见丁锡根编著《中国历代小说序跋集》，人民文学出版社1996年版，第435页。

② 〔清〕复翁：《宣和遗事跋》，见丁锡根编著《中国历代小说序跋集》，人民文学出版社1996年版，第741～742页。

③ 〔清〕黄承增：《广虞初新志自叙》，见丁锡根编著《中国历代小说序跋集》，人民文学出版社1996年版，第1810页。

此情虽痴，不大劳顿耶！①

乙酉三月，山左赵公奉命守睦州，余假馆于郡斋。太守公出淄川蒲柳泉先生《聊斋志异》，请余审定而付之梓。②

癸未官武林，友人鲍以文屡怂恿予付梓，因循未果。后借钞者众，藏本不能遍应，遂勉成以公同好。……此书之成，出资勷事者，鲍子以文；校雠更正者，则余君蓉裳、郁君佩先暨予弟皋亭也。③

柳泉《志异》一书，风行天下，万口传诵，而袁简斋议其繁衍，纪晓岚称为才子之笔，而非著述之体，皆訾言也。……千古文字之妙，无过《左传》，最喜叙怪异事。予尝以之作小说看。此书予即以当《左传》看，得其解者方可与之读千古奇书。④

留仙公生擅仙才，锦在心而不竭；异史氏文参史笔，绣出口而遂多。……豆棚瓜架，雨夕风晨，固已邀鉴赏于渔洋，不啻策衙官于屈、宋。……斯其雅趣诙奇，能启文心于畲白；岂第清词俶诡，堪发妙想于子虚？⑤

"《聊斋志异》一经刊行，很快便风行天下，许多地方纷纷翻刻，并有注释本、新评本、合评本、绣像本、拾遗本，相继而出，成为中国十八世纪中叶以来中国小说中的畅销书。其流传之广，持续之久，影响之大，还可再加上外文译本之多，白话小说中也只有几部长篇小说名著，能够与之媲美的。"⑥

---

① 〔清〕殿春亭主人：《聊斋志异跋》，见丁锡根编著《中国历代小说序跋集》，人民文学出版社 1996 年版，第 149 页。

② 〔清〕余集：《聊斋志异序》，见丁锡根编著《中国历代小说序跋集》，人民文学出版社 1996 年版，第 138 页。

③ 〔清〕赵起杲：《聊斋志异弁言》，见丁锡根编著《中国历代小说序跋集》，人民文学出版社 1996 年版，第 140 页。

④ 〔清〕冯镇峦：《读〈聊斋〉杂说》，见《全校会注集评聊斋志异》，齐鲁书社 2000 年版，第 2480 页。

⑤ 〔清〕胡泉《聊斋志异序》，见丁锡根编著《中国历代小说序跋集》，人民文学出版社 1996 年版，第 147 ~ 148 页。

⑥ 袁世硕：《聊斋志异序》，见《全校会注集评聊斋志异》，齐鲁书社 2000 年版，第 1 ~ 2 页。

一部《聊斋志异》28篇序跋,25位序跋者,同时序跋涉及抄本、刻本、续订本、注本,版本众多。这些序跋可视为一部微缩的《聊斋志异》清代接受史。殿春亭主人序提到的"借去传看,竟失所在"一句大有意味,其中有多少人参与了《聊斋志异》的阅读,虽不得而知,但小说在人际相传中竟迷失了所在,可见其在当时的影响力。抄本丢失后,殿春亭主人"辄作数日恶",由此可见出珍爱的程度。

将余集和赵起杲两序合读,即可透视从乾隆二十八年到三十一年《聊斋志异》刊刻的整个运作过程。书商、藏书家鲍廷博的极力怂恿,促使了小说的最终面世,鲍廷博的出资襄助是重要的外因,而赵起杲收藏的《聊斋志异》的三个不同的抄本(周季和抄本、郑荔芗抄本和吴颖思抄本),成为此次刊刻重要的资料来源。赵起杲刊刻的青柯亭本之所以能够在《聊斋志异》传播史上留下浓墨重彩的一笔,也得益于其精细的校勘,参与校勘者有乾隆三十一年进士、后官至侍讲学士的书画家、浙江著名文人余集,浙江著名藏书家郁佩先等。

> 吾杭藏书家,若赵氏小山堂、吴氏绣谷亭、孙氏寿松堂、汪氏振绮堂,海内无不知者。至如乾嘉年间,旧家遗俗,率好储书,而名不显著者尚多。如东城郁氏礼,字佩宣,号潜亭,钱塘诸生。家素封,藏书充牣,潜亭又增益所未备。时小山堂书已星散,所余残帙尚多异本,潜亭悉力购之。所居骆驼桥,去厉征君樊榭山房一里而近,传钞秘册尤夥。征君殁后(乾隆十七年),其家出所著《辽史拾遗》手稿,要索厚价,久之不售,潜亭以四十金购得之。中间尚阙五十叶,百计求之不得。鲍廷博以文偶步至青云街,见拾字僧肩废纸两巨簏,检视之皆厉氏所弃,征君手录《辽史拾遗》稿本在焉,亟市归授佩宣。棼如乱丝,一一为之整理,闭户两月,缀辑成编,适符所阙之数。藏书之室曰'东啸轩'……沧桑几易,东城郁氏子姓寂寥,里中故老无复有知潜亭其人者。①

① 〔清〕吴庆坻撰,张文其、刘德麟点校:《蕉廊脞录》,中华书局1990年版,第71页。

其中提及的“郁佩宣”即“郁佩先”。厉鹗《辽史拾遗》手稿为郁氏所得一事同见于鲍廷博的《庶斋老学丛谈跋》，其附记云：“郁君名礼，字佩先，潜亭其自号也，钱塘诸生。”“君恂恂儒雅，尤与予昵，无三日不相过，过必挟书而来，借书以去，虽寒暑风雨，不为少间。”①

鲍廷博同样也是藏书家。乾隆三十八年（1773），四库馆开，他进家藏善本六百余种。乾隆四十一年（1776），取善本校刻《知不足斋丛书》三十集二十种。《聊斋志异》是目下所知鲍廷博投资刊刻的第一部小说，他后来主持刊刻的小说另有《江淮异人录》（乾隆五十二年）、《鉴戒录》（嘉庆八年），并都留下了跋语。

《聊斋志异》的序跋者对小说叙事的曲尽世态，雅趣诙奇，赏善罚淫，劝善惩恶的创作倾向表现出了极大的关注。

> 署清令阳湖张安溪曰：“《聊斋》一书，善读之令人胆壮，不善读之令人入魔。予谓泥其事则魔，领其气则壮，识其文章之妙，窥其用意之微，得其性情之正，服其议论之公，此变化气质、淘成心术第一书也。多言鬼狐，款款多情；间及孝悌，俱见血性，较之《水浒》《西厢》，体大思精，文奇义正，为当世不易见之笔墨，深足宝贵。……”②

> 公余之暇，浏览各类书籍，尤癖嗜《聊斋志异》。此何谓耶？该书效司马迁之志，取《春秋》之义，诸凡广衍显扬，喻世警人，易过迁善，于戏谑、讽谕诸言中，均溶劝诫之理，实有功于名教矣。……倘同好与共，亦为满洲才士之一快事也。③

> 《聊斋》胎息《史》《汉》，浸淫晋魏六朝，下及唐宋，无不薰其香而摘其艳。其运笔可谓古峭矣，序事可谓简洁矣，铸语可谓典赡矣。其志异也，大而雷龙湖海，细而虫鸟花卉，无不镜其原而点缀之，曲绘

---

① 〔清〕叶昌炽撰，王锷、伏亚鹏点校：《藏书纪事诗》卷五，北京燕山出版社1999年版，第428页。

② 〔清〕冯镇峦：《读〈聊斋〉杂说》，见《全校会注集评聊斋志异》，齐鲁书社2000年版，第2480～2481页。

③ 〔清〕五费居士：《择翻〈聊斋志异〉序》，见《全校会注集评聊斋志异》，齐鲁书社2000年版，第2475～2476页。

之。且言狐鬼，言仙佛，言贪淫，言盗邪，言豪侠节烈，重见叠出，愈出愈奇，此其才又岂在耐庵之下哉！至其每篇后“异史氏曰”一段，则直与太史公列传神与古会，登其堂而入其室。①

“血性”二字准确地把握了《聊斋志异》内在的特征。小说中虽有许多篇目涉及两性话题，但多乐而不淫，性的满足只是出于维护爱情至高至善的观点，全然没有了对人性本能的压抑，表现出了爱情与道德合流的趋势。这一叙事倾向正如《水浒传》对血性武二郎的描写，武松“把(潘金莲)两只手一拘拘将拢来，当胸前搂住；却把两只腿望那妇人下半截只一挟，压在妇人身上”。金圣叹评曰：“前者嫂嫂日夜望之。”“胸前搂住，压在身上，皆故作丑语以成奇文也。”②

“文奇义正”则是对《聊斋志异》审美特征的概括，人性与道德、法律之间的难以两全的困境成为蒲松龄小说叙事纠结的中心。小说已经超出了叙事的曲折多变，而引领读者去思考生命和生活背后残忍的真实。小说没有让叙事停留在对人欲横流的展示，虽然康熙时期的戏曲小说曾长久地乐于此道，而是笔锋忽转，“于戏谑、讽谕诸言中，均溶劝诫之理”，鲜明的道德化倾向和对人欲的肯定成为蒲松龄小说矛盾又统一的两极。

凤阳士人在丽人的诱惑面前陷入了人生道德伦理困境，是追求两性相悦，在放纵中寻求人生之乐，还是坚守婚姻名义下的无爱的性生活？性行为应是以爱的名义发生，还是以婚姻为基础？蒲松龄没有让他的主人公完全听从肉体快感的指引，凤阳士人的最终回归展现了作者对原始儒学的皈依和一个理性的作者应持有的对社会负责的创作态度。小说结局虽以凤阳士人的回归家庭为结局，但一句“不知丽人何许耳”成了理性人生背后难以祛除的人性真实。

---

① 〔清〕何彤文：《注聊斋志异序》，见丁锡根编著《中国历代小说序跋集》，人民文学出版社 1996 年版，第 142 ~ 143 页。

② 〔元〕施耐庵撰，金圣叹评，张国光校订：《金圣叹评改本〈水浒〉》，华中理工大学出版社 1998 年版，第 401 页。

身为妓女的细侯一心一意地追求同心之爱，幻想着和满生守着几椽破屋，半顷薄田，过着“君读妾织，暇则诗酒可遣，千户侯何足贵”①的惬意生活。但细侯很快便陷入蒲松龄精心设计的叙事陷阱之中，当传言满生已死，细侯是继续守节还是改嫁给阔商？当满生再次出现，一切阴谋大白于天下的时候，细侯是守住已有的幸福，还是重新选择？当细侯最终用杀子的残忍来消解自己的失节，借以表明对爱情的忠贞的时候，虽然蒲松龄认为：“破镜重归，盟心不改，义实可嘉；然必杀子而行，未免太忍矣。”但来自社会的所有批评的声音都喑哑了，官府“原其情，置不问”，但明伦也认为：“商本非其夫也，彼非夫而诡谋以锢吾夫，彼固吾仇也，抱中儿即仇家子也，杀之而归满，应恕其忍而哀其情。”②虽然唐代薛用弱《集异记·贾人妻》、宋代《太平广记·崔慎思》曾出现过类似的情节，但不同于细侯的是，这些女子的所有行动都是以报仇这一动机为中心的，包括结婚、生子、杀子，但《细侯》不同于以往的是，在小说的前半部分，细侯只是爱情悲剧的被动参与者，以迷局中的迷失者而存在。如果没有满生的最后出现，细侯会继续坚守这份平庸的爱情。小说之奇在于结局的陡转直下，细侯用自己的行为诠释了人性的两面性，善与恶的难分难解正是蒲松龄小说构思的超乎常人之处，道德判断的复杂性和文化的坚守成就了小说的多义性，同时也形成了小说的“文奇而正”的审美特征。这一点迥异于纪晓岚《阅微草堂笔记》叙事的明晰和价值取向的单一。

第四节　小说序跋与读者的阅读趣味

清代小说的发展是多种因素促成的，其中读者的阅读趣味不容忽视。读者从来就不是精神产品的被动接受者，他们通过对小说的选择来宣示

---

① 〔清〕蒲松龄著，任笃行辑校：《全校会注集评聊斋志异》，齐鲁书社 2000 年版，第 1185 页。

② 〔清〕蒲松龄撰，任笃行辑校：《全校注集评聊斋志异》，齐鲁书社 2000 年版，第 1189、1186 页。

自己的好尚。书坊主对读者的阅读需求也给予密切关注。如果没有广泛的阅读群体和消费市场,就不可能促使小说的大量产生。

一、小说序跋与小说阅读中的不良趣味

清代小说中确实存在着诸如狭邪淫亵的不良问题,小说作者和书坊主都负有不可推卸的责任。读者虽有不良趣味,但文学需要从正面加以引导,而绝不能为了市场的占有度,为了商业的利润,而不顾忌作品可能产生的社会效果。部分有道德良知的序跋者明确地指出了这一点:

> 近时小说家,往往喜传闺阁中书,非纤即亵,大多喃喃私语耳。①
>
> 尝稽古今小说,非序淫亵,则载荒唐,不啻汗牛充栋,使阅者目乱神迷,一旦丧其所守。②
>
> 举世之人,每见道义之书,则开卷交睫;若持风雅之章,则卷不释手。③

从清代的小说序跋可知,当时的小说虽然有部分淫亵的内容,但从整体的叙事铺排和框架的设计之中可以领悟到作者对人物的褒贬和叙事的倾向性,特别是故事结局中人物命运的设计,更是凸显了作者救世纠偏的创作意图。一个审美趣味正常的读者可以借此把握作者的整体构想,如《金瓶梅》对酒色财气的批判,小说以西门庆的家反宅乱为大背景,以西门庆暴亡、家业凋零、众妾风流云散为结局,暗示性地指出西门庆日常行为的荒谬。在欲望的追逐和生命的延续之间,中国人的思维天平毫无疑义地会倾向于后者。面对《金瓶梅》最终悲剧的结局,正常的读者都会受到心灵的触动和震撼,所以,谢颐《金瓶梅序》说:"今后看官睹西门庆等

---

① 〔清〕佚名:《题镜花缘后》,见丁锡根编著《中国历代小说序跋集》,人民文学出版社 1996 年版,第 1446 页。

② 〔清〕敏斋居士:《警富新书序》,见丁锡根编著《中国历代小说序跋集》,人民文学出版社 1996 年版,第 1623 页。

③ 〔清〕苏潭道人:《五凤吟序》,见丁锡根编著《中国历代小说序跋集》,人民文学出版社 1996 年版,第 1287 页。

各色幻物，弄影行间，能不怜悯，能不畏惧乎？其视金莲当作敝屣观矣。"[①]张竹坡《金瓶梅闲话》也说："本以嗜欲故，遂迷财色，因财色故，遂成冷热，因冷热故，遂乱真假。因彼之假者欲肆其趋承，使我之真者皆遭其荼毒，所以此书独罪财色也。"[②]佚名《满文本金瓶梅序》亦云："观是书者，将此百回以为百戒，夔然栗，惪然思，知反诸己而恐有如是者，斯可谓不负是书之意也。倘于情浓处销然动意，不堪者略为效法，大则至于身亡家败，小则亦不免构疾而见恶于人也。"[③]

对于一部有淫亵嫌疑的作品，固然可以通过对故事的整体把握来领悟作者的宏观构想，但涉及具体故事情节的时候，读者的审美趣味能够在多大程度上抵制淫亵内容，而去领悟情节背后所潜藏的大道，这恐怕还是很成问题的。刘廷玑慨叹："嗟乎！四书也，以言文字，诚哉奇观，然亦在乎人之善读与不善读耳。不善读《水浒》者，狠戾悖逆之心生矣。不善读《三国》者，权谋狙诈之心生矣。不善读《西游》者，诡怪幻妄之心生矣。欲读《金瓶梅》，先须体认前序，内云：'读此书而生怜悯心者，菩萨也；读此书而生效法心者，禽兽也。'然今读者多肯读七十九回以前，少肯读七十九回以后，岂非禽兽哉。……然而作者本寓劝惩，读者每至流荡，岂非不善读书之过哉。天下不善读书者，百倍于善读书者。读而不善，不如不读；欲人不读，不如不存。"[④]洵为确论。

二、小说序跋对婉曲叙事风格的偏爱

清代小说序跋表现出对婉曲叙事风格的偏爱，强调意在言外，追求弦外之音、微言大义，反对平铺直叙、一览无余。

---

① 〔清〕谢颐：《金瓶梅序》，见丁锡根编著《中国历代小说序跋集》，人民文学出版社1996年版，第1082页。

② 〔清〕张竹坡：《金瓶梅闲话》，见丁锡根编著《中国历代小说序跋集》，人民文学出版社1996年版，第1083页。

③ 〔清〕佚名：《满文本金瓶梅序》，见丁锡根编著《中国历代小说序跋集》，人民文学出版社1996年版，第1108页。

④ 〔清〕刘廷玑撰，张守谦点校：《在园杂志》，中华书局2005年版，第84～85页。

《红楼梦》一书，不知谁氏所作。其事则琐屑家常，其文则俚俗小说，其义则空诸一切，大略规仿吾家凤洲先生所撰《金瓶梅》，而较有含蓄，不甚着迹，足餍读者之目。①

吾闻绛树两歌，一声在喉，一声在鼻；黄华二牍，左腕能楷，右腕能草。神乎技也！吾未之见也。今则两歌而不分乎喉鼻，二牍而无区乎左右，一声也而两歌，一手也而二牍，此万万所不能有之事，不可得之奇，而竟得之《石头记》一书。嘻！异矣。

夫敷华掞藻，立意遣词，无一落前人窠臼……第观其蕴于心而抒于手也，注彼而写此，目送而手挥，似谲而正，似则而淫，如《春秋》之有微词，史家之多曲笔。试一一读而绎之：写闺房则极其雍肃也，而艳冶已满纸矣；状阀阅则极其丰整也，而式微已盈睫矣；写宝玉之淫而痴也，而多情善悟不减历下琅琊；写黛玉之妒而尖也，而笃爱深怜不啻桑娥石女。他如摹绘玉钗金屋，刻画芗泽罗襦，靡靡焉几令读者心荡神怡矣，而欲求其一字一句之粗鄙猥亵，不可得也。盖声止一声，手止一手，而淫佚贞静、悲戚欢愉，不啻双管之齐下也。噫！异矣！其殆稗官野史中之盲左、腐迁乎？

然吾谓作者有两意，读者当具一心。譬之绘事，石有三面，佳处不过一峰；路看两蹊，幽处不逾一树。必得是意，以读是书，乃能得作者微旨。如捉水月，只挹清辉；如雨天花，但闻香气，庶得此书弦外音乎？乃或者以未窥全豹为恨，不知盛衰本是回环，万缘无非幻泡。作者慧眼婆心，正不必再作转语，而万千领悟，便具无数慈航矣。彼沾沾焉刻楮叶以求之者，其与开卷而寤者几希！②

吾友曹子梧冈，洵翰苑才也，厄于病。自食饩后，即淡心进取。庚寅岁，其病愈剧，余适馆于家。时染病在床，不能行动，遂坐床凭

① 〔清〕兰皋居士：《绮楼重梦楔子》，见丁锡根编著《中国历代小说序跋集》，人民文学出版社1996年版，第1182页。

② 〔清〕戚蓼生：《石头记序》，见丁锡根编著《中国历代小说序跋集》，人民文学出版社1996年版，第1151页。

几，信笔直书，撰此一段佳话。虽非诗古文词可传后世，然其结构有起有伏，有照有应，非若小说家径情直叙，一览索然。余阅之，把玩不置，劝其付之剞劂，公诸同好。梧冈曰："此弟游戏之作，若付之剞劂，实足令人喷饭。"其事遂寝。①

若夫稗官野乘，不过寄嘻笑怒骂于世俗之中，非有微言奥义，足以不朽……其旋归于烟飞烬灭者，固其常事。②

中国古代小说对人物形象的评判及主旨的归纳，都出现了多元化解读。《三国演义》中刘备的长者形象一直备受怀疑，民间有谚语："刘备摔孩子，收买人心。"现在更有学者在质疑关羽的忠诚、曹操的奸诈。《三国演义》人物的扁形化塑造尚且如此，那就更不用说《水浒传》和《红楼梦》了。《水浒传》中宋江的性格特征也成为一个永远难以说清的话题，李逵又该如何解读，似乎也难解。而代表清代小说最高成就的《红楼梦》，第一回中的"满纸荒唐言，一把辛酸泪。都云作者痴，谁解其中味"，勾出了多少人对人生乖戾的体味，拉动诸多读者去探究作品所寄寓的深邃的意味。一曲《西江月》："富贵不知乐业，贫穷难耐凄凉，可怜辜负好韶光，于国于家无望。天下无能第一，古今不肖无双。寄言纨绔与膏粱，莫效此儿形状。"更是凝聚了作者全部的人生悔意和对人生意义的探求。读者在曹雪芹的笔墨引领之下，窥视着小说人物的生命历程，体验着他们生命的酸甜苦辣，只是在生命的坎坷背后，醉心于心灵的碰撞、似曾相识之感以及人生多样性带来的困惑和迷惘。

序跋作为对小说创作经验的总结，往往呈现出双重性特征：有的小说自身的艺术质量很高，但序跋缺乏及时的理论归纳，没有能够指出小说的创新之处；有的小说写得很不好，但序跋在理论的指引上表现得很好。如《梅兰佳话》，小说处处模仿前人，写梅如玉、兰漪漪、桂蕊的婚姻恋爱故

---

① 〔清〕古云赵小宋：《梅兰佳话序》，见《古本小说集成》，上海古籍出版社 1994 年版，第 1～2 页。

② 〔清〕野云主人：《增评西游证道奇书序》，见丁锡根编著《中国历代小说序跋集》，人民文学出版社 1996 年版，第 1353～1354 页。

事，小说未脱明末清初才子佳人小说的格套，以大量诗词曲赋抒发抱负，此正是嘉庆、道光年间小说作者追踪《红楼梦》，讲究才学倾向的具体表现。模拟备至，可谓平庸，但序跋者从写作的角度归纳，提出“结构有起有伏，有照有应，非若小说家径情直叙，一览索然”的观点，对后来的小说创作有一定借鉴作用。

三、小说序跋对“奇”的叙事风格的追求

中国古代通俗文学讲究非奇不传，强调人奇、事奇、手法奇，反对一味因袭模拟，千文一面。除此之外，清代小说之奇还体现在对雅洁文风的追求。《红楼梦》就曾经批判过恶俗的文风：“市井俗人喜看理治之书者甚少，爱适趣闲文者特多。历来野史，或讪谤君相，或贬人妻女，奸淫凶恶，不可胜数。更有一种风月笔墨，其淫秽污臭，屠毒笔墨，坏人子弟，又不可胜数。至若佳人才子等书，则又千部共出一套，且其中终不能不涉于淫滥，以致满纸潘安、子建、西子、文君，不过作者要写出自己的那两首情诗艳赋来，故假拟出男女二人名姓，又必旁出一小人其间拨乱，亦如剧中之小丑然。且鬟婢开口即者也之乎，非文即理。”①

蕣䕺子在《林兰香叙》指出了优秀小说“擅奇”的特点：

> 近世小说，脍炙人口者，曰《三国志》、曰《水浒传》、曰《西游记》、曰《金瓶梅》，皆各擅其奇，以自成为一家。惟其自成一家也，故见者从而奇之。②

李渔《古本三国志序》指出：

> 然野史类多凿空，易于逞长。若《三国演义》，则据实指陈，非属臆造，堪与经史相表里。由是观之，奇又莫奇于《三国》矣。……寻彼曹操一生，罪恶贯盈，神人共怒，檄之，骂之，刺之，药之，烧之，劫之，割须折齿，堕马落堑，濒死者数，而卒免于死。为敌者众，而为辅

① 〔清〕曹雪芹、高鹗：《红楼梦》，人民文学出版社 2005 年版，第 3 ~ 4 页。

② 〔清〕蕣䕺子：《林兰香叙》，见丁锡根编著《中国历代小说序跋集》，人民文学出版社 1996 年版，第 1205 页。

亦众。①

古溪老人《双凤奇缘序》认为：

> 盖女子奇其才而不奇其貌，虽道蕴、文姬不足谓之奇；抑有奇其貌而不奇其才，即南威、西子亦何足谓乎奇。夫奇也者，必才色兼优，遇颠沛流离，不改坚贞之志；殚精竭虑，克全忠义之名，故不谓之奇，而其奇传矣。②

嬾䜣子以当时的“四大奇书”为例，说明了它们之所以能够傲立千秋，凭借的是“各擅其奇，以自成一家”。到道光年间，各种题材的小说都已各臻极致，佳作如林，要想流传后世，更需要走出一条别人没有走过的路，包括题材、手法。后期的作品之所以出现题材杂糅的现象，因为这是比较容易出彩之处，做到人有我有，人无我有，简直就是无所不包。最典型的作品就是《野叟曝言》，鲁迅谓其“凡人臣荣显之事，为士人意想所能及者，此书几毕载矣，惟尚不敢希帝王。至于排斥异端，用力尤劲，道人释子，多被诛夷，坛场荒凉，塔寺毁废，独有‘素父’一家，乃嘉祥备具，为万流宗仰而已”③。

四、小说序跋对宋明理学的推崇

清代前中期，宋明理学得到官方的支持，但许多文人依然坚守早期儒学。二者对于欲望是否合理产生了分歧。清代思想家戴震对宋明理学的禁欲主义进行了猛烈抨击：“宋以来儒者，尽以理(说之)。其辨乎理欲，犹之执中无权。举凡饥寒愁怨、饮食男女、常情隐曲之感，则名之曰‘人欲’，故终其身见欲之难制；其所谓‘存理’，空有理之名，究不过绝情欲之感耳。”认为这种绝情绝欲的论调不过是满足尊者、长者、贵者一己之私

---

① 〔清〕李渔：《古本三国志序》，见丁锡根编著《中国历代小说序跋集》，人民文学出版社 1996 年版，第 899 ~ 900 页。

② 〔清〕古溪老人：《双凤奇缘序》，见丁锡根编著《中国历代小说序跋集》，人民文学出版社 1996 年版，第 884 页。

③ 鲁迅：《中国小说史略》，东方出版社 1996 年版，第 196 页。

欲,虐杀卑者、幼者、贱者的工具。所以,戴震痛恨地呼喊:"理欲之辨,适成忍而残杀之具。"①清初学者的批判在深层次上触动了程朱理学的权威:"《大学》,其言似圣而其旨实窜于禅,其词游而无根,其趋罔而终困,支离虚诞,此游、夏之徒所不道,决非秦以前儒者所作可知。"②"须知所谓'无极''太极',所谓《河图》《洛书》,实组织'宋学'之主要根核。宋儒言理,言气,言数,言命,言心,言性,无不从此衍出。周敦颐自谓'得不传之学于遗经',程朱辈祖述之,谓为道统所攸寄,于是占领思想界五六百年,其权威几与经典相埒……(清儒之考证)以《易》还诸羲、文、周、孔,以《图》还诸陈、邵,并不为过情之抨击,而宋学已受'致命伤'。"③这种对宋明理学的批评带有鲜明的时代特征。

清代小说序跋者敏锐地察觉到时代社会思潮的变迁,大多数的小说序跋强调了文学善善恶恶的教化功能,对小说中淫亵的描写大加挞伐,表现出向主流文化靠拢的倾向;同时,也有部分小说序跋流露出了鲜明的对欲望放纵倾向的理解,甚至是赞赏。清代小说序跋最可爱之处在于对道统的多元化理解以及求同存异的文化包容的心态。清人用小说这一文体,用故事的形式,向世人讲述中国人心灵的根。小说虽属小道,但微言大义,不可或缺。史家用《春秋》之笔来褒贬惩戒,小说则以其写心传神之墨描写世态人情。

> 《西游》元虚荒渺……《三国》不尽合正史……至《水浒》《金瓶梅》,诲盗诲淫,久干例禁,乃言者津津夸其章法之奇,用笔之妙,且谓其摹写人物事故,即家常日用米盐琐屑,皆各穷神尽相,画工化工合为一手,从来稗官无有出其右者。呜乎!其未见《儒林外史》一书乎?……其书以功名富贵为一篇之骨:有心艳功名富贵而媚人下人者,有倚仗功名富贵而骄人傲人者,有假托无意功名富贵自以为高被人看破耻笑者,终乃以辞却功名富贵,品地最上一层,为中流砥柱。

---

① 〔清〕戴震:《孟子字义疏证》,中华书局1981年版,第58页。

② 〔清〕陈确:《陈确集·大学辨》,中华书局1979年版,第552页。

③ 梁启超:《清代学术概论》,上海古籍出版社1998年版,第15页。

篇中所载之人，不可枚举，而其人之性情心术，一一活现纸上。……读之者，无论是何人品，无不可取以自镜。[1]

闲斋老人的序可以看作是对社会的文化批判，对于金钱和权力阴影下的丑陋心灵的鞭挞和对具有独立人格的人文精神回归的渴望，而序跋的精神核心是"出处"的学问。在闲斋老人看来，《儒林外史》之所以能够胜出"四大奇书"，不仅仅是因为它画工化工合为一手，穷神尽相，将人物的性情心术一一活现纸上，"秉持公心，指擿时弊，机锋所向，尤在士林；其文又戚而能谐，婉而多讽：于是说部中乃始有足称讽刺之书。"[2]更在于它的写实而又不涉淫秽。

不论是吴敬梓的小说，还是闲斋老人的序，都对"士"这一社会阶层既充满了期许，同时又怀有无限的失望。社会重商思潮使得士子倾心与商贾交接，不耻折节："曩昔士大夫以清望为重，乡里富人，羞与为伍，有攀附者必峻绝之。今人崇尚财货，见有拥厚资者，反屈体降志，或订忘形之交，或结婚姻之雅。"[3]乾隆年间的士子更是"用晚生帖拜当商"，"而论者不以往拜为非"。[4] 功名富贵成为拷问士子灵魂的关口，天下的无道已经不再是士子追求功名富贵的心理障碍，"出处"的讲求早已为士子所抛弃。当信奉的道统文化不复存在的时候，吴敬梓用小说这一艺术形式传达出了他的千古伤心，而闲斋老人更是把笔锋直指世人面对功名富贵的猥琐心态。

《儒林外史》用史传的体式从宏观上对士子的精神世界予以辛辣的讽刺，并以市井四大奇人为正面的形象，为世人说法；《红楼梦》则借助于对贵胄子弟有悖道统的荒唐行为的再现，进而揭示大厦将倾的内在原因。

---

① 〔清〕闲斋老人：《儒林外史序》，见丁锡根编著《中国历代小说序跋集》，人民文学出版社 1996 年版，第 1681 ~ 1682 页。

② 鲁迅：《中国小说史略》，东方出版社 1996 年版，第 175 页。

③ 〔清〕董含：《三吴风俗六则》，见《三冈识略》，辽宁教育出版社 2000 年版，第 225 页。

④ 〔清〕姚世锡：《前徽录》，见《笔记小说大观》第 18 册，江苏广陵古籍刻印社 1984 年版，第 340 ~ 341 页。

> 予赋性迂拙，小说家无所好，于《红楼梦》之淫靡烦芜，尤鄙之……岁辛丑，客莆田，张新之至自京，落拓湖海，一穷人也。……偶及《红楼梦》，突称之曰："好。"……笑而启以簏，出评本，薄薄帙，捉余读，格格拒；强读及数行，振振骇；读既终，而欣欣油油有所会，曰："三百篇固各自蔽一言，《红楼梦》固不淫靡烦芜，而整齐严肃也。"①

言志是中国文学的传统，和文学的娱乐功能分属于文学的两个功能。清代小说既有强调文学娱乐性的才子佳人小说，更有归属于言志体系的世情小说。《儒林外史》作为言志派的代表，为士子写心，留下了匡超人、范进、严贡生等一系列形象，鲁迅曾赞其"能烛幽索隐，物无遁形，凡官师，儒者，名士，山人，间亦有市井细民，皆现身纸上，声态并作，使彼世相，如在目前"②。当作为民族脊梁的士子们在功名利禄面前纷纷倒下的时候，市井四大奇人出场，虽都是尘世中的小人物，但品在人自高，世罕其俦，追求人格的独立，不媚人，不傲人。小说最后琴断心死，以荆元的一声变徵的琴声预示着末世的到来，而末世的最重要特征在于文化的凋零。《红楼梦》更以其对宋明理学的反思、对文化自身荒诞性的思考赢得了五桂山人"固不淫靡烦芜，而整齐严肃也"的赞语。

---

① 〔清〕五桂山人：《妙复轩评石头记序》，见丁锡根编著《中国历代小说序跋集》，人民文学出版社1996年版，第1165页。

② 鲁迅：《中国小说史略》，东方出版社1996年版，第176页。

第九章　清代小说序跋与小说理论

第一节　“奇”的审美特征

清代小说最重要的审美特征就是新奇。清代小说虽然仿作多、续作多，但清人在续写、仿写的时候能够自觉追求情节自身的新颖，有完全不同于以往的叙事元素的添加，再加上人物塑造手法的标新立异，使得小说“新”气逼人。可以说，清人用仿写和续写展现出了清代小说的巅峰状态，但成也萧何，败也萧何，当清人在仿写和续写中满足着他们对经济效益的追逐，而忽略了小说最重要的审美特征——“新奇”——的时候，也将清代小说送上了穷途末路

对于小说而言，“奇”成为吸引观众的一个重要因素。小说不同于戏剧的一点在于，戏剧可以“戏不够，人来凑”，演员的舞台表演甚至演员的扮相，可以在一定程度上弥补戏份的不足，清代中后期北京剧坛畸形的发展就很可以说明这一点，但小说作为一门靠读者阅读来完成其接受过程的语言艺术，求新求异就成为其吸引读者的不二法门。

艺术创造的特征之一是“新奇性”，即在传统基础上的更新，借助对先前艺术品的结构要素的适度变更或新的结构要素的添加，使后来的艺术品具有与前者相异的性质或状貌。对任何艺术品来说，完全的独创性与可接受性是不能兼得的，多少名家在生前默默无闻，个中缘由无外于此，而这一点在中外文学史和艺术史上是不乏先例的，如杜甫在众人狂欢

的时候放声大哭，留下了一组组饱含血泪的文字，他的诗歌在其去世百年后才被韩愈发现其中所蕴藏的巨大的艺术美，却不为当时人所理解、所激赏；王实甫在世人惯常于四折的短平快的欣赏节奏的时候，写出了二十折的《西厢记》，固然美不胜收，但也和同时代作家一样，借用一段缠绵的风花雪月的曲折故事，倾泻着内心磅礴难抑的情愫。文学艺术固然要有创新，要有自己的特色，但也只有牺牲自己的某些独创性，才有可能被人所理解、所接受，而被理解、被接受本身也就意味着创新因素要自觉甚至主动地接受由艺术成规制约着的接受图式对它的接纳与同化，艺术的独创似乎也可以理解为对艺术传统范式的妥协与退让。艺术品要想实现其传播的最终目的，为他人所理解、所接受，就必须用别人能够接受和理解的方式，在无迹可求之中完成着作品的独创。

追新尚奇是文学的宿命，是审美功能得以实现的必要特性。一个作家的魅力也正在于他的特质，在于他的作品与别人有多少不相同的地方。但是新奇的内涵是什么？关于这一问题，清人用序跋这一特殊的形式提供了一份很好的答案。“奇”可以是事件自身的奇异，人物品行的奇异，甚至根本就没有任何奇异可言，就是生活的普通得不能再普通的一个片段，清人在这一段普通的生活背后发现了久被人们遗弃的美好的传统。正如罗丹所言：“大家望着的东西，大师是用了自己的眼睛去看的。常人以为习见的事物，大师能窥见它的美来。拙劣的艺者，常戴着别人眼镜。”①清人还赋予“奇”以塑造手法的新奇和文笔的新颖，使得同一事件在不同的作者手中呈现出截然不同的面貌，如对海烈妇事件的叙写就有陆次云的《海烈妇传》、方孝标的《海烈妇传》、任源祥的《陈有量妻海氏传》、浪墨仙人的《百炼真海烈妇传》和云阳嗤嗤道人的《警悟钟·海烈妇米椁流芳》的种种不同；如美女董小宛，就有张明弼的《冒姬董小宛传》和冒辟疆的《影梅庵忆语》的不同风韵。这些人物形象到了不同的作家笔下都被赋予了独特的精彩和味道，新奇也就随之扑面而来了。张明弼的

① ［法］罗丹述，葛赛尔记，傅雷译：《罗丹艺术论》，天津社会科学院出版社2005年版，第13页。

客观，冒辟疆的主观；张明弼的典型、大气，冒辟疆的细腻、情迷；张明弼的赞叹、艳羡，冒辟疆的痴情、感伤……太多的不同，又是太多的美不胜收。之所以能够出现这样的结果，完全是由于作家审视事件的角度有别、选用的叙事手法不同和文笔的差异造成的。在这一切的背后，是无数清代文人对小说这一不受待见的文体的迷恋和不计回报的投入，其中不乏下层文人的身影，但也有百年望族的后人，有考中举人、进士的世俗意义上的成功者，正是后者的加盟，才使得小说这一文体的整体创作质量有了质的提升。其中，值得一提的是史官体的被采用，几乎没有描写，几乎没有虚构，在《春秋》般的洗练的文字背后，在一江春水的底下，却掀起惊涛骇浪，留给后世人们以无尽的回味和思考，当然，也留下了史官体的理性之美。

一、事奇

新奇最基本的层面就是事奇，作为通俗文学的戏曲小说都以追新尚奇为美学追求。削仙□为陈与郊《鹦鹉洲》作序云："传奇，传奇也，不过演奇事，畅奇情。"[①]倪倬为许恒《二奇缘》作小引云："传奇，纪异之书也。无奇不传，无传不奇。"[②]孔尚任《桃花扇小识》也说："传奇者，传其事之奇焉者也，事不奇则不传。"[③]李雨堂《万花楼杨包狄演义》："书不详言者，鉴史也；书悉详而言者，传奇也。"[④]传奇事成为大众的共识之后，还必须搞清楚传"奇"的缘由。清代著名小说家、戏剧家李渔虽然是从戏曲的角度来加以探讨的，但其中所蕴含的道理当是共通的。

---

① 〔清〕削仙□:《〈鹦鹉洲〉序》，见吴毓华编著《中国古代戏曲序跋集》，中国戏剧出版社 1990 年版，第 157 页。

② 〔清〕倪倬:《〈二奇缘〉小引》，见吴毓华编著《中国古代戏曲序跋集》，中国戏剧出版社 1990 年版，第 231 页。

③ 〔清〕孔尚任:《桃花扇小识》，见《新世纪万有文库 · 桃花扇》，辽宁教育出版社 1997 年版，第 4 页。

④ 〔清〕李雨堂:《万花楼演义叙》，见《古本小说集成》，上海古籍出版社 1994 年版，第 1 页。

“人惟求旧，物惟求新。”新也者，天下事物之美称也。而文章一道，较之他物，尤加倍焉。戛戛乎陈言务去，求新之谓也。至于填词一道，较之诗赋古文，又加倍焉。非特前人所作，于今为旧，即出我一人之手，今之视昨，亦有间焉。昨已见而今未见也，知未见之为新，即知已见之为旧矣。古人呼剧本为“传奇”者，因其事甚奇特，未经人见而传之，是以得名，可见非奇不传。新即奇之别名也。若此等情节业已见之戏场，则千人共见，万人共见，绝无奇矣，焉用传之？是以填词之家，务解“传奇”二字。欲为此剧，先问古今院本中，曾有此等情节与否，如其未有，则急急传之，否则枉费辛勤，徒作效颦之妇。东施之貌未必丑于西施，止为效颦于人，遂蒙千古之诮。使当日逆料至此，即劝之捧心，知不屑矣。吾谓填词之难，莫难于洗涤窠臼，而填词之陋，亦莫陋于盗袭窠臼。吾观近日之新剧，非新剧也，皆老僧碎补之衲衣，医士合成之汤药。取众剧之所有，彼割一段，此割一段，合而成之，即是一种“传奇”。但有耳所未闻之姓名，从无目不经见之事实。语云“千金之裘，非一狐之腋”，以此赞时人新剧，可谓定评。但不知前人所作，又从何处集来？岂《西厢》以前，别有跳墙之张珙？《琵琶》以上，另有剪发之赵五娘乎？若是，则何以原本不传，而传其抄本也？窠臼不脱，难语填词，凡我同心，急宜参酌。①

李渔从创作角度清楚准确地揭示了作家追新尚奇的心理动因——效颦之妇徒作，辛勤枉费，蒙千古之诮，因为这直接影响到市场受欢迎度，同时也会直接影响经济收益。何为新奇？李渔认为新奇就是人所未见。清代小说不论是通俗小说还是文言小说，无一不在新奇的这一片天地之中大展拳脚，即使是同一作家，在其不同时期的小说创作中，也力图求异求新。清代才子佳人小说、艳情小说在叙事要素的设计上可谓是花样翻新，用尽心思。正是才子佳人小说的这一番成就，才迎来了清代小说的高峰之一——《红楼梦》的出现。

---

① 〔清〕李渔：《闲情偶寄·词曲部·结构第一·脱窠臼》，上海古籍出版社 2000 年版，第 24 ~ 25 页。

贾母便问："近来可有添些什么新书？"那两个女先儿回说道："倒有一段新书，是残唐五代的故事。"贾母问是何名，女先儿道："叫做《凤求鸾》。"贾母道："这一个名字倒好，不知因什么起的，先大概说说原故，若好再说。"女先儿道："这书上乃说残唐之时，有一位乡绅，本是金陵人氏，名唤王忠，曾做过两朝宰辅。如今告老还家，膝下只有一位公子，名唤王熙凤。"……贾母忙道："怪道叫作《凤求鸾》。不用说，我猜着了，自然是这王熙凤要求这雏鸾小姐为妻。"女先儿笑道："老祖宗原来听过这一回书。"众人都道："老太太什么没听过！便没听过，也猜着了。"

贾母笑道："这些书都是一个套子，左不过是些佳人才子，最没趣儿。把人家女儿说的那样坏，还说是佳人，编的连影儿也没有了。开口都是书香门第，父亲不是尚书就是宰相，生一个小姐必是爱如珍宝。这小姐必是通文知礼，无所不晓，竟是个绝代佳人。只一见了一个清俊的男人，不管是亲是友，便想起终身大事来，父母也忘了，书礼也忘了，鬼不成鬼，贼不成贼，那一点儿是佳人？便是满腹文章，做出这些事来，也算不得是佳人了。比如男人满腹文章去作贼，难道那王法就说他是才子就不入贼情一案不成？可知那编书的是自己塞了自己的嘴。再者，既说是世宦书香大家小姐都知礼读书，连夫人都知书识礼，便是告老还家，自然这样大家人口不少，奶母丫鬟伏侍小姐的人也不少，怎么这些书上，凡有这样的事，就只小姐和紧跟的一个丫鬟？你们白想想，那些人都是管什么的，可是前言不答后语？"

众人听了，都笑说："老太太这一说，是谎都批出来了。"贾母笑道："这有个原故：编这样书的，有一等妒人家富贵，或有求不遂心，所以编出来污秽人家。再一等，他自己看了这些书看魔了，他也想一个佳人，所以编了出来取乐。何尝他知道那世宦读书家的道理！别说他那书上那些世宦书礼大家，如今眼下真的，拿我们这中等人家说起，也没有这样的事，别说是那些大家子。可知是诌掉了下巴的话。所以我们从不许说这些书，丫头们也不懂这些话。这几年我老了，他们姊妹们住的远，我偶然闷了，说几句听听，他们一来，就忙歇了。”李薛二人都笑说：“这正是大家的规矩，连我们家也没这些杂话给孩子们听见。”①

有学者认为曹雪芹对才子佳人小说是有看法的，实则未必然，这一段文字表面上是借贾母之口贬斥才子佳人小说，现实却是，从不懂得这些话的丫鬟们如袭人、司琪、小红等，不仅懂得，而且还都身体力行，把这些话都付诸实践了；公子哥们如贾珍、贾琏、贾蓉、贾宝玉等更是把小说中所写之事都做完了。贾府中真是糜烂至极，难怪柳湘莲对着贾宝玉说出这样一段话：贾府除了门口的一对石狮子还算干净外，恐怕猫儿、狗儿都是不干净的。贾母在嘲笑小说作者荒唐无知的同时，无意中也嘲弄了自己一把。现实与期待之间的严重落差，理想的破灭，道德的失衡，这是那个时代社会现实的尴尬，也是曹雪芹的伟大发现和过人之处。

虽然贾母的上述言论只是皮里阳秋之言，但它点中了才子佳人小说末流的要害。“传奇家摹绘才子佳人之悲欢离合，以供人娱耳悦目也旧矣”②，“从来传奇小说，往往托兴才子佳人，缠绵烦絮，剌剌不休，想耳间久已尘腐”③，“凡小说内，才子必遭颠沛，佳人定遇恶魔……再不然，公子逃难，小姐改妆，或遭官刑，或遇强盗，或寄迹尼庵，或羁栖异域。而逃难之才子，有逃必有遇合，所遇者定系佳人才女，极人世艰难困苦，淋离尽致，夫然后才子必中状元，作巡按，报仇雪恨，娶佳人而团圆。凡小说中舍此数项，无从设想”④。水火两重天，一方面是备受攻讦，另一方面是《玉娇梨》在整个清代都受到了读者的欢迎和市场的热捧，从《玉娇梨》跨越整个清代不同时期的版本的绝对数量中大略可以看出这一点，更何况在雍正八年和乾隆四十七年各有两个书坊在同时刊印该书，益智堂还曾经

---

① 〔清〕曹雪芹、高鹗：《红楼梦》，人民文学出版社1996年版，第474～475页。

② 〔清〕三江钓叟：《铁花仙史序》，见丁锡根编著《中国历代小说序跋集》，人民文学出版社1996年版，第1335页。

③ 〔清〕天花才子：《快心编·凡例》，人民文学出版社1992年版，第2页。

④ 〔清〕小和山樵：《红楼复梦凡例》，见丁锡根编著《中国历代小说序跋集》，人民文学出版社1996年版，第1187页。

重刊过：

1. 刊本《新镌》，写刻。【“玄”字不缺笔，纸色古旧，疑是顺治间刻本。王树伟。】【玄字皆不缺笔，当系刻于康熙以前。齐如山。】①

2. 梅园刊本《天花藏》，无图，康熙四十四年重刊。上层《玉娇梨》，下层《平山冷燕》。

3. 刊本《新镌》，有图20叶，康熙间刊。

4. 本衙藏板《重订》，无图，康熙间刊。封面题“三才子古本《玉娇梨》本衙藏板”。

5. 本衙藏板《新镌》，清初刊后印。【概为清初刻本。既非初刻本，又非初印本，但系国内现知较早的版本】【大连存藏的《新镌批评绣像玉娇梨小传》是清初用存藏的明末版补刻了封面、目录重印的。林辰。】②

6. 啸月轩刊本，清初刻。

7. 退思堂藏板《天花藏》，无图，雍正八年刊，上层《玉娇梨》，下层《平山冷燕》。

8. 崇德堂刊本《天花藏》，雍正八年刊，与《平山冷燕》合刻。

9. 本衙藏板，翼圣堂《天花藏》，无图，乾隆五年重刊。序末题“乾隆五年孟夏，翼圣堂重刊”。与《平山冷燕》合刻。

10. 文益堂刊本，乾隆十二年刊，与《平山冷燕》合刻。

11. 刊本《天花藏》，乾隆十三年刊，与《平山冷燕》合刻。

12. 刊本《天花藏》，乾隆三十六年刊，与《平山冷燕》的合刻本。

13. 禅山振贤堂刊本《天花藏》，乾隆四十七年重刊。小。这是与《平山冷燕》的合刻本。

14. 振贤堂珍藏《天花藏》，图5叶，乾隆四十七年重刊，小。

15. 青云楼藏板《天花藏》，有图，乾隆间刊。

16. 刊本，嘉庆十八年刊。

17. 三元堂藏板【振贤堂】《天花藏》，图5叶。

---

① ［日］大塚秀高编著：《增补中国通俗小说书目》，汲古书院1987年版，第64页。

② 林辰：《明末清初小说述录》，春风文艺出版社1988年版，第142页。

18. 玉尺堂藏板,有图,道光间殷兆镛玉尺堂仿刻振贤堂巾箱本,与《平山冷燕》合刻。

19. 佛山翰宝楼藏板《天花藏》,图 5 叶,丙寅重刊。【康熙二十五年、乾隆十一年、嘉庆十一年、同治五年。】

20. 厦门文德堂藏版《新镌》,图 3 叶,小。

21. 大文堂藏板《天花藏》。

22. 两仪堂刊本《新刻》,无图,大。

23. 映月楼藏板《新刻》。

24. 经纶堂藏板【文光堂】《天花藏》,无图。

25. 大兴堂藏板【文光堂】《天花藏》,无图。

26. 宝华楼刊本。

27. 经元堂刊本【宝华楼,见于目次】《天花藏》,无图,小。

28. 善成堂刊本《天花藏》,无图。

29. 集文堂刊本《天花藏》,无图。

30. 聚盛堂刊本,无图,后印,小。【错字太多】

31. 老会贤藏板《天花藏》,小。

32. 裕德堂刊本《天花藏》。

33. 三让堂刊本。

34. 聚锦堂刊本《天花藏》,无图。与《平山冷燕》合刻本。

35. 刊本《天花藏》,与《平山冷燕》合刻。

36. 益智堂藏板《新镌》,无图。

37. 益智堂藏板【宝仁堂】《天花藏七才子前后集》,与《平山冷燕》合刻。封面题“宝仁堂重镌”,卷首题“益智堂藏板”。

38. 绿荫堂藏板《天花藏》,合刻本。

39. 金阊拥万堂刊本。

40. 宏德堂藏板。

以《玉娇梨》为代表的才子佳人小说确实开创了这样的叙事模式:公子落难、花园相会、私订终身、小人挑拨、状元团圆。这些叙事元素成为这一类型小说的必备关目。《玉娇梨》的叙事模式应是对唐传奇、宋元明传奇体小说的继承与发展。唐传奇的代表作《李娃传》《霍小玉传》《莺莺传》开启了才子佳人遇合的传统，宋代的《绿珠传》《杨太真外传》《赵飞燕外传》《梅妃传》《谭意歌》紧随其后，虽然少了点浪漫，多了点世俗尘下，但很明显的是，风流韵事依然是小说关注的重点。元代宋梅洞《娇红记》虽然也写了“熙春堂之约”，但和宋人相比，作者的兴趣不在于床笫，而在于故事悲剧性的抒发。明代传奇小说以《剪灯新话》最为著名，钱谦益《列朝诗集小传》评价说：“多偎红倚翠之语。”①

《玉娇梨》上承唐传奇，继承了其缠绵诗意和浪漫爱情，而抛弃了宋元明传奇的情欲放纵，多了些深情，少了点轻薄。男女主人公花前月下的诗歌酬唱，不仅符合人物的身份、性情，而且大都写得雅致，意象丰满，这使得《玉娇梨》成为清代文人案头必备的图书。关于这一点，天花藏主人还是颇为得意的。

> 故于《平山冷燕》四才子之外，复拈甘、辛《两交婚》为四才子之续。……若二书儒雅风流，后先占胜，诗词情性，分别出奇，实有谓之佳，谓之美，逗才色于大冶之外，而前不容湮，后不可没，又安得不顾盼而啧啧称其为相续也哉？②

当然，《玉娇梨》也开了一个很不好的头，那就是一男娶几美的叙事模式，这一点在后来的《平山冷燕》和《两交婚小传》中得到纠正，却在其他作家那里得到了发扬光大，且有过之而无不及，甚至受艳情小说的影响，将才子佳人的故事和色情纠合在一起，将这一类型的小说引向歧途，并最终走向了它的末路。

天花藏主人作为一个成功的作家，他永远走着属于自己但又不完全相同的艺术道路，虽然在《两交婚小传序》中自称《两交婚小传》是《玉娇

① 〔清〕钱谦益：《列朝诗集小传》，见《明代传记丛刊》“学林类 9”，台湾明文书局 1991 年版，第 229 页。

② 〔清〕天花藏主人：《两交婚小传序》，见丁锡根编著《中国历代小说序跋集》，人民文学出版社 1996 年版，第 1250 页。

梨》和《平山冷燕》的续书，实则有很大的变化。他不仅在给大家讲述两家兄妹互婚的故事，这本身就很具有新闻价值，博人眼球，更重要的是，他还塑造了一个小人物——歌妓瑶草。她身份卑贱，但有眼光，懂谋略，杀伐果断，智慧超群，在复杂的社会面前绝不屈服，连才子甘颐、佳人辛古钗都被其遮蔽了光彩。这种有胆有识的女性形象在以前的小说中是没有的，这是天花藏主人的又一独创。三部才子佳人小说，三种不同的叙事，人物也在增添，但不是数量上的无谓的增减，其中蕴含着作者独特的构思。一个有着这样三部既杰出又新奇的作品的作家，在回顾过往的时候，又怎能不"顾盼而啧啧"呢？

天花藏主人之后，才子佳人小说在叙事元素上还继续有变化、有创新，《赛红丝》在才子佳人的悲欢离合故事中写出了世事无端，人情莫测，连郑振铎都称赞它："虽亦不外佳人才子，离合悲欢，而写得颇入情入理，既非'一娶数美'之流亚，亦非'满门抄斩'之故套，写人情世故，殊为逼真，故能超出同类的小说之上。"[①]再如徐述夔的《五色石》。

> 天道非他，不离人事者近是。如为善未蒙福，为恶未蒙祸，禹、稷不必皆荣，羿、奡不必皆死，颜回早夭，盗跖善终。更有孝而召尤，忠而被谤。德应有后而弗续箕裘，化足刑于而致乖琴瑟，永怀奉养而哀风树之莫宁，眷念在原而怅鹡鸰之终鲜。以至施恩而遭负心之友，善教而得不令之徒；婿背义翁，奴欺仁主。……名才以痼疾沉埋，英俊以非辜废斥。送穷无计，乞巧徒劳；青毡既叹数奇，红颜又嗟命薄。[②]

从序言中不难看出《五色石》的感慨了，因为作者要"补无形之天"，所以，虽然现实很无奈，但故事最终的结局都还圆满，只有如此，才能弥补人们现实中的遗憾，才会让人们相信生活中正能量的存在。虽然还是一个圆满的大结局，虽然也有人物爱情的一波三折，虽然也有小人的拨弄其

---

① 郑振铎：《西谛书话》，生活·读书·新知三联书店1993年版，第18页。

② 〔清〕笔炼阁主人：《五色石序》，见丁锡根编著《中国历代小说序跋集》，人民文学出版社1996年版，第838页。

间,但奇异的是卷六的故事只是缘于人名的易混,卷七缘于义仆的愚忠。男女主人公的婚姻的美满竟然靠男仆和女婢的忠诚,最后才换来满天的星辉。

一科两放榜,一妻两纳聘,落卷又中新状元,主考复作女监试。奇事奇情,从来未有。他如郗公论诗,宗生着急,宗生辨诗,郗公绝倒,不谓文章巧妙乃尔。其尤幻者,郗公初把女郎之诗为自己所作,后却说出自己之诗乃女郎所作,何郎初猜郗公之诗为女郎所作,后反疑女郎之诗是郗公所作。至于瑶姿、娇枝、嗣薪、自新,彼此声音互混,男女大家认错,又如彼何郎代此何郎受杖,此何郎代彼何郎除名,彼何郎将此何郎诬陷,此何郎教彼何郎吐实,种种变幻,俱出意表,虽春水之波纹万状,秋云之出没千观,不足方其笔墨也。(《五色石》卷六《三会审辨出李和桃两纳聘方成秦与晋》末评)①

淋淋漓漓,为败子说法,悲歌耶?痛哭耶?晨钟耶?棒喝耶?能改过者,盖补其阙者也。能劝人改过者,善补人阙者也。自补其阙与补人之阙,皆所以补天之阙,一哀一戒,两篇妙文,便当得一片女娲石。(《五色石》卷七《女和郎各扮一青衣奴与婢并受两丹诏》末评)②

烟水散人《珍珠舶自序》曰:"至于小说家搜罗闾巷异闻,一切可惊可愕可欣可怖之事,罔不曲描细叙,点缀成帙,俾观者娱目,闻者快心,则与远客贩宝何异?此予《珍珠舶》之所以作也。"③鸳湖烟水散人在《珍珠舶》给读者提供的第一个闾巷异闻就是赵云山的婚姻悲剧,和《珍珠衫》不同的是,冯氏被赵云山的好友蒋云奸淫、拐卖,后经官判,夫妻重归于好。赵云山到苏州贸易,又娶来了蒋云的妻子巧姑来香为妾,以宣扬因果

---

① 〔清〕笔炼阁主人:《五色石》,见《古本小说集成》,上海古籍出版社 1994 年版,第 434 ~435 页。

② 〔清〕笔炼阁主人:《五色石》,见《古本小说集成》,上海古籍出版社 1994 年版,第 502 ~503 页。

③ 〔清〕烟水散人:《珍珠舶自序》,见丁锡根编著《中国历代小说序跋集》,人民文学出版社 1996 年版,第 828 页。

报应。第四卷讲述赵诚甫的婚姻悲剧,和第一卷赵云山的故事同中有异,同是经商外出,同是妻子红杏出墙,但结果是妻子陆氏被休,赵诚甫另娶佳人。虽然陆氏被休,但小说结尾的一段话大有意味:"只因赵诚甫没有主意,留着个小艾妻房在家,并无一人照管,竟自径旬累月,出外为客,以致做出这样事来,也罪不得陆氏一个。"①结合这两个故事,可以看出鸳湖烟水散人对于女子的出轨抱持着可接受的态度,这至少反映了一个时代的思想的宽容度。

在序言中标榜小说题材新奇的还有:

最苦者流离也,而孰知流离者正造物之婉转其相逢也。……才子佳人,不经一番磨折,何以知其才之愈出愈奇,而情之至死不变耶。故花不飞,安能有飞花之咏?不能有前题之飞花咏,又安能有后之和飞花咏耶?不有前后之题和飞花咏,又安能有相见联吟之飞花咏耶?惟有此前后联吟之飞花咏,而后才慕色如胶,色眷才似漆,虽至百折千磨,而其才更胜,其情转深,方成飞花咏之为千秋佳话也。②

按人之事,无因无依,惊以为奇;揆之天理,皆从风雪中来,信其不爽。嗟嗟,天心甚巧,功名富贵,不能加于无文无武之廉老,乃荣其子以荣其父母,所以谓之《麟儿报》也。处世者,必乐览于兹编。③

《隋唐志传》,创自罗氏,纂辑于林氏,可谓善矣。然始于隋唐剪彩,则前多阙略,厥后铺缀唐季一二事,又零星不联属,观者犹有议焉。昔箨庵袁先生,曾示予所藏《逸史》,载隋炀帝朱贵儿、唐明皇杨玉环再世因缘事,殊新异可喜,因与商酌,编入本传,以为一部之始终

① 〔清〕烟水散人:《珍珠舶》,见《古本小说集成》,上海古籍出版社 1994 年版,第 479 页。

② 〔清〕天花藏主人:《飞花咏小传序》,见丁锡根编著《中国历代小说序跋集》,人民文学出版社 1996 年版,第 1247 ~ 1248 页。

③ 〔清〕天花藏主人:《麟儿报序》,见丁锡根编著《中国历代小说序跋集》,人民文学出版社 1996 年版,第 1255 页。

关目。……其间阙略者补之，零星者删之，更采当时奇趣雅韵之事点染之，汇成一集，颇改旧观。①

历观古今传奇乐府，未有不从死生荣辱、悲欢离合中脱出者也。或为忠孝所感，或为风月所牵，或为炎凉所发，或为声气所生：皆翰墨游戏，随兴所之，使读者既喜既怜，而欲歌欲哭者，比比然矣。……乃不以红粉自居，竟与英雄并重千古。噫，亦奇矣！攻取对敌之际，幻术多方，虽《西游》《水浒》，无过于此。②

近又取《三国志》读之，见其据实指陈，非属臆造，堪与经史相表里。由是观之，奇又莫奇于《三国》矣。……三国者，乃古今争天下之一大奇局，而演三国者，又古今为小说之一大奇手也。异代之争天下，其事较平，取其事以为传，其手又较庸，故迥不得与《三国》并也。③

然野史类多凿空，易于逞长。若《三国演义》，则据实指陈，非属臆造，堪与经史相表里。由是观之，奇又莫奇于《三国》矣。④

其书虽稗官古词，而莫不各有一善。如《三国演义》《水浒》《西游记》《金瓶梅》四种，固小说中之四大奇也，而《金瓶梅》于此为尤奇焉。……自常人之夫妇，以及僧道尼番、医巫星相、卜术乐人、歌妓杂耍之徒，自买卖以及水陆诸物，自服用器皿以及谑浪笑谈，于僻隅琐屑毫无遗漏，其周详备全，如亲身眼前熟视历经之彰也。诚可谓是书于四奇书之尤奇者矣。⑤

---

① 〔清〕褚人获：《隋唐演义序》，见丁锡根编著《中国历代小说序跋集》，人民文学出版社 1996 年版，第 958 页。

② 〔清〕澹园主人：《后三国石珠演义序》，见丁锡根编著《中国历代小说序跋集》，人民文学出版社 1996 年版，第 937 ~ 938 页。

③ 〔清〕金人瑞：《三国志演义序》，见丁锡根编著《中国历代小说序跋集》，人民文学出版社 1996 年版，第 897 页。

④ 〔清〕李渔：《古本三国志序》，见丁锡根编著《中国历代小说序跋集》，人民文学出版社 1996 年版，第 899 页。

⑤ 〔清〕佚名：《满文本金瓶梅序》，见丁锡根编著《中国历代小说序跋集》，人民文学出版社 1996 年版，第 1107 ~ 1108 页。

今天下小说如林，独推三大奇书，曰《水浒》《西游》《金瓶梅》者，何以称？夫《西游》阐心而证道于魔，《水浒》戒侠而崇义于盗，《金瓶梅》惩淫而炫情于色，此皆显言之，夸言之，放言之，而其旨则在以隐、以刺、以止之间。唯不知者，曰怪、曰暴、曰淫，以为非圣而畔道焉。乌知夫稗官野史足以翼圣而赞经者，正如《云门》《韶》《濩》，不遗夫击壤鼓缶也。①

上述序文无一不标榜自己的新与奇，这其中不仅有才子佳人小说的序跋，还有历史演义小说、世情小说的序跋。历史演义的序跋每以“与经史相表里”为号召，世情小说的序跋每以“翼圣而赞经”为标杆。清代历史演义小说虽以《三国演义》为范式，却走向了两条截然不同的道路：一条是全面虚构的《三国后传石珠演义》，一条是事事依傍正史的《东周列国志》，二者都有些画虎不成反类犬的味道。《三国演义》的新奇并非只是题材自身的问题，也绝非只是符合历史的原则，还有虚实相生的创作法则。小说有吻合正史的地方，但也有作者的虚构。同时小说有对正面人物的礼赞，故事的结局却是代表正义的一方的覆亡，进而给读者留下对这个世界的无限喟叹和伤感。清人忽略了《三国演义》最有深度的一个整体叙事构架的设计，反而在虚实问题上过于纠结，造成了捡了芝麻舍了西瓜的尴尬。清人历史演义小说写得最好的是褚人获的《隋唐演义》和钱彩的《说岳全传》，只不过它们都不应该算是作家的个人创作，而应该是集体创作型。

清代章回小说利用题材的合流交叉来实现创新，如《三国后传石珠演义》插入斗法的故事，与靖难之役关联起来，这样的题材杂糅使得小说具有了强烈的时代感，而且题材的杂糅为作品涂上了一层保护色，既借故事抒发了兴亡之感，又借天数缓解了心中无法忘却的痛苦，所以它能为各阶层所接受。这种别具一格的独特性为小说题材的选取、提炼开辟了一条新路。其他如《绿野仙踪》，借神仙道化写世情，书中不但描写了官场

① 〔清〕西湖钓叟：《续金瓶梅集序》，见丁锡根编著《中国历代小说序跋集》，人民文学出版社 1996 年版，第 1118 页。

的黑暗腐败、人情的势力堕落，而且宣扬因果报应，主张行善积德，鼓吹成仙得道，并借冷于冰之手寄寓现实无法实现的政治理想。多种题材的杂糅使得小说更具丰富性和深刻性。

二、人奇

“新奇”的第二个特征就是“人奇”。上承刘义庆《世说新语》，人物的奇言奇行被纳入清代小说家的创作视域。《世说新语》是以魏晋人的言谈、佚事为中心，以玄学为主，儒佛道三家思想均有所体现，重在人物内在的风神，追求神清气朗的人格气度。清人以王晫《今世说》、张潮《虞初新志》为代表，强调的是对儒家道统的回归，所谓的“奇”多为对儒家文化的坚守以及在传统失落之后的殉道：

> 今朝廷右文，名贤辈出，阀阅才华，远胜江左，其嘉言懿行，史不胜载，特未有如临川，裒聚而表著之天下，后世亦谁知此日风流，更有度越前人者乎！……稿凡数易，历久乃成。或疑名贤生平，大节固多，岂独藉此一端而传？不知就此一端，乃如颊上之毫，眼中之点，传神正在阿堵。①

> 是编所载，多忠孝廉节之概，经纬权变之宜，其大者实有裨于国家，有功于名教，至于风雅澹词，山林逸事，足以启后学之才思，资艺林之渊薮者，无不表而出之。虽其人之生平不尽此数语，即是编亦不足以尽当世之贤豪，而条疏节取之下，使人人解颐欣赏，如入宝山，如游都市，其为益也……以备一代人文之盛，而后乃知丹麓倡始之功为不可泯也。②

> 女子奇其才而不奇其貌，虽道蕴、文姬不足谓之奇；抑有奇其貌而不奇其才，即南威、西子亦何足谓乎奇。夫奇也者，必才色兼优，遇

---

① 〔清〕王晫：《今世说序》，见丁锡根编著《中国历代小说序跋集》，人民文学出版社1996年版，第469页。

② 〔清〕严允肇：《今世说序》，见丁锡根编著《中国历代小说序跋集》，人民文学出版社1996年版，第473页。

颠沛流离，不改坚贞之志；殚精竭虑，克全忠义之名，故不谓之奇，而其奇传矣。①

或女子徒以才见，临风作赋，对月敲诗，乃闺阁诲淫之渐，非奇也。或女子徒以色胜，尤物移人，蛾眉不让，又脂粉涂抹之流，非奇也。奇莫奇于有才有色，虽颠沛流离，不改坚贞之志，能武能文，虽报仇泄恨，自全忠义之名。非特此也，前因梦而咏好逑，能使芳魂归故土；后因梦而歌麟趾，犹是骨肉正中宫，乃知二难会称于女子者固奇，两美兼收于一君者尤奇。②

张潮在《虞初新志·凡例十则》中宣称："鄙人性好幽奇，衷多感愤。"③郑澍若《虞初续志》效美于后。可是二人所谓的"奇"同样也只是对儒家文化的推崇以及道统失落之后的怅惘。张潮的《虞初新志》、郑澍若的《虞初续志》中赞美忠孝节烈的篇章占据了很大的篇幅，和王晫《今世说》前后呼应，昭示了清朝定鼎中原之后向传统的回归。光从《虞初新志》《虞初续志》的篇目带"忠孝节烈"字眼的来看，《虞初新志》有《义猴传》《义虎记》《鬼孝子传》《义犬记》《奇女子传》《吴孝子传》《王义士传》《烈狐传》《义牛传》《孝犬传》《哑孝子传》《孝丐传》《闵孝子传》等13篇；《虞初续志》有《孝节妇郑氏传略》《义士李伦表传》《义猫记》《梁烈妇传》《家贞女堕楼记》《重建宣城徐烈妇祠碑记》《黄孝子传》《孝烈张公传》《海烈妇传》《黄烈妇传》《刘孝子寻亲记》《杨孝子传》《赵孝子传》等13篇。二书的篇目虽然相同，但张潮收录的一半的篇目是关于动物义举的，在这些篇章的背后，作者要传达的恐怕是对现实的失望和批判，且每篇的最后都有一段简短的评论，如《义猴传》的结尾有张山来曰："有功世道之文，如读

① 〔清〕古溪老人：《双凤奇缘序》，见丁锡根编著《中国历代小说序跋集》，人民文学出版社1996年版，第884页。

② 〔清〕雪樵主人：《昭君传序》，见《古本小说丛刊》第17辑第4册，中华书局1991年版，第1625～1628页。

③ 〔清〕张潮：《虞初新志·凡例十则》，见《说海》第二册，人民日报出版社1997年版，第322页。

《徐阿寄传》。”[1]《义虎记》最后的张山来曰：“人往往以虎为凶暴之兽，今观此记，乃知世间尚有义虎，人而不如，此余所以有《义虎行》之作也。”[2]《烈狐传》仿照《史记》的写法，最后的外史氏曰：“狐淫兽也，以淫媚人，死于狐者，不知其几矣。乃是狐竟能以节死！呜呼！可与贞白女子争烈矣！”[3]每以人与兽比，且每有人不如兽之叹，真有些荀粲佳人难再得之意。《虞初续志》仅有一篇关于动物义举的《义猫记》，而且没有评论，因此，二书显露出来的旨趣就有了严重差别。

三、塑造手法的新奇

清人对于技巧的运用已经是“所好者道也，进乎技矣”，所以才能在故事讲述的细腻和生动程度、人物塑造的传神上达到前无古人的高度，以至于序跋者们在为小说作序时每每啧啧称“奇”。清人眼中的“奇”在外在形式上常常是严重对立的，正如一个是绝世佳人，一个是蓬头垢面，却难掩国色。尽管创作理念不同，外在表现不同，却并不妨碍共同欣赏，这种情形很像儒家的“和而不同”。恰缘于这种真正意义上的“和而不同”，清代小说才迎来了繁荣的局面。

（一）真与幻

明人认为六经皆文，所以明人能够用诗意的眼光去审视小说之美；而清人认为六经皆史，所以清人更重视实录。重实的观念在清初已初露端倪，延续到清中叶，“在厌倦主观的冥想而倾向于客观的考察”[4]的时代风气下，贵实贱虚的观念已经成为一股时代潮流，如《四库全书总目》评价唐李肇《唐国史补》：“自序谓言报应，叙鬼神，征梦卜，近帏箔，则去之。

---

① 〔清〕张潮：《虞初新志》卷一，见《说海》第二册，人民日报出版社 1997 年版，第 343 页。

② 〔清〕张潮：《虞初新志》卷四，见《说海》第二册，人民日报出版社 1997 年版，第 382 页。

③ 〔清〕张潮：《虞初新志》卷十，见《说海》第二册，人民日报出版社 1997 年版，第 500 页。

④ 梁启超：《中国近三百年学术史》，东方出版社 1996 年版，第 1 页。

纪事实，探物理，辨疑惑，示劝戒，采风俗，助谈笑，则书之。欧阳修作《归田录》，自称以是书为式，盖于体例有取云。”①评价宋王曾《王文正笔录》：“此乃所记朝廷旧闻，凡三十余条，皆太祖、太宗、真宗时事。其下及仁宗初者，仅一二条而已。曾练习掌故，所言多确凿可据，故李焘作《通鉴长编》，往往全采其文。”②评价宋曾敏行《独醒杂志》：“书中多纪两宋轶闻，可补史传之阙。间及杂事，亦足广见闻。”③评价明叶盛《水东日记》：“是书记明代制度及一时遗文逸事，多可与史传相参。其间征引既繁，亦不免时有抵牾。又好自叙居官事迹，殆不免露才扬己之病。王士禛作《居易录》，多自记言行，有如家传，其源滥觞于此。……留心掌故，于朝廷旧典，考究最详。又家富图籍，其《菉竹堂书目》今尚有传本，颇多罕觏之笈，故引据诸书，亦较他家稗贩成编者特为博洽。”④由于《四库全书》的影响力，重实录、尚征信的小说观念为广大士子所接受和认可。

“真”包含两种意思：一是指事件本身的真实，即所谓“信而有征”；另一种是指对传闻的忠实记录，但记录的内容因传闻异辞而可能有不实、失真、错讹之处。清人更青睐前者。

> 事奇而核，文隽而工，写照传神，仿摹逼肖，诚所谓古有而今不必无、古无而今不必不有，且有理之所无，竟为事之所有者。读之令人无端而喜，无端而愕，无端而欲歌欲泣。诚得其真，而非仅得其似也。夫岂强笑不欢、强哭不戚、饾饤补缀之稗官小说可同日语哉！学士大夫酬应之余，伊吾之暇，取是篇而浏览之，匪唯涤烦祛倦，抑且纵横俯仰，开拓心胸，具达观而发旷怀也已。⑤

最能反映张潮“事奇而核”的文学观念的莫过于《陈小怜传》，既奇异：“理之所无，竟为事之所有者”；又真实。《陈小怜传》篇末的评语说：

① 〔清〕永瑢等：《四库全书总目》，中华书局1965年版，第1183页。

② 〔清〕永瑢等：《四库全书总目》，中华书局1965年版，第1189页。

③ 〔清〕永瑢等：《四库全书总目》，中华书局1965年版，第1200页。

④ 〔清〕永瑢等：《四库全书总目》，中华书局1965年版，第1203～1204页。

⑤ 〔清〕张潮：《虞初新志自叙》，见《说海》第二册，人民日报出版社1997年版，第320页。

"层次转折,无不入妙,尤妙在故夫一语。一见不复再见,是文之有品者。"[①]陈小怜爱范性华的理由:范性华像其前夫。这是一段从道理上难以接受的恋情,17 岁的美少女用她的种种疯狂举动向世人宣示她对这个穷老头子的爱,连范性华自己都不理解:"以子之姿慧,从良固甚善,然当择年相若者,吾岂若偶耶?"陈小怜最后被有势者劫去的时候,还留书给范性华:"非妾负君,妾终不负君也。"曲终人杳,没有人知道陈小怜的最终结局,但毋庸置疑这一段凄美爱情的真实性,因为文末徐无山人的赞语中明示了自己作为旁观者的身份:"吾友范性华,以似其故夫见许。"虽然故事之中有二人交往的种种细节,大有"闺帷中语,外人何以得知"的疑惑,但因为挚友的关系,使得这一切都变得可以理解和接受。

不仅杜濬的《陈小怜传》有徐无山人的素材来源,纪晓岚的《阅微草堂笔记》也多属此类,这似乎成为部分清人的一种努力、一种追求。

就在部分清人追求绝对真实的同时,也有人对于诞妄虚幻的文学品格充满着热爱。"幻"强调的是幻怪,人或事的怪异,而非佛家的虚幻,"作者不是以宗教式的迷狂和激情匍匐在鬼神脚下,向着非人间异己力量进行自我否定的'原罪'忏悔,而是以冷静的理性审视传统宗教思想资料,为我所用,借幻想形象与幻想世界巧妙地表达他们对现实的关心和对自我价值的肯定"[②]。

> 夫思不入于幻者,不足以穷物之变;说不极于诞者,不足以耸人之闻。[③]

> 稗传外史,奇幻无根者十之七八,近史实录者十之二三,惟在布演者之安排耳。[④]

---

① 〔清〕张潮:《虞初新志》,见《说海》第二册,人民日报出版社 1997 年版,第 389 页。

② 刘上生:《中国古代小说艺术史》,湖南师范大学出版社 1993 年版,第 193 页。

③ 〔清〕杜陵男子:《蟫史序》,见丁锡根编著《中国历代小说序跋集》,人民文学出版社 1996 年版,第 1429 页。

④ 〔清〕佚名:《后宋慈云走国全传叙》,见《古本小说集成》,上海古籍出版社 1994 年版,第 1 页。

真实与虚幻作为审美的两极，成就了清代小说不同的文学品格，清代小说的五座巅峰力作，其中的《红楼梦》《儒林外史》作为对清代社会文化生活的忠实写照，活画出了那个时代的总体风貌和人文精神；而《聊斋志异》《阅微草堂笔记》《子不语》则追求在虚幻的世界中找寻现实的印记，陈寅恪《柳如是别传》第三章指出："清初淄川蒲留仙松龄《聊斋志异》所纪诸狐女，大都妍质清言，风流放诞，盖留仙以齐鲁之文士，不满其社会环境之限制，遂发遐思，聊托灵怪以写其理想中之女性耳。实则自明季吴越胜流观之，此辈狐女，乃真实之人，且为篱壁间物，不待寓意游戏之文，于梦寐中以求之也。若河东君者，工吟善谑，往来飘忽，尤与留仙所述之物语仿佛近似。"①鲁迅《中国小说史略》曰："明末志怪群书，大抵简略，又多荒怪，诞而不情，《聊斋志异》独于详尽之外，示以平常，使花妖狐魅，多具人情，和易可亲，忘为异类，而又偶见鹘突，知复非人。"②

（二）以小说为文章

清人不仅把小说当作文章来创作，而且也把小说当作文章来阅读、分析，所以在小说序跋中，每每出现"奇文"的字眼来赞美小说的成就。散文写作技法被挪移过来，作为对小说进行评价的重要内容。

然三国之局固奇，而非得奇手以传之，则其奇亦不著于天下后世之耳目。前此虽有陈寿一志，较之荀勖、裴頠魏晋诸纪，差为此，善于彼，而质以文掩，事以意晦，而又爱憎自私，去取失实，览者终为郁抑不快。……作演义者，以文章之奇而传其事之奇，而且无所事于穿凿，第贯穿其事实，错综其始末，而已无之不奇，此又人事之未经见者也。③

然予玩其《读三国志之法》，其云起结关锁，埋伏照应，所续离合宾主烘染之妙，一皆周秦汉魏六朝唐宋之文之遗法也。则《三国志》

---

① 陈寅恪：《柳如是别传》，生活·读书·新知三联书店 2001 年版，第 75 页。

② 鲁迅：《中国小说史略》，东方出版社 1996 年版，第 166 页。

③ 〔清〕李渔：《古本三国志序》，见丁锡根编著《中国历代小说序跋集》，人民文学出版社 1996 年版，第 900 ~ 901 页。

之奇，固不若周秦汉魏六朝唐宋之文之尤奇也。但人情听古乐而欲卧，闻新声而忘倦者比比。①

尝论：夫水发源之时，仅可滥觞；渐而为溪，为涧，为江，为湖，汪洋巨浸而放乎四海。当其冲决，怀山襄陵，莫可御遏，真为至神至勇也！及其恬静，浴日沐月，澄霞吹练，鸥凫浮于上，鱼龙潜其中，渔歌拥枻，越女采莲，又为至文至弱矣！

文章亦然。苏端明云："我文如万斛泉。"是也。《水浒》更似之，其序英雄，举事实，有排山倒海之势；曲画细微，亦见安澜文漪之容。故垂四百余年，耳目常新，流览不废。

若近世之稗官野乘，黄茅白草，一览而尽，不可咀嚼。岂意复有《后传》，机局更翻，章句不袭，大而图王定霸，小而巷事里谈，文人之舌，慧而不穷，世道之隆替，人心之险易，靡不各极其致。绘云汉觉热，图峨嵋则寒，非一味铜将军，铁绰板，提唱梁山泊人物已也。②

《武皇》《方朔》《飞燕》《灵芸》《虬髯》《柳毅》诸传，或耀艳深茜，或倜傥苍凉，是亦正史之班、范也。然而指事摛词，人则一人，事则一事，各尽其技而止。孰谓施耐庵《水浒》一传，取一百八人而传之。分之而人各为一人，合之而事则为一事，以一百八人刚柔燥湿之性，各写其声音笑貌，而遂以揭其心思，纤者毋使之为弘，疏者毋使之为密，非如化工之鼓舞万物，欲其各肖而无一同也。……《水浒》者，耐庵恢史公之合传而广之者也。不宁惟是，言椎埋则传游侠也，言金币则传货殖也，言卜筮则传龟策也。日星河岳之灾祥，风云水火之变动，以及朝庙威仪、车马声伎，无不备载，则《天官》《河渠》《礼乐》《律历》诸书，倾其沥液者也。其他忠臣孝子之怨慕，童妇之贞淫，虫鱼鸟兽之声色，各肖其状，而绘其神。有史公当日之思未及属，笔未

---

① 〔清〕稀明氏：《三国演义叙》，见丁锡根编著《中国历代小说序跋集》，人民文学出版社 1996 年版，第 904 页。

② 〔清〕陈忱：《水浒后传序》，见丁锡根编著《中国历代小说序跋集》，人民文学出版 1996 年版，第 1509 ~ 1510 页。

及濡，而褚少孙之茶弱所不能补者，谓非纪言纪事之大观欤！①

吾闻绛树两歌，一声在喉，一声在鼻；黄华二牍，左腕能楷，右腕能草。神乎技矣！吾未之见也。今则两歌而不分乎喉鼻，二牍而无区乎左右，一声也而两歌，一手也而二牍，此万万所不能有之事，不可得之奇，而竟得之《石头记》一书。嘻！异矣。

夫敷华掞藻，立意遣词，无一落前人窠臼，此固有目共赏，姑不具论。第观其蕴于心而抒于手也，注彼而写此，目送而手挥，似谲而正，似则而淫，如《春秋》之有微词，史家之多曲笔。试一一读而绎之：写闺房则极其雍肃也，而艳冶已满纸矣；状阀阅则极其丰整也，而式微已盈睫矣；写宝玉之淫而痴也，而多情善悟不减历下琅琊；写黛玉之妒而尖也，而笃爱深怜不啻桑娥石女。他如摹绘玉钗金屋，刻画芗泽罗襦，靡靡焉几令读者心荡神怡矣，而欲求其一字一句之粗鄙猥亵，不可得也。盖声止一声，手只一手，而淫佚贞静、悲戚欢愉，不啻双管之齐下也。噫！异矣！其殆稗官野史中之盲左、腐迁乎？

然吾谓作者有两意，读者当具一心。譬之绘事，石有三面，佳处不过一峰；路看两蹊，幽处不逾一树。必得是意，以读是书，乃能得作者微旨。如捉水月，只挹清辉；如雨天花，但闻香气，庶得此书弦外音乎？乃或者以未窥全豹为恨，不知盛衰本是回环，万缘无非幻泡。作者慧眼婆心，正不必再作转语，而万千领悟，便具无数慈航矣。彼沾沾焉刻楮叶以求之者，其与开卷而寤者几希！②

“以文章之奇而传其事之奇”“起结关锁，埋伏照应”“宾主烘染”“机局更翻，章句不袭”“各肖其状，而绘其神”“蕴于心而抒于手也，注彼而写此”“《春秋》之有微词，史家之多曲笔”等小说观念的提出，对于提高小说文体的社会地位、提升小说这一文体的艺术水准，都有重要意义，而小说

① 〔清〕句曲外史：《水浒传叙》，见丁锡根编著《中国历代小说序跋集》，人民文学出版1996年版，第1499～1500页。

② 〔清〕戚蓼生：《石头记序》，见丁锡根编著《中国历代小说序跋集》，人民文学社1996年版，第1151页。

理论又不能不受到当时散文、诗歌创作理论的影响，甚至和八股文的创作都有直接的关联，八股文同样强调要“融经液史”，“以古文为时文”，“机巧圆融”，“理深情真”，“朴质老辣，用法无痕”，“借经义以道世事”，“于正见奇”。清代小说以康熙、乾隆两朝为盛，而八股文又恰以这两朝为盛，二者的关联不仅在于理论的重合，更在于历史的重合。八股文作为一代之时尚，早已深入人心，八股文写作的任何一点变动都会触动整个社会的神经。而康熙、乾隆两朝对八股文的整治间接影响了小说的叙事语言、叙事技巧和主旨。

八股文虽然被作为检验应试者“学力之浅深与器识之淳薄”[①]的重要工具，但它和文学作品一样，同样激荡着士子对于大道细致入微的体悟、感发和心灵的回响。八股文虽是代圣人立言，但“道理闻见，皆自多读书识义理而来也”[②]。只有深入至道，才能见其大者，否则只能株守文字，而不得玄旨。为此，康熙、乾隆两朝从政令层面对八股文的走向进行了规整。

康熙九年（1670），顺天学政蒋超疏请严禁坊社刊刻伪文：“坊贾预先召集多人，造成浮泛不堪文字，假称新科墨卷”[③]，在各地广泛相传，以致文体日坏。他请求礼部议定新制，以后由礼部专选每科乡会试卷，刊刻成帖，颁行天下。至于坊间私刻，则严行禁止。

由一代大师方苞负责具体事务的《钦定四书文》的编纂，其实是乾隆皇帝对清前期整饬科举文体制度的重要改革。乾隆元年（1736）六月十六日，上谕明确指出，饬令方苞编选明代以来的四书文，“明示以准的，使海内士子，于从违去取之介，晓然知所别择”。乾隆皇帝在上谕中提道：“自坊选之禁垂诸功令，而大家名作不得通行，士子无由睹斯文之炳蔚，

① 中国第一历史档案馆编：《乾隆朝上谕档》第 1 册，档案出版社 1991 年版，第 81 页。

② 蔡尚思：《焚书　续焚书・前言》，见李贽《焚书　续焚书》，岳麓书社 1990 年版，第 98 页。

③ 叶梦珠：《阅世编》卷八，中华书局 2007 年版，第 210 页。

率多因陋就简，剽窃陈言，袭取腐语。间或以此幸获科名，又展转流布，私相仿效，驯至先正名家之风味，邈乎难寻，所系非浅鲜也。”又在上谕结尾处下令取消“坊选之禁”：“会试、乡试墨卷，若必俟礼部刊发，势必旷日持久，士子一时不得观览。嗣后应弛坊间刻文之禁，倘果有学问淹博、手眼明快者，不拘乡会墨卷房行试牍，准其照前选刻，但不得徇情滥觞及狂言横议，致酿恶俗。”①

乾隆皇帝在上谕中进一步指出，四书文重在明道，以“清真雅正”为宗，应当“覃心经术，探讨古文及时文诸大家，以立其体”。所谓要诀，在于“要辞达而理举，固无取乎冗长”与“惟陈言之务去”②两语。

乾隆九年(1744)下诏：“作文者，必于圣贤义理，融会贯通，而又参之以经史子集，以发其光华；范之规矩准绳，以密其法律，然后得称佳文。虽曰小技，而文武经济之才，皆出其中……经文与四书并重，其余必淹贯词章而后可以为表。”③

清代文言小说的结尾处多有编者的评语，从远处看，不妨说是对太史公《史记》的继承；从近处看，也可以说是清廷政治的延续，八股文风对于小说走向的影响切不可忽视。

四、奇与不奇

清人小说序跋提及“奇”的有四十多篇，可见“奇”作为清代小说重要的审美特征所言非虚，但小说家和读者之间的默契，是小说得以传播的最根本的保证。小说的接受过程是一个动态的不断变化的过程，而这种契合能否建立起来，关键取决于“奇而不奇”。英国学者罗杰·福勒曾说过：“社会的有系统的组织(包括写作的‘规则’)凌驾和控制着个体，决定

① 中国第一历史档案馆编：《乾隆朝上谕档》第1册，档案出版社1991年版，第81页。

② 中国第一历史档案馆编：《乾隆朝上谕档》第9册，档案出版社1991年版，第33页。

③ 《高宗纯皇帝实录》卷二二二，中华书局1985年版，第869页。

着个体所能部署或应对的言语型式。这一控制同样适用于小说家和读者。只是在界定文化的常规系统所提供的可能性之内,作家才能进行有意义的创作。”①小说家在进行创作之际,用他独有的方式传达着他自己和别人都能够理解和接受的意义,只有如此,小说才有了传播的可能性。

> 今小说之行世者,无虑百种,然而失真之病,起于好奇。知奇之为奇,而不知无奇之所以为奇。舍目前可纪之事,而驰骛于不论不议之乡,如画家之不图犬马而图鬼魅者,曰:“吾以骇听而止耳。”夫刘越石清啸吹笳,尚能使群胡流涕解围而去,今举物态人情,恣其点染,而不能使人欲歌欲泣于其间。此其奇与非奇,固不待智者而后知之也。②

睡乡居士首先指出当时小说创作由于“好奇”而“失真”的弊病,认为“无奇”实际上也是一种奇,作家创作完全可以写“目前可纪之事”,而不必一味追求殊方异物、离奇古怪。然后序文举刘越石一例,论述小说创作应该“举物态人情,恣其点染”,而且也应该达到“使人欲歌欲泣”的艺术效果,这才算是真正的“奇”。

> 小说家千态万状,竞秀争奇,何止汗牛充栋。然必有关惩劝扶植纲常者,方可刊而行之。一切偷香窃玉之说,败俗伤风,辞虽工直,当付之祖龙耳。③

滋林老人的观点代表了一个时代,小说必须要扶植纲常,绝不可以伤风败俗,这样的小说一样是“奇”的。扶植纲常的小说在张潮的《虞初新志》和郑澍若的《虞初续志》中有很多,诸多畸人奇士的言行为人们津津乐道,而在他们行为背后的是对儒家传统的坚守,更不要说还有更多的关于孝妇、烈女、义士的传记。正如张潮在《虞初新志・凡例十则》中宣称的那

---

① ［英］罗杰・福勒著,於宁等译:《语言学与小说》,重庆出版社 1991 年版,第 137 页。

② 〔清〕睡乡居士:《二刻拍案惊奇序》,齐鲁书社 1995 年版,第 1 页。

③ 〔清〕滋林老人:《说呼全传序》,见丁锡根编著《中国历代小说序跋集》,人民文学出版 1996 年版,第 993 页。

样:“任诞矜奇,率皆实事,搜神拈异,绝不雷同。”①这些故事都是那个时代的传奇,而这些传奇要给读者传达的中心内容,正如苏珊·朗格所讲的那样:“一件艺术品就是一件表现性的形式,这种创造出来的形式是供我们的感官去知觉或供我们想象的,而它所表现的东西就是人类的情感。”②

不仅滋林老人在陈述着对于每一个中国人都是这么永久的一个略显沉重的主题,尤侗《坚瓠秘集序》中也说:“少而好学,至老弥笃;搜群书,穷秘笈,取经史所未及载者,条列枚举。其事小而可悟乎大,其事奇而不离乎正。”③

中国的文化传统有三条道:儒道禅,但一言以蔽之:善。当小说按照各自不同的路径来陈述着自己的故事的时候,最后发现,大家都走到了一条路——向善的路。这既是中国古人创造的传奇,但因为常见,谁也不会觉得它有多奇。

第二节　虚实之辨

关于小说创作中的虚实之争,有清一代从没有消停过,有的坚持小说创作必须符合历史的真实,绝对不能虚构;也有的认为小说没有了虚构,小说就没有了趣味性,如果事事都要符合正史的话,小说存在的依据也就不复存在。虚实之辨即使是崇尚汉学的乾嘉时期,也没有因为考据风的兴盛而销声匿迹。

一、虚实之辨的历史演进

虚实之辨经历了一个漫长的发展阶段。最早对这一话题展开探讨的

---

① 〔清〕张潮:《虞初新志·凡例十则》,见《说海》第二册,人民日报出版社 1997 年版,第 321 页。

② 〔美〕苏珊·朗格著,滕守尧译:《艺术问题》,南京出版社 2006 年版,第 18 页。

③ 〔清〕尤侗:《坚瓠秘集序》,见丁锡根编著《中国历代小说序跋集》,人民文学出版 1996 年版,第 466 页。

是老子,从哲学层面上对“有”与“无”的关系加以认识:“三十辐共一毂,当其无,有车之用;埏埴以为器,当其无,有器之用;凿户牖以为室,当其无,有室之用。故有之以为利,无之以为用。”①庄子也说:“吾以无为诚乐矣,又俗之所大苦也。故曰:至乐,无乐;至誉,无誉。”②庄子认为人生真正的快乐在于“无为”,只有清净无为,无所追求,才能随遇而安,无往而不乐。要想达到这种“至乐无乐”的境界,就必须排除世俗纵情于官能的世俗之乐,进而顺乎“道”,达到自然无为的境界,也就得到了“天乐”。第一个从审美角度来谈虚实关系的是陆机,他在《文赋》中提出:“课虚无以责有,叩寂寞而求音。”③文学创作贵在把虚无的理和抽象的心意转化为具体可感的形象。唐宋时期对虚实理论的探讨达到了一个新的阶段。唐代刘禹锡认为:“境生于象外。”④无形的虚象和深远的意境都是在有形的具体的实象之外,因而产生言有尽而意无穷的艺术魅力。唐代司空图也强调“超以象外,得其环中”⑤。宋代范晞文明确定性为“以实为虚,化景物为情思”⑥。

中国古代文人尊崇经史,他们在评价小说时,往往以是否合乎史实作为评判高低优劣的标准,《晋书·干宝传》批评干宝的《搜神记》为“遂混虚实”,胡应麟批评《三国演义》赤壁大战的描写竟然将战功“率归重周瑜,与陈寿志不甚合”⑦,而根据陈寿《三国志》,周瑜和鲁肃根本就没有参加这次战役。

小说艺术发展到明清时期,早已蔚为大观,虚实关系的探讨也已经局部打破了羽翼信史观念的束缚。明代嘉靖年间熊大木在《大宋中兴通俗演义序》中说:

---

① 《道德经》第十一章。

② 杨柳桥:《庄子译诂》,上海古籍出版社 1991 年版,第 335 页。

③ 〔晋〕陆机:《文赋》,见《陆机集》,中华书局 1982 年版,第 2 页。

④ 〔唐〕刘禹锡:《刘梦得文集》卷二十三《董氏武陵集纪》,见〔清〕董浩等《全唐文》,中华书局 1983 年版,第 8487 页。

⑤ 杜黎均:《二十四诗品译注评析》,北京出版社 1988 年版,第 61 页。

⑥ 〔宋〕范晞文:《对床夜语》引《四虚序》,《四库全书》本。

⑦ 〔明〕胡应麟:《少室山房笔丛·庄岳委谈下》,上海书店出版社 2001 年版,第 433 页。

或谓小说不可紊之以正史,余深服其论。然而稗官野史实记正史之未备,若使的以事迹显然不泯者得录,则是书竟难以成野史之余意矣。如西子事,昔人文辞往往及之,而其说不一。《吴越春秋》云,吴亡西子被杀;则西子之在当时固已死矣。唐宋之问诗云:"一朝还旧都,靓妆寻若耶。鸟惊入松网,鱼畏沉荷花。"则西子尝复还会稽矣。杜牧之诗云:"西子下姑苏,一舸逐鸱夷。"是西子甘心于随蠡矣。及东坡《题范蠡》诗云:"谁遣姑苏有麋鹿,更怜夫子得西施。"则又以为蠡窃西子,而随蠡者或非其本心也。质是而论之,则史书小说有不同者,无足怪矣。①

明确指出小说不同于史书的地方在于可以虚构,并成为正史的有益补充,"小说与本传互有异同者,两存之以备参考",而不必事事以史书上"事迹显然"者为剪裁的依据。熊大木在序文中以西施故事为突破口,以宋之问、杜牧、苏轼的诗歌和《吴越春秋》的显著不同作为例证,雄辩地证明了小说创作也可以和三位大家的诗歌一样,在史实的叙述上可以根据自己的创作意图来选择叙事走向。

李贽更进一步认为小说创作可以根据作者的创作目的,全面进行虚构,选择适合的材料编造故事。万历三十八年(1610),他在《水浒传》评点中一再指出:

《水浒传》事节都是假的,说来却似逼真,所以为妙。常见近来文集,乃有真事说做假者,真钝汉也;何堪与施耐庵、罗贯中作奴。(第一回评)②

天下文章,当以趣为第一。既是趣了,何必实有其事,并实有其人?若一一推究如何如何,岂不令人笑杀?(第五十三回评)③

---

① 〔明〕熊大木:《大宋武穆王演义序》,见丁锡根编著《中国历代小说序跋集》,人民文学出版社 1996 年版,第 981 页。

② 〔明〕李贽:《水浒传回评》,见朱一玄、刘毓忱编《水浒传资料汇编》,南开大学出版社 2002 年版,第 172 页。

③ 〔明〕李贽:《水浒传回评》,见朱一玄、刘毓忱编《水浒传资料汇编》,南开大学出版社 2002 年版,第 179 页。

李贽明确赞同了《水浒传》之"假",回评不仅为小说创作指出了虚构的正路,只要"说来却似逼真"即可,而且对这一文体的基本属性做了规定——"趣",虚构的目的就是为了增强小说的趣味性。

针对万历后期社会上出现的回归历史真实的审美取向,谢肇淛在《五杂组》中对此做出了针对性的批评,并对艺术虚构的必要性做出了更为明确的表述:

> 凡为小说及杂剧戏文,须是虚实相半,方为游戏三昧之笔。亦要情景造极而止,不必问其有无也。古今小说家,如《西京杂记》《飞燕外传》《天宝遗事》诸书,《虬髯》《红线》《隐娘》《白猿》诸传,杂剧家如《琵琶》《西厢》《荆钗》《蒙正》等词,岂必真有是事哉?近来作小说,稍涉怪诞,人便笑其不经,而新出杂剧,如《浣纱》《青衫》《义乳》《孤儿》等作,必事事考之正史,年月不合、姓字不同,不敢作也,如此则看史传足矣,何名为戏?①

他认为戏曲也好,小说也好,都离不开虚构,否则就和正史没有区别了。不仅要虚构,而且要虚构到一种极致,根本无须顾忌它是否真实,如《红线》中的青衣红线女受主人潞州节度使薛嵩之命去侦探魏博节度使田承嗣回来,"(薛嵩)时常饮酒,不过数杯,是夕举觞十余不醉。忽闻晓角吟风,一叶坠露,惊而起问,红线回矣"②。红线的武艺之高超到了无以复加的地步,而薛嵩也非同小可,在喝了平时的几倍酒之后,依然能够保持高度的警觉,这种夸张超出了人们的常识,但是有趣味,有读者欣赏即可。

崇祯元年(1628),凌濛初在他的《拍案惊奇序》中对自己的创作也做过类似的说明,但陈述的语气已大打折扣:

> 取古今来杂碎事可新听睹、佐谈谐者,演而畅之,得若干卷。其事之真与饰,名之实与赝,各参半。文不足征,意殊有属。凡耳目前怪怪奇奇,当亦无所不有,总以言之者无罪,闻之者足以为戒,则可谓

---

① 〔明〕谢肇淛:《五杂组》卷十五,上海书店出版社 2009 年版,第 313 页。

② 〔唐〕裴铏:《红线》,见《全唐五代小说》卷六二,中华书局 2014 年版,第 2119 页。

云尔已矣。①

凌濛初明确提出了“真”与“饰”的比例问题，其中所讲的“饰”即艺术虚构，他认为小说要取材于现实，又要有所虚构、加工。

袁于令发展了熊大木、凌濛初的观点，认为小说不同于历史的地方是以幻为贵，而不是以真为贵。他在崇祯六年(1633)的《隋史遗文序》中说：“正史以纪事，纪事者何？传信也。遗文以搜逸，搜逸者何？传奇也。传信者贵真……传奇者贵幻：忽焉怒发，忽焉嘻笑，英雄本色，如阳羡书生，恍惚不可方物。”②合理必要的虚构需要小说家发挥充分的想象，根据创作意图选取材料。只要能够达到强烈的艺术效果，打动读者的心灵，完全可以不用理会是否符合史实。袁于令的说法固然有振聋发聩之效，但在具体的创作实践中又未必尽然，戏说历史固然可以哗众取宠，获得读者一时的荣宠，但绝对难以成为传世经典，如《前七国志》和《后七国志》，在虚构和发挥作家的想象力上，《前七国志》是满纸神鬼，想象力丰富；而《后七国志》是几乎事事有出处，大都见于《战国策》《史记》《新序》，没有神异事迹的掺入。如果从艺术价值角度来评判，《后七国志》却要远胜《前七国志》，因为《前七国志》文笔粗疏，而《后七国志》注重人物描写，文辞整洁，尽管二书同出于史传。

对虚、实问题认识最深刻的当属李贽和金圣叹。金圣叹对小说文体的认识更为清楚。崇祯十四年(1641)，他在《读第五才子书法》中说道：

> 《史记》是以文运事，《水浒》是因文生事。以文运事，是先有事生成如此如此，却要算计出一篇文字来，虽是史公高才，也毕竟是吃苦事。因文生事即不然，只是顺着笔性去，削高补低都繇我。③

金圣叹首次提出了“以文运事”“因文生事”的理论。“以文运事”中

---

① 〔明〕凌濛初：《拍案惊奇序》，见《拍案惊奇》，齐鲁书社 1995 年版，第 1 ~ 2 页。

② 〔明〕袁于令：《隋史遗文序》，见丁锡根编著《中国历代小说序跋集》，人民文学出版社 1996 年版，第 957 页。

③ 〔清〕金人瑞：《读第五才子书法》，见丁锡根编著《中国历代小说序跋集》，人民文学出版社 1996 年版，第 1488 页。

的“事”是真实的客观的存在,作为史书,不能虚构,只能对事件进行剪裁、组织,以此形成文字。“因文生事”中的“事”本不存在,要靠作家的自由虚构去创作,并以此产生文字。他认为这种虚构可以更自由地发挥作家的艺术创作才能。在强调虚构的重要性的同时,金圣叹还提出了要“因文”的观点,虚构是自由的,但不是随意的,必须要根据文章剧情发展的需要、人物性格发展的需要和主旨的需要,虚构是戴着镣铐的舞蹈。

二、清代的虚实之争

清代虚实之争走到了一个历史的转捩点,清人对虚构极为反感,实录成为小说创作的一项重要法则。明明是三分虚、七分实的《三国志通俗演义》,在《古本三国志序》中却变成了“据实指陈,非属臆造,堪与经史相表里”①的经典。此风一开,以后的历史演义小说几乎都以实录相标榜。蔡元放特别强调历史演义的创作必须坚持实录的原则,“有一件说一件,有一句说一句。”②甚至是《隋炀帝艳史》这种虚构色彩很浓的小说,编创者竟然也宣称:“虽云小说,然引用故实,悉遵正史,并不巧借一事,妄设一语,以滋世人之惑。”③

征史尚实并不单指吻合正史即可,还要包括言出有据,事有所本。道光年间的徐时栋在他的《烟屿楼笔记》卷四中说:“史事演义,惟罗贯中之《三国志》最佳。其人博极典籍,非特借陈志、裴注,敷衍成书而已;往往正史及注,并无此语,而杂史小说乃遇见之;知其书中无来历者希矣。至其序次前后,变化生色,亦复高出稗官,盛传至今,非幸也。乃至周、秦、列国、东西两汉、六朝、五代、李唐、赵宋,无不有演义,则无不可覆瓿者,大约列国、两汉,不过抄袭史事,代为讲说,而其人不通文法,平铺直叙,惊人之

① 〔清〕李渔:《古本三国志序》,见丁锡根编著《中国历代小说序跋集》,人民文学出版社 1996 年版,第 899 页。

② 〔清〕蔡元放:《东周列国志读法》,见黄霖、韩同文选注《中国历代小说论著选》,江西人民出版社 2000 年版,第 415 页。

③ 〔清〕笑痴子:《隋炀帝艳史凡例》,见丁锡根编著《中国历代小说序跋集》,人民文学出版社 1996 年版,第 953 页。

事，反弃去之。隋、唐、汉、周、宋初诸书，则其人并不曾一见正史，直是信口随意，捏造妄说，有全无情理，一语不可究诘者。俗语丹青，以为故事，扮演上场，愚民舞蹈，甚至乱民假为口实，以煽庸流，此亦风俗人心之患也。有心世教者，当禁遏之。"①

清代许多小说序跋认为小说选材要吻合正史、言皆有据，如：

近又取《三国志》读之，见其据实指陈，非属臆造，堪与经史相表里。由是观之，奇又莫奇于《三国》矣。……作演义者，以文章之奇，而传其事之奇，而且无所事于穿凿，第贯穿其事实，错综其始末，而已无一不奇。②

昔箨庵袁先生，曾示予所藏《逸史》，载隋炀帝朱贵儿、唐明皇杨玉环再世因缘事，殊新异可喜，因与商酌，编入本传，以为一部之始终关目。……其间阙略者补之，零星者删之，更采当时奇趣雅韵之事点染之，汇成一集，颇改旧观。③

吕子安世于治经之外，日取《通鉴纲目》及二十四史而折衷之，历代之统绪而序次之，历代之兴亡而联续之，历代之仁暴忠佞贞淫条分缕析而纪实之。芟其繁，缉其简，增纲以详，裁目以略，事事悉依正史，言言若出新闻，始终条贯，为史学另开生面，不特经生学士，即妇人小子，逐回分解，亦足以润色枯肠。④

胪兴衰之迹，疏治乱之本。使闻之者，如生乎其时，亲见乎其事。倏而喜，倏而悲，无关世情，自合理趣，殊觉胸怀为之开爽。故因事触机，辄投所好，娓娓不倦。……客取《东汉演义》津津言之，演义通俗

① 〔清〕徐时栋：《烟屿楼笔记》（节录），见朱一玄、刘毓忱编《三国演义资料汇编》，南开大学出版社 2012 年版，第 424 页。

② 〔清〕金圣叹：《三国志演义序》，见丁锡根编著《中国历代小说序跋集》，人民文学出版社 1996 年版，第 897 ~ 899 页。

③ 〔清〕褚人获：《隋唐演义序》，见丁锡根编著《中国历代小说序跋集》，人民文学出版社 1996 年版，第 958 页。

④ 〔清〕吕抚：《纲鉴通俗演义自序》，见丁锡根编著《中国历代小说序跋集》，人民文学出版社 1996 年版，第 1070 页。

者也，汉俗犹为近古，故足资博览，而挽薄俗，恶可捏不经之说，颠倒史事，以惑人心目？因为敷说大端，正其荒谬。……友人南宾生见之，谓曰："比事提要，了然贯串，《绎史》之俦亚，曷不别自为书，顾自溷于稗官为哉？"①

亡友郏城郭武德曰："幼学不可阅坊间《三国志》。一为所溷，则再读陈寿之所志，鱼目与珠无别矣！"②

《西游》元虚荒渺……《三国》不尽合正史……至《水浒》《金瓶梅》，诲盗诲淫，久干例禁，乃言者津津夸其章法之奇，用笔之妙，且谓其摹写人物事故，即家常日用米盐琐屑，皆各穷神尽相，画工化工合为一手，从来稗官无有出其右者。呜呼！其未见《儒林外史》一书乎？③

凡正史所载，无不备录。间采稗史事迹，补缀其阙以广见闻所未及，皆有根据，非随意撰造者可比。④

世有稗官野史，阙而不全，其中疑信参半，亦可采撮残编，以俟后之深考，好古者犹有取焉。若传奇小说，乃属无稽之谈，最易动人听闻，阅者每至忘食忘寝，戛戛乎有余味焉。而欲镌成一编，以流传人口，何也？吾谓天下之深足虑者，淫哇新声，荡人心志，其书方竣，而人艳称道之。若搬演古今人物，谬作一代兴亡逸史，此特以侵闾里谈笑之资，且以当优孟之剧，偃师之戏。大雅君子，宁必遽置勿道也哉？⑤

---

① 〔清〕清远道人：《东汉演义评序》，见丁锡根编著《中国历代小说序跋集》，人民文学出版社 1996 年版，第 880 ~ 881 页。

② 〔清〕绿园老人：《歧路灯序》，见丁锡根编著《中国历代小说序跋集》，人民文学出版社 1996 年版，第 1633 页。

③ 〔清〕闲斋老人：《儒林外史序》，见丁锡根编著《中国历代小说序跋集》，人民文学出版社 1996 年版，第 1681 页。

④ 〔清〕许宝善：《北史演义凡例》，见《古本小说集成》，上海古籍出版社 1994 年版，第 1 页。

⑤ 〔清〕鸳湖渔叟：《说唐后传序》，见丁锡根编著《中国历代小说序跋集》，人民文学出版社 1996 年版，第 964 页。

己巳岁，余肄业村居，暗修之外，概不纷心。适有友人挟一帙以遗余，名曰《飞龙传》，视其事，则虚妄无稽；阅其词，则浮泛而俚。余时攻举子业，无暇他涉，偶一寓目，即鄙而置之。①

清代赞成虚构的也不在少数，如：

余于穷经之暇，涉猎史册，间及陈寿之《三国志》，因取《三国演义》参观而并校之，大都附会时事，征实为多，视彼翻空而易奇者，转若运棹不灵；又其行文，不无支蔓，字句间亦或瑕瑜不掩。卓吾李氏盖尝病之。②

今日见藏书阁中有《说唐》一书，自五代后起至盛唐而终，历载治乱之条贯，兴亡之错综，忠佞之判分，将相之奇猷。善恶毕具，妍丑无遗，文辞径直，事理分排。使看者若燎火，闻者如听声，说者尽悬河。能兴好善之心，足惩为恶之念，亦大有裨世之良书也。③

《三国演义》一编，著忠孝之谟，大贤奸之辨，立世系之统，而奇文异趣错出其间。演史而不诡于史，斯真善演史者耳。《两晋》《隋唐》皆不能及，至《残唐五代》《南北宋》，文义猥杂，更不足观。叙事之文之难如此，况自魏季迄乎隋初，东属齐，西属周，其中祸乱相寻，变故百出，较之他史，头绪尤多，而欲以一笔写之，不更难乎？草亭老人潜心稽古，以为此百年事迹不可不公诸见闻。于是宗乎正史，旁及群书，搜罗纂辑，连络分明。④

过于追求真实，可能混淆了与史书的文体差别；而强调虚构，如果虚构不当，反成累赘，如《前七国演义》，以史实为点缀，多据传说，杂以神魔

---

① 〔清〕吴璿：《飞龙全传序》，见丁锡根编著《中国历代小说序跋集》，人民文学出版社1996年版，第976页。

② 〔清〕黄叔瑛：《三国演义序》，见丁锡根编著《中国历代小说序跋集》，人民文学出版社1996年版，第905页。

③ 〔清〕如莲居士：《说唐全传序》，见丁锡根编著《中国历代小说序跋集》，人民文学出版社1996年版，第963页。

④ 〔清〕许宝善：《北史演义叙》，见丁锡根编著《中国历代小说序跋集》，人民文学出版社1996年版，第946页。

灵怪，叙述孙膑、庞涓斗智故事。虽然主要事实源自《史记》，但所添加的烘染的材料都极其荒唐，如孙膑被描画成有未卜先知之能、呼风唤雨之技，冯谖是一个会驾席云往来空中的人。史料本身的故事性已经很强，却随意编造，不仅使得材料严重违背历史常识，而且故事平庸，如庞涓明明自杀而死，却一定要虚构成被毛头滩杀死；被擒的魏太子名申，却一定要改名为毕冒。

能够辩证把握虚实关系的是清代的金丰。他在同治三年(1864)的《说岳全传序》中这样说：

> 从来创说者，不宜尽出于虚，而亦不必尽出于实。苟事事皆虚，则过于诞妄，而无以服考古之心；事事皆实，则失于平庸，而无以动一时之听。如宋徽宗朝，有岳武穆之忠，秦桧之奸，兀术之横，其事固实而详焉。更有不闻于史册，不著于纪载者，则自上帝降灾，而始有赤须龙虬龙变幻之说也，有女土蝠化身之说也，有大鹏鸟临凡之说也。其间波澜不测，枝节纷繁，冤仇并结，忠佞俱亡；以及父丧子兴，英雄复起，此诚忠臣之后，不失为忠；而大奸之报，不恕其奸，良可慨矣。若夫兀术一战于朱仙，而以武穆败之；再战于朱仙，而以岳雷驱之：虽云奔北，而竟以一人兼敌父子之勇，不亦难乎！至于假手仙魔之说，信其有也固可，信其无也亦可。总之，自始及终，皆归于天，故以言乎实，则有忠有奸有横之可考；以言乎虚，则有起有复有变之足观。实者虚之，虚者实之，娓娓乎有令人听之而忘倦矣。①

历史演义小说的创作既不能过于诞妄，从根本上违背历史真实，以至于无法满足观众的对于历史原貌的探求，同时又不能事事求真，以至于束缚创作者的手脚，丧失了动人的艺术魅力。金丰同时还认为，所谓的虚实之辨不仅包括历史真实的遵守与虚构的分寸的拿捏，同时还指写作的技法，“虚者实之，实者虚之”，包括化实为虚、化虚为实和虚实相生三个方面。

---

① 〔清〕金丰：《说岳全传序》，见丁锡根编著《中国历代小说序跋集》，人民文学出版社1996年版，第987～988页。

三、虚实论的美学特征

虚实论在中国古代诗词书画中有着广泛的运用，诗论中早就有化实为虚、寄托遥深、"羚羊挂角，无迹可求"的美学追求，古文论主张题外远致、神于象外的妙境，词论中也有"清空"和"质实"之争。小说中的虚实之争虽晚至明代才出现，但随着人欲的逐步觉醒，人们对小说品质的追求也随之发生变化。小说对表现现实生活具有较高的深度和广度，使它能够以更细致的笔墨对人物和事件加以再现，同时，春秋笔法的巧妙运用又使小说显得越发摇曳多姿，虚实手法的运用给小说增添了更丰富的诠释内涵。

（一）化实为虚

化实为虚一方面源于扬长避短的需要，有限的语言难以准确再现复杂多样的生活；另一方面也是为了打造艺术空间，充分调动读者的想象力，引导读者进行合理的再创造，进而获得丰富的美感。正如毛宗岗所说："不于有处写，正于无处写。"不直接表现人物自身，而是从其周围的环境和人物的关系等虚处来写。《三国演义》写诸葛亮出山纯用虚笔，毛宗岗评论道："此卷极写孔明，而篇中却无孔明。盖善写妙人者，不于有处写，正于无处写。写其人如闲云野鹤之不可定，而其人始远；写其人如威凤祥麟之不易睹，而其人始尊。且孔明虽未得一遇，而见孔明之居，则极其幽秀；见孔明之童，则极其古淡；见孔明之友，则极其高超；见孔明之弟，则极其旷逸；见孔明之丈人，则极其清韵；见孔明之题咏，则极其俊妙：不待接席言欢，而孔明之为孔明，于此领略过半矣。"①《红楼梦》为了表现薛宝琴之美，用元春、迎春、探春、惜春、王熙凤、秦可卿、黛玉、宝钗等群美做铺垫，当贾宝玉跑到怡红院的时候，宝琴的美已经交代得很清楚了；贾母亲自向薛姨妈提亲的时候，薛宝琴的美再一次被凸显；薛宝钗的一句"我那些儿不如你"②的酸酸的调侃则再一次从侧面烘托了宝琴的貌美

---

① 〔明〕罗贯中著，〔清〕毛宗岗批评：《三国演义》，岳麓书社2006年版，第526页。

② 〔清〕曹雪芹、高鹗：《红楼梦》，人民文学出版社1996年版，第422页。

如花。

（二）化虚为实

化虚为实是指将思想感情和理性认知借助于具体可感的形象加以表现出来，其核心内容是将心境物化，变无形为有形。如《红楼梦》中写贾府豪富，就是借林黛玉的眼中观察到的。林黛玉的父亲林如海是巡盐御史，而清代巡盐御史富有的程度，以至于用宰相的职位都换不来。林家虽然富甲一方，但和百年望族贾府相比，似乎还是瞠乎其后了。贾府外表的光鲜还是难以掩盖内里的空虚，在林黛玉的眼中，王夫人的内室有着太多的“旧”东西，一个“旧”字连用了七八次，作者的用意是不言自明的，作者借此表明了贾府的衰落。豪富也好，衰落也好，都是看不见摸不着的虚的东西，但借助于林黛玉的实地观察，通过贾府的建筑、装饰、日常生活使用的器物等诸多形象，将光鲜无比的外表难掩内里空虚的尴尬困境形象地表现了出来。

（三）虚实相生

虚实相生是指虚与实之间的互相渗透、互相转化，虚境的审美空间由实境诱发和开拓，实境在虚境的统摄下完成艺术加工。《三国演义》中刘、关、张三兄弟的情谊却因为诸葛亮的出现而初显裂痕，作者实境写的是关、张对诸葛亮的不满，虚境却是关、张对刘备的埋怨。实境写的是关、张对诸葛亮的服帖，虚境却是刘备对二将的难以驾驭，经常需要诸葛亮加以援手。实境写的是关羽要会马超，二位虎将即将遭逢，虚境却写关、张的失落。实境写的是关羽被困走麦城，虚境暴露的是刘备的见死不救。实境写的刘、关、张是亲密的兄弟，虚境放大的却是亲密之假，救阿斗的偏是赵云，大江之上截阿斗的也是赵云。《红楼梦》实境写的是呆霸王调情遭苦打，薛蟠不看时间、不看地点、不看对象，勾引帅哥柳湘莲，虚境留给读者的念想却是清代男人的同性恋好尚。实境写的是贾宝玉听到秦可卿的病情自述，虚境显现的却是贾宝玉和秦可卿之间那一段难以言说的情愫。虚实相生的核心是写好实境，因为没有实境，也就无所谓虚境。只有实境写好了，才能以具体的形象引导读者去揣想那个可能存在的虚境。

虚实相生无疑是小说成熟的重要标志,“似有一人亲曾执笔,在清河县前,西门家里,大大小小,前前后后,碟儿碗儿,一一记之,似真有其事,不敢谓为操笔伸纸做出来的”①。“摹绘世故人情,真如铸鼎象物,魑魅魍魉,毕现尺幅”②,常使人产生“慎毋读《儒林外史》,读竟乃觉日用酬酢之间,无往而非《儒林外史》”③的感觉。“追踪蹑迹”“取其情理”,《红楼梦》虚实相生的艺术更是达到了前所未有的成就,正如王蒙所说:“整个《红楼梦》在你接受以后,有一种比逻辑更重要的征服力,本体的征服力:就是说,你相信生活本身就是这样的,世界本身就是这样的。合乎逻辑的你相信它是真的,不合乎逻辑的你也相信它是真的。”④

即便是《隋炀帝艳史》这样虚构成分很重的小说,编创者仍然宣称“虽云小说,然引用故实,悉遵正史,并不巧借一事,妄设一语,以滋世人之惑”⑤。在这一小说观念的影响下,那些非历史演义小说也纷纷趋奉实录。才子佳人小说《快心编》就号称“是编悲欢离合变幻处,实实有之,非若嵌空捏凑,脱节歧枝者比”⑥,《珍珠舶》作者也说其篇中故事“皆出于耳目见闻,凿凿可据,岂徒效空中楼阁而为子虚乌有先生者哉!”⑦《醒世姻缘传》也是“其事有据,其人可征”⑧。

---

① 〔清〕张竹坡:《批评第一奇书〈金瓶梅〉读法》,见《张竹坡批评第一奇书金瓶梅》,齐鲁书社1988年版,第43页。

② 〔清〕惺园退士:《儒林外史序》,见丁锡根编著《中国历代小说序跋集》,人民文学出版社1996年版,第1685页。

③ 〔清〕卧闲草堂本《儒林外史》第三回回评,见《明清善本小说丛刊》,台湾天一出版社1994年版。

④ 王蒙:《风格散记》,人民文学出版社1991年版,第106页。

⑤ 〔清〕笑痴子:《隋炀帝艳史凡例》,见丁锡根编著《中国历代小说序跋集》,人民文学出版社1996年版,第953页。

⑥ 〔清〕天花才子:《快心编凡例》,见黄霖、韩同文选注《中国历代小说论著选》,江西人民出版社2000年版,第321页。

⑦ 〔清〕烟水散人:《珍珠舶自序》,见丁锡根编著《中国历代小说序跋集》,人民文学出版社1996年版,第829页。

⑧ 〔清〕西周生:《醒世姻缘传·凡例》,齐鲁书社1993年版,第2页。

第三节　小说的教化功能

“文可不作有五：不明经则无本；不论史则无用；不能表扬忠孝节义则不足以垂教；不达世故则类迂儒学究而无补于时事；不审进退出处则文与行违，不过盗名而欺世。”①清代许多小说序跋都涉及了小说的教化功能。小说序跋作为文学批评的一种，序跋者在文学接受和批评实践两个过程中表现出来的主体意识有纯属个人化的情绪和带有鲜明社会化倾向的差别。因为中国文化的核心是群体意识，所以才会特别讲求“慎独”，而这一讲求的背后清楚地指出了个人的单情幽绪和群体意识之间的距离。序跋因为是面向社会、面向大众的，所以才会出现清代小说序跋对于小说教化功能普遍肯定的现象，序跋者认定小说可以教化民众，提高社会道德水准，因而小说和经史一样，也可有功于名教。不少序跋认为小说实为一种含有教训意味的文学、说教的文学，因而通篇充满着道德说教。

一、清代小说序跋中的道德说教

（一）随心所欲的社会现实与小说的失范

孙楷第说：“且借小说以醒世诱俗，明善恶有报，天网恢恢，疏而不漏，则凡中国旧日小说，亦莫不自托于此”，“清之劝诫小说”更是“自始至终本此意”，“专主劝诫”，“自成一体”②，就像“不可使善人无后之心”③的《粉妆楼全传》，“其间忠奸邪正，亦足以惩劝于兴起，其有裨于治道人心匪浅矣”④的《反唐演义》，“善善恶恶，俾读者有所观感戒惧，而风俗人

① 〔清〕金埴撰，王湜华点校：《不下带编》，中华书局1982年版，第15页。

② 孙楷第：《中国通俗小说书目·分类说明》，人民文学出版社1982年版，第2页。

③ 〔清〕竹溪山人：《粉妆楼全传序》，见丁锡根编著《中国历代小说序跋集》，人民文学出版社1996年版，第969页。

④ 〔清〕如莲居士：《反唐演义序》，见丁锡根编著《中国历代小说序跋集》，人民文学出版社1996年版，第968页。

心,庶以维持不坏也”[1]的《儒林外史》。当社会出现了道德体系某一层面缺失时,就会试图通过纠偏使社会回归正途。清人面临色情泛滥的社会现实,最典型的就是《浪史》。《浪史》的主人公梅素先淫乱了他遇到的每一个女人,最终却能成仙得道,结局美满,诚如李修生《禁毁小说百话》所说:“这样的结局,在中国写淫秽性爱的小说中,具有普遍性。”[2]最具讽刺意味的是,《浪史》序跋不像其他那样想方设法掩盖小说淫邪的事实,用因果劝诫之类的套话来为小说开脱,而是赞颂宣淫者梅素先为“千古情人”“英雄人也”。《红楼梦》也写了绣香囊事件。绣香囊这类小物件本来就充斥于整个社会,但任何事情都不要超过一定的“度”,正像芙蓉主人《痴婆子传自序》所说:

> 从来情者,性之动也。性发为情,情由于性。而性实具于心者也。心不正则偏,偏则无拘无束,随其心之所欲。发而为情,未有不流于痴矣。矧闺门衽席间,尤为易痴者乎?尝观多情女子,当其不过一念之偏,偶追其继也,遂至欲心之难遏;甚至情有独钟,不论亲疏,不分长幼,不别尊卑,不问僧俗,惟知云雨绸缪,罔顾纲常廉耻,岂非情之痴也乎哉!一旦色衰爱弛,回想当时之谬,未有不深自痛恨耳!嗟嗟!与其悔悟于既后,孰若保守于从前?与其贪众人之欢以玷名节,孰若成夫妇之乐以全家声乎?是在为少艾时光,先有以制其心,而不使用情之偏,则心正而情不流于痴矣。何自来《痴婆子》之诮耶?[3]

芙蓉主人的序言表现出了相当的开明,绝没有对“存天理,灭人欲”的坚持,对于两性关系,芙蓉主人只是主张不要“随其心之所欲”,要“心正”。当然,芙蓉主人的“心正”绝非是要求一个三岁的女孩都不能从男

---

① 〔清〕闲斋老人:《儒林外史序》,见丁锡根编著《中国历代小说序跋集》,人民文学出版社1996年版,第1681页。

② 李梦生:《中国禁毁小说百话》,上海书店出版社2006年版,第71页。

③ 〔清〕芙蓉主人:《痴婆子传自序》,见丁锡根编著《中国历代小说序跋集》,人民文学出版社1996年版,第1344页。

仆手中获得食物，如海瑞，他只是要求“成夫妇之乐”。正如张敞画眉，当其被汉宣帝质问道，一个堂堂的京兆尹竟然干画眉这种不着调的事情时，张敞一句“夫妻间岂止如此”的对答使皇帝只能一笑即止。如果性爱只是限于夫妻之间，不仅可以获得生命的快乐，更可以保全家族的名声，这是芙蓉主人的底线，这也是一个社会的底线。但清代有钱有势的人们每每超越这条底线，像《红楼梦》中的公子爷们。有钱有势的清人游走于异性恋和同性恋之间，并由此带来了一定程度的性混乱。当清人混乱的性爱关系出现严重问题时，就成为当时小说的重要题材。清代部分小说家却在迎合这一丑陋现象，“演小说者多矣，或假忠孝以成文，或夸淫靡以取悦”①。

因见其中写才子佳人之欢会，多流于淫荡之私，有伤风人之雅思，力为反之。②

说部虽小品，然未尝不可寓风雅，示劝惩，阐幽隐，方不浪费笔墨，妄灾梨枣，然知此者鲜矣。③

邪说淫辞，坏人心术，贻害无穷。此等书若容他存留人间，成何事体！④

“淫荡荒乱”“恶俗不堪”“淫亵不经”这些定性当年小说的饱含贬斥意味的言语可能还有对小说这一文体鄙夷的成分在，但更到位的理解应该是当年的小说确实是存在着淫亵的问题。

此书无公子偷情，小姐私订，及传书寄柬、恶俗不堪之事。

卷中无淫亵不经之语，非若《金瓶》等书以色身说法，使闺阁中

① 〔清〕一笑翁：《飞跎全传序》，见丁锡根编著《中国历代小说序跋集》，人民文学出版社 1996 年版，第 1439 页。

② 〔清〕李春荣：《水石缘自叙》，见丁锡根编著《中国历代小说序跋集》，人民文学出版社 1996 年版，第 1294 页。

③ 〔清〕蒋熊昌：《客窗偶笔叙》，见丁锡根编著《中国历代小说序跋集》，人民文学出版社 1996 年版，第 482 页。

④ 〔清〕忽来道人：《结水浒全传引言》，见丁锡根编著《中国历代小说序跋集》，人民文学出版社 1996 年版，第 1516 页。

不堪寓目。

凡小说内，才子必遭颠沛，佳人定遇恶魔，花园月夜，香阁红楼，为勾引藏奸之所。再不然，公子逃难，小姐改妆，或遭官刑，或遇强盗，或寄迹尼庵，或羁栖异域。而逃难之才子，有逃必有遇合，所遇者定系佳人才女，极人世艰难困苦，淋离尽致，夫然后才子必中状元，作巡按，报仇雪恨，娶佳人而团圆。凡小说中舍此数项，无从设想。此书百回，另成格局。①

《红楼复梦凡例》同样指出了当时小说存在的诸多问题，如模式化问题、淫亵的问题。当时确有一部分作家如曹雪芹，在通过对这一话题内容的展示，试图引起人们的警醒，进而为人们指出一条正确的人生道路。

在如何解读这一类文学题材的时候，小说序跋给小说创作开出了应该说是切中肯綮的药方：得事理之正，要有惩戒感发之效，要有功于圣人，羽翼名教。这类的小说序跋从题材上来区分，涉及才子佳人小说、话本小说、历史演义小说、世情小说、神魔小说；从时间上看，跨越顺治、康熙、雍正、乾隆、嘉庆、道光六朝。

（二）才子佳人小说序跋与政教功能

整个清代的才子佳人小说除了较早的《玉娇梨》《平山冷燕》之外，罕有不涉及"性"话题的，如《金石缘》第七回《助贤夫梅香苦志，逢美女浪子宣淫》："爱珠在内，安闲快乐，做诗写字之外，将些淫词艳曲，私藏觑看。""将一本《浓情快史》一看，不觉两朵桃花上脸，满身欲火如焚。"②"（利图）见书案上几本《浓情快史》，想道：'主人看这样书，自然是个风流人了。'"③后出的一部分才子佳人小说和艳情小说出现了合流的倾向，以至于刘廷玑评论道："近日之小说，若《平山冷燕》《情梦柝》《风流配》《春柳莺》《玉娇梨》等类，佳人才子，慕色慕才，已出之非正，犹不至于大伤风

① 《红楼复梦凡例》，见丁锡根编著《中国历代小说序跋集》，人民文学出版社1996年版，第1186～1187页。

② 〔清〕无名氏：《金石缘》，太白文艺出版社1996年版，第54页。

③ 〔清〕无名氏：《金石缘》，太白文艺出版社1996年版，第55页。

俗,若《玉楼春》《宫花报》,稍近淫佚,与《平妖传》之野,《封神传》之幻,《破梦史》之僻,皆堪捧腹。至《灯月圆》《肉蒲团》《野史》《浪史》《快史》《媚史》《河间传》《痴婆子传》则流毒无尽。更甚而下者,《宜春香质》《弁而钗》《龙阳逸史》,悉当斧碎枣梨,遍取已印行世者,尽付祖龙一炬,庶快人心。”①才子佳人小说序跋大都尽量发掘小说的教化功能,而对其淫秽内容则做出了批评:

> 夫然后能使人歌舞感激,悲恨笑忿错出,而掩卷平怀,有以得其事理之正。斯说之有功于世,而不负作者之心矣。②
>
> 然其间之小节,人所易知,大义人所不觉……如金乡公主既许赫腾,赫腾战死,虽见江潮之美,不肯改节,是一部中之正旨,一人而已……是畜亦知大义,是或人所未逮也。……至于惩戒感发,实可与经史并传,诸君子幸勿以小说视之。③
>
> 极人情诡变,天道渺微,从巧心慧舌笔笔钩出,使观者于心焰熛腾之时,忽如冷水浃背,不自知好善心生,恶恶念起。④
>
> 乃论者犹谓俚谈琐语,文不雅驯;凿空架奇,事无确据。呜呼!则亦未知斯编实有针世砭俗之意矣……殊不知天下有正史,亦必有野史。正史者,纪千古政治之得失;野史者,述一时民风之盛衰。譬之于《诗》,正史为《雅》《颂》,而野史则《国风》也。⑤
>
> 苟且贻闺阁之羞,邪野成夫妻之辱,而名教扫地矣。⑥

---

① 〔清〕刘廷玑撰,张守谦点校:《在园杂志》,中华书局2005年版,第84~85页。

② 〔清〕谷口生:《生绡剪弁语》,见丁锡根编著《中国历代小说序跋集》,人民文学出版社1996年版,第616页。

③ 〔清〕顾石城:《吴江雪序》,见丁锡根编著《中国历代小说序跋集》,人民文学出版社1996年版,第1239~1240页。

④ 〔清〕睡乡祭酒:《连城璧序》,见丁锡根编著《中国历代小说序跋集》,人民文学出版社1996年版,第823页。

⑤ 〔清〕烟水散人:《珍珠舶自序》,见丁锡根编著《中国历代小说序跋集》,人民文学出版社1996年版,第828~829页。

⑥ 〔清〕天花藏主人:《画图缘序》,见丁锡根编著《中国历代小说序跋集》,人民文学出版社1996年版,第1257页。

《易》云："积善余庆，积恶余殃。"佛云："果报因缘，梦幻泡影。"如斯教人，人不知悟，视为泛常套语，及一朝败露，悔也无及。故不得已，描写人生幻境之离合悲欢，以及善善恶恶，令阅者触目知警。①

以耳目近习之事，寓劝善惩恶之心，安见小说传奇之不犹愈于艳曲纤词乎？……莫不模拟神情，各有韵致，足以动人观感，起人鉴戒，与唐宋之小说，元人之传奇，借耳目近习之事，为劝善惩恶之具，其意同也。②

小说何为而作也？曰：以劝善也，以惩恶也。夫书之足以劝惩者，莫过于经史；而义理艰深，难令家喻而户晓，反不若稗官野乘，福善祸淫之理悉备，忠佞贞邪之报昭然。能使人触目儆心，如听晨钟，如闻因果，其于世道人心，不为无补也。……虽不敢称全璧，亦可为劝惩之一助。阅者幸勿以小说而忽之；当反躬自省，见善即兴，见恶思改，庶不负作者一片婆心，则是书也充于《太上感应篇》读也可。③

才子佳人小说如何实现自己的教化功能呢？序跋者认为它们可以"借耳目近习之事，为劝善惩恶之具"，"描写人生幻境之离合悲欢，以及善善恶恶，令阅者触目知警"，"野史者，述一时民风之盛衰。譬之于《诗》，正史为《雅》《颂》，而野史则《国风》也"。这些序跋提出的创作理论既是对以往创作实践的总结，也是对当时小说创作的指导，但与当时才子佳人小说创作的实际并不太一致，或者说，对才子佳人小说有些高估和吹捧。才子佳人小说所描写的内容与日常生活有不少距离，因为所谓才子参加科考一帆风顺的几率不大，中举后就有大官可做更不现实。实际上自康熙后期，官场已经是僧多粥少了，即使侥幸中举，也没有多少像样的差使。更何况艳遇不断，功成名就，告老还乡，妻妾成群，尽享艳福，得

① 〔清〕天花藏主人：《幻中真序》，见丁锡根编著《中国历代小说序跋集》，人民文学出版社 1996 年版，第 1262 ~ 1263 页。

② 〔清〕弘晓：《平山冷燕序》，见丁锡根编著《中国历代小说序跋集》，人民文学出版社 1996 年版，第 1246 页。

③ 〔清〕静恬主人：《金石缘序》，见丁锡根编著《中国历代小说序跋集》，人民文学出版社 1996 年版，第 1291 ~ 1292 页。

道成仙，白日飞升。这种叙事格局可以“令阅者触目知警”，恐怕只是白日梦而已。

（三）历史演义小说序跋与维持名教

“历史演义小说包括英雄传奇，往往以儒家伦理道德观念为指导，以佛道教义观念为小说构思的构架布局，丰富着人物内涵，实行着情节转换，并力图解释变化不定的历史现象。”①清代的历史演义小说序跋中强化了对真实的追求，而对于明人提出的虚构概念缺乏进一步探讨的兴趣。“道听而途说，德之弃也”的文化心理，再加上清人考据风气的盛行，对实录精神的推崇，使得人们对历史小说的要求就是信实，并且还要具备认识价值和教育价值。清代小说序跋的代表性人物就是毛宗岗、蔡元放等，特别是蔡元放，对真实的强调有时都到了不可思议的地步，如其所著的《东周列国志》，按照他的说法，不是小说创作，而是按照正史的编撰标准进行的写作。清代历史演义小说虽然以《三国演义》《水浒传》为效仿对象，但对史实亦步亦趋，每有画虎不成反类犬的况味。如果说明代的历史演义小说由对事的强调衍化为以人物塑造为中心，是小说创作的一大进步，但到了清代，小说家似乎总是围绕着两大问题在兜圈子：维持名教和羽翼信史。

> 余不喜阅《水浒》，喜阅圣叹之评《水浒》，为其终以恶梦，有功于圣人不小也。②

> 后之人览中兴全传，识盛衰之始末，其间忠奸邪正，亦足以惩劝于兴起，其有裨于治道人心匪浅矣。③

> 客取《东汉演义》津津言之，演义通俗者也，汉俗犹为近古，故足资博览，而挽薄俗，恶可捏不经之说，颠倒史事，以惑人心目？因为敷

---

① 王平：《古典小说与古代文化讲演录》，广西师范大学出版社 2008 年版，第 48 页。

② 〔清〕王望如：《评论出像水浒传总论》，见丁锡根编著《中国历代小说序跋集》，人民文学出版社 1996 年版，第 1497 页。

③ 〔清〕如莲居士：《反唐演义序》，见丁锡根编著《中国历代小说序跋集》，人民文学出版社 1996 年版，第 968 页。

说大端，正其荒谬。①

有廉顽立懦之风，足以开愚蒙而醒流俗，则作者立言之本趣，庶几乎有当于圣贤彰瘅劝惩之言也夫！②

小说家千态万状，竞秀争奇，何止汗牛充栋。然必有关惩劝扶植纲常者，方可刊而行之。一切偷香窃玉之说，败俗伤风，辞虽工直，当付之祖龙耳。③

政令之是非，风俗之淳薄，礼乐之举废，宫闱之淑慝，即于此寓焉。其兴也，必有所以兴；其亡也，必有所以亡。……阅者即其事以究其故，由其故以求其心，则凡正心、修身、齐家、治国、平天下之道，胥于是乎在。宁可执“金粉”两字概之耶？且圣人删《诗》，不废郑、卫，亦以示劝惩之意。是书之作，亦犹是而已矣。况荒淫侈靡之事，正史亦并载之，其能尽弃之否耶？④

小说传奇，不外悲欢离合，而娱一时观鉴之心。然必以忠臣报国为主，劝善惩恶为先。阅其致身烈士，无不令人起敬起恭；观此误国奸徒，又皆令人可憎可忿。史书必削佞锄奸，褒善贬恶，植纲常以为劝惩者，方可刊行于世。……维持名教之君子，虽饰演传奇，必寓劝善惩恶之旨，俾阅者好善恶恶之念油然而生，是传奇亦足以导善而戒奸也。统阅其情，虽有如鬼如蜮之奸谋，皆付诸横逆之来可耳。⑤

今日见藏书阁中有《说唐》一书，自五代后起至盛唐而终，历载治乱之条贯，兴亡之错综，忠佞之判分，将相之奇猷。善恶毕具，妍丑

① 〔清〕清远道人：《东汉演义评序》，见丁锡根编著《中国历代小说序跋集》，人民文学出版社 1996 年版，第 881 页。

② 〔清〕蔡奡：《评刻水浒后传叙》，见丁锡根编著《中国历代小说序跋集》，人民文学出版社 1996 年版，第 1512 页。

③ 〔清〕滋林老人：《说呼全传序》，见丁锡根编著《中国历代小说序跋集》，人民文学出版社 1996 年版，第 993 页。

④ 〔清〕许宝善：《南史演义序》，见丁锡根编著《中国历代小说序跋集》，人民文学出版社 1996 年版，第 945 页。

⑤ 〔清〕佚名：《五虎平西前传序》，见丁锡根编著《中国历代小说序跋集》，人民文学出版社 1996 年版，第 997 页。

无遗，文辞径直，事理分排。使看者若燎火，闻者如听声，说者尽悬河。能兴好善之心，足惩为恶之念，亦大有裨世之良书也。①

人皆为大有功于郑氏，而不知其有功于忠孝节义者为更多哉！故读是编者，可以教孝，可以教忠，可以教义。闺阁闻之，亦莫不油然生节烈之心。有功名教，良非浅鲜。②

一个时代的文学过于强调主旨的正当性，追求主旨先行，受到意识形态的束缚太紧，就不容易产生好的作品。文学必须体现出它对现实的批判，通过对现实荒诞性的揭示，进而引领读者来思考这一现实存在的问题，如《三国演义》回答了君子和小人在历史上的地位问题，《水浒传》试图对官和匪加以区分，《杨家将演义》《说岳全传》书写了小人得志、忠臣遭难的人类永恒悲剧命运。

历史演义小说的劝惩是由史传的核心"道义"衍化而来，其实现维持名教的手段无外乎"以忠臣报国为主，劝善惩恶为先"，"虽有如鬼如蜮之奸谋，皆付诸横逆之来可耳"。历史演义小说通过善恶有报的叙事框架的构架，进而使读者获得阅读的快感，并在潜移默化中获得教益。但也有一部分历史演义小说在叙事中穿插了一些艳情描写，如《隋唐演义》《南北史演义》。对于羼杂其中的艳情描写，序跋者从历史兴衰的角度给读者一些提示，进而引起读者在阅读过程中的警醒，"政令之是非，风俗之淳薄，礼乐之举废，宫闱之淑慝，即于此寓焉。其兴也，必有所以兴；其亡也，必有所以亡"，"其间忠奸邪正，亦足以惩劝于兴起"，这种解释的策略和《水浒传》的某些序跋手法有些相似：

施耐庵著《水浒》，申明一百八人之罪状，所以责备徽宗、蔡京之暴政也。然严于论君相而宽以待盗贼，令读之者日生放辟邪侈之乐，且归罪朝廷以为口实，人又何所惮而不为盗？余故深亮其著书之苦

① 〔清〕如莲居士：《说唐全传序》，见丁锡根编著《中国历代小说序跋集》，人民文学出版社 1996 年版，第 963 页。

② 〔清〕彭一楷：《台湾外志叙》，见丁锡根编著《中国历代小说序跋集》，人民文学出版社 1996 年版，第 1045 页。

心,而又不能不深憾其读书之流弊。后世续貂之家冠以忠义,盖痛恶富贵利达之士,敲骨吸髓,索人金钱,发愤而创为此论,其言益令盗贼作护身符。①

历史演义小说的序跋同时也意识到小说可能产生的负面影响,如《水浒传》,王望如并不反对其批判现实的行为,所谓的"深亮其著书之苦心",但又对其流弊忧心忡忡,"令盗贼作护生符"。

(四)世情小说序跋与伦常教化

"十部传奇九相思",这句话用在世情小说身上也非常合适。当才子佳人小说出现世情化倾向的时候,世情小说也加入了大量的爱情因素。虽然二者的题材有交叉,但各有侧重,界限分明:才子佳人小说以男女感情为叙事中心,而世情小说以社会人生百态为叙事重心。一个高明的世情小说作者总是在看穿了世间的一切之后,又带着无限的依恋,深情回眸,审视着这个葬送了他全部理想和追求的世界。在慢条斯理的叙事背后,蕴含着作者的爱憎。在作者的心目中,人物也好,生活也好,没有完美,只有丰满的人物形象和有意味的生活。鲁迅先生《中国小说史略》就感情表现分寸的问题,以《儒林外史》和《官场现形记》为例,予以说明:"秉持公心,指擿时弊,机锋所向,尤在士林;其文又戚而能谐,婉而多讽:于是说部中乃始有足称讽刺之书。"②"能烛幽索隐,物无遁形,凡官师,儒者,名士,山人,间亦有市井细民,皆现身纸上,声态并作,使彼世相,如在目前。"③"其在小说,则揭发伏藏,显其弊恶,而于时政,严加纠弹,或更扩充,并及风俗。虽命意在于匡世,似与讽刺小说同伦,而辞气浮露,笔无藏锋,甚且过甚其辞,以合时人嗜好,则其度量技术之相去亦远矣。"④世情小说试图通过对社会的观察、思考和解读,以精心构架的道德体系教化读

① 〔清〕王望如:《评论出像水浒传总论》,见丁锡根编著《中国历代小说序跋集》,人民文学出版社 1996 年版,第 1496 页。

② 鲁迅:《中国小说史略》,东方出版社 1996 年版,第 175 页。

③ 鲁迅:《中国小说史略》,东方出版社 1996 年版,第 176 页。

④ 鲁迅:《中国小说史略》,东方出版社 1996 年版,第 231 页。

者，同时揭示现实生活的丑陋：

德不在大小，贵乎真诚。真诚则已饱而念人之饥，已暖而念人之寒。不待来求，而先为之心动。纵使无力，亦为之不倦。……有此心量，虽对之圣贤而不惭，质之鬼神而无愧。……按人之事，无因无依，惊以为奇；揆之天理，皆从风雪中来，信其不爽。嗟嗟，天心甚巧，功名富贵，不能加于无文无武之廉老，乃荣其子以荣其父母，所以谓之《麟儿报》也。处世者，必乐览于兹编。①

天下最真者，莫若伦常；最假者，莫若财色。然而伦常之中，如君臣、朋友、夫妇，可合而成；若夫父子、兄弟，如水同源，如木同本，流分枝引，莫不天成。乃竟有假父、假子、假兄、假弟之辈。噫！此而可假，孰不可假？将富贵，而假者可真；贫贱，而真者亦假。富贵，热也，热则无不真；贫贱，冷也，冷则无不假。……本以嗜欲故，遂迷财色，因财色故，遂成冷热，因冷热故，遂乱真假。因彼之假者，欲肆其趋承，使我之真者皆遭其荼毒。所以此书独罪财色也。②

稗官为史之支流，善读稗官者，可进于史，故其为书，亦必善善恶恶，俾读者有所观感戒惧，而风俗人心，庶以维持不坏也。……善者，感发人之善心；恶者，惩创人之逸志。……有《水浒》《金瓶梅》之笔之才，而非若《水浒》《金瓶梅》之致为风俗人心之害也！则与其读《水浒》《金瓶梅》，无宁读《儒林外史》。③

亡友郏城郭武德曰："幼学不可阅坊间《三国志》。一为所溷，则再读陈寿之所志，鱼目与珠无别矣！"淮南盗宋江三十六人，横行肆虐，张叔夜擒获之，而稗说加以"替天行道"字样，乡曲间无知恶少，仿而行之，今之"顺刀手会"是也。流毒草野，酿祸国家。然则三世

---

① 〔清〕天花藏主人：《麟儿报序》，见丁锡根编著《中国历代小说序跋集》，人民文学出版社1996年版，第1254~1255页。

② 〔清〕张竹坡：《竹坡闲话》，见《张竹坡批评第一奇书金瓶梅》，齐鲁书社1988年版，第9页。

③ 〔清〕闲斋老人：《儒林外史序》，见丁锡根编著《中国历代小说序跋集》，人民文学出版社1996年版，第1681页。

皆哑之孽报，岂足以蔽其教猱升木之余辜也哉！若夫《金瓶》，诲淫之书也。亡友张揖东曰："此不过道其事之所曾经与其意之所欲试者耳。"而三家村冬烘学究，动曰："此《左》、《国》、史迁之文也。"余谓："不通《左》《史》，何能读此；既通《左》《史》，何必读此？"……偶阅阙里孔云亭《桃花扇》，丰润董恒岩《芝龛记》，以及近今周韵亭之《悯烈记》，喟然曰："吾故曰填词家当有是也！借科诨排场间，写出忠孝节烈，而善者自卓千古，丑者难保一身。使人读之为轩然笑，为潸然泪。即樵夫、牧子、厨媪、爨婢，皆感动于不容已。以视王实甫《西厢》、阮圆海《燕子笺》等出，皆桑濮也，讵可暂注目哉！"因仿此意为撰《歧路灯》一册。田父所乐观，闺阁所愿闻。子朱子曰："善者可以感发人之善心，恶者可以惩创人之逸志。"友人皆谓于纲常彝伦，煞有发明。①

历观编撰古词者，或劝善惩恶，以归祸福；或快志逞才，以著诗文；或明理言性，以喻他物；或好正恶邪，以辨忠奸。②

小说所最著者《好逑传》《玉娇梨》《平山冷燕》之类，然或仅尚其侠，或慕其才，岂若此说之给事精忠，公子纯孝，昭君节烈，书童真义也哉！君子观之，可以助其上达；小人观之，可以止其下流，庶近忠孝。③

《金瓶梅》《红楼梦》作为世情小说的代表作，其高明之处在于揭示出了人生的悲剧、社会的悲剧。而有一些世情小说只能借助于"好正恶邪"来显示道德倾向，如《麟儿报》《二度梅奇说》。小说宣教的意图过于显露，几近于说教。

清代世情小说中，有一部很特别的小说《金云翘传》，首有天花藏主

---

① 〔清〕绿园老人：《歧路灯序》，见丁锡根编著《中国历代小说序跋集》，人民文学出版社 1996 年版，第 1633 页。

② 〔清〕佚名：《满文本金瓶梅序》，见丁锡根编著《中国历代小说序跋集》，人民文学出版社 1996 年版，第 1107 页。

③ 〔清〕松林居士：《二度梅奇说序》，见丁锡根编著《中国历代小说序跋集》，人民文学出版社 1996 年版，第 1327 ~ 1328 页。

人的序：

> 大都身免矣，而心辱焉，贞而淫矣；身辱矣，而心免焉，淫而贞矣。此中名教，惟可告天，只堪尽性，实有难为涂名饰行者道也。……因知名教虽严，为一女子游移之，颠倒之，万感万应，而后成全之，不失一线，真千古之遗香也。余感其情而欣慕焉，聊书此以代执鞭云。倘世俗庸情，第见其遭逢，不察其本末，曰此辱人贱行也，则予为之痛哭千古矣。①

该序通过对“贞”与“淫”的思辨，否定了“女子从一而终”的伦理观念，并称“名教虽严，为一女子游移之，颠倒之”，指出名教应当与时俱进，绝不能再抱持理学的旧观念，认为只有通过对王翠翘事件的正确解读，才能借以向社会传达出较新的名教观念。

（五）“求放心”与神魔小说序跋

神魔小说“作者不是以宗教式的迷狂和激情匍匐在鬼神脚下，向着非人间异己力量进行自我否定的‘原罪’忏悔，而是以冷静的理性审视传统宗教思想资料，为我所用，借幻想形象与幻想世界巧妙地表达他们对现实的关心和对自我价值的肯定”②。然而，清代小说序跋者对神魔小说做了别样的解读，使之具有道学化的倾向：

> 盖将史后之人，见之而知戒，虽遇艳冶当前，不必目迎而送之，以启妖氛之衅，因此而自惩。……盖此编，信乎昭垂鉴戒，流传久远，有功于世道人心也。亦几与《情史》并著不朽矣。③

> 大要可以一言蔽之，曰不外一心而已。……故学者但患放心之难收，不患正果之难就，此书之谆谆觉世，其大旨宁外是哉！④

---

① 〔清〕天花藏主人：《金云翘传序》，见丁锡根编著《中国历代小说序跋集》，人民文学出版社 1996 年版，第 1252～1253 页。

② 刘上生：《中国古代小说艺术史》，湖南师范大学出版社 1993 年版，第 193 页。

③ 〔清〕吴炳文：《雷峰塔序》，见丁锡根编著《中国历代小说序跋集》，人民文学出版社 1996 年版，第 1435 页。

④ 〔清〕明轩主人：《四游合传序》，见丁锡根编著《中国历代小说序跋集》，人民文学出版社 1996 年版，第 1398 页。

予今批《西游记》一百回，亦一言以蔽之，曰：只是教人诚心为学，不要退悔。……正心修身、黾勉警策、克己复礼之至要……迁善改过，以底于至善而后已。①

其书阐三教一家之理，传性命双修之道，俗语常言中，暗藏天机；戏谑笑谈处，显露心法。②

故抱度世婆心者，或托之风痴，庶有以惊其聋聩而转其愚蒙，示以奇怪而发人深省，其与静处通神，正容说法，盖亦无弗同也。③

吴炳文《雷峰塔序》认为许仙的遭遇完全是由于内心的放纵，"艳冶当前"，"目迎而送之，以启妖氛之衅"，并希望天下读者从许仙的人生悲境之中吸取人生教训，只有如此解读，方能"有功于世道人心"。而对于《西游记》《醉菩提》，小说内的道家文化气息非常浓厚，序跋者对此视而不见，只是宣扬小说中的"诚心为学""正心修身、黾勉警策、克己复礼""抱度世婆心"等。

（六）羽翼名教与文言小说序跋

《四库全书总目·子部·小说家类》小序云，文言小说"唐宋而后，作者弥繁。中间诬谩失真，妖妄荧听者固为不少，然寓劝戒、广见闻、资考证者亦错出其中"，"迹其流别，凡有三派：其一叙述杂事，其一记录异闻，其一缀辑琐语也"，"今甄录其近雅驯者，以广见闻。惟猥鄙荒诞，徒乱耳目者则黜不载焉"④。小说文体的界定在于其有无教化功能、历史功能和学术功能。《四库全书总目》认可小说对人生大道的揭示，"反对虚构，注重可信性"，"叙事简括，不以情节取胜"，"尚质黜华，反对藻饰"⑤。一言以

---

① 〔清〕张书绅：《新说西游记总论》，见丁锡根编著《中国历代小说序跋集》，人民文学出版社 1996 年版，第 1362 页。

② 〔清〕刘一明：《西游原旨序》，见丁锡根编著《中国历代小说序跋集》，人民文学出版社 1996 年版，第 1364 页。

③ 〔清〕桃花庵主人：《醉菩提传序》，见丁锡根编著《中国历代小说序跋集》，人民文学出版社 1996 年版，第 1420 页。

④ 〔清〕永瑢等：《四库全书总目》，中华书局 1965 年版，第 1182 页。

⑤ 宋莉华：《清代笔记小说与乾嘉学派》，载《文学评论》2001 年第 4 期。

蔽之，崇尚“著书者之笔”，贬斥“才子之笔”。四库馆臣批评了两种小说模式：其一，情节虚构，铺陈描摹，“诬谩失真，妖妄荧听”；其二，渲染情感，尚奇志怪，“猥鄙荒诞，徒乱耳目”。《四库全书总目》对传奇小说采取了排斥态度，唐传奇中的《莺莺传》《李娃传》《霍小玉传》《枕中记》等概不著录；元明中篇传奇中的《娇红记》《钟情丽集》《剪灯新话》等视而不见，仅著录《飞燕外传》《大业拾遗记》《海山记》《迷楼记》《开河记》等几种带有史传色彩的二三流作品，且悉数被列入“小说家类存目”。言及传奇则带有贬斥的色彩，传奇似乎成了文言小说的末流。

清代文言小说序跋者多为宦达之士、社会名流，他们在羽翼名教这一问题的认识上和四库馆臣是一致的：

是编所载，多忠孝廉节之概，经纬权变之宜，其大者实有裨于国家，有功于名教，至于风雅澹词，山林逸事，足以启后学之才思，资艺林之渊薮者，无不表而出之。虽其人之生平不尽此数语，即是编亦不足以尽当世之贤豪，而条疏节取之下，使人人解颐欣赏，如入宝山，如游都市，其为益也……以备一代人文之盛，而后乃知丹麓倡始之功为不可泯也。①

先生之书，微之见性，彰之律躬，内之持心，外之应物，约之律历经史总要之言，博之即先贤一言一行之善，下及稗乘虞初淆讹者，考核是正；为劝则挽近之姓氏必表而出之，为戒则但记其事而不著其人；其体制切而赅，其用心深以厚，其立言皆可为天下后世法，非仅仅先生家庭训诫之书也。②

藏之家塾，示吾子孙，大之可以畜德，小亦可以多识。③

---

① 〔清〕严允肇：《今世说序》，见丁锡根编著《中国历代小说序跋集》，人民文学出版社社 1996 年版，第 473 页。

② 〔清〕计东：《说铃序》，见丁锡根编著《中国历代小说序跋集》，人民文学出版社 1996 年版，第 450 ~ 451 页。

③ 〔清〕王士禛：《池北偶谈自序》，见丁锡根编著《中国历代小说序跋集》，人民文学出版社 1996 年版，第 453 页。

皆有关正学，足以羽翼名教。①

劝戒之意即寓其中，使读者或时解颐抚掌，或时骇目惊心，乃益信此真儒者好事之所为也。②

大旨主于维风教、示劝惩，博物洽闻，阐幽探赜，下逮闾巷歌谣、闺阁怀思之细，无不取之。③

余谓稗家小说，犹得与于公史。劝善惩淫，隐阳秋于皮底；架空设幻，揣世故于笔端。④

晋阳李凤石先生，古君子也，一日以《耳载》示余，且索余言。余读之如读异书，得未曾有其所载，皆可喜、可愕、可感、可叹之事，可以启人之善思焉，可以警人之慝志焉，可以坚人之信心、破人之挛见焉是书也，其有功于名教不浅，非直为纪闻志怪之书而已也。⑤

文言小说吸收了史著的合理内核，以其洗练的叙事，同样给人以警醒与震撼，如纪昀的《阅微草堂笔记》，其中的狐鬼和蒲松龄的《聊斋志异》中的狐鬼迥异其趣。如果说《聊斋志异》中的狐鬼是事件的积极参与者和当事人，而《阅微草堂笔记》中的狐鬼只是作为旁观者，悠然地注视着人类，作为真相的揭秘者而存在，以引起读者快意的大笑，并在读者的笑声中完成了对丑陋的否定和对正义、道德的弘扬。《今世说》等笔记体小说，则如同《世说新语》，在隽永的笔触之中，勾勒出人物的风神，寥寥数语，完成对人物的褒贬，同时也表明了作者的感情倾向，借以提倡忠孝节义的儒家道德，表彰高于世俗的才华、人格、风度。

---

① 〔清〕彭榕：《坚瓠集二集序》，见丁锡根编著《中国历代小说序跋集》，人民文学出版社 1996 年版，第 457 页。

② 〔清〕毛宗岗：《坚瓠三集序》，见丁锡根编著《中国历代小说序跋集》，人民文学出版社 1996 年版，第 457 ~ 458 页。

③ 〔清〕毛际可：《坚瓠四集序》，见丁锡根编著《中国历代小说序跋集》，人民文学出版社 1996 年版，第 459 页。

④ 〔清〕风月盟主：《赛花铃后序》，见丁锡根编著《中国历代小说序跋集》，人民文学出版社 1996 年版，第 1272 页。

⑤ 〔清〕孙闳达：《原李耳载序》，见丁锡根编著《中国历代小说序跋集》，人民文学出版社 1996 年版，第 433 页。

匈牙利学者特凯伊·费伦茨在《聊斋志异选·译后记》中说:“这是一部引人入胜的作品,展现在我们面前的完全是一个鬼神的世界。在这个世界上,人们受摆布、被束缚,不能真正站立起来。各种各样的危险在窥视着他们。但是所有的故事都贯穿着一个信念,即真正的人道主义的信念。”[①]特凯伊·费伦茨进而指出,在人道主义之后,使得这种道德规范无法实现的正是宣扬它们的社会制度本身。《聊斋志异》通过对颠倒了礼教道德规范的旧中国的描写表现出了社会的内在矛盾,即借助于较完美的旧礼教,却颠倒错乱成了非人道的官僚社会。

二、小说的其他功用

(一)娱乐价值

在中国古代小说发展史上,清代通俗小说具有迥异于其他时期的鲜明的创作特色。清代通俗小说已不再满足于经世致用的创作目的和题材绝对真实的艺术追求,而力求在题材的通俗性和娱世的创作目的两点上做足文章。清代小说序跋者在研求小说社会功用这一严肃话题的时候,注意到了社会趣味的变化,已经不再将目光一味地盯在教化功能这一点上,而是充分认可其娱世的功能。

> 此书直与《水浒》《西游》《平妖》《逸史》一般诡异,但觉新奇可喜,怪变不穷,以之消长夏、祛睡魔而已。又何必究其事之有无哉?又何必论其文之优劣哉?[②]
>
> 观此者可以消白昼,可以娱暇日。[③]
>
> 笠道人将以是编偕一世人结欢喜缘,相与携手徐步而登此十二楼也,使人忽忽忘为善之难而贺登天之易,厥功伟矣!道人尝语余

① ［匈牙利］特凯伊·费伦茨《匈牙利文〈聊斋志异选〉译后记和目录》,载《蒲松龄研究·纪念专号》2000 年第 3、4 期合刊。

② 〔清〕褚人获:《封神演义序》,见丁锡根编著《中国历代小说序跋集》,人民文学出版社 1996 年版,第 1404 页。

③ 〔清〕汪逢尧:《真君全传序》,见丁锡根编著《中国历代小说序跋集》,人民文学出版社 1996 年版,第 1397 页。

曰:“吾于诗文非不究心,而得志愉快,终不敢以稗史为末技。”①

予今年四十有四矣,未尝遇怪,而每喜与二三友朋于酒场茶榻间,灭烛谈鬼,坐月说狐,稍涉匪夷,辄为记载,日久成帙,聊以自娱。②

酉阳野史《续编三国志引》、澹园主人《三国后传序》也都把小说的娱乐宣泄目的提到了相当的高度,认为历史小说可以“翰墨游戏,随兴所之”,“皆不过取一时之耳目”,“无过于消遣长夜永昼,或解闷于烦恼忧愁,以豁一时之情怀耳”。

最能体现清代通俗小说娱乐功能的就是李渔的《十二楼》,它是李渔于顺治年间创作的一部白话小说集。小说多处引用儒家经典名句,儒家经典名句参与建构的双重叙事结构反映了李渔娱人又自娱的艺术个性。两者相辅,构筑娱乐调笑的艺术世界,显露出众生的情欲,作者与读者双双获得了心理满足。

李渔的小说,既有经句道德,也有诗酒才气,但《十二楼》更因其技巧的创新卓然超群。关于李渔其人,刘廷玑《在园杂志》留下了如下的一段记载:“沈宫詹绎堂先生评曰‘聪明过于学问’,洵知言也。但所至携红牙一部,尽选秦女吴娃,未免放诞风流。”③雍正年间钱彩的《说岳全传》在情节的编排、人物性格的丰富、艺术手法的运用上皆可取,然而以宿命冤冤相报作为奸臣屈害岳飞的缘由则削弱了传统意义上的劝惩意味。李渔本人并不反对描写神鬼故事,但要求建立在艺术真实的基础上。对于文人臆想荒唐的情节,李渔指出:“当日仅存其名,后世未见其实,此非平易可久,怪诞不传之明验欤?”④有鉴于此,《十二楼》描写家常日用之事,以圣

---

① 〔清〕钟离濬水:《十二楼序》,见丁锡根编著《中国历代小说序跋集》,人民文学出版社1996年版,第825页。

② 〔清〕霁园主人:《夜谭随录序》,见丁锡根编著《中国历代小说序跋集》,人民文学出版社1996年版,第167页。

③ 〔清〕刘廷玑撰,张守谦点校:《在园杂志》,中华书局2005年版,第40页。

④ 〔清〕李渔著,江巨荣、卢寿荣校注:《闲情偶寄》,上海古籍出版社2000年版,第12页。

人之言解释人情物理，如《归正楼》写偷儿贼改邪归正，反得正果，以《四书》名言释之，阐明笠翁“劝善”宗旨。对此，杜濬评价：“是犹盛夏酷热之时，挥汗流浆之顷，有人惠一井底凉瓜，剖而食之；得此一冰一激，受用正不浅也。”①从技巧的角度上讲，经句的引用承载了小说的劝惩功能，并在结构性情调的冷热对比中带给读者新鲜刺激的快感。

在《十二楼》中，李渔的双重叙事结构集中于描述婚姻家庭关系以及由此牵扯出的人物心理外化，如《夏宜楼》在结尾引用《周易》中“漫藏诲盗，冶容诲淫”，警告他人应注意收敛财色，否则会诱引他人犯罪。开篇却津津乐道尤物荷花之妙，并称若能延续宗祧，男女亵玩亦有益于正。李渔盛赞儒家经籍为圣人之道，但言谈间极尽谑浪，《夏宜楼》中瞿吉人用西洋奇物望远镜偷窥群芳，违背圣人之道，最后竟抱得美人归。由此考察李渔的叙事策略，表面上尊崇道学，斥退风情，但实则对道学极尽谐谑调侃。

引用的儒家经句与小说中的风情闲话形成半实半虚的对立，在不负责任却又无伤大雅的戏说下，“使道德的说教变成娱乐的快餐，僵化的形式变成自我的幻境，这就使其作品体现出一定的灵活性”②。据此，儒家经句作为矛盾的一极，与另一极的风情既相互排斥，也相互依存，其所传达的并非圣人之德，而是个人私德的圆满，且李渔并未对私德的圆满程度给出更明确的标准，从而在矛盾结构中内含了多重的道德选择。其时，虽有时兴的才子佳人小说同样表现爱情婚姻问题，但所不同的是其只是单一地讴歌真情，笔下男女风雅多才，皆为痴情种，纯是文人写梦扬情之作。二者着眼点相同，旨意南辕北辙，李渔的小说也因此得以在清初拟话本小说中独树一帜。

---

① 〔清〕李渔著，杜濬评，杜维沫校点：《十二楼》，人民文学出版社 1986 年版，第 198 页。

② 卢寿荣：《李渔戏曲小说研究——以娱乐性为中心》，复旦大学 2003 年博士学位论文，第 92 页。

（二）博物价值

文言小说和通俗小说相比，在故事性上稍显不足，所以，文言小说大多不再标榜小说的娱乐倾向，而强调自身的博物价值。文言小说作者多为显宦或名门之后，有机会博览群书，且见多识广，奇闻逸事足可供读者作为茶余饭后的谈资，甚至还可启发才思，嘉惠后学。

更若大夫觏止，雅擅多能，君子至斯，夙推博物。……爰以资其考索，非止袭夫传闻。①

士君子著书立说，匪徒资谀闻、闳博览也。盖将多识前言往行，以为蓄德之助，俾征文考献者有所折衷，得以尚论当世，斯足述尔。②

学士大夫酬应之余，伊吾之暇，取是篇而浏览之，匪惟涤烦祛倦，抑且纵横俯仰，开拓心胸，具达观而发旷怀也已。③

今观留仙所著，其论断大义，皆本于赏善罚淫与安义命之旨，足以开物而成务，正如扬云《法言》，桓谭谓其必传矣。④

可以充俭腹，可以佐麈谭，可以供拈毫者之采撷，而生其藻彩，为功岂浅鲜哉！⑤

学稼尤博涉古今，裒其余论，以为挥麈解颐之助……广闻见，悉远迩，鼓舞悦豫，开抒沉郁。⑥

《坚瓠集》者，圣贤格物致知之学也。理淆乎物，一物不知，引以

---

① 〔清〕钮琇：《觚剩自序》，见丁锡根编著《中国历代小说序跋集》，人民文学出版社1996年版，第158页。

② 〔清〕钱棻：《玉剑尊闻序》，见丁锡根编著《中国历代小说序跋集》，人民文学出版社1996年版，第443页。

③ 〔清〕张潮：《虞初新志自叙》，见丁锡根编著《中国历代小说序跋集》，人民文学出版社1996年版，第1807页。

④ 〔清〕唐梦赉：《聊斋志异序》，见任笃行辑校《全校全注集评聊斋志异》，齐鲁书社2000年版，第27页。

⑤ 〔清〕彭翥：《唐人说荟序》，见丁锡根编著《中国历代小说序跋集》，人民文学出版社1996年版，第1795页。

⑥ 〔清〕朱陵：《坚瓠广集序》，见丁锡根编著《中国历代小说序跋集》，人民文学出版社1996年版，第464页。

为耻。故核其大，不遗其小；崇其正，不废其奇。孔子考定六经，以明先王之道，而羵羊之怪，萍实之祥，专车之骨，肃慎之矢，凡六经之所不及者，靡不博记而周悉，此无他，格物者广也。褚子稼轩，其得圣人之遗意乎？①

是编所载，多忠孝廉节之概，经纬权变之宜，其大者实有裨于国家，有功于名教，至于风雅澹词，山林逸事，足以启后学之才思、资艺林之渊薮者，无不表而出之。虽其人之生平不尽此数语，即是编亦不足以尽当世之贤豪，而条疏节取之下，使人人解颐欣赏，如入宝山，如游都市，其为益也……以备一代人文之盛，而后乃知丹麓倡始之功为不可泯也。②

但也有个别的例外，如袁枚在为其文言小说《子不语》作序时就特别强调了小说的自娱倾向。

余生平寡嗜好，凡饮酒度曲樗蒱，可以接群居之欢者，一无能焉。文史外无以自娱，乃广采游心骇耳之事，妄言妄听，记而存之，非有所惑也。③

该序值得特别注意的是"自娱"和"非有所惑"。所谓"非有所惑"，即与其他志怪小说的创作动机不同。如干宝创作《搜神记》是"明神道之不诬"，王琰作《冥祥记》是为"释氏辅教"。袁枚不喜释道二教，其写志怪小说，只是"自娱"，以文为戏。《子不语》异于明末志怪的荒诞，其笔下的鬼怪都有着世俗的算计、世俗的情态、世俗的愚蠢或聪慧。这种人化并没有明显的象征或影射意味，而是在表面上漫不经心描绘的同时，不露斧凿痕迹地完成了对世俗和人性的冷嘲热讽。因此，《子不语》的最大美感特征在于以浓郁的情趣娱人，而不是以深沉的命意动人，这一点与纪昀的

---

① 〔清〕尤侗：《坚瓠秘集序》，见丁锡根编著《中国历代小说序跋集》，人民文学出版社 1996 年版，第 466 页。

② 〔清〕严允肇：《今世说序》，见丁锡根编著《中国历代小说序跋集》，人民文学出版社 1996 年版，第 473 页。

③ 〔清〕袁枚：《子不语自序》，见《笔记小说大观》第二十册，江苏广陵古籍刻印社 1983 年版，第 1 页。

《阅微草堂笔记》迥异其趣。

（三）发愤著书

小说继承了史传文学发愤著书的传统，有感于现实的黑暗而又无处宣泄，只能借助于乌有先生，在虚构的世界中实现理想中的公正和正义：

《水浒》，愤书也。……愤大臣之覆餗，而许宋江之忠；愤群工之阴狡，而许宋江之义；愤世风之贪，而许宋江之疏财；愤人情之悍，而许宋江之谦和；愤强邻之启疆，而许宋江之征辽；愤潢池之弄兵，而许宋江之灭方腊也。《后传》为泄愤之书：愤宋江之忠义，而见鸩于奸党，故复聚余人，而救驾立功，开基创业；愤六贼之误国，而加之以流贬诛戮；愤诸贵幸之全身远害，而特表草野孤臣，重围冒险；愤官宦之嚼民饱壑，而故使其倾倒宦囊，倍偿民利；愤释道之淫奢诳诞，而有万庆寺之烧，还道村之斩也。①

明亡时，陈忱正值盛年，面对家破国亡、江山易代的巨变，他表现出强烈的民族感情，以明遗民自居，入清后绝意仕进。他曾与顾炎武、归庄、顾樵等名士结成“惊隐诗社”，以民族气节相激励。《水浒后传》为他晚年“白发孤灯续旧篇”之作，于书中寄寓自己的亡国之痛和憧憬恢复之心。书中写李俊立国海岛，显系影射郑成功拥兵台湾抗清之事。

人生失意或对世风日下的不满也促使小说家“发愤著书”，这在才子佳人小说序跋中多有阐述：

徒以贫而在下，无一人知己之怜。不幸憔悴以死，抱九原埋没之痛，岂不悲哉！予虽非其人，亦尝窃执雕虫之役矣。顾时命不伦，即间掷金声，时裁五色，而过者若罔闻罔见。淹忽老矣！欲人致其身，而既不能，欲自短其气，而又不忍，计无所之，不得已而借乌有先生以发泄其黄粱事业。有时色香援引，儿女相怜；有时针芥关投，友朋爱敬；有时影动龙蛇，而大臣变色；有时气冲牛斗，而天子改容。凡纸上之可喜可惊，皆胸中之欲歌欲哭。吾思人纵好忌，或不与淡墨为仇。

① 〔清〕樵余：《水浒后传论略》，见黄霖、韩同文选注《中国历代小说论著选》，江西人民出版社1982年版，第312页。

世多慕名,往往于空言乐道。矧此书白而不玄,上可佐邹衍之谈天,下可补东坡之说鬼,中亦不妨与玄皇之梨园杂奏。岂必俟诸后世?将见一出而天下皆子云矣。天下皆子云,则著书不愧子云可知已。若然,则天地生才之意与古今爱才之心,不少慰乎?嗟,嗟!虽不如忠孝节义之赫烈人心,而所受于天之性情,亦云有所致矣。①

回念当时,激昂青云,一种迈往之志,恍在春风一梦中耳。虽然,缨冕之荣,固有命焉,而天之窘我……而予一自外入,室人交遍谪我。……而使凄其蓬巷之间,烂成金谷;萧然楮墨之上,掩映蛾眉。予乃得为风月主人、烟花总管,检点金钗,品题罗袖。虽无异乎游仙之虚梦,跻显之浮思而已。泼墨成涛,挥毫落锦,飘飘然若置身于凌云台榭,亦可以变啼为笑,破恨成欢矣。②

才子佳人小说作者多为仕路艰难之辈,虽“间掷金声,时裁五色,而过者若罔闻罔见”,“予一自外入,室人交遍谪我”。青云无路,以至于人生暗淡,佳人难得,种种愤懑交织于胸中,只能通过文学加以宣泄,“凡纸上之可喜可惊,皆胸中之欲歌欲哭”,爱情和事业的双重失意使才子佳人小说作者心理失衡,进而成为其创作的动力。

① 〔清〕天花藏主人:《平山冷燕序》,见丁锡根编著《中国历代小说序跋集》,人民文学出版社 1996 年版,第 1245 页。

② 〔清〕烟水散人:《女才子自叙》,见丁锡根编著《中国历代小说序跋集》,人民文学出版社 1996 年版,第 831 页。

第十章　清代小说序跋个案分析

以上几章对清代小说序跋做了比较系统的论述，为了深化对清代小说序跋的认识，本章选取几种小说序跋做个案研究。

第一节　王士禛小说序跋刍议

王士禛（1634—1711）不仅是清代著名诗人，而且对小说情有独钟。其与蒲松龄的交往以及对《聊斋志异》的欣赏，已成为尽人皆知的文坛佳话。他一生撰写了多部笔记，而且还为多部文言小说作了跋语。通过他的笔记小说自序及为几部小说所作跋语，可以窥知其小说观，并进而发现其小说的价值所在。

一、关于笔记小说自序

王士禛所作笔记很多，他自认为或其友人认为属于说部的有如下四种：《池北偶谈》《居易录》《香祖笔记》《古夫于亭杂录》。王士禛在这四部笔记的自序中，阐明了其创作目的、写作心态及素材来源。

《池北偶谈》是王士禛笔记小说的代表作，共二十六卷，《池北偶谈自序》说明了其创作心境、素材来源及著述动机：

> 予所居先人之敝庐，西为小圃，有池焉，老屋数椽在其北。余宦游三十余年无长物，唯书数千卷庋置其中，辄取乐天池北书库之名名

之。池上有亭，形类画舫曰石帆者，予暇日与客坐其中，竹树飒然，池水清澈，可见毛发，游鲦浮沉，往来于寒鉴之中，顾而乐之，则相与论文章流别，晰经史疑义，至于国家之典故，历代之沿革，名臣大儒之嘉言懿行，时亦及焉。或酒阑月堕，间举神仙鬼怪之事，以资嗢噱；旁及游艺之末，亦所不遗。儿辈从旁记录，日月既多，遂成卷轴。因忆二十年来官京师所闻见于公卿大夫之间者，非甚不暇，未尝不笔之简册，散在箧中，未遑编划。一日，乃出鼠囓之余，尽付儿辈，总次第为一书，区其条目：曰谈故，曰谈献，曰谈艺，曰谈异；其无所附丽者，稍稍以类相从，凡二十六卷。藏之家塾，示吾子孙，大之可以畜德，小亦可以多识，贤乎博奕，昔闻诸圣人之言矣。康熙辛未秋，渔洋山人王士禛序。①

康熙辛未即康熙三十年（1691），王士禛年 58 岁。自顺治十六年（1659）26 岁委命为扬州推官，至此已历 32 个春秋。据《渔洋山人自撰年谱》可知，王士禛是年春天“奉命主考会试”②，秋天回家小憩，写了这篇自序。王士禛一生仕途顺畅，所以创作《池北偶谈》时心境非常适意坦然，取材范围亦十分宽泛：经史文学、国家典故、名人言行、神仙鬼怪，无所不及。卷一至卷四为“谈故”，主要记述朝野典故，如卷一“父子尚书”“父子宰相”“父子学士”，卷三“兼衔”“宫衔”，等等。卷五至卷十为“谈献”，主要记述历史人物事件，如卷五“左良玉”、卷六“郦道元”、卷十“司马公和安石诗”，等等。卷十一至卷十九为“谈艺”，主要是诗文及其趣事的记述考订，如卷十一“诗帐”、卷十二“杜秋诗解”，等等。卷二十至卷二十六为“谈异”，主要记述神仙鬼怪事。如卷二十“义虎”、卷二十一“林四娘”、卷二十二“崂山道士”，等等。按照今天的小说观念，“谈故”“谈献”“谈艺”等三部分并非小说，只有“谈异”七卷专记怪异故事，具有志怪小说的

① 〔清〕王士禛：《池北偶谈自序》，见〔清〕王士禛撰，靳斯仁点校《池北偶谈》，中华书局 1982 年版，第 6 页。

② 〔清〕王士禛：《渔洋山人自撰年谱》，见袁世硕主编《王士禛全集》，齐鲁书社 2007 年版，第 5092 页。

特点。但王士禛将四部分合并为一书,可见其对小说的界定并不严格。其编撰目的则为“大之可以畜德,小亦可以多识”,也就是说,可以增进德行、扩大见闻。由此决定了其笔记小说的基本特征,内容驳杂而命意纯正。

数年后,王士禛完成了《居易录》三十四卷,其《居易录自序》曰:

古书目录,经史子集外厥有说部,盖子之属也。《庄》《列》诸书为《洞冥》《搜神》之祖,亦史之属也。《左传》《史》《汉》所纪述,识小者钩纂剪截,其足以广异闻者亦多矣。刘歆《西京杂记》二万许言,葛稚川以为《汉书》所不取,故知说者史之别也。唐四库书乙部史之类十三有故事杂传记,丙部子之类十七有小说家,此例之较然者也。六朝已来代有之,尤莫盛于唐宋。唐人好为浮诞艳异之说,宋人则详于朝章国故、前言往行,史家往往取裁焉,如王明清《挥麈三录》、李心传《建炎以来朝野杂记》之属是也。

余自束发,好读史传,旁及说部。闻有古本为类书家所不及收者,必展转借录,老而不衰。二十年来官京师,每从士大夫间有所见闻,私辄掌记,芟其繁复,尚得二十六卷,目曰《池北偶谈》。南海之役,裒道路见闻,别为《皇华纪闻》四卷。康熙己巳冬杪,重入京师,时冬不雪,其明年春夏不雨,米价踊贵。天子忧劳,为罢元正朝贺,遣大臣分赈畿南北,命大司农祷雨泰山。余备员卿贰,时惴惴有尸素之惧。在公之暇,结习未忘,有所见闻,时复笔记。岁月既积,得数百条,厘为三十四卷。忆顾况语“长安米贵,居大不易”,因取以名其书。予仕宦四十年,居易俟命,钝拙无似,而顾以此蒙知主上,则首阳、柳下又未知孰为工拙也。取以名书,亦以见志云尔。①

这一序言有四点值得关注:第一,说部与史部的区别及联系。王士禛从目录学角度认为,说部乃“子之属也”,《庄子》《列子》是《洞冥记》《搜

① 〔清〕王士禛:《居易录自序》,见袁世硕主编《王士禛全集》,齐鲁书社 2007 年版,第 3673 ~ 3674 页。

神记》之祖，亦可属于史部。但说部又有别于史部，因此《汉书》不取《西京杂记》的内容；《新唐书》史部有故事杂传，子部有小说家，由此可以看出小说与史部的区别。第二，唐宋小说的不同。王士禛认为唐人小说"浮诞艳异"，宋人小说"详于朝章国故"，因此更接近于历史。第三，王士禛十分钟爱说部，不仅搜集借录各种稀见小说，而且亲自撰写此类文字。第四，王士禛认为《池北偶谈》《皇华纪闻》《居易录》同属于说部，由此可以看出其比较宽泛的小说观念。

康熙四十一年壬午（1702）王士禛作《香祖笔记自序》曰："愚旧有《池北偶谈》二十六卷，刻于闽，《居易录》三十四卷，刻于粤，皆有成书。壬午后尽急还京师，偶有见闻，笔之简册。适所居邸西轩有兰数本，花时香甚幽淡，昔人谓兰曰香祖，因以名之，凡十二卷。"①此序与《居易录自序》有了细微不同，此序将《香祖笔记》与《池北偶谈》《居易录》归为一类，但《皇华纪闻》不在此列。此书性质亦可从宋荦康熙四十四年（1705）所作序言看出："说部丛书，昉于汉、魏，盛于唐、宋以来。……比年有《池北偶谈》《居易录》《皇华纪闻》诸书次第行世，近又辑癸未迄甲申两年笔记，属校订为序。余受而卒业，或辨驳议论得失，或阐发名物源流，或直书时事，或旁及怪异，率皆精简而不浮。"②宋荦明确将《池北偶谈》《居易录》《皇华纪闻》《香祖笔记》视为说部，其内容则十分驳杂，或议论得失，或阐发名物，或直书时事，或记述怪异。

康熙四十五年（1706），73 岁的王士禛作《古夫于亭杂录序》：

> 余居京师四十年，前后撰录有《池北偶谈》二十六卷、《居易录》三十四卷，既刻之闽，刻之东粤矣。辛巳请急，五月还都，历壬午、癸未，逮甲申之秋，复有《香祖笔记》八卷。是岁冬，罢归田里，迄明年乙酉，续成四卷，通十二卷，又刻之吴门。余老矣，目昏眵不能视书，

① 〔清〕王士禛：《香祖笔记自序》，见袁世硕主编《王士禛全集》，齐鲁书社 2007 年版，第 4458 页。

② 〔清〕宋荦：《香祖笔记序》，见袁世硕主编《王士禛全集》，齐鲁书社 2007 年版，第 4457 页。

跬步需杖，白日坐未久即欠伸思卧，讵复劳神于泓颖之间，以干老氏之戒。然遣闷送日，非书不可，偶然有获，往往从枕上跃起书之，积成六卷，无凡例，无次第，故曰“杂录”。所居鱼子山下有鱼子水，郦氏所谓“泷水又西北至梁邹东南，与鱼子沟水合，水南出长白山东抑泉口，即陈仲子之所隐者也”。山上有古夫于亭，因以名之。渔洋老人自序。①

三年后，王士禛又有《分甘余话序》：

昔王右军在东中与吏部郎谢万书云：“顷东游还，修植桑果，今盛敷荣。率诸子，抱弱孙，游观其间。有一味之甘，割而分之，以娱目前。虽植德无殊邈，犹欲教养子孙以敦厚退让，庶令举策数马，仿佛万石之风。”云云。仆少时读之，已有味乎其言。七十归田，读书之暇，辄提抱弱孙以为乐。其稍长者，年甫十岁，已能通《易》《书》《诗》三经。纸窗竹屋，常卧听其咿唔之声，不觉欣然而喜。夫人幼而志学，意在逢世。下而黄散，上而令仆，以为至足矣。仆生逢圣世，仕宦五十载，叨冒尚书，年逾七帙，迩来作息田间，又六载矣。虽耳聋目眊，犹不废书。有所闻见，辄复掌录，题曰《分甘余话》。庶使子孙辈知老人晚年所乐在此尔，不敢谓如袁伯业老而好学也。己丑腊月朔雪中书。渔洋老人王士禛。②

两序都作于晚年，但王士禛对两书的性质有着清晰的判断：明确将《池北偶谈》《居易录》《香祖笔记》及《古夫于亭杂录》四书视为一类，而《分甘余话》则不与焉。《古夫于亭杂录》与《分甘余话》性质有别，其创作心态也略有不同，前者为“遣闷送日，非书不可，偶然有获，往往从枕上跃起书之”；后者则“有所闻见，辄复掌录”。这就是说撰写说部时乃因心有所获，撰写笔记时只是记录闻见而已。这就为我们认识王士禛的小说

---

① 〔清〕王士禛：《古夫于亭杂录序》，见袁世硕主编《王士禛全集》，齐鲁书社 2007 年版，第 4825 页。

② 〔清〕王士禛：《分甘余话序》，见袁世硕主编《王士禛全集》，齐鲁书社 2007 年版，第 4949 页。

观提供了一定的依据。

二、关于《越绝书跋》

王士禛喜爱说部诸书,并为几部小说撰写了跋语,从中亦可窥知其小说观。《越绝书》是一部杂史类小说,《隋书·经籍志》杂史类著录,所记吴越及伍子胥、子贡、范蠡、文种事,其中多有异闻轶事。王士禛为之所撰跋语云:

> 《越绝》言舜父顽母嚚,兄狂弟傲,《尸子》言舜事亲养兄为天下法,是舜又有兄也。《尸子》又云其游得六人,曰雄陶、方回、续伯、牙阳、东不识、秦不空,皆贤者也;或益以灵甫为七人。然则舜既征庸,而七人者何以皆不见举?诸子之言,诞妄不经如此。《吕览》《淮南》《新序》《说苑》之类,类此者多有,君子存而不论可矣。①

此则跋语所及诸书,除《尸子》外,《吕览》《淮南》《新序》《说苑》等都可视为早期小说,其共同特征是说理为主,叙事为辅。如《淮南子》记述了许多神话传说,《新序》《说苑》等记述了春秋战国至秦汉间历史故事及逸闻,然后以此为议论之据。前人多认为其特点是假借传闻以抒论见,故有不合史实之处,如宋代曾巩《新序序》云:"汉兴,六艺皆得于散绝残脱之余,世复无明先王之道,为众说之所蔽,暗而不明,郁而不发,而怪奇可喜之论,各师异见,皆自名家者诞漫于中国,一切不异于周之末世,其弊至于今尚在也。自斯以来,天下学者知折衷于圣人,而能纯于道德之美者,杨雄氏而止耳。如向之徒皆不免为众说之蔽,而不知有折衷者也。……盖向之序此书,于今最为近古,虽不能无失,然远至舜禹,而次及于周秦以来,古人之嘉言善行,亦往往而在也,要在慎取之而已。"②明人黄辉《说苑序》云:"《说苑》不然,征事者十九,传意者十一,意若不必己创,而顾籍事

---

① 〔清〕王士禛:《香祖笔记》卷九,见袁世硕主编《王士禛全集》,齐鲁书社 2007 年版,第 4665 页。

② 〔宋〕曾巩:《新序序》,见丁锡根编著《中国历代小说序跋集》,人民文学出版社 1996 年版,第 228 页。

起，颇类韩博士婴之说诗也。”①王士禛继承了前人的观点，更为注重历史的真实性，认为此类作品“诞妄不经”，“存而不论可矣”。可见王士禛将小说的历史价值置于首要地位。

这种观念在王士禛论述汉魏六朝乃至唐代小说时多有体现。如《古夫于亭杂录》卷二“鲧禹化熊”条：

> 舜殛鲧于羽山，化为黄熊，入于羽泉，是鲧既为熊矣。《淮南子》又云：“禹通轘辕山，化为熊，涂山氏惭之，至嵩高山下化为石。”若然，则大禹父子皆化熊，不根甚矣！古传记荒唐谬悠如此者甚多，不可枚举。②

《淮南子》保存了许多神话传说，但王士禛认为“荒唐谬悠”，皆属无稽之谈，显然是以常理看待神话。再如《居易录》卷三十三：“《博物志》：太子丹遁到关，关门不开，丹为鸡鸣，于是众鸡悉鸣，是鸡鸣出关，不止一孟尝矣。纪载傅会失实可笑，往往如此。”③《博物志》中记载了许多异闻奇事，但王士禛认为“傅会失实”。又如《香祖笔记》卷二：“《括异志》述《吴地记》云：‘昔有金牛粪金，村民皋伯通逐之，牛入山穴，山颓，兄弟皆死。’妄语无稽，岂又一金牛耶？又一皋伯通耶？《吴地记》又云：‘汉议郎皋伯通，字奉卿，卒葬胥门，号伯通墩。’则伯通非村民，又不死于山矣。”④异闻传说彼此之间重复或矛盾，是一种常见现象，但王士禛以求实的态度认为这些故事“妄语无稽”，可见他对虚构故事的反感。

唐代文学家段成式的《酉阳杂俎》记述了许多趣闻轶事，王士禛认为

---

① 〔明〕黄辉：《说苑序》，见丁锡根编著《中国历代小说序跋集》，人民文学出版社1996年版，第231页。

② 〔清〕王士禛：《古夫于亭杂录》，见袁世硕主编《王士禛全集》，齐鲁书社2007年版，第4854页。

③ 〔清〕王士禛：《居易录》，见袁世硕主编《王士禛全集》，齐鲁书社2007年版，第4371页。

④ 〔清〕王士禛：《香祖笔记》，见袁世硕主编《王士禛全集》，齐鲁书社2007年版，第4505页。

其中多为不经之谈。《居易录》卷二十六:“唐人好为鬼神诞妄之说,如织女、弄玉、西子等事,皆属不经。李群玉赋诗湘女庙,自云遇娥皇、女英。段成式戏之曰:‘君虞舜之辟阳侯也。’侮圣如此,可谓无忌惮矣。”①《香祖笔记》卷六:“古今传记如《拾遗记》《东方朔外传》之类,悉诞谩不经,然未有如《诺皋记》之妄者,一事尤可捧腹,云:‘天翁姓张名坚,字刺渴,渔阳人。少不羁,常罗得一白雀,爱而养之。梦天刘翁责怒,每欲杀之,白雀辄以报坚,坚设诸方待之,终莫能害。天翁遂下观之,坚盛设宾主,乃窃乘天翁车骑白龙,振策登天,天翁追之不及。坚既到天宫,易百官,杜塞北门,封白雀为上卿。刘翁失治,徘徊五岳,作灾。坚患之,以刘翁为太山太守,主生死之籍。’鄙倍至此,不可以欺三岁小儿,而公然笔之于书,岂病狂耶?段柯古唐之文人,何至乃尔。”②对段成式及其《酉阳杂俎》给予了严厉批评。

王士禛重视笔记小说的历史真实性,却忽视了小说虚构故事的深刻用意。如《古夫于亭杂录》卷二:“《剧谈录》:元和中进士李贺善歌诗,元相国稹年老以明经擢第,常愿交结,执贽造门,贺览刺,遽令阍者谓曰:‘明经擢第,何事来看李贺?’相国惭愤而退。”按:元擢第既非迟暮,于贺亦称前辈,讵容执贽造门,反遭轻薄?小说之不根如此。”③元稹(779—831)的确较李贺(790—816)年长,但《剧谈录》之所以称元稹求见李贺遭拒,显然是为了讥讽元稹而推崇李贺,但王士禛对此无法接受,斥之为不根之谈。

三、关于《唐阙史跋》与《世说新语跋》

唐人高彦休所撰《阙史》,《新唐书·艺文志》小说家类著录,所记皆

---

① 〔清〕王士禛:《居易录》,见袁世硕主编《王士禛全集》,齐鲁书社2007年版,第4191页。

② 〔清〕王士禛:《香祖笔记》,见袁世硕主编《王士禛全集》,齐鲁书社2007年版,第4583~4584页。

③ 〔清〕王士禛:《古夫于亭杂录》,见袁世硕主编《王士禛全集》,齐鲁书社2007年版,第4861~4862页。

中唐后怪异之事。王士禛有两则《唐阙史跋》,其一云:“《唐阙史》上下二卷,三十一则,祝京兆家藏本也。枝山自跋云:得之丈人李太仆,太仆得之海虞钱允言氏。唐人小说家,故自斐然,此书与《鉴戒录》乃似措大所为,视李肇《国史补》相去远矣。”①祝枝山即明代著名文人祝允明,《龙威秘书》本《阙史》有其跋语一则:“参寥子者高彦休,乾符中人也。众传之本出余,余得之丈人太仆李公,公得之海虞钱允言家。”②这则跋语说明了《阙史》在明代的流传情况,王士禛所藏即为祝允明家藏本。

王士禛认为唐人小说“故自斐然”,即不加雕饰而文采斐然,却对《阙史》及《鉴戒录》十分不满,认为“似措大所为”。宋人黄伯思也曾指出这一不足,他在《跋阙史后》中说道:“彦休叙事颇可观,但过为缘饰,殊有铣溪虬户体。(唐徐彦伯为文,多变易求新,以凤阁为鹓阁,以龙门为虬户,以金谷为铣溪云云。后进效之,谓之涩体语,见《朝野佥载》。)此其赘云。”③王士禛批评其“似措大所为”,亦出于同一原因,即“过为缘饰”,失去了自然本色。从中不难看出王士禛对小说风格的评价及取舍。

王士禛虽对《鉴戒录》的“措大”有所不满,但仍怀着极大兴趣予以抄录收藏。朱彝尊康熙丁亥八月所撰《鉴诫录跋》记载:“济南王先生贻上见而爱之,曾手录一部。”④王士禛本人也题写跋语曰:“王士禛阮亭甫假观手录一通,因较正讹谬数十字。”⑤后来知不足斋书坊主人鲍廷博在跋语中特意指出:“本出麻沙,坊贾重雕,谬误特甚,因后有康熙间诸名宿题

① 〔清〕王士禛:《唐阙史跋》,见丁锡根编著《中国历代小说序跋集》,人民文学出版社1996年版,第318页。

② 〔明〕祝允明:《阙史跋》,见丁锡根编著《中国历代小说序跋集》,人民文学出版社1996年版,第318页。

③ 〔宋〕黄伯思:《跋阙史后》,见丁锡根编著《中国历代小说序跋集》,人民文学出版社1996年版,第317页。

④ 〔清〕朱彝尊:《鉴诫录跋》,见丁锡根编著《中国历代小说序跋集》,人民文学出版社1996年版,第328页。

⑤ 〔清〕王士禛:《鉴诫录跋》,见丁锡根编著《中国历代小说序跋集》,人民文学出版社1996年版,第330页。

识，又经渔洋山人手校，遂为此书增重。”①

王士禛对《世说新语》特别喜爱，曾为《世说新语》撰写两则跋语，其一云：

《世说新语》《侯鲭录》及《白孔六帖》《万花谷》皆吾家旧书。时在顺治戊子己丑间，予尚童稚，未为诸生也。予游宦三十年，不能以籯金遗子孙，唯嗜书之癖，老而不衰。每闻士大夫家有一秘本，辄借钞其副，市肆逢善本，往往典衣购之。今予池北书库所藏，虽不敢望四部七录之万一，然亦可以娱吾之老而忘吾之贫。

康熙辛未，予官兵部侍郎，居京师，此二书适在笈中，翻阅怃然，如遇贫交于契阔死生之后，其悲愉感慨有出于寻常相万者。故剑之情，讵可忘耶？因重装之，而手记于卷首。涑辈其珍惜之。

其二云：

此本亦是吾小时故书，中有朱笔点阅者，乃顺治癸巳年手迹，即长儿涑始生之岁，尔时吾年二十。今六十矣，流光如驰，不堪把玩，抚此旧物，如遇故人，儿辈其宝之。

康熙癸酉莫秋十有七日，阮亭书于京邸匏墨斋，时在户部。②

两则跋语都表现出了王士禛对《世说新语》的独特感情，年轻时即认真阅读，并用朱笔点阅；宦游京师，视其为死生相交的挚友。王士禛在笔记中亦常常引用《世说新语》的典故，如《居易录》卷三十二：“《世说》林公道王中郎云，‘著腻颜帢，𬶍布单衣，挟《左传》，逐郑康成车后’云云。按魏造白帢，横缝其前后，名之曰颜帢。永嘉间，稍去其缝，名无颜帢也。”③《香祖笔记》卷一：“丙子，予奉命祭西岳、西镇，登凤翔灵山灵鹫寺，见如来泥洹像，诸弟子有悲泣者，窃以为疑。适观《世说》，顾敷七岁，

---

① 〔清〕鲍廷博：《鉴诫录跋》，见丁锡根编著《中国历代小说序跋集》，人民文学出版社1996年版，第332页。

② 〔清〕王士禛：《世说新语跋》，见丁锡根编著《中国历代小说序跋集》，人民文学出版社1996年版，第266～267页。

③ 〔清〕王士禛：《居易录》，见袁世硕主编《王士禛全集》，齐鲁书社2007年版，第4347页。

言当由忘情，故不泣，未能忘情，故泣。寻味二语，大有解会。”①王士禛为何对《世说新语》情有独钟呢？

顺治十七年（1660），王士禛为扬州府推官，充江南乡试同考官，曾前往苏州、常州，并以太湖中渔洋小山为号，在此期间得以与江南诸多名士交游。康熙二年（1663）五月端午节，冒辟疆来扬州观竞渡，追忆崇祯十三年（1640）在影园咏黄牡丹盛会，感赋一诗寄给王士禛，诗云：“隋帝龙舟事尚存，偶来吊古独声吞。廿年重采扬州芟，一赋难招众友魂。冰雪壶中思旧令，垂杨影里失名园。桃笺写恨谁曾见？惟向王恭尽此言。”②王士禛以《午日观竞渡寄怀家兄兼答冒辟疆感旧之作》作答，并有书云：“流光如驶，遂已五日，沅湘之感，正深于怀。忽捧新诗，缠绵宛恻之情，风景河山之叹，所谓对此茫茫，百感交集矣。”末告以“秋间欲刻弟廿岁以后七八年之作为编年诗，奉求大序”。③ 值得注意的是，王士禛用了《世说新语》“新亭对泣”“风景河山之叹”的典故，可见《世说新语》中隐含的故国黍离之思及其历史真实性是王士禛对其钟爱的主要原因。

四、关于白话小说的历史依据及其他

与此相关的是王士禛对白话小说亦极感兴趣，多次指出其中的人物故事于史有据而非杜撰。如《居易录》《香祖笔记》《古夫于亭杂录》等多次提到《平妖传》的史实依据。《居易录》卷二十五：“今小说演义记贝州王则事，其中人亦多有依据，如马遂击贼被杀是也。其云成都神医严三点者，江西人，能以三指间知六脉之受病，以是得名。见《癸辛杂识》。”④

《古夫于亭杂录》：

元至正间，有范益者，京师名医也，一日有妪携二女求胗（诊），

① 〔清〕王士禛：《香祖笔记》，见袁世硕主编《王士禛全集》，齐鲁书社2007年版，第4463页。

② 〔清〕冒辟疆：《同人集》卷一《己巳端阳诗序》，道光间水绘园刊本。

③ 〔清〕冒辟疆：《同人集》卷四，道光间水绘园刊本。

④ 〔清〕王士禛：《居易录》，见袁世硕主编《王士禛全集》，齐鲁书社2007年版，第4172页。

曰："此非人脉，必异类也。当实告我。"妪泣拜曰："我西山老狐也。"与之药而去。今小说《平妖传》实借用其事，而所谓严三点，则南昌神医也。予已别记于《居易录》。又传中杜七圣与蛋子和尚斗法斩葫芦事，见《五杂俎(组)》，乃明嘉、隆间事，皆非杜撰也。①

《平妖传》载蛋子和尚三盗猿公法，亦有所本。广州有大溪山，有一洞，每岁五月始见。土人预备墨沈、纸刷入其中，以手扪石壁上有若镌刻者，急拓，出，洞亦随闭。持印纸视之，或咒语，或药方，无不神验者。见焦尊生《说楛》。不仅严三点、杜七圣、马遂之有所本也。②

《香祖笔记》卷十："小说演义亦各有所据，如《水浒传》《平妖传》之类，予尝详之《居易录》中。又如《警世通言》有《拗相公》一篇，述王安石罢相归金陵事，极快人意，乃因卢多逊谪岭南事而稍附益之耳。故野史传奇，往往存三代之直，反胜秽史曲笔者倍蓰。前辈谓村中儿童听说三国事，闻昭烈败则颦蹙，曹操败则欢喜踊跃，正此谓也。礼失而求之野，惟史亦然。《平妖传》多目神借用吕文靖事，指使马遂乃北寺留守贾魏公所遣，借作潞公耳。郑毅夫有《马遂传》，严三点已详予《居易录》。"③王士禛一方面强调小说应于史有据，另一方面也承认小说的情节可以有所附益借用。特别可贵的是，王士禛认为"野史传奇，往往存三代之直，反胜秽史曲笔者倍蓰"，一语道出了小说的社会价值所在。

《古夫于亭杂录》卷五对《三国演义》的某些描写提出了质疑，认为其与历史人物的真实性格相去甚远：

小说记汉昭烈帝有一玉人，常置甘夫人帐中，月映之与玉人一色。此真不经之谈。昭烈在刘景升座上，感髀里肉生，慨然流涕，乃屑作此

---

① 〔清〕王士禛：《古夫于亭杂录》，见袁世硕主编《王士禛全集》，齐鲁书社 2007 年版，第 4886 页。

② 〔清〕王士禛：《古夫于亭杂录》，见袁世硕主编《王士禛全集》，齐鲁书社 2007 年版，第 4941 页。

③ 〔清〕王士禛：《香祖笔记》，见袁世硕主编《王士禛全集》，齐鲁书社 2007 年版，第 4674 页。

儿女态乎！唐人有《题刘郎浦》诗云："吴蜀成婚此水浔，明珠步障幄黄金。谁将一女轻天下，欲换刘郎鼎峙心。"此语差识得英雄本色。[①]

王士禛同样重视文言笔记小说中的真实性，《香祖笔记》卷一："《山海经》云：'北号之山，有木状如杨，赤华，其实如枣而无核，其味酸甘，食之不疟。'此即吾乡之虚中枣也，出青城县。汉上林苑有枵枣，见《西京杂记》。又东坡有《与蒲传正觅柿霜无核枣帖》，元遗山有跋，见《玉堂嘉话》。"[②]对《山海经》中的一则记载不仅以现实存在证实，还引用多种文献作为佐证。王士禛也并非全然不知小说有附会之处，如《分甘余话》卷四："小说言明州有人泛海遇风，泊一岛，见宫殿巍焕，如王公之居，堂上一老人，据榻而坐，有乌巾者二三百人侍侧。问之，曰：'唐相裴休也。'《北梦琐言》：'裴相国休，师圭峰密禅师，自愿世世为国王弘护佛法。后于阗王生一子，手文有"裴休"二字，闻于中朝。'然则裴所证仙耶？佛耶？抑皆小说傅会耶？"[③]裴休或仙或佛，皆小说家言，王士禛发现了其矛盾之处，指出其乃"小说傅会"之说，尽管王士禛不以为然，但表明了他深知小说难免会有虚构和附会。

王士禛笔记小说的特征与其小说观相一致，即叙述为主，不加雕饰，篇幅短小，立意纯正。如《居易录》卷三十一："金陵李氏有酒楼临市，一日有道士十八人来楼上，食毕覆其碗而去。碗下各遗一方，治诸疾病。主人秘之，扃置箱箧，数日启箧则不存矣。方懊恨，明年盆中牡丹花开十八枝，每枝花上各有一方如前，似金书者。惊喜而录藏之，制丸散活人多奇效。金陵人传'牡丹十八方'是也。"[④]此则故事颇具传奇色彩，稍加细节

---

① 〔清〕王士禛：《古夫于亭杂录》，见袁世硕主编《王士禛全集》，齐鲁书社 2007 年版，第 4912 页。

② 〔清〕王士禛：《香祖笔记》，见袁世硕主编《王士禛全集》，齐鲁书社 2007 年版，第 4467 页。

③ 〔清〕王士禛：《分甘余话》，见袁世硕主编《王士禛全集》，齐鲁书社 2007 年版，第 5035 页。

④ 〔清〕王士禛：《居易录》，见袁世硕主编《王士禛全集》，齐鲁书社 2007 年版，第 4309 页。

渲染,应更感人,但王士禛只是平淡记述而已。再如《香祖笔记》卷四:"烈妇王氏,名富英,儒家女也。其母梦吞牡丹花而生,故以为名。康熙癸丑,归孙文恪公之孙槐。会土寇乱,妇被掠。贼帅慕其色,将犯之,坚不从,继以兵刃搒掠,亦不从。夜阑,伺守者倦而寐,遂以帛自缢死,貌如生。贼帅惊叹其贞烈,已而自悔曰:'如此烈妇,而我逼之,以至于死,吾不知死所矣!'乃谢其侪伍,披缁入山,不知所终。"①此则故事既富传奇色彩,亦十分感人,假之蒲松龄定能创作出一篇动人心魄的佳作。但王士禛仅用寥寥数语,粗陈梗概而已。

王士禛重视小说的真实性,强调小说应于史有据,在某种意义上体现了小说的史料价值。但与此同时,也不可避免地限制了小说创作中的想象与虚构,削弱了小说的文学审美功能,这或许正是其小说成就逊于蒲松龄的原因之一。

第二节　从《聊斋志异》清人序跋看其在清代的传播

《聊斋志异》尚未全部完成之时,已有文人为之作序;其后清代出现的各种抄本、刻本、注评本、图咏本等,都有为之作序者。通过分析清人的这些序跋,我们可以更好地把握《聊斋志异》在清代的传播情况,从而认识到传播环节对一部文学名著所产生的重要作用。

一、稿本序跋:肯定价值,促进传播

早在蒲松龄创作《聊斋志异》的过程中,这部书稿便引起了人们的兴趣和注意,其中值得重视的是高珩、唐梦赉、王士禛三位名人。高珩和唐梦赉是最先为《聊斋志异》作序的淄川名人,高序作于康熙十八年(1679),唐序作于康熙二十一年(1682),时间都在《聊斋志异》初步结集前后。蒲松龄非常重视这两篇序言,将其置于其定稿本卷首,其后各种抄

① 〔清〕王士禛:《香祖笔记》,见袁世硕主编《王士禛全集》,齐鲁书社2007年版,第4533页。

本、刻本几乎都采用了这两篇序言，这对《聊斋志异》的传播显然起到了重要的促进作用。

高珩（1612—1697），明崇祯十六年（1643）进士，入清后历任秘书院检讨、国子监祭酒、吏部左侍郎、刑部左侍郎等职，与蒲松龄有姻亲关系，并有频繁交往。① 其《聊斋志异序》从多个方面肯定了《聊斋志异》的价值。首先，对《聊斋志异》之“异”做了辨析：“志而曰异，明其不同于常也。然而圣人曰：‘君子以同而异。’何耶？其义广矣、大矣。夫圣人之言，虽多主于人事；而吾谓三才之理，六经之文，诸圣之义，可一以贯之。则谓异之为义，即易之冒道，无不可也。”②《易·系辞上》曰：“夫《易》，开物成务，冒天下之道，如斯而已者也。”这就是说，“异”的作用与《易》一致，无非是将万事万物中不见不闻的“道”表露出来而已。

其次，分析了怪异之事的功能作用：

> “欲读天下之奇书，须明天下之大道。”盖以人伦大道，淑世者圣人之所以为木铎也。然而天下有解人，则虽孔子之所不语者，皆足辅功令教化之所不及。而《诺皋》《夷坚》，亦可与六经同功。苟非其人，则虽日述孔子之所常言，而皆足以佐慝。如读南子之见，则以为淫辟皆可周旋；泥佛肸之往，则以为叛逆不妨共事；不止诗书发冢，周官资篡已也。③

高珩认为“怪力乱神”虽为孔子所不语，但“皆足辅功令教化之所不及”；《诺皋》《夷坚》等志怪之书，“亦可与六经同功”。

再次，对《聊斋志异》多写怪异幽冥之事做了辨析，一是怪异之事确实存在于现实生活中：“然而天地大矣，无所不有；古今变矣，未可舟胶。人世不皆君子，阴曹反皆正人乎？岂夏姬谢世，便侪共姜；荣公撤瑟，可参

---

① 袁世硕：《蒲松龄事迹著述新考》，齐鲁书社1988年版，第100页。

② 〔清〕高珩：《聊斋志异序》，见丁锡根编著《中国历代小说序跋集》，人民文学出版社1996年版，第135页。

③ 〔清〕高珩：《聊斋志异序》，见丁锡根编著《中国历代小说序跋集》，人民文学出版社1996年版，第135页。

孤竹乎？——有以知其必不然矣。且江河日下，人鬼颇同，不则幽冥之中，反是圣贤道场，日日唐虞三代，有是理乎？"二是怪异之事既然现实生活中存在，就可以成为小说的素材："或又疑而且规之曰：'异事，世固间有之矣，或亦不妨抵（扺）掌；而竟驰想天外，幻迹人区，无乃为《齐谐》滥觞乎？'曰：'是也。然子长列传，不厌滑稽；卮言寓言，蒙庄嚆矢。且二十一史果皆实录乎？仙人之议李郭也，固有遗憾久矣。而况勃窣文心，笔补造化，不止生花，且同炼石。佳狐佳鬼之奇俊也，降福既以孔皆，敦伦更复无斁，人中大贤，犹有愧焉。是在解人不为法缚，不死句下可也。……'"①

最后，阐明了阅读《聊斋志异》的正确方法，并表明了自己愿意为《聊斋志异》辩护的态度："吾愿读书之士，揽此奇文，须深慧业，眼光如电，墙壁皆通，能知作者之意，并能知圣人或雅言、或罕言、或不语之故，则六经之义，三才之统，诸圣之衡，一一贯之。异而同者，忘其异焉可矣。不然，痴人每苦情深，入耳便多濡首。一字魂飞，心月之精灵冉冉；三生梦渺，牡丹之亭下依依。檀板动而忽来，桃茢遣而不去，君将为魍魉曹丘生，仆何辞齐谐鲁仲连乎？"②

唐梦赉（1627—1698），清顺治六年（1649）进士，为庶吉士，两年后授秘书院检讨，旋即因"上疏北阙"而"拂袖南山"，罢官归里。蒲松龄十分敬重仰慕这位同邑前辈，唐梦赉也特别赏识蒲松龄，两人有许多交往。③康熙二十一年（1682），唐梦赉为《聊斋志异》作序，该序首先对《聊斋志异》多写怪异幽冥之事做了辨析，指出大千世界无所不有，但人们见闻有限，于是很容易少见多怪：

> 谚有之云："见橐驼谓马肿背。"此言虽小，可以喻大矣。夫人以

① 〔清〕高珩：《聊斋志异序》，见丁锡根编著《中国历代小说序跋集》，人民文学出版社1996年版，第136页。

② 〔清〕高珩：《聊斋志异序》，见丁锡根编著《中国历代小说序跋集》，人民文学出版社1996年版，第136页。

③ 袁世硕：《蒲松龄事迹著述新考》，齐鲁书社1988年版，第121页。

目所见者为有，所不见者为无。曰此其常也，倏有而倏无则怪之。至于草木之荣落，昆虫之变化，倏有倏无，又不之怪；而独于神龙则怪之。彼万窍之刁刁，百川之活活，无所持之而动，无所激之而鸣，岂非怪乎？又习而安焉。独至于鬼狐则怪之，至于人则又不怪。夫人，则亦谁持之而动，谁激之而鸣者乎？莫不曰："我实为之。"夫我之所以为我者，目能视而不能视其所以视，耳能闻而不能闻其所以闻，而况于闻见所不能及者乎？夫闻见所及以为有，所不及以为无，其为闻见也几何矣。①

其次，说明人们的见闻和辨别力有所不同："人之言曰：'有形形者，有物物者。'而不知有以无形为形，无物为物者。夫无形无物，则耳目穷矣，而不可谓之无也。有见蚊睫者，有不见泰山者；有闻蚁斗者，有不闻雷鸣者。见闻之不同者，聋瞽未可妄论也。"同时批评了那些孤陋寡闻的"小儒"："自小儒为'人死如风火散'之说，而原始要终之道，不明于天下；于是所见者愈少，所怪者愈多，而'马肿背'之说昌行于天下。无可如何，辄以'孔子不语'一词了之，而《齐谐》志怪，《虞初》记异之编，疑信之者参半矣。不知孔子之所不语者，乃中人以下不可得而闻者耳，而谓春秋尽删怪神哉！"

再次，透露了《聊斋志异》早期的传播情形。序中云："留仙蒲子，幼而颖异，长而特达。下笔风起云涌，能为载记之言。于制艺举业之暇，凡所见闻，辄为笔记，大要多鬼狐怪异之事。向得其一卷，辄为同人取去；今再得其一卷阅之。凡为余所习知者，十之三四，最足以破小儒拘墟之见，而与夏虫语冰也。""向得其一卷，辄为同人取去；今再得其一卷阅之"，可见《聊斋志异》尚未结集前即已在亲友间传抄。一卷甫毕，亲友便争相传阅。

最后，肯定了《聊斋志异》的价值和其必定流传于后世："余谓事无论常怪，但以有害于人者为妖。故日食星陨，鹢飞鹆巢，石言龙斗，不可谓

① 〔清〕唐梦赉：《聊斋志异序》，见丁锡根编著《中国历代小说序跋集》，人民文学出版社 1996 年版，第 137 页。

异;惟土木甲兵之不时,与乱臣贼子,乃为妖异耳。今观留仙所著,其论断大义,皆本于赏善罚淫与安义命之旨,足以开物而成务,正如扬云《法言》,桓谭谓其必传矣。"

王士禛对《聊斋志异》的传播也起到了重要作用。蒲松龄与王士禛之间因为《聊斋志异》曾有多次书信往来,蒲松龄在《与王司寇阮亭先生》信中说:"耳灌芳名,倾风结想。不意得借公事,一快读十年书,甚慰平生,而既见遽违,瞻望增剧。前接手翰,如承音旨,又以东风未便,裁答犹疏……梅屋以索无期,姑缓之,中元之后日无不相寄者。蒙遥致香茗,何以克堪?对使拜嘉,临池愧悚!"[①]据袁世硕先生考证,此信写于康熙二十六年(1687)两人初次会面之后,王士禛向蒲松龄借阅《聊斋志异》。[②] 读过《聊斋志异》部分篇目后,王士禛虽然没有应允蒲松龄的要求为《聊斋志异》作序,但对《聊斋志异》十分欣赏,并有《戏题蒲生〈聊斋志异〉卷后》题辞,曰:"姑妄言之姑听之,豆棚瓜架雨如丝。料应厌作人间语,爱听秋坟鬼唱时。"[③]这首题辞即题于《聊斋志异》原稿卷后。蒲松龄作《次韵答王司寇阮亭先生见赠》以示酬答:"志异书成共笑之,布袍萧索鬓如丝。十年颇得黄州意,冷雨寒灯夜话时。"[④]王士禛成书于康熙二十八年(1689)冬的《池北偶谈》采摭了《聊斋志异》中的《小猎犬》等五篇,在《小猎犬》篇末注明:"事见蒲秀才松龄《聊斋志异》。"[⑤]几年后,王士禛还对《聊斋志异》三十一篇文稿作了评点,计有三十六条批语。虽然大多是只言片语,王士禛却是《聊斋志异》的第一位评点者,比其他评点者早了百余年。王士禛地位显赫,他的以上举动毫无疑问对《聊斋志异》的传播起到了很大的推动作用。

---

① 路大荒整理:《蒲松龄集》,上海古籍出版社1986年版,第140页。

② 袁世硕:《蒲松龄事迹著述新考》,齐鲁书社1988年版,第195页。

③ 〔清〕王士禛:《聊斋志异题辞》,见朱一玄编《明清小说资料选编》,齐鲁书社1990年版,第1165页。

④ 路大荒整理:《蒲松龄集》,上海古籍出版社1986年版,第543页。

⑤ 〔清〕王士禛撰,靳斯仁点校:《池北偶谈》,中华书局1982年版,第626页。

二、抄本序跋:“人竞传写,远迩借求”

在很长一段时间内,《聊斋志异》以抄本的方式在社会上传播着。铸雪斋抄本《聊斋志异》是目前所能见到的最早的较完整的《聊斋志异》抄本,而且与《聊斋志异》的传播有着密切关系。铸雪斋为历城张希杰的斋名,而张希杰所过录的原本是济南朱氏号“殿春亭主人”的藏本。该抄本载有“殿春亭主人”作于雍正癸卯即雍正元年(1723)的跋语,“殿春亭主人”即蒲松龄好友朱缃之四子朱翊典(亦名朱崇典)之署名。该跋语开头即说:“余家旧有蒲聊斋先生《志异》钞本,亦不知其何从得。后为人借去传看,竟失所在。每一念及,辄作数日恶。”[①]朱翊典所说其家“旧有蒲聊斋先生《志异》抄本”,即朱缃直接向蒲松龄借《聊斋志异》的抄录本[②],由于朱翊典当时年纪幼小,故称“不知其何从得”。这一抄本之所以失传,或许是因为朱缃去世时年仅三十八岁,抄本借阅者便乘机据为己有。可见《聊斋志异》早期是以抄本形式在亲友之间传阅,而且深受读者喜爱和重视,以至于借之不还,失之心痛。

该跋语接着说:“一日,偶语张仲明世兄。仲明与蒲俱淄人,亲串朋好,稔相浃,遂许为乞原本借钞,当不吝。岁壬寅冬,仲明自淄携稿来,累累巨册,视向所失去数当倍。”这位张仲明即曾在朱家坐馆的张元之子张作哲,随父亲在朱家住过很长时间。张作哲的祖父张永跻乃蒲松龄之挚友张笃庆的族弟,张永跻本人也与蒲松龄有交往。张元虽然比蒲松龄小三十二岁,但两人也有过“文酒往来”。张作哲少年时代亦曾见过蒲松龄,与蒲松龄的子孙当有所往来。正是由于几代人的友情,张作哲才能够将《聊斋志异》全稿从蒲家借来。袁世硕先生认为“张作哲借出的可能并非手稿本,而是一部誊录供借抄的副本”[③]。该跋语说,张作哲借来的这

① 〔清〕殿春亭主人:《聊斋志异跋》,见丁锡根编著《中国历代小说序跋集》,人民文学出版社1996年版,第149页。

② 袁世硕:《蒲松龄事迹著述新考》,齐鲁书社1988年版,第233~240页。

③ 袁世硕:《蒲松龄事迹著述新考》,齐鲁书社1988年版,第389页。

部《聊斋志异》副本比早先丢失的那部抄本“数当倍”，但据袁世硕先生考证，朱缃所抄录的《聊斋志异》已有十五册之多，与十六册手稿仅少一册。① 或许因为朱缃抄录《聊斋志异》分三次完成，第一次抄录七册，第二次抄录八册，最后抄录一册，年纪幼小的朱翊典仅仅看到了其中的一部分，后来便不知去向，故记忆有误。这说明《聊斋志异》尚未全部完成时，已经在亲朋好友间流传开来；全书完成后，蒲家又专门准备了一部“供借抄的副本”，可见《聊斋志异》受喜爱的程度非常之高。

该跋语又说：“乃出资觅佣书者亟录之，前后凡十阅月更一岁首，始告竣。中间雠校编次，晷穷晷继，挥汗握冰，不少释。此情虽痴，不大劳顿耶！书成记此，聊存颠末，并志向来苦辛。倘好事家有欲攫吾米袖石而不得者，可无怪我书悭矣。”此段话一方面说明了抄录一部《聊斋志异》的苦辛，另一方面也表示接受此前的教训，不会再轻易外借，并希望人们能够理解。这段跋语说明，在蒲松龄去世后，《聊斋志异》只有极为密切的亲友才可能借出。张作哲乃张元之子，张元曾为蒲松龄作《墓表》，并在朱家坐馆。有了这几层关系，“殿春亭主人”才可能借到《聊斋志异》。同时还可以得知，抄写一部完整的《聊斋志异》绝非易事，需要一人整整抄写十个月。正因如此，抄本主人往往不愿随便借给他人，这表明凭借传抄方式，传播范围会受到很大限制。

尽管传播范围有限，希望读到《聊斋志异》的人却越来越多，正如蒲立德在《聊斋志异跋》中所说：“初亦藏于家，无力梓行，近乃人竞传写，远迩借求矣。”②“人竞传写，远迩借求”，说明《聊斋志异》传播的范围有所扩大，抄写者当不在少数。但是我们所能看到的、保存于今日且据手稿本直接过录的抄本不过仅有“康熙抄本”，而且还是一部残本。这说明抄本的保存十分不易，其传播也就必然有限。有些直接过录的抄本便没能流传下来，如济南朱氏抄本就是如此。至于其他“异史抄本”“铸雪斋抄本”

---

① 袁世硕：《蒲松龄事迹著述新考》，齐鲁书社 1988 年版，第 235 页。

② 〔清〕蒲立德：《聊斋志异跋》，见丁锡根编著《中国历代小说序跋集》，人民文学出版社 1996 年版，第 151 页。

“二十四卷抄本”“黄炎熙选抄本”等，大都是辗转相抄而来，而且一般都珍藏于家中，所以才能够保存至今天。

现藏于日本庆应大学聊斋文库的《聊斋志异遗稿》旧抄本残帙，共收文17篇，分花、月、雪三卷，“雪之卷”末有淄川孙锡嘏作于同治元年壬戌(1862)的跋语，云：“今于渐逵蒲表侄书笥中，得睹《志异》原稿一卷，舒而观焉，竟被鼠蠹伤之过半。今由残缺章幅中选择整片最佳者，仅此数十篇，装订成册，庶几以传永久，免作散纸矣。”①该抄本字体与手稿本不同，虽非出自蒲松龄手笔，却出自其后裔。从该抄本已残缺不全可以推断，该抄本曾长期在亲朋好友间传阅，亦可看出《聊斋志异》早期以抄本形式在亲朋好友之间传播的情形。

三、刻本序跋：“风行天下，万口传诵”

蒲立德在跋语中还说道：“昔昌黎文起八代，必待欧阳而后传；文长雄踞一时，必待袁中郎而后著。自今而后，焉知无欧阳、中郎其人者出，将必契赏锓梓，流布于世，不但如今已也。则且跂予望之矣！”这时，蒲松龄已经谢世二十五年。又过了二十五年，蒲立德“跂予望之”的知音终于出现了，这便是“青柯亭刻本”的主事者赵起杲。

赵起杲，山东莱阳人，对《聊斋志异》有着浓厚兴趣。根据其刻《聊斋志异》“弁言”②可知刻本的产生过程：乾隆十一年(1746)冬，赵起杲从其朋友周季和处得到《聊斋志异》抄本两册，“读而喜之”，“欲访其全，数年不可得”。第二年春天，这一抄本被王闰轩“攫去”。后在福建任职时，结识了郑方坤的后人。郑方坤，字荔芗，福建人，乾隆初曾官山东兖州、沂州知府，“性喜储书”。赵起杲估计其家或许有《聊斋志异》藏本，果然不出所料。于是命人抄录正副二本，与其他抄本校对后，赵起杲认为郑本得自蒲家“原稿”。乾隆二十八年(1763)，赵起杲在杭州任职，其友鲍廷博曾

① 袁世硕主编：《蒲松龄志》，山东人民出版社2003年版，第171～172页。

② 〔清〕赵起杲：《聊斋志异弁言》，见丁锡根编著《中国历代小说序跋集》，人民文学出版社1996年版，第139～140页。

多次“怂恿予付梓，因循未果”。又过了三年，因为“借钞者众，藏本不能遍应，遂勉成以公同好”。因赵起杲任睦州知府，其府衙后院有青柯亭，故世称此本为“青柯亭本”。

除“弁言”之外，赵起杲还有“刻《聊斋志异》例言”①，其中多次强调了刻本与原稿本高度一致，还提到了《聊斋志异》在流传中的异名与臆改、删汰问题：

是编初稿名《鬼狐传》。后先生入棘闱，狐鬼群集，挥之不去。以意揣之，盖耻禹鼎之曲传，惧轩辕之毕照也。归乃增益他条，名之曰《志异》。有名《聊斋杂志》者，乃张此亭臆改，且多删汰，非原书矣。兹刻一仍其旧。

是编向无刊本，诸家传抄，各有点窜。其间字斟句酌，词旨简严者有之；然求其浩汗疏宕，有一种粗服乱头之致，往往不逮原本。兹刻悉仍原稿，庶几独得庐山之真。

是书传抄既屡，别风淮雨，触处都有，今悉加校正。其中文理不顺者，间为更定一二字。至其编次前后，各本不同，兹刻只就多寡酌分卷帙，实无从考其原目也。

《聊斋志异》在流传过程中确实出现过不同的名称，虽然至今尚未发现名为《鬼狐传》的抄本，却发现了名为《异史》的康熙年间抄本。至于在流传过程中被“臆改”“删汰”的现象，就更为普遍。即使赵起杲宣称“兹刻一仍其旧”的青柯亭刻本，也难免有意或无意地做了一些改动。“例言”明确说道：“原本凡十六卷，初但选其尤雅者厘为十二卷；刊既竣，再阅其余，复爱莫能舍，遂续刻之，卷目一如其旧云。”“卷中有单章只句，意味平浅者删之，计四十八条。”这说明，青柯亭本在刊刻时，为了避免触犯时忌，对原作有所改动。

参与青柯亭本校雠审定的还有钱塘著名文人余集，青柯亭本《聊斋志异》卷首有余集作于乾隆三十年（1765）的序，称：“乙酉三月，山左赵公

① 〔清〕赵起杲：《青柯亭本聊斋志异例言》，见朱一玄编《聊斋志异资料汇编》，南开大学出版社2002年版，第313～314页。

奉命守睦州，余假馆于郡斋。太守公出淄川蒲柳泉先生《聊斋志异》，请余审定而付之梓。”①由此可知，赵起杲于乾隆三十年（1765）便请余集审定《聊斋志异》。乾隆三十一年（1766）青柯亭本刻成后，余集题辞曰：

丙戌之冬，《志异》刻成，距荷村殁又五匝月矣。……盖余去年在郡斋时，与先生审订是书，丹铅错列，参互考订，斟酌去留，厘成一集。今刻前十二卷皆其手定，后四卷则附存之者也。……先是，公以例言属余，会予计偕未报；及公卒之前十日，自制序文，复草例言数则，若不及待余之归也者。陈生载周，董剞劂之役者也，十日前亦先公殁。呜呼！何其奇也！未竟之绪，以文续而成之，今且竣矣。海内之士，争先睹以为快；独予中心枨触，不能无废书之叹。异日公尝戏谓予曰："此役告成，为生平第一快事。将饰以牙签，封以玉匣，百年之后，殉吾地下。倘幽窾有知，亦足以破岑寂。"岂意斯言，竟成语谶！尚当与以文遵富春，涉桐江，支筇挟册，登严陵之台，招先生羁魂焚而告之。吾见南山之巅，白云溶溶，凝而不流，如来照鉴，其必先生也哉！其必先生也哉！②

赵起杲将《聊斋志异》的刊行视为“生平第一快事”，在临终十日前还“自制序文，复草例言数则”。尽管赵起杲官为知府，但还要靠出版商鲍廷博出资赞助，然工未竣而病故，其弟皋亭邀鲍廷博继其业始成，可见刻印这样一部数十万言的书并非易事。全书共收文425篇（比铸雪斋本少49篇，但可补其缺者5篇），篇目虽然不算完整，然而重要的名篇都已囊括在内。与稿本相比，个别文字虽有差异，但总体来说，仍不失其原意，基本相同。

青柯亭刻本对《聊斋志异》的传播起到了重要作用，这主要表现在两个方面：一是不断被翻刻，如乾隆五十年杭州油局桥陈氏刊本、乾隆六十

---

① 〔清〕余集：《聊斋志异序》，见丁锡根编著《中国历代小说序跋集》，人民文学出版社1996年版，第138页。

② 〔清〕余集：《青柯亭本聊斋志异题辞》，见朱一玄编《明清小说资料选编》，齐鲁书社1990年版，第1172～1173页。

年重刊本、道光八年敬业堂重刊本等;二是成为许多评注本、绘图本的底本,如何守奇、吕湛恩、何垠、但明伦、冯镇峦等人的评注本,铁城广百宋斋的图咏本等。从某种意义上说,正是因为青柯亭本的问世,才使"《志异》一书,风行天下,万口传诵"①。

赵起杲发起刊刻《聊斋志异》似乎有着很大的偶然性,但实际上也是一种必然,这是由《聊斋志异》自身价值所决定的。当人们发现认识到某部文学作品的价值后,为了使其迅速传播,总会想方设法付诸梨枣。所以几乎与青柯亭本问世的同时,山东长山县周村出现了王金范的十八卷选刻本。该本卷首有王金范作于乾隆三十二年(1767)的"《聊斋志异摘抄序》"②,云"柳泉蒲子,以玩世之意,作觉世之言,握化工之笔,为揶揄之论。……第其书浩漫,亥豕既多,甲乙紊乱,又以未经付梓,抄写传讹,浸失其旧。……辛巳春,余给事历亭,同姓约轩,假得曾氏家藏抄本,公退之余,乃择其可观者删繁就简,分门别类,手抄而点窜之,几阅寒暑,始得成帙"。王金范的《聊斋志异摘抄》虽然也花费了许多心血,但从传播角度来看,这一选刻本的影响远不及青柯亭本,尽管此后又有乾隆五十年和光绪年间重刻本,却没能广泛流传开来。袁世硕先生认为"其原因自然是多方面的,如印行的数量,刻印之工劣,都会影响到流传,但是,更根本的原因,恐怕还在于其内容多有不及青柯亭本之处"③。因为不忠实于原著,极大地损伤了《聊斋志异》的原貌,致使其成了缺少价值的刻本,这是一个重要教训。

青柯亭本及由其繁衍而出的本子影响极大,但有一缺憾,这便是它删去了若干篇章。于是各种"拾遗"本应运而生,道光四年(1824),黎阳段甡辑刻了《聊斋志异遗稿》四卷51篇。该刻本卷首载有刘瀛珍、陈廷机、

① 〔清〕冯镇峦:《读聊斋杂说》,见朱一玄编《明清小说资料选编》,齐鲁书社1990年版,第1180页。

② 〔清〕王金范:《聊斋志异摘抄序》,见朱一玄编《明清小说资料选编》,齐鲁书社1990年版,第1179~1180页。

③ 袁世硕:《蒲松龄事迹著述新考》,齐鲁书社1988年版,第409页。

胡泉、段𤣱的四篇序言及段𤣱的一篇例言。段氏《聊斋志异遗稿序》称：

留仙《志异》一书，脍炙人口久矣。余自髫龄迄今，身之所经，无论名会之区，即僻陬十室，靡不家置一册。……是书流传既久，而俗坊吝于铅椠，将其短类半删去之；渐久而失愈多，殊堪恨恨。然好事者尚可广搜远绍，符其原额。己巳春，于甘陵贾氏家获睹雍正年间旧钞，是来自济南朱氏，而朱氏得自淄川者。内多数十则，平素坊本所无。余不禁狂喜。遂假录之，两朝夕而毕。后复核对各本皆阙，殆当时初付剞劂，即亡之矣。……然欲付梨枣而啬于资，素愿莫偿，恒深歉怅。兹于道光癸未，与德州刘仙舫雨夜促膝言及之；仙舫毅然醵金，余遂得于甲申秋录而付梓，俾遗珠得还合浦，不但为当时好事者之一快，即于风清月朗时，以杯酒酹告清曜先生之灵，九原有知，应亦大畅其未偿之愿也矣。①

段氏此序涉及《聊斋志异》传播中的许多问题，一是由此可知，至段氏所生活的嘉道年间，《聊斋志异》传播范围已经非常广泛了，“即僻陬十室，靡不家置一册”。二是各种刻本纷纷涌现，但都对原稿有所取舍。三是段氏得到了济南朱氏的雍正年间抄本，尽管不是朱氏的原抄本，因为朱氏抄本至今尚未发现，但此本亦有一定的价值。

段氏《聊斋志异遗稿例言》②又称：“是书本雍正年抄本，则未刻之前，已贵洛阳纸价矣。的系原物，断非后人剽窃。……若《鸮鸟》一则，系康熙年间事，圣天子不可不出格。《白莲教》一则，明言徐鸿儒，则大兵不可不空格。意刊书之时，去此未远，不便刻入，因成割爱欤?”段氏所言极确，青柯亭本“例言”称“卷中有单章只句，意味平浅者删之，计四十八条”，恰好可与段氏所言相验证。另外，道光十年(1830)长白容訔辑《聊斋志异拾遗》一卷，四十一则。据卷首胡定生序可知，这些篇章得自淄川

① 〔清〕段𤣱：《聊斋志异遗稿序》，见丁锡根编著《中国历代小说序跋集》，人民文学出版社 1996 年版，第 148 ~ 149 页。

② 〔清〕段𤣱：《聊斋志异遗稿例言》，见朱一玄编《明清小说资料选编》，齐鲁书社 1990 年版，第 1186 页。

蒲氏后裔。其中《蛰龙》《爱才》《龙》“博邑有乡民王茂才”三则，不见于现存手稿本和早期诸抄本，是否蒲氏原作，尚有疑问。

四、评注本、图咏本序跋：“披隙导窍”，有裨阅者

由于《聊斋志异》是文言小说，多有典故，且部分作品涉猎真实人物及史实，为了方便读者阅读，书坊推出了许多注释本，其中吕湛恩、何垠注本流传影响较广。

道光五年(1825)，观左堂刊刻了第一部由吕湛恩注释的《聊斋志异》青柯亭本的注释本，卷首有道光五年(1825)梁溪蔡培序[①]及吕湛恩自序[②]。蔡培序称，吕湛恩字叔清，山东文登人，髫年受知于阮元，补博士弟子员。因屡不第，遂立志为《聊斋》作注，以发其抑郁之气，于道光五年书成。吕湛恩自序称，幼年即喜闻鬼狐仙怪故事，后读《聊斋志异》“如有夙缘，神与相迎，而若或引之，几至忘啜废枕”，于是萌发了为《聊斋志异》作注的想法。他“搜奇摭异，靡间寒暑，历三载而始粗就”。吕湛恩在“例言”中说：“是书卷帙浩繁，无力付梓，故仅撮其典实，著为是编。”所以吕注采用“注而不释之体”，止于章句典据，词条的旨意、出处，某字的音读字义等，而不评文字的工拙。因为吕湛恩是山东文登人，因此对《聊斋志异》中的真实人物尤其是山左人物注释尤详。“使阅者得此，更无翻阅之劳”[③]，对读者甚有帮助。此本只刊注释，不载原文。未几，魁文堂又增注补一卷重刻。至道光二十三年(1843)，广东五云楼始将吕注与原文合刻。道光二十六年(1846)，三让堂重刻。吕氏注本影响较大，后来诸家坊本多采用其注刊刻。光绪初年，铁城广百宋斋和上海同文书局、鸿宝斋等又继出绘图本。

---

① 〔清〕蔡培：《〈聊斋志异注〉序》，见《全校会注集评聊斋志异》，齐鲁书社2000年版，第2477～2478页。

② 〔清〕吕湛恩：《〈聊斋志异注〉自序》，见《全校会注集评聊斋志异》，齐鲁书社2000年版，第2476页。

③ 〔清〕吕湛恩：《〈聊斋志异注〉本例言》，见《全校会注集评聊斋志异》，齐鲁书社2000年版，第2478页。

道光十九年(1839),何垠注本初刊,这是继吕氏注之后第二个注释本。该本分上下栏,上栏注释,下栏原文,卷首有沈道宽序、陈元富序及何垠自序。沈道宽序云:"江宁何地山先生以博雅之才,著作余闲,为之考订注释,积久得若干条,刊为别本流布之。"①陈元富序云:"何君擅文思杰笔,多精言,每咏必示之,好书必竟读,最爱词。"②何垠自序称:"读《聊斋志异》,即以无注释为憾,嗣见吾友亦言,用择其一二易知者,勉为考订,游幕中岁月五,集成卷帙。"③据此可知,何垠字地山,江宁人,"有博雅之才","擅文思杰笔",喜读《聊斋志异》并为之作注。何垠《注释〈聊斋志异〉凡例》称,其"注不嫌多,解不嫌陋","文义难解者,亦必详注"。④ 以字词音义为主,较少注典故人事。何、吕两人注释,各有特点和长处,唯吕注比何注详细。道光二十年(1840)、二十六年(1846)有重刊本。以上两种注释本流传甚广,为读者提供了极大方便。

《聊斋志异》的人物刻画、情节设置、语言描写及思想情感都取得了突出成就,受到了许多评点家的高度赞美,其中王士禛、何守奇、但明伦、冯镇峦四家评点影响较大。这些评点对于读者的阅读能够有所启发和帮助,于是书坊刊出了各种评点本。道光三年(1823),何守奇批点本问世⑤,这是一部最早的《聊斋志异》评点本。此书是以青柯亭本为基础的评本,评者何守奇,广东南海人,生平不详。原书前有唐梦赉序、高珩序、赵起杲序、赵起杲刻书例言、聊斋自志、聊斋小传,继有王士禛、张笃庆、朱缃等人题辞,卷末有蒲立德跋,独未有何守奇序跋。全书共十六卷,版心下刻"知不足斋原本",可知其底本为青柯亭本。扉页左题:道光三年新镌,中款:批点聊斋志异,右下题:经纶堂藏板。此书后在道光十五年

---

① 〔清〕沈道宽:《注释〈聊斋志异〉序》,见《全校会注集评聊斋志异》,齐鲁书社2000年版,第2468页。

② 〔清〕陈元富:《注释〈聊斋志异〉序》,原载清刊何垠注释《聊斋志异》。

③ 〔清〕何垠:《注释〈聊斋志异〉自序》,原载清刊何垠注释《聊斋志异》。

④ 〔清〕何垠:《注释〈聊斋志异〉凡例》,见《全校会注集评聊斋志异》,齐鲁书社2000年版,第2469页。

⑤ 袁世硕主编:《蒲松龄志》,山东人民出版社2003年版,第175页。

(1835)又由天德堂重刻。

道光二十二年(1842),但明伦《聊斋志异新评》问世,这是继王、何之后又一评本。但明伦,贵州广顺人,其传见《广顺州志》。卷首有但明伦自序①,称其幼年"得《聊斋志异》读之,不忍释手"。嘉庆二十四年(1819),"入词垣,先后典楚、浙试,皇华小憩,取是书随笔加点,载以臆说,置行箧中,为友人王夔堂、钱辰田两侍读,许信臣、朱桐轩两学使见而许之,谓不独揭其根柢,于人心风化,实有禆益。嘱付剞劂而未果。兹奉命莅任江南,张桐厢观察、金瀛仙主政、叶素庵孝廉诸友,复怂恿刊布,以公同好。余亦忘其固陋,未知有当于聊斋之意与否。书成,爰记其颠末如此"。全书卷数篇目,悉依青柯亭本。该本以两色套印,墨印正文,朱印评语,十分精致,再加之评语颇有见地,故此后据之刊行的本子较多。

由于各家注评特点不同,于是出版商将各家注评合为一刻,以满足读者的需求。如咸丰十一年(1861)坊刻本,合王士禛评、吕湛恩注;咸丰间坊刻本,合王士禛评、吕湛恩注、但明伦评;同治五年(1866)维经堂刻本,合王士禛评、吕湛恩和何垠二家注。其中最引人注目的是光绪十七年(1891)合阳喻焜四家合评本,将王士禛、何守奇、但明伦、冯镇峦四家评汇为一本,其中冯镇峦的评语是首次付刻。该本卷首有喻焜序云:

> 《聊斋》评本,前有王渔洋、何体正两家,及云湖但氏新评出,披隙导窍,当头棒喝,读者无不俯首皈依,几于家有其书矣。……吾合冯远村先生手评是书,建南黄观察见而称之,谋付梓未果。……同治八年,州人士取篇首杂说数十则及《片云诗话》刊行,而全集仍待梓也。予于亲串中偶得一部阅之;既爱其随处指点,或一二字揭出文字精神,或数十言发明作者宗旨,不作公家言、模棱语,自出手眼,别具会心,洵可与但氏新评并行不悖。②

① 〔清〕但明伦:《〈聊斋志异新评〉自序》,见《全校会注集评聊斋志异》,齐鲁书社2000年版,第2470页。

② 〔清〕喻焜:《聊斋志异四家合评本序》,见《全校会注集评聊斋志异》,齐鲁书社2000年版,第2471页。

该本还载有冯氏《读聊斋杂说》，据此可知，其评点时间是嘉庆二十三年(1818)，比何、但两家要早，因其以抄本形式在社会上流传，故知之者较少。该本分为上中下三栏，上中栏为评语，下栏为正文。光绪末，重庆一得山房有该本重刻本。

光绪十二年(1886)，上海同文书局出版石印本《详注聊斋志异图咏》，前有高昌序言曰：

> 《聊斋》所志，其事非尽为刑天舞戚，其人非尽属牛鬼蛇神，则其图之也，亦不必皆如禹鼎之铸奸，温犀之烛怪，不过就其事迹，模其神情，观其事传而其人亦传，此广百宋斋主人《〈聊斋志异〉图咏》之所由作也。主人以尚友为志，读古人书，必欲知其为人，爰请名手，就《志异》全书每幅各绘一图，亦既穷形尽相，无美不臻，又于每图各系七绝一首，抉海内诗人之心肝，为图中之眉目，以是游目骋怀，洵可乐也。复以旧注缀于每篇之后，检查尚恐费事，因而别出心裁，摘录于每句之下，令人一览可以了然，其用心可谓苦矣。①

为了方便读者，书坊主人可谓煞费苦心，请画家根据每篇故事中有代表性的细节或场面各绘图一幅，有的一篇还绘制两三幅，共计 444 幅，每图题七绝一首。这些图与诗不仅造成了诗文并茂的艺术效果，而且其自身就是对《聊斋志异》的一种阐释与接受，可以启发读者的思路，提高阅读兴趣。该本果然受到了读者的喜爱，三年后有悲英书局仿印本，后又有上海扫叶山房石印本，并加入了王士禛和但明伦的评语。此后，各种仿印本、影印本层出不穷。

由以上论述可以看出，《聊斋志异》之所以能够成为中国文言小说的扛鼎之作，其自身的成就固然起着决定性的作用，但传播的因素也不可忽视。

---

① 〔清〕高昌：《〈详注聊斋志异图咏〉序》，见《全校会注集评聊斋志异》，齐鲁书社 2000 年版，第 2472 页。

第三节　从纪昀《阅微草堂笔记》自序看其小说观

《阅微草堂笔记》是清代学者纪昀晚年所作的文言笔记小说集的总称，由《滦阳消夏录》《如是我闻》《槐西杂志》《姑妄听之》《滦阳续录》等五种组成，自乾隆五十四年（1789）至嘉庆三年（1798）历时十年完成，嘉庆五年（1800）其门人盛时彦为之合刻。《阅微草堂笔记》在清代乃至整个中国小说史上都具有一定的地位和价值。在每一种集子结集后，纪昀都撰写了自序，最后还为《阅微草堂笔记》写了题辞。本节通过对纪昀《阅微草堂笔记》五种自序和题辞的考察，分析了纪昀小说观的基本特征，即重视劝惩、忠厚公正、如实记述、少加渲染。这一小说观虽然有其明显不足，但在中国小说理论史上自有其代表性。

一、创作动机论

小说家从事小说创作的动机对于小说的品位、质量具有重要影响，纪昀在自序中不止一次地表述了其撰写笔记小说的动机。《滦阳消夏录自序》称："昼长无事，追录见闻，忆及即书，都无体例。"①可见纪昀是在公余之暇，排遣解闷，回忆往事，信笔而成，诚如此集题名，"消夏"而已。《姑妄听之自序》又称："今老矣，无复当年之意兴，惟时拈纸墨，追录旧闻，姑以消遣岁月而已。"②其"当年意兴"既无，"忆旧""消遣"成为其撰写小说的主要动机。纪昀所说的"当年意兴"，即对"考证之学"的钻研与对诗文创作的痴迷。而今年事已高，意兴渐消，但自己"性耽孤寂，而不能自闲。卷轴笔砚，自束发至今，无数十日相离"，于是随笔记录往事，便成为他的最佳选择。直到75岁时，他在《滦阳续录自序》中再次表明这一创作动

① 〔清〕纪昀：《滦阳消夏录自序》，见《阅微草堂笔记》，齐鲁书社2007年版，第1页。

② 〔清〕纪昀：《姑妄听之自序》，见《阅微草堂笔记》，齐鲁书社2007年版，第365页。

机："景薄桑榆，精神日减，无复著书之志，惟时作杂记，聊以消闲。《滦阳消夏录》等四种，皆弄笔遣日者也。"①出于这一创作动机，《阅微草堂笔记》表现出以下几个特征，一是信笔而就，内容驳杂；二是形式随意，"都无体例"；三是篇幅短小，语言简洁。

《阅微草堂笔记》五种共计1195则，内容丰富驳杂，举凡官府吏治、道学科举、家庭伦理、民生疾苦、诗文曲赋、因果报应、奇闻异事、三教九流等，均有所涉猎，体现出了信笔而就的创作特征。

《槐西杂志》卷二记述了一件扶乩趣事："汪主事康谷言：有在西湖扶乩者，降坛诗曰：'我游天目还，跨鹤看龙井。夕阳没半轮，斜照孤飞影。飘然一片云，掠过千峰顶。'未及题名，一客窃议曰：'夕阳半没，乃是反照，司马相如所谓凌倒景也。何得云斜照？'乩忽震撼久之，若有怒者，大书曰：'小儿无礼！'遂不再动。余谓客论殊有理，此仙何太护前，独不闻古有一字师乎？"②扶乩之事本属虚诞，借此轶事对所谓的乩仙做了调侃，意味颇深。

《滦阳续录》卷二记述了有关翰林院的几则轶事，其中一则云："翰林院堂不启中门，云启则掌院不利。癸巳，开四库全书馆，质郡王临视，司事者启之。俄而掌院刘文正公、觉罗奉公相继逝。又门前沙堤中，有土凝结成丸，倘或误碎，必损翰林。癸未，雨水冲激，露其一，为儿童掷裂。吴云岩前辈旋殁。又原心亭之西南隅，翰林有父母者，不可设坐，坐则有刑克。陆耳山时为学士，毅然不信，竟丁外艰。至左角门久闭不启，启则司事者有谴谪，无人敢试，不知果验否也。其余部院，亦各有禁忌。如礼部甬道屏门，旧不加搭渡。钱箨石前辈不听，旋有天坛灯杆之事者，亦往往有应。此必有理存焉，但莫详其理安在耳。"③纪昀常年供职于翰林院，耳闻许多怪异之事，但究竟是巧合，还是果有应验，亦难以遽定，只是随笔记下

---

① 〔清〕纪昀：《滦阳续录自序》，见《阅微草堂笔记》，齐鲁书社2007年版，第482页。

② 〔清〕纪昀：《阅微草堂笔记》，齐鲁书社2007年版，第290页。

③ 〔清〕纪昀：《阅微草堂笔记》，齐鲁书社2005年版，第509页。

而已。

《阅微草堂笔记》不仅记载社会异闻，而且记载了许多奇特的自然现象。《如是我闻》卷一便记载了中西不同国度类似的异事："虎坊桥西一宅，南皮张公子畏故居也，今刘云房副宪居之。中有一井，子、午二时汲则甘，余时则否，其理莫明。或曰：'阴起午中，阳生子半，与地气应也。'然元气昆仑，充满大地，何他井不与地气应，此井独应乎？西土最讲格物学，《职方外纪》载其地有水一日十二潮，与晷漏不差秒忽。有欲穷其理者，构庐水侧，昼夜测之，迄不能喻，至恚而自沉。此井抑亦是类耳！"①现实中的许多自然现象确实非常奇异，纪昀对此如实记录，表现出了闻则命笔、信笔而就的特征。

《阅微草堂笔记》形式多样，叙事、议论、速写、随笔，不一而足。从叙事角度来看，或讲述自身或他人经历，或记录友朋故事，或转述他人话语，灵活多变，无拘无束。但有一点值得注意，即无论何种角度，都有事件经历者的真名实姓。《如是我闻》卷四中有一则专门转述他人话语：

> 道家有太阴炼形法，葬数百年，期满则复生。此但有是说，未睹斯事。古以水银敛者，尸不朽，则凿然有之。董曲江曰："凡罪应戮尸者，虽葬多年，尸不朽。吕留良焚骨时，开其棺，貌如生，刃之尚有微血。盖鬼神留使伏诛也。（某人是曲江之亲族，当时举其字，今忘之矣。）时官浙江，奉檄莅其事，亲目击之。然此类皆不为祟。其为祟者曰僵尸。僵尸有二：其一新死未敛者，忽跃起搏人；其一久葬不腐者，变形如魑魅，夜或出游，逢人即攫。或曰旱魃即此。莫能详也。
>
> "夫人死则形神离矣，谓神不附形，安能有知觉运动？谓神仍附形，是复生矣，何又不为人而为妖？且新死尸厥者，并其父母子女或抱持不释，十指抉入肌骨。使无知，何以能踊跃？使有知，何以一息才绝，即不识其所亲？是殆有邪物凭之，戾气感之，而非游魂之为变欤！袁子才前辈《新齐谐》载南昌士人行尸夜见其友事，始而祈请，

① 〔清〕纪昀：《阅微草堂笔记》，齐鲁书社2007年版，第129页。

继而感激，继而凄恋，继而忽变形搏噬。谓人之魂善而魄恶，人之魂灵而魄愚，其始来也，一灵不泯，魄附魂以行；其既去也，心事既毕，魂一散而魄滞。魂在则为人也，魂去则非其人也。世之移尸走影，皆魄为之。惟有道之人，为能制魄。”语亦凿凿有精理。然管窥之见，终疑其别有故也。①

此则主要是转述董曲江话语，且以议论为主，叙事为辅。其间又穿插某人对董曲江所述吕留良事，以及袁枚《新齐谐》中故事。为了说明董曲江话语的真实性，还特别注明某人是董曲江亲族，董曲江曾告诉作者某人名字，作者后来忘记了。对于董曲江所述鬼尸之事，作者始终持怀疑态度。

《槐西杂志》卷二记载了一则与作者家族关系十分密切之事：“景城之北，有横冈坡陀，形家谓余家祖茔之来龙。其地属姜氏，明末，姜氏妒余族之盛，建真武祠于上，以厌胜之。崇祯壬午，兵燹，余家不绝如线。后祠渐圮，余族乃渐振，祠圮尽而复盛焉。其地今鬻于从侄信夫。时乡中故老已稀，不知旧事，误建土神祠于上，又稍稍不靖。余知之，急属信夫迁去，始安。相地之说，或以为有，或以为无。余谓刘向校书，已列此术为一家，安得谓之全无；但地师所学必不精，又或缘以为奸利，所言尤不足据，不宜溺信之耳。若其凿然有验者，固未可诬也。”②此则为一随笔，乃作者家族之事，其间还有作者的参与，言之凿凿，令人无法质疑。

《阅微草堂笔记》的篇幅大都比较短小，超过千字的不多，语言极其洗练简洁。《姑妄听之》卷二第一则仅有144字，对恶劣民风的揭露却极为深刻：“天下事，情理而已，然情理有时而互妨。里有姑虐其养媳者，惨酷无人理，遁归母家。母怜而匿别所，诡云未见，因涉讼。姑以朱老与比邻，当见其来往，引为证。朱私念言女已归，则驱人就死；言女未归，则助人离婚。疑不能决，乞签于神。举筒屡摇，签不出。奋力再摇，签乃全出。是神亦不能决也。辛彤甫先生闻之曰：‘神殊愦愦！十岁幼女，而日日加

① 〔清〕纪昀：《阅微草堂笔记》，齐鲁书社2007年版，第229页。
② 〔清〕纪昀：《阅微草堂笔记》，齐鲁书社2007年版，第285页。

炮烙，恩义绝矣。听其逃死不为过。’”[①]这段文字有叙事，有议论，有心理活动描写，有转述他人评论，言简意赅，显示出了高超的语言功力。

二、小说功能论

纪昀认为小说虽“不入儒家”[②]，但亦具备劝惩功能。《滦阳消夏录自序》指出：“小说稗官，知无关于著述；街谈巷议，或有益于劝惩。”[③]在《姑妄听之自序》中又说：“诚不敢妄拟前修，然大旨期不乖于风教。”[④]其门人盛时彦《阅微草堂笔记序》也指出：“其近于正者，于人心世道亦未尝无所禆欤！”[⑤]清代许多论者都指出了《阅微草堂笔记》的这一功能，如强望泰称：“即此一编，反观内镜，可以为孝子悌弟，可以为义夫节妇，可以为仁人端士，可以为忠臣良吏，下之亦不失为谨身寡过，无灾无害之幸民。”[⑥]

纪昀在《阅微草堂笔记》中讲述了大量具有劝惩寓意的故事，其劝惩的内容直指社会的种种弊端，尤其是对宋代理学的讥讽值得关注。《滦阳消夏录》卷三记述了一位奇女子的逸闻：“明崇祯末，孟村有巨盗肆掠，见一女有色，并其父母絷之。女不受污，则缚其父母加炮烙。父母并呼号惨切，命女从贼。女请纵父母去，乃肯从。贼知其绐己，必先使受污而后释。女遂奋掷批贼颊，与父母俱死，弃尸于野。后贼与官兵格斗，马至尸侧，辟易不肯前，遂陷淖就擒。女亦有灵矣，惜其名氏不可考。”面对盗贼的淫威，这位女子处于两难的选择。如果要保全自己的贞操，不仅自己会遭毒手，父母也难幸免。最终这位女子还是宁死不屈，父母同时罹难。尽管贼人受到了应有的惩罚，但此事仍引起不少议论。有人指出：“女子在

---

① 〔清〕纪昀：《阅微草堂笔记》，齐鲁书社 2007 年版，第 395 页。

② 〔清〕纪昀：《阅微草堂笔记题辞》，据清嘉庆二十一年北平盛氏重刊本。

③ 〔清〕纪昀：《滦阳消夏录自序》，见《阅微草堂笔记》，齐鲁书社 2007 年版，第 1 页。

④ 〔清〕纪昀：《姑妄听之自序》，见《阅微草堂笔记》，齐鲁书社 2007 年版，第 365 页。

⑤ 〔清〕盛时彦：《阅微草堂笔记序》，齐鲁书社 2007 年版，第 1 页。

⑥ 〔清〕强望泰：《阅微草堂笔记五种撷钞序》，见丁锡根编著《中国历代小说序跋集》，人民文学出版社 1996 年版，第 185 页。

室，从父母之命者也。父母命之从贼矣，成一己之名，坐视父母之惨酷，女似过忍。”也有人说：“命有治乱，从贼不可与许嫁比。父母命为倡，亦为倡乎？女似无罪。”[①]按照儒家的伦理观念，女子婚嫁应服从父母之命，然而此事并非正常婚嫁，而是贼人奸淫。父母面对死亡威胁，劝女儿从贼，女儿为保持贞操，没有服从父母之命。父母之命与女子贞操，都是儒家强调的伦理观念，二者只能择其一。女子视贞操重于生命，对儒家的伦理道德观念提出了质疑，值得人们深思。

《如是我闻》卷四讲述了立意与此相似的一件事，一位老媪去医生处买堕胎药，医生严词拒绝。半年后，这位医生梦中被冥司所拘，说有人控诉他杀人。只见一披发女子哭诉医生不卖给她堕胎药。医生辩解道，“药以活人，岂敢杀人以渔利！汝自以奸败，于我何尤？”女子反驳道：“我乞药时，孕未成形，倘得堕之，我可不死。是破一无知之血块，而全一待尽之命也。既不得药，不能不产，以致子遭扼杀，受诸痛苦，我亦见逼而就缢。是汝欲全一命，反戕两命矣。”冥官感叹道：“汝之所言，酌乎事势；彼所执者，则理也。宋以来，固执一理而不揆事势之利害者，独此人也哉？”[②]于是拒绝了女子的诉讼，将医生放回。表面看来，作者似乎赞成医生的做法，但实际上借冥官之语讽刺了宋代理学的迂腐固执。

某些恪守礼教者自以为坚守道德戒律，殊不知因此却害人害己。《姑妄听之》卷二转述了伊松林舍人所讲述的一件事：“有赵延洪者，性伉直，嫉恶至严，每面责人过，无所避忌。偶见邻妇与少年语，遽告其夫。夫侦之有迹，因伺其私会骈斩之，携首鸣官。官已依律勿论矣。越半载，赵忽发狂自挝，作邻妇语，与索命，竟啮断其舌死。”纪昀对此议论道：“夫荡妇逾闲，诚为有罪。然惟其亲属得执之，惟其夫得杀之，非乱臣贼子，人人得而诛者也。且所失者一身之名节，所玷者一家之门户，亦非神奸巨蠹，弱肉强食，虐焰横煽，沉冤莫雪，使人人公愤者也。律以隐恶扬善之义，即转语他人，已伤盛德。倘伯仁由我而死，尚不免罪有所归；况直告其夫，是

① 〔清〕纪昀：《阅微草堂笔记》，齐鲁书社 2007 年版，第 49～50 页。
② 〔清〕纪昀：《阅微草堂笔记》，齐鲁书社 2007 年版，第 205 页。

诚何意,岂非激以必杀哉!游魂为厉,固不为无词。观事经半载,始得取偿,其必得请于神,乃奉行天罚矣。然则以讦为直,固非忠厚之道,抑亦非养福之道也。”①纪昀认为,女子违反礼教乃一己之事,与乱臣贼子、神奸巨蠹有本质不同。作为事外之人应当隐恶扬善,更不应告知其夫,否则必受报应。表明了纪昀比较通达的礼教观念。

纪昀对卖官鬻爵之风颇为不满,《如是我闻》卷一讲述了这样一件事:“南皮令居公铉,在州县幕二十年,练习案牍,聘币无虚岁。拥资厚,既乃援例得官,以为驾轻车就熟路也。比莅任,乃愦愦如木鸡。两造争端,辄面赪语涩,不能出一字。见上官,进退应对,无不颠倒。越岁余,遂以才力不及劾。解组之日,梦蓬首垢面人长揖曰:‘君已罢官,吾从此别矣。’霍然惊醒,觉心境顿开。贫无归计,复理旧业,则精明果决,又判断如流矣。所见者其夙冤耶?抑即昌黎所送之穷鬼耶?”②这位南皮令作为幕僚处理公务非常干练,买官之后却一窍不通。这个故事巧妙委婉地讽刺了买官者的可笑。

古代官场,历来腐败。《滦阳续录》卷二记述了一件贪官遭报应之事,某官归里,怡然自得,惟以无嗣为忧。晚年得一子,视若掌上之珠。此子患痘甚危,这位官员前往崂山求道士救治。道士笑曰:“贤郎尚有多少事未了,哪能便死!”“后其子冶游骄纵,竟破其家。”作者议论说:“萧然寒士,作令不过十年,而宦橐逾数万。毋乃致富之道有不可知者在乎?”③《槐西杂志》卷三有一则故事将两个衙吏做了比较,一位叫王瑾的刑房吏,受贿后要免掉一项杀人罪。他刚要动笔,纸忽然飞到房屋承尘上,旋舞不下,他马上领悟到这是冥冥之中有鬼神在警示自己,从此再不敢徇私枉法,后一生温饱,以老寿终。另一位官吏经常受贿作弊,一生虽无灾祸,但死后其三个女儿皆为娼。④ 两则故事都以因果报应观念揭露了官吏贪

---

① 〔清〕纪昀:《阅微草堂笔记》,齐鲁书社 2007 年版,第 406 页。
② 〔清〕纪昀:《阅微草堂笔记》,齐鲁书社 2005 年版,第 133 ~ 134 页。
③ 〔清〕纪昀:《阅微草堂笔记》,齐鲁书社 2007 年版,第 504 页。
④ 〔清〕纪昀:《阅微草堂笔记》,齐鲁书社 2007 年版,第 315 页。

污受贿的丑行。

不仅惩恶，而且扬善，《滦阳消夏录》卷四记载了一则善有善报的故事：

献县史某，佚其名，为人不拘小节，而落落有直气，视龌龊者蔑如也。偶从博场归，见村民夫妇子母相抱泣。其邻人曰："为欠豪家债，鬻妇以偿。夫妇故相得，子又未离乳，当弃之去，故悲耳。"史问："所欠几何？"曰："三十金。""所鬻几何？"曰："五十金，与人为妾。"问："可赎乎？"曰："券甫成，金尚未付，何不可赎！"即出博场所得七十金授之，曰："三十金偿债，四十金持以谋生，勿再鬻也。"夫妇德史甚，烹鸡留饮。酒酣，夫抱儿出，以目示妇，意令荐枕以报。妇颔之，语稍狎。史正色曰："史某半世为盗，半世为捕役，杀人曾不眨眼。若危急中污人妇女，则实不能为。"饮啖讫，掉臂径去，不更一言。①

如到此结束，显然是一则褒扬豪侠的故事。但作者并未就此止笔，又继续写道："半月后，所居村夜火。时秋获方毕，家家屋上屋下，柴草皆满，茅檐秫篱，斯须四面皆烈焰，度不能出，与妻子瞑坐待死。恍惚闻屋上遥呼曰：'东岳有急牒，史某一家并除名。'剨然有声，后壁半圮。乃左挈妻，右抱子，一跃而出，若有翼之者。火熄后，计一村之中，爇死者九。邻里皆合掌曰：'昨尚窃笑汝痴，不意七十金乃赎三命。'余谓此事见佑于司命，捐金之功十之四，拒色之功十之六。"如果说前半部分尚属可能，后半部分显然出于虚构。作者正是借此达到劝善之目的。

《阅微草堂笔记》的素材多来源于传闻，《槐西杂志自序》云："缘是友朋聚集，多以异闻相告。"②《姑妄听之自序》云："时拈纸墨，追录旧闻。"③

① 〔清〕纪昀：《阅微草堂笔记》，齐鲁书社 2007 年版，第 65 页。

② 〔清〕纪昀：《槐西杂志自序》，见《阅微草堂笔记》，齐鲁书社 2007 年版，第 233 页。

③ 〔清〕纪昀：《姑妄听之自序》，见《阅微草堂笔记》，齐鲁书社 2007 年版，第 365 页。

《滦阳续录自序》又云:“时有异闻,偶题片纸;或忽忆旧事,拟补前编。”①可以看出,纪昀认为小说具有增广见闻的功能。《阅微草堂笔记》记述了许多奇闻异说、自然现象、社会传闻,不一而足。《姑妄听之》卷一记载了珍贵的漳州水晶:“漳州产水晶,云五色皆备,然赤者未尝见,故所贵惟紫。别有所谓金晶者,与黄晶迥殊,最不易得;或偶得之,亦大如豇豆如瓜种止矣。惟海澄公家有一三足蟾,可为扇坠,视之如精金熔液,洞彻空明,为希有之宝。杨制府景素官汀漳龙道时,尝为余言,然亦相传如是,未目睹也。姑录之以广异闻。”②

作者受到乾隆时期学术风气的影响,重视考证,对异闻传说也不例外。《如是我闻》卷四记述一则异闻:“里有古氏,业屠牛,所杀不可缕数。后古叟目双瞽。古妪临殁时,肌肤溃裂,痛苦万状,自言冥司仿屠牛之法宰割我。呼号月余乃终。侍姬之母沈媪,亲睹其事。杀业至重,牛有功于稼穑,杀之业尤重。《冥祥记》载晋庾绍之事,已有‘宜勤精进,不可杀生;若不能都断,可勿宰牛’之语,此牛戒之最古者。《宣室志》载夜叉与人杂居则疫生,惟避不食牛人。《酉阳杂俎》亦载之。今不食牛人,遇疫实不传染,小说固非尽无据也。”③《冥祥记》《宣室志》《酉阳杂俎》等皆为宋之前志怪小说,作者引录以证小说所言有一定根据,表明了小说亦言之有据的观念。

纪昀曾谪戍乌鲁木齐三年,荒漠边远之地异闻尤多,《阅微草堂笔记》做了大量记述。《槐西杂志》卷四讲述了一件关于菌类有毒的故事,一人欲买新菌,身旁一老翁对卖菌者大声呵斥道:“渠尚有数政官,汝何敢为此!”卖菌者逡巡而去。后来,听说有人因食菌而死。“卖者后亦不再见,疑为鬼求代也。”作者继而做了一番考证:“《吕氏春秋》称味之美者越骆之菌,本无毒,其毒皆蛇虺之故,中者使人笑不止。陈仁玉《菌谱》载

---

① 〔清〕纪昀:《滦阳续录自序》,见《阅微草堂笔记》,齐鲁书社 2007 年版,第 482 页。

② 〔清〕纪昀:《阅微草堂笔记》,齐鲁书社 2007 年版,第 368 页。

③ 〔清〕纪昀:《阅微草堂笔记》,齐鲁书社 2007 年版,第 211 页。

水调苦茗白矾解毒法，张华《博物志》、陶弘景《名医别录》并载地浆解毒法，盖以此也。”①可见小说家言亦未必都是荒诞无稽之谈。

三、小说性质论

作为《四库全书》的总纂官，纪昀不仅本人喜爱撰写笔记小说，而且对历代文言小说极为熟稔，对许多作家、小说家都有较为中肯的评论。他在《姑妄听之自序》中称：“缅昔作者，如王仲任、应仲远，引经据古，博辨宏通；陶渊明、刘敬叔、刘义庆，简淡数言，自然妙远。诚不敢妄拟前修，然大旨期不乖于风教。若怀挟恩怨，颠倒是非，如魏泰、陈善之所为，则自信无是矣。”②寥寥数语，涉及了东汉至明代的七位文人，通过对这七位文人作品的评论，表明了纪昀对文言小说性质的理解和把握，即崇实黜虚、自然质朴、秉持公心、利于教化。

王仲任即王充（27—约97），字仲任，著有《讥俗》《政务》《养性》《论衡》等，只有《论衡》留存至今。东汉初年，名家众多，王充特别推崇桓谭，《论衡·超奇》说：“（桓谭）又作《新论》，论世间事，辨照然否，虚妄之言，伪饰之辞，莫不证定。”③《论衡·定贤》曰：“观文之是非，不顾作之所起，世间为文者众矣，是非不分，然否不定，桓君山论之，可谓得实矣。论文以察实，则君山汉之贤人也。”④受桓谭的影响，王充竭力反对神学迷信、俗说虚妄，《论衡·对作》曰：“故《论衡》者，所以铨轻重之言，立真伪之平，非苟调文饰辞，为奇伟之观也。其本皆起人间有非，故尽思极心，以机世俗。”⑤这正是他撰写《论衡》的主旨。

应仲远即应劭（约153—196），字仲瑗（按《刘宽碑阴故吏名》作仲援、仲远皆误）。应劭博学多识，著作甚多，现存《汉官仪》《风俗通义》等。

---

① 〔清〕纪昀：《阅微草堂笔记》，齐鲁书社2007年版，第341页。

② 〔清〕纪昀：《姑妄听之自序》，见《阅微草堂笔记》，齐鲁书社2007年版，第365页。

③ 〔汉〕王充：《论衡》，见黄晖《论衡校释》，中华书局1990年版，第608～609页。

④ 〔汉〕王充：《论衡》，见黄晖《论衡校释》，中华书局1990年版，第1122页。

⑤ 〔汉〕王充：《论衡》，见黄晖《论衡校释》，中华书局1990年版，第1179页。

《风俗通义》又称《风俗通》，原为三十卷，今存十卷，《隋书·经籍志》“杂家”类著录。全书包罗广泛，举凡社会生活之方方面面皆有涉及，而以考释名物、时俗为主。其用意在于辩风正俗，观微察隐，于隐恶扬善之中，寓责备求全之义，于人伦臧否之际，寄淳厚民风之愿。该书因事立论，文辞清辨，叙述简明，可称得上是一部小百科全书。从以上著述来看，王充、应劭两人并不是小说家，纪昀之所以对两人大加赞赏，就是因为他们两人博学多识、崇实黜虚，而这也正是纪昀对小说性质的认定。

陶渊明（约365—427），字元亮，东晋著名诗人，著有《搜神后记》十卷。该书在魏晋南北朝的志怪群书中颇具特色，神仙之事较多，语言清新雅洁。《四库全书总目·子部·小说家》著录，称其：“文词古雅，非唐以后人所能。”①刘敬叔（？—约468），著有《异苑》十卷，书中有大量的巫术方术、自然现象、神灵征兆、物具人性等，文笔清新简练。《四库全书总目·子部·小说家》著录，称“其词旨简澹，无小说家猥琐之习，断非六朝以后所能作”②。刘义庆（403—444），南朝宋著名文学家，自幼才华出众，爱好文学，著有《世说新语》《幽明录》等。《世说新语》是志人小说的代表作，其语言精练含蓄，隽永传神。明胡应麟《少室山房笔丛》说：“读其语言，晋人面目气韵恍忽生动，而简约玄澹，真致不穷，古今绝唱也。”③《四库全书总目·子部·小说家》著录，称其“上起后汉，下迄东晋，皆轶事琐语，足为谈助”。④《幽明录》《隋书·经籍志》“杂传”类著录二十卷，原书久已失传，鲁迅《古小说钩沉》辑录佚文260多条。该书文字质朴、篇章短小。纪昀为《四库全书》的总编纂，应当说上述评价代表了纪昀的观点，从中不难看出他认为小说应当自然质朴、清新简澹。

魏泰，北宋士人，生卒年不详。字道辅，襄阳人。出身世族。姐魏氏

---

① 〔清〕永瑢等：《四库全书总目》，中华书局1965年版，第1208页。

② 〔清〕永瑢等：《四库全书总目》，中华书局1965年版，第1208页。

③ 〔明〕胡应麟：《少室山房笔丛·九流绪论下》，上海书店出版社2001年版，第285页。

④ 〔清〕永瑢等：《四库全书总目》，中华书局1965年版，第1182页。

是北宋著名女词人，封道国夫人；姐夫曾布官至丞相。从小好逞强行霸，尝于试院中殴打考官几死，因此不得录取。后博览群书，但不思仕进。性诙谐，尤好谈朝野趣闻。善辩，与人谈笑，莫有能挡其词锋者。徽宗崇观年间（1102—1110），大臣章惇赞其才，欲任以职事，辞不就。晚年居家，横行乡里，邑人深为不满。著有《临汉隐居集》二十卷、《临汉隐居诗话》一卷、《东轩笔录》十五卷，传于世。《东轩笔录》约三百条，晁公武《郡斋读书志》"子部小说家"、《宋史·艺文志》"小说"类、《四库全书》"子部小说"类著录。该书成于元祐九年（1094），为魏泰早年之作。《郡斋读书志》称魏泰"为人无行而有口，颇为乡里患苦。元祐中，纪其少时公卿间所闻，成此编。其所是非多不可信。心喜章惇，数称其长，则大概已可见。又多妄诞，姑举其一。如谓王沂公登甲科，刘子仪为翰林学士，尝戏之。按沂公登科，虽在子仪后四年，其入翰林，沂公反在子仪前七年。沂公咸平五年登科，子仪天禧二年始除学士，盖相去二十年，其谬至此"①。《四库全书总目》亦云："喜伪作他人著书，如《志怪集》《括异志》《倦游录》，尽假名武人张师正。又不能自抑，作《东轩笔录》，用私喜怒诬蔑前人。……心喜章惇，数称其长。……又摘王曾登甲科，刘翚为翰林学士相戏事，岁月差舛，相去几二十年。则泰是书，宋人无不诋諆之，而流传至今，则以其书自报复恩怨以外，所记杂事亦多可采录也。"②

陈善（约1147年前后在世），字子兼，一字敬甫，号秋塘，福建罗源人。宋高宗绍兴三十年（1160）进士，官至太学录。有《扪虱新话》十五卷，《宋史·艺文志》"小说"类著录八卷，《四库全书总目》入杂家类存目，作十五卷。该书对王安石、蔡京等人竭力推崇，而对欧阳修、苏轼父子多有微词。纪昀严厉批评魏泰、陈善两人的著述"怀挟恩怨，颠倒是非"，可以看出纪昀认为小说当秉持公正，利于教化，绝不能将小说当作攻击他人的工具。

---

① 〔宋〕晁公武撰，孙猛校证：《郡斋读书志校证》，上海古籍出版社1990年版，第587页。

② 〔清〕永瑢等：《四库全书总目》，中华书局1965年版，第1193页。

纪昀门人盛时彦《姑妄听之跋》曾引纪昀批评《聊斋志异》语，认为《聊斋志异》“一书而兼二体”，“燕昵之词，媟狎之态，细微曲折，摹绘如生。使出自言，似无此理；使出作者代言，则何以闻见之”。[①] 这段批评实际上表明了纪昀对小说性质的认识，即小说只能如实记录自己的所见所闻，不可有虚构描写。

清人郑开禧道光十五年（1835）《阅微草堂笔记序》云：“河间纪文达公，久在馆阁，鸿文巨制，称一代手笔。或言公喜诙谐，嬉笑怒骂，皆成文章。今观公所著笔记，词意忠厚，体例谨严，而大旨悉归劝惩，殆所谓是非不谬于圣人者欤？虽小说，犹正史也。公自云：‘不颠倒是非如《碧云騢》，不怀挟恩怨如《周秦行纪》，不描摹才子佳人如《会真记》，不绘画横陈如《秘辛》，冀不见摈于君子。’盖犹公之谦词耳。’”[②]可以说这既是对纪昀《阅微草堂笔记》的肯定，也是对纪昀小说观的概括。纪昀认为小说应当重视劝惩，忠厚公正，如实记述，少加渲染，这一小说观决定了其小说创作的基本格调，在中国小说史上自有其一席之地。

第四节　清人《红楼梦》序跋的多重价值

《石头记》在传抄过程中及《红楼梦》刊行后，清人为其作序跋者，计有十几人之多。这些作序跋者的身份、动机各不相同：戚蓼生、梦觉主人等人以读者身份对《石头记》的思想、艺术做出了评价；张新之、五桂山人、鸳湖月痴子、紫琅山人、孙桐生等以评点者或评点本读者的身份对《红楼梦》做出了评判；程伟元、高鹗等人以整理、刊行者的身份阐明了百二十回本《红楼梦》的整理、刊行情形；刘铨福等以藏书家的身份对脂评本《石头记》的收藏情况及阅读感受做了简介。可以发现，以上序跋虽角

---

① 〔清〕盛时彦：《姑妄听之跋》，转引自〔清〕纪昀《阅微草堂笔记》，浙江古籍出版社 1997 年版，第 351 页。

② 〔清〕郑开禧：《阅微草堂笔记序》，见丁锡根编著《中国历代小说序跋集》，人民文学出版社 1996 年版，第 184 页。

度不同、长短各异,但都具有一定的价值。

一、“一声两歌”“一手二牍”

戚蓼生在《石头记序》中提出了一个十分别致的观点,即“一声两歌”“一手二牍”。他指出:“吾闻绛树两歌,一声在喉,一声在鼻;黄华二牍,左腕能楷,右腕能草。……今则两歌而不分乎喉鼻,二牍而无区乎左右,一声也而两歌,一手也而二牍,此万万所不能有之事,不可得之奇,而竟得之《石头记》一书,嘻!异矣。”《石头记》是如何体现“一声两歌”“一手二牍”的呢?戚蓼生举了以下例子:“写闺房则极其雍肃也,而艳冶已满纸矣;状阀阅则极其丰整也,而式微已盈睫矣。”①这里涉及了《红楼梦》的环境描写、家族盛衰及人物个性等多个方面。

《红楼梦》中写闺房共有四处,而各臻其妙。第五回秦可卿的卧室描写可谓艳冶至极:“入房向壁上看时,有唐伯虎画的《海棠春睡图》,两边有宋学士秦太虚写的一副对联,其联云:‘嫩寒锁梦因春冷,芳气笼人是酒香。’案上设着武则天当日镜室中设的宝镜,一边摆着飞燕立着舞过的金盘,盘内盛着安禄山掷过伤了太真乳的木瓜。上面设着寿昌公主于含章殿下卧的榻,悬的是同昌公主制的联珠帐。”②这段描写极尽夸张铺排之能事,艳冶满纸,却无“雍肃”可言。“写闺房则极其雍肃也,而艳冶已满纸矣。”

第四十回借贾母陪刘姥姥游览大观园,先后描写了黛玉、探春和宝钗的卧室,既有工笔雕琢,又有线条勾勒。写黛玉卧室最为简洁:“窗下案上设着笔砚”,“书架上磊着满满的书”,以至于刘姥姥误以为是哪位哥儿的书房。又通过贾母指出窗纱都没了翠色,可见黛玉的卧室十分简朴。探春的卧室“当地放着一张花梨大理石大案,案上磊着各种名人法帖,并数十方宝砚,各色笔筒,笔海内插的笔如树林一般。那一边设着斗大的一

---

① 〔清〕戚蓼生:《石头记序》,见一粟编《红楼梦资料汇编》,中华书局 1964 年版,第 27 页。

② 本节所引《红楼梦》原文,均据人民文学出版社 1996 年版《红楼梦》。

个汝窑花囊,插着满满的一囊水晶球儿的白菊。西墙上当中挂着一幅米襄阳《烟雨图》,左右挂着一副对联,乃是颜鲁公墨迹,其词云:‘烟霞闲骨格,泉石野生涯。’案上设着大鼎。左边紫檀架上放着一个大观窑的大盘,盘内盛着数十个娇黄玲珑大佛手。右边洋漆架上悬着一个白玉比目磬,旁边挂着小锤。……东边便设着卧榻,拔步床上悬着葱绿双绣花卉草虫的纱帐。”探春的卧室极其雍肃,却称不上艳冶。宝钗的卧室“雪洞一般,一色玩器全无,案上只有一个土定瓶中供着数枝菊花,并两部书,茶奁茶杯而已。床上只吊着青纱帐幔,衾褥也十分朴素。”

贾府的盛衰是《红楼梦》表现的重要内容,诚如戚蓼生所说:“状阀阅则极其丰整也,而式微已盈睫矣。”第二回冷子兴演说荣国府时有一句名言,这就是“百足之虫,死而不僵”。它告诉我们,《红楼梦》所叙故事伊始,贾府“已不及先年那样兴盛”:“如今生齿日繁,事务日盛,主仆上下,安富尊荣者尽多,运筹谋画者无一;其日用排场费用,又不能将就省俭,如今外面的架子虽未甚倒,内囊却也尽上来了。”冷子兴所指出的可以说是贾府衰落的原因之一。这实际上是一个无法避免的两难问题。作为贵族官宦之家,必然“生齿日繁,事务日盛”,这甚至可以说是兴盛的标志。不讲究排场,就称不上是钟鸣鼎食之家;“将就省俭”,就显示不出大家风范。在这种环境中生活的贵族后代,难免不“安富尊荣”,而且这四个字也往往被贵族之家引为自豪,并不见得就是坏事。这样看来,贾府的由盛转衰实在是合乎规律的一个运作过程。

问题还并非仅在于此,正如冷子兴紧接下去的一番评论:“这还是小事。更有一件大事:谁知这样钟鸣鼎食之家,翰墨诗书之族,如今的儿孙,竟一代不如一代了!”这可以说是贾府衰落的原因之二。这更是一个无法挽回的难题。一方面封建教育从内容到形式都日益显示出其虚伪与僵化,安富尊荣的贵族子弟们早已将其置之脑后,只知求仙访道、寻欢作乐、奢侈靡费、醉生梦死,从而促使封建家庭走向衰落。另一方面,新生的个性解放思潮、初步的民主思想,逐渐浸润到贵族子弟之中,孕育了一批封建礼教、封建专制的叛逆者,他们从另一个角度也同样促使封建家族走向衰落。

上述使贾府衰落的两个原因虽无法避免,但尚能让人把握,所以作为旁观者的冷子兴能够觑得真、道得明,一番演说便切中了要害。然而贾府走向衰落还有更隐晦也更深刻的原因。这些原因不仅无法避免,而且让你不能明说,只能心领神会,以暗示的手法去表现,即朝廷内部的倾轧,瞬息万变的政治风云。

早在第二十二回中元春的灯谜便已透出不祥之兆。元春得宠,是贾家兴盛的政治保证;她的短寿也必然使贾家"回首相望已化灰"。而元春为何短寿?这其中也颇有些难言之隐。到了第七十五回,甄家犯罪被抄暗示着贾府的未来命运。尽管贾母勉强宽解:"咱们别管人家的事,且商量咱们八月十五日赏月是正经。"但仍难免"兔死狐悲,物伤其类"的感慨。中秋庆团圆时,贾母联想当年的时光,"到今夜男女三四十个,何等热闹。今日就这样,太少了"。第七十六回"凸碧堂品笛感凄清",贾母的伤感进一步深重,"可见天下事总难十全","说毕,不觉长叹一声"。当听到悲怨的笛声时,"贾母年老带酒之人,听此声音,不免有触于心,禁不住堕下泪来"。贾母的心事究竟是什么呢?作者虽未明言,但联系前面甄家被抄的消息,以及贾珍开夜宴时听到的异兆悲音,便能够领悟到个中的消息。

曹雪芹不愧是一位高手,他用扑朔迷离之笔隐而不露地暗示着贾府衰落的政治原因,这就造成了更大的恐惧和忧患效果。封建专制的残酷狠毒与变幻不定足令人不寒而栗,一旦卷入朝廷政治漩涡之中,命运便难以自行把握。贾府的兴衰自然而然地与朝廷政治发生了关联,其由盛转衰也就愈加难以估摸。时时存有不祥的预感,终日在战战兢兢中过活,说不定什么时候灾难便会降临到自己头上,这就更易产生人生如梦的幻灭感。曹雪芹的这些隐衷在后四十回中被和盘托出。"锦衣军查抄宁国府"与元妃的薨逝不能说没有关系,贾母祷天消祸、明大义散余资,无可奈何之际,只好乞救于神灵。

二、“注彼而写此，目送而手挥”

戚蓼生又说：“注彼而写此，目送而手挥，似谲而正，似则而淫，如《春秋》之有微词，史家之多曲笔。……写宝玉之淫而痴也，而多情善悟不减历下琅琊；写黛玉之妒而尖也，而笃爱深怜不啻桑娥石女。”[1]宝玉的所谓“淫”，即是“多情”；所谓“痴”，恰显其“悟性”。而黛玉所谓的“妒而尖”，正显示了其“笃爱深怜”。也就是说，这是同一人物的同一个性，两者处于一体，绝对不能分开，即“注彼而写此，目送而手挥”之谓。试以宝玉为例，在《红楼梦》众多的人物中，贾宝玉无疑是最为重要的一位。第三回宝玉首次登场亮相，作者用两首《西江月》词概括了他的性格特征：

无故寻愁觅恨，有时似傻如狂。纵然生得好皮囊，腹内原来草莽。　　潦倒不通世务，愚顽怕读文章。行为偏僻性乖张，那管世人诽谤！

富贵不知乐业，贫穷难耐凄凉。可怜辜负好韶光，于国于家无望。　　天下无能第一，古今不肖无双。寄言纨绔与膏粱：莫效此儿形状！

在作者笔下，宝玉似乎是一个“淫痴”之人，与现实社会、政治、道德格格不入。他既不被社会所用，也无力挽救家国颓败的命运。按照贾雨村的说法，他既非大仁者，又非大恶者，“上则不能成仁人君子，下亦不能为大凶大恶”。但“其聪俊灵秀之气，则在万万人之上；其乖僻邪谬不近人情之态，又在万万人之下”。再看看宝玉本人的言谈举止，他最不喜读书，并对那些“读书上进的人”，“起个名字叫作‘禄蠹’”，又称这些人为“国贼”。他认为八股文不过是“沽名钓禄”之阶，他最讨厌科举、仕途经济“这些道学话”，“又最厌峨冠礼服贺吊往还事”，痛斥所谓“文死谏”“武死战”“都是沽名钓誉”。甚至当他喜爱的史湘云劝他要“常常的会会这些为官做宰的人们，谈谈讲讲些仕途经济的学问”时，他毫不客气地下

---

① 〔清〕戚蓼生：《石头记序》，见一粟编《红楼梦资料汇编》，中华书局 1964 年版，第 27 页。

了逐客令:“姑娘请别的姊妹屋里坐坐,我这里仔细污了你知经济学问的。”当宝钗劝他这些话时,“他也不管人脸上过的去过不去,他就咳了一声,拿起脚来走了”。

然而宝玉是一个“多情善悟”之人,“情不情”正是对他多情的生动概括。他对黛玉的爱是那么执着专一,与此同时,他又同情爱怜每一位天真烂漫的少女。宝玉有着极强的悟性,第二十一回读《南华经》一节,是非常明显的一个例证。宝玉最感兴趣的《外篇·胠箧》一则,作者不厌其烦地引录了下来,因为这段文字最明白不过地显示了宝玉所追求的人生理想。所谓“绝圣弃知”,所谓“殚残天下之圣法”,所谓“毁绝钩绳而弃规矩”等,一言以蔽之,就是要“回归自然”“保全真性”。再看一下宝玉乘着酒兴所作的续文,所谓“焚花散麝”,所谓“戕其仙姿”“灰其灵窍”,与庄子的思想一脉相承。

宝玉以“保全真性”为人生理想并将其付诸现实生活之中。第十九回从袭人的眼中写出宝玉自幼“性格异常”,“放荡弛纵,任性恣情”。他“顽劣异常,极恶读书,最喜在内帏厮混”,“是家里的‘混世魔王’”。在姊妹丫鬟群里,“喜欢时没上没下,大家乱顽一阵;不喜欢各自走了,他也不理人。我们坐着卧着,见了他也不理他,他也不责备。因此没人怕他,只管随便,都过的去”。第三十一回晴雯失手将扇股子跌折,宝玉因心情不快便顺口训斥了几句,晴雯赌气不理睬他,宝玉劝解道:“这些东西原不过是借人所用,你爱这样,我爱那样,各自性情不同。比如那扇子原是扇的,你要撕着玩也可以使得,只是不可生气时拿他出气。”说完,果然将手中的扇子递给晴雯任凭她撕并笑着说:“响的好,再撕响些!”这说明宝玉的“保全真性”就是要顺乎人的自然情感,不把自己的意志强加于人,也希望别人不要干涉自己的行动自由。

从“保全守真”这一观点出发,他对禁锢人性、扼杀个性的封建专制表示了强烈的不满:“我只恨我天天圈在家里,一点儿做不得主,行动就有人知道,不是这个拦就是那个劝的,能说不能行。”为了追求个性的自由,他冲破种种障碍,与戏子蒋玉菡成为挚友,为此被痛打也毫不反悔。

当他看见仆人茗烟与丫鬟幽会时，不仅不斥责，反而提醒那丫头快跑。他对子侄辈从“不求礼数”，对“弟兄间亦不过尽其大概就罢了”。他之所以认为“女儿是水做的骨肉”，就是因为女子未尝受封建礼法的侵蚀，天性尚未泯灭。一旦出嫁之后，其天性渐失，与须眉浊物也就相差无几了。史湘云是一个例外，她虽已嫁，天真活泼的性格却依然如故，所以宝玉仍视她为纯洁少女。

然而，宝玉对个性复归的渴求在现实生活中并非总能如愿以偿，他不止一次地领悟到了人生的苦恼。为了摆脱种种困扰，他时时向佛道的虚静无为境界靠拢。第二十二回宝玉本来想调解林黛玉与史湘云之间的矛盾，不料两人将火都发泄到了他身上，他便联想到了《南华经》上“巧者劳而智者忧，无能者无所求，饱食而遨游，泛若不系之舟”及“山木自寇，源泉自盗”等语，再细想戏文中“赤条条来去无牵挂”的唱词，便提笔立占一偈，又填了一支《寄生草》。所谓“无可云证，是立足境”，所谓“肆行无碍凭来去……从前碌碌却因何，到如今回头试想真无趣”，都流露了他试图以道书禅机参透人生的意愿。黛玉所续两句“无立足境，是方干净”，暗示了今后的凄凉结局，只有到那时，宝玉才可能彻悟。

宝玉不止一次地说自己要出家做和尚，以至于黛玉开玩笑要记下他说这话的遭数。宝玉还不止一次地说自己要化成灰，甚至说：“须得一阵大乱风吹的四面八方都登时散了，这才好！”他见到黛玉葬花，便推想到黛玉、宝钗、香菱、袭人等总有“终归无可寻觅之时”，到那时，“自己又安在哉？且自身尚不知何在何往，则斯处、斯园、斯花、斯柳，又不知当属谁姓矣！——因此一而二，二而三，反复推求了去，真不知此时此际欲为何等蠢物，杳无所知，逃大造，出尘网，使可解释这段悲伤”。果然，当众姊妹、众丫鬟，嫁的嫁、死的死、散的散时，当家世衰败、百念俱灰时，宝玉终于“悬崖撒手”，遁入了空门。佛教经典《圆觉经》云：“我今此身，四大和合……四大各离，今者妄身当在何处？”①这与宝玉的“化灰”言论多么相

① 《圆觉经》，全名《大方广圆觉修多罗了义经》，见《大藏经》第十七册，中华书局1997年版。

似。佛教以"梵我一如"当作达到解脱的最终目的,使个体灵魂的"我"和宇宙主宰的"梵"达到统一,也就是所谓的"涅槃"。宝玉遁入空门,也就是希望借此消除一切欲念烦恼,所以他最终仍然回到了大荒山之中。

三、"辟旧套开生面"

"甲辰"本《红楼梦》卷首有"梦觉主人"序言一篇,认为《红楼梦》最突出的特点是能够"辟旧套开生面"。他指出:"《红楼梦》之书,立意以贾氏为主,甄姓为宾,明矣真少而假多也。假多即幻,幻即是梦。书之奚究其真假,惟取乎事之近理,词无妄诞,说梦岂无荒诞,乃幻中有情,情中有幻是也。"①这就是说,《红楼梦》是一部以虚构为主的小说,但"事之近理,词无荒诞"。虽然是"说梦",但不荒诞,乃是因为有真实情感充溢其中。

"梦觉主人"首先分析了宝玉和黛玉的情感,他说:"贾宝玉之顽石异生,应知琢磨成器,无乃溺于闺阁,幸而关雎之风尚在;林黛玉之仙草临胎,逆料良缘会和,岂意摧残兰蕙,惜乎摽梅之叹犹存。"宝玉虽然"溺于闺阁",但"关雎之风尚在"。"关关雎鸠,在河之洲",《诗经·关雎》开头两句即对男女爱情给予了赞美,所谓"关雎之风尚在",显然是对宝、黛爱情专一的肯定。黛玉期盼着与宝玉"良缘会和",但"一年三百六十日,风刀霜剑严相逼",尽管如此,她对爱情的追求依然是那么执着顽强。这种纯真的感情最足以打动人心,这也是《红楼梦》真实性所在。

其次,"梦觉主人"指出了《红楼梦》"辟旧套开生面"的不同凡响之处:

> 天地钟灵之气,实钟于女子,咏絮丸熊、工容兼美者不一而足,贞淑薛姝为最,鬟婢袅袅,秀颖如此,列队红妆,钗成十二,犹有宝玉之痴情,未免风月浮泛,此则不然;天地乾道为刚,本秉于男子,簪缨华胄、垂绅执笏者代不乏人,方正贾老居尊,子侄跻跻,英年如此,世代

① 〔清〕梦觉主人:《红楼梦序》,见一粟编《红楼梦资料汇编》,中华书局1964年版,第28页。

朱衣，恩隆九五……不难功业华褒，此则亦不然。

梦觉主人连用两个“此则不然”，即破除旧套、别开生面之谓。《红楼梦》中美女如云，不仅“金陵十二钗”风姿绰约，众鬟婢也颇有姿色，宝玉又是那么多情，未免会出现“风月浮泛”的描写，但实际情况并非如此。宝玉虽然对宝钗、湘云也很喜欢，却独钟情于黛玉一人。贾珍、贾琏、贾蓉、薛蟠之辈固然是纨绔子弟，难免有风月淫乱之行，小说却是以批判讥讽含蓄的手法写之。如贾府内的淫乱，小说极少正面描写，但焦大“每日偷狗戏鸡，爬灰的爬灰，养小叔子的养小叔子”的醉骂，柳湘莲“你们东府里除了那两个石头狮子干净”的讥评，已将贾府的淫乱和盘托出，正所谓“不写之写”。贾府世代华胄，却“呼啦啦似大厦倾”，这就打破了以往小说戏曲的俗套，给人以耳目一新之感。

第三，梦觉主人认为《红楼梦》的别开生面还表现在“工于叙事，善写性骨”：“至于日用事物之间，婚丧喜庆之类，俨然大家体统，事有重出，词无再犯，其吟咏诗词，自属清新不落小说故套；言语动作之间，饮食起居之事，竟是庭闱形表，语谓因人，词多彻性，其诙谐戏谑，笔端生活未坠村编俗俚。”《红楼梦》两次写到元宵节，多次写到过生日，但确如梦觉主人所说“事有重出，词无再犯”。第十八回“庆元宵贾元春省亲”是贾府最风光之时，迎接元春省亲与元宵节一并来写，更显得热闹非常。贾府准备了戏班子，聘买了十个小尼姑、小道姑，“直到十月将尽，幸皆全备：各处监管都交清帐目；各处古董文玩，皆已陈设齐备；采办鸟雀的，自仙鹤、孔雀以及鹿、兔、鸡、鹅等类，悉已买全，交于园中各处像景饲养；贾蔷那边也演出二十出杂戏来；小尼姑、道姑也都学会了念几卷经咒”。从正月初八日，就有太监出来做省亲前的准备。最为出神入化的是元春来荣国府的描写：“忽听外边马跑之声。一时，有十来个太监都喘吁吁跑来拍手儿。这些太监会意，都知道是‘来了，来了’，各按方向站住。”脂砚斋批道：“画出内家风范，《石头记》最难之处，别书中摸不着。”“难得他写的出，是经过之人也。”省亲成为这次元宵节的主要内容。

第五十三回“荣国府元宵开夜宴”则又是另外一种景象：

> 至十五日之夕，贾母便在大花厅上命摆几席酒，定一班小戏，满挂各色佳灯，带领荣宁二府各子侄孙男孙媳等家宴。贾敬素不茹酒，也不去请他……贾赦略领了贾母之赐，也便告辞而去。……这边贾母花厅之上共摆了十来席。每一席旁边设一几，几上设炉瓶三事，焚着御赐百合宫香。又有八寸来长四五寸宽二三寸高的点着山石布满青苔的小盆景，俱是新鲜花卉。又有小洋漆茶盘，内放着旧窑茶杯并十锦小茶吊，里面泡着上等名茶。一色皆是紫檀透雕，嵌着大红纱透绣花卉并草字诗词的璎珞。

很明显，对这次元宵节，小说将主要笔墨放到了陈设考究之上，如关于"慧纹"的来龙去脉做了详细介绍，关于"漆干倒垂荷叶灯"的功用做了说明。"廊檐内外及两边游廊罩棚，将各色羊角、玻璃、戳纱、料丝或绣、或画、或堆、或抠、或绢、或纸诸灯挂满"，确如脂砚斋所评，只有"经过之人"才能描写得如此细致入微。

第四十三回"闲取乐偶攒金庆寿"、第六十三回"寿怡红群芳开夜宴"分别写凤姐、宝玉的生日。为凤姐庆寿，贾母出面，众人攒金凑份子，而特别突出了尤氏和凤姐。凤姐在贾母面前讨好，说李纨的份子钱由她出，又狠心地让赵、周两位姨娘凑钱。尤氏来取钱时，发现凤姐并未替李纨出份子钱，于是尤氏当着凤姐的面将平儿的一份还给平儿，随后又把鸳鸯、彩云及赵、周二人的份子钱也都退还了。在这一事情上，不仅写出了妯娌之间的微妙关系，而且不难看出凤姐和尤氏两人的品性。更令人感到滑稽可笑的是，就在凤姐过生日的当天，贾琏却与鲍二家的躲在屋内鬼混。凤姐发现后，大闹一场，凤姐的生日完全变成了一场闹剧。

宝玉的生日又是另一样写法，先是袭人几个丫鬟凑份子钱，每人不过三五钱而已。到晚间要行酒令时，又请了宝钗、黛玉、探春、李纨、宝琴、香菱等人。大家围坐在一起，行"占花名儿"的酒令，不分主仆，既热闹又雅致。宝钗、探春、李纨、湘云、麝月、香菱、黛玉、袭人先后掣签，签上的诗句或显示其个性特点，或预示其命运结局，巧妙自然，恰到好处。宝钗、黛玉等人走后，宝玉和几个丫鬟又行起令来，只到一坛子酒全部喝完，大家胡乱睡到了天明。宝玉的生日充分表现了大观园内的青春气息,与凤姐的生日形成了鲜明对比。

四、"不敢以无稽小说薄之"

道光三十年(1850),太平闲人张新之的《妙复轩评石头记》刊行,卷首除了作者本人"自记"之外,尚有多篇序言,对此书评价甚高。以前学界对这些序言均持否定态度,但平心而论,其中的某些论点还是有一定价值的,不应因部分迂腐之论而将其全部否定。如五桂山人序称:"予赋性迂拙,小说家无所好,于《红楼梦》之淫靡烦芜,尤鄙之。"但读了张新之的评本后,"振振骇;读既终,而欣欣油油有所会,曰:'三百篇固各自蔽一言,《红楼梦》固不淫靡烦芜,而整齐严肃也。'遂因新之之所好而好之"。[①] 他认为张新之的评论能够"洗作者蒙不洁,而新读者之耳目,换读者之心思"。这说明张新之的评本对读者确实产生了很大的吸引力,使原来十分厌恶《红楼梦》者的态度发生了彻底转变。

鸳湖月痴子序说:"《红楼梦》一书,无稽小说,作者洋洋洒洒,特衍出百二十回绝妙文字,而此百二十回中,有自相矛盾处,有不着边际处,有故作罅漏处,初视之,若漫不经意者。然太平闲人乃正于此中得间,为一二拈出,经以《大学》,纬以《周易》,较之金氏圣叹评《三国》《水浒》《西厢记》,似圣叹尚为其易,而闲人独为其难。何也?圣叹之评,但评其文字之绝妙而已;闲人之评,并能括出命意所在。不啻亲造作者之室,日接作者之席,为作者宛转指授,而乃于评语中为之微言之,显揭之,罕譬曲喻之。"[②]这段赞美之词中的所谓"经以《大学》,纬以《周易》",向来为人们所诟病。但其这样说实际上是为了抬高《红楼梦》的地位:"使天下后世直视《红楼梦》为有功名教之书,有裨学问之书,有关世道人心之书,而不

---

① 〔清〕五桂山人:《妙复轩评石头记序》,见一粟编《红楼梦资料汇编》,中华书局1964年版,第35页。

② 〔清〕鸳湖月痴子:《妙复轩评石头记序》,见一粟编《红楼梦资料汇编》,中华书局1964年版,第36~37页。

敢以无稽小说薄之。”

紫琅山人序认为《红楼梦》“洋洋洒洒千万言，一往天下后世之知者愚者，口之耳之目之，而其隐寓于语言文字之中，以待默会于语言文字之外者，又逆料天下后世必有人焉，能得其指归之所在。笑我罪我，皆所弗计，而书不尽言，言不尽意，譬诸黄钟宝鼎，与土鼓瓦缶颠倒于富而贫、贵而贱之家，玩弄于妇孺之手，或数世或十百世，而终有识者出也。先生于此书，如梦游先天后天图中，絪缊化生，一以贯之，头头是道。著之于书，俾见者闻者，恍然神山之上，巨石洞开，睹列仙真面目，向之所见为瓦砾泥沙，颠倒而玩弄之者，一变而为宝藏光气，竦然以敬，怡然以解，心目皆快，渣滓去，嗜欲清，明善复初，见天地之心，此其时乎！”①这里所说的“譬诸黄钟宝鼎，与土鼓瓦缶颠倒于富而贫、贵而贱之家，玩弄于妇孺之手”，即指《红楼梦》本来如同黄钟宝鼎，结果却被许多人视为“土鼓瓦缶”，其价值未能得到体现。张新之的评语使“向之所见为瓦砾泥沙，颠倒而玩弄之者，一变而为宝藏光气”，其功甚伟。

孙桐生在叙中先是说：“少读《红楼梦》，喜其洋洋洒洒，浩无涯涘，其描绘人情，雕刻物态，真能抉肺腑而肖化工，以为文章之奇，莫奇于此矣，而未知其所以奇也。”②后来用五年时间细细读了张新之的评本，“乃旷然废书而叹曰：至矣哉！天下无一本之文固若是哉！文章者，性情之华也。性情不深者，文章必不能雄奇恣肆，犹根底不固者，枝叶必不畅茂条达也。……自得妙复轩评本，然后知是书之所以传，传以奇，是书之所以奇，实奇而正也。”那么，《红楼梦》究竟奇在何处呢？他说：

> 如含玉而生，实演明德；黛为物欲，实演自新。此外融会四子六经，以俗情道文言，或用借音，或用设影，或以反笔达正意，或以前言击后语。尤奇者，教养常经也，转托诸致祸蔑伦之口；仙释借

---

① 〔清〕紫琅山人：《妙复轩评石头记序》，见一粟编《红楼梦资料汇编》，中华书局1964年版，第38页。

② 〔清〕孙桐生：《妙复轩评石头记叙》，见一粟编《红楼梦资料汇编》，中华书局1964年版，第39～40页。

径也，实隐辟异端曲学之非。就其涉，可以化愚蒙；而极其深，可以困贤智。本谈情之旨，以尽复性之功，彻上彻下，不独为中人以下说法也。至其立忠孝之纲，存人禽之辨，主以阴阳五行，寓以劝惩褒贬，深心大义，于海涵地负中自有万变不移、一丝不紊之主宰，信乎其为奇传也。

这段论述认为《红楼梦》的“奇”表现在多个方面：第一，从人物内涵来看，宝玉的出生、黛玉的姓名就十分奇特。宝玉含玉而生，姑且不论是否“实演明德”，其中含义的确值得深思。“黛为物欲”，似乎令人费解，但说“实演自新”，却颇中肯綮。第二，从表现手法来看，“借音”“设影”“以反笔达正意”“以前言击后语”等，也的确是《红楼梦》经常使用的手法。第三，尤为奇特者，也是《红楼梦》非同凡响之处，是以“致祸蔑伦”达到“教养常经”的目的；通过佛道教义，批评“异端曲学之非”。第四，以大旨谈情，实现“复性之功”，“以阴阳五行，寓以劝惩褒贬”。这些论述在某种意义上揭示了《红楼梦》的精神实质，对读者有一定启发。

孙桐生虽然基本赞同“明珠家事说”，但他认为：“盖作文之妙，在缥缈虚无间，使人可望不可即，乃有余味。若一征诸实，则刘四骂人，语多避忌，而口诛笔伐，亦不能畅所欲言矣。”这一观点还是比较中肯的。

五、“今得后四十回合成完璧”

《红楼梦》程甲本卷首有程伟元、高鹗序各一篇，程乙本卷首有两人合撰引言一篇[①]，这三篇文字对于人们了解百二十回本的问世过程极为重要。但长期以来，学界始终对程、高二人抱着一种怀疑态度，认为程、高二人在捉迷藏，所说并非实情。那么，这三篇文字是否传达了某些有用的信息呢？不妨做些分析。

第一，程伟元说：“《红楼梦》小说本名《石头记》，作者相传不一，究未知出自何人，惟书内记雪芹曹先生删改数过。”这一关于《红楼梦》书名与

---

① 〔清〕程伟元：《红楼梦序》，高鹗：《红楼梦序》，程伟元、高鹗：《红楼梦引言》，见一粟编《红楼梦资料汇编》，中华书局 1964 年版，第 31～32 页。以下引文均出自此。

作者的说法是客观准确的。程伟元又说:“然原目一百廿卷,今所传只八十卷,殊非全本。”这句话的关键在于“原目一百廿卷”,既然所传只八十卷,又如何得知原目一百廿卷的呢?《红楼梦》“原目一百廿卷”并非空穴来风,周春《红楼梦记》撰写于乾隆五十九年(1794),其中一段话值得注意:“乾隆庚戌秋,杨畹耕语余云:‘雁隅以重价购钞本两部,一为《石头记》,八十回;一为《红楼梦》,一百廿回,微有异同。……’①”“乾隆庚戌”为乾隆五十五年(1790),而程甲本印行于乾隆五十七年(1792),这就是说,在程甲本问世之前,已经有百二十回抄本在社会上流传。

程伟元是因为“是书既有百廿卷之目”才“竭力搜罗”,“数年以来”,竟然“积有廿余卷”。“一日偶于鼓担上得十余卷,遂重价购之”,但“漶漫不可收拾。乃同友人细加厘剔,截长补短,抄成全部”。先是搜罗了二十余卷,然后又碰巧在鼓担上重价购得了十余卷,这种巧合,的确令人生疑。但反过来说,程伟元如果所说不是实情,那么他直接说数年来搜集到了四十卷不是更简捷吗?何必非要说平常搜罗了二十余卷,然后在鼓担上又购得十余卷,多此一举,还令人怀疑。因此对程伟元所说情形还不宜轻易否定。

第二,高鹗在序中说:“予闻《红楼梦》脍炙人口者,几廿余年,然无全璧,无定本。”高鹗此序作于乾隆辛亥冬至后五日,即乾隆五十六年(1791)冬天,上溯二十余年,乃乾隆三十余年,说明此时《红楼梦》的部分抄本已流传于世。所谓“无全璧,无定本”告诉我们,当时流传的《红楼梦》抄本不仅只有一部分,而且各抄本之间也颇有不同。高鹗又说:“今年春,友人程子小泉过予,以其所购全书见示。”高鹗既云程伟元拿给他看的是“全书”,又说“工既竣”,那么,高鹗究竟做了什么工作呢?应当就是程伟元所说“同友人细加厘剔,截长补短,抄成全部”。可见高鹗序与程伟元序所说相一致。

这里所提到的时间顺序值得注意,程伟元于乾隆五十六年(1791)春

① 〔清〕周春:《红楼梦记》,见朱一玄编《红楼梦资料汇编》,南开大学出版社2012年版,第565页。

天找到高鹗,请其帮忙。当年冬天就全部完工,并印行问世。如果后四十回为高鹗补作,从时间来看,可以说绝对不可能。所以程伟元说“细加厘剔,截长补短”还是基本可信的。如果程、高二人所说均为不实之词,那么其动机又何在呢?

第三,程、高所撰程乙本《红楼梦引言》开头说:“是书前八十回,藏书家抄录传阅几三十年矣,今得后四十回合成完璧。缘友人借抄,争睹者甚夥,抄录固难,刊板亦需时日,姑集活字刷印。因急欲公诸同好,故初印时不及细校,间有纰缪。今复聚集各原本详加校阅,改订无讹,惟识者谅之。”此引言作于乾隆壬子年花朝后一日,即乾隆五十七年(1792)二月十六日,距程甲本印行不过数月,说明程乙本也没有太多的时间修正。

第四,引言又说:“书中前八十回抄本,各家互异;今广集核勘,准情酌理,补遗订讹。其间或有增损数字处,意在便于披阅,非敢争胜前人也。”引言还说:“书中后四十回系就历年所得,集腋成裘,更无他本可考。惟按其前后关照者,略为修辑,使其有应接而无矛盾。至其原文,未敢臆改,俟再得善本,更为厘定,且不欲尽掩其本来面目也。”今天所发现的各种八十回抄本,确实存在着许多文字差异,因此可以相信程、高所说“今复聚集各原本详加校阅,改订无讹”是实际情形。也就是说,程、高二人主要是根据已有各本进行修订,而补作的可能性极小。如果说后四十回确非出自曹雪芹,那么也非出自程、高二人,只能说程伟元所搜罗的后四十回乃出自他人之手。

甲戌本《石头记》卷末有刘铨福等人的七条跋语[①],每条作者虽不明确,但其中不乏较有价值的议论。如第一条说:“《红楼梦》虽小说,然曲而达,微而显,颇得史家法。”第二条说:“《红楼梦》非但为小说别开生面,直是另一种笔墨。……《红楼梦》实出四大奇书之外。”第六条说甲戌本“是《石头记》真本,批者事皆目击,故得其详也。”第七条说:“脂砚与雪芹

---

① 〔清〕刘铨福等:《脂砚斋重评石头记跋》,见一粟编《红楼梦资料汇编》,中华书局1964年版,第38~39页。

同时人,目击种种事,故批笔不从臆度。”对脂砚斋身份的估定还是比较中肯的。

综上所述,清人所撰《红楼梦》序跋虽然受到各种局限,未能有振聋发聩的见解和发人深省的宏论出现,但仍有其价值和意义。以上所论还望方家批评指正。

主要参考文献

文献论著

二十四史简体字本,中华书局2000年版。

《十三经注疏》,中华书局1980年影印清阮元刻本。

《古本小说丛刊》,中华书局1987年版。

《古本小说集成》,上海古籍出版社1994年版。

《清代笔记小说大观》,上海古籍出版社2007年版。

《中国古代珍稀本小说》,春风文艺出版社1994年版。

《思无邪汇宝》,台湾大英百科股份有限公司1994年版。

《说海》,人民日报出版社1997年版。

国家图书馆编:《国家图书馆藏古籍题跋丛刊》,北京图书馆出版社2002年版。

原北平故宫博物院文献馆编:《清代文字狱档》,上海书店1986年版。

江苏省社会科学院主编:《中国通俗小说总目提要》,中国文联出版公司1991年版。

刘世德主编:《中国古代小说百科全书》,中国大百科全书出版社1993年版。

孙楷第:《中国通俗小说书目》,人民文学出版社1982年版。

孙楷第:《日本东京所见小说书目》,人民文学出版社 1958 年版。

孙楷第:《戏曲小说书录解题》,人民文学出版社 1990 年版。

柳存仁编著:《伦敦所见中国小说书目提要》,书目文献出版社 1982 年版。

袁行霈、侯忠义编:《中国文言小说书目》,北京大学出版社 1981 年版。

石昌渝编:《中国古代小说总目》,山西教育出版社 2004 年版。

宁稼雨:《中国文言小说总目提要》,齐鲁书社 1996 年版。

[日]大塚秀高编著:《增补中国通俗小说书目》,汲古书院 1987 年版。

〔清〕永瑢等:《四库全书》,台湾商务印书馆影印文渊阁本。

〔清〕永瑢等:《四库全书荟要》,世界书局影印摛藻堂本。

〔清〕永瑢等:《四库全书总目》,中华书局 1965 年版。

《山海经》,九州出版社 2001 年版。

《老子西升经》,明《正统道藏》本。

〔汉〕桓谭:《新论》,上海人民出版社 1977 年版。

〔汉〕刘向撰,向宗鲁校证:《说苑校证》,中华书局 1987 年版。

〔汉〕刘向:《汉武帝内传》,守山阁丛书本。

王叔岷:《列仙传校笺》,中华书局 2007 年版。

黄晖校释:《论衡校释》,中华书局 1990 年版。

〔汉〕牟融:《理惑论》,平津馆丛书本。

〔汉〕赵晔著,苗麓点校:《吴越春秋》,江苏古籍出版社 1986 年版。

陈伯君校注:《阮籍集校注》,中华书局 1987 年版。

戴明扬校注:《嵇康集校注》,人民文学出版社 1962 年版。

〔三国魏〕王弼注:《老子道德经》,上海书店 1986 年版。

〔三国魏〕王弼著,楼宇烈校释:《王弼集校释》,中华书局 1980 年版。

〔南朝梁〕萧统编,〔唐〕李善注:《文选》,中华书局 1977 年版。

〔唐〕刘悚著，程毅中点校：《隋唐嘉话》，中华书局1979年版。

〔唐〕刘知几撰，〔清〕浦起龙通释：《史通》，上海古籍出版社2015年版。

〔唐〕牛僧孺编，程毅中点校：《玄怪录》，中华书局1982年版。

〔唐〕许嵩撰，张忱石点校：《建康实录》，中华书局1986年版。

〔唐〕皇甫枚：《三水小牍》，中华书局上海编辑所1958年版。

〔唐〕李肇：《唐国史补》，上海古籍出版社1979年版。

〔唐〕王定保：《唐摭言》，上海古籍出版社1978年版。

〔唐〕崔令钦：《教坊记》，古典文学出版社1957年版。

〔唐〕司空图：《司空表圣文集》，北京图书馆出版社2004年版。

〔宋〕李昉等：《太平御览》，中华书局1960年影印四部丛刊本。

〔宋〕司马光：《资治通鉴》，中华书局1956年版。

〔宋〕魏泰撰，李裕民点校：《东轩笔录》，中华书局1983年版。

〔宋〕陆游著，钱仲联校注：《剑南诗稿校注》，上海古籍出版社2005年版。

〔宋〕洪迈著，禹门三、渠疏浅、焉利兵校点：《容斋随笔》，齐鲁书社2007年版。

〔宋〕王溥：《唐会要》，上海古籍出版社1991年版。

〔宋〕王明清撰，汪新森、朱菊如点校：《投辖录　玉照新志》，上海古籍出版社1991年版。

〔宋〕晁公武撰，孙猛校证：《郡斋读书志校证》，上海古籍出版社1990年版。

〔宋〕陈振孙：《直斋书录解题》，商务印书馆1935年影印四库全书本。

〔宋〕曾慥辑：《类说》，见《北京图书馆古籍珍本丛刊》第62册，书目文献出版社出版1988年版。

〔宋〕沈括：《梦溪笔谈》，上海书店出版社2003年版。

〔宋〕周煇撰,刘永翔校注:《清波杂志校注》,中华书局1994年版。

〔宋〕李献民撰,程毅中、程有庆点校:《云斋广录》,中华书局1997年版。

〔宋〕叶梦得撰,〔宋〕宇文绍奕考异,侯忠义点校:《石林燕语》,中华书局1984年版。

〔宋〕张邦基撰,孔凡礼点校:《墨庄漫录》,中华书局2002年版。

〔宋〕周密著,李小龙、赵锐评注:《武林旧事》,中华书局2007年版。

〔宋〕罗烨:《醉翁谈录》,古典文学出版社1957年版。

〔明〕张宇初等:《道藏》,文物出版社、天津古籍出版社、上海书店出版社1987年影印本。

〔明〕罗贯中:《三国志演义》,山东文艺出版社1991年版。

〔明〕高儒等:《百川书志　古今书刻》,古典文学出版社1957年版。

〔明〕王守仁:《阳明传习录》,上海古籍出版社1992年版。

〔明〕吴讷著,于北山校点:《文章辨体序说》,人民文学出版社1998年版。

〔明〕徐师曾著,罗根泽校点:《文体明辨序说》,人民文学出版社1998年版。

《明容与堂刻水浒传》,上海人民出版社1975年影印本。

〔明〕胡应麟:《少室山房笔丛》,上海书店出版社2001年版。

〔明〕吴承恩:《西游记》,山东文艺出版社1996年版。

〔明〕兰陵笑笑生著,戴鸿森校点:《金瓶梅词话》,人民文学出版社1985年版。

王汝梅、李昭恂、于凤树校点:《张竹坡批评第一奇书金瓶梅》,齐鲁书社1988年版。

〔明〕何心隐著,容肇祖整理:《何心隐集》,中华书局1960年版。

〔明〕李贽:《藏书》,中华书局1974年版。

〔明〕李贽:《焚书　续焚书》,中华书局1975年版。

张建业主编:《李贽文集》,社会科学文献出版社2000年版。

〔明〕袁宏道著,钱伯城笺校:《袁宏道集笺校》,上海古籍出版社1981年版。

〔明〕谢肇淛:《五杂组》,上海书店出版社2001年版。

〔明〕郎瑛:《七修类稿》,上海书店出版社2001年版。

〔明〕冯梦龙编著,郝力校点:《醒世恒言》,齐鲁书社1990年版。

〔明〕冯梦龙编著,梁成校点:《喻世明言》,齐鲁书社1993年版。

〔明〕冯梦龙编刊,魏同贤校:《古今小说》,江苏古籍出版社1991年版。

〔明〕冯梦龙编著,余雨校点:《警世通言》,齐鲁书社1995年版。

〔清〕顾炎武著,〔清〕黄汝成集释,秦克诚点校:《日知录集释》,岳麓书社1994年版。

沈善洪主编:《黄宗羲全集》,浙江古籍出版社2005年版。

〔清〕黄宗羲著,沈芝盈点校:《明儒学案》,中华书局1985年版。

〔清〕董含撰,致之校点:《三冈识略》,辽宁教育出版社2000年版。

〔清〕金圣叹著,陆林辑校整理:《金圣叹全集》,凤凰出版社2008年版。

〔清〕金圣叹:《第五才子书施耐庵水浒传》,中华书局1975年版。

〔清〕丁耀亢著,陆合、星月校点:《金瓶梅续书三种》,齐鲁书社1988年版。

〔清〕李渔著,江巨荣、卢寿荣校注:《闲情偶寄》,上海古籍出版社2000年版。

袁世硕主编:《王士禛全集》,齐鲁书社2007年版。

〔清〕蒲松龄著,任笃行辑校:《全校会注集评聊斋志异》,齐鲁书社2000年版。

〔清〕蒲松龄著,路大荒整理:《蒲松龄集》,上海古籍出版社1986年版。

〔清〕爱新觉罗·永忠:《延芬室集》,上海古籍出版社1990年版。

〔清〕纪昀著,袁彦平、王恒柱、鲁南言校点:《阅微草堂笔记》,齐鲁书社2007年版。

〔清〕全祖望撰,朱铸禹汇校集注:《全祖望集汇校集注》,上海古籍出版社2000年版。

〔清〕曹雪芹著,冯其庸重校评批:《瓜饭楼重校评批红楼梦》,辽宁人民出版社2005年版。

〔清〕袁枚著,顾学颉校点:《随园诗话》,人民文学出版社1982年版。

〔清〕姚鼐纂集,胡士明、李祚唐标校:《古文辞类纂》,上海古籍出版社1998年版。

〔清〕刘廷玑撰,张守谦点校:《在园杂志》,中华书局2005年版。

〔清〕鄂尔泰、张廷玉等编纂:《国朝宫史》,北京古籍出版社1994年版。

〔清〕昭梿撰,何英芳点校:《啸亭杂录》,中华书局1980年版。

〔清〕段玉裁撰,钟敬华校点:《经韵楼集》,上海古籍出版社2008年版。

〔清〕戴震著,何文光整理:《孟子字义疏证》,中华书局1981年版。

〔清〕周中孚著,黄曙辉、印晓峰标校:《郑堂读书记》,上海书店出版社2008年版。

〔清〕章学诚著,叶瑛校注:《文史通义》,中华书局1985年版。

〔清〕冒辟疆:《同人集》,道光间水绘园刊本。

〔清〕素尔讷等纂修,霍有明、郭文海校注:《钦定学政全书校注》,武汉大学出版社2009年版。

〔清〕鄂尔泰等修:《八旗通志》,东北师范大学出版社1985年版。

〔清〕严可均辑:《全晋文》,商务印书馆1999年版。

〔清〕俞正燮:《癸巳存稿》,辽宁教育出版社2003年版。

〔清〕叶昌炽撰,王锷、伏亚鹏点校:《藏书纪事诗》,北京燕山出版社1999年版。

〔清〕王先谦集解:《庄子集解》,上海书店 1986 年版。

〔清〕王应奎撰,王彬、严英俊点校:《柳南随笔　续笔》,中华书局 1983 年版。

〔清〕莲塘居士辑:《唐人说荟》,扫叶山房 1913 年版。

《清实录》,中华书局 1987 年版。

《清朝野史大观》,江苏广陵古籍刻印社 1994 年版。

叶德辉撰,紫石点校:《书林清话》,北京燕山出版社 1999 年版。

孟森:《明清史讲义》,中华书局 1981 年版。

傅增湘:《藏园群书经眼录》,中华书局 2009 年版。

梁启超:《中国近三百年学术史》,东方出版社 1996 年版。

梁启超:《清代学术概论》,东方出版社 1996 年版。

张相:《古今文综》,中华书局 1916 年版。

鲁迅:《鲁迅全集》,人民文学出版社 2005 年版。

鲁迅:《中国小说史略》,东方出版社 1996 年版。

鲁迅:《古小说钩沉》,齐鲁书社 1997 年版。

鲁迅校录:《唐宋传奇集》,齐鲁书社 1997 年版。

余嘉锡:《四库提要辨证》,中华书局 1980 年版。

余嘉锡:《世说新语笺疏》,中华书局 1983 年版。

陈寅恪:《元白诗笺证稿》,上海古籍出版社 1978 年版。

陈寅恪:《柳如是别传》,生活·读书·新知三联书店 2001 年版。

胡适:《中国章回小说考证》,安徽教育出版社 1999 年版。

胡适:《胡适古典文学研究论集》,上海古籍出版社 1988 年版。

阿英:《小说闲谈》,上海古籍出版社 1985 年版。

孙殿起:《贩书偶记》,上海古籍出版社 1982 年版。

范文澜:《中国通史》,人民出版社 1978 年版。

钱穆:《中国文学论丛》,生活·读书·新知三联书店 2002 年版。

马廉:《马隅卿小说戏曲论集》,中华书局 2006 年版。

郑振铎:《郑振铎古典文学论文集》,上海古籍出版社 1984 年版。

郑振铎:《西谛书话》,生活·读书·新知三联书店 1998 年版。

郑振铎:《中国文学论集》,开明书店 1947 年版。

钱南扬校注:《永乐大典戏文三种校注》,中华书局 1979 年版。

冯沅君:《冯沅君古典文学论文集》,山东人民出版社 1980 年版。

胡士莹:《话本小说概论》,中华书局 1980 年版。

赵景深:《中国小说丛考》,齐鲁书社 1980 年版。

〔晋〕干宝撰,汪绍楹校注:《搜神记》,中华书局 1979 年版。

张友鹤选注:《唐宋传奇选》,人民文学出版社 1979 年版。

杨伯峻:《列子集释》,中华书局 1979 年版。

萧涤非主编:《杜甫全集校注》,人民文学出版社 2014 年版。

吴晗:《江浙藏书家史略》,中华书局 1981 年版。

吴晗、郑振铎等:《论金瓶梅》,文化艺术出版社 1984 年版。

钱仲联主编:《清诗纪事》,江苏古籍出版社 1989 年版。

王利器辑录:《元明清三代禁毁小说戏曲史料》,上海古籍出版社 1981 年版。

钱锺书:《管锥编》,中华书局 1979 年版。

唐弢:《晦庵书话》,生活·读书·新知三联书店 2007 年版。

程千帆、徐有富:《校雠广义》,齐鲁书社 1991 年版。

王瑶:《中古文学史论》,北京大学出版社 1998 年版。

〔晋〕张华撰,范宁校证:《博物志校证》,中华书局 1980 年版。

黄裳:《笔祸史谈丛》,北京出版社 2004 年版。

何满子:《古代小说艺术漫话》,辽宁教育出版社 1992 年版。

戴不凡:《小说闻见录》,浙江人民出版社 1980 年版。

徐朔方:《小说考信编》,上海古籍出版社 1997 年版。

蒋瑞藻编:《小说考证》,古典文学出版社 1957 年版。

袁世硕:《文学史学的明清小说研究》,天津教育出版社 2008 年版。

程毅中:《唐代小说史话》,文化艺术出版社1990年版。

程毅中:《古代小说史料漫话》,辽宁教育出版社1992年版。

〔明〕瞿佑等著,周楞伽校注:《剪灯新话(外二种)》,上海古籍出版社1981年版。

苏仲翔选注:《元白诗选》,古典文学出版社1957年版。

王汝弼选注:《白居易选集》,上海古籍出版社1980年版。

丁锡根编著:《中国历代小说序跋集》,人民文学出版社1996年版。

曾祖荫等选注:《中国历代小说序跋选注》,长江文艺出版社1982年版。

王先霈:《古代小说序跋漫话》,辽宁教育出版社1992年版。

袁行霈主编:《中国文学史》,高等教育出版社1999年版。

罗宗强:《明代后期士人心态研究》,南开大学出版社2006年版。

刘辉、杜维沫编:《金瓶梅研究集》,齐鲁书社1988年版。

朱一玄、刘毓忱编:《水浒传资料汇编》,南开大学出版社2002年版。

朱一玄编:《古典小说版本资料选编》,山西人民出版社1986年版。

朱一玄编:《明清小说资料选编》,齐鲁书社1990年版。

马蹄疾辑录:《水浒资料汇编》,中华书局1977年版。

李泽厚:《中国古代思想史论》,安徽文艺出版社1994年版。

叶朗:《中国小说美学》,北京大学出版社1982年版。

葛兆光:《中国思想史》,复旦大学出版社2001年版。

张俊:《清代小说史》,浙江古籍出版社1997年版。

林辰:《古代小说概论》,春风文艺出版社2006年版。

林辰:《神怪小说史》,浙江古籍出版社1998年版。

刘荫柏编:《西游记研究资料》,上海古籍出版社1990年版。

黄霖编:《金瓶梅资料汇编》,中华书局1987年版。

黄霖:《古小说论概观》,上海文艺出版社1986年版。

黄霖、韩同文选注:《中国历代小说论著选》,江西人民出版社1990

年版。

黄霖、万君宝:《古代小说评点漫话》,辽宁教育出版社 1992 年版。

孙逊:《明清小说论稿》,上海古籍出版社 1986 年版。

萧相恺:《珍本禁毁小说大观——稗海访书录》,中州古籍出版社 1998 年版。

萧相恺:《宋元小说史》,浙江古籍出版社 1997 年版。

欧阳健:《古代小说作家漫话》,辽宁教育出版社 1992 年版。

欧阳健:《古代小说禁书漫话》,辽宁教育出版社 1992 年版。

欧阳健:《古代小说版本漫话》,辽宁教育出版社 1992 年版。

欧阳健:《历史小说史》,浙江古籍出版社 2003 年版。

欧阳健:《古代小说与历史》,辽宁教育出版社 1992 年版。

欧阳建:《古代小说版本简论》,山西人民出版社 2005 年版。

韩锡铎、牟仁隆、王清原编纂:《小说书坊录》,北京图书馆出版社 2002 年版。

黄清泉主编:《中国历代小说序跋辑录》,华中师范大学出版社 1989 年版。

刘尚恒:《古籍丛书概说》,上海古籍出版社 1989 年版。

一粟编:《红楼梦资料汇编》,中华书局 1964 年版。

张锦池:《西游记考论》,黑龙江教育出版社 1997 年版。

〔唐〕张籍撰,余恕诚、张礼节校注:《张籍集系年校注》,中华书局 2011 年版。

杨义:《中国古典小说史论》,中国社会科学出版社 1995 年版。

杨义:《中国叙事学》,人民出版社 1997 年版。

姜德明主编,杨义选编:《唐弢书话》,北京出版社 1997 年版。

中国社会科学院世界宗教所道教研究室:《道教文化面面观》,齐鲁书社 1990 年版。

牟钟鉴、张践:《中国宗教通史》,社会科学文献出版社 2003 年版。

刘上生:《中国古代小说艺术史》,湖南师范大学出版社 1993 年版。

陈益源:《元明中篇传奇小说研究》,华艺出版社 2002 年版。

李剑国:《唐前志怪小说史》,天津教育出版社 2005 年版。

李剑国、陈洪主编:《中国小说通史》,高等教育出版社 2007 年版。

吴敢:《张竹坡与〈金瓶梅〉研究》,文物出版社 2009 年版。

郑云波主编,吴敢副主编:《中国古代小说辞典》,南京大学出版社 1992 年版。

周钧韬编:《金瓶梅资料汇编(1919—1949)》,北京大学出版社 1991 年版。

周钧韬主编,王长友副主编:《中国通俗小说家评传》,中州古籍出版社 1993 年版。

陈洪:《中国小说理论史》,天津教育出版社 2006 年版。

陈洪:《浅俗之下的厚重——小说·宗教·文化》,南开大学出版社 2001 年版。

陈大康:《明代小说史》,上海文艺出版社 2000 年版。

董国炎:《明清小说思潮》,山西人民出版社 2004 年版。

茅盾等著,张国星主编:《中国古代小说中的性描写》,百花文艺出版社 1993 年版。

李梦生:《中国禁毁小说百话》,上海古籍出版社 1994 年版。

杜云编:《明清小说序跋选》,广西人民出版社 1989 年版。

韩经太:《理学文化与文学思潮》,中华书局 1997 年版。

张鸿魁:《金瓶梅语音研究》,齐鲁书社 1996 年版。

黄岩柏:《公案小说史话》,辽宁教育出版社 1992 年版。

〔宋〕孟元老等著,周峰点校:《东京梦华录(外四种)》,文化艺术出版社 1998 年版。

胡怀琛:《中国小说概论》,世界书局 1934 年版。

郭庆光:《传播学教程》,中国人民大学出版社 1999 年版。

吴毓华编著:《中国古代戏曲序跋集》,中国戏剧出版社 1990 年版。

吴士余:《中国小说思维的文化机制》,华东师范大学出版社 1990

年版。

吴士余:《中国文化与小说思维》,上海三联书店2000年版。

杜泽逊:《文献学概要》,中华书局2001年版。

陈文新、乐云:《〈西游记〉:彻悟人生》,武汉大学出版社2002年版。

石建初:《中国古代序跋史论》,湖南人民出版社2008年版。

李安纲:《〈西游记〉奥义书》,中国社会科学出版社2002年版。

盛源、北婴选编:《名家解读〈金瓶梅〉》,山东人民出版社1998年版。

谭帆:《中国小说评点研究》,华东师范大学出版社2001年版。

宋莉华:《明清时期的小说传播》,中国社会科学出版社2004年版。

潘建国:《中国古代小说书目研究》,上海古籍出版社2005年版。

王平:《中国古代小说叙事研究》,河北人民出版社2001年版。

王平:《明清小说传播研究》,山东大学出版社2006年版。

王平:《古典小说与古代文化讲演录》,广西师范大学出版社2008年版。

赵兴勤:《明清小说论稿》,南京出版社1995年版。

赵兴勤:《古代小说与传统伦理》,山西人民出版社2005年版。

〔清〕丁耀亢撰,李增坡主编,张清吉校点:《丁耀亢全集》,中州古籍出版社1999年版。

张清吉:《金瓶梅奥秘探索》,中州古籍出版社2000年版。

陈维昭:《带血的挽歌——清代文人心态史》,河北教育出版社2001年版。

庄锡昌、顾晓鸣、顾云深等编:《多维视野中的文化理论》,浙江人民出版社1987年版。

纪德君:《明清历史演义小说艺术论》,北京师范大学出版社2000年版。

纪德君:《中国历史小说的艺术流变》,中国社会科学出版社2002年版。

邱江宁:《清初才子佳人小说叙事模式研究》,上海三联书店2005

年版。

[美]勒内·韦勒克、奥斯汀·沃伦著,刘象愚等译:《文学理论》,上海三联书店1984年版。

[美]浦安迪:《中国叙事学》,北京大学出版社1996年版。

[美]威尔伯·施拉姆、威廉·波特著,陈亮等译:《传播学概论》,新华出版社1984年版。

[美]苏珊·朗格著,滕守尧、朱疆源译:《艺术问题》,中国社会科学出版社1983年版。

[法]罗丹述,葛赛尔记,傅雷译,傅敏编:《罗丹艺术论》,天津社会科学院出版社2009年版。

[英]罗杰·福勒著,於宁等译:《语言学与小说》,重庆出版社1991年版。

[加拿大]阿尔维托·曼古埃尔著,吴昌杰译:《阅读史》,商务印书馆2002年版。

[日]冈田武彦著,吴光等译:《王阳明与明末儒学》,上海古籍出版社2000年版。

期刊论文

范宁:《二十卷本〈搜神记〉考辨》,载《新生报》1948年3月30日第76期。

潘开沛:《〈金瓶梅〉的产生和作者》,载《光明日报》1954年8月29日。

谭其骧:《〈山经〉河水下游及其支流考》,载《中华文史论丛》第7辑,上海古籍出版社1978年版。

袁行霈:《〈山海经〉初探》,载《中华文史论丛》第11辑,上海古籍出版社1979年版。

孙逊:《论〈金瓶梅〉的思想意义》,载《上海师范学院学报(社会科学版)》1980年第3期。

赵景深:《评朱星同志金瓶梅三考》,载《上海师范学院学报(社会科学版)》,1980 年第 4 期。

黄润华:《满文翻译小说述略》,载《文献》1983 年第 2 期。

朱德熙:《汉语方言里的两种反复问句》,载《中国语文》1985 年第 1 期。

毛庆其:《明清小说序跋初探》,载《学术月刊》1985 年第 12 期。

孙逊:《中国小说批评的独特方式——古典小说评点略述》,载《文史知识》1986 年第 2 期。

王开富:《唐宋小说理论述略》,载《重庆师范学院学报(哲学社会科学版)》1986 年第 3 期。

于兴汉:《中国古代小说序跋对小说理论的贡献》,载《山西师大学报(社会科学版)》1986 年第 4 期。

蔡景康:《试论小说评点的特点及其对我国古代小说理论的贡献》,载《古代文学理论研究》第 11 辑,上海古籍出版社 1986 年版。

[日]大木康:《关于明末白话小说的作者和读者》,载《明清小说研究》1988 年第 2 期。

毕桂发:《魏晋南北朝小说理论简论》,载《河南大学学报(哲学社会科学版)》1988 年第 2 期。

曹道衡:《论王琰和他的〈冥祥记〉》,载《文学遗产》1992 年第 1 期。

程毅中:《〈剪灯新话〉简说》,载《古典文学知识》1992 年第 2 期。

石昌渝:《〈剪灯新话〉价值的重估》,载《古典文学知识》1992 年第 3 期。

张振军:《惩劝与教化;儒教对传统小说之影响》,载《齐鲁学刊》1995 年第 4 期。

刘永翔:《〈清波杂志〉初探》,载《华东师范大学学报(哲学社会科学版)》1995 年第 6 期。

王枝忠、鲁忠慧:《〈睽车志〉与〈夷坚志〉——“科学与志怪”之一》,载《甘肃社会科学》1995 年第 6 期。

李乔:《谈序跋》,载《文史知识》1995 年第 12 期。

林骅:《“剪灯二种”的价值评估》,载《河北师范大学学报(社会科学版)》1996 年第 1 期。

谭帆:《中国古代小说评点的文本价值》,载《学术月刊》1996 年第 12 期。

王平:《〈红楼梦〉〈金瓶梅〉色空观念之比较》,载《红楼梦学刊》1996 年第 2 期。

[韩]崔溶澈:《中国禁毁小说在韩国》,载《东方丛刊》1998 年第 3 辑。

王齐洲:《论欧阳修的小说观念》,载《齐鲁学刊》1998 年第 2 期。

张祝平:《〈夷坚志〉材料来源及搜集方式考订》,载《南通师范学院学报(哲学社会科学版)》1999 年第 2 期。

方成慧:《从古代小说序跋看历史小说创作虚实论的演变轨迹》,载《襄樊学院学报》1999 年第 3 期。

乔光辉:《〈剪灯新话〉的结构阐释》,载《松辽学刊(社会科学版)》2000 年第 2 期。

[匈牙利]特凯伊·费伦茨:《匈牙利文〈聊斋志异选〉译后记和目录》,载《蒲松龄研究·纪念专号》2000 年第 3、4 期合刊。

张锦池:《论〈金瓶梅〉的结构方式与思想层面》,载《求是学刊》2001 年第 1 期。

宋莉华:《清代笔记小说与乾嘉学派》,载《文学评论》2001 年第 4 期。

杨国玉:《〈金瓶梅〉研究的新起点——“弄珠客思白”致丁惟宁书札辩证》,载《河北建筑科技学报(社科版)》2001 年第 1 期。

李桂奎:《论中国古代两大语体短篇小说创作动机的差异》,载《河南师范大学学报(哲学社会科学版)》2001 年第 1 期。

秦川:《中国古代文言小说总集的类型特征》,载《南昌大学学报(人文社会科学版)》2001 年第 2 期。

董上德:《论〈醉翁谈录〉的性质与旨趣》,载《学术研究》2001 年第

3 期。

严迪昌:《往事惊心叫断鸿——扬州马氏小玲珑山馆与雍、乾之际广陵文学集群》,载《文学遗产》2002 年第 4 期。

萧相恺:《试论李昌祺〈剪灯余话〉的创作思想——兼与瞿佑〈剪灯新话〉比较》,载《南京师大学报(社会科学版)》2002 年第 5 期。

王香兰:《明清小说序跋中的艺术虚构论》,载《温州师范学院学报(哲学社会科学版)》2003 年第 1 期。

毛雪:《古代题跋文体源流述略》,载《平顶山师专学报》2003 年第 1 期。

楼国萍:《中国小说序跋发展述评——兼谈胡适对小说序跋发展的贡献》,载《山东理工大学学报(社会科学版)》2003 年第 5 期。

王平:《论明清时期小说传播的基本特征》,载《文史哲》2003 年第 6 期。

范军:《略论古代小说序跋中的出版史料》,载《华中师范大学学报(人文社会科学版)》2004 年第 6 期。

刘筵莉:《中国古代小说中理论的“虚实”问题》,载《苏州市职业大学学报》2005 年第 1 期。

郭英德:《中国古代通俗小说版本研究刍议》,载《文学遗产》2005 年第 2 期。

王平:《论中国古代小说的审美类型》,载《文艺研究》2005 年第 10 期。

杨立民:《古代小说传播手段论》,载《山东图书馆季刊》2007 年第 2 期。

白艳玲:《因果报应思想与中国古代小说的道德教化主题》,载《现代语文》2007 年第 4 期。

秦川:《丛书、类书与中国古代小说的流传》,载《中华文化论坛》2007 年第 3 期。

康国章:《小说劝惩论与明末拟话本小说》,载《殷都学刊》2007 年第

4 期。

王瑾:《论洪迈创作〈夷坚志〉的动因》,载《山西师大学报(社会科学版)》2008 年第 4 期。

姜传领、陈洪:《古代小说的娱乐功能考论》,载《明清小说研究》2009 年第 3 期。

温庆新:《明清文化视域下的〈三国演义〉序跋透视》,载《广东技术师范学院学报》2010 年第 2 期。

陈才训:《论瞿佑对唐宋小说的接受》,载《贵州师范大学学报(社会科学版)》2011 年第 2 期。

王委艳:《话本小说序跋的小说观念》,载《武汉科技大学学报(社会科学版)》2011 年第 6 期。

杜贵晨:《〈三国志通俗演义〉作者罗贯中为元人及原本管窥——试说庸愚子〈序〉的考据价值》,载《河南教育学院学报(哲学社会版)》2013 年第 1 期。

王猛:《古代小说传播与小说序跋关系脞论》,载《文艺评论》2012 年第 2 期。

杨志平、郭亮亮:《古代小说文法论之传播价值》,载《文艺评论》2012 年第 2 期。

赵毅衡:《演示叙述:一个符号学分析》,载《文学评论》2013 年第 1 期。

妥建清:《论晚明士人的颓废生活审美风格——以晚明士人任侈生活为中心》,载《人文杂志》2013 年第 5 期。

学位论文

赵章超:《宋代文言小说研究》,博士学位论文,四川大学,2003 年。

卢寿荣:《李渔戏曲小说研究—以娱乐性为中心》,博士学位论文,复旦大学,2003 年。

张同胜:《〈水浒传〉诠释史论》,博士学位论文,山东大学,2007 年。

郭丽:《元前小说观演变研究》,博士学位论文,山东大学,2008 年。

王亦妮:《〈青琐高议〉与宋代传奇小说》,硕士学位论文,西北师范大学,2010 年。

张翠丽:《中国古代小说序跋价值研究》,硕士学位论文,河南大学,2010 年。

张随全:《明清志怪小说序跋三论》,硕士学位论文,安徽师范大学,2011 年。

史安静:《宋代史学政策》,硕士学位论文,山东大学,2012 年。

后 记

中国古代小说序跋中蕴含着丰富的小说史及小说理论资料，挖掘并进而分析这些资料，廓清某些学术误区，对构建中国小说史具有重要意义。本书以中国古代小说序跋为研究对象，以古代小说序跋的本体研究与个案研究作为重点，探寻了古代对于小说创作与接受的态度，透视了小说观念的分段演进，梳理了古代小说序跋对中国古代小说理论的贡献。具体来说，本书对小说序跋所记录的小说搜集、整理、修改、成书的创作过程，对小说作者的生平和小说创作的缘起，对当时及后来人们对小说性质的认识和接受态度，对古代小说版本流传的情况，对作者、作品的评论以及有关问题的阐述等问题，依照小说史发展的顺序，进行了实事求是、详略不一的论述。本书的创新之处体现在两个方面：一是对古代小说序跋做出比较全面系统的研究，在此基础上，挖掘出古代小说的许多基本问题；二是突破批评论、创作论、风格论等固有的理论范畴，建立符合古代小说实际的研究体系。

本书是在同题国家社科基金项目基础上完成的。2012 年 5 月，该项目获得国家社科基金立项后，我与我的博士研究生王军明、硕士研究生史欣共同开展了研究工作，其间在学术期刊上发表了多篇相关论文，并于 2015 年顺利结题。具体分工是：第一章、第二章、第三章第六节、第四章、第五章第一、二两节及第十章由王平撰写；第三章第一至第五节、第五章第三、四两节由史欣撰写；第六章至第九章由王军明撰写。初稿完成后，由王平统一做了修改订正。

2018年,本书被列入齐鲁书社2019年的出版计划,并获得国家出版基金的资助,2020年得以顺利出版。在此对关心、支持本书撰写及出版的各位师友表示诚挚的谢意。由于作者水平所限,本书不足乃至谬误之处在所难免,还望读者不吝批评指正。

王 平

2020年5月